| 에피소드로 간추린 구약성서 39권 929장 |

쉽고 빠르게 이해되는

구약성서 이야기

곽노홍 지음

한누리미디어

국립중앙도서관 출판시도서목록(CIP)

(쉽고 빠르게 이해되는) 구약성서 이야기 / 곽노흥 지음.
-- 서울 : 한누리미디어, 2006
p. ; cm

관제: 에피소드로 간추린 구약성서 39권 929장
ISBN 89-7969-286-2 03230 : \20000

233.1-KDC4
221-DDC21 CIP2006000160

| 에피소드로 간추린 구약성서 39권 929장 |

구약성서 이야기

권별주제

차 례

역사서 17권

시가서 5권

| 에피소드로 간추린 구약성서 39권 929장 |

구약성서 이야기

권별주제 차례

선지서 17권

성서의 빠른 이해를 위하여……

성서를 읽기 전에 하나님의 우주창조 사역을 믿어야 한다.

지금으로부터 150억년 전에 우주가 탄생했고, 46억년 전에 지구가 탄생했다. 3만 5천년 전에는 인간이 탄생하여 아담과 이브의 실락원 사건이 시작되었다. 하나님께서는 광활한 우주를 창조하시고 주재하시며 우주의 운행을 주관하시는 절대자이시다. 인간의 창조는 하나님 사역 중에 보잘것 없이 작은 사역에 불과했지만 자신의 형상대로 창조된 인간을 지극히 사랑하시고 하나님 뜻대로 살아가기를 바라고 계신 것이다.

그러나 인구가 늘어나며 민족이 형성되고 지연과 혈연으로 나라가 도처에 세워졌다. 그런 중에 하나님께서는 아브라함과 그의 후손들을 선택하시고 특별한 사랑을 퍼부어 주셨다.

창조된 초기 인류는 자손을 늘리며 마땅히 살기 좋은 기후와 토양을 따라 일부는 아프리카 대륙으로, 일부는 유럽과 중앙아시아, 아시아 대륙으로 이동하는데 거기서 수많은 민족국가들이 형성되었으며 각기 다른 언어와 피부색으로 민족의 시원을 이루고 있다고 볼 수 있다. 그들은 생존을 위한 수없는 전쟁을 치루며 영토 확보에 사활을 걸게 된 것이다. 수많은 민족과 나라들 가운데 하나님께서 선택하신 이스라엘 민족과 관계된 성서의 내용은 하나님이 주도하는 인류 구원의 대장정이며 지상 최대의 다큐멘터리이다.

성서의 시작은 하나님의 천지창조로 시작하여, 요한계시록까지 총 66권으로 이뤄져 있다. 그 중 39권은 구약으로, 27권은 신약으로 양분되어 있다. 성서는 하나님이 인류를 향해 약속하신 계약의 말씀으로 성서의 기저에는 '약속' 이란 의미를 두고 있기 때문에 영어로는 구약을 'Old Testament' 라 하고 신약을 'New Testament' 로 표기한다.

구약성서는 이스라엘 민족에 대한 기록이며 신약성서는 한 사람 즉, 예수 그리스도에 대한 기록이다. 성서의 함축된 내용을 보면 하나님은 인간을 창조하시고 낙원이라 칭한 에덴에서 살게 했다. 최초의 인간으로 상징되는 아담과 이브는 죄를 지어 하나님의 계획 속에서 타락하게 된다. 하나님의 첫 번째 인류경영 계획은 인간의 죄악으로 인해 수정된다. 그것은 아담과 이브에게 에덴의 삶을 제약시키고 남자와 여자로서 혹독한 삶과 죽음의 의무를 내려주셨다.

하나님의 수정된 계획은 궁극적으로 인간을 구속하고 다시 창조하기 위하여 아브라함을 불러 민족의 기초를 다지게 하고 그를 이집트에서 가나안으로 인도하신다. 그럼에도 불구하고 아브라함의 자손들은 이집트에 가서 민족을 이뤄 살아가고 있었다.

그 후 400년이 지난 다음 아브라함의 후손들은 '모세' 라는 지도자의 선도 아래 이집트로부터 약속된 땅 가나안으로 돌아온다. 거기서 500년 동안 다윗과 솔로몬의 통치 아래 강성한 왕국을 이루게 된다. 솔로몬 왕 후기 통치 시대에 왕국은 분열하기 시작한다.

북방의 10개 지파를 '이스라엘' 이라 불렀으며 200년 동안 왕국을 지속하다가 B.C 721년에 앗시리아에게 멸망 당한다. 남방 민족들은 '유다' 라 불렀으며 북방 민족보다 100년을 더 지속하다가 B.C 600년에 바빌로니아에게 포로가 된다. 바빌론에 포로로 끌려 갔던 사람들이 B.C 536년에 본국으로 돌아와 민족적 단위의 새로운 생활을 시작하게 되는데, 여기서 구약성서는 끝나고 있다.

그 후 400년 동안 별다른 선지자나 민족 지도자 없이 지속되다가 구약성서에서 약속한 '메시아' 가 출현한다. 그 메시아가 다시금 인간을 구속하고 하나님과 인간의 질서를 새롭게 변혁시킬 '예수' 인 것이다. 메시아인 예수의 사업은 인간의 죄악을 대신하여 죽으며, 죽은 자 가운데서 다시 살아나 그의 제자들에게 메시아의 생애와 선교의 메시지를 속죄의 능력과 함께 부여하고 세상 모든 족속에게 전도할 것을 명령하였다.

예수의 사도들은 메시아의 복음을 들고 각 나라로 향하여 말씀을 전파하기 시작한다. 그 첫 번째 방면은 주로 서쪽 지역으로 당시 새로운 문명사회를 이뤄 가고 있던 소아시아와 그리스와 로마제국이었다. 인간의 속죄 사업은 이렇게 시작되었고, 이것으로 신약성서는 끝을 맺고 있다.

성서는 하나님의 말씀이다. 하나님께서 자기를 계시해 주고 인류에 대한 자신의 뜻을 계시해 준 영감의 기록이다. 성서의 기록자는 하나님의 도움과 안내를 기도했으며, 하나님은 그들을 도우시고 안내하셨다.

세상에는 수많은 기독교 서적이 있다. 비록 하나님의 영감을 얻어 창작한 작품이 있다 하더라도 그것은 하나의 작품이고 서적일 뿐 성서는 아니다. 성서는 하나님께서 직접 인간을 통해 이루신 사업이기 때문이다.

본서는 방대한 분량의 구약성서를 권별, 장별 에피소드로 분리하여, 그 에피소드의 집약된 줄거리 즉 시놉시스를 정리하여 성서의 핵심 내용과 본질을 쉽고 빠르게 파악하려는 데 그 목적이 있다. 성서를 읽다 보면 엄청난 인명과 지명, 반복되는 에피소드의 나열과 고어체의 번역 등으로 많은 애로를 경험하게 된다. 그렇기 때문에 최근에는 여러 종류의 번역본들이 나오고 있고, 짤막한 줄거리와 예화를 통해 성서 읽기에 접근시키려는 성서 관련 서적들이 속속 출간되고 있는 실정인 것이다.

그러나 본서에서는 교양인으로서 소중한 자기 덕목을 위하여 성서에 대한 핵심적 지식을 키우고 정리할 수 있도록 구약성서 각 권별 핵심 사상과 에피소드 단위별 시놉시스를 재구성하는 방식으로 발췌 정리하였으며, 성서의 기록 연대별 고대 세계사를 비교할 수 있도록 하여 역사적 사실성을 최대한 보강할 수 있도록 하였다. 그리고 구약성서 중에 암송해야 할 주요 성경구절을 발췌하였다.

모쪼록 누구나 성서를 알기 쉽게 이해하고 깊이 있는 성서의 전문적인 이해를 위한 전초단계로 이 책이 널리 이용되기를 기도하는 바이다.

구약성서의 대계

창세기에서 에스더까지의 구약성서의 역사책은 이스라엘 민족의 흥망을 기록한 역사 이야기이다. 욥기부터 아가서까지의 문학적인 책은 대체로 이스라엘 민족의 황금기에 기록되었다.

그러나 이사야에서 말라기까지의 선지서들은 이스라엘 민족이 망할 때 기록되었다. 선지자들의 세계를 그 영역별로 나누면 다음과 같이 '대선지자'와 '소선지자'로 불린다. 대선지자는 이사야, 예레미야, 에스겔, 다니엘이며, 소선지자는 호세아, 요엘, 아모스, 오바댜, 요나, 마가, 나훔, 하박국, 스바냐, 학개, 스가랴, 말라기이다. 성서를 읽는 사람은 누구나 이 선지자들의 이름을 기억하여 쉽게 찾을 수 있어야 한다.

시대로 분류하면, 13명의 선지자는 이스라엘 민족이 멸망할 때 활동했고, 다른 3명은 복구할 때 활동했다. 이스라엘 민족의 멸망은 두 기간으로 이루어진다. 북이스라엘 왕국은 B.C 734년 ~ 721년에 몰락했다. 이 때가 요엘, 요나, 아모스, 호세아, 이사야, 미가 선지자가 활동한 시기다.

남유다 왕국은 B.C 606 ~ 586년에 몰락했다. 이 때에 예레미야, 에스겔, 다니엘, 오바댜, 나훔, 하박국, 스바냐 선지자들이 활동했었다.

이스라엘 민족의 복구는 B.C 536 ~ 444년에 있었다. 이 때에 학개, 스가랴, 말라기 선지자가 활동했다.

선지자들의 사명과 메시지는 다음과 같았다. 첫째, 우상과 죄악에서 민족을 구출하는 것. 둘째, 이 일에 실패하면 민족은 멸망할 것이라고 선언했다. 셋째, 남은 이스라엘 자손 중에서 모든 민족을 하나님에게 이끌고 가실 분이 탄생할 것이다. 넷째, 이 분은 언젠가 다윗의 계보에 탄생할 위대한 왕중 왕이 될 사람이다.

선지자의 활동 시기는 B.C 800년에서 B.C 400년까지 약 400년 동안이다. 이 시대의 중심 사건은 이 시대의 중간에 있는 예루살렘의 멸망이었다. 이 사건에 예레미야, 에스겔, 다니엘, 오바다, 나훔, 하박국, 스바냐 선지자들이 관련되어 있었으며, 예루살렘이 멸망할 당시 선지자들이 가장 활동을 크게 한 시대였다. 하나님 자신이 예루살렘의 멸망을 의도적으로 초래시켰다.

하나님은 이 세상에 대한 그의 생각을 대신할 새로운 제도를 가지고 있었다. 그러나 그 제도는 죄악과 부패로 인하여 어떤 제도보다도 짧아졌다. 어쨌든 하나님은 예루살렘을 구하기 위하여 선지자들을 계속 보내셨다. 신앙 없는 거룩한 성을 구하는데 실패하자 선지자들은 하나님의 백성이 쇠하는 것은 하나님의 계획이 끝나는 것이 아니라고 하는 것을 확신하며 열심히 해명하기 시작했다.

제사장은 민족에게 종교를 가르치는 직책이었고 이는 세습되었으며, 계급화 되어 어떤 경우에는 가장 행악한 사람으로 돌변하기도 했다.

선지자는 세습되는 계급이 아니며, 하나님의 직접적인 부르심으로 각자 독특한 사명감을 띄고 활동했다. 물론 예레미야와 에스겔, 스가랴는 제사장이었으며 선지자였다. 이사야와 다니엘은 왕족이었고 아모스는 목자 출신이었다. 하나님의 우주섭리는 무한대이며 그 중 티끌만한 지구촌에 하나님이 계획하신 인간세계가 존재하고 있다. 하나님께서는 직접 혹은 간접적으로 인간세계를 섭렵하시며 주관하시고 계신 것이다.

구약성서는 39권 929장으로 구성되어 있으며, 신약성서는 27권 260장으로 총 1,189장이다.

창세기 | Genesis

우주의 창조와 이스라엘 민족과 인간의 기원 : 50장

저 자 : 모세
기록연대 : B.C 1450년 ~ B.C 1400년 경

세계사 비교 : 창조의 연대기는 알 수 없다. 빙하기를 거쳐 B.C 40,000년경에 호모사피엔스가 출현했고, B.C 15,000년경부터 농사를 지었다. B.C 4,300년경에 남부 메소포타미아에 우바이드 문화가 발생하였고, B.C 4,000년경에 황하 유역에서 양사오 문화와 농경문화가 발전하기 시작하였다. B.C 3,300년경에는 수메르 도시문명이 발생, 신전 건축이 발달했으며, B.C 2,800년경에는 수메르 왕조시대가 개막되었고, B.C 2,600년경에 인도를 중심으로 인더스 문명이 발생하였다.

B.C 2,000년경 모헨조다로의 흥성기를 맞이하였고, B.C 1,894년 바빌론 왕조가 시작되었다. B.C 1,792년 함무라비 법전이 제정되었으며, B.C 1,600년경에는 탕왕이 은왕조를 창건했다. B.C 1,500년 인도 북서부에 아리아인이 침범하면서 인더스 문명이 쇠퇴한다.

B.C 1,300년 은나라의 반경이 은허로 천도했으며, B.C 1,200년에는 페니키아인이 알파벳을 발명한다. B.C 1,200년 모세의 지도로 이스라엘인의 이집트 탈출이 시작되었다.

중심인물 : 아담, 하와, 노아, 아브라함, 이삭, 야곱, 요셉

핵심 에피소드 : 본서의 저자에 대한 분명한 자료는 없으나 모세가 하나님의 인도로 당시에 전해지던 고대의 기록을 토대로 창세기를 저술했을 것으로 추정하고 있다. 창세기의 전체적인 구성을 분류해 보면 11개의 에피소드로 나눠진다. 모세는 천지창조에 관한 찬가적인 전설과 10개의 전기를 토대로 보충하고 구체화시켰다. 창세기는 인류를 비롯하여 우주만물의 기원을 다룬 기록이다.

모든 창조에 관한 정교한 기록이 제공되고 있으며, 가정의 형성과 죄악의 기원, 하나님의 계시와 종족의 발전, 선택받은 백성에 대한 하나님의 구원의 계획이 제시되고 있다. "태초에 하나님께서 하늘과 땅을 창조하셨다"로 시작되는 창세기는 창조주 하나님께서 말씀으로 해와 달과 별, 은하계와 나무와 동물을 차례로 창조하고 있으며, 하나님의 형상대로 인간을 창조하고 있다. 이렇게 창조되어진 에덴동산에서의 인간의 삶은 뱀의 유혹으로부터 선과 악이 분리되고 있으며, 인간의 죄악이 구체화 된다.

본서의 기록자는 이러한 인간의 죄악으로 말미암아 타락과 멸망, 그리고 종국에는 죽음을 초래하는 비극적인 결과를 보여주고 있다. 죄의 값으로 인하여 전멸해 버린 인간세상에서 새로운 종족이 시작되어 번성해 가는 과정을 제시해 주고 있으며, 아브라함의 가족과 자녀들의 생애와 야곱의 죽음으로 대미를 장식하고 있다.

1장_ 천지창조

첫째 날, 태초에 하나님이 천지를 창조하셨다. 땅은 혼돈하여 짜임새가 없었고 생물은 하나 없이 텅 비어 있었다. 어둠이 깊은 바다를 덮었으며 하나님의 영이 물 위에서 움직이고 있었다. 지구 표면에는 지각과 끓는 물로 인하여 짙은 안개가 만들어졌고 두꺼운 가스층과 안개가 햇빛을 차단하여 낮과 밤을 구별할 수 없는 어둠이 지속되었다. 낮과 밤은 지구의 표면이 냉각되어 안개 층이 사라졌을 때서야 나타났다. 태양은 넷째 날이 될 때까지 보이지 않았다. 하나님께서 "빛이 있으라" 하자 빛이 생겼고, 그 빛이 하나님 보시기에 좋았다. 빛은 낮으로, 어둠은 밤으로 명명했다.

둘째 날, 하나님께서 물을 둘로 나눠 둥근 공간을 두고 공간 위의 물과 공간 아래의 물을 분리하시니 궁창 즉 하늘이라 부르셨다. 그곳은 마그마 같은 용액으로 덮여진 지구와 구름으로 덮은 대기 사이의 층을 말한다.

셋째 날, 지구의 표면은 아직도 액체의 공처럼 물로 온통 뒤덮여 있었다. 하나님께서 말씀하셨다. "하늘 아래 물은 한 곳에 모이고 뭍은 드러나라" 하시니 뭍은 땅이라, 물은 바다라 불렀다. 아직 비는 내리지 않았고 짙은 안개가 새로 형성된 땅을 적셔 주었다. 기후는 열대성으로 모든 지상의 식물이 창조되어 급속도로 성장하였으며 침강과 융기를 반복하며 오늘날의 석탄층을 이루게 된다.

넷째 날, 해와 달과 별은 이미 태초에 창조되어 있었다. 열의 근원은 태양이었지만 그 빛이 보이지 않다가 첫째 날 지상의 안개 층을 뚫고 비쳤다. 이후 지구가 냉각되고 밀도가 낮아지자 지상에는 계절이 생겨나고 완전한 땅과 바다와 대기권이 형성되었다.

다섯째 날, 하나님께서 "물은 움직이는 많은 생물을 내어라, 새들은 땅 위의 하늘을 날아라" 말씀하셨다. 그러므로 땅에서는 날개 달린 조류와 물에서는 각양각색의 어류가 창조되었다. 하나님의 창조 과정에서 첫째와 둘째 날은 무생물을 창조하셨고, 셋째 날은 식물, 넷째 날은 동물을 창조하셨다.

여섯째 날, 드디어 지구는 사람을 위하여 모든 준비를 끝냈다. 남은 것은 이제 만물을 다스릴 주인을 창조하는 것뿐이었다. "우리가 우리의 형상대로 사람을 만들자. 그래서 바다의 물고기와 공중의 새와 온갖 가축과 기어다니는 것들을 다스리게 하자." 그래서 하나님께서는 인간을 창조하셨고 그 결과에 매우 흡족해 하셨다. 그리고는 생물마다 각기 살아가기 위한 생존질서를 부여하셨다. 인간은 땅 위의 모든 식물과 생물을 먹이로 삼게 하셨고, 다른 모든 생물에게도 먹이를 삼게 하여 생존의 질서를 창조하셨다.

일곱째 날, 하나님께서는 하시던 일을 마치시고 쉬셨다. 그리고 일곱째 날에 복을 주시고 그 날을 거룩하게 하셨다. 여기서 하나님은 완전히 쉬신 것이 아니고 이렇게 특별한 창조의 사역을 매듭짓고 그 일에서 쉬셨다. 이것이 안식일의 시작이다.

** **주요구절** ** 1 : 1 태초에 하나님이 천지를 창조하시니라.

2장_ 인간의 창조

하나님께서 땅의 흙으로 사람을 지으셨다. 그리고 사람의 코에 생명의 숨을 불어 넣자 사람이 생명체가 되었다. 그리고 에덴동산을 만드시고 거기서 살게 하셨다. 에덴동산의 위치는 비손강과 기혼강이 합치는 곳 유프라테스강과 티그리스 강 사이에 있다. 두 강은 서남아시아 지방인 코카서스 산지에서 발원해서 동남쪽으로 흘러 페르시아만으로 흘러 들어간다. 에덴동산과 최초의 인간 아담은 지구 표면의 중심부에 창조되었다. 이곳은 모든 인간에게 필요로 하는 생물의 본산지이며 생존과 번식의 요람으로 인식되고 있다. 그런 이유로 인류학자들은 이곳을 인종의 발상지로 인식하고 있다.

여호와 하나님께서 말씀하셨다. "남자가 혼자 있는 것이 좋지 않으니, 내가 그에게 그를 도울 짝을 만들어 줄 것이다."

아담은 모든 생물에게 이름을 지어주는 일을 했다. 그가 깊이 잠든 때에 갈빗대를 취하여 여자를 지으셨다. 이를 아담에 데려가니 아담은 "내 뼈중의 뼈요, 살중의 살이구나, 남자에게서 나왔으니 여자라 부를 것이다."

이후로 남자는 자기 아버지와 어머니를 떠나 아내와 한 몸을 이루는 것이다. 결혼의 신성함과 하나님의 정하심이 나타났으며 한 남자와 한 여자는 한 몸인 것을 창세기의 초반부에 기록하고 있다.

두 사람은 벌거벗었으나 조금도 부끄러워 하지 않았다. 하나님의 영묘한 빛으로 부끄러움을 가려주셨기 때문이다. 이 영묘한 빛은 죄로 인하여 사라졌고 옷을 입게 되었다. 옷이란 만물 중에 인간만이 입는 죄악의 표상인 것이다.

3장_ 인간의 타락과 죄의 시작

하나님께서 창조하신 생물 가운데 뱀이 가장 간사했다. 어느 날 뱀은 여자에게 물었다. "하나님이 동산 안의 어떤 열매도 먹지 말라 하셨느냐?" 여자는 자신 있게 동산 안의 어떤 열매도 먹을 수 있지만 동산 한가운데 있는 열매만은 먹지 말라고 했다고 대답한다. 뱀은 그것은 선과 악을 구별하는 열매인데 당신이 그 열매를 먹으면 눈이 밝아져 선과 악을 알게 되어 하나님과 같이 될까 봐 그렇게 말씀하신 거라고 유혹한다.

여자가 보기에 그 열매는 매우 먹음직스럽고 탐스러운 열매였다. 그래서 여자는 열매를 따 먹고 옆에 있는 남편에게도 주어 같이 먹었다. 그러자 두 사람의 눈이 밝아져 자기들이 벌거벗고 있음을 깨닫게 되고 무화과 나무 잎을 엮어 몸을 가렸다. 이것으로 인류 최초의 죄를 지었고 죄악을 표상하는 최초의 옷을 입게 되었다. 여호와 하나님께서 아담을 부르자 그는 숨었다.

"네가 어디 있느냐?" 아담은 하나님의 소리를 들었으나 벌거벗은 몸이 두려워 숨었노라고 대답한다. 하나님은 뱀에 속아 선악과를 먹게 된 것을 아시고 뱀을 저주했다.

"네가 이런 일을 했으므로 다른 모든 가축과 모든 짐승들보다 저주를 받을 것이다. 너는 배로 기어다니고 평생토록 흙먼지를 먹고 살아야 할 것이다. 그리고 여자와 원수가 될 것이며, 네 자손과 여자의 자손도 원수가 되리라, 여자의 자손이 네 머리를 부수고 너는 그의 발꿈치를 물 것이다."

하나님께서는 여자에게도 아기를 가지는 고통과 남편을 사모하며 남편의 지배를 받게 될 것이며, 아담에게는 평생토록 수고를 해야만 땅에서 나는 것을 먹을 수 있고 먹기 위하여 얼굴에 땀을 흘리고 열심히 일하다가 마침내 흙으로 돌아갈 것임을 명령하셨다.

아담은 그의 아내를 하와라 이름지었다. 그 뜻은 '모든 생명의 어머니' 란 의미였다. 하나님께서 "보아라! 사람이 우리 중 하나와 같이 되어 선과 악을 알게 되었으니 이제 그가 손을 뻗어 생명나무의 열매를 따먹고 영원히 살게 되는 것을 막아야 한다"라고 말씀하신 후 두 사람을 에덴동산에서 쫓아내 생명나무 열매를 따 먹지 못하도록 조치하셨다.

이제까지 인간에게는 죽음이 없었다. 그러나 뱀의 유혹에 죄를 지은 인간은 이제부터 생명의 근원인 땅을 갈고 먹이를 취하게 하셨으며, 마침내 죽어 흙으로 돌아가야 하는 운명을 맞이하게 되었다. 그리고는 에덴동산 동쪽에 천사들을 세워 칼날같이 타오르는 불꽃을 두어 생명나무를 지키게 하셨다.

4장_ 가인과 아벨

아담과 하와가 창조되었고, 두 사람은 부부가 되어 인류 최초의 가족이 형성되었다. 하와가 임신하여 가인을 낳고 두 번째로 아벨을 낳았다. 가인이 아벨을 죽였을 때에 두 사람의 나이는 129세였다. 셋이 태어나던 해가 130세였기 때문이다.

가인은 땅의 열매로 하나님께 제물로 바쳤다. 아벨은 처음 태어난 아기 양과 기름으로 제물을 바쳤다. 하나님께서는 아벨의 제물은 받으시고, 가인의 제물을 받지 않으셨다. 아벨은 의롭고 믿음으로 제물을 바쳤으나, 가인은 그렇지 못했다. 아담의 자식은 알려지지 않은 자식이 더 있었을 것이다.

아담의 창조에서 아벨이 살해되기까지 130년 동안 여러 세대가 있어 인구가 수천 명은 되었을 것이다. 하나님께서는 가인을 꾸짖어 "네 동생 아벨의 피 소리가 땅에서 나에게 호소하고 있다"라고 말씀하셨다. 하나님께서는 가인에게 "땅에서 떠돌 것이다"라고 저주하셨다.

가인은 너무나 가혹한 형벌이며, 누구든 만나는 자마다 자신을 죽이려 할 것이라고 항변한다. 그래서 하나님께서는 가인에게 표식을 주어 가인이 죽임을 당하지 않도록 조치하셨다. 에덴의 동쪽 놋이란 땅에 거주하며 성을 쌓아 가인 자손의 본거지가 되었다. 가인은 아버지 아담이 낳은 딸중에서 근친혼을 했다.

그 후로 자손을 얻게 되는데 에녹을 비롯하여 아랏과 므후야엘 등의 자손으로 대를 잇다가 라멕에 와서는 일부다처제로 두 명의 아내를 얻게 되자 가인의 집안에는 살인이 일어나게 된다. 하나님은 처음에 한 남자와 한 여자가 결혼하여 같이 살라고 정하셨다. 그러나 가인의 자손들은 이를 어기고 말았다.

5장_ 아담의 전기

아벨이 죽고 아담은 130살에 셋을 얻었고 930살까지 살았다. 셋은 105살에 에노스를 낳고 912살에 죽었다. 그 때부터 게난, 마할랄렐, 아렛, 에녹(평생 하나님과 깊은 관계를 누리며 살다가 갑자기 승천함), 므두셀라, 라멕, 노아에 이르는 연대기를 이룬다. 당시의 사람들은 여호와의 이름을 부르며 예배를 드리기 시작했다.

창세기를 구성하는 세 번째 에피소드는 노아가 500세 되던 해까지이다. 아담에서 시작하여 에녹과 므두셀라를 거쳐 노아에서 끝난다. 아담의 계보를 연령으로 보면 아담 930세, 셋 912세, 에노스 905세, 게난 910세, 마할랄렐 895세, 야렛 962세, 에녹 365세, 므두셀라 969세, 라멕 777세, 노아 950세였다. 이 시대에 인간의 수명이 이토록 긴 것은 대홍수 전까지 사라지지 않고 있던 궁창 위의 물 때문일 수도 있고, 인간의 죄의 결과로 인해 수명이 단축되는 시기가 얼마간 걸렸기 때문일 수도 있다. 에녹을 제외하면 평균수명이 912세로 창조에서부터 노아의 홍수까지의 기간은 1,556년이다.

그러나 이 계보는 주요인물을 중심으로 생략되었으므로 인간 창조의 시기는 이보다 훨씬 앞서 있다고 예측할 수 있다. 대체적으로 홍수 이전 인간의 수명은 지금과 다른 개념의 차이가 있었다. 홍수 이전 인간의 죄악상을 보면, 땅 위의 사람들이 늘어나면서 딸들도 많이 태어났다. 하나님의 아들들이 사람의 딸들의 아름다움을 보고 마음에 드는 여자를 아내로 삼았다. 하나님의 아들들이란 타락한 천사들일 수도 있고, 가인의 불경건한 후예와 결혼한 셋의 자손들일 수도 있다.

이와 같은 비정상적인 결혼은 세상을 타락시켰으며 패역으로 가득 차게 되어 하나님의 진노를 부르게 된다. 이러한 죄악이 스스럼없이 벌어지는 것을 보신 여호와께서는 땅 위에 인간을 창조하신 일을 후회하셨다. 그로 인해 다음 장에서 설명되는 바와 같이 스스로 만드신 만물들을 멸하시려 한 것이다.

6장_ 인간의 악한 행위

창세기의 네 번째 에피소드는 노아의 홍수에 관한 이야기이다. 땅 위에는 사람들이 늘어나기 시작했다. 그들에게서 딸들이 태어나고 하나님의 아들들이 마음에 드는 여자를 보고 아내로 삼는다. 여호와께서는 내 영이 사람들과 함께 영원히 함께 하지 않을 것이라고 말씀하신다. 그 후로 인간의 수명은 120년 밖에 살지 못하게 만드셨다.

그 무렵 땅 위에는 '네피림' 이라는 거인이 살고 있었다. 여전히 하나님의 사람들은 사람의 딸을 아내로 맞이하게 된다. 여호와께서는 땅 위의 사람들 사이에 악행이 널리 퍼지고 있음을 아셨다. 그로 인하여 땅 위에 사람을 만드신 것에 대해 후회하시며 마음 아파하신다. 그래서 여호와께서는 스스로

창세기의 세계

만든 땅 위의 사람들을 모두 멸망시키려고 계획하신다. 사람에서부터 짐승과 공중을 나는 새까지 여호와께서 창조하신 모든 것을 취소하시려는 것이다.

노아는 그 시대를 살던 의롭고 흠이 없는 사람이었다. 그는 하나님의 뜻을 따라 하나님과 함께 살았다. 그는 셈과 함과 야벳이란 세 명의 아들을 두었다. 하나님은 인간세계의 진멸을 예고하며 방주를 건조토록 지시하셨다. 그 크기는 길이 135m, 폭 23m, 높이 13m이었다. 내부는 3층으로 나누어졌으며 위에는 창문이 하나 있었다. 지금의 현실로 보면 대양을 항해하는 기선과 비슷한 크기였다고 볼 수 있을 것이다.

7장_ 대홍수

하나님께서는 노아에게 "너와 네 아들과 네 아내와 네 며느리들은 배로 들어가라, 그리고 모든 생물의 암컷과 수컷 한 마리씩 배로 데리고 들어가서 너와 함께 살라" 고 명령하셨다. 노아는 하나님께서 보내주시는 대로 새와 짐승과 기어다니는 모든 것을 배에 모아두고 말씀대로 실행하였다. 노아는 에덴동산에서 110km쯤 떨어진 유프라테스 강변에 있는 '화란' 이라 불려지는 곳에서 살았으며, 배 만드는 기술을 어려서부터 익혔다.

노아의 방주 안에 들어간 짐승은 정결한 동물 7쌍과 부정한 것은 2쌍씩을 거두게 하였다. 그야말로 방주 안은 수천 마리의 동물원이 되었다. 이렇게 배를 건조하고 동물을 모으며 필요한 음식을 저장하기 위해 노아의 가족 외에도 많은 백성들이 동원되었다. 거대한 방주 건설로 인해 그는 다른 사람들에게서 계속하여 조롱을 받았다. 그러나 하나님의 말씀을 굳건히 믿고 따르는 확실한 신앙을 가지고 있던 노아였기 때문에 이와 같은 대역사를 끝까지 이룰 수 있었다. 7일이 지나고 홍수가 덮쳤다. 노아의 나이 600살이 되던 해였다.

비는 땅 위에 40일 동안 밤낮으로 쏟아졌다. 노아와 그의 아들들인 셈, 함, 야벳과 노아의 아내와 며느리들은 배 안으로 들어가 하나님의 명령대로 홍수의 피해로부터 벗어나고 있었다. 홍수의 강우량을 보면 "큰 깊음의 샘들이 터지며 하늘의 창들이 열려" 라고 표현했다. 유프라테스 지역은 지중해와 인도양이 양쪽으로 있는 동반구의 지형으로 지리학적으로 쏟아진 비는 대거 북부의 산악지대와 서쪽의 지중해 지역은 금세 강물이 범람하여 속수무책의 홍수 대란이 일어났을 것이다.

노아는 비가 내리기 7일 전에 방주에 들어갔다. 비는 노아가 600세 되던 2월 17일에 내리기 시작해서 40일 동안 내렸다. 물은 150일 동안 땅을 덮쳤고, 방주는 7월 17일에 정착했다. 노아가 601세 되던 해 1월 1일에 방주의 창문을 열었고, 2월 27일에 방주에서 나왔다. 방주에서 생활한 기간은 1년 17일 동안이었으며 5개월 동안 표류했고, 7개월 동안 산 위에 걸쳐 있었다. 방주는 800km 이상 표류한 끝에 니느웨 북쪽 320km에 있는 아라랏 산에 머물게 되었다. 아라랏 산의 높이는 5,100m이다.

8장_ 홍수가 그치다

하나님께서는 노아에게 말씀하셨다. "너는 아내와 아들들과 며느리들을 데리고 배에서 나오너라. 너와 함께 머물고 있는 각종 생물, 즉 새와 짐승과 땅 위에서 기는 모든 것도 배에서 이끌고 오너라. 그것들이 땅 위에서 활동하며 알을 까고 새끼를 많이 낳아 땅 위에서 번성할 것이다."

노아는 배에서 나와 제단을 쌓고 깨끗한 새와 짐승을 잡아 번제를 드렸다. 여호와께서 그 제물을 받으시고 기뻐 '다시는 사람 때문에 땅을 저주하지 않을 것' 을 다짐하셨다. "사람의 생각은 어릴 때부터 악하지만 이번처럼 땅 위의 모든 생물을 멸망시키는 일을 다시는 하지 않을 것이다. 땅이 있는 한, 심고 거두는 일, 추위와 더위 여름과 겨울, 낮과 밤이 그치지 않을 것이다"라고 말씀하셨다.

9장_ 새로운 시작

하나님은 노아에게 모든 생물을 먹이로 주시며 다만 고기만큼은 피째 먹지 말라고 경고하셨다. 그것은 피에는 생명이 있기 때문이라고 설명하셨다. 누구든지 피를 흘리면 다른 사람이 그 피를 흘리게 할 것이다. 이는 하나님께서 자기의 모습대로 사람을 지으셨기 때문이다. 홍수가 지난 후에 하늘에는 뚜렷이 보이는 무지개가 나타났다. 하나님께서는 이 무지개를 통해 다시는 홍수로 인류를 멸망시키는 일이 없을 것이라고 약속하셨다.

10장_ 노아의 아들들의 전기

이 기록은 창세기를 구성하는 다섯 번째 에피소드로 셈이 작성하여 아브라함에게 전했다. 셈은 홍수 이전 98년부터 아브라함이 150세 되던 해까지 살았다. 노아의 가족들은 유프라테스 강 상류에 있는 아라랏 산에 도착하여 방주에서 나왔고 800km 떨어진 홍수 이전의 고향인 바빌론으로 다시 돌아온다. 그 후 100년 뒤에 언어의 혼란으로 가족들은 각기 분산되었다.

하루는 노아가 포도주에 취해 벌거벗고 잠이 들었다. 둘째 아들 '함' 은 그 광경을 보고 밖에 나가 형제들에게 그 사실을 조롱하듯 알렸다. 그러나 '셈' 과 '야벳' 은 옷가지를 들고 뒷걸음질로 들어가 아버지의 벌거벗은 몸을 덮어 드렸다. 이 두 아들은 아버지의 벗은 몸을 보지 않았다. 노아가 깨어나 그 사실을 알고는 아들들에게 예언을 했다.

"함의 자손은 가나안인이 될 것이며, 형제들의 노예가 될 것이다. 셈의 자손은 하나님에 대한 지식을 보존하는 하나님을 찬양하는 민족이 될 것이다.

야벳의 자손은 세계의 대부분을 차지하며 하나님을 가르치는 셈족을 대신할 것이다."

노아의 이 예언은 이스라엘 민족이 가나안을, 그리스 사람이 시돈을, 로마 사람이 카르타고를 정복한 때 이루어졌다. 그 후 셈족이 별로 중요하지 않은 지역을 차지하고, 함족이 노예로 있을 때, 야벳족은 세계를 지배하고 셈의 하나님에게 돌아왔다. 이야말로 노아의 놀라운 예언이 아닐 수 없다.

야벳의 자손은 고멜과 마곡으로 이어져 지중해 연안에 사는 사람들이며, 이 후로 언어와 나라에 따라 각 지역으로 퍼져 나갔다. 그들은 북쪽으로 가서 흑해와 카스피해에 정착하여 지금의 유럽과 아시아에 거주하는 코카서스 사람들의 조상이 되었다.

함의 자손은 구스와 미스라임으로 이어지며 가나안 사람들이다. 가나안인의 대표적 조상이 되어 이후로 가나안 자손들은 언어와 종족에 따라 퍼져 나갔다. 그들은 남쪽으로 가서 중부 아라비아, 이집트, 지중해의 동안, 아프리카의 동해안에 정착하였다. 함의 아들과 자손들은 가나안에 이주하여 후에 유대민족의 고국이 된 땅에 정착하였다.

셈의 자손은 엘람과 앗시리아와 아르박삿과 룻과 아람을 두었다. 이들 역시 홍수 이후 유프라테스 강의 북쪽 유역과 그 변두리에 있는 유대민족, 앗시리아 민족, 시리아, 엘람족속이 되었다.

함의 자손 중에 '니므롯' 이란 사람이 있는데 그는 홍수와 아브라함 사이의 400년 동안 가장 탁월한 지도자였다. 함의 손자인 그는 홍수 직후에 태어났으며 기상이 있고 진취적인 사람이었다. '특이한 사냥꾼' 이란 이름을 가진 그는 항상 야생동물의 위협을 받고 있던 그 시대 사람들에게 위대한 보호자 역할을 했다. 급속도로 번창하는 민족을 다스릴 수 있는 야심에 찬 지도자였던 니므롯은 이 후 '바벨탑' 을 세우는 족속의 지도자로 등장하게 되었다.

11장_ 바벨탑 사건

언어의 혼란으로 사람들이 분산된 후에 그는 바빌론에 정착했다. 이때까지만 해도 땅 위의 모든 사람들은 한 가지 언어를 쓰고 있었다. 사람들은 동쪽으로 옮겨가며 '시날' 이란 평야지대를 발견한다. 거기서 그들은 벽돌을 만들게 되었고 벽돌을 구워 성을 쌓기 시작했다. 하늘 꼭대기까지 탑을 쌓아 이름을 새겨 넣어 우리 이름을 널리 알리고, 온 땅에 흩어지지 않도록 하자며 바벨탑을 쌓기 시작한 것이다.

여호와께서 내려와 사람들이 쌓고 있는 탑을 보셨다. 바벨탑을 쌓는 사람들은 같은 민족으로 이 일을 시작했는데 앞으로 이 사람들의 하는 일은 시작에 불과하므로 언어를 뒤섞어 놓아 자기가 하는 말을 전혀 알아듣지 못하게 하였다.

언어의 혼란은 홍수 이후 4대인 '벨렉' 의 출생 때 일어났다. 이 일은 홍수 이후 101년이며, 아브라함 출생 전 326년의 일이었다. 이것은 인간의 의지로 세상을 지배하려 하려는 것에 대한 하나님의 분산 방법이었다. 이로 인해 바벨탑 건축 사업은 일시적으로 중단되었다. 그러나 바빌론에 남아 있던 사람들이 계속해서 탑의 완공을 위해 일하였다.

그리고 여섯 번째 에피소드로 셈의 자손들이 열거되어 있다. 그것은 셈에서 아브라함까지 10대에 걸쳐 있다. 이 계보의 기록은 셈 자신이 했을 것으로 본다. 그 이유는 셈이 이 기간 동안에 생존해 있었기 때문이다. 아담에서 홍수까지 1,656년이 걸렸고 홍수에서 아브라함까지 427년이 걸렸다. 아담은 므두셀라와 243년 동안 같이 생존했으며, 므두셀라는 노아와 600년, 셈과는 98년을 같이 생존했다.

아담의 죽음과 노아의 출생 사이는 126년이며 노아는 홍수 이후 350년 동안 살았고, 아브라함의 출생 2년 전에 죽었다. 셈은 홍수 이전 98년부터 홍수이 후 502년까지 살았다. 셈은 아브라함이 가나안에 돌아온 후 75년까지 살았다.

이와 같이 당시에는 사람의 수명이 길어 인구가 급증할 수 있었다. 아담은 7대 손까지, 노아는 9대 손까지를 보고 죽었다. 그러므로 계보 중 벨렉과 나홀을 제외한 나머지 조상들은 아브라함이 출생할 때까지 장수를 누린 것이다. 홍수 전까지는 누구나 오래 살았지만 홍수 이후 인간의 수명은 점점 줄어들었다.

셈의 자손 중 맨 마지막이 아브라함으로 그의 출생의 기록을 보면 나홀은 29세에 데라를 낳고 119년을 더 살았다. 데라는 70세에 아브라함과 나홀과 하란을 낳았다고 기록되어 있다.

12장_ 아브라함의 전기

일곱 번째 에피소드는 아브라함에 관계된 이야기다. 이 부분은 '아브라함' 의 당시 이름은 '아브람' 이었고, 장차 하나님의 지시에 따라 아브라함으로 바뀌게 된다.

이 전기는 아브라함과 아들인 이삭이 기록했을 것으로 추정할 수 있다. 아브람의 아버지인 '데라' 의 아들 중 '하란' 은 갈대아 우르에서 먼저 죽었고, 아브람과 나홀은 아내를 맞아들인다. 아브람의 아내는 '사래' 이고 나홀의 아내는 '밀가' 이다. '롯' 과 '밀가' 와 '이스가' 는 하란의 자식들이다. 아버지 데라는 가나안 땅으로 가려고 아들 아브람과 하란의 아들 롯과 며느리 사래를 데리고 갈대아 우르에서 나왔고, 데라는 하란 땅에서 205년을 살다가 죽었다.

여호와께서 아브람에게 "네 나라와 네 친척과 네 아비의 집을 떠나, 내가 보여줄 가나안 땅으로 가라" 고 명령하셨다. 그는 아내 사래와 조카인 롯과 그들의 재산을 모두 가지고 가나안으로 가기 위해 하란을 떠난다. 이때 가나안 땅에는 사람들이 살고 있었다. 여호와께서 내가 이 땅을 네 자손에게 줄 것이다.

아브람은 세겜에서 동쪽 산으로 옮겨 장막을 세웠다. 서쪽으로는 벧엘이고 동쪽은 아이라는 곳이었다. 그는 그곳에서 여호와께 제단을 쌓고 예배를 드렸다. 벧엘이란 '하나님의 집' 이란 뜻이다. 이곳은 아브람이 최초로 제단을 쌓은 곳이며, 야곱이 잠을 자다가 사닥다리 꿈을 꾼 곳으로 향후 이곳은 우상숭배의 근거지가 된다.

아브람에게 약속하신 여호와 하나님의 약속은 세 가지였다. 그 첫째는 가나안 땅에서 살게 하겠다. 둘째는 위대한 민족이 되게 하겠다. 셋째는 이 민족을 통하여 모든 민족이 축복을 받게 해 주시겠다는 언약이었다.

이 약속은 성서의 기본 사상으로 하나님은 우르에서 아브람을 처음 부르셨으며, 그 다음에는 세겜에서 부르셨고, 다시 벧엘에서 부르셨다. 그 다음엔 헤브론에서 부르셨고, 그 약속은 이삭과 야곱에게도 반복되었다.

** 주요구절 **
12 : 1. 여호와께서 아브람에게 이르시되 "너는 너의 본토 친척 아비 집을 떠나 내가 네게 지시할 땅으로 가라."
2. 내가 너로 큰 민족을 이루고 네게 복을 주어 네 이름을 창대케 하리니 너는 복의 근원이 될지라.

믿음의 조상 아브라함의 일대기

그는 75세에 가나안에 들어갔다. 80세에 조카 롯을 소돔과 고모라에서 구원하였고, 86세에 여종 하갈에게서 이스마엘을 낳았다. 100세에 사래에게서 이삭을 낳았다. 그는 175세에 죽었다. 그는 우상을 숭배하는 나라에 살았지만 우상을 숭배하지 않았다. 그가 하나님으로부터 부름 받은 우르는 바빌론에 있었다.

그 당시 바빌론 사람들은 많은 신과 여신을 숭배했다. 불, 해, 달, 별 등 자연의 힘을 숭배했으며 니므롯은 하나님께 대항하여 바벨탑을 세우기도 했다. 아브라함의 동족들은 우상을 숭배했다. 그의 아버지 데라도 우상을 숭배한 인물이다. 그렇다면 그가 어떻게 하나님을 알게 되었는지가 의문이다. 아브라함의 생존 기간을 보면 노아의 생애와 중복되며 므두셀라 역시 아담과 243년 동안 중복되었다. 아브라함은 노아의 아들, 셈으로부터 홍수의 이야기와 므두셀라와 아담의 에덴동산 이야기를 들으며 하나님에 관한 지식을 얻게 되었다. 아브라함은 가나안에 들어와 이 땅의 중앙에 위치한 세겜에 정착했다.

이곳은 가나안에서 가장 높은 지대로 사방의 경치가 훌륭했다. 동쪽의 요단 골짜기와 서쪽의 해안 평야는 이미 많은 사람들이 살고 있었기 때문에 그는 산줄기를 따라 벧엘로 이동한다. 그는 거기서 제단을 쌓고 하나님께 예배를 올리고 다른 사람들에게 모범을 보인다. 그는 벧엘을 좋아하여 이집트에서 돌아와 롯과 헤어질 때까지 거기서 살았다. 그는 계속해서 가나안 남쪽 네게브 지방으로 이동한다. 가나안 땅에 심한 가뭄이 들어 이집트로 내려가 살았다. 이때에 그에게 곤란한 사건이 찾아온다. 그의 아내 사래는 무척 아름다웠다.

이집트의 권력 있는 관리들은 남의 부인을 빼앗고 남편을 죽이는 습성이 있었다. 그는 이집트의 왕 파라오에게 아내인 사래를 누이라고 속였다. 그 덕분에 왕은 아브라함을 후대해 주었다. 왕은 사래를 얻은 대가로 아브라함에게 양과 소와 당나귀와 남녀 종을 주며 즐거워 했다. 그러나 여호와께서 파라오에게 재앙을 내리셨다. 그로 인하여 파라오는 아브라함의 거짓말을 알게 되었고, 이집트로부터 그를 추방하지만 그의 재산과 속한 사람들은 가져가도록 허락했다.

13장_ 아브람과 조카 롯의 이별

'롯' 은 아브람의 조카였다. 그는 가족을 이끌고 네게브를 거쳐 다시 벧엘로 부자가 되어 돌아왔다. 그를 따라 다니던 롯 역시 양과 소와 장막이 많았다. 그 후 아브람의 목자들과 롯의 목자들 사이에 다툼이 잦았다. 그는 조카 롯에게 다툼을 피해 서로 떨어져 살기를 권면한다.

그래서 아브람은 롯에게 우선권을 주어 살아갈 땅을 정하도록 했다. 롯은 모든 것이 풍부해 보이는 소돔의 평야를 선택했으며, 아브람은 가나안 땅 헤브론으로 가서 살기로 결정한다.

14장_ 롯이 사로잡히다

'롯' 이 바빌론 왕들에게 사로잡히는 신세가 되었다. 아브람은 조카 롯을 구하기 위해 자신의 부하 318명과 이웃 사람들의 도움을 받아 바빌론의 4명의 왕들을 무찌른다. 그 때의 군사는 숫자가 적었으며 왕은 족장에 불과했다. 아브람 역시 왕으로 천여 명의 인구를 가진 족장이었다. 그는 소돔에 살고 있던 조카 롯이 사로잡히자 군대를 동원하여 롯과 그의 재산을 되찾았다.

아브람이 승전하여 집으로 돌아올 때, 소돔 왕과 예루살렘 왕 '멜기세덱' 이 환영하러 나와 빵과 포도주로 축하했다. 아브람을 위하여 복을 빌어주었다. 멜기세덱은 '의의 왕' 이란 뜻을 가진 사람으로 아버지 어머니가 없으며, 족보도 없는 신비스런 인물이었다. 그는 가장 높으신 하나님의 제사장이었다. 아브람은 멜기세덱에게 십분의 일만큼의 재산을 떼어 주었고, 소돔 왕에게는 한 푼의 재산이나 사람도 취하지 않았다.

멜기세덱은 아브람에게 "가장 높으신 하나님, 하늘과 땅을 지으신 하나님께서 아브람에게 복을 주시기를, 당신의 원수를 그대 손에 넘겨 주신 가장 높으신 하나님을 찬양합니다"라고 축복을 빌어주었다. 여기서 멜기세덱의 존재는 훗날 그리스도 예수와 일맥상통하는 그리스도의 모형으로 상징화된 인물이기 때문에 간과할 수 없는 중요한 에피소드이다.

15장_ 하나님의 언약

아브람은 하나님께 자식이 없음으로 자신의 종 '엘리에셀' 에게 전 재산을 물려 줄 것임을 말하자 하나님께서는 "네 몸에서 태어난 아이가 네 재산을 물려 받게 될 것" 이란 언약을 하신다. 그리고는 밖으로 나가 하늘을 바라보게 하시며 "셀 수 있으면 저 별들을 세어 보아라, 네 자손들도 저 별처럼 많아지게 될 것이다" 라고 말씀하셨다.

아브람은 하나님의 말씀을 믿었다. 그런 아브람을 하나님께서는 의롭게 여기셨다. 이어 아브람의 자손들은 가나안에서 살기 전, 이집트에서 400년 동안 지내야 할 것을 지시하셨다. 그러나 아브람의 자손을 종으로 삼았던 그 나라를 벌 줄 것과 많은 재산을 가지고 그 나라에서 나오게 될 것임을 언약하시며 현재 가나안 땅에 살고 있는 겐, 그니스, 갓몬, 헷, 브리스, 르바, 아모리, 가나안, 가리가스, 여부스 족속들을 열거하셨다.

** **주요구절** ** 15 : 6 아브람이 여호와를 믿으니 여호와께서 이를 그의 의로 여기시고.

16장_ 하갈과 이스마엘

아브람의 아내 사래는 아기를 낳지 못했다. 사래에게는 '하갈' 이란 여종이 있었다. 사래는 남편에게 자신은 아기를 가질 수 없으니 여종 하갈과 동침하여 아기를 낳아 자손을 잇도록 요구한다. 그 결과 하갈은 이집트 사람으로서 아브람과 동침하여 임신하게 된다.

아기를 낳을 수 없던 사래는 여자로서 하갈에게 심한 질투를 느낀다. 여종 하갈이 아브람의 아기를 임신을 하자 주인인 자신을 업신여기며 깔보고 있다고 판단, 아브람에게 강력히 조치해 줄 것을 주장한다. 아브람은 하갈은 당신의 여종이니 당신이 알아서 처리하라고 말한다. 하갈이 이와 같은 상황을 목도하고 사막의 샘물 곁으로 도망친다.

이때 여호와의 천사가 나타나 어디서 와서 어디로 가는 길이냐고 묻는다. 하갈은 있는 그대로 말한다. 여호와의 천사는 여주인에게 돌아가라고 권유하며 "내가 너에게 셀 수 없이 많은 자손을 줄 것이며, 지금 임신하고 있는 아들을 낳으면 '이스마엘' 이라 이름 지으라" 고 지시한다.

이는 여호와께서 "너의 부르짖는 소리를 들어주신 징표이다" 란 뜻이었다. 이스마엘은 마치 들나귀처럼 되어 사람들과 대적할 것이며, 모든 형제들과 마주 대하며 살 것이라고 말했다. 드디어 아브라함이 86세에 이스마엘이 출생했다.

이스마엘은 13세에 할례를 받고, 아브라함의 사랑을 받았으나 훗날 사래에게 난 이복 동생 '이삭'을 놀리다가 어머니 하갈과 함께 광야로 쫓겨나게 된다. 그러나 하나님의 특별한 보호를 받고 성장하여 훌륭한 활잡이가 되었으며 12종족의 조상이 되었다.

17장_ 이삭의 출생

아브람이 99세 때에 여호와께서 그에게 나타나 새 언약을 세워 수 없이 많은 자손을 주겠다고 말씀하신다. 아브람이 엎드려 절하자 "이것은 내가 너에게 세우는 언약이다. 너는 여러 나라의 조상이 될 것이다. 내가 너를 여러 나라의 조상으로 만들었으니 이제부터 너는 아브람이 아니고 '아브라함'이 되었다." 이전의 아브람은 이후 아브라함으로 불려지게 되었다. 아브람의 뜻은 '고귀한 아버지'이며 아브라함의 뜻은 '열국의 아버지'이다.

하나님께서는 남자의 양피를 베어 태어난 지 8일 만에 할례를 받되 종이나 너희 자손이 아닌 외국 사람들까지도 할례를 받아야만 하나님의 백성이 될 수 있음을 지시하셨다. 또한 아브라함의 아내 역시 사래에서 '사라'로 이름을 바꾸어 부르게 했다. 사래란 '나의 공주'란 뜻이며 사라는 '공주'란 뜻이다. 하나님께서는 이름이 바뀌는 것에 상당한 의미를 부여하셨다. 그리고는 사라에게 복을 주어 아들을 낳게 할 것이며, 여러 나라의 어머니가 될 것임을 말씀하신다. 아브라함은 하나님 여호와의 뜻밖의 언약에 "늙은 나이에 어찌 아들을 낳을 수 있겠습니까?"하며 부정적인 견해를 보였고, 차라리 이스마엘에게나 축복해 주시기를 청원한다.

그러나 하나님께서는 더욱 구체적으로 "네 아내 사라가 아들을 낳을 것이니 아들을 낳으면 그 이름을 '이삭'이라고 하여라. 내가 네 아들과 언약을 세울 것이니 그 언약은 네 아들과 자손과의 영원한 언약이 될 것"이라고 말씀하셨다.

이스마엘에 대한 축복도 함께 하시니, 그에게 많은 후손을 주어 큰 지도자로 삼을 것이며, 12명의 아버지가 되고, 큰 나라를 이루게 될 것을 축복하셨다. 이삭이 내년 이맘때에 태어날 것과 이삭과 내 언약을 세울 것임을 말씀하신 뒤 하늘로 올라가셨다.

그 후 아브라함의 집에 있던 모든 남자들은 하나님의 지시대로 할례를 받는다. 아브라함이 할례 받은 때는 99살이었고, 같은 날 이스마엘도 13세의 나이로 할례를 받았다.

18장_ 세 천사가 나타남

여호와께서 세 사람의 천사로 아브라함에게 나타나셨다. 아브라함은 장막에서 뛰어 나와 세 사람을 극진히 모신다. 천사들은 송아지 요리와 버터 등으로 식사대접을 받으며 사라를 찾는다. 사라는 장막 안에서 천사들의 얘기를 엿듣게 되는데 천사들의 말인 즉, 내년에 사라가 아들을 낳을 것이라고 말한다. 사라는 그 소리를 듣고 자신의 나이로 볼 때 도저히 불가능한 일이라 단정하여 웃었다. 그러자 여호와께서는 왜 웃느냐며 질책하셨다.

여호와께서는 "능치 못할 일이 없노라. 반드시 내년에 사라는 아들을 낳을 것이다." 사라는 두려워 웃지 않았노라고 말했지만 여호와께선 단호하게 "너는 웃었다"라고 각인시켜 주신다.

하나님께서 사라의 웃음을 넘어서 하나님의 능력을 만방에 보여주실 것을 확신시켜 주고 있는 것이다. 여호와께서 아브라함에게 크고 강한 나라가 될 것이며, 이 땅의 모든 나라들이 아브라함으로 인하여 복을 받을 것이라고 말씀하신다.

그리고 자기 자손들을 잘 가르쳐 여호와의 길을 잘 따르도록 당부하셨다. 그리고는 소돔과 고모라에 대한 좋지 않은 소문에 대해 말씀하신다.

현재 소돔과 고모라에는 악인들로 가득하기 때문에 그 성읍을 멸족시키겠다는 의지를 표현하신다.

소돔에는 조카 롯이 거주하고 있었으므로 아브라함은 하나님께 간청하여 50명의 선한 사람을 필두로 점점 내려가 45명, 40명, 30명, 20명, 마지막으로 의로운 사람 10명만 있어도 소돔과 고모라를 멸망시키지 않겠다는 하나님의 약속을 받아내지만 결국 하나님께서는 유황불로 성읍과 사람들을 심판하기에 이른다.

19장_ 롯을 찾아온 천사들과 소돔성의 멸망

심판에 앞서 하나님께서 보낸 천사 두 명이 소돔 땅에 내려가 롯을 만난다. 롯은 간청하다시피 자기 집으로 두 천사를 모시고는 누룩 없는 빵으로 식사 대접을 극진하게 한다. 밤이 되자 소돔성의 사람들이 롯의 집을 포위하고 낯선 두 사람을 내놓으라고 협박한다. 롯은 그들에게 자신의 딸을 내놓을 테니 손님들을 다치게 해서는 안 된다며 버틴다.

마침내 사람들은 롯을 때리려고 문을 밀치고 부쉈으나, 주의 천사들이 롯을 안으로 끌어당겨 막아준 후 그들의 눈을 어둡게 했다. 천사들은 롯에게 친척과 사위와 딸들을 데리고 빨리 성읍을 떠나라고 지시한다. 롯의 말을 들은 친척과 사위들은 그저 장난으로만 여겼다. 이튿날 새벽이 되자 천사들은 롯에게 급히 떠날 것을 지시한다. 그래도 머뭇거리자 천사들은 그의 아내와 두 딸의 손을 잡아 끌어 성 밖 안전한 곳으로 인도한다.

천사들은 롯의 가족에게 최후의 통첩을 한다. "살려면 이곳을 피하시오, 골짜기 어디에서든 뒤를 돌아보거나 멈추지 마시오. 산으로 도망가시오. 그렇게 하지 않으면 당신들도 죽을 것이오." 롯은 산까지 도망칠 여력이 없으므로 근처에 보이는 작은 성으로 도망치게 해달라고 부탁한다. 그러자 천사들은 "당신들이 저 성에 도착할 때까지 소돔을 멸망시키지 않겠다"고 약속한다.

그로부터 롯의 일행이 도피한 작은 성을 '그 성은 작다' 란 뜻으로 소알이라 부르게 되었다. 롯이 소알에 들어섰을 때, 소돔과 고모라에는 하늘로부터 비가 내리듯 유황과 불이 쏟아졌다. 그러나 롯의 아내는 여호와의 말씀을 어기고 뒤를 돌아보았다. 그녀는 그 자리에서 소금기둥이 되었다.

롯과 그의 딸들

롯은 계속해서 소알에 사는 것을 두려워 했다. 그래서 롯과 두 딸은 산중 동굴로 이사한다. 두 딸은 남자가 없는 마당에 대를 잇기 어렵다고 판단하여 아버지 롯을 통해 아들을 낳아 대를 이어가기로 결의하고, 아버지를 술 취하게 한 후, 잠자리에 들어 임신을 했다. 큰 딸은 아들을 낳아 이름을 '모압' 이라 불렀으며, 모압 족속의 조상이 된다. 작은 딸도 아들을 낳아 '벤암미' 라 부르고, 그의 자손들은 암몬 족속으로 퍼져 나가게 되었다.

두 딸들의 이런 일은 인륜적으로 해서는 안 될 짓을 하나님 앞에 저질렀으나, 그들의 목표가 간음이 아닌, 종족 번식을 위한 것이기에 그나마 하나님의 진노를 면할 수 있었던 근친상간의 패륜적 사건이 되었다.

소돔과 고모라의 교훈

죄악으로 가득 찬 이 곳은 아브라함이 살고 있는 헤브론과 멜기세덱이 살고 있는 예루살렘과 가까운 거리에 위치하고 있다. 때는 홍수 후 400년으로 사람들의 기억에는 홍수의 사건이 기억되던 시절이었다. 그러나 사람들은 인류 멸망의 교훈을 잊고 있었다. 그래서 하나님께서는 인간의 기억을 새롭게 하시고 사악한 사람들에게 하나님의 진노를 경고하며 세상의 마지막 심판이 불로 이뤄질 것을 나타내기 위하여 소돔과 고모라 성읍에 불과 유황을 내리신 것이다. 하나님께서 골짜기의 성들을 멸망시킬 때, 의로운 사람 아브라함의 부탁을 기억하시고 조카 롯과 두 딸들을 멸망에서 건져 주셨다.

20장_ 사라와 아비멜렉

아브라함은 헤브론을 본거지로 삼고 목축을 하는데 초지를 따라 이동하며 유목민으로 살았다. 그랄이란 지방에서 일어난 사건으로 아브라함은 그곳 사람들에게 사라를 누이라 불렀다. 사라는 늙었지만 아름다워 남자들의 호기심을 끄는 여자였다.

그는 지난날 파라오에게 당했던 모욕을 다시 당하고 있었다. 그랄의 왕 '아비멜렉' 은 사라를 데려다가 동침하려 했으나, 꿈속에서 하나님의 엄중한 경고를 받게 된다. "아브라함의 아내를 돌려 보내라, 아브라함은 예언자이니, 아브라함이 너를 위해 기도하면 너는 죽지 않을 것이다. 하지만 사라를 돌려 보내지 않으면 너는 죽을 것이며, 너의 모든 가족도 죽을 것이다."

아비멜렉은 아브라함을 불러 누이와 오라비의 사실관계를 조사하기에 이른다. 사실 아브라함과 사라는 어머니가 다른 오누이는 맞았으나 아비멜렉은 하나님의 경고를 받아들여 두 사람을 훈방하며 오히려 생활자금을 보태준다. 아브라함은 하나님께 기도 드려 아비멜렉의 아내와 여종들의 병을 고쳐 주었다.

21장_ 사라가 이삭을 낳다

여호와께서는 말씀하신 대로 사라는 늙은 나이에도 불구하고 아들을 낳는다. 아브라함은 아들의 이름을 이삭이라 불렀으며 낳은 지 8일째에 할례를 베풀었다. 이삭이 태어났을 때 아브라함은 100살이었고 이복 형인 이스마엘은 15세였다. 이삭이 자라나 젖을 뗄 무렵 아브라함은 큰 잔치를 벌인다.

사라는 이스마엘이 자신의 아들 이삭을 놀리는 것을 본 후 아브라함에게 하갈과 이스마엘을 쫓아내라고 한다. 아브라함은 곤혹스러웠다. 이스마엘 역시 자신의 피를 받은 아들이었기 때문이다. 이때 사라 때문에 걱정하지 말라, 사라가 원하는 대로 해 주라는 하나님의 음성이 들려온다. "내가 너와 약속한 자손은 이삭에게서 나올 것이라. 그러나 여종의 몸에서 나온 아들도 네 아들이므로 내가 그의 자손도 큰 나라가 되게 할 것이다." 아브라함의 집을 나온 하갈은 브엘세바의 광야에서 헤매고 있었다.

가죽부대의 물이 모두 떨어지자 이스마엘을 어떤 작은 나무 아래 두고 물이 나오기를 기다리며 멀리서 바라보고 있었다. 하나님께서는 아이의 울음소리를 들으시고 이스마엘을 들어 큰 민족을 이루게 하시겠다고 축복하시며, 하갈의 눈을 밝게 하여 우물을 발견하게 하신다. 이스마엘은 바란 광야에서 훌륭한 활잡이가 되어 이집트 여인과 혼인하여 살았다.

브엘세바는 헤브론의 서남쪽 32km쯤 되는 곳이며, 이집트로부터는 240km 떨어진 가나안의 남쪽 끝에 있다. 여기에 일곱 개의 우물이 있는데, 사막 같은 이 지역에서의 우물은 사람의 생존과 직접적인 관계가 있었다. 아비멜렉과 아브라함의 관계를 노정하는 요인 역시 우물에 관련된 것이다. 브엘세바란 말은 '맹세의 우물' 이란 뜻이다.

**** 주요구절 ****
22:12 사자가 가라사대 그 아이에게 네 손을 대지 말라 아무 일도 그에게 하지 말라 네가 네 아들 네 독자라도 내게 아끼지 아니 하였으니 내가 이제야 네가 하나님을 경외하는 줄을 아노라.

22장_ 아브라함은 이삭을 바쳤다

하나님께서는 "너는 사랑하는 아들, 이삭을 데리고 모리아 땅으로 가거라.

너에게 일러 주는 산에서, 네 아들을 잡아 태워 드리는 제물인, 번제물로 바쳐라." 하나님께서는 그렇게 되기를 원치 않으시면서, 그 일을 명령하셨다. 아브라함의 믿음을 시험하기 위한 방법이었다. 하나님은 이삭으로 하여금 민족의 아버지가 되게 하시겠다고 언약하셨지만, 정작 이삭이 결혼하여 아이를 낳기도 전에 죽일 것을 명령하신다.

그러나 아브라함은 하나님께서 이삭을 살려 주실 것을 확신하고 있었다. 하나님이 어떤 태도로 아브라함에게 명령하셨는지 알 수 없으나, 아브라함은 분명한 하나님의 말씀에 순종하고 있다. 아브라함은 하나님 말씀에 따라 번제를 드릴 나무를 준비하여 3일 동안을 걸었다. 그는 종들에게 먼 발치에 머물게 한 뒤 이삭을 데리고 제단으로 올라간다.

이삭은 번제물인 양이 없음을 보고 의아해 한다. 아브라함이 칼을 들어 이삭을 치려는 순간 하늘에서 음성이 들려 왔다. "네 아들에게 손대지 말라, 네가 하나밖에 없는 아들을 아낌없이 바치려는 것을 내가 보았으니 네가 하나님을 두려워 하는 것을 이제 알았다." 아브라함이 눈을 들어 살펴 보니 나무에 뿔이 걸린 숫양 한 마리가 보였다. 그는 양을 잡아 번제물로 드렸다. 그 자리를 '여호와 이레'라 하였는데 그 뜻은 "여호와의 산에서 준비될 것이다"이다.

23장_ 사라의 죽음

사라는 127세에 죽었다. 아브라함은 사라의 죽음을 슬퍼 하며 크게 울었다. 그는 헷 사람들에게 숭앙 받는 지도자로 있었다. 그의 아내 사라를 장례하기 위해 '에브론'이란 사람의 막벨라 땅을 사려 하자 에브론은 거저 주려 한다.

그러나 아브라함은 끝까지 은 400세겔을 지불하고 그 땅을 사서 아내 사라를 동굴 속에 장사지낸다. 그로 인해 주변의 모든 땅과 나무가 아브라함의 재산이 되었다. 이 지역은 지금의 헤브론이다.

24장_ 이삭과 리브가의 약혼

리브가는 이삭의 6촌이었다. 아브라함이 이삭의 아내를 그의 동족에게서 택한 것은 우상숭배에서 그의 자손을 보호하기 위한 선택이었다. 아브라함의 종은 신실한 사람으로 자신과 나귀에게 물을 대접하는 여인에게 이삭의 신부를 구하려 했다. 하나님께서는 종의 기도를 들어 주시려고 리브가를 우물가로 보내셨고, 종은 그녀의 집으로 가서 혼인 약속을 받은 후, 그 길로 아브라함에게 리브가를 데리고 돌아오는데, 리브가는 멀리 있던 이삭을 발견한다.

그녀는 이삭이 자신의 남편이 될 사람이란 것을 알아차린 뒤 베일로 얼굴을 가린다. 이삭은 리브가를 사라의 장막으로 데려가 아내로 삼았다. 어머니를 여읜 이삭은 리브가에게서 애틋한 모정과 함께 위로를 받았다.

25장_ 아브라함의 죽음

아브라함은 이후 38년을 더 살다가 175세에 죽어 조상 곁으로 돌아갔다. 그는 나이가 많아 노쇠해지자 이삭에게 자신의 재산을 상속하고 그 밖의 서자들에게도 재산을 나눠 준다. 아브라함은 복된 생활을 하며 영혼을 위한 준비를 성실하게 했다. 사라가 죽은 뒤 그두라와 결혼하여 6명의 아들을 더 낳기도 했다. 그 중에 미디안도 있었다. 그로부터 500년 후, 모세는 미디안 여자와 결혼했다.

오늘날 아브라함은 유대인이나 모슬렘이나 기독교인들이 함께 존경하는 가장 위대하고 순결한 믿음의 조상이 되었다. 그는 '하나님의 친구', 혹은 '믿음의 조상'이라 불려지고 있으며 그는 매우 관대하고 합리적이고 고귀한 성격의 소유자였다.

이삭과 이스마엘은 아브라함을 사라가 잠들어 있는 막벨라 동굴에 장사지냈다. 이복 형제들의 이 같은 아버지에 대한 효도는 당대에 만큼은 서로 화목하게 지냈다는 결과이기도 하다. 아브라함이 죽은 뒤에 하나님께서는 이삭에게 복을 주셨다.

이스마엘의 전기

이스마엘에 관한 이야기는 창세기의 여덟 번째 에피소드이다. 그는 아브라함의 아내 사라의 몸종이던 하갈이 난 아브라함의 아들이었다. 이후 이스마엘의 족속은 아라비아로 이동하여 지금의 아라비아 민족을 이루게 된다. 그러므로 아브라함은 아라비아 민족의 아버지가 되는 셈이다. 적자인 이삭과 서자인 이스마엘의 적대 관계는 오늘날까지도 유대인과 아랍인의 분쟁의 원인이 되고 있다. 이스마엘은 12종족의 조상이 되었으며, 137세에 죽었다. 이스마엘의 자손들은 이집트 동쪽 앗시리아 일원에 형제들과 인접하여 살았다.

이삭의 전기

이는 창세기를 구성하는 아홉 번째 에피소드로 이삭과 야곱의 이야기인데 야곱에 의해 그의 자손들에게 전해진다.

25장_ 이삭의 가정

이삭은 40살에 리브가와 결혼했지만 그녀는 아이를 낳지 못했다. 그는 하나님께 리브가의 수태를 위해 기도한다.

여호와께서 이삭의 기도를 들으시고 리브가에게 쌍둥이를 낳게 하신다. 먼저 나온 아이는 몸이 붉고 그 피부가 털옷 같았다. 그래서 "털이 많다"는 뜻의 이름 '에서'라 불렀으며 나중에 나온 아이는 에서의 발꿈치를 붙들고 있었으므로, "그가 발꿈치를 잡았다"는 뜻의 이름인 '야곱'으로 불렀다. 에서는 장자이기 때문에 이삭의 후계자로 여호와께로 아브라함이 받은 언약의 상속자였다.

그러나 하나님께서는 그들이 태어나기 전부터 두 사람의 성질을 아시고 귀중한 유산의 상속자를 야곱으로 선택하셨다. 하나님께서는 이 내용을 어머니 리브가에게 예시했다. 리브가는 이런 그 예시를 깨닫고 야곱의 상속에 깊이 관여하게 된다. 에서는 뛰어난 사냥꾼이었으며, 야곱은 장막에 머물기 좋아하는 조용한 사람이었다. 사냥에서 허기진 배를 안고 돌아온 에서는 동생인 야곱에게 빵과 죽을 얻어 먹는 것으로 장자의 모든 권리를 쉽사리 넘겨주었다. 에서는 이처럼 장자의 권리를 대수롭지 않게 생각하고 있었다.

아브라함의 아들 중에서 이삭에게만 약속의 상속권이 주어졌다. 이삭의 아들 중에는 에서가 제외되고 차남인 야곱이 상속을 받는다.

이후 야곱은 상속권의 점유를 없애고 모든 자손들에게 선택된 민족을 이루게 하였다.

26장_ 이삭이 블레셋에 이주하다

이삭의 생애는 아비멜렉과 리브가의 사건, 우물의 분쟁사건 외에는 별로 알려지지 않는다. 그는 아브라함으로부터 많은 가축을 물려 받아 부유하고 평온한 생활을 한다. 이삭은 아브라함이 100세, 사라가 90세 때 출생했다. 그가 37세 때 어머니 사라가 죽었다. 그는 리브가와 40세에 결혼을 했고 60세에 아들 에서와 야곱 쌍둥이를 낳았다. 이삭의 나이 137세 때에 야곱이 도주하였고 157세에 돌아왔다.

167세에 요셉이 팔렸고 그는 180세에 죽었다. 그 해에 요셉은 이집트의 총리대신이 되었다. 아브라함은 175세, 이삭은 180세, 요셉은 110세까지 살았다. 아브라함 때에 첫 흉년이 들었었는데, 이삭의 때에 또 흉년이 들어 그는 식솔과 더불어 블레셋의 그랄 지방으로 이주한다. 여기에서 블레셋의 왕 '아비멜렉'과 '리브가'의 사건이 벌어진다.

이것은 이삭의 아버지 아브라함과 사라의 사건과 같은 유형의 에피소드로 이삭의 아내 리브가의 자태가 매우 아름다웠던 까닭에 타향살이를 해야만 하는 이삭은 다른 사람한테서 테러를 당할까 겁이 난 나머지 아버지 아브라함과 같이 자신의 아내를 누이라 불렀다. 어느 날 아비멜렉은 이삭이 리브가를 안고 있는 모습을 보게 된다. 아비멜렉은 그를 불러 사정을 듣고는 "이 사람이나 그의 아내를 건드리는 자는 반드시 죽을 것이다"란 엄명을 내린다.

이삭의 번성

우물의 분쟁사건은 이삭이 그 땅에 거주하며 농사를 지어 백배의 소출을 얻게 된다. 여호와께서 복을 주시므로 이삭은 창대하고 왕성하여 마침내 큰 부자가 된다. 블레셋 사람들은 이삭을 시기하여 옛날 이삭의 아버지 아브라함이 팠던 우물을 덮어 버린다. 아비멜렉은 이삭에게 "네가 우리보다 크게 강성한 즉 블레셋을 떠나라"고 한다.

이삭은 그곳을 떠나 그랄 골짜기에 장막을 치고 거주했다. 그랄에서 양을 치던 사람들과 이삭의 종들과 우물을 놓고 분쟁을 벌이게 된다. 이삭이 브엘세바로 간 날 밤에 여호와의 음성을 듣게 된다. "나는 네 아버지 아브라함의 하나님이다. 너는 두려워 하지 마라. 내가 내 종 아브라함을 위해서 너와 함께 있겠고 너에게 복을 주며 많은 자손을 줄 것이다"라고 언약을 하셨다.

이후 아비멜렉이 찾아와 자신이 후덕하게 대했던 것처럼 옛 우정을 되살리자고 간청한다. 이삭의 아들 에서는 '헷' 족속의 여자 두 명을 아내로 맞이하는데 끝내 두 여자들은 이삭과 리브가의 근심거리로 작용하게 된다.

27장_ 아버지 이삭을 속인 야곱

야곱은 이미 형인 에서로부터 장자 상속권을 샀다. 아버지는 눈이 어두워 앞이 잘 보이질 않았다. 에서가 아버지에게 요리해 드릴 짐승을 잡기 위해 사냥을 나간 사이 어머니와 공모하여 장자의 축복을 받는다. 뒤늦게 도착한 에서는 이미 장자의 축복이 야곱에게 넘어간 것을 알고 소리 내어 울며 자신에게도 복을 달라고 애원하지만 이삭은 더 이상 에서에게 줄 축복이 없었다.

에서는 야곱에게 당한 설움이 북받쳐 동생 야곱을 죽일 것을 다짐한다. 아버지가 돌아가시면 반드시 야곱을 죽일 것이라고 결심한다. 어머니 리브가는 에서가 야곱을 죽이려는 것을 알고 야곱을 친정 오빠인 라반에게 보내 거기서 살게 한다. 리브가는 며느리인 헷 족속의 딸들인 유딧과 바스맛 두 여자를 미워했다. 이삭은 집을 떠나는 야곱에게 복을 빌어주며 가나안 사람과는 결혼하지 말 것을 당부한다.

그 후 야곱의 자손 중에서 그리스도를 배출하게 되었고 에서의 자손은 에돔 족속으로 이스라엘에 종속되었다가 역사에서 사라지고 말았다.

28장_ 길 떠나는 야곱

야곱은 브엘세바(이삭이 맹세한 후 발견한 우물이 있는 성읍)를 떠나 하란으로 간다. 어느 곳에 이르러 밤을 맞이하는데, 그는 돌을 하나 주워, 돌베개를 베고 잠이 들었다. 그는 천사들이 사다리를 타고 오르내리는 꿈을 꾸게 된다. "나는 네 할아버지 아브라함의 하나님, 이삭의 하나님 여호와이다. 내가 너와 네 자손에게 네가 자고 있는 땅을 줄 것이다. 네 자손은 티끌처럼 많아져서 동서남북 사방으로 퍼지며 땅 위의 모든 민족들이 네 자손을 통해 복을 받을 것이다." 야곱은 잠에서 깨어 돌베개를 세워 기름을 부어 기둥을 세우고, 하나님의 제단을 깨끗이 하고, 그 이름을 벧엘이라 하였다. 벧엘은 '하나님의 집' 이란 뜻이다.

야곱의 생애를 보면 꿈을 꾼 시기는 그가 77세였다. 84세에 결혼하여 90세에 요셉을 낳았다. 98세에 가나안으로 돌아왔다. 120세 때 이삭이 죽었고, 130세에 이집트로 간다. 그리고 147세에 죽는다. 야곱은 77년 동안은 가나안에서 살았고, 20년 동안 하란에서 살다가 다시 가나안으로 돌아와 33년을 살았고 마지막 17년은 이집트에서 살았다.

29장_ 하란으로 이주

하란은 가나안의 동북쪽 640km에 있다. 여기는 야곱의 어머니 리브가가 자란 곳이며 할아버지 아브라함이 오래 전에 정착했던 곳이었다. '라반' 은 야곱의 외삼촌이었다. 야곱은 거기서 20년 동안을 산다. 여기에서 야곱은 형의 보복으로부터 도피생활을 하게 되는데 그가 이삭을 속여 축복을 받은 것과 마찬가지로 속임수에 넘어가 원하지 않는 결혼을 한다.

야곱은 양 떼를 몰고 우물에 도착했을 때, '라헬' 을 적극 도와 우물의 돌을 치워 주고 양 떼에게 물을 마시게 한다. 다음 라헬에게 입을 맞추고, 자신이 라헬의 아버지 라반의 조카임을 확인시켜 준다. 집에 도착한 라헬은 아버지 라반에게 야곱을 소개하자 라반은 "정말로 너는 내 뼈요, 내 살이다" 라고 반겨 주었다. 그렇게 해서 야곱은 외삼촌 라반의 집에 머물게 된다. 야곱의 순간적 기회 포착 능력이 빼어남을 알 수 있는 대목이다.

라반에게는 레아와 라헬이라는 두 명의 딸이 있었다. 야곱은 한눈에 라헬의 미모에 반해 그녀를 좋아한다. 그는 라헬과 결혼하는 조건으로 7년간 무료로 라반의 농사일을 하게 된다. 사랑하는 라헬을 아내로 얻는 기대감으로 7년 동안 농사일을 도운 야곱은 마침내 라헬과 결혼을 하게 된다. 잔치를 벌이고 기다리던 밤이 되었다. 이때 라반은 교묘한 꾀를 내어 라헬의 언니 레아를 데리고 야곱에게로 가서 동침케 한다.

아침에서야 자신의 신부가 라헬이 아닌 언니 레아인 것을 알게 된 야곱은 라반에게 항의하지만 이 동네 전통은 동생이 언니보다 먼저 결혼할 수 없음을 이유로 내세워 앞으로 7년 동안 더 일을 하면, 라헬도 아내로 주겠다고 조건을 제시한다. 야곱은 사랑하는 라헬을 아내로 얻기 위해 어쩔 수 없이 7년을 더 머물며 라반의 농사일을 할 수밖에 없게 되었다.

30장_ 야곱의 가족

야곱의 아내가 된 라헬은 야곱의 아이를 낳지 못하자 언니 레아를 시샘한다. 라헬은 야곱에게 자신도 아기를 낳게 해 달라고 협박한다. 그러나 야곱은 "당신이 아이를 낳을 수 없게 하신 분은 하나님이신데 나더러 어떻게 하란 말인가?"라고 하자 라헬은 자신의 몸종 '빌하' 와 함께 잠자릴 해서 그녀를 통해 자신의 아이를 가질 수 있게 해 달라고 요청한다. 그렇게 해서 얻은 아들이 '단' 이었다. 빌하는 둘째 아이도 낳아 라헬에게 주었다.

라헬은 기뻐 하며 언니와 겨뤄 자신이 이겼다고 좋아하며 둘째 아이를 '납달리' 라 이름 지었다. 야곱은 레아와 라헬 외에도 두 명의 첩을 얻었다. 그는 12명의 아들을 얻었다. 이 사람들에게서 유대의 12지파가 형성되고 향후 이스라엘 역사의 주요 종족으로 퍼져 나가게 된다.

레아에게서 르우벤, 시므온, 레위, 유다, 잇사갈, 스블론을 낳았으며, 라헬에게서 요셉, 베냐민을 낳았고, 레아의 하녀 '실바' 에게서 갓, 아셀, 그리고 라헬의 하녀 빌하에게서 단, 납달리를 얻었다.

이 당시에는 종은 개인의 소유 대상이었으므로 그 종이 낳은 자식도 당연히 주인에게 돌려지게 된다. 일부다처제와 노예제도 등은 하나님의 말씀에 위배되는 것으로 이런 제도를 물려 받은 곳에서는 분쟁이 그치지 않게 되었다.

야곱의 술수

야곱은 장자의 축복을 빼앗는 과정에서 보여지듯 술수에 대단히 강한 사람이다. 외삼촌 라반한테도 예외는 아니었다. 야곱은 이제는 장인이 된 라반의 가축들과 분별하여 자신의 짐승들을 기를 수 있게 해 준다면 돌아가지 않고 장인과 함께 살겠다고 한다. 라반은 자신의 아들들에게 짐승을 분배하여 주고 야곱에게 나머지를 기르게 한다.

야곱은 흰 무늬의 가지를 우물곁에 세워두고 새끼를 배게 했는데 새끼들마다 점이 있거나 얼룩무늬가 있게 되었다. 그는 건강한 짐승을 취하고 약한 짐승은 라반에게 돌렸다. 아무리 술수에 강한 야곱이지만 하나님의 섭리가 그에게 있었으므로 줄무늬 나뭇가지 앞에서 새끼를 밴 짐승은 그가 원하는 새끼를 낳게 되었고 그로 인해 야곱은 큰 부자가 되었다.

31장_ 도주하는 야곱

야곱은 라반의 아들들이 자신을 배척하려는 소리를 엿듣게 되었다. 그는 라헬과 레아에게 하나님 여호와의 뜻을 설명한다. 지금까지 일어난 모든 일들이 벧엘에서 꿈으로 보여 주신 여호와의 섭리가 있었기 때문에 가능했다고 고백한다. 두 딸도 아버지 라반에게서 더 이상 물려 받을 유산이 없으므로 잠시 묵고 지나가는 나그네처럼 대하는 것이라 판단하고 야곱의 의견에 따르게 된다.

마침 여호와께서 야곱에게 나타나 "네 조상들이 사는 땅으로 돌아가라, 내가 너와 함께 있겠다"라고 말씀하셨다. 야곱은 여호와의 말에 따라 레아와 라헬, 그리고 가축과 가족을 대동하고 고향으로 돌아가게 된다.

라헬은 아버지 라반이 우상으로 섬기던 드라빔을 훔쳐 달아났다. 드라빔은 사람 모양의 우상으로 죽은 조상들의 형상이다. 야곱이 길을 떠나 유숙하고 있을 때 장인 라반이 쫓아왔다. 라반은 야곱에게 딸과 손자들과 가축을 훔쳐 달아난 이유를 묻는다. 그리고 자신이 섬기던 우상 드라빔을 왜 훔쳤는가를 따진다. 야곱은 장인 라반의 물건에 절대 손을 대지 않았음을 맹세한다. 야곱은 장인의 우상 드라빔을 라헬이 몰래 가져온 것을 모르고 있었다. 라반은 레아의 장막을 뒤지고 라헬의 장막을 뒤졌으나 라헬이 타고 있는 낙타의 안장은 뒤지지 않았다.

라반은 사위 야곱과 언약을 맺는다. 돌단을 쌓고 언약의 증거물로 삼았다. 그 돌단은 증거의 돌무더기란 뜻으로 '갈르엣' 혹은 망루란 뜻으로 '미스바' 라고도 불렀다.

32장_ 야곱이 하나님과 씨름하다

야곱에게 하나님의 천사들이 나타났다. 그는 천사들을 하나님의 군대라고 말했다. 그래서 그곳을 '마하나임' 즉 두 진영이라 불렀다. 형 에서는 에돔 나라의 세일이란 곳에 살고 있었다. 야곱은 에서의 장자 상속권을 빼앗은 후 도망하여 20년 동안의 객지생활을 마치고, 고향 가나안으로 돌아간다. 야곱은 에서를 두려워 한 나머지 자신을 종이라 표현하며 형의 환심과 용서를 빈다.

어느 날 야곱의 종들로부터 에서가 400명을 거느리고 야곱을 만나기 위해 오고 있다는 전갈을 받게 되는데 그는 두려움에 떨며 지혜를 짜낸다. 수백 마리의 짐승을 형에게 선물할 것이며, 짐승의 이동을 두 개의 파트로 나눠, 그가 맨 나중에 따라가고 앞선 종들에게 에서가 묻거든 이 짐승들을 모두 형에게 선물하려 한다는 뜻을 전하도록 한다. 야곱은 먼저 선물을 보내놓고 밤이 되어 천막에 묵었다.

그 날 밤 야곱은 자리에서 일어나 두 아내와 두 여종과 열한 명의 아들을 데리고 얍복강 나루를 건넌다. 어떤 사람이 와서 밤새 씨름을 한다. 그 사람은 야곱의 환도 뼈를 쳐서 엉덩이를 어긋나게 만들었다. 그는 야곱에게 날이 새려 하니 자신을 놓아달라고 한다. 그러나 야곱은 복을 주시기 전에는 보내드릴 수 없다고 하자 그는 하나님의 천사임을 밝힌다. 그리고는 야곱의 이름을 '이스라엘' 이라 바꿔 주며 복을 내려 주었다. 이스라엘은 '하나님과 겨루다' 란 뜻이다.

야곱은 하나님의 얼굴을 보았지만 죽지 않고 살았다며 그곳을 '브니엘' 이라 지칭하였으며 '하나님의 얼굴' 이란 뜻이다. 야곱이 그곳을 떠나려 할 때 해가 떠올랐다. 그러나 엉덩이를 다친 야곱은 절뚝거려야 했다. 하나님의 천사가 야곱의 엉덩이를 쳤기 때문에 지금도 이스라엘 사람들은 짐승의 엉덩이 뼈에 붙어 있는 큰 힘줄을 먹지 않는다.

33장_ 야곱이 에서를 만나다

야곱이 눈을 들어 보니 에서가 오고 있었다. 야곱은 자신의 가족들을 정렬시키고 형을 향해 일곱 번이나 절을 했다. 에서가 달려와 야곱을 끌어안았다. 두 사람은 입을 맞추고 소리 내어 울었다. 에서는 야곱의 선물을 받지 않으려고 했지만 동생의 적극 권하므로 받는다.

에서는 지난날 동생 야곱을 죽이겠다고 맹세했지만 마음이 변하여 동생을 반갑게 맞아들였다. 야곱은 에서의 행동을 의아하게 생각했다. 아버지 이삭이 죽을 때를 기다리며 야곱을 죽이려 혈안이 되어 있던 에서의 마음이 화해로 돌아서게 되었고, 마침내 아버지 이삭이 죽자 두 형제는 우애 있게 아버지의 장사를 지냈다.

34장_ 디나의 강간사건

세겜은 야곱이 20년 만에 고향 가나안으로 돌아오면서 처음으로 정착한 곳이다. 거기서 땅을 구한 다음 하나님께 제단을 쌓고 임시로 머물려고 했다. 그러나 레아에게서 난 딸 '디나' 가 원주민 추장인 '세겜' 에게 강간을 당한다. 세겜의 아버지 '하몰' 이 야곱과 그의 아들들에게 찾아와 디나를 신부로 보내 주면 이 땅에서 호의호식하며, 우리와 함께 살 수 있게 해주겠다며 간청을 한다. 야곱의 아들들은 우리처럼 남자들이 할례를 받으면 우리는 한 백성이 되어 같이 살아 갈 수 있다고 대답한다. 하몰이 사람들에게 할례를 받자고 역설하자 남자들이 모두 할례를 받게 된다.

그러나 야곱의 아들들 중 '시므온' 과 '레위' 는 남자들이 할례의 상처가 아물기도 전에 성을 공격하여 남자들을 모두 죽였다. 결국 시므온과 레위는 여동생 디나의 원수를 속임수로 갚았다. 야곱의 아들들은 성 안에 있는 남자들을 죽이고 짐승을 빼앗아 갔다. 야곱은 황망하여 성 안에서 더 이상 살 수가 없으므로 하나님의 지시를 받고 다시 벧엘로 떠난다.

35장_ 벧엘로 돌아온 야곱

하나님께서 야곱에게 벧엘 성으로 가서 그곳에서 살아라, 네가 형 에서를 피해 도망칠 때 그곳에서 너에게 나타나셨던 하나님께 제단을 쌓으라고 분부하셨다. 벧엘은 고향을 떠나올 때 야곱이 하늘의 사닥다리를 보고 하나님이 그를 아브라함의 언약의 상속자로 만들어 주신 성스러운 곳이다. 하나님은 지금 그 약속이 이루어질 것을 다시금 확인시켜 주신다.

야곱은 자기 가족과 다른 모든 사람들에게 가지고 있는 모든 우상을 버리라고 한다. 그러자 사람들은 이방 우상들과 귀걸이까지 모두 내놓아 세겜 성의 큰 나무 아래 묻어 버린다. 야곱의 사람들은 루스로 간다. 그곳은 벧엘이라 부르며 가나안 땅에 있다.

이때 리브가의 유모였던 '드보라' 가 죽자, 벧엘의 상수리 나무 아래 묻어 주고 그곳을 울음의 상수리 나무라 이름 지어 '알론바굿' 이라 지칭했다.

야곱이 돌아왔을 때 하나님께서 야곱을 이스라엘이라 호칭하였다. "나는 전능하신 하나님이다. 너는 많은 자녀를 낳고 큰 나라를 이루어라, 너는 많은 나라와 왕들의 조상이 될 것이다. 나는 아브라함과 이삭에게 준 땅을 너와 네 자손에게 주겠다" 라고 말씀하신 후 떠나셨다.

야곱은 하나님께서 말씀하신 곳에 돌기둥을 세우고 부어 드리는 전 제물을 드린 뒤 그 위에 기름을 부었다. 그는 하나님께서 나타나 말씀하신 곳을 '벧엘' 이라 지칭했다. 야곱과 그의 일행은 벧엘을 떠나 '에브랏' 가까이 갔다.

그 때 라헬이 아기를 낳기 시작했는데 산고가 너무 심해 아기를 낳은 후 죽는다. 야곱은 그 아들을 '베냐민' 이라 불렀다. 야곱은 사랑하는 아내 라헬의 무덤을 에브랏 가는 길에 마련한다. 에브랏은 '베들레헴' 이다. 그리고는 그 무덤에 돌기둥을 세운다.

라헬이 마지막 낳은 아들 베냐민을 합쳐 야곱은 열두 명의 아들을 두게 되었다. 그는 할아버지 아브라함과 아버지 이삭이 살던 '마므레' 즉, '헤브론' 으로 갔다. 그 때 이삭의 나이는 180세였고, 그 후 수를 더 하다가 조상에게 돌아갔다. 에서와 야곱은 아버지 이삭을 정중히 장사지냈다.

36장_ 에서의 전기

창세기를 구성하는 열 번째 에피소드이다. 에서의 자손인 에돔 족속에 대한 기록이다. 에서의 기질은 경건하지 못했고 비종교적이었다. 그래서 쉽게 자신의 장자 상속권을 동생에게 팔았다. 그러나 야곱은 하나님을 경외하는 사람으로 이후 메시아의 선조가 된다.

에서의 맏아들 '엘리바스' 에게서 나온 족장들 7명 중에는 '아말렉' 이 있었다. 아말렉 사람들은 유목민으로 시내반도 북쪽 '가데스' 를 중심으로 살았으나 동쪽으로 멀리 유대까지 배회했다. 그들은 이스라엘 민족이 이집트에서 나올 때 처음으로 공격하여 사사기 시대에 이스라엘을 억압한 족속이 되었다.

37장_ 요셉의 꿈

요셉이 꿈꾼 내용을 형들에게 설명한다. 그 내용은 들에서 곡식 단을 묶고 있는데, 자신의 곡식 단이 일어서니까, 형들의 곡식 단이 자신의 곡식 단 곁으로 몰려들더니 절을 하더란 것이다. 그 말을 들은 형들은 이전보다 더욱 요셉을 미워하게 된다.

이 에피소드는 창세기를 구성하는 열한 번째로 마지막 에피소드이다. 야곱의 아들 요셉과 그 가족의 이야기로 이스라엘 민족이 이집트로 가는 과정이 전개되고 있다. 야곱은 아버지 이삭이 살았던 가나안 땅에서 살게 된다. 야곱의 장자 '르우벤' 은 장자 상속을 받을 후계자였다. 그러나 아버지의 첩과 부정한 관계를 가지므로 제외되었다. 둘째 '시므온' 과 셋째 '레위' 역시 세겜에서의 범죄로 인하여 탈락되었다.

당시 야곱의 가족들은 넷째인 '유다' 가 아버지로부터 상속을 받을 것이라고 생각했다. '요셉' 은 야곱의 열한 번째 아들이었고 라헬이 낳은 첫아들이었다. 라헬은 야곱이 가장 아끼고 사랑하는 아내였다. 그러므로 야곱은 요셉을 어느 아들보다도 더욱 사랑하고 있었다. 그리고 야곱은 요셉에게 사랑하고 있다는 표식으로 붉은 옷을 입혔다. 그는 야곱으로부터 상당한 편애를 받고 있었다. 유다와 요셉은 장자 상속권을 놓고 경쟁을 하게 된다. 요셉을 노예로 팔 때, 유다가 적극적으로 개입한 것으로 보아도 두 사람의 경쟁관계가 얼마나 심각했는지를 알 수 있게 된다.

유다와 요셉의 경쟁은 그 후손들에게도 영향을 미쳤다. '유다' 와 '에브라임' 은 서로 간에 우위를 다투게 되었는데 에브라임은 요셉의 자손들인 것이다. 유다의 족속은 다윗 왕과 솔로몬 왕 때 정국의 주도권을 잡았으나 훗날 에브라임 족속의 주도하에 10개의 지파로 갈리게 되었다.

요셉은 아버지 야곱의 지시에 따라 형들이 양 떼를 잘 거두고 있나 확인하기 위해 헤브론 골짜기를 떠난다. 세겜으로 형들을 찾아갔으나 이미 '도단' 으로 떠난 뒤였다. 요셉이 다시 도단으로 형들을 찾아가지만 형들은 요셉이 다가오는 것을 보고 그를 죽이기로 모의한다. 요셉을 죽여 구덩이에 던지자고 의견을 모았으나 르우벤이 죽이지는 말자고 한다. 형으로서 양심을 가진 르우벤은 기지를 내어 요셉을 아버지에게 돌려 보내려는 숨은 의도가 있었던 것이다.

요셉이 다가오자 형들은 그의 옷을 벗기고 그를 웅덩이에 던져 넣는다. 동생을 웅덩이에 던지고는 형들은 그 자리에 앉아 음식을 먹었다. 이때 이스마엘 사람들이 낙타에 향료와 유향과 몰약을 싣고 이집트로 가고 있었다. 그 모습을 보고 유다가 형제들에게 차라리 요셉을 저 사람들에게 팔아 넘기자고 제안한다. 그들은 은 이십 세겔을 받고 요셉을 팔았다. 이스마엘 사람들은 요셉을 데리고 이집트로 떠난다.

르우벤은 그 자리에 없었다. 그가 돌아와 보니 요셉이 사라진 것을 알고 자기 옷을 찢으며 슬퍼했다. 형들은 염소의 피를 요셉의 옷에 묻혀 아버지에게 간다. 야곱이 그 옷을 보고는 탄식하며 오랫동안 슬퍼했다. 야곱은 "나는 울다가 죽어서 내 아들에게로 갈 것" 이라며 아들 요셉을 위해 울었다. 그러는 동안 요셉을 산 이스마엘 사람들은 그를 이집트의 왕, 파라오의 경비대장 '보디발' 에게 팔아 넘겼다.

38장_ 유다의 자손

유다는 장차 메시아의 조상이 된다. 일반적으로 유다의 자손 중에는 좋지 못한 사람들도 있었으나 구약의 목적에는 어느 정도 부합된 인물들이 많았다.

유다는 '히라' 라는 친구와 가까이 지냈다. 유다의 부인은 가나안 여인으로 엘, 오난, 셀라를 낳았다. 여호와께서 '엘' 의 악행을 보시고 그를 죽이셨고, 유다는 둘째 아들 '오난' 에게 형수 '다말' 과 잠자리에 들어 형의 자손을 이으려 했으나 오난은 그렇게 하지 않고 잠자리에는 들어가 같이 잤으나 피임을 했다. 여호와께서 오난의 행동을 나쁘게 여겨 그 역시 죽인다.

유다는 막내 '셀라' 가 클 때까지 친정에 가서 살되 결혼은 하지 말라고 당부하며 다말을 보낸다. 세월이 흐른 뒤 유다가 친구 히라와 함께 '딤나' 로 가는데 다말이 시아버지 유다가 양털을 깎으러 왔다는 소식을 듣고 과부의 복장을 벗고 베일을 얼굴에 가린 채 유다에게 접근한다. 에나임 문에 앉아 있는 다말을 발견한 유다는 그녀가 창녀라고 생각한다. 그래서 그녀와 같이 자기를 요구한다.

새끼 염소 한 마리에 잠을 자기로 한 다말은 시아버지인 유다에게서 잠자리를 한 징표로 우선 도장과 지팡이와 끈을 먼저 달라고 한다. 유다는 멋도 모르고 그것을 다말에게 준다. 집으로 돌아온 다말은 베일을 벗고 과부 복장을 한다. 유다는 친구 히라에게 새끼 염소를 보내며 도장과 지팡이를 찾아오라고 한다. 히라가 마을 사람들에게 창녀의 얘기를 하고 그녀를 찾았으나 그 마을에는 창녀가 없다는 말만 들었다. 세 달 뒤에 어떤 사람이 유다를 찾아와 당신의 며느리 다말이 창녀짓을 했다고 전한다.

유다는 화가 나서 다말을 끌어내 태워 죽이라고 명령한다. 이에 다말은 징표를 보이며 이 물건 주인의 아이를 임신했노라고 전한다. 그때서야 유다는 자신이 약속했던 막내아들 셀라를 다말과 결혼시키지 않았음을 알게 되었으므로 그녀를 용서하게 된다. 다말은 쌍둥이를 낳았는데 '베레스' 와 '세라' 였다.

39장_ 보디발의 아내 때문에 옥에 갇히다

이집트로 팔려 간 요셉은 경비대장 '보디발' 에게 신임을 얻어 그의 훌륭한 부하가 된다. 보디발은 요셉이 여호와의 사랑을 받고 있다는 것을 알고 있었다. 여호와께서 요셉을 잘 대해 주는 보디발에게 복을 내려 주신다. 요셉은 매우 잘 생겼으며 성품이 결백했다. 시간이 흐르면서 보디발의 아내가 요셉에게 추근대기 시작한다. 그녀는 요셉과 잠자기를 원했으나 그는 번번이 핑계를 꾸며대며 지혜롭게 위기를 모면하게 된다.

그러던 어느 날, 집안에 아무도 없는 틈을 타 보디발의 아내가 들어와 요셉의 옷을 붙잡고 같이 자기를 요구한다. 그러나 요셉은 옷을 빼앗긴 채 밖으로 뛰쳐 나간다. 그녀는 화가 나 집안 사람들을 불러내 요셉이 자신을 강간하려 했다고 헛소문을 퍼뜨린다. 그 증거로 요셉의 옷가지가 있었기 때문에 그는 누명을 쓰고 보디발의 감옥에 갇히게 되었다.

하지만 여호와께서 요셉의 편에 계시므로 감옥에서도 간수장을 통해 수월한 직무를 보게 된다. 여호와께서는 요셉이 무슨 일을 하든지 성공하게 만드셨다.

40장_ 꿈을 해몽하다

파라오에게 미움을 산 두 신하가 보디발의 감옥에 갇히게 된다. 두 사람은 심각하게 지난 밤 꿈 때문에 근심에 쌓여 있었다. 요셉은 자신이 믿고 있는 하나님만이 그 꿈을 해석할 수 있다며 두 신하가 꿈꾼 내용을 듣고 해몽을 해준다. 파라오에게 포도주를 바치던 사람의 꿈을 해몽해 주며 사흘이 지나기 전에 복직할 것임을 말했다. 요셉은 당신이 복직하게 되면 감옥에 있는 자신을 반드시 기억하여 풀려나도록 힘을 써달라고 부탁을 한다.

파라오에게 빵을 바치던 사람도 꿈 이야기를 해 주고 요셉으로부터 해몽을 듣는다. 그러나 그 사람은 삼일이 지나기 전에 파라오에게 불려 나가 목이 베일 것이며, 당신의 시체를 장대 위에 매달아 새들이 시체를 쪼아 먹게 될 것이란 불길한 해몽을 한다.

삼일 뒤 두 사람은 파라오에게 불려 가 포도주를 바치던 신하는 복직이 되었고, 빵을 바치던 신하는 장대에 매달려 죽음으로 요셉의 해몽은 정확하게 맞았다. 그러나 불행하게도 포도주를 바치던 사람은 감옥에 있는 요셉의 일을 기억하지 못했다.

41장_ 요셉이 총리대신이 되다

그로부터 2년 뒤, 파라오는 꿈을 꾸는데 나일강가에 살찐 소 일곱 마리가 올라오는 것을 본다. 그 소들은 강가에서 풀을 뜯어 먹는다. 그 다음 또 다시 일곱 마리의 야위고 못 생긴 소들이 강에서 올라오는데, 그 소들이 살찐 소 일곱 마리를 잡아 먹는 꿈이었다.

파라오는 다시 잠이 들어 꿈을 꾼다. 이번에는 잘 자란 이삭 일곱 개가 한 가지에 난 것이었다. 다음에는 바싹 마른 일곱 이삭이 나오는데, 그 이삭들이 잘 자란 이삭을 잡아 먹는 꿈이었다.

파라오는 그 꿈 때문에 마음이 편하지 못했다. 그는 꿈 이야기를 마술사들에게 했으나 누구도 그 꿈을 해몽할 수 없었다. 그때서야 포도주를 바치던 사람이 보디발의 감옥에 요셉이 있다는 것을 깨닫게 된다. 파라오는 사람을 시켜 요셉을 불러들인다. 요셉은 자신이 꿈을 해몽하는 것은 하나님이 하시는 일이라고 말하고, 파라오의 꿈 이야기를 듣고 해몽해 준다.

좋은 소 일곱 마리는 7년을 뜻하고, 못 생긴 소 일곱 역시 7년을 뜻하며, 이삭들도 그러하니 이집트 땅에 7년 동안 큰 풍년이 들 것인데, 그 다음 7년 동안 큰 가뭄이 들 것이라고 해몽한다. 요셉은 풍년보다 가뭄이 더욱 심할 것이므로 두 번씩이나 꿈을 꾼 것은 하나님께서 이 일을 이루시기로 작정하신 결과라고 설명한다. 그리고는 현명한 사람을 뽑아 이집트 땅을 맡기라고 한다. 그리고 관리를 등용하여 풍년이 드는 동안 생산되는 식물의 5분의 1을 거두어, 곡물을 성마다 가득 쌓아 놓아야 한다고 말했다.

요셉은 하나님의 지혜를 빌어 파라오에게 이집트에 불어 닥치게 될 7년 동안의 가뭄에 적극 대비해야 함을 명확하게 피력한 것이다. 파라오는 그 말을 듣고 "요셉보다 이 일을 더 잘할 사람이 어디 있겠는가, 이 사람에게는 정말로 하나님의 영이 있다. 나는 내 왕궁을 그대에게 맡긴다. 모든 백성들이 그대에게 복종할 것이다. 그대보다 높은 사람은 나 밖에 없도다" 라고 선언하며 자신의 손가락에서 왕의 도장이 새겨진 반지를 빼 요셉의 손가락에 끼워주었고, 세마포 옷과 금목걸이, 고급 수레를 주어 총리로 임명하기에 이른다.

요셉은 해몽했던 그대로 풍년기에 곡물을 거둬들여 저장을 했다. 그리고 제사장 '온' 의 딸 '아스낫' 과 결혼하여 '므낫세' 와 '에브라임' 을 낳는다. 풍년이 지나자, 예상했던 대로 7년 가뭄이 닥쳐 왔다.

이로 인해 모든 땅의 백성들이 양식을 사기 위해 이집트의 요셉을 찾아오게 된다.

요셉은 이방 여자를 아내로 삼았으며, 이방 나라를 다스리고 우상숭배가 만연한 나라에 살았지만, 유아기부터 지니고 있던 조상 아브라함과 이삭과 야곱의 신앙을 굳게 지키고 실천했다.

42장_ 요셉의 형들이 이집트에 오다

요셉이 곡식을 사러 오는 사람들에게 곡식을 팔고 있었다. 그의 형들도 '가나안' 땅으로부터 곡식을 사기 위해 요셉에게 온 것이다. 그는 한눈에 형들을 알아 보았다. 요셉은 형들에게 정탐꾼이란 누명을 씌워 취조를 하는데 막내 동생을 데려 오면 풀어 주겠노라고 조건을 붙였다.

막내 동생은 어머니 라헬이 낳고 죽은 베냐민이며, 요셉의 하나 뿐인 친동생이었다. 그는 형들을 3일 동안 감옥에 가둔다. 그리고는 한 명을 남겨 두고 나머지 형들을 집으로 돌려 보낸다. 남아 있는 사람을 구원하려면 집에 있는 막내 동생 베냐민을 데려 와야 할 처지에 다다른 것이다.

야곱은 사랑하는 라헬이 낳은 마지막 아들인 베냐민이 어찌될 것이라 짐작하고 심한 역정을 낸다. "베냐민은 내 아내 라헬이 남긴 마지막 내 아들이다. 베냐민이 이집트로 가는 동안 어떤 끔찍한 일이 일어날지 모른다. 그렇게 되면 나는 죽는 날까지 슬퍼 하게 될 것이다." 야곱은 베냐민을 보낼 수 없다고 노기를 더해 간다.

43장_ 다시 이집트로 가는 요셉의 형들

가나안 땅에는 아직도 가뭄이 계속되고 있었다. 야곱의 가족은 이집트에서 가져온 곡식을 다 먹었으므로 곡식을 구하기 위하여 다시 이집트로 가야 될 지경에 이른 것이다. 모든 형제가 살아 남기 위해서는 베냐민을 데리고 이집트로 가야만 한다. 야곱은 아들들의 간청을 저버리지 못하고 억류되어 있는 시므온을 구해 내기 위해서라도 사랑하는 막내아들 베냐민을 보낼 수 밖에 없게 된다. 그들은 요셉에게 뇌물로 줄 선물과 돈을 가지고 이집트의 요셉에게 간다.

요셉은 자신의 친어머니인 라헬에게서 나온 베냐민을 만나게 되자 무척 감격스러워 한다. 잡혀 있던 시므온을 데려오게 하고 집으로 데려가 짐승을 잡아 음식을 만들어 저들과 함께 점심을 먹는다. 그러나 형들은 두려워 한다.

처음 왔을 때, 자루에 들어있던 돈 때문이었다. 그들은 관리인에게 그 내용을 말하고, 그 돈을 누가 넣었는지 알 수 없어서 다시 가져왔다고 한다. 관리인은 당신들 아버지 하나님이 자루에 돈을 넣어 주셨을 것이라며 안심하라고 한다. 그리고는 시므온을 데려다준다. 관리인들이 요셉의 집으로 형들을 데려가 발을 씻기고 나귀에게 먹을 것을 주었다.

요셉은 아버지의 안부를 빗대어 물어본다. 형들은 요셉 앞에 머리를 숙여 절을 한다. 요셉은 막내 동생 베냐민을 보자 참을 수 없는 눈물이 흘러 나왔다. 그는 자기 방으로 들어가 울었다.

이집트 사람들은 히브리 사람들과 함께 식사하는 법이 없었다. 그러므로 형들의 상을 따로 마련했는데 그들은 자신들의 나이 순서대로 자리가 배열된 사실을 보자 무척 놀란다. 요셉은 동생 베냐민에게 자신의 음식을 가져다 주어 다섯 배나 더 먹게 해 주었다.

44장_ 요셉이 꾀를 내다

그 후에 요셉은 관리인에게 "저 사람들 자루에 곡식을 가득 넣어주고, 돈도 넣어주라"고 명령한다. 그리고 자신의 은으로 만든 잔을 베냐민의 자루에 넣어둘 것을 지시했다. 새벽이 되자, 형제들은 길을 떠난다. 그리고는 관리인들에게 뒤를 쫓게 하여 은 잔을 훔쳐 갔다고 한다. 형제들은 그런 사실이 없다고 강력하게 부인한다. 관리인은 요셉이 시킨 대로 은 잔을 훔친 자는 나의 종으로 삼겠다며 자루를 뒤지기 시작한다.

마침내 베냐민의 자루에서 은 잔이 나온다. 형들은 너무나 슬퍼서 옷을 찢으며 괴로워 한다. 그들은 어쩔 수 없이 요셉의 집으로 다시 돌아가게 되었다. 그들은 요셉에게 땅에 엎드려 절한다. 요셉은 모른 척하며 꾸짖었다.

유다가 자신들의 결백을 주장하며 은 잔을 훔치지 않았음을 하나님께 맹세한다. 베냐민을 억류하게 되면 자신들의 아버지는 돌아가실 것이니, 제발 자기를 종으로 삼고 동생을 형들과 함께 집으로 돌아가게 해달라고 애원한다. 유다는 동생을 데리고 돌아가지 못한다면 자신들은 아버지께 돌아갈 수 없노라고 애원하며 아버지께서 슬퍼 하는 모습을 자식으로서 차마 볼 수 없을 것이라고 말한다.

45장_ 자신을 밝히는 요셉

요셉은 형들의 슬퍼하는 소리를 들으며 종들 앞에서 더 이상 견딜 수가 없었다. 그는 종들을 모두 나가게 한 다음 자신을 밝히고 소리 내어 대성통곡을 한다. 울음소리가 얼마나 컸던지 왕궁의 신하들도 그 소리를 듣게 되었다. 자신이 예전에 형들한테 버림받은 바 있는 동생 요셉임을 밝힌다.

요셉은 파라오에게 건의하여 형들과 아버지 야곱을 '가나안' 으로부터 이

주시킬 수 있도록 요청한다. 파라오는 기꺼이 요셉의 가족들을 이주시켜 가축과 땅을 내어주리라 약속한다. 야곱은 요셉이 살아 있다는 말을 듣고 매우 기뻐 했다.

46장_ 이집트로 떠나는 야곱

야곱은 가나안을 떠나며 '브엘세바'로 가서 그곳에서 자기 아버지 이삭의 하나님께 제물을 바친다. 하나님께서 야곱을 부르신 후 "이집트로 가는 것을 두려워 말아라, 내가 거기서 너의 자손들을 큰 나라로 만들어 주겠다. 나도 너와 함께 이집트로 갈 것이며, 너를 다시 이집트에서 나오게 할 것이다"라고 말씀하셨다. 야곱은 자신의 아들 딸과 손자들을 대동하고 요셉의 땅 이집트로 향한다.

이집트로 이주한 야곱의 자손들은 66명이며 야곱의 며느리들은 포함하지 않은 숫자이다. 하나님은 이스라엘 민족을 문명이 가장 발달했던 이집트에서 잠시 머물게 하셨다. 야곱이 가나안을 떠날 때, 하나님은 그의 자손들이 가나안으로 다시 돌아오게 될 것을 약속하셨다.

47장_ 고센에 정착한 야곱

요셉은 파라오에게 자신의 가족이 가나안으로부터 이곳에 왔음을 보고하자, 이집트의 땅이 요셉 앞에 있으니 가장 살기 좋은 땅을 주어 목축을 할 수 있게 하라고 지시한다.

요셉은 아버지 야곱을 파라오에게 소개시키고 야곱은 파라오에게 복을 빌어준다. 요셉은 가뭄이 들어 곤궁해진 사람들에게 곡식을 팔고 가축을 사들여 땅을 산다. 그리고 그 땅을 파라오에게 바치고 백성들을 자신의 노예로 만들 수 있게 되었다. 요셉이 사들이지 않은 땅은 제사장들의 땅 뿐이었다. 제사장들은 파라오가 주는 것으로 먹고 살았으므로 땅을 팔 필요가 없었다.

요셉은 백성들에게 씨앗을 주고 농사를 짓게 하여 수확량의 5분의 1을 파라오에게 바치고 5분의 4는 각종 씨앗과 먹고 사는 양식으로 사용하라고 지시한다. 백성들은 총리님의 뜻이라면 파라오의 노예라도 되겠다며 고마워했다. 그리하여 요셉은 이집트의 법을 세웠다. 그러므로 이집트에서 나는 모든 것의 5분의 1은 파라오의 것이 되었다. 단, 예외는 제사장들의 땅뿐이었다. 그 법은 오늘날까지도 내려오고 있다.

이스라엘 백성들은 그 뒤로도 이집트의 '고센' 땅에서 살았다. 그들은 그곳에서 자손을 낳아 번성하게 된다. 야곱은 17년을 이집트에서 살아 147세가 되었다. 그는 요셉을 불러 "네가 효도하려는 뜻이 있다면 아비의 다리에 손을 넣어 아비를 이집트 땅에 묻지 않겠다고 약속하라" 고 한다. 요셉은 야곱의 뜻대로 사후 조상들이 묻혀 있는 가나안으로 모실 것을 약속한다. 그러자 '이스라엘' 이라 개명한 '야곱' 은 침대에 엎드려 하나님께 예배를 드렸다.

48장_ 야곱의 축복과 예언

얼마 후 요셉은 아버지 야곱의 병세가 위중하다는 전갈을 받게 된다. 요셉은 두 아들 므낫세와 에브라임을 데리고 야곱에게 간다. 두 아들에게 아버지의 복을 받게 할 마음이었다. 야곱은 간신히 일어나 두 손자들에게 축복을 빌어 주는데, 오른손을 작은 '에브라임' 의 머리 위에 얹고 왼손을 큰 아들인 '므낫세' 에 얹자, 요셉은 잘못 되었다고 말한다.

그러나 야곱은 이미 알고 있었다. 에브라임에게 더 큰 축복을 내려주기 위한 것이었다. 그리고 나서 요셉에게 말한다. "나는 이제 죽을 것이다. 그러나 하나님께서는 너와 함께 계실 것이다. 하나님께서는 너를 네 조상의 땅으로 다시 데리고 가실 것이다. 너에게는 네 형제들보다 더 많은 땅을 주겠다. 내가 칼과 활로 아모리 사람들에게서 빼앗은 세겜 땅을 너에게 주겠다" 고 말한다.

49장_ 아들들에게 복을 빌어주는 야곱

야곱은 자신의 열두 아들을 하나씩 불러 복을 빌어준다. 레아가 낳은 루우벤, 시므온, 레위, 유다, 잇사갈, 스블론, 빌하가 낳은 단, 납달리, 실바가 낳은 갓, 아셀, 라헬이 낳은 요셉, 베냐민에게 각기 알맞은 복을 내려준다. 그 중에서 유다에게 가장 큰 축복을 내리는데 "유다에게서 왕이 끊이지 않을 것이고, 유다에게서 다스리는 자가 끊임없이 나올 것이다." 야곱은 유다에게서 메시아가 나올 것을 예언한다.

그리고 요셉의 아들 에브라임을 민족적 명성으로 정하여 장자의 상속권을 부여한다. 그것은 요셉의 의지라기보다는 야곱의 환상과 꿈에 의한 하나님의 계시였다. 12 지파가 형성되는 것과 유다지파에서 다윗이 나오고 메시아가 탄생하는 것을 예언하고 있다. 야곱은 아들들에게 축복을 해준 뒤 자신이 죽으면 조상들이 묻혀 있는 에브론 소유의 밭에 있는 막벨라 동굴에 묻어줄 것을 당부한다. 그 동굴에는 아브라함과 사라와 아버지 이삭과 어머니 리브가와 아내 레아도 묻혀 있음을 알려준 뒤 마지막 숨을 거두고 조상들 곁으로 떠난다.

50장_ 요셉의 죽음

야곱을 그의 소원대로 가나안 땅의 아브라함과 조상들의 무덤에 장사를 지냈다. 요셉의 형제들은 이제 아버지 야곱이 죽었기 때문에 요셉이 자신들을 죽일 것이라 판단하여 요셉에게 꿇어 엎드려 아우님의 종이 되겠노라고 맹세한다. 그러나 요셉은 관용으로 형들을 이미 용서했음을 선언하고, 형들을 따뜻하게 돌봐줄 것을 약속한다.

요셉은 그의 형제들에게 이스라엘 민족이 가나안으로 돌아갈 때, 자신의 유해를 그곳으로 옮겨달라고 부탁한다. 그는 가나안이 자신의 모국이라는 것을 잊지 않고 있었다. 요셉은 110살에 죽었다. 그로부터 400년 후, 이스라엘 민족이 가나안으로 떠날 때 사람들은 요셉의 유해를 가지고 갔다.

** **주요구절** **
50 : 20 당신들은 나를 해하려 하였으나 하나님은 그것을 선으로 바꾸사 오늘과 같이 만민의 생명을 구원하게 하시려 하셨나니.

출애굽기 | Exodus

이스라엘 민족과의 언약 : 40장

저　　자 : 모세

기록연대 : B.C 1446년 ~ B.C 1406년경

세계사 비교 : B.C 1570년경에 이집트의 신 왕국 시대가 시작되었으며 B.C 1500년경부터 인도의 인더스 문명이 쇠퇴기를 맞이한다.

중심인물 : 모세, 아론, 파라오, 이드로, 여호수아

핵심 에피소드 : 출애굽기는 창세기의 끝에 연결되어 있는 모세 오경 중의 하나이다. 요셉에서 모세까지의 기간이 함축적으로 그려져 있고 야곱의 후손들이 새로운 상황에 직면해 있음을 보여 준다. 이집트의 파라오 왕은 이스라엘을 영원히 노예로 삼을 것을 강구했지만, 하나님은 이스라엘 민족을 구하시려 직접 계획하시고 역사하신다. 그리하여 하나님은 모세를 택하여 연단과정을 거친 후에 능력을 주시고, 이스라엘 민족을 구원하도록 지도자로 내세우신다.

이스라엘 민족이 이집트의 노예생활에서 해방되었다는 점은 하나님의 놀라운 구원의 계획과 섭리와 맞닿아 있다. 하나님은 이스라엘 민족을 선택된 민족으로 삼고, 준비하신 약속된 땅으로 인도하게 된다.

출애굽기의 중심 사상은 하나님이 구원하시는 역사이다. 이스라엘 민족을 선민으로 삼으시고 창세기 15장에서의 약속을 성취하기 위해 이집트에서 탈출해 나오는 이야기이다. 이스라엘이란 나라의 형성과 율법과 제사의 기원이 기록되어 있다.

출애굽기를 통해서 하나님의 계시를 확인할 수 있고, 그가 역사를 주관하시며, 새 이름으로 계시를 주시고, 언약을 이행하시며, 신실하신 구속자로서 대적에 대한 강한 심판자임이 확연히 드러나고 있다.

에피소드의 진행은 모세를 선택하여 출애굽의 영도자로 세움과 홍해를 건너는 이적을 보이며 만나에 대한 기록과 십계명에 관한 에피소드와 장막에 관한 해설과 금송아지의 에피소드로 끝을 맺게 된다.

출애굽기 1장에서 19장까지는 에피소드 중심, 즉 사건 중심의 기록이지만 20장 이후부터 신명기에 이르기까지는 율법서의 규례를 서술하고 있다.

1장_ 이집트로 간 야곱의 가족들

서두는 창세기 35장 25절 이후의 야곱의 아들 12명에 관한 기록으로, 그 후 자손이 증가하여 70명이 되었고, 야곱의 아들 요셉은 이미 이집트에 살고 있었다. 얼마 후 요셉과 동시대를 살던 모든 사람이 죽었고, 이스라엘 자손들은 점점 불어나, 이집트는 이스라엘 사람들로 가득 차게 된다.

이스라엘 사람들은 이집트의 새 왕이 들어서며 고난을 받게 된다. 그 이유는 정작 이집트에 토착민보다 이스라엘 자손이 더 많아, 그들의 힘이 우세하다는 이유에서였다. 그래서 이집트의 지도자들은 감독을 세워 이스라엘 사람들을 총동원하여 '파라오' 를 위한 '비돔' 과 '라암셋' 성을 건설한다.

모진 고난과 학대를 당하면서도 이스라엘 사람들은 더욱 번성한다. 그럴수록 이스라엘 사람들은 더욱 힘들고 가혹한 노동을 요구 당하게 된다. 마침내 이집트의 파라오는 이스라엘 산파에게 아이를 낳을 때, 딸이면 살려두고 아들이면 죽이라고 명령한다. 그러나 산파들은 하나님을 두려워 하는 사람들이었기 때문에 왕의 명령에 따르지 않는다.

이런 와중에서도 하나님은 산파들에게 역사하시므로 이스라엘 여인들은 아이를 더욱 잘 낳게 된다. 산파들은 파라오에게 히브리 여자들은 이집트 여자들보다 훨씬 튼튼해서 자신들이 도착하기도 전에 이미 아이를 낳아 버린다고 거짓 보고를 한다. 계속해서 아이가 많아지자, 파라오는 아예 남자 아이가 태어나면 '나일강'에 던져 버리라고 명령한다.

2장_ 모세의 출생

레위 집안에서 '모세'가 탄생하게 된다. 그는 그리스도 이전의 사람들 중에서 가장 위대한 사람으로 인정받는 인물이다. 노예로 전락한 이스라엘 민족을 이끌고 이집트를 탈출하여 엄청난 시련과 고통 속에서도 세계의 역사를 주도한 위대한 민족을 만들어 낸다.

그는 레위 사람으로 아버지는 '아므람'이며 어머니는 '요게벳'이다. 그의 어머니는 훌륭한 여인으로 모세가 어렸을 때부터 이스라엘 민족의 전설을 들려주며 교육하였다. 이런 어머니의 교육으로 모세는 이교도의 궁전에서 모든 유혹을 물리치며 자기 신앙을 굳건히 지켰다. 그는 이집트 최고의 교육을 받았으나, 그의 사상은 바뀌지 않았고, 어렸을 때의 믿음을 잃지 않았다.

모세는 출생한 지 세 달 동안 파라오의 감시를 피해 몰래 숨겨져 키워졌다. 그러나 더 이상 숨길 수 없어 파피루스로 만든 상자에 넣어 나일강가에 띄워 보낸다. 그때 파라오의 딸이 강가로 목욕을 나온다. 그녀는 상자 속의 아기를 꺼내 히브리 어미를 찾아 젖을 주도록 유모로 삼고 자신의 아들로 입양한다.

파라오의 딸은 '물에서 건져낸 아이'라 하여 그 이름을 '모세'라 하였다. 그렇게 모세는 파라오의 궁전에 들어가 공주의 아들로 성장하게 된다. 그는 왕위를 이어갈 수 있었던 위치에 있었음에도 유모로 들어간 어머니의 교육을 잊지 않고 실천하기 위해 이스라엘을 위한 일에 착수하게 된다.

모세가 자기 백성을 도와주다

이후 모세가 어른이 되어 이스라엘 사람들이 힘겹게 일하는 모습을 보게 되는데, 이때 이집트 사람이 자기와 같은 백성인 이스라엘 사람을 모질게 때리는 상황을 목격한다. 모세는 주변을 살피고 이집트 사람을 죽여 땅에 묻어 버린다. 그러나 자신의 살인사건이 동족들에게 탄로 났음을 확인하자 '미디안'으로 도망한다. 그는 '르우엘'의 집에 살며 '십보라'와 결혼한다. 그리고 '게르솜'이란 아들을 얻게 된다.

전임 파라오가 죽고 새 파라오가 즉위하자 이스라엘 사람들은 더욱 힘겨운 노역에 시달려 신음하고 있었다. 모세는 이스라엘 민족을 도와 달라고 부르짖었다. 하나님께서 그 기도를 듣고 아브라함과 이삭과 야곱에게 하신 약속을 기억하시게 되었다. 그 후 하나님은 모세를 유별한 관심으로 보기 시작한다.

3장_ 모세의 사명

모세가 장인 '이드로' 의 양 떼를 돌보고 있었다. 그는 하나님의 산인 '호렙산' 으로 갔다. 그곳에서 가시나무떨기 불꽃 속에서 여호와의 사자가 나타난다. 모세는 이상히 여겨 나무를 살펴 보려고 가까이 간다. 하나님께서 모세를 불렀다. "더 가까이 오지 마라, 네 신발을 벗어라. 너는 지금 거룩한 땅 위에 서 있다. 나는 아브라함의 하나님, 이삭의 하나님, 야곱의 하나님 이다" 라고 말씀하셨다.

모세는 하나님을 바라보는 것이 두려워 얼굴을 가렸다. 그리고 모세에게 이스라엘 백성을 구원해 주겠다는 언약을 하신다. 지금 파라오에게 가서 네 백성들을 이집트에서 인도해 내라고 명령하신다. 모세는 어떻게 내가 파라오한테 가서 이스라엘 백성을 이집트에서 이끌어 낼 수 있느냐고 반문한다.

하나님은 "내가 너와 함께 하겠다" 고 말씀하셨다. "이스라엘 백성을 이끌어 이 산에서 나에게 예배할 것이니, 이것이 너를 파라오에게 보내는 증거다" 라고 말씀하셨다. 하나님은 "나는 스스로 있는 자이다" 라고 말씀하신 후, 구체적인 탈출의 방법을 언급하신다.

** **주요구절** **
3 : 12 하나님이 가라사대 내가 정녕 너와 함께 있으리라. 네가 백성을 애굽에서 인도하여 낸 후에 너희가 이 산에서 하나님을 섬기리니 이것이 내가 너를 보낸 증거니라.
14 하나님이 모세에게 이르시되 나는 스스로 있는 자니라. 또 이르시되 너는 이스라엘 자손에게 이같이 이르기를 스스로 있는 자가 나를 너희에게 보내셨다 하라.

4장_ 모세의 지팡이

하나님은 의심하는 모세에게 지팡이를 증거물로 택하신다. 지팡이가 던져져 뱀으로 변하고 그 꼬리를 잡아 다시 지팡이로 변하는 걸 이스라엘 사람들에게 보이면 모세가 하나님의 사자임을 믿을 것이다. 또한 문둥병의 발생과 치료를 통해 기적을 믿게 하셨고 나일강 물을 퍼다가 땅에 부으면 피로 변하는 놀라운 증거도 준비해 주신다. 그래도 모세는 주저하며 자신의 눌변을 탓하고 있었다.

하나님은 그에게 용기를 주며 "가라, 내가 네 입과 함께 하겠다"고 하신다. 그래도 모세는 주저하며, 나보다 능력 있는 사람을 택하여 달라고 부탁한다. 하나님은 화를 내시며, 너의 형 아론을 통해 도움을 줄 것이니, 네 지팡이를 가지고 가라고 명령하신다. 모세는 하나님 명령에 순종하여 아내와 식솔을 나귀에 태우고 이집트로 향한다.

하나님께서는 그에게 이스라엘을 이끌어 내기 위한 방법으로 파라오에게 기적을 보이라고 말씀하셨다. 이집트로 가던 도중 하나님은 모세를 죽이려 하지만 그의 아내가 아들에게 할례를 베풀고, 그 떼어낸 살로 모세의 발에 대며 "당신은 나의 피, 남편입니다"라고 하자 모세를 살려 주신다. 이것은 할례에 대한 계율을 확인하신 것이다.

모세는 '시내 산'에서 '아론'을 만나 동행하는데, 거기서 이스라엘 장로들을 모아놓고 여호와께서 하신 말씀을 전했다. 그리고 모든 백성 앞에서 기적을 행해 보였다. 백성들은 모세를 인정하고, 하나님께서 자신들을 찾아주셨다는 기쁨으로 예배를 드린다.

5장_ 파라오와의 만남

이집트에 도착한 모세와 아론은 파라오에게 간다. 그리고 여호와의 말씀을 전했다. 파라오는 여호와가 누구며, 왜 이스라엘 백성을 보내야 하는지 알 수 없다며 거절한다. 3일 동안 걸어서 광야로 나가 여호와 하나님께 제사를 지내지 않으면, 우리를 칼로 치시거나 죽게 할 것이라고 말한다.

파라오는 모세와 아론이 나타나 이스라엘 백성의 노동력을 쉬게 할 요량이라 짐작하고, 오히려 혹독한 작업명령을 내려 짚을 공급하지 않고 자체적으로 짚을 모아서 벽돌을 만들도록 지시한다. 그러자 이스라엘 사람들은 더욱 고통에 처했고 모세와 아론을 원망하기 시작한다.

그러자 모세는 하나님께 불평을 한다. "하나님께서는 나는 여호와이다. 나는 이집트 사람들의 핍박과 억압에서 이스라엘 백성을 구해줄 것이다. 나는 너희를 내 백성으로 삼고, 너희는 내가 여호와인 것을 알게 되리라" 고 말씀하셨다.

사람들은 자신들의 고된 노예생활로 인해 모세의 말을 믿지 않았다. 여호와께서는 자신의 나약함을 이유로 주저하는 모세에게 임하셔서 파라오에게 가서 하나님의 뜻을 전하고, 이스라엘 백성을 이집트에서 인도해 내라고 다시 한 번 명령하신다.

6장_ 모세와 아론의 족보

모세의 계보는 유명한 조상만을 간추린 계보로 모세는 '고핫' 의 손자이며, 그의 자손은 8600명이었다. 출애굽의 두 주역인 모세와 아론의 역사성과 하나님의 권위를 밝히려고, 그들의 족보가 소개되었다.

르우벤과 시므온의 가계와 레위로부터 게르손과 고핫의 가문을 열거하고 있다. 고핫의 아들은 아므람, 이스할, 헤브론, 웃시엘이다. 그는 137세였고, 아므람이 그 아비의 누이 요게벳을 아내로 취하여 아론과 모세를 낳았다. 하나님은 이 족보를 통하여 하나님께서 모세와 아론의 조상들에게 각별한 사랑을 해 오신 것을 드러내며, 후손들에게 용기와 진정한 믿음을 주시려는 것을 알 수 있다.

7장_ 모세의 2차 파라오 만남

하나님은 모세가 파라오를 찾아갈 때, 함께 하실 것을 약속하신다. 아론은 모세를 위한 대 예언자가 될 것이라고 하신다. 하나님은 이미 파라오가 모세가 전하는 말을 믿지 않을 것임을 알고 계셨다. "내가 이집트에 큰 벌을 내리고 이스라엘 사람들을 이집트 땅에서 인도해낼 때에야 비로소 내가 여호와인 줄을 알 것이다" 라고 말씀하신다. 모세의 나이가 80이고 아론의 나이는 83세였다.

파라오는 모세의 지팡이가 뱀으로 변하는 기적을 보고서도 고집을 부리며 말을 듣지 않았다. 그래서 하나님은 첫 번째 재앙을 내리시는데 나일강의 물을 피로 변하게 하였다. 모든 생물이 죽어 악취가 풍겨, 사람이 도저히 살 수 없게 되었지만 파라오는 이집트의 마술사들도 그 정도의 기적은 행사할 수 있다며 더욱 고집을 부린다. 나일강 물이 피로 변화한지 1주일이 되었다.

8장_ 하나님의 재앙이 시작되다

첫 번째 재앙에서도 뜻을 굽히지 않는 파라오에게 하나님께서는 이번에는 두 번째 재앙을 내리신다.

개구리 재앙이었다. 모세는 파라오 앞에서 모든 개구리들이 이집트 땅으로 올라오게 했다. 이집트 땅에는 개구리가 겹겹이 쌓여 썩어 간다. 그런데도 그는 고집을 꺾지 않았다.

세 번째 재앙은 '이' 였다. 사람과 짐승의 몸에 이가 북적거렸다. 마술사들도 흉내를 낼 수가 없자, 그들 입으로 이것은 하나님의 능력이라고 파라오에게 고백한다. 그러나 그는 여전히 고집을 부린다.

네 번째 재앙은 파리 떼였다. 파라오의 궁전과 그 신하들의 집이 온통 파리 떼로 뒤덮였다. 그때서야 파라오는 모세에게 이스라엘 백성들이 광야로 나가 하나님께 제사지내는 것을 허락한다. 하지만 고집은 그대로였기 때문에 재앙의 역사는 계속되었다.

9장_ 악질과 독종의 재앙이 계속되다

지금까지 하나님께서는 짐승과 사람에게 고통을 주는 정도의 재앙을 내렸지만, 그 강도가 점점 강해지며, 이제부터는 짐승과 사람의 생명과 직결된 재앙으로 강화되고 있다.

다섯 번째 재앙은 짐승의 죽음이며, 여섯 번째 재앙은 종기였다. 마술사를 포함한 이집트 사람들에게 종기가 났다. 하지만 여호와께선 파라오의 마음을 그대로 유지시킨다.

일곱 번째 재앙은 우박이었다. 이집트가 세워진 이후 처음으로 우레와 같은 소리를 내며 우박이 쏟아졌다. 그러나 이스라엘 사람이 살고 있던 고센 지방에는 우박이 내리지 않았다. 파라오는 그럼에도 약속을 이행하지 않는다.

10장_ 메뚜기와 흑암의 재앙

우박으로 초토화된 파라오의 땅에 또 다시 재앙이 내리는데, 여덟 번째 재앙은 메뚜기였다. 여호와께서 모세에게 내가 파라오의 고집을 유지시키는 것은 그들로 하여금 주의 놀라운 기적들을 보여주기 위함이라 부연하여 설명하셨다. 메뚜기의 재앙이 덮치자 파라오 신하들의 원성이 높아진다. 이스라엘 사람들을 보내 이런 피해에서 벗어나기를 적극 요청한 것이다.

파라오는 모세의 전 가족과 가축의 이동을 허가하지 않고, 남자들만 광야로 나가 제사할 것을 고집한다. 여호와께서는 이번에도 파라오의 고집을 그대로 두셨다.

아홉 번째 재앙은 어둠이었다. 여호와께서 모세에게 하늘을 향해 팔을 뻗으라고 명령하신다. 그러자 이집트는 삼일동안 흑암에 빠진다. 파라오는 모세를 죽이겠다고 협박한다. 모세 역시 다시는 왕을 만나러 오지 않겠다고 대답한다.

11장_ 마지막 재앙

악의 세력에 대한 경고와 장자의 죽음과 악인의 멸망과 선민의 구원을 열거하고 있다. 열 번째 재앙은 처음 태어난 것들의 죽음이다. 모세는 파라오에게 가서 여호와의 명령을 전한다. 이집트 땅에 처음 태어난 것은 모두 죽을 것이며, 이 땅에는 울부짖는 소리로 가득 찰 것이라고 열 번째 재앙의 경고를 단단히 했다.

모세와 아론은 파라오 앞에서 모든 기적을 보여줬으나, 여호와께서는 파라오의 고집을 그대로 두셨기 때문에 파라오는 이스라엘 백성들을 이집트에서 내보내려 하지 않았다.

12장_ 유월절의 제정과 초태생의 죽음

여호와께서 모세와 아론에게 1년 된 숫양을 잡아 가족과 함께 누룩을 쓰지 않은 무교병을 준비하라 명령하신다. 이것은 이스라엘 백성을 이집트에서 구원해 내신 것을 기념하기 위한 날에 먹어야 할 음식이었다. "너희는 이 날을 기억하며, 이 날을 나 여호와의 기념일로 지키라" 고 선포하신다.

파라오는 열 번의 재앙에도 불구하고, 이스라엘 백성의 요청을 들어주지 않자 하나님께서 마지막 수순으로 떠날 준비를 하고, 어린 양의 피의 제사를 요청하며 이집트 사람들의 장자를 죽일 것을 말씀하신다. 다만 이스라엘 백성의 거주지에는 양의 피를 문설주에 발라, 재앙을 방지할 것을 알려 주신다. 그리고 유월절 이후 7일간의 무교절을 지정해 주시고 그 절기를 지키라고 명령하셨다.

모든 절차를 마무리하신 하나님은 밤중에 이집트 땅의 모든 맏아들을 죽인다. 파라오의 맏아들도 죽었다. 감옥의 죄수 맏아들도, 가축의 처음 태어난 것들도, 모두 죽인다. 파라오와 이집트 사람들이 밤중에 일어난 맏아들의 죽음에 통곡하며 울부짖었다. 드디어 파라오는 밤중에 모세와 아론을 불러서 이스라엘 백성을 이끌고 이집트를 떠나라고 허락하기에 이른다.

만약 떠나지 않으면 우리 이집트 사람들이 멸족할 것이라 두려워 떨고 있는 것이다. 하나님의 역사는 어린 양의 피가 발라진 이스라엘 백성의 집을 피해, 이집트 사람들에게 엄청난 슬픔과 고통을 내려 주셨다.

13장_ 무교절과 초태생의 규례를 만들다

여호와께서 모세에게 "이스라엘 자손 중에 사람이나, 짐승이나, 처음 난 것은 내게로 돌리라 이는 내 것이다"라고 말씀하셨다. 하나님은 이스라엘 백성에게 무교절을 거룩하게 지킬 것과 초태생을 하나님께 드리는 규례를 만드셨다. 이것은 선민 이스라엘 백성들이 이집트 장자 죽음의 재앙에서 구원받았으며, 고난과 억압에서 풀려나, 다시 태어났음을 상징하는 것이었다.

무교병은 누룩이 없는 빵으로 이집트에서 구출되던 밤을 영원히 기념하기 위해 유월절에 먹었다. 이스라엘 백성들은 모세와 아론의 영도 아래 가나안을 향한다. 파라오는 이미 이스라엘 백성들이 도망쳤음을 알고 군대를 동원하여 뒤쫓기 시작한다. 벌써 재앙의 대가를 저버리는 교만에 빠진 것이다.

이스라엘 백성들은 지혜를 모아 이집트 국경을 벗어날 대책을 세운다. 해안을 따라 블레셋 땅을 지나는 똑바른 길은 이집트 군대가 지키고 있었다. 홍해에서 지중해에 이르는 지역에는 긴 성이 있었다. 따라서 가장 쉽게 가나안으로 가는 길은 광야를 지나 우회하는 방법뿐이었다. 낮에는 구름기둥으로 밤에는 불기둥으로 표적을 삼아 이동하기 시작했다.

하나님께서는 이스라엘 백성들이 안전히 이집트 국경을 빠져 나갈 수 있도록 인도하시고 보호하셨다. 이러한 여호와 하나님의 섭리는 그들이 40년 후에 약속의 땅에 도착할 때까지 계속되었다.

14장_ 홍해를 건너다

지금의 수에즈 근처인데 하나님께서 강한 동풍을 보내 바다를 가르신다. 물은 곧게 서서 언덕처럼 일어났으며, 수직으로는 좌우로 벽이 되었다. 물이 갈라져 자기 백성을 구하고, 이집트 사람들이 수장된 이 사실은 하나님의 직접적인 역사에 의한 기적이다.

이 사건은 이웃나라들을 놀라게 한 엄청난 사건이었다. 몸은 출애굽했으나 마음은 늘 이집트에 머물던 이스라엘 사람들에게 획기적인 믿음의 반전을 가져온 대 사건인 것이다. 하나님은 이스라엘 사람들을 위하여 홍해를 가르고 건너게 하시며, 죄악으로 가득 찬 생활에서 버릴 것을 다 버리고 새로운 선민으로 바다를 건너 새롭게 살아가게 하신다. 이로써 이스라엘은 이집트의 마수로부터 완전한 해방과 자유인이 되는 것이다.

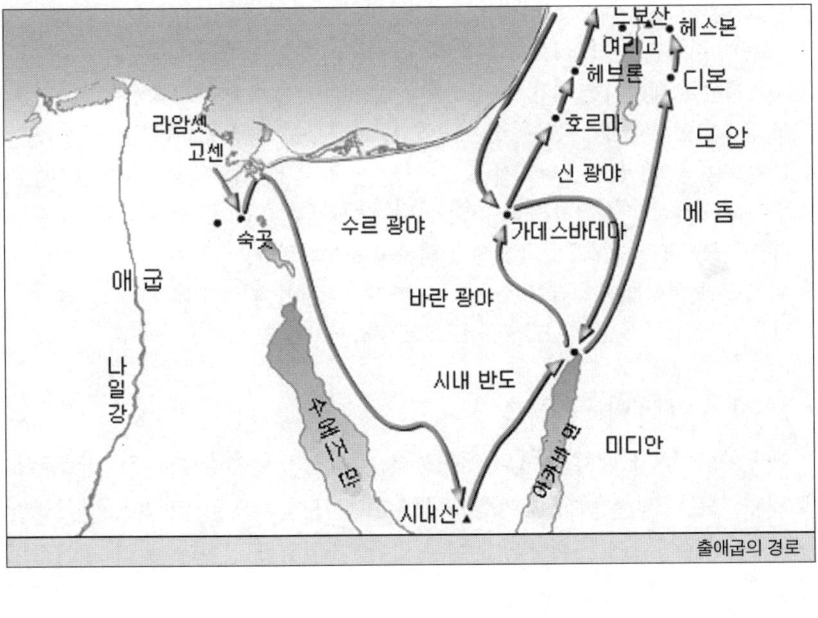

출애굽의 경로

** 주요구절 **
14 : 13 모세가 백성에게 이르되 너희는 두려워 말고 가만히 서서 여호와께서 오늘날 너희를 위하여 행하시는 구원을 보라. 너희가 오늘 본 애굽 사람을 또 다시는 영원히 보지 못하리라.
14 여호와께서 너희를 위하여 싸우시리니 너희는 가만히 있을지니라.

15장_ 모세의 노래

홍해를 건넌 이스라엘 사람들은 넘치는 기쁨과 승리의 찬양을 시로 표현하고 있다. 모세의 이 노래는 장차 구속받은 사람들이 영원한 세계에서 하나님께 찬양할 노래의 예표가 된다. "내가 여호와를 찬송하리라, 주님께서는 영광의 승리를 거두셨으니, 말과 말탄 자를 바다에 처넣으셨도다. 여호와께서는 나의 힘, 나의 노래시며, 나의 구원이시라, 주님께서는 나의 하나님이시니 내가 주님을 찬양하리라." 아론과 모세의 누이 미리암은 소고를 들고 여자들을 향해 노래를 부른다. "그는 영광의 승리를 거두신 분이라, 주님께서는 말과 말탄 사람들을 바다로 처넣으셨노라."

쓴 물

그들은 수르 광야의 마라에 도착한다. 마라의 물은 써서 마실 수가 없었다. 그 곳의 이름을 '마라' 라고 부른 것도 물 때문이었다. 마라는 '쓰다' 는 말이다. 사람들은 모세에게 불평과 원망을 한다. 모세가 여호와께 부르짖었다. 그러자 모세에게 여호와께서 나무를 보여주셨고, 그 나무를 물에 넣자 마라의 물은 단물로 변하게 된다. 여호와께서 그곳에서 이스라엘 백성들에게 규례와 율법을 주시고 백성들을 시험하시고, 너희는 너희 하나님인 나 여호와에게 복종하여라, 너희는 내가 보기에 합당한 일을 하라고 분부하셨다.

그 후에 백성들은 엘림이란 곳으로 간다. 그 곳에는 우물이 12개가 있고 종려나무가 70그루가 있었다. 백성들은 그 물가에 천막을 쳤다.

16장_ 만나와 메추라기

한 달이 지나자 광야 생활의 어려움은 백성들의 마음을 흔들기 시작했다. 모세와 아론에게 불평하며 이집트 생활의 연민에 빠지고 있었다. 정착생활이 아닌 이동생활의 불편함이야 이루 말할 수 없었을 것이다. 차라리 이집트에서 죽는 것이 옳았다고 후회하고 있었다.

여호와께서는 광야생활의 어려움을 아시고 백성들에게 하늘에서 비를 내리듯 양식을 내려 줄 것을 약속하신다. 만나는 작고 둥근 가루로 빵을 만들었고, 그 맛은 꿀을 넣었든지 혹은 자연물이 기적적으로 많아진 것이다. 이것은 매일 밤 이슬처럼 내렸고, 고수나물의 씨같이 보였다.

사람들은 이것을 빻아 반죽으로 만들고, 과자를 만들었다. 한 사람에게 매일 1 오멜, 즉 2되 분량이 허용되었다. 그로부터 시작하여 6일간 계속되다가 안식일에는 내리지 않았다. 안식일의 식량은 마지막 날에 더 거두어 저장해야 했다. 이스라엘 백성들이 요단강을 건너, 약속의 땅 가나안에 이르자 40년 동안 계속되던 만나는 갑자기 그치게 되었다.

17장_ 바위에서 나오는 물

백성들이 신 광야를 떠돌 때 르비딤이란 곳에 진을 친다. 그러나 거기에는 마실 물이 없었다. 백성들은 또 다시 모세에게 대들며 항의한다. 모세는 여호와 하나님을 시험치 말라며 하나님께 부르짖는다. 그러자 여호와께서 장로들을 데리고 나일강 물을 쳤던 지팡이를 들고 시내 산 바위를 치라고 명령하신다. 모세는 장로들이 보는 앞에서 말씀대로 거행한다.

그때 아말렉 족속이 르비딤에서 싸운다. 이집트에서 나와서 가나안으로 들어가는 이스라엘 민족을 방해한 첫 공격이었다. 결과는 하나님이 명령하여 아말렉 족속을 전멸시키셨다.

여호와께서는 이스라엘 백성의 요구사항을 하나씩 들어주시며 시내 산 바위에서 물이 나게 하시고, 아말렉 군과의 전투에서 승리하게 해주신다. 여호와께서 모세에게 아말렉과의 싸움을 책에 써서 백성들이 잊지 않도록 하시고 여호수아에게도 꼭 일러주라고 당부하시는데 이는 여호와께서 아말렉 사람들을 이 땅에서 완전히 멸하시려는 계획이 있었기 때문이다.

모세는 제단을 쌓고 '여호와는 나의 깃발' 이란 뜻의 '여호와 닛시' 라고 하였다. 모세는 여호와의 깃발 위에 손을 들면 여호와께서 영원토록 아말렉 사람들과 싸우실 것이라며 사명감을 불태운다.

18장_ 이드로의 충고

출애굽을 인도한 모세의 가족 에피소드이다. 모세의 장인 이드로는 미디안의 제사장이었다. 모세는 이스라엘 백성을 이집트에서 인도해 내신 여호와의 위대한 능력과 계획을 장인 이드로에게 설명한다. 이에 감동 받은 이드로는 참 여호와 하나님을 찬양하기에 이른다. 그리고 자신이 미디안 족속을 통치하며 얻은 경험을 행정사법 조직에 대해 조언해 준다.

모세 혼자서 재판과 행정을 맡기에는 역부족이므로 선량을 뽑아 천부장, 백부장, 오십부장, 십부장을 세우도록 조언한 것이다. 이들은 백성을 천명에서 열명까지 지휘할 수 있는 조직의 지휘관인 셈이다. 사소한 재판은 이들이 직접 할 수 있게 되었고 그 결과 이스라엘은 명실상부한 하나의 국가로서 면모를 갖추게 된다.

하나님은 질서와 조화의 신으로, 백성들을 합리적이고 실질적인 공동사역을 통해 하나님의 계획을 하나씩 성취하신다. 이것으로 모세는 사람들을 더욱 능률적으로 지도할 수 있게 되었다.

19장_ 시내 산에서 들은 하나님의 음성

그들은 시내 산에서 약 11개월 있었다. 그곳에서는 지진과 불가사의한 나팔소리, 산을 뒤덮는 무서운 불꽃, 굉장한 뇌우 속에서 하나님은 십계명을 말씀하시고, 율법을 주셨다. 500년 후에 엘리야는 이 산에서 하나님의 사역은 불과 지진으로 이루어질 것이 아니라, 선지자의 조용하고 작은 목소리로 이루어질 것을 계시 받았다.

시내 산의 에피소드는 그곳에 강림하신 여호와의 계시가 중심을 이룬다. 이스라엘 백성들의 시내 산까지의 이동경로와 저들을 선민으로 삼으시려는 여호와의 뜻을 계시로 내려 주시려는 것이다. 이 언약의 체결은 이스라엘 한 나라를 구원하신다기보다는 제사장들을 통해 모든 민족을 구원하시려는 섭리가 감춰진 것이다.

하나님께서는 율법을 이행하기 위한 절대적인 성결을 요구하신다. 언약체결을 위한 백성들의 성결이 완료되자, 하나님께서 시내 산에 강림하신다. 그리고 중보자로 모세를 부르시고, 일반인의 접근을 막으신다. 천지의 주관자이신 이스라엘을 선택하신 여호와 하나님과 말씀과 언약의 중보자인 모세의 권위를 드러내고 있는 것이다.

주요구절
19 : 5 세계가 다 내게 속하였나니 너희가 내 말을 잘 듣고 내 언약을 지키면 너희는 열국 중에서 내 소유가 되겠고, 6 너희가 내게 대하여 제사장 나라가 되며 거룩한 백성이 되리라. 너는 이 말을 이스라엘 자손에게 고할지니라.

20장_ 십계명

1) 나 외에 다른 신을 위하지 말라.
2) 너를 위하여 새긴 우상을 만들지 말라.
3) 너는 너의 하나님의 이름을 망령되이 일컫지 말라.
4) 안식일을 기억하여 거룩하게 지키라.
5) 네 부모를 공경하라.
6) 살인하지 말라.
7) 간음하지 말라.
8) 도적질하지 말라.
9) 네 이웃을 해하려고 거짓 증거하지 말라.
10) 네 이웃에 있는 것을 탐내지 말라.

이 계명은 후에 두 개의 석판의 양쪽에 "하나님의 손으로 쓰여" 새겨졌다. 이 판은 하나님의 작품이었고, 그 글씨는 하나님의 글씨였다. 이것은 수 세기 동안 법궤에 보관되어 오다가 포로시대 때 잃어버렸다.

이 십계명은 히브리 율법의 기준이었다. 그 중 4계명은 하나님에 대한 우리의 자세이고, 나머지 6계명은 우리 이웃에 대한 자세이다. 예수님은 이것을 "너희는 마음을 다하고 정성을 다하고 힘을 다하고 생각을 다하여 주 되신 너희 하나님을 사랑하라. 또한 네 몸과 같이 네 이웃을 사랑하라" 고 두 단락으로 함축하셨다.

21장_ 언약의 기록

이것은 십계명 이후 최초의 히브리 율례이다. 이것은 책으로 기록되었으며 사람들은 언약을 지킬 것을 피를 흘려 맹세했다. 이 율례의 내용은 노예제도, 살인자, 유괴자, 부모를 저주한 자는 사형에 처하라. '눈에는 눈으로'의 복수, 도적질, 농작물에 대한 피해보상, 손해보상, 강간, 마술, 동물과 간음, 우상숭배, 과부와 고아에게 친절, 대출, 담보, 통치자를 저주, 첫 열매와 장자, 거짓말, 폭행, 재판, 동물에 대한 생각, 뇌물, 외국인, 안식일, 안식년, 유월절, 맥추절, 수장절, 새끼를 그 어미의 젖으로 삶지 말라.

가나안 사람과 언약하지 말라, 등의 구체적인 히브리인이 지켜야할 율례가 기록되었다. 노예에 관한 율례에는 하나님의 긍휼과 사랑이 깔려 있으며 하나님의 형상대로 지음 받은 인간의 존엄성이 강조된 규범이다.

사형에 해당하는 죄목을 열거하였다. 사형에 처하는 중죄는 타살 죄, 부모 구타죄, 유괴죄, 부모 저주죄가 언급되었다. 이는 하나님의 권위와 위계질서를 위한 중요한 규범이 되었다. 각종 피해에 대한 보상법이 열거된다. 육체적인 상해를 가한 자들과 경제적 침해자들에 관한 법으로 동일한 보복의 원리에 입각하여 만들어졌다. "눈에는 눈으로, 이에는 이로, 손은 손으로, 발은 발로, 데인 것은 데임으로, 상하게 한 것은 상함으로, 때린 것은 때림으로 갚으라" 고 정하셨다. 그러나 예수님은 이런 법을 관용으로 마무리하며, 고급스런 법정신을 선포하셨는데 그것은 바로 '사랑의 법' 이다.

22장_ 재산에 대한 율법

제 8계명을 적용한 구체적인 율법이다. 절도와 화재에 의한 과실, 위탁물에 대한 손상, 차용물에 대한 손해배상의 원칙이 정해졌다. 종교와 도덕상으로 음란죄에 해당하는 죄목도 열거되어 있다. 영과 육의 순결함을 원하시는 하나님의 거룩한 요구가 담겨 있는 규범이다.

가난한 사람에 대한 율법을 따로 제정하시며 사회적 경제적으로 소외당한 그룹에 대한 하나님의 각별하신 관심과 사랑으로 규정된 율법이다. 힘 없고 가난한 나그네, 과부, 고아에 대한 보호규정과 가난한 자들의 기본적인 삶을 위해 지켜야 할 규범을 제시해 놓고 있다. 후반부에는 종교적 의무규정을 두고 있다. 신성 모독을 금지할 것과 올바른 헌금과 성결의 유지를 강조하고 있다.

** 주요구절 **
22 : 21 너는 이방 나그네를 압제하지 말며 그들을 학대하지 말라. 너희도 애굽 땅에서 나그네이었었음이니라.

23장_ 법정 소송 관계법

제 9계명과 연관 있는 송사와 관계법으로 무고와 위증과 재산권 보호, 공정한 재판에 관한 규례이다.

최고의 사법부는 시대의 양심이어야 하며 하나님의 공의와 정의로운 판결을 내려야 함을 원칙으로 하고 있다. "너는 뇌물을 받지 말라, 뇌물은 밝은 자의 눈을 어둡게 하고, 의로운 자의 말을 굽게 한다." 하나님께서는 이와 같이 재판의 공정성을 강조하고 계시다.

절기에 관련된 율법

하나님께서는 6년 동안 땅에 파종하여 그 소산을 거둘 것이며, 제 7년째에는 땅을 갈지 말고 묵여두어, 네 백성의 가난자로 하여 먹게 하라, 6일 동안 네 일을 하고, 제7일에는 쉬라, 짐승과 노비도 그렇게 하라고 정하셨다. 이는 안식년 제도와 안식일 제도를 규정한 것이다.

이스라엘 3대 절기인 유월절, 맥추절, 수장절의 규례를 설명하시고 각종 절기를 지키므로 하나님과의 관계를 더욱 공고히 하시려는 큰 목적을 갖고 계신 것이다.

가나안 정복에 관한 규례

약속의 땅 가나안에는 여러 종족이 살고 있었고, 그들을 물리쳐 영토를 확보하고, 나라를 세워야 하는 것이 궁극적인 하나님의 목적이었다. 선민으로 불리는 이스라엘 백성들은 가나안을 정복하기에 앞서 여호와에 대한 절대적인 순종과, 절대적인 성결, 절대적인 헌신을 요구하고 계신 것이다. 이런 요구가 이뤄질 때 하나님의 보호와 인도하심이 축복으로 내려진다고 말씀하셨다.

24장_ 언약의 체결

이스라엘 백성과 하나님 사이의 언약이 체결되는 에피소드로 체결의 진행과 경과가 열거되고 있으며, 이제는 이스라엘이 신정국가로서의 조직을 갖추게 되고 하나님의 통치 아래 놓이며, 하나님의 섭리와 보호하심과 인도하심에 따라 축복 받는 백성으로 약속 받게 되는 것이다.

여호와께서 모세에게 시내 산에 올라올 것을 분부하신다. 모세는 여호수아와 함께 시내 산으로 올라가며, 이곳은 아론과 훌이 있으니 일이 있는 사람은 그들에게 나가라고 지시한다. 모세가 산에 오르자 구름이 산을 가리고 여호와의 영광이 산 위에 머무르며 구름이 6일 동안 산을 가리더니 7일째에 구름 속에서 여호와의 음성이 들려 온다.

산 위의 여호와의 영광은 백성들 눈에는 맹렬한 불같이 보였다. 모세는 구름 속에 들어가 40일을 시내 산에서 거하게 된다.

25장_ 여호와께 바치는 예물

여호와께서 모세에게 말씀하시는데, 진정한 마음으로 나에게 예물을 가지고 오라고 하신다.

그 예물은 금, 은, 놋을 비롯하여 파란실, 자주색실 등, 여러 가지와 대제사장의 예복인 에봇과 가슴덮개에 달 줄마노와 보석들이었다. 그리고 거룩한 집인 '성소' 를 짓게 하고 '회막' 과 그 안에 들어갈 모든 것을 만들게 하셨다.

26장_ 성막과 휘장

성막은 하나님께서 자세한 모형을 주셨다. 그 모형은 하늘에 있는 것의 그림자였다.

이것은 이스라엘 민족에게 특별한 뜻이 있었다. 성막은 하나님께서 당신의 백성들을 만나는 장소로 하나님과 백성들 간의 영원한 교제의 성소인 것이다. 이는 하나님께서 직접 설계하신 것이다.

성막의 본체를 이루는 48개의 널판은 어떠한 외부의 힘에도 흔들리지 않고, 그 형태를 온전히 보존할 수 있게 하셨다. 성막 안에는 두 개의 휘장이 있는데, '성소' 와 '지성소' 로 구분되며, 성소의 출입구를 통제하는 기능을 가진다.

27장_ 번제단의 규례

성막의 본체와 그 안에 전시되는 기물들에 관한 규례, 성막 뜰에 관한 사항들이 규례로 정해졌다. 놋단으로 불리는 번제단은 하나님께 각종 희생물을 드리는 곳으로, 하나님과 인간을 잇는 거룩한 장소이다. 성막의 울타리와 기물에 대한 규례에는 성막에서 쓰이는 모든 말뚝과 기물은 '놋'으로 하라고 계시하신다.

성막을 중심으로 뜰과 외부를 구분 짓는 울타리와 그의 부속물들을 지정하시고, 울타리 동편에 유일한 문을 만드는데, 이것은 인간이 하나님께로 나갈 수 있는 유리한 통로이며, 후대의 예수님의 역할을 상징한다. 또한 성막의 등유인 감람나무 기름에 관하여 말씀하시며, 제사장인 아론과 그의 아들로 하여금 회막 안 언약궤 앞 휘장 밖에서 등불을 켜놓고 지킬 것이며, 이스라엘 백성은 지금부터 영원토록 이 규례를 지키라고 계시하셨다.

28장_ 제사장의 옷

여호와께서는 모세에게 형, 아론과 그의 아들, 나답과 아비후와 엘르아살과 이다말을 불러 이스라엘 백성과 구별할 수 있게 하라. 그들은 나를 섬기는 제사장이 될 것이라고 말씀하신다. 대제사장의 복장은 에봇과 흉패, 우림과 둠밈, 에봇받침, 반포, 속옷, 금패, 관, 베로 만든 고의이며, 제사장의 복장은 대제사장에 준하여 만들게 계시하셨다.

여기서 에봇은 대제사장이 직무를 수행할 때 입던 옷으로, 양쪽 어깨걸이가 달린 앞치마 모양의 겉옷이었다. 그 위에 12개의 보석을 박은 흉패를 달았다. 이 보석들은 12지파를 상징한 것이다.

29장_ 제사장 위임식에 관한 규례

제사장으로 부름 받은 아론과 그의 가족들은 직무수행에 앞서 위임 절차를 거치게 된다. 매우 복잡하고 세밀한 의식에 준비와 실행이 요구되는 계시이다. 이 시기는 성막이 봉헌된 직후 즉 출애굽 1년 정도의 세월이 흐른 뒤였다. 물로 씻고 성의를 입는 행위는 새로운 존재로의 변화를 상징하고 있으며, 기름 바름은 신적 권위를 부여하고, 성령의 인준 받는 절차이다.

피의 제사는 절대적인 거룩함과 성도의 헌신을 상징하는 것이다. 상번제는 제사장들이 정례적인 제사 외에 매일 아침과 저녁에 드리는 제사로, 번제와 소제, 전제로 드리게 했으며, 여호와께서는 그 냄새를 기뻐 하신다고 말씀하신다.

7일 동안의 위임식에는 하나님께서 성막을 통해 백성들과 만나 주실 것과, 성막과 제사장들을 모두 거룩하게 해 주실 것을 약속하셨다. 하나님께서는 이스라엘 자손 중에 거하여, 그들의 하나님이 되시고, 그들은 내가 하나님 여호와로 이집트에서 자신들을 인도해 낸 사실을 알게 될 것이라고 말씀하셨다.

30장_ 분향단과 헌금의 규례

27장에서 이어지는 분향단에 관한 규례를 계시하고 있다. 분향단은 아침과 저녁에 향을 사르는 규례와 분향단을 만들되 조각목으로 만들며, 길이와 너비를 제시하시고 단의 네 모퉁이에는 뿔이 나게 하고, 그 뿔이 제단과 이어져 하나가 되게 하라, 일년에 한 번 아론은 재단 뿔에 피를 부어서 죄를 씻는 의식을 행하라고 명령하신다. 또한 성막의 기물과 제작이 필요한 금전은 재정 수입을 속전이라 하여 헌금을 통해 20세 이상의 백성에게 종교세 성격의 속전헌금으로 은 반 세겔의 의무가 부여되었다.

이스라엘 사람의 목숨을 대신하여 성막의 봉사를 위해 돈을 받아서 쓸 수 있도록 하신 것이다. 그렇게 하면 여호와께서 이스라엘 백성의 생명을 지켜 주시겠다고 약속하신다. 그리고 물두멍에 관한 규례를 정하시고 놋으로 두멍과 받침을 만들어 씻게 하되 그것을 회막과 단 사이에 두고, 그곳에 물을 담그라고 하셨다. 사람들이 회막에 들어 갈 때, 물로 씻어 죽기를 면할 것이며, 하나님 앞에 나올 때, 항상 깨끗한 맘과 몸으로 임할 것을 가르치는 규례이다.

관유 제작에 대한 규례는 성막과 각종 기구와 제사장들이 성결을 위하여 최고의 향유로 조제한 기름이다. 몰약과 육계, 계피, 감람유를 가지고 제조하여, 모든 성소 안의 분향단, 번제단, 각종 기구와 물두멍과 받침에 바르고, 그것들을 지성물로 구별하며, 아론과 그 아들들에게 기름을 발라 그들을 거룩하게 하셨다.

여호와께서 모세에게 이르시니 소합향과 나감향과 풍자향의 향료로 유향에 섞어 중수하여, 소금을 쳐서 성결케 하고, 회막 안 언약궤 앞에 두라고 하신다. 이것은 사람을 위하여 만들지 말며, 만약 그럴 시엔 만든 자는 죽을 것이라고 경고하셨다.

31장_ 성막의 제작과 안식일 규례

여호와께서 모세에게 브살렐을 지목하여 불러, 하나님의 신이 충만케 하므로 여러 가지 재주로 금과 은과 놋으로 만들게 하며, 오홀리압을 불러 지혜를 주시므로, 그로 하여금 회막과 언약궤와 그 위의 속죄소와 회막의 모든 기구와 상과, 정금등대, 번제단, 물두멍 제사장의 의복과 관유와 향유를 만들게 한다. 또한 모세에게 이스라엘 백성에게 고하여 안식일을 지키라고 하시며, 이는 여호와 하나님과 너희의 대대적인 표징이라고 말씀하신다.

만약 그날에 일하는 자는 죽을 것임을 각인시켜 주시고, 시내 산 위에서 증거판 둘을 주시는데, 이는 돌판으로 하나님께서 직접 쓰신 것이었다.

32장_ 언약을 파기하는 이스라엘

사람들이 시내 산에 올라간 모세가 내려오지 않자, 아론에게 우리를 인도할 신을 만들자고 한다. 아론은 금으로 된 아녀자들의 귀걸이를 모아오라고 한다. 백성들이 이에 금 귀걸이를 모아온다. 아론은 금을 녹여 소의 상을 만든다. 사람들은 금송아지가 우리를 이집트에서 인도한 신이라며, 단을 쌓고 번제와 화목제를 드리며, 먹고 마시며 즐거워 한다.

이것을 알게 된 여호와께서 모세에게 산에서 내려가라고 명령하신다. 그리고 이스라엘 백성들이 부패하였다고 경고하신다. 하나님께서 크게 진노하시므로 백성을 진멸케 하시겠다고 선언하신다. 모세가 자신의 조상 아브라함과 이삭과 야곱을 들어 간청하여 여호와의 진노를 가까스로 가라앉게 한다.

모세와 여호수아가 석판을 들고 산을 내려오는데, 산 아래에서 떠드는 소리가 나더니 백성들이 금송아지를 만들어 놓고 춤추며 노는 것을 보고, 모세가 대로하여 석판을 산 아래로 던져 깨어 버린다. 그들이 섬긴 소는 이집트의 주신이었다. 훗날 북이스라엘의 10지파의 신이 되기도 했었다.

하나님이 시내 산에서 "내 앞에서 다른 신을 네게 두지 말라" 고 말씀하신지 얼마 안 되었고, 이집트에서 하나님의 놀라운 기적을 보고서도 배신한 것은 이스라엘 사람들이 얼마나 깊이 이집트의 우상숭배에 빠져 있었는지를 여실하게 보여주는 대목이다. 이것은 즉각적인 징계를 초래하는 위기가 되어 가혹한 벌을 받는다.

레위 자손 형제들이 서로 도륙하여 이 날에 3천명이 죽었다. 모세가 하나님께 올라가 그들의 죄를 용서해 달라고 청원하며 만약 용서해 주시지 않으시려면 주 하나님의 책에서 자기의 이름을 지워 달라고 간청한다. 그러자 하나님께서는 모세에게 다시 내려가서 백성들을 새롭게 지시하신 곳으로 인도하라고 명령하셨다.

33장_ 동행을 거부하신 하나님

모세의 목숨을 담보로 한 중보기도에 대한 응답은 여호와께서 이스라엘 백성의 가나안 입성을 허락하신다. 그러나 하나님께서는 모세를 인도할 천사를 대신 보내 주시고, 이스라엘과 동행하지 않겠다는 선언을 하게 된다. 이는 고집이 센 이스라엘 백성들과 동행하게 되면 언제 하나님이 진노하셔서 백성들을 진멸할지 모르시기 때문이었다.

우상의 흔적과 체취가 묻어 있는 모든 단장품을 제거하라고 하시며, 이스라엘 백성들이 참회하고 성결케 되며, 회개하므로 하나님과의 관계회복을 바라고 계신 것이다. 모세에게 "네가 내 얼굴을 보지 못할 것이며, 내 얼굴을 보고는 살아날 자가 없다고 말씀하시며, 모세를 반석 위에 세우고, 지나실 때에 손으로 모세를 덮었다가, 지난 후에 네가 내 등을 보게 될 것이요, 얼굴은 보지 못할 것이다" 라고 말씀하셨다.

34장_ 모세는 또 시내 산에 올라갔다

하나님께서 언약의 재 체결을 위해 모세를 시내 산으로 부르신다. 그는 처음에 40주야를 시내 산에 있었다. 이번에도 40주야를 시내 산에 있었다. 이번에는 성막에 대한 설명서를 받았다. 그리고 석판이 다시 만들어진다. 금송아지 사건으로 파기되었던 하나님과의 언약이 회복된다. 모세의 얼굴은 빛났다. 하나님은 그의 속에 계셨다.

아론과 온 이스라엘 백성이 모세를 볼 때, 그의 얼굴에서 광채가 나는 것을 보고, 두려워 하여 접근하지 못한다. 모세가 두려워 하는 그들을 부르자, 아론과 사람들이 다가와 그가 모세임을 확인하고 시내 산에서 새로이 언약한 내용을 전해 듣게 된다. 이후 모세는 수건으로 그의 광채 나는 얼굴을 가리게 된다. 하나님과 대화할 때는 수건을 내렸으며, 다시 사람들 앞으로 나오면 얼굴을 가렸다.

35장_ 안식일에 대한 추가 규례

이스라엘 백성들의 금송아지 사건으로 중단되었던 성막에 관한 규례가 이어진다. 이에 앞서 안식일에 대한 명확한 규례가 전해진다.

모세는 백성들에게 엿새 동안은 일하고 제 7일은 너희에게 성일이니, 여호와께서 특별히 지정한 안식일이라, 무릇 이 날에 일하는 자는 죽을 것이라고 분명하게 경고한다. 안식일에는 처소에서도 불을 피우지 말 것을 지시하고 성막 건설에 필요한 물자와 재원을 설명한다. 일꾼들을 부르고 성막에의 사용될 기구들을 소개한다. 그러자 백성들은 자신의 처소에서 필요한 물품들을 가지고 온다.

마음에 진정으로 우러나는 사람들만 물품을 가져오는데, 너 나할 것 없이 한 마음으로 단결된 힘을 보여주고 있었다. 차고 넘칠 정도로 성막 건설에 필요한 필수품들이 모아진다. 모세는 브살렐을 불러 금, 은, 놋의 세공작업을 시키고 오홀리압을 불러 조각과 수놓는 일을 시킨다. 하나님께서는 일하는 그들에게 지혜의 충만함을 베푸셔서, 하나님의 성막사업에 함께 하신다.

36장_ 성막을 세우다

성막과 그에 따른 모든 시설을 25장 ~ 31장에서 이미 설명된 대로 똑같이 세웠다. 길이 13.5m, 폭 4.5m, 높이 4.5m 판자를 수직으로 세우고, 휘장을 쳤다. 동쪽을 향하게 했다. 판자는 북쪽과 남쪽에 각각 20장, 서쪽 끝에 6장을 사용했다.

판자의 규격은 길이 4.5m, 폭 67cm이고, 조각목으로 네 기둥을 세우고 금으로 입혔다. 각각 한 끝에 2개의 받침이 있고, 두 은 받침 위에 세웠다.

또 판자에 붙은 금고리가 5개의 막대기와 결합되어 있었다. 휘장은 10장이고, 그 규격은 결이 12.5m, 폭 1.8m이며, 청색, 자주색, 주홍색의 가는 아마로 짜고, 거기에 천사를 곱게 수놓고, 청색의 고리와 금의 걸쇠를 연결하여 하나로 만들었다. 10장으로 만든 휘장은 동쪽과 서쪽이 18m, 남쪽과 북쪽이 12.5m이고, 나머지 4.5m는 서쪽 끝에 포개어 놓았다.

이 휘장은 금으로 입힌 성막판자를 감쌌다. 이 성막을 세우는 데 사용된 금과 은의 가격은 현대 시가로 약 4억 원 정도로 추산된다. 이것은 모두 이집트에서 가져온 보석으로 충당되었다.

37장_ 법궤의 제작

법궤는 다른 말로 언약궤 혹은 증거궤라고도 불린다. 브살렐이 조각목으로 법궤를 만들었다. 법궤는 길이 112cm, 폭 67cm, 높이 67cm 정금으로 안팎을 싸고, 위에는 금테로 둘렀다. 진설병의 상을 만드는데 그것은 성막 북쪽에 세울 진설병 상과 부속기물인 대접, 숟가락, 잔, 병을 제작했다. 또한 순금으로 속죄판을 만들었다. 그리고 금을 두드려서 날개 달린 생물인 그룹 2개를 만들어 속죄판 양끝에 두었다.

그룹들은 날개를 펴서 속죄판을 덮었으며, 그룹은 속죄판을 향해 마주보고 서있게 했다. 법궤 위쪽에 있는 속죄소는 죄인을 찾으시며 용서와 화해로 죄를 덮으시는 장소였다. 양쪽 끝에서 마주 대하고 날개를 펴고 있는 그룹의 아기천사는 속죄소를 내려다보게 했다. 십계명의 석판 위에 있는 속죄소는 율법과 자비의 집합소였다. 순금으로 등잔대를 만들고 조각목으로 향제단을 만들었다.

38장_ 번제단과 성막의 뜰을 만들다

여기에서는 주로 성막의 뜰에 배치되는 기물들을 만들고 있다. 제의에서 가장 중요한 번제단을 만들고 거기에 설치해야 될 통, 부삽, 대야, 고기 갈고리, 불을 옮기는 그릇 등이 만들어진다.

촛대는 순금으로 만들었다. 가운데에 줄기가 있고, 양 옆에 가지가 3개씩 있었다. 높이 1.5m, 위의 폭 1m였다. 감람유를 사용했으며, 매일 닦아내고 불을 붙였다.

떡 상은 길이 90cm, 폭 45cm, 높이 67cm의 조각목으로 만들었고, 순금으로 입혔다. 12개의 떡이 놓여지고, 안식일마다 새 것으로 바뀌었다. 성소의 북쪽에 있었다. 하나님께 일용할 양식을 감사하는 상징이었다.

물두멍은 제사장들이 향단에 서거나 천막에 들어가기 전에 손과 발을 씻기 위한 물이 담긴 큰 구리 대야이다. 죄에서 정결하여짐을 나타낸다. 성막 안뜰은 성막 주위의 뜰로 길이 45m, 폭 22.5m, 남쪽을 향하여 있었다. 2.2m 간격의 구리 기둥에 2.2m 높이로 가늘게 짠 세마포를 구리 고리에 은 걸쇠로 연결하여 둘러쳤다.

문은 동쪽 끝에 있으며 폭은 9m이고, 청색과 홍색의 세마포로 만들었다.

번제단은 동물의 제물을 드리는 큰 제단으로 2.3m의 정4각형 높이 1.3m로 조각목 판자로 만들고 구리를 입혔다. 가운데를 파고 흙으로 채웠다. 이 단의 주위에는 제사장들이 올라설 수 있는 중간 높이의 받침대가 있었다. 이것은 성막의 동쪽 정문 가까이에 놓여 있었다. 이 단의 불은 기적적으로 붙여져 꺼지지 않았다. 피로 속죄 받은 죄인 외에는 아무도 하나님께 접근할 수 없음을 상징했다.

성막 건축에 대한 경과를 기록하며 속전헌금 헌납자가 60만 명이 넘었다. 기타 놋과 기물과 골격에 소요된 물량이 언급되고 있으며 성막 건축의 역사성을 제고하고 이스라엘 백성들이 성막 건축에 쏟아 부은 정성과 희생을 기억하려는 뜻에서 성막 건축에 들어간 모든 재원과 물류를 세세하게 언급하고 있는 것이다.

39장_ 대제사장의 복장

여호와께서 모세에게 지시하신 대로 제사장의 복장을 청색, 자색, 홍색 실로 성소에서 섬기기 위한 정교한 옷을 만들고, 대제사장 아론을 위한 거룩한 옷을 만들었다. 에봇과 부속품은 화려하고 정교하게 만들었다.

제사장의 옷을 이와 같이 아름답게 만든 이유는 하나님께 영광을 돌리는 데 사용되기 때문이다. 이제 성막 건설을 완료하고 브살렐과 오홀리압과 지혜로운 건축 기술자들은 모세에게 성막 건설이 완료되었음을 보고한다.

모세가 완공된 모든 것을 보더니, 여호와께서 명하신 대로 되었음을 인정하고, 제작자들을 축복해 준다. 이렇게 해서 성막은 여호와의 명령하신 대로 완공되었다.

40장_ 성막의 헌납과 여호와의 영광

여호와께서 모세에게 성막을 헌납하도록 준비하라고 이르신다. 성막을 세운 후 봉헌을 위한 규례를 지시하고 있다. 성막을 세운 후, 그 안쪽으로부터 지성소와 성소와 성막의 뜰에 이르기까지 성물들을 정확하게 배치할 것을 지시하셨다.

또한 아론을 불러 제사장의 거룩한 옷을 입히고 기름을 부어 제사장 직분을 행하게 하고, 아들에게는 겉옷을 입혀 아론에게 한 것처럼 기름을 부어 그들도 제사장직을 행할 수 있게 하라고 지시하신다. 그들은 여호와의 뜻에 따라 기름 부음을 받았으므로 영원히 제사장의 직분을 얻게 된 것이다.

여기서 기름 부음이란 여호와의 인준을 상징하며, 신적 권위를 부여 받음을 뜻하고 있다. 이렇게 해서 성막은 완전하게 설치되었고, 여호와의 영광이 성막 위에 임하게 된다. 구름이 회막을 덮었으며 여호와의 영광이 성막 안에 충만했다. 이는 여호와의 임재를 표시하는 것으로, 이스라엘 백성들의 이동을 도우시기 위해 낮에는 구름기둥과 밤에는 불기둥이 함께 하므로, 여호와 하나님의 인도를 받게 되었음을 상징적으로 드러내고 있는 것이다.

레위기 | Leviticus

이스라엘 민족의 율법 : 27장

저　　자 : 모세
기록연대 : B.C 1446년 ~ B.C 1406년 경

세계사 비교 : 출애굽기와 유사함
중심인물 : 모세, 아론, 아론의 아들들

핵심 에피소드 : 레위기는 죄로 인하여 하나님과 인간의 관계가 단절되었을 때, 소나 양으로 제물을 바쳐야 한다고 기록되어 있다. 하나님께서는 인간의 죄의 값을 생명이 있는 짐승의 피를 통해 사함 받고 용서와 화해를 이끄시려는 하나님의 입법취지에 따라, 희생의 제물을 요구하고 계신 것이다. 그리고 희생의 제물을 드리는 방법에 대해, 절기와 방법을 기록하고 있다.

레위기라는 단어는 '레위 사람들에게 속한다' 는 뜻이다. 본서는 레위 지파 출신의 제사장이 관리하고, 이스라엘 민족이 그것에 따라 생활해야 할 율법과 규례를 총체적으로 기록하고 있다. 이 율법은 시내 산에서 광야의 유랑시절에 받았다. 12지파의 하나인 레위 지파는 하나님의 사업을 위하여 선별되었다. 하나님은 모든 장자들을 대신하여 레위 사람들을 선택하셨다.

하나님은 사람과 가축의 처음 난 것을 요구하셨으며, 그들은 십일조로 생활하고 48개의 성읍에 거주했다. 레위 지파의 한 가족인 아론과 그의 아들들이 제사장으로 선택되었으며, 나머지 레위 지파 사람들은 이 제사장들을 도

왔다. 그들의 임무는 성막을 관리하는 것이었다. 나중에는 성전을 관리했으며, 서기관이나 관리, 혹은 사사가 되었다.

1장_ 번제

번제(Burnt-Offerings)는 황소, 숫양, 염소, 비둘기를 완전히 태웠고, 하나님께 온전히 헌신함을 의미한다. 여호와께서 모세를 불러 예물 드리는 방법에 대해 살아 있는 가축 중에서 소나 양으로 예물을 드리라고 지시하신다. 이렇게 번제를 드리므로 하나님과 정상적인 관계를 유지할 수 있으며, 하나님에 대한 온전한 헌신을 이룰 수 있다. 그리스도는 자신의 생명 전체를 바쳤고, 이것은 그리스도 안에서의 희생과 헌신을 뜻하고 있다.

2장_ 소제

소제(Meal-Offerings)는 곡물, 가루, 누룩이 없는 빵을 한 줌만 태우고, 나머지는 제사장에게 드렸다. 이는 하나님에 대한 행위의 성스럽고 거룩한 구별을 강조하며, 하나님에 대한 충성심과 감사하는 마음과 순종하겠다는 의미를 지니고 있다.

3장_ 화목제

화목제(Peace-Offerings)는 소, 양, 염소의 기름만 태우고, 나머지는 제사장과 드리는 사람이 나누어 먹었다. 이렇게 하여 인간과 하나님과의 관계가 회복되며 화목과 교제가 이루어진다.

4장_ 속죄제

속죄제(Sin-Offerings)는 죄에 따라 제물이 달랐으며, 기름만 태우고, 나머지는 제사장이 먹었다. 어떤 때는 밖에서 태웠다. 이 제사는 인간이 하나님에 대하여 지은 죄를 사함 받기 위한 것이다.

5장_ 속죄제를 드리는 방법

부지중에 짓는 맹세와 부정한 짐승을 만지거나 했을 때, 잘못됨을 스스로 인식할 경우 죄가 되므로 속죄제를 드려야 한다. 사람들의 신분에 따라 속죄제를 드리는 방법이 다르다. 위증이나 직무유기, 부정한 일에 저촉된 사람, 경솔하게 맹세한 사람들의 죄는 지은 죄를 자각하여 규례로 정한 제물을 드려야 했다. 모든 제사의 기본 제물은 소나 양이지만 가난한 사람이 드릴 경우 어린 양을 가져오지 못할 경우에는 산비둘기 두 마리, 혹은 집비둘기 두 마리를, 그것도 가져올 형편이 안 되면, 고운 가루 한 되를 제물로 가져오게 하였다. 이는 가난을 인하여 속죄의 은총에서 소외되지 않도록 조치하신 하나님의 넓으신 자비의 실천이다.

6장_ 각기 제사의 규례

여호와께 신실치 못하여 죄를 범하는 경우를 들어 성물이나 금령을 위반하거나 이웃에게 재산상의 피해를 주었을 때엔 속건제를 드려야 함은 물론 이때 숫양을 요구하신다. 그리고 가해자는 피해액 5분의 1을 더하여 보상하라고 계시하셨다. 번제를 실제적으로 어떻게 제사할 것인지에 대해 열거한다. 번제물과 제단의 불을 항상 피워 꺼지지 않게 하고, 번제물을 관리하는 제사장의 복장과 정결 문제를 설명한다. 이것은 성결한 영혼으로 끊임없는 하나님에 대한 헌신을 요구하고 계신 것이다.

소제는 제사 중 유일하게 핏기가 없는 제사로 아론의 자손은 소제물을 유향을 취하여 단 위에 불살라 여호와 앞에 향기로운 냄새가 되게 할 것이며, 나머지는 아론과 그 자손이 먹되, 누룩을 넣지 말고 거룩한 회막 뜰에서 먹으라고 지시하셨다. 속죄제에 쓰이는 제물의 관리 방법을 열거하고, 물먹는 곳과 먹는 사람, 그리고 거룩한 제물에 접촉한 경우 처리방법을 통해 하나님께 바쳐진 성스러운 제물은 속된 것에 사용되어서는 안 된다는 것을 강조하고 있다.

7장_ 속건제에 대하여

번제 희생물을 잡는 곳에서 속건제의 희생물을 잡을 것이며, 제사장은 그 피를 제단 사면에 뿌리고, 그 모든 기름을 드린다. 속건제의 제물은 여호와께 불살라 드려진 것 외에는 제사장의 몫으로 제사장의 다른 자손에게 균등

하게 분배되어야 한다. 그리고 화목제 드리는 방법과 먹는 법과 제사장의 몫을 설명하고 있다. 이 제사는 인간과 하나님의 화평과 화목, 이웃과의 화친을 목적으로 지내는 제사이다. 소나 양이나 염소의 기름을 먹지 말 것이며, 죽은 짐승의 기름도 다른 용도로는 쓸 것이나, 먹지 말 것을 계시하신다. 사람이 여호와께 드리는 희생의 기름을 먹으면, 그것을 먹는 자는 자기 백성 중에서 끊어질 것을 경고하셨다.

8장_ 제사장의 성별

제사장의 위임식에 관한 규례를 기록하고 있다. 제사의 형식이 완비된 후, 제사장 위임식이 거행된다. 제사장의 위임식은 하나님과 백성들 앞에서 거행되었다. 선택된 제사장은 물로 몸을 씻고 의복을 입으며, 관유를 머리에 바르고, 지정된 제사를 드려야 한다. 관유를 바르는 행위는 구약에서 3대 직위인, 왕과 선지자와 제사장 위임식 때에 반드시 행해졌으므로 이는 하나님께 성별 되고 신권을 위임하는 의미가 담겨져 있는 것이다.

제사장은 에봇을 입고 머리에 금관을 씌우며, 흉패인 금으로 만든 패에 '여호와의 성결' 이란 글을 새겨, 청색 띠로 매어 관 앞에 붙였다. 이는 대제사장 아론에게 입힌 복장에서 자세하게 설명되어 있다.

제사장으로 성별된 아론과 그의 아들들은 속죄제와 번제와 화목제를 각각 순서에 따라 지낸다. 이에 모든 제사에 앞서 자신의 지은 죄를 희생의 피로 속죄한 후, 몸과 마음이 정결해져야만 올바른 제사를 지낼 수 있었다. 정결한 영혼만이 여호와 하나님과 교제할 수 있으며, 화목을 누릴 수 있기 때문이었다.

위임식은 7일 동안 회막 문 앞에서 거행되었는데 위임식의 연장선에서 정결례를 갖추고, 거룩한 식사를 했으며, 이런 각종 의식은 7일 동안의 구별된 생활을 요구하고 있었으므로 하나님의 뜻에 대한 순종과 헌신, 그리고 인내를 위해 세속과 분리된 온전한 헌신을 요구하셨다.

9장_ 아론의 제사

8일 째 되는 날, 모세는 아론과 그의 아들들과 이스라엘 장로들을 불러 송아지와 흠 없는 숫양을 준비토록 한다. 송아지는 속죄제의 제물로, 숫양은 번제의 제물로 바친다. 장로들에게는 속죄제 제물로 바칠 숫염소와 송아지와 1년 이내의 어린 양, 화목제로 바칠 숫소와 숫양을 가져오라고 지시한다. 아론은 제물들을 여러 가지 규례에 맞춰 잡는다.

이 제사에는 하나님이 함께 하실 것이므로 제사장들은 심혈을 기울여 제사준비를 한 것이다. 아론은 규례대로 속죄제를 드리고 번제와 화목제를 드린다. 제단에 피를 뿌려 정결케 하고 숫소와 숫양의 기름을 가져와 기름진 꼬리와 내장을 덮고 있는 기름과 콩팥과 간의 껍질도 가져온다. 아론의 아들들은 그 기름을 가슴 위에 올리고 기름을 제단 위에서 태웠다.

아론은 가슴과 오른쪽 넓적다리를 여호와 앞에 흔들어 요제를 드린다. 요제는 제물을 태우지 않고 제단 위에서 흔들기만 하는 제사법의 하나이다. 그런 후 아론은 백성을 향해 손을 들고 복을 빌어주었다. 그는 속죄제와 번제와 화목제를 모두 드리고 제단에서 내려온다. 그리고는 모세와 함께 회막으로 들어간다.

그들이 다시 나와 백성들을 축복하자 여호와의 영광이 모든 백성에게 나타난다. 여호와에게서 불이 내려와 제단 위의 제물과 기름을 불살랐다. 모든 백성이 그 모습을 보고 소리 지르며 땅에 엎드렸다.

10장_ 나답과 아비후의 죽음

아론에게는 4명의 아들이 있었다. 나답과 아비후, 엘르아살, 이다말이었다. 모세가 시내 산에 올라갔을 때, 아론과 이스라엘 70인의 장로들과 함께 모세를 보좌하던 사람들이었다.

아들 중 나답과 아비후는 하나님께서 지시하지 않은 다른 불로 제사를 지내다가 하나님께서 내리신 불에 타죽게 된다. 이들의 죽음은 실로 하나님 앞에 얼마나 중대한 사안이었던지 슬퍼하거나 조의조차 표시할 수 없었다.

여호와께서 아론에게 말했다. "너와 네 아들들은 회막에 들어갈 때, 포도주나 독한 술을 마시지 말라, 마시기만 하면 너희들은 죽을 것이다. 이것은 너희가 대대로, 영원히 지켜야 할 규례이니라." 모세는 아론의 딸을 포함한 가족에게 제사지낸 후, 흔들어 바치는 가슴 부분과 높이 들어 바치는 넓적다리를 먹을 수 있게 한다. 단 그것을 먹을 때는 깨끗한 곳에서 먹어야 했다.

11장_ 짐승의 정함과 부정함의 규례

여호와께서 모세와 아론에게 말씀하신다. 땅에서 사는 짐승 가운데 너희들이 먹어도 되는 것은 굽이 완전히 갈라지고, 새김질하는 짐승은 먹어라. 새김질은 하지만 굽이 갈라지지 않고, 굽은 갈라졌지만 새김질을 하지 않는 짐승은 먹지 말아라. 그러므로 낙타는 새김질은 하지만 굽이 갈라지지 않았으므로 부정한 짐승이다. 부정한 짐승 오소리, 토끼, 돼지 등을 열거하셨다. 이런 짐승은 먹지도 말 것이며, 주검에 손을 대지도 말 것을 지시하신다.

물에서 사는 것 중 먹어도 되는 것은 강이나 바다에 사는 생물 가운데 지느러미와 비늘이 있는 것은 먹어라. 새 가운데서도 독수리, 수리, 검은수리, 부엉이, 가마우지, 따오기, 백조, 올빼미, 물수리, 고니, 왜가리, 오디새, 박쥐를 피하라고 하신다. 부정한 동물의 주검을 만지거든 그 사람은 옷을 빨아라, 땅 위를 기는 동물의 고기를 먹지 말아라, 배로 기는 것이나 네 발, 혹은 여러 개의 발로 기는 것도 먹지 말고 피하라고 말씀하신다. 이는 여호와께서 거룩하시므로 인간들도 거룩하게 하시려는 하나님의 의지인 것이다.

12장_ 산모에 관한 규례

여호와께서 모세에게 이르신다. 여자가 아들을 낳으면 그 여자는 7일 동안 부정하게 되며, 월경할 때처럼 부정할 것이다. 8일째 되는 날에 아이에게 할례를 베풀어라, 피로 부정해진 산모는 33일이 지나야 깨끗하게 될 것이다. 산모는 성물을 만지지 말고 성소에도 들어가지 마라, 여자가 딸을 낳으면 14일 동안 부정하게 될 것이다. 피로 부정해진 산모는 66일이 지나야 깨끗해진다. 산모가 아들이던 딸이던 정결케 되는 기간이 지나면 회막 입구에서 1년 된 양으로 번제를 드려라, 그리고 속죄제로 집비둘기 새끼 한 마리 혹은 산비둘기 한 마리를 가져와야 한다.

제사장은 그것들을 하나님 앞에 바쳐서 깨끗하게 하라고 산모에 관한 규례를 정하셨다. 만약 여자가 제물을 온전히 바칠 형편이 못 되거든 산비둘기 두 마리나 집비둘기 새끼 두 마리로 대체할 수 있도록 계시하셨다.

13장_ 피부병에 대한 규례

여호와께서 모세와 아론에게 문둥병의 판별법과 치료 후 정결례에 관한 규례를 정하셨다. 문둥병에 관한 제사장의 진단 방법과 절차는 문둥병의 징후가 나타난 사람은 제사장에게 알려야 하며, 진단한 제사장은 환자의 진단 후, 정함과 부정함을 결정하여 징후가 불분명한 경우 7일간 격리 수용하고, 격리 기간이 더 필요한 경우에는 7일을 연장하여 격리한다. 진단 결과가 문둥병으로 판별되면 부정함을 선언하고, 진영 밖에서 생활해야 하며, 질병 부위가 악화되지 않으면 정결하다고 선언해야 한다.

14장_ 문둥병의 정결의식

이들의 정결의식은 1차로 진 밖에서 행하며, 2차로 자신의 장막 밖에서 7일을 기다린 후, 8일 째에 완치자가 속건제와 속죄제, 번제를 드려 질병에서 완전히 나음을 얻을 수 있었다. 또한 가옥에 발생한 문둥병에 대한 규례는 곰팡이에 의한 전염을 예방하기 위한 것이었다.

물론 제사장에게 보고하고, 그에 의해 오염된 가옥을 수리한 후, 재발하지 않으면 7일을 기다려 정결례를 해야 한다. 이와 같이 하나님의 선택 받은 백성들은 절대적 정결을 요구하셨으며, 절대적으로 거룩한 생활을 요구하고 계신 것이다.

15장_ 유출병에 관한 규례

남자의 몸에 유출병이 있으면 부정한 사람이기 때문에 그 사람이 사용하던 상이나 의자나 자리도 부정하므로 그곳에 접촉한 사람은 옷을 빨고 몸을 씻으라고 하신다. 유출병은 성생활에서 오는 질병으로, 남성의 성기에서 피나 분비물이 흘러 나오는 병으로, 이 고름 나오는 병을 깨끗케 하기 위해서는 7일을 기다렸다가 옷을 빨고 흐르는 물에 몸을 씻어야 한다. 이를 완치한 사람은 규례에 의거하여 정결례를 치러야 하며 여자에 관하여는 월경을 할 경우 7일 동안 부정할 것이며, 누구든지 그 몸에 닿는 자는 부정할 것이다.

7일 동안 여자가 눕는 자리나 만지는 물건도 부정하므로 거기에 접촉한 사람은 옷을 빨고 물로 몸을 씻으라, 월경 중인 여자와 함께 눕는 남자 역시 부정하며, 월경이나 피를 흘림이 멈춘 뒤 7일이 지나야 깨끗해질 것이다. 8일째 되는 날, 여자는 산비둘기 두 마리나, 집비둘기 새끼 두 마리를 회막 입구에 있는 제사장에 가져가 정결례를 치러야 한다.

16장_ 속죄일

아론의 두 아들이 여호와께 향을 바치다 죽은 뒤, 모세에게 말씀하신다. 아론에게 아무 때나 휘장 안, 즉 법궤가 있는 성소로 들어가지 말 것이며, 여호와께서는 속죄판 위, 구름 가운데 나타날 것이라고 말씀하셨다. 아론이 성소에 들어가려면 숫송아지 한 마리를 속죄 제물로 바칠 것이며, 숫양 한 마리를 번제로 바치라, 아론은 거룩한 속옷을 입고 그 안에 맨살에 모시 속옷을 입게 하라, 허리에는 모시 띠를 매고, 머리에는 모시 관을 쓰며 옷을 입기 전, 몸을 깨끗이 씻을 것을 지시하신다.

속죄판은 지성소 법궤의 뚜껑이다. 대제사장 아론은 이렇게 하여 제사지낼 준비를 마치고, 성막에 들어가 자신의 죄 문제를 해결한 뒤에야 자기 백성을 위하여 속죄하고 희생의 기름을 단에 불사르며, 광야로 염소를 끌고 나갔던 사람들의 옷을 빨고, 몸을 물로 깨끗이 씻은 후에야 돌아올 수 있게 하였다. 여호와께서는 일곱 번째 달 십일을 속죄일로 정하여, 그 날은 금식하며 속죄의 의식을 행해야 백성들이 죄에서 깨끗함을 얻게 된다고 지시하셨다.

17장_ 제물을 바치는 법

희생의 제물을 잡는 것은 회막 문 앞에서만 할 수 있도록 규례를 정하셨다. 이 규례를 어기거나 우상을 숭배하면 이스라엘 대열에서 제거될 것을 경고하신다. 선민을 위하여 하나님 중심의 생활을 유도하기 위한 방법으로 회막 중심의 생활을 관습화 하고 있는 규례이다.

그리고 절대 피를 먹어서는 안 된다는 강력한 경고를 하신다. 피는 오로지 하나님의 주권 안에 있는 것이기 때문에 백성들은 절대로 짐승의 피를 먹어서는 안 되는 것이다. 먹어도 되는 짐승이라 할지라도 피는 빼내어 흙으로 덮으라고 지시하셨다.

18장_ 남녀 관계에 관한 규례

모세에게 너희는 내 가르침에 따르고 내 규례를 지키라고 하신다. 가까운 친척과의 성관계를 엄히 경고하신다. 근친상간에 대한 경고의 규례인 것이다. 근친상간은 위계질서와 가정의 위계, 인간의 존엄성을 파괴하는 추악한 범죄임을 일일이 열거하셨다. 너희는 이 모든 일로 너희를 더럽히지 말라고 경고하신다. 가증하고 더러운 이집트의 풍속이나 몰렉이란 우상에게 어린아이를 바치는 악습도 행하지 말라고 엄중 경고하신다. 몰렉은 암몬 사람들이 섬기던 우상으로, 제사 때에 어린아이를 불에 태워 바치는 사악한 우상숭배 중의 한 가지였다.

19장_ 그 밖의 율법

안식일을 기억하여 거룩하게 지킬 것과, 우상숭배, 화목제, 이삭줍기, 도적질, 맹세, 엄금, 법정, 험구, 형제애, 이종교배와 혼합 파종, 간음, 과수원, 점치는 것, 수염의 손상과 슬픔의 상처, 매춘행위, 노인에게 존경, 외국 사람에게 친절, 정당한 도량형, 우상숭배, 마술, 근친상간, 남색, 수간 등을 하지 말라고 계시하셨다. 또한 네 몸과 같이 이웃을 사랑하라고 하셨는데 이것은 모세 율법 중 최고이다. 가난한 사람에게는 꾸어주든지 그냥 주어야 하며, 밭에는 가난한 사람을 위하여 이삭을 남겨 놓아야 한다. 하나님께서는 구약성서 전체를 통하여 과부, 고아, 외국 사람에게 친절하게 대할 것을 끊임없이 강조하신다. 여호와께서 "너는 센머리 앞에 일어서고, 노인의 얼굴에 공경하라" 고 하신다. 일찍이 경로효친의 모범을 규례로 정해 놓으신 하나님이신 것이다. 축첩과 다처, 이혼, 노예제도는 허용되었으나 극히 제한되었다.

모세의 율법은 결혼 관념을 이웃 나라보다 상당히 높였으며, 노예제도는 인간적인 생각으로 비호되었고, 유대인들 사이에서는 이집트, 앗시리아, 그리스, 로마 등 다른 나라에서처럼 성행하거나 잔인하지도 않았다.

** 주요구절 **
19 : 2 너는 이스라엘 자손의 온 회중에게 고하여 이르라. 너희는 거룩하라. 나 여호와 너희 하나님이 거룩함이니라. 18 원수를 갚지 말며 동포를 원망하지 말며 이웃 사랑하기를 네 몸과 같이 하라. 나는 여호와니라.

20장_ 가증스런 범죄

우상에 관한 범죄의 단속을 말씀하시고 있다. 몰렉이라는 어린아이를 불태워 제사지내는 암몬인들의 우상숭배에 직간접적으로 동참하거나, 동의하는 자는 죽일 것임을 명령하신다. 그런 자를 보고도 방관한 사람 역시 같은 범죄임을 명시하신다.

음란하며 신접한 자와 무당을 추종하는 자에게는 진노하여 그를 돌로 쳐 죽이라, 그 피가 자기에게로 돌아갈 것이다. 너희는 스스로 깨끗하게 하여 거룩한 생활을 하라고 말씀하셨다. 누구든 남의 아내와 간음하는 자는 죽을 것이다. 동성애와 근친상간도 마찬가지이다.

레위기에서 규례로 정해진 간음죄의 유형을 보면, 남의 아내와 간음, 아비의 아내와 성관계, 자부와의 동침, 동성간의 교합은 자기 피가 자기에게로 돌아가는 형벌을 받게 되며, 짐승과 수간한 자, 이복 누이와 성관계를 한 자, 월경 중인 여인과 동침한 자는 백성 중에 끊어질 것이며, 아비나 어미의 누이와 동침하거나 백숙모, 형수나 제수와 동침하는 자는 자식 없이 죽을 것이라고 경고하셨다.

21장_ 제사장의 규례

아론과 그의 아들들, 즉 제사장에게는 더욱 완벽한 생활이 요구되었다. 가까운 친척을 제외하고는 시체를 만져 부정하게 하지 말라고 계시하시고 하나님을 욕되게 해서는 안 된다는 것을 강조하신다.

제사장은 이혼한 여자, 몸을 더럽힌 여자들과 결혼해서는 안 되며, 그의 딸들이 창녀가 되었다면 그 딸을 불태워 죽이라고 경고하셨다. 특히 대제사장은 슬픔을 표현해서도 안 될 것이며, 수염과 머리를 짧게 깎아서도 안 된다. 성소를 떠나서도 안 되며, 대제사장은 반드시 처녀와 결혼하라, 그래야만 자기 백성 가운데 자손을 더럽히지 않고 대를 이을 것이라고 말씀하신다.

여호와께서 모세에게 다시 이르신다. 아론의 자손 중에 흠이 있는 사람은 하나님께 음식을 바치지 말라고 지시한다. 흠이 있는 사람이란 지체의 여러 장애를 뜻한다. 그들은 제사장 집안이므로 음식은 먹을 수 있으나, 성소의 휘장 안으로는 들어갈 수 없었다. 그곳은 거룩한 곳이기 때문이다.

22장_ 성물에 관한 규례

여호와께 바친 제물은 거룩한 것이니 그것을 조심스럽게 다뤄야 한다. 몸이 부정하면서도 거룩한 성물에 손을 댄 사람은 다시는 여호와 앞에 나타나지 못할 것이다. 제사장의 집안사람들만 거룩한 제물을 먹을 수 있으며, 그의 집에 머무는 나그네나 품꾼들은 먹어서는 안 된다.

그러나 제사장의 품삯을 받는 종이나, 그의 집에서 태어난 종은 먹어도 된다. 제사장의 딸은 제사장이 아닌 사람과 결혼했을 경우 제물을 먹을 수 없다. 그러나 예외 규정을 두었다. 이혼을 해서 시집가기 전처럼 아비와 함께 산다면 먹을 수 있으며, 실수로 거룩한 제물을 먹은 사람은 제사장에게 그 음식값의 5분의 1을 더해 갚으라, 누구든 제물을 바치기 전에 흠 없는 소, 양, 염소를 7일 동안 어미와 있게 하고 8일째 되는 날부터 제물로 쓸 수 있게 하고, 바친 짐승을 먹을 때에는 바친 날에 먹어야 할 것을 정하셨다.

23장_ 여러 가지 절기

유월절과 무교절은 이집트에서 해방된 날을 기념하는 절기로 누룩을 넣지 않은 무교병을 먹으며 7일 동안 불로 태워 바치는 화제를 드린다. 첫날과 마지막 날에 거룩한 모임을 가져야 한다. 그날에는 아무 일도 해서는 안 된다. 초실절은 곡물의 첫 이삭을 드리는 절기이다. 첫 곡식단을 여호와 앞에 요제, 즉 흔들어 바치고, 흠 없는 1년 된 숫양을 번제로 드려야 한다. 곡물은 기름에 섞어 화제로 드리며 제물을 여호와께 바치기 전에는 빵이나 볶은 곡물을 먹지 말아야 한다.

오순절은 초실절 첫 곡식 단을 바친 안식일 다음날로 일곱 번째 안식일 그 다음날에 여호와께 새 곡식으로 제물을 바친다. 그러므로 오순절은 초실절이 지난 오십 일째 되는 날이다. 오순절은 칠칠절 혹은 맥추절이라고도 하며 소제, 속죄제, 번제, 화목제와 누룩이 들어있는 떡을 제물로 바친다.

나팔절은 새해와 새 출발을 뜻한다. 일곱째 달 첫날을 완전한 안식일로 지키며, 나팔을 불어 그 날을 기념하고 성회를 갖도록 하셨다. 속죄일은 일곱째 달 열흘째 되는 날이며, 속죄일로 정하셨다. 그날에는 성회를 갖고 금식하며 화제를 드려야 한다. 제사장은 여호와 앞으로 나아가 죄 씻음의 예를 올려야 한다.

초막절은 일곱째 달 십오일로 정하셨다. 이 절기는 7일 동안 계속 된다. 첫날에는 성회를 가지며 일하지 말라, 7일 동안 여호와께 화제를 드리고 8일째 되는 날에 성회로 모일 것이며, 이 날은 거룩한 날이므로 아무일도 하지 말아야 한다. 매달 1일과 8일은 여호와의 거룩한 안식일로 지켜야 함을 계시하셨다.

24장_ 눈은 눈으로 이는 이로

성소 안에 배치된 등잔과 진설병에 관한 것으로 등잔의 기름은 올리브유로 할 것이며, 등잔의 불은 꺼지지 않도록 계속 켜둬야 한다. 아론은 등잔을 회막 안 언약궤 앞에 친 휘장 앞에 둘 것이며, 등잔대는 순금으로 만들고 고운 가루로 빵을 12개를 만들어, 그것을 여호와 앞의 금상 위에 6개씩 두 줄로 늘어놓아라, 각 줄에 순수한 향을 얹어, 여호와께서 흠향토록 할 것이다. 그 빵의 향은 화제를 대용하는 것이다.

아론과 그 아들들은 성소에서 그 빵을 먹어야 한다. 여호와께서는 모세에게 나를 저주한 사람은 불러내 돌을 던져 죽이라고 명령하신다. 사람을 죽인 자는 죽일 것이며, 짐승을 죽인 사람은 다른 짐승으로 물어주고, 뼈를 부러뜨린 자는 부러뜨림으로, 눈은 눈으로, 이는 이로, 남에게 상처를 낸 자는 같은 상처로 갚아라, 이스라엘 백성이나 외국 사람이나 동등하게 율법의 규례를 지킬 것을 모세에게 강조하셨다.

25장_ 안식에 관한 규례

안식년은 7년마다 지킬 것이며, 땅은 경작하지 않았다. 씨를 뿌리지도 않고, 거두지도 않으며, 포도나무는 가지를 치지 않는다. 자연히 생산된 것은 가난한 사람과 체류자들이 취할 수 있게 배려하였다. 하나님은 여섯째 해에 일곱째 해의 것도 주시겠다고 약속하신다. 유대인 사이의 빚은 탕감되었다. 희년은 50년마다 지켜야 하며 속죄의 날에 나팔을 불며 시작된다. 모든 빚은 탕감되고, 노예는 해방되었고, 팔렸던 땅은 다시 돌아왔다.

땅의 소유권에서 가나안 땅은 12지파에게, 지파는 각 개인에게 나눠 주었다. 약간의 예외는 있었지만 어떤 개인에게 영원히 팔 수는 없었다. 빌린 땅은 희년 전까지만 가능했으며, 희년에는 원래 소유자에게 돌려 주었다.

** 주요구절 **
25 : 23 토지를 영영히 팔지 말 것은 토지는 다 내 것임이라. 너희는 나그네요 우거하는 자로서 나와 함께 있느니라.

7이란 숫자에 관하여

일곱째 날마다 안식일로 정해졌으며, 일곱째 해마다 안식년이며 일곱째 안식년마다 희년으로 정해졌다. 일곱째 달마다 거룩한 3절기가 있으며, 유월절과 오순절 사이는 7주간이며, 유월절과 장막절은 7일간 계속되었다. 유월절과 장막절(초막절)에는 7의 두 배인 14마리의 어린 양을 바쳤다. 또 70마리의 황소도 바쳤으며, 오순절에는 7마리의 어린 양을 바쳤다.

이처럼 7이란 숫자는 하나님을 상징하는 3과 자연과 창조를 상징하는 4가 합쳐진 완전성과 충만함, 전체성을 상징하는 숫자로 해석될 수 있다.

26장_ 복종과 불복종

하나님께 복종하므로 얻어지는 상급에 관하여 설명하고 있다. 이제껏 여호와께서 계시하신 규례를 지키고, 순종하면 한없는 축복이 임하게 될 것임을 말씀하신다. 우상을 섬기지 말고 안식일을 거룩하게 지키면 철을 따라 비를 내리시고, 열매를 맺게 하여 풍작을 거두게 할 것이다. 또한 평화를 줄 것이며, 다섯이서 백 명을, 백 명이 만 명의 적을 물리치게 도울 것임을 약속하신다. 나는 너희와 동행하며 너희 하나님이 되며, 너희는 나의 백성이 될 것임을 약속하신다. 그러나 여호와 하나님께 순종하지 않는 자는 벌을 받게 될 것을 경고하신다. 율법과 명령을 따르지 않으면 끔찍한 벌을 내리겠다. 하나님은 형벌의 끔찍한 예고를 통해 순종의 미덕을 강조하신다. 불순종의 원인은 세상적인 삶과 사악한 영을 숭배하는 것과 위선하는 것과 정욕을 탐내는 것으로, 그 결과는 약속된 땅에서의 추방이며, 자손의 멸절을 불러올 것이다.

전쟁에서 패하게 되며, 나라가 쇠망할 것이다. 하나님의 진노가 임하여 영원한 사망의 형벌을 면치 못할 것이다. 천국에서의 안식을 보장 받지 못하고 구원에서 제외되며, 징벌로 곤고케 될 것임을 강하게 경고하셨다.

그리고 하나님께서는 회개에 대한 약속을 하신다. 저주를 받아 비참해지더라도 이스라엘 백성들이 참회하고 자백하면 긍휼히 여겨, 선민의 언약을 기억하시어 회복의 은총을 주시겠다고 말씀하신다.

27장_ 맹세와 십일조에 관한 규례

서원은 하나님 앞에 반드시 해야 하는 의무적 규례는 아니지만 자신의 뜻을 서원을 통해 높이며, 거룩하게 하는 행위로 스스로 서원하게 되면 그것을 이루기 위해서는 최선을 다해야 한다. 어떤 사람이 자식을 여호와께 종으로 바칠 것을 약속했을 경우, 그것은 반드시 지켜져야 하며, 그러기 앞서 제사장은 그 사람의 값을 정하고 돈으로 환산하여 바치도록 하신다. 나이별로 다르게 세겔이 주어지고 남자와 여자 역시 다른 세겔이 주어지게 되어 있다.

예를 들어 20세 이상 60세 이전 남자의 값은 50세겔이다. 세겔은 돈의 단위이며, 무게의 단위로 1세겔은 11.4그램이다. 여호와께 바치기로 약속한 짐승의 제물은 다른 것으로 바꿀 수 없다. 제사장은 짐승의 좋고 나쁨에 따라 값을 정한다. 이것은 사람이 거하는 집도 마찬가지이다. 집을 바치려면 제사장은 그 집의 값을 정하고 그 집을 다시 사려면 5분의 1을 더하여 사고, 그 집은 원래 주인의 몫으로 돌아갈 수 있다.

십일조에 대하여

십일조에는 레위 사람을 위한 것과, 매 절기를 위한 것과 3년마다 가난한 사람을 위하여 하는 십일조가 있다. 십일조는 모세 시대보다 더욱 오래 전부터 있었다. 아브라함과 야곱은 십일조를 드렸다. 유대인들이 내는 십일조는 레위 족속의 생활을 위한 것이었으며, 레위 족속은 종교적인 일도 하였지만 행정적인 일도 하였기 때문에 십일조를 통하여 생활할 수 있었다.

첫 열매는 하나님의 것으로 십일조뿐만 아니라 모든 가정의 장자와 모든 가축의 첫 새끼와 곡식의 첫 열매를 요구하셨다. 수확의 첫 열매는 유월절에 바쳤고 바칠 때까지 새 곡식을 먹지 못 한다. 새 과일나무의 첫 열매도 하나님께 바칠 때까지 먹지 못했다. 그러므로 온 땅의 모든 것들의 십분의 일은 여호와의 것이므로 십분의 구를 얻고 있는 현실을 하나님께 감사 드려야 한다.

민수기 | Numbers

하나님과 약속한 땅으로의 이주 : 36장

저　　자 : 모세
기록연대 : B.C 1450년 ~ B.C 1400년

세계사 비교 : 레위기와 유사함
중심인물 : 모세, 아론, 여호수아, 갈렙.

핵심 에피소드 : 민수기는 모세오경의 다른 네 권을 포함되는 기록으로 이스라엘의 출애굽 지도자인 모세가 기록했다. 시내 산에서 가나안 건너편의 모압 땅에 이르는 이동 경로와 과정을 소개하고 있다. 본서는 출애굽한 이스라엘 백성의 인구조사로부터 시작되고 있으며, 목적지 가나안에 들어가기 위한 자체 점검을 시도하고 있는 것이다. 출애굽한 지 다음해 2월 10일에 여호와의 인도하심으로 구름기둥과 불기둥을 따라 시내 산을 출발하고 있다.

이로부터 40년간의 광야에서의 방황이 시작된다. 극도로 조악한 광야에서 이스라엘 백성들은 오랜 세월동안 방황하였지만 가나안이라는 목적지가 있었기에 그들은 좌절하지 않고, 현실의 난관과 고난을 타개해 나간다.

이 기록 역시 모세가 하나님께서 주신 영감으로 썼다는 것은 의심할 여지가 없다. 역사적 상황으로 보면 이스라엘의 출애굽으로부터 가나안 도착까지의 사건이 기록되어 있다. 이집트를 탈출한 지 정확히 1년 만에 이스라엘 민족은 율법과 성막에 관한 규례를 받기 위해 시내 산에 모였다. 민수기는 출애굽기가 보여 준, 모든 사건이 끝난 한 달 이후의 날로부터 시작한다.

1장_ 인구 조사

이스라엘은 출애굽 이후 시내 산에서 하나님과의 여러 가지 언약을 체결함으로써 신정국가 체제가 출범한다. 국가의 법률과 행정조직을 완료한 이스라엘은 하나님께서 지시하신 영토인 가나안을 정복하기에 앞서 조직과 체제를 새롭게 하려고 인구조사를 실시한다. 이는 광야생활에서의 효과적인 인구 통제와 군대창설의 목적을 갖고 있었다.

여호와께서 모세에게 각 지파별로 부대를 조직하고 지파별 지도자를 뽑아 그들과 함께 백성들을 이끌라고 명하신다. 모세는 하나님의 말씀대로 백성을 모아놓고 지파별, 가족별, 집안별로 20세 이상 된 남자를 뽑는다. 이렇게 해서 명단을 작성하였는데 60만 명이 넘는 대부대였다. 레위 지파의 사람들은 제외되었는데, 그들은 하나님의 규례대로 성막을 관리하며 그 안의 모든 것을 옮기는 일을 해야 했기 때문이다.

2장_ 진을 치다

모세와 아론은 여호와의 명령대로 이스라엘 백성들에게 진을 치도록 한다. 성막을 중심으로 주변에 진을 치되 각 지파별, 부대별, 자기 집안 깃발 아래 진을 치게 한다. 이동할 때에도 각 사람들은 가족별, 집안별로 이동하게 되었다.

성막의 가장자리에는 동쪽으로 모세와 아론의 아들들이 진을 치고, 서쪽에 게르손, 남쪽에 고핫, 북쪽(전면)에 므라리 자손들이 진을 쳤다. 외곽으로는 동쪽에 유다, 잇사갈, 스블론 지파가 진을 치고, 서쪽에 에브라임, 므낫세, 베냐민, 후방인 남쪽에 르우벤, 시므온, 갓, 최전방인 북쪽에 단, 아셀, 납달리 지파가 진을 쳤다.

3장_ 아론의 아들들

여호와께서는 이스라엘의 인구조사와 성막 배치를 마친 모세에게 성막에 봉사해야 하는 사람들에 대해 지시한다. 이들은 제사장과 레위인들이다. 레위인들은 제사장을 돕는 역할을 하게 되었다. 레위인들은 이집트에서 하나님의 진멸이 장자에게 임하였을 때, 이스라엘의 처음난 자와 짐승들을 선별하였던 것처럼, 여호와 하나님의 사람들이다. 그러므로 레위인은 1개월 이상의 남자를 모두 계수하였다.

이렇게 해서 레위인의 남자는 7,500명이 되었다. 하나님께서는 레위인에게 초태생을 대신하도록 하신다. 그래서 그들에게는 성막의 거룩한 일을 돕도록 배치하셨다. 또한 이스라엘 사람들의 초태생을 조사하여 레위인의 초태생과 비교를 한다. 하나님께서는 이스라엘 초태생을 레위인의 초태생으로 속전하여 제물을 받았는데 이스라엘 처음난 자에게서 거둬들인 돈이 1,365 세겔이었으며, 이 돈을 아론과 그의 아들들에게 주었다.

4장_ 레위인의 직무

모세와 아론은 여호와의 명령을 따라 레위의 둘째 아들로서 고핫 자손의 후손들이 레위 자손들 중 맨 처음 성막 일을 맡게 되었다. 이들은 성막 안의 가장 중요한 기물을 담당했으며, 기물을 어깨에 메고 운반하였다. 아론의 아들들이 각기 지성물에 대해 증거 궤를 덮는 것과 진설병의 상에 보자기를 펴고, 등잔들과 불집게 기타 제기들을 덮는 일을 마치면, 고핫 자손들이 이를 운반하도록 하였다.

게르손 자손은 레위의 첫째 아들의 후손으로 하나님의 주권에 따라 고핫 자손들 다음으로 중요한 사역을 맡는다. 게르손 자손들이 성막에서 하는 일은 아론의 아들, 이다말이 감독했다. 또한 므라리 자손도 조사하여 성막에서 일할 만한 사람을 뽑아 장막의 널판을 메는 일과 띠와 기둥과 받침 말뚝과 줄을 옮기는 일을 맡겼다. 모세는 레위인들 중에서 일할 만큼 영적으로 성숙하였으며, 건강하여 힘이 있는 사람을 추려내니 고핫과 게르손, 므라리 자손을 합한 수가 8,580명이었다.

5장_ 부정한 자를 추방하는 법

모세는 여호와의 명을 받들어 이제 가나안 땅 정복을 위한 이스라엘 군대의 정결 사역을 시작한다. 문둥병자와 유출병자와 주검으로 부정케 된 자를 진 밖으로 내보내 진을 더럽히지 않도록 한다.

또한 여호와께서는 부정으로부터 정결을 단행하시며, 부정한 죄의 보상에 대한 규례를 지시하시는데, 지은 죄를 자복케 하며 죄 값을 온전히 받고, 죄값을 받을 만한 친족이 없는 경우에는 제사장에게 돌려 그들을 위하여 속죄의 숫양을 드리도록 지시하셨다.

아내의 간통에 대해 의심스런 일이 일어날 경우, 어떤 여인이 남편 아닌 다른 남자와 성관계를 가졌다고 의심은 가나 증인이 없고, 남편이 이를 의심할 경우에는 여인을 여호와 앞에 세우고, 몇 가지 시험을 하여, 여자의 범죄 여부를 가리게 하는 방법을 제시하고 있다.

이런 과정을 거쳐 여인이 저주가 들어간 쓴 물을 마시게 하여 배가 붓고 넓적다리가 떨어져 나가면 범죄를 저지른 것으로 판명하며, 그렇지 않으면 해를 받지 않게 되는 규례를 정하셨다.

6장_ 여호와께 몸 바친 나실인

진의 정결 문제를 다룬 앞장에 비하여, 여기에서는 진 안에 있는 이스라엘 사람 개인의 정결 문제를 다루고 있다. 나실인이란 특별한 목적에 의해서 여호와께 봉사의 서원을 세워 성별한 사람을 의미한다. 이스라엘 남자와 여자에게 특별한 서원을 하고, 서원을 드리거든 포도주와 독주를 마시지 말고, 포도즙과 생포도와 건포도를 먹지 말 것이며, 자기 몸을 구별하는 날 동안에는 포도나무 소산은 씨나 껍질이라도 먹어서는 안 된다. 그리고 서원하고 구별하는 날 동안은 칼을 머리에 대어 머리카락을 자르지 말아야 한다.

누구의 주검에라도 가까이 하여 몸을 더럽히지 말 것이며, 어쩔 수 없이 자신의 곁에서 누군가 갑자기 죽거든 7일째 되는 날에 머리를 밀 것이며, 8일째에 산비둘기 두 마리나 집비둘기 새끼 두 마리를 회막문에 와서 제사장에게 주어 속제물과 번제물로 드려 시체로 인하여 얻은 죄를 속하고, 당일에 머리를 성결케 해야 한다.

그리고는 다시 여호와께 자기 몸을 구별하여 드릴 날을 정하고, 1년 된 숫양을 가져다가 속건제로 드려야 한다. 몸이 더럽혀지면 지나간 날은 무효라고 계시하셨다.

제사장은 이스라엘 축복의 중보자적 역할을 감당하고 있다. 그것은 하나님으로부터 특별한 권위를 위임하셨기 때문에 가능한 일인 것이다. 여호와께서 모세에게 이르시며 아론과 그의 아들들에게 이르게 하는데, 그 내용은 "이스라엘 자손에게 복을 주고 너를 지키시기를 원하며 평강을 주시기를 원한다"고 하시며, 내 이름으로 이스라엘 자손들에게 축복을 하면 그들에게 복을 내려 줄 것을 약속하셨다.

7장_ 성막의 제사

모세는 성막을 세우고 모든 것에 기름을 부어 거룩하게 구별한다. 그 후 이스라엘의 지도자급 사람들이 제물을 바친다. 그들은 수레 6대와 황소 12마리를 성막 안으로 가져 왔다. 여호와께서 모세에게 사람들이 가져온 예물을 받으라고 명하셨다.

모세는 그것을 필요에 따라 레위 사람들인 게르손 자손과 므라리 자손에게 주었고, 고핫 자손에게는 주지 않았는데 그들은 어깨로 짐을 나르는 역할을 하였기 때문이었다.

이스라엘 지도자들은 매일 한 사람씩 성막에 와서 예물을 바친다. 첫째 날, 유다 지파의 나손으로 시작하여 열두째 날, 납달리 지파의 아히라까지 은쟁반, 은접시, 금잔 각 12개와 번제물로 바친 짐승은 숫송아지와 숫양 12마리, 1년 된 숫양 12마리, 속죄물로 바친 숫염소 12마리, 화목 제물로 바친 짐승은 황소 24마리, 숫양과 숫염소 60마리, 1년 된 숫양 60마리였다.

모세는 여호와께 말씀 드릴 것이 있을 때에는 회막 안으로 들어갔다. 여호와의 목소리는 언약궤를 덮고 있는 속죄판 위의 날개 달린 두 천사들 사이에서 들려 왔다.

8장_ 등잔대

여호와께서 모세에게 등잔을 준비하도록 하여, 아침 저녁으로 드리는 제사 때 어두운 성소를 밝히게 한다. 등잔의 관리는 아론과 그의 자식들에게만 허용되었다. 레위인의 정결의식을 행하시고 하나님께서 레위인을 이스라엘 모든 장자를 대신하여 아들로 삼으셨다. 그들 중 25세 이상의 아들들이 회막에서의 모든 일을 맡아 보게 되었으며 50세가 넘은 사람은 일하지 않아도 된다고 계시하셨다.

9장_ 유월절

이스라엘 백성이 이집트에서 나온 지 2년째 첫 달에 모세에게 말씀하신다. 그것은 정해진 때에 유월절을 지키라는 명령이었다. 이달 14일 해질 무렵이 유월절의 시작이었다.

모세는 여호와께서 명령하신 대로 한다. 외유중이거나 시체를 만져 몸이 부정해진 사람은 다음달 14일에 유월절을 지키라고 말씀하신다. 유월절은 외국인도 규례에 따라 지키게 했다. 주님의 장막을 세우던 날은 구름이 성막을 덮었고, 저녁부터 새벽까지 장막 위의 구름은 불처럼 보였다.

항상 구름은 성막 위에 머물렀으며, 밤에는 마치 불처럼 보였다. 구름이 성막 위에서 걷혀 올라가면 이스라엘 백성도 길을 떠난다. 구름이 멈추면 백성들도 그곳에 진을 쳤다. 성막 위의 구름은 며칠 동안이나 머물 때도 있었다. 이와 같이 이스라엘 백성들은 여호와의 명령에 따라 길을 떠났다.

10장_ 은 나팔

시내 광야에 체류하던 1년 동안 출발에 앞서 준비를 단단히 했다. 은을 두드려 나팔을 만들게 하였는데, 이것은 백성들의 소집과 출발, 정지, 전쟁선포 등의 신호로 사용하기 위한 것이었다. 또한 나팔은 기쁜 날과 절기와 매달 초하루에도 불 것이며, 각종 제물 위에서도 불도록 하였다.

그러면 하나님께서 기억해 주실 것이라고 약속하셨다. 출애굽한 지 2년 2월 20일에 이스라엘 백성은 시내 광야를 떠난다. 이것은 백성들의 첫 번째 이동이었고 바란 광야에 멈췄다. 나팔을 불면서 유다 지파가 앞장서서 걷기 시작했다.

11장_ 여호와의 불

시내 광야를 떠난 지 3일도 못 되어 사람들은 투덜거리기 시작했다. 이것은 그들의 상투적인 태도였다. 그들은 불평 불만을 항상 늘어놓았다. 여호와께서 그들의 불평을 들으시고 백성 가운데로 불을 내려 진 가장자리를 태웠다. 그러자 백성들은 모세에게 부르짖는다. 모세는 여호와께 간절히 용서의 기도를 드린다. 그러자 불은 꺼진다. 그곳을 여호와의 불이 내려와 태웠기 때문에 '다베라' 라고 불렀다.

이스라엘 백성 가운데 섞여 살던 외국인들이 고기를 먹고 싶다며 불평하기 시작한다. 만나에만 의존하는 것에 대한 불만이었다. 모세는 여호와께 이들의 원성을 보고한다. 백성들은 왜 우리가 이집트를 떠나 이 고생을 하는지 불평하는 사람이 많았다. 하나님께서 모세에게 이스라엘 백성을 인도할 영을 이스라엘 장로 70인에게도 주겠다고 하신다. 그들과 함께 백성들을 인도하라는 뜻이었다. 또한 고기를 진저리가 나도록 먹게 해 주겠다고 약속하신다. 모세는 60만 명이 되는 백성에게 어떻게 고기를 하루 이틀도 아닌 끝없이, 진저리가 나도록 먹일 수가 있을까 하여 반문하자 여호와께서 "너는 내가 능력이 없다고 생각하느냐? 내가 말한 것을 내가 할 수 있는지 없는지 보여주겠다" 고 하신다.

모세는 이스라엘 장로 70명을 불러 그 이야기를 전한다. 그리고는 장막 둘레에 그들을 서게 하자, 여호와의 영이 내려와 장로들에게 들어간다. 그러자 그들은 예언을 하기 시작한다. 엘닷과 메닷이란 사람도 예언을 한다. 눈의 아들 여호수아는 모세에게 저들을 말려야 한다고 주장하지만, 오히려 모세는 모든 이스라엘 백성이 예언을 했으면 좋을 것이라고 한다.

장로들이 진으로 돌아가고 바다에서 강한 바람이 불어 온다. 진 둘레에 메추라기가 수북하게 쌓여 사방으로 하룻길 정도까지 메추라기 천지가 되었다. 백성들은 다음날까지 메추라기를 모았고 그것을 진 둘레에 널어놓았다. 그러나 여호와께서는 백성들이 메추라기를 다 먹기도 전에 끔찍한 병을 내려 사람들이 죽는다. 이들은 하나님께서 내려주신 만나 외에 다른 음식을 원했던 사람들이었다. 이들이 죽어 묻힌 곳을 '기브롯 핫다아와' 라 불렀다.

12장_ 미리암과 아론의 선동

미리암과 아론은 모세가 구스 여자와 결혼한 것을 이유로 모세를 비방한다. 그들이 "여호와께서 모세하고만 말씀하셨나? 여호와께서 우리하고는 말

쓸하지 않으셨단 말이냐?" 라고 외친 것을 여호와께서 들으셨다. 그들을 모세와 더불어 회막으로 불러낸 다음 모세를 비방한 미리암을 하얀 문둥병이 걸리게 하신다.

아론은 모세에게 내 주여, 우리의 어리석은 죄를 용서해 주십시오, 미리암을 죽게 하지 말라고 당부하자, 모세는 여호와께 부르짖는다. 그러자 미리암을 진 밖에 7일간 머무르게 하라고 명하셨고, 백성들은 미리암이 돌아올 때까지 이동하지 않았다.

** **주요구절** ** 12 : 3 이 사람 모세는 온유함이 지면의 모든 사람보다 승하더라.

13장_ 정탐꾼이 가나안을 정탐하다

여호와께서 바란 광야의 모세에게 12지파에서 한 사람씩을 보내 정탐꾼을 가나안에 보내라고 명하셨다. 그는 각 지파별로 가나안을 정탐할 지도자들을 뽑았다. 모세는 에브라임 지파, 눈의 아들 호세아에게 '여호수아' 라는 새 이름을 붙여준다.

모세는 그들에게 네게브 지방의 산악지대를 살펴 보고, 그곳의 지형지물을 익혀두고 올 것을 지시한다. 정탐꾼들은 가나안 남쪽 네게브를 거쳐 헤브론에까지 이르렀다. 그들은 40일 동안 정탐을 마치고 진으로 돌아온 후, 모세와 아론과 모든 이스라엘 백성들에게 보고한다.

그들은 그 지역의 백성들이 강하고 그들의 성과 성벽도 견고하며 아말렉 사람들과 가나안 사람들과 여브스, 아모리 사람들의 강인함을 보고 느낀 대로 말한다. 그러자 갈렙이 모세 앞에 있는 백성들을 잠잠하게 한 뒤 "우리는 올라가서 저 땅을 차지해야 합니다. 우리는 할 수 있습니다" 라고 말하자 다른 정탐했던 사람들이 반박하며 "우리는 그 백성들을 공격할 수 없습니다. 그들은 우리보다 강합니다" 라고 말하며 이스라엘 백성들에게 불리한 소식을 전했다.

또 그들이 말한다. "그 땅은 우리를 삼키고 말 것입니다. 우리가 봤던 사람들은 키가 매우 컸습니다. 우리는 그 속에서 네피림 백성도 보았습니다. 아낙 자손은 네피림 백성의 자손일 것입니다. 그들은 거인이었습니다. 우리는 스스로 보기에도 메뚜기 같았고 그들에게도 메뚜기 같아 보였을 것입니다" 대체적으로 정탐꾼들의 보고는 갈렙과는 상반된 것이었다.

14장_ 백성들의 불만

백성들은 그날 밤 울며 불평을 늘어놓는다. 모세와 아론에게 불만을 토로한다. 자신들이 이집트에서 떠나지 않았다면 차라리 좋았을 것이란 내용이었다. 그들의 불만은 항의 수준을 넘어 대항하려 했다. 모세와 아론은 백성들 앞에 엎드렸으며, 여호수아와 갈렙은 옷을 찢으며 분기했다. 그들은 이길 수 있으며 여호와를 배신하지 말자고 백성들을 설득한다. 그러나 무리들은 돌을 들어 그들을 죽이려 한다.

그때 여호와의 영광이 나타나 모세에게 말씀하시는데 내가 너희를 이제껏 인도해 오고 여러 가지 기적을 보여주었는데도 불구하고 백성들이 나를 멸시한다며 끔찍한 병을 내려 이들을 멸하고 모세를 통하여 크고 센 나라를 만들겠다고 하셨다. 모세는 여호와께 간청을 한다. 이집트 사람들로 부끄러움을 당할 수도 있으니, 여호와께서 우리 백성과 함께하심을 그들은 알고 있을진대, 이스라엘 백성을 광야에서 멸하지 말아달라고 요청한다. 여호와는 쉽게 진노하지 않으나 죄를 그냥 보아 넘기지 않으며, 자손 3,4대까지 벌을 내린다고 말씀하신다. 그럼에도 모세는 백성의 잘못에 대해 용서를 빈다.

그러나 여호와께서는 엄청난 계시를 하신다. 그 내용은 지난 번 인구조사 때 20세 이상 된 사람들은 한 사람도 약속의 땅 가나안에 들어가지 못할 것이며, 갈렙과 여호수아만 들어갈 것임을 말씀하신다. 너희의 자녀들은 40년 동안 이 광야에서 떠돌아 다닐 것이다.

그 후 정탐하러 갔던 사람들이 죽었다. 다만 여호수아와 갈렙은 살았다. 여호와의 명령에 복종하지 않고, 산악으로 올라간 백성들은 아말렉과 가나안 사람들에게 패퇴하여 호르마까지 옮겨 가게 된다.

15장_ 희생 제물에 대한 규례

여호와께서 모세에게 가나안 땅에 들어갔을 경우, 소나 양떼 가운데 골라 제물을 바치되 태워서 화제로 드리면, 그 냄새를 여호와께서 흠향하시고 기빼하실 것을 계시하셨다. 여러 가지 희생 제물의 규례를 정하시고 안식일에 대한 예제를 들어, 어떤 사람이 안식일에 나무를 줍다가 붙잡혀 오자 여호와께서 모세에게 명하여 돌로 쳐서 죽인 사건을 소개하고 있다.

그 후에 이스라엘 백성은 옷자락 끝에 파란 술을 달아 여호와의 율법을 준수할 수 있는 상징성을 부여하신다.

16장_ 고라의 반역

고라와 다단과 아비람과 온이 250명의 사람을 모아 모세에게 대항했다. 그들은 모세와 아론에게 이스라엘 백성은 모두 거룩하며 여호와는 백성 위에 늘 계신데, 왜 당신들만 높아져서 백성 위에 군림하는 것이냐며 반역을 꾀한다. 고라는 모세의 4촌 형으로 명예욕이 강한 성막 봉사자였다. 그의 명예욕이 모세를 향한 반역을 도모하게 된 것이다. 모세는 여호와의 진정한 사람이 누구인가를 물어 보기로 한다.

고라의 무리들은 회막 앞에 섰는데 그 위로 여호와의 영광이 내려온다. 여호와께서 모세와 아론에게 물러가라고 하셨다. 내가 저들을 순식간에 없애 버릴 것이라고 하셨다. 모든 무리에게 주모자들과 떨어져 있으라고 명하신다. 모세는 사람들을 회막에서 떨어져 물러설 것을 경고하고, 이들에게 여호와의 징벌이 임할 것이니 그때서야 모세가 여호와의 사람인 것을 인정하게 될 것임을 경고한다.

모세가 말을 마치자 그들이 서 있던 땅이 갈라지고, 반역자들과 물러서지 않았던 동조자들의 가족까지 순식간에 땅에 묻혀 사라졌다. 그리고 불이 내려와 향로를 피운 사람들을 태워 죽인다. 여호와께서는 아론의 아들 엘르아살에게 죽은 자들로부터 놋향로를 거두게 하여 그것을 펴서 제단을 덮게 한다. 그것은 여호와의 전에 아론의 자손이 아닌 사람들이 향을 피울 수 없다는 규례를 지키게 하신 것으로 엘르아살을 통해 이스라엘 사람들에게 이 사건을 영원히 기억할 수 있게 하셨다.

그러나 이튿날 백성들은 모세와 아론에게 당신들이 여호와의 백성을 죽였다고 불평한다. 여호와께서 모세와 아론에게 임하셔서 백성들로부터 멀리 떨어져 있으라고 하신다. 백성들을 멸하시겠다는 경고를 하신다. 아론은 백성의 무리 속으로 뛰어가 죄를 용서 받기 위한 제사를 드릴 것을 말하지만, 이미 여호와의 진노는 시작되어 14,000명이 죽었다. 고라의 반역으로 죽은 사람은 포함되지 않은 수치이다.

17장_ 아론의 지팡이

모세는 이스라엘 지파에게 명하여 지팡이를 하나씩 거두게 한다. 레위 지파의 지팡이에는 아론의 이름을 쓴다. 각 지파의 우두머리마다 지팡이를 거두어 그것을 회막 안에 놓도록 한다. 여호와께서 한 사람을 선택하면, 그 지팡이에서 싹이 돋을 것이라고, 여호와께서 말씀하셨다. 모세는 명령에 따랐다.

얼마 후 회막 안에 들어가 보니, 레위 지파의 아론이 낸 지팡이에 싹이 돋아있었다. 그리고는 꽃이 피고, 감복숭아 열매가 맺혔다. 모세는 그 지팡이를 사람들에게 가지고 나간다. 여호와께서 지팡이를 언약궤 앞에 놓으라고 하시며, 언제나 여호와께 반역하는 백성에게 표적이 될 것이라고 말씀하셨다. 이 사건은 아론에 대한 제사장 직에 대한 정당성을 백성에게 증명한 것이었다.

18장_ 제사장의 분깃

아론과 그의 가족은 이제 제사장으로 확실한 위상을 갖게 되었다. 전적인 여호와에 대한 헌신과 신정국가 체제를 유지하기 위하여 아론과 그의 가족은 일정한 기업을 갖지 않고, 백성들이 바치는 성물로 가계를 꾸려 나가며 생활해야 했다. 여호와께서 거룩한 제물 가운데 제사장들의 분깃을 정해 주신다. 불로 사르지 않은 제물, 모든 요제물, 특별히 드린 제물, 속전제물 등을 취할 수 있게 허락하신다.

제사장이 아닌 레위인들은 백성들이 바치는 십일조로 생계를 유지했으며, 백성들은 모든 것이 하나님께로 왔음을 감사하는 징표로 십일조를 드렸다. "너희가 언제나 가장 좋은 부분을 여호와께 바치면 이 일 때문에 너희에게 죄가 되지 않을 것이다. 너희는 이스라엘 백성의 가장 거룩한 제물을 더럽히지 말라, 만약 더럽히면 죽을 것이다"라고 모세를 통해 레위 사람들에게 경고하셨다.

19장_ 정결에 관한 규정

시체에 관계되는 여러 가지 정결에 관한 규례를 말씀하신다. 이 규례는 이스라엘 백성이 정탐꾼들의 불평사건으로 여호와의 진노가 일어난 이후 죽는 일이 급증해서 마련된 규례이다. 그래서 시체를 만지거나 닿는 사람들의 정결 사항을 기록하고 있다.

여호와의 이 같은 정결의 규례는 이스라엘 백성은 물론 외국인에게도 영원히 적용되는 것으로 자신을 깨끗이 하지 않으면, 하나님의 장막인 성막을 더럽게 하는 죄이므로, 반드시 죽을 것임을 계시하고 있다.

20장_ 바위에서 나온 물과 모세의 한계점

이스라엘 백성은 정월에 신광야에 도착하여 가데스란 곳에 머문다. 미리암이 죽어 그곳에 묻혔다. 백성들은 모세와 다투며 씨뿌릴 곳도 없고 무화과나 포도나 석류, 마실 물도 없는 곳으로 데리고 왔다며 항의한다. 모세와 아론이 회막으로 들어가 여호와의 명을 받는데, 아론의 지팡이를 가지고 바위로 가서 백성들 앞에서 말하면 물이 흘러 나올 것이라고 하신다.

모세는 말씀대로 준행한다. 백성들을 모아 그들 앞에서 "불평꾼들이여 내 말을 들으시오, 당신들을 위해 이 바위에서 물이 나오게 하면 되겠소?" 모세는 지팡이로 두 번 바위를 내려쳤다. 그러자 바위에서 물이 흘러 내렸다.

이 곳은 이스라엘 백성이 여호와와 다투었기 때문에 '므리바'라 불렀다. 그 후 여호와께서 모세와 아론에게 충격적인 말씀을 하신다. "너희는 나를 믿지 않고 백성 앞에서 나를 거룩히 여기지 않았다. 그러므로 너희는 내가 약속한 그 땅으로 백성을 인도하지 못할 것이다." 모세는 여호와 앞에 백성들을 올바르게 인도하지 못한 중대한 실책을 한 것이다.

모세는 가데스에서 스스로를 형제라 칭하며 에돔 왕에게 사람을 보내 이스라엘 백성이 왕의 땅을 지나가게 해달라고 부탁한다. 그러나 에돔 왕은 모세의 간곡한 부탁을 들어주지 않고 군대를 보내 길을 막는다. 어쩔 수 없이 이스라엘 백성들은 돌아서야 했다. 이스라엘 백성이 가데스를 떠나 호르 산에 이르게 되었을 때 여호와께서 모세와 아론에 아론이 죽어 조상들에게 돌아가게 될 것을 말씀하시는데, 그는 약속의 땅에 들어가지 못할 것이란 므리바에서의 사건 때문이었다.

여호와께서 아론과 그의 아들 엘르아살을 호르 산으로 데려오도록 하신다. 그리고 아론의 옷을 벗겨 엘르아살에게 입힌다. 아론은 그렇게 하여 죽었고 백성들은 아론을 위해 30일 동안 슬퍼 하며 울었다.

21장_ 호르마를 점령하다

가나안의 아랏 왕이 이스라엘을 공격하여 몇 사람을 사로잡아가자, 여호와께서 가나안을 치게 하여 승리를 거둔다. 백성들은 다시 호르 산에서 홍해를 끼고 에돔 땅을 우회하여 이동한다. 이때 백성들은 또 다시 하나님과 모세를 향해 불평을 한다. 여호와께서 불 뱀을 내려 백성들을 죽인다.

그러자 백성들은 범죄하였음을 시인하고 뱀을 떠나게 해 달라고 하자, 모세는 백성을 위하여 기도한다. 여호와께서 해결책을 주신다. 불뱀을 만들어 장대 위에 달아 백성이 그것을 보면 뱀에 물린 사람들이 살아나는 것이었다.

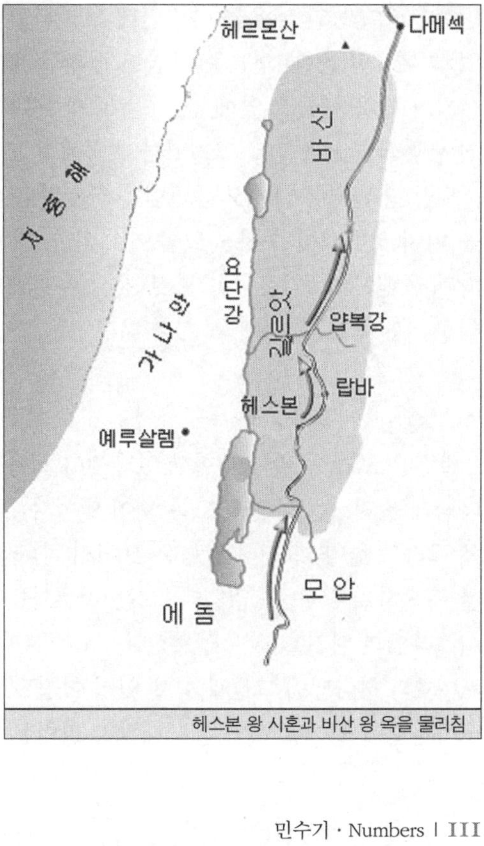

헤스본 왕 시혼과 바산 왕 옥을 물리침

그 후 계속하여 이동은 시작된다. 여러 지경을 거쳐 모압 땅에 이르러 강력한 아모리 족속의 '시혼'과 바산의 '옥'의 방해를 받는다.

시혼과 옥은 유목민으로 이동하던 이스라엘 백성을 과소평가하고 있었다.

여호와께서 먼저 시혼을 멸하고, 바산의 옥 역시 시혼처럼 멸할 것을 약속하신다. 모세는 바산의 옥 왕과 그 아들들을 쳐서, 한 사람도 남기지 않고 섬멸하게 된다.

22장_ 발람과 나귀의 말

이스라엘 백성들이 여리고 맞은 편, 모압 평지에 진을 친다. 십볼의 아들 발락이 모압의 왕이었다. 그는 이스라엘 백성의 수를 보고 또한 아모리 족속에게서 대승한 결과로 인하여 심히 두려워 하고 있었다. 그래서 술사인 발람을 데려다가 이스라엘을 저주해 달라고 하지만 발람은 거절한다.

그러나 발락 왕의 두 번째 청을 들어주게 되는데 파격적인 조건에 욕심이 생긴 발람은 초청에 응하게 된다. 밤에 하나님이 발람에게 임하셔서 그에게 방도를 지시하신다. 발람이 나귀를 타고 모압의 귀족들과 함께 길을 떠난다. 하나님이 그의 떠남을 아시고 진노하여 여호와의 사자를 그에게 보내신다. 그러나 나귀만이 사자를 알아볼 뿐 발람은 천사를 볼 수 없었다.

나귀는 하나님의 능력으로 발람에게 말을 한다. 나귀가 발람을 위기에 빠뜨리자 발람은 화가 나서 나귀를 꾸짖는다. 그러자 나귀는 말을 하며, "내가 당신을 일생동안 태우는 나귀인데 오늘처럼 당신을 위기에 빠뜨린 적이 있었느냐" 고 반문한다. 놀란 발람이 당황할 때에 여호와께서 그의 눈을 밝혀 사자가 칼을 빼들고 앞에 선 것을 보게 된다. 발람이 여호와의 사자에게 자신의 범죄를 고백한다. 그리고는 계속해서 모압의 귀족들과 같이 가게 한다.

모압 왕 발락은 다가오는 발람을 환영한다. 그러나 발람은 자신이 할 수 있는 일이 하나님이 주시는 말씀으로 인한 것 밖에 없다고 말한다. 발람이 발락과 동행하여 '기럇후솟' 으로 가서 아침에 산당에 올라 이스라엘 백성의 엄청난 진을 보게 된다.

23장_ 발람의 축복

발람은 모압 왕 발락과 함께 산당에서 제사를 지낸다. 그러나 그는 이미 하나님께서 지시한 말만 하도록 되어 있었다. 발락은 야곱과 이스라엘을 저주해 달라고 한다. 그러나 발람은 오히려 하나님의 강력한 개입으로 이스라엘을 축복하지 않을 수 없었다. 그는 여호와는 야곱의 허물을 보지 않으시며 이스라엘의 패역을 보지 않으신다.

여호와 하나님이 그들과 함께 있어 이집트로부터 인도하셨다고, 암사자와 숫사자같이 일어날 것임을 노래하자 발락은 그들을 저주도 축복도 하지 말라고 하며, 그를 데리고 광야가 내려다보이는 곳으로 옮긴 후, 제단을 쌓고 저주를 도모한다.

** 주요구절 **
23 : 19 하나님은 인생이 아니시니 식언치 않으시고 인자가 아니시니 후회가 없으시도다. 어찌 그 말씀하신 바를 행치 않으시며 하신 말씀을 실행치 않으시랴.

24장_ 발람의 예언

이스라엘을 저주하기 위한 시도가 몇 번씩이나 실패한다. 모압 왕 발락은 세 번째로 광야가 보이는 브올 산 꼭대기로 데려와 저주하기를 시도하지만, 발람은 광야를 보는 척하며, 눈을 들어 이스라엘 백성의 진을 보자, 하나님께서 그 위에 임하신다. 그는 노래를 지어 또 이스라엘을 축복한다.

발락은 크게 화가 나 당신은 세 번씩이나 저주를 피해 오히려 이스라엘을 축복했다고 따지자, 발람은 천금을 다 준다 해도 여호와의 말씀을 어길 수 없으며, 그분의 말씀대로만 축복할 뿐이라며, 네 번째 축복을 한다. 네 번째 축복에는 한 별이 야곱에서 나와 이스라엘에서 일어나고, 모압 이 편에서 저 편까지 쳐서 파하며, 반항하는 사람들을 멸할 것이라고 예언한다.

또한 아말렉 족속과 가인 족속과 앗시리아의 멸망을 예언한다. 발람이 예언을 마치고 자기 집으로 돌아간다. 한 별이 야곱에서 나온다는 것은 훗날 메시아의 탄생을 예언한 것일 수도 있다.

25장_ 싯딤에서의 일

싯딤에 머물던 이스라엘 백성이 모압 여자들과 음행을 일삼기 시작한다. '바알브올' 을 숭배하는 모압 여자들과의 음행사건은 하나님의 무서운 징벌을 받게 된다. 모세가 이스라엘 사사들에게 바알브올과 관계된 자들을 태양을 향하여 여호와 앞에 목매달아 죽이라고 지시한다.

이스라엘 백성들이 회개하며 회막문에서 울고 있을 때, 한 사람이 미디안 여자를 데리고 집으로 들어간다. 이를 본 아론의 손자 '비느하스' 가 창을 가지고 남자를 따라 들어가 남자와 여인의 배를 꿰뚫어 두 사람을 죽이자 하나님의 진노가 그치게 된다. 죽은 자는 이스라엘 시므온 지파의 족장이었고 미디안 여자는 미디안의 족장 수르의 딸이었다. 여호와께서 모세에게 미디안인들을 칠 것을 명하셨다.

26장_ 두 번째 인구조사

출애굽 38년, 전에 1차 인구조사를 했던 모세는 그 당시 20세 이상의 남자 60만 명은 이제 60세 이상으로 늙어 죽었고 생존자는 여호수아와 갈렙 두 명뿐이었다. 그 이유는 가데스 바네아에서 하나님을 거역해 많은 사람이 죽었기 때문이다.

모세는 모압 평지에서 여호와의 지시대로 2차 인구조사를 한다. 그 결과 전쟁에 나갈 수 있는 이스라엘 청장년의 수는 601,730명으로 집계된다. 1차 때보다 정확히 1,820명이 줄어든 숫자였다. 하나님께서는 60만 대군을 예전부터 지금까지 줄곧 유지시켜 주고 계신 것이다.

27장_ 모세의 후계자 여호수아

요셉의 아들인 므낫세 가문의 딸들이 아버지가 죽어 절손된 가족을 대신하여, 유산 상속에 관한 질의를 한다. 모세는 그들의 말을 듣고 여호와께 품위한다.

그러자 아들이 없으면 딸에게 유산을 줄 것이며, 딸도 없으면 그 형제에게, 형제도 없으면 그 친족에게 유산을 돌리라고 규례를 정해 주신다.

모세의 후계자 여호수아

여호와께서 모세에게 아바림 산으로 올라가 이스라엘 자손에게 준 땅을 보여주며, 형 아론이 그랬던 것처럼 너도 조상에게 돌아가라고 하신다. 모세는 자신이 죽으면 한 사람을 지목하여 지도자를 세워 주실 것을 당부한다.

그러자 '눈의 아들' 여호수아는 신에 감동된 사람이니, 그를 데려다가 안수하고, 그를 제사장 엘르아살 앞에 세워 여호와께 그 세움의 판결을 받으라고 지시하신다. 모세는 여호와의 명대로 여호수아에게 안수하여 이스라엘의 다음 지도자로 세웠다.

28장_ 각종 제사와 절기

모세는 이스라엘 백성들이 가나안 땅에 들어가 소중하게 시행해야 할 각종 제사와 절기에 관한 규례를 정한다. 아침과 저녁에 드려야 할 상번제와 절기로서 안식일을 지킬 것과 매월 첫날에 드리는 월삭에 관한 규례와, 유월절, 무교절의 규례, 레위기에서 비롯된 오순절의 규례가 정해졌다.

이스라엘의 주요 절기

각 절기를 다시 한 번 정리한다. 유월절은 1월 14일 저녁이며 무교절은 1월 15일에서 21일까지 7일간이고 오순절은 칠칠절 혹은 맥추절이라고 부르며 무교절 기간 중 첫 열매를 드린 50일째 되는 날이다.

나팔절은 7월 1일이며, 유대종교의 월력으로는 이때가 신년이 된다. 속죄일은 7월 10일이며 초막절은 7월15일에서 21일까지이다. 이러한 절기를 지키는 것은 과거에 베풀어 주신 하나님의 은혜를 현재에 기억하기 위함이었다.

29장_ 나팔절과 신년제

나팔절은 7월 1일로 신년제이다. 이날에는 성회로 모이며 나팔을 불고 아무 일도 하지 말아야 한다. 숫송아지와 숫양 한 마리씩과 1년 된 흠 없는 숫양 일곱 마리를 여호와께 향기로운 번제로 드려야 한다.

속죄일인 7월 10일에는 성회로 모이고 일하지 말아야 한다. 그리고 신년제와 같은 번제를 드린다. 상번제 외에 속죄제로 숫염소 한 마리를 드릴 것을 규례로 정하셨다.

초막절인 7월 15일에도 성회로 모이며 일하지 말고 숫송아지 13마리와 숫양 2마리와 1년 된 14마리를 흠 없는 것으로 드려야 한다. 초막절은 계속해서 여덟째 날까지 매번 다른 제물로 제사를 드리도록 정하셨다.

30장_ 여자가 서원하는 법

가나안 땅으로 들어가기 전 여자의 선원에 대한 규례가 정해진다. 여자가 서원할 경우 그 남편이나 아버지의 허용 여부에 따라 준수할지 여부가 정해지도록 되었다. 그 이유는 권위적으로 볼 때, 여자는 그 남편이나 아버지에게 예속된 존재이기 때문인 것이다.

31장_ 미디안을 치다

여호와께서 모세에게 미디안을 쳐서 이스라엘 자손의 원수를 갚으라고 하신다. 이는 미디안 족속이 이스라엘 사람을 꾀어 음행을 저지르게 한 과거의 일 때문이다.

미디안과의 전쟁에서 승리한 이스라엘 사람들은 율법에 따라 전쟁 당시 접촉했던 시체를 통한 부정을 씻기 위해 정결례를 치르고, 미디안에서 빼앗아온 전리품들을 백성에게 분배하고 군대 장관들은 하나님께 예물을 바친다. 모세와 엘르아살이 천부장과 백부장들에게 금을 받아 회막에 들어가 여호와 앞에 바치고 이스라엘 자손의 승리를 기념으로 삼는다.

32장_ 므낫세와 타 지파에게 요단 동편을 서로 나누다

르우벤 지파와 갓 지파의 족장들이 모세에게 찾아와 요단 동쪽의 아모리와 바산, 미디안 족속의 기름진 초지를 두고 나눠줄 것을 요구한다. 모세는 이기적인 두 지파를 책망한다. 가나안 땅을 정복해야 할 중요한 시기에 편안하게 이 땅에서 가축이나 기르고 머무르려 한다며 과거 조상들이 하나님 뜻을 거역하여 당한 진노를 떠올리라고 강하게 힐책한다.

그러자 두 지파는 가나안 땅을 차지하기 위한 전쟁에 적극 나설 것을 맹세한다. 그러자 모세는 요단 동쪽의 땅을 두 지파뿐만 아니고, 므낫세 지파에게도 분할해 준다. 므낫세 지파는 이 땅을 정복하는 데 앞장서 공을 세운 지파였다.

이렇게 하여 갓 지파는 벧하란 들에 견고한 성읍을 건설하였고, 르우벤 지파는 바알므온 들에 '십마' 란 성읍을, 므낫세 지파는 길르앗을 쳐서 세 개의 성읍을 건설하였는데, 므낫세의 아들 마길은 '길르앗' 에, 야일은 '하봇야일' 에, 노바는 향촌을 취해 자기 이름을 따서 '노바' 란 성읍을 건설하였다.

33장_ 이집트에서 요단에 이르는 길

이스라엘 백성들의 광야생활을 배경으로 하고 있다. 이스라엘 백성들이 이집트를 떠나 온 때부터 요단강의 동쪽 모압 평지에 이르기까지 그들이 지나온 성읍들을 기록하고 있다. 이것은 하나님께서 '가데스 바네아의 진노'로 인하여 40년을 광야에서 유랑하게 하신 뼈아픈 사건과 역사를 뒤돌아볼 수 있게 한 기록이다.

출애굽을 시작한 1월 15일 라암셋을 출발하여 40년 동안의 길고 긴 광야 생활을 해가며 마침내 요단강 가의 모압 땅에 이르게 된 것이다. 여리고의 맞은편 모압 땅에서 여호와께서 모세에게 이르신다. 너희가 요단강을 건너 가나안 땅에 들어가면 그 땅 거주자들을 다 몰아내고 우상을 파괴하고 산당을 훼파한 후 그곳을 취하여 거기서 살 것을 명하셨다.

그 땅을 가족의 수에 따라 제비를 뽑아 눠줄 것이라고 말씀하시며, 만약 그 땅에서 원거주자들을 몰아내지 못하면 그들로 하여 눈의 가시와 옆구리의 창이 되어 너희를 괴롭힐 것이라고 경고하셨다.

34장_ 가나안 경계

하나님께서 약속하신 가나안 땅의 경계를 설정해 주신다. 남쪽의 경계지역은 가데스에서 이집트 시내까지이며, 서쪽의 경계지역은 지중해이며, 북쪽의 경계지역은 하맛에서 하살에난까지, 동쪽의 경계지역은 하살에난에서 사해까지였다.

그리고 모세에게 명하여 지파의 분할 책임자를 지정해 주신다. 땅을 기업으로 나눌 사람은 제사장 엘르아살과 눈의 아들 여호수아이다. 지파의 족장을 선임하여 부르시는데 그들은 다음과 같다.

유다 지파의 갈렙, 시므온 지파의 스므엘, 베냐민 지파의 엘리닷, 단 지파의 북기, 요셉 지파의 한니엘, 에브라임 지파의 그므엘, 스블론 지파의 엘리사반, 잇사갈 지파의 발디엘, 아셀 지파의 아히훗, 납달리 지파의 브다헬이었다.

35장_ 레위인들의 거주지

여호와께서 모세에게 다시 이르신다. 레위인들은 이스라엘 백성들 가운데서 얻은 땅이 없었다. 그 대신 하나님의 성막에서 일하므로 봉사의 대가로 이스라엘 백성이 드리는 십일조를 그들의 생계수단으로 삼았다.

가나안에 들어가게 되면 레위인들이 거주할 성읍과 가축을 기를 목초지를 분배해 주도록 명하신다. 특히 레위 지파에게 할당된 48개의 성읍 가운데 6개의 성을 '도피성' 으로 지정하셨다. 도피성은 이스라엘 백성 중에서 우발적인 계기로 살인을 한 사람이 정당하게 재판을 받을 수 있도록 보복세력으로부터 신원을 보호해 주는 성이었다.

도피성에 보호받을 수 있는 사람은 원한 없이 살인한 자, 우연히 사람을 밀쳐서 죽인 자, 우연히 물체를 던져서 죽인 자였으며, 연장으로 사람을 죽인 자와 사람을 죽일 만한 연장이나 돌이나 나무로 사람을 죽인 자, 보복심리로 사람을 밀쳐서 죽인 자는 보호 대상에서 제외되었다.

** 주요구절 **
35 : 34 너희는 너희 거하는 땅 곧 나의 거하는 땅을 더럽히지 말라. 나 여호와가 이스라엘 자손 중에 거함이니라.

36장_ 여자의 재산 상속에 관한 규례

슬로브핫의 딸들이 제기한 여자의 유산 상속문제가 27장에 기록되었는데 남성 중심의 이스라엘 사회에서 여자가 상속 받은 재산을 가지고 남자에게 시집갔을 경우 지파별 재산의 가감이 상당한 사회문제로 비화될 수 있어서 여호와께서 모세를 통해, 자기 지파 안에서만 결혼할 수 있게 새로운 결혼과 상속의 규례를 정하게 된 것이다.

이 규례는 하나님께서 가나안 땅을 분배하여 주실 때 각 지파의 수에 따라 족장을 통해 분배해 주신 것으로, 일종의 하나님과의 약속된 지파의 분깃이므로 결혼으로 인해 아비의 재산이 타 지파에게 넘어가는 것을 방지할 수 있는 규례인 것이다.

슬로브핫의 딸들이 요셉의 아들 므낫세 지파의 남자들에게 시집갔기 때문에 그 땅과 재산이 아비의 지파 안에 온전히 남게 되었다. 이것은 여호와께서 가나안 땅을 앞에 두고, 요단강 가의 모압 평지에서 모세에게 명하신 규례이다.

모세의 기적

예수님 외에 모세처럼 하나님의 능력을 나타내 하나님과 내밀하고 직접적인 의사소통을 많이 한 사람은 없다. 출애굽을 명 받고난 후 파라오 왕과의 협상에서 열 가지의 엄청난 재앙을 내리게 했고 홍해의 물을 마르게 한 것과 마라의 쓴 물을 달게 한 것, 신광야와 다베라에서 메추라기를 내리게 한 것, 40년 동안 매일같이 하늘에서 만나를 내리게 한 것, 르바딩과 므리바에서 바위에서 물이 나오게 한 것, 시내 산에서의 경이스런 광경, 시내 산에서의 하나님의 음성을 듣게 한 것, 하나님의 손가락으로 바위에 쓰여진 십계명 사건과 모세의 얼굴이 빛났다.

모세는 하나님과 얼굴을 맞대고 이야기를 한 사람이다. 미리암의 문둥병을 고쳤다. 고라와 반역자들을 땅이 삼키게 했다. 다베라, 가데스, 브올에서의 질병, 아론의 지팡이에서 싹이 나옴, 사람들을 구리 뱀으로 치료, 발람의 나귀가 사람의 말을 함, 발람이 놀라운 예언을 하게 함, 이스라엘 민족을 40년 동안 초자연적인 구름기둥과 불기둥으로 인도함, 옷은 해지지 않았고, 발도 상하지 않았다. 모세는 하나님이 직접 기적으로 도와주시지 않았다면 이스라엘 민족을 이집트에서 구출하지 못했을 것이고, 40년 동안 광야에서 살지도 못했을 것이다.

신명기 | Deuteronomy

히브리 민족의 율법에 관한 일 : 34장

저　　자 : 모세
기록연대 : B.C 1140년 ~ B.C 1400년

세계사 비교 : 민수기와 유사함
중심인물 : 모세. 여호수아

핵심 에피소드 : 이스라엘 백성들의 출애굽 과정에서 나타난 하나님의 섭리와 계획하심이 총체적으로 정리된 신명기는 하나님의 언약 이후에 이스라엘에 역사 가운데 그대로 축복과 재앙으로 재연되고 있음을 예시해 주고 있다. 일찍이 하나님께서는 이스라엘을 선택하시고 끊임없이 보호해 주셨다.

그러나 백성들의 불순종으로 인한 심판과 회복의 언약이 중첩되다가 이스라엘은 멸망하게 된다. 그 후 하나님의 섭리와 계획은 400년 동안 침묵기를 거친 후 그리스도가 오심으로 새로운 섭리의 세계를 펼치게 된다.

구약에 나타난 이스라엘의 역사는 신명기에 집약된 모세의 예언이 수백년 뒤 선지자들의 예언으로 성취되고 있는 것은 놀라운 일이 아닐 수 없다. 그러므로 신명기는 모세 오경의 결론부에 해당된다. 120살의 지도자 모세는 이스라엘 백성들을 향해 율법을 기억하고 순종하라고 설교하고 있다. 이것은 모세의 고별 설교이자 출애굽 2세의 젊은이들에게 전하는 마지막 예언인 것이다.

'신명기' 란 '두 번째 율법' 혹은 '율법의 반복' 이란 뜻이다. 출애굽기, 레위기, 민수기에서 율법은 불완전하게 띄엄띄엄 선포되었다. 지금 그들은 40년 광야에서의 유랑 생활을 끝내고 가나안 땅을 눈 앞에 둔 시점에서 하나님께서 약속하신 젖과 꿀이 흐르는 땅에서의 정착 생활을 예견하며, 여호와의 율법과 규례를 교육 받고 있는 것이다.

1장_ 모세의 회상과 설교

모세는 시혼과 옥을 물리친 뒤 요단강 동쪽 모압 땅에서 이스라엘 백성들에게 지난 시절을 회상하며 하나님의 명령을 설명한다. 하나님 여호와께서 시내 산에서 말씀하셨다. 아모리 사람들이 사는 산악지역으로 떠날 것이며, 요단 골짜기와 산지와 서쪽 평지와 남쪽 지방과 해안 지방과 가나안 땅과 레바논과 유프라테스까지 하나님께서 주신 땅이다. 이는 아브라함과 이삭과 야곱과 그 자손들에게 주기로 약속한 땅이라고 설명한다.

모세는 이제 노쇠하여 백성들을 혼자 돌볼 수 없음을 말한다. 하나님께서는 하늘의 별처럼 많은 후손들을 우리에게 주셨으며, 약속하신 대로 우리에게 복을 내려주시기를 원하고 계시다. 모세는 많은 백성을 효과적으로 지도하기 위해 각 지파별로 명석하고 경험이 풍부한 지도자를 세운다. 모든 권리와 재판에 이들이 나서게 되며, 재판을 할 때에는 이스라엘 백성이나 외국인이나 공정하게 행하라고 지시한다. 재판은 하나님에 속한 것인 만큼 사람을 두려워 하지 말아야 하며 끝내 어려움이 있으면 자신에게 가져올 것을 지시한다.

백성들은 시내 산을 떠나 아모리 사람들이 사는 산지에 이르게 된다. 모세는 사람들에게 "하나님께서 약속하신 저 땅을 차지하라" 고 명령한다. 사람들은 정탐꾼을 먼저 보낼 것을 결정하고, 한 지파에서 한 명씩을 뽑아 12명의 정탐꾼을 산지로 올려 보내 에스골 골짜기에 이르러 적진을 정탐케 한다. 그들은 그 산지에서 소출되는 과실의 열매를 따가지고 돌아와 정탐 결과를 보고한다.

그들은 모세에게 불평불만을 늘어놓으며 아모리 족속에게 죽임을 당하려고 이집트에서 잘 살던 우리를 데려 왔다고 말한다. 산지의 아모리 사람들은 우리보다 크고 강하고 성벽은 하늘을 찌를 듯이 높다고 자포자기식의 보고를 마쳤다.

여호와의 인도하심을 믿고 따르던 이스라엘 백성들이 하나님을 배신하고 불평을 늘어놓아 결국 여분네의 아들 갈렙과 눈의 아들 여호수아만이 하나님께서 약속하신 땅을 밟을 수 있게 된 것임을 회상하고 있다. 산지에 살던 아모리 사람들이 벌 떼처럼 몰려와 우리를 물리친 것을 기억하라고 한다. 그래서 백성들은 오랫동안 가데스에 머물 수밖에 없었던 것이다.

2장_ 아모리 사람들과의 전투

광야 길을 따라 홍해 쪽으로 가며 세일 산에서 맴돌 때 하나님께서 북쪽으로 가라고 명하셨다. 세일 땅을 지날 때 이곳은 우리의 친척 에서의 자손 땅이니 그들과 다투지 말라고 하셨고, 모든 것을 거래를 통해 구입하고 해결하라고 하셨으며, 광야에서 40년 동안을 하나님께서 우리와 함께 계셨음을 각인시킨다. 하나님께서는 모압 백성과도 다투지 말라고 하셨다.

이 땅은 롯의 자손 아르에게 주신 땅이라고 말씀하셨으며, 여호와께서 가데스 바네아로 향하게 했고, 그 길에서 군인은 한 사람도 남김없이 다 죽고 말았다. 또한 여호와께서 모압의 경계인 아르를 지나 헤스본의 왕 아모리 사람 시혼을 이기게 할 것이다. 그래서 그들과 싸워 시혼의 땅을 차지하였음을 말한다.

3장_ 바산에서 옥과의 전쟁

바산의 왕 옥과 에드레이에서의 전쟁 경험담을 말한다. 여호와의 명령을 따라 바산 왕 옥을 물리치고 60여 성읍을 점령하였음을 회상하고 있다. 바산은 북 아모리 족속으로 야르묵 강변을 중심으로 위세를 떨치고 있던 왕국이었다. 또한 정벌한 남북 아모리 족속의 땅을 분배하기에 이른다.

요단 동쪽의 땅에 대하여 모세가 백성들에게 말했다. 이스라엘의 여호와 하나님께서 이 땅을 우리에게 주셨으니 이제 군인들은 백성들보다 먼저 무기를 들고 강을 건너야 할 것을 지시한다. 가나안 땅 정복을 위한 적극적인 참여와 독려의 뜻을 모아 맹약을 맺는다.

아르논 골짜기에서 얍복 강의 남부지역은 르우벤과 갓 지파에게 분배하였고, 얍복 강에서 길르앗과 바산에 이르는 북부지역은 므낫세 반 지파에게 분할한다. 그리고 여호와의 명에 따라 새 지도자로 여호수아를 지명하여 가나안 정복의 용기를 심어 주게 되었음을 회고하고 있다.

모세는 자신도 요단강을 건너 가나안 땅에 들어가기를 소원하였으나, 여호와께서는 이미 이스라엘 백성들의 죄악으로 진노하셨으므로 비스가 산꼭대기에 올라 가나안 땅을 볼 수는 있어도, 강을 건너 들어갈 수는 없게 하셨음을 말한다.

4장_ 율법에 순종할 것을 가르침

모세는 백성들에게 지시하는 대로 여호와의 율법에 복종하라고 권고하며, 그렇게 하면 저 요단강을 건너 가나안 땅에 들어가 여호와께서 주시는 땅을 차지하게 될 것임을 설명한다. 이는 율법과 규례를 가르치는 것은 이미 출애굽 세대가 죽었고, 광야에서 출생한 젊은이들에게 율법의 복종과 규례의 순종을 통해 가나안 정복 후에도 여호와의 율법이 이스라엘 백성들에게 지켜져야 할 것을 강조하고 있는 것이다.

이어 시내 산 불길 속에서 모세에게 보여 주신 하나님의 모습을 강조하며, 우상에 관한 율법을 설명하고 어떤 종류이던 하늘이나, 땅이나, 짐승이나, 하늘을 나는 새의 모습으로나, 우상을 만들어 죄를 짓지 말라고 경고한다.

여호와의 선택 받은 민족으로서 율법을 준수하고 우상을 척결해야 함을 강조하며 오로지 하나님만을 신앙토록 권면하고 있다. 그리고 요단 동편 땅 정복과 분배 후에 세 곳에 도피성을 지정하여 고의적으로 살인하지 않은 죄인을 보호하고 피의 보복을 방지하기 위하여 완충지대를 설정하기에 이른다.

5장_ 십계명을 가르치다

모세는 백성들을 모아 놓고 십계명을 지킬 것을 설교한다. 이것은 모세가 직접 호렙 산에서 여호와 하나님과 이스라엘 백성 즉, 여러분의 조상들과 맺은 언약이며 이는 대를 이어 이스라엘 백성에게 유효한 언약이라고 설명한다.

1계명은 다른 신을 만들지 말라, 2계명은 우상을 만들지 말라, 3계명은 하나님의 이름을 함부로 부르지 말라, 4계명은 안식일을 거룩하게 지키라, 5계명은 네 부모를 공경하라, 6계명은 살인하지 말라, 7계명은 간음하지 말라, 8계명은 도적질하지 말라, 9계명은 거짓 증거하지 말라, 10계명은 탐내지 말라. 여러분은 하나님 여호와께서 명령하신 대로 지키고 복종하면 삶을 얻고 큰 복을 받을 것이며, 차지할 땅에서 오래오래 살 수 있게 될 것임을 말한다.

6장_ 계명의 준수와 축복

요단 강 건너 가나안 땅을 정복하게 되면, 여호와의 명령과 규례를 잘 지킬 것을 당부한다. 백성들 자신을 비롯하여 자녀들에게도, 이 율법을 가르쳐 자리에 눕던, 일어나 걷던, 언제든지 율법을 가르치라고 권면하고 있다. 가나안 땅에는 이미 여러 성읍이 있고, 훌륭한 집과 올리브 나무와 온갖 과실 나무와 우물이 있는데 이스라엘 백성들이 수고로 만들지 않았지만 여호와께서 우리 백성들에게 주실 것임을 설명한다. 그러므로 조상들의 옛 일을 기억하여 하나님을 시험하지 말 것이며, 여호와께서 즐겨하시는 일만 해야 할 것이다.

이스라엘 백성들은 여호와께서 선택한 민족임과 이집트에서 노예로 살던 옛 조상들을 이끌어 여기까지 인도해 주신 분으로, 그의 율법과 규례를 지키고 순종하는 것은 우리에게 의로운 행위임을 강조하고 있다.

**** 주요구절 ****
6 : 4 이스라엘아 들으라 우리 하나님 여호와는 오직 하나인 여호와시니, 5 너는 마음을 다하고 성품을 다하고 힘을 다하여 네 하나님 여호와를 사랑하라.

7장_ 이방인과의 혼합 방지

이제 가나안 땅을 정복하면 그곳에 거하는 일곱 나라 사람들을 쫓아내실 것이다. 그 사람들은 우리보다 강한 자들로 오직 여호와께서 그들을 물리치게 하고 멸망시킬 것이다. 그러니 그들과 결혼해서는 안 되며, 그들에게 자비를 베풀어서도 안 될 것이다. 여러분은 그들이 섬기던 신을 때려 부수고 아세라 우상을 찍어 버리고 우상을 불태워 버리라, 그들이 섬기던 금과 은으로 된 우상을 탐내지 말고 모조리 부술 것이며, 절대 금과 은을 취하지 말라.

그런 것은 여호와께서 가장 싫어 하시며, 여러분에게 덫이 되어 징벌을 받게 될 것이다.

이스라엘은 백성이 많은 나라도 아니며, 힘이 센 백성도 아니지만 작은 우리 민족을 하나님께서 선택하시고, 언약으로 이집트의 파라오 왕에게서 풀려나게 하였음을 잊어서는 안 될 것이라고 말한다. 모세는 새로 정복한 땅에는 강권적인 하나님의 나라가 건설되어야 함을 강조하고 있다. 이스라엘 뒤에는 여호와 하나님이 계시므로 담대히 나가 적들과 싸워 가나안 땅을 초토화 시켜 완전한 이스라엘을 건국할 것을 강조하고 있다.

8장_ 여호와를 기억하고 순종하라

내가 여러분에게 주는 교훈을 잘 실천하면 여러분의 조상에게 약속하신 땅에 들어가 살게 될 것이다. 지난 40년 동안 광야에서 여호와의 인도하심을 기억하라, 그는 여러분의 조상들에게 배고픔을 위해 만나를 주셨고, 옷이 해어지지도 않았으며, 발이 부르트지도 않았다.

광야의 40년 세월은 여호와께서 우리들을 시험하신 시기였다. 우리가 만나와 같은 먹이로만 살 것이 아니고 여호와께서 하시는 모든 말씀으로 살아가야 함을 가르쳐 주신 것이었다. 만약에 이를 어겨 여호와의 진노를 얻게 되면, 여러분도 가나안 땅의 사람들처럼 멸망하고 말 것임을 경고하고 있다.

** 주요구절 **
8 : 3 너를 낮추시며 너로 주리게 하시며 또 너도 알지 못하며 네 열조도 알지 못하던 만나를 네게 먹이신 것은 사람이 떡으로만 사는 것이 아니요 여호와의 입에서 나오는 모든 말씀으로 사는 줄을 너로 알게 하려 하심이니라.

9장_ 자만하지 말라

여러분은 곧 요단강을 건너 강한 나라를 물리쳐 차지하게 될 것이다. 그 곳의 아낙 자손은 힘이 세고 장대하여 우리 힘으로는 이길 수 없으나 여호와께서 능히 물리쳐 주실 것이다. 여호와께서 그들을 치시는 이유는 저들이 악하기 때문이며, 이스라엘 백성이 착하고 정직해서가 아니란 점을 기억하기 바란다.

여러분은 광야 생활 중에 여호와를 진노케 하셨음을 기억하라, 시내 산에서의 진노는 여러분을 거의 진멸케 하셨다. 내가 언약하신 돌 판을 받으려고 산에 올라가 금식하며 40일 간을 기다렸다. 여호와께서 불길 속에 두 개의 돌 판에 새겨진 것을 주시며 "이스라엘 백성들이 우상을 만들어 타락했다"고 말씀하셨다. 산을 내려와 보니, 정말로 백성들은 우상을 만들어 놓고 타락에 빠져 있었고, 나는 두 개의 돌 판을 던져 깨어 버렸다. 아론을 죽이려 했으나 나는 아론을 위해 기도했고, 우상을 불태워 산산이 가루를 낸 다음 강물에 버렸다.

그 후로도 백성들은 디베라와 맛사와 기브롯핫다와에서도 여호와를 진노케 한 적이 있다. 그 때마다 나는 이스라엘 백성을 위해 중보기도를 드렸다고 모세 자신의 경험을 토로하고 있다. 그럼에도 이스라엘 백성은 여호와의 명령을 따르지 않았고 또 다시 불만을 늘어놓았었다며 과거사를 되돌아본다.

10장_ 새로운 돌 판

새로운 돌 판을 만들어 산으로 올라오라는 여호와의 말씀이 있었다. 그리고 돌 판을 담을 나무상자도 만들어 오라고 하셨다. 여호와께서는 네가 깨뜨려 버린 돌 판에 기록되었던, 똑 같은 말씀을 돌 판 위에 다시 새겨 주실 것이라 말씀하셨고, 나는 산 위로 올라가 여호와께 돌 판을 받았다. 그것은 이제껏 우리가 보관하고 있는 이 법궤에 들어 있는 것임을 설명하고 있다.

여호와께서는 이스라엘 백성에게 하나님 여호와를 존경하고 주께서 말씀하신 대로 따르며, 주를 사랑하고 마음과 정성을 다하여 여러분의 하나님 여호와를 섬기는 것이라고 강조하고 있다.

여러분은 고아와 과부를 사랑하여야 하며, 외국인을 도와주고 먹을 것과 옷가지를 주어야 한다. 우리 백성들도 이집트에서는 외국인이었음을 잊어서는 안 될 것이다.

**** 주요구절 ****
10 : 17 너희의 하나님 여호와는 신의 신이시며 주의 주시요 크고 능하시며 두려우신 하나님이시라, 사람을 외모로 보지 아니 하시며 뇌물을 받지 아니 하시고, 18 고아와 과부를 위하여 신원하시며 나그네를 사랑하사 그에게 식물과 의복을 주시나니.

11장_ 순종과 축복

율법의 복종과 순종의 여부에 따라 축복과 저주가 결정될 것임을 설명하고 있다. 이는 뒤에 나오는 각종 규례와 율례들의 서론적 성격을 띤 설명이다. 명령을 잘 지키고 자식에게 교육하여 여호와를 사랑하고, 그의 모든 길을 행하게 되면, 여호와의 축복이 임하게 될 것이다.

여러분이 밟는 모든 땅이 축복의 땅이 될 것이고, 광야에서부터 레바논까지, 유프라테스 강에서 지중해까지, 모두 이스라엘의 땅이 될 것이다. 그러므로 오늘 여러분에게 주는 교훈을 잘 듣고 이행해야 할 것임을 강조하고 있다.

12장_ 정착 후의 성결 규례

모세는 두 번째의 설교를 시작한다. 이스라엘 백성이 가나안 땅에 정착하게 되면 지켜야 할 성결의 규례를 설명한다. 가나안 땅을 정복하게 되면 그동안 그 땅을 악으로 물들게 한, 온갖 우상들을 타파하여 정결케 해야 함을 지시하고 있다. 그리고 각 지파별로 예배드릴 장소를 선택하여, 번제와 희생제물을 가져가고, 십일조와 여호와께 드리기로 약속한 예물을 가지고 가면, 여호와께서 예배드릴 곳을 선택하실 것이니 거기서 모든 사람이 기뻐 하게 될 것이다.

가나안 땅을 정복하게 되면 그곳 사람들을 쫓아내고 여러분이 살게 될 것인데, 그들이 섬기거나 예배 드리던 방식에 조금도 관심을 두지 말 것이며, 하나님께서는 그런 행위를 용납하지 않을 것이다. 내가 명령한 것을 부지런히 지키고 거기에 조금도 더하거나 덜하지 말 것을 간곡히 당부하고 있다.

13장_ 거짓 예언자

그곳에서 여러분에게 예언이나 해몽하는 사람들이 나타나 표적을 보일 수도 있으나 절대로 그들의 현혹함에 빠져서는 안 될 것이다. 그런 일은 여호와께서 예언자나 해몽자들을 통해 진정 여호와 하나님을 얼마나 사랑하고 있는지를 시험하는 것인 줄을 깨달아야 할 것이다. 그런 사람이 나타나면 돌로 쳐 죽일 것이며, 그 일을 이스라엘 백성들이 보고 들음으로 두려워 하게 될 것이다. 혹은 나쁜 사람들이 백성 중에 나와 다른 신을 섬기자고 선동하는 경우도 있을 것인데, 만약 어느 성이던 그런 사람이 거하는 성은 철저히 조사하여 없애 버려야 한다.

그 성 사람들이 가지고 있던 모든 것을 광장에 모아 놓고 불태워 온전히 여호와 앞에 바쳐야 할 것이다. 그 성은 다시는 증축치 말고 폐허로 방치해 놓아야 한다. 그 성에서 나온 물건을 단 한 가지라도 취해서는 여호와의 진노를 면하기 힘들 것이다. 오직 규례와 율례를 따르고 복종하여 여호와의 축복을 누리며 살아가야 할 것을 강조하고 있다.

14장_ 하나님의 특별한 백성의 규례

여러분은 하나님의 자녀이기에 누가 죽더라도 그 슬픔을 인하여 몸에 상처를 내거나 앞머리를 밀지 말아야 한다. 그리고 선택받은 백성의 음식규례를 설명하고 있다. 정결한 동물의 형태는 첫째 굽이 갈라져 쪽발이 된 동물, 둘째는 새김질하는 동물로 소, 양, 염소, 사슴, 노루 등이다. 부정한 동물은 이상의 두 가지 조건에서 벗어난 것들로 새김질은 하지만 굽이 갈라지지 않은 낙타, 토끼, 사반과 굽은 갈라졌지만 새김질을 않는 돼지이다.

조류는 맹금류로 죽은 고기를 먹는 새로 독수리와 까마귀, 갈매기, 올빼미, 따오기, 학처럼 부정한 조류가 아닌 것은 정결한 것으로 본다. 어류는 정결한 것으로 첫째 지느러미가 있고 둘째 비늘이 있는 것으로 이 밖의 어류는 부정한 것들이다. 곤충류는 날개가 있고 네 발로 기어 다니되 발에 뛰는 다리가 있는 것은 정결한 것으로 메뚜기, 베짱이, 귀뚜라미, 팟종이 등이다.

그 밖의 것들은 부정한 것들이다. 땅에 배를 대고 기는 것들이나 네 발로 기는 것도 부정한 것으로 족제비, 쥐, 도마뱀, 악어 등이 있다. 또한 십일조는 선민으로서 정당한 의무와 특권으로 규정하고 있음을 가르치고 있다.

15장_ 빚을 면제해 주는 규례

이 규례는 사랑과 긍휼의 규례로 빚진 자에게 빚을 면제해 주는 제도이다. 여러분은 매 7년마다 돈을 꿔준 누구에게든 면제해 줘야 할 것이다. 이 해에는 여호와께서 빚이 면제된다고 선포하셨기 때문이다. 종을 풀어 주는 규례는 6년 동안 팔려 와 주인을 섬겼으면 7년째에 그들을 풀어 줘야 한다.

그 때에는 먹을 것과 옷과 포도주를 넉넉히 주어 여러분 조상들이 이집트에서 종살이하던 기억을 새롭게 할 것이다. 풀어 주려 함에도 주인이 좋아 섬기겠다고 하면, 남녀를 불문하고 귀를 뚫어 영원히 종으로 만들 것이다. 초태생에 관한 규례는 소나 양의 처음 태어난 것들은 하나님 여호와를 위해 따로 구별해야 한다. 흠이 있는 짐승은 제물로 바치지 못하지만 먹을 수는 있다. 그리고 모든 짐승의 피는 먹지 말아야 한다.

16장_ 절기를 지킴

모든 남자는 일 년에 3번 즉, 유월절, 오순절, 초막절에 하나님 앞에 나아가도록 되어 있었다. 이 외에도 나팔절과 속죄일이 있었다. 이런 절기에 사람들은 하나님을 생각하며, 민족의 단합을 증진시켰다.

유월절은 무교절이라고도 부르며 오순절은 맥추절이라고도 하고, 유월절 이후 50일이 되는 날에 지키며 하루뿐이었다.

초막절은 수강절이라고도 하며 7월 15일에 지키고 7일간 계속되었다. 나팔절은 7월 1일에 지키며, 이 날에 행정적으로 새해가 시작되었다. 속죄의 날은 7월 10일에 지켰다.

17장_ 재판에 대한 규례와 왕을 세움

모세의 죽음에 대비한 재판의 규례로 광야 40년 생활 동안은 모세가 최고 통치권자였으므로 최고의 재판장이었다. 그러나 정복해야 할 가나안 땅에 모세는 들어갈 수가 없었으므로, 가나안 정복 후의 최고 재판기관을 규례로 정한 것이다. 지방법정이 재판할 수 없는 사안을 중앙법정에서 제사장들이 율례와 규례로 명확하게 재판할 것을 정하고 있다.

모세가 정한 이 규례는 이후 71명의 제사장과 장로와 랍비로 구성된 산헤드린의 최고 의결기관으로 발전하게 된다. 하나님은 여기에서 교훈과 경고와 더불어 왕을 예언하셨다.

이는 율법 아래에 있는 왕의 위치가 하나님 안에 속해 있음을 분명히 하는 것이다. 왕은 항상 율법을 두루마리에 적어 읽고 지켜야 하며 스스로 교만해지지 말아야 할 것이다. 그러나 실제적인 왕국은 400년 이 후에 나타났다.

18장_ 제사장과 레위 사람의 몫

레위 사람들은 제사장으로 일반인들처럼 땅을 자기 몫으로 분배 받지 못하며, 제물을 취하여 살아 가게 되었다. 그들은 다른 형제들처럼 땅을 물려받을 수 없다. 여호와께서 약속하신 대로 그들은 유산으로 여호와 섬기는 일을 받았기 때문이다.

여러분은 첫 곡식과 포도주와 기름과 첫 깎은 양털을 제사장에게 드려야 한다. 그들은 대를 이어 제사장의 직분을 맞게 될 것이다. 여러분이 정복지로 들어가면 쫓겨 나는 민족들은 점쟁이나 마술사의 소리를 듣게 되지만, 여러분은 하나님께서 백성 가운데 한 명을 세워 예언자로 쓰실 것이다. 시내산 불길 속에서 하나님께서 말씀하실 때, 사람들은 두려워 했고, 하나님께서는 나를 세워 여호와 하나님의 말씀을 전달하게 하셨다.

백성 중에 뽑힌 예언자는 나에 대해 말할 것이다. 내가 일러 주지 않은 말을 내 이름으로 말하거나, 다른 신의 이름으로 말을 하면, 그 예언자는 죽게 될 것이다. 어떤 예언자든 여호와의 말씀으로 예언한 것이 맞지 않으면 그는 예언자가 아니다.

19장_ 도피성

하나님께서 주시는 땅 한가운데에 세 곳을 나눠 각 구역마다 도피성을 하나씩 만들라, 미워 하는 마음 없이 살인한 자나, 실수로 살인한 자가 목숨을 건지기 위해서 그 성으로 도망할 수 있게 하라, 하나님이 주신 땅에서 죄 없는 사람이 죽임을 당하지 않을 것이다.

이는 살인에 관한 피의 보복의 악순환을 끊고 사람의 생명을 보호하려는 하나님께서 특별히 고안해 내신 이스라엘 백성들을 위한 수준 높은 사회규범이다.

20장_ 전쟁에 대한 규칙

가나안을 정복하려면 필연코 전쟁을 해야 한다. 그러기 위한 규례를 설명하고 있다. 우선 전쟁터에 나갔을 때 적의 위용이 우리보다 높고 강하다 하여 겁내지 말 것을 당부한다. 이는 하나님께서 우리와 함께 하시기 때문이다.

장교들은 부하들에게 용기백배한 말을 하여 사기를 드높일 것이며, 성에 다가가 일단 평화의 협상을 벌이고, 싸우기를 원한다면 성을 포위하고, 성안으로 들어가 모든 남자를 죽이라, 성안의 여자와 아이와 짐승과 그 밖의 것은 여러분이 가져도 좋다. 가나안 땅의 거민들인 헷, 아모리, 가나안, 브리스, 히위, 여브스 사람들은 여호와의 명령대로 모두 멸절시켜야 한다. 열매를 맺는 나무는 자르지 말고, 열매를 못 맺는 나무는 베어 무기로 사용할 것이다.

21장_ 죽임을 당한 사람

어떤 사람이 죽어 들판에 쓰러진 것을 발견했는데, 살인자를 아무도 모른다면 장로와 재판관이 가서 시체와 성과의 거리를 재고, 가장 가까운 성의 장로들이 책임을 지고 해결하게 한다. 그리고 물이 항상 흐르는 골짜기로 흠 없는 암송아지를 끌고 가서 목을 꺾어 장로들이 송아지 위에서 손을 씻고 "우리는 이 사람을 죽이지 않았다"고 선언하라. 그래야 죄 없는 사람을 죽인 죄를 씻을 수 있다. 그리고 사로잡은 여자를 아내로 삼을 때에는 여자를 집으로 데려가 여자의 머리를 밀고 손톱을 깎아 주고 새 옷을 입혀 한 달 동안 자기 부모를 위해 울어야 하며 마음에 들지 않으면 원하는 곳으로 보내주어야 한다.

그러나 돈을 받고 팔 수는 없으며 여자를 욕되게 했으므로 노예로 팔아서도 안 된다. 맏아들과 불효한 아들에 대하여 규례를 정하고 처음 난 아들의 장자권을 정했다. 불효한 아들의 처리는 성문에 있는 장로들에 데려가 아들을 고발하면 모든 사람들이 돌로 쳐 죽여, 이후로 악한 일이 없도록 할 것이다. 그 밖의 율법으로는 어떤 사람이 죽을 죄를 지었다면, 그를 죽여서 시체를 나무 위에 매달아 두라, 그리고 그를 죽인 날에 묻어 주도록 하라.

22장_ 그 밖의 율법

짐승이 길을 잃고 헤매는 것을 보면 주인을 찾아 주고, 이웃의 짐승이나 잃어 버린 물건을 발견하면 주인에게 돌려 주고, 여자는 남자의 옷을 입지 말 것이며, 남자는 여자의 옷을 입지 말아야 한다. 새의 둥지에서 그 안에 알을 품고 있는 새가 있으면 어미와 새끼를 함께 잡지 말고, 새끼는 잡아도 되나 어미는 날려 보내야 한다. 그래야 여러분이 하는 일이 잘 되고 오래 살 수 있을 것이다.

포도밭에 두 가지 씨를 뿌리지 말며, 소나 나귀에게 한 멍에를 씌우지 말아야 한다. 양털과 무명실로 섞어서 짠 옷을 입지 말고, 겉옷의 네 귀퉁이에는 술을 달아야 한다.

결혼에 대한 규례는 남자가 결혼을 했는데 여자가 처녀가 아니라고 말하면, 여자의 부모는 자기 딸이 처녀였다는 증거를 취하여 장로들에게 가져가라. 딸이 처녀임이 증명되면 남자를 벌할 수 있다. 그러나 남자의 말이 사실이라면, 그 여자를 아버지 집 입구로 데려가 마을 사람들에게 돌로 쳐 죽이게 하라. 이는 결혼도 하기 전에 성관계를 하여 이스라엘을 부끄럽게 했기 때문이다.

그리고 다른 남자의 아내와 성관계를 맺다가 들키면 둘 다 돌로 쳐 죽이고, 남자가 다른 남자와 약혼한 여자와 성 안에서 성관계를 맺으면 여러분은 그들을 성문으로 끌고 가 돌로 쳐 죽여라. 왜냐하면 여자는 성 안에 있으면서 충분히 소리 질러 남자의 강간을 막을 수 있었기 때문이다. 그러나 들판에서 이런 일이 있었다면 남자만 죽일 것이다. 이는 여자가 아무리 소리질러 도움을 청해도 도와줄 사람이 없었기 때문이다.

그리고 남자가 약혼하지 않은 처녀와 성관계를 맺다가 들키면 남자는 여자의 아버지에게 은 50세겔을 갚고, 여자와 결혼해야 한다. 그리고 남자는 평생토록 그 여자와 이혼할 수 없다. 누구든지 아버지의 아내와 결혼할 수 없으며 이는 아버지를 부끄럽게 하는 일이다.

23장_ 여호와의 백성

여호와의 총회에 참석할 수 없는 사람은 성기가 잘린 사람, 불륜으로 태어난 사람, 이집트에서 나올 때 도와주지 않은 암몬과 모압 사람들이다. 에돔 사람을 미워하지 말라고 하며 그들은 여러분의 친척이며 이집트에서 여러분이 나그네로 그 땅에 살았기 때문이다. 그들의 삼대 자손은 여호와께 나올 수 있다. 그리고 진영을 깨끗하게 하는 법을 만들었다. 이는 대적과 싸우러 갈 때, 정결 유지를 위해 금기조항을 만든 것이다.

인간의 내부에서 만들어지는 부정으로부터의 정결함을 유지시키려 한 것이다. 몽정한 사람은 진 밖으로 나가 물로 씻고, 해가 지면 돌아와야 하며, 대소변을 볼 경우, 삽으로 흙을 파서 묻어야 한다. 이렇게 깨끗하고 정결을 유지해야만 하나님께서 적을 이길 수 있게 도와주실 것임을 설명하고 있다.

그 밖의 율법으로는 도망한 노예의 처리와 매음과 남색하는 자들의 처리, 매춘부의 처리, 이자를 받는 범위, 여호와께 맹세한 것의 실천, 이삭줍기의 규례를 만들었다.

여호와께서는 성전 창녀와 남창이 되는 것을 금지하시고 여호와께 약속한 것을 갚기 위해 창녀나 남창이 번 돈을 예물로 가져 오지 말아야 한다. 외국인에게는 이자를 받으나, 이스라엘 백성에게는 받지 말아야 한다. 남의 포도밭에서는 실컷 먹되 그릇에 담아 가서는 안 되며, 이삭을 따는 것은 괜찮으나, 낫으로 베어 내지는 못하도록 했다.

24장_ 재혼에 관한 규례

결혼한 남자가 여자에게 결점을 발견하여 싫어지면 이혼증서를 써주고 여자를 내보낸다. 그 여자가 집을 나가 다른 남자와 결혼했는데, 그 남자도 이혼증서를 써주거나 죽었다면 어떤 경우든 이혼한 첫 남편은 그 여자와 다시 재혼할 수 없다. 결혼한 지 얼마 안 되는 신랑은 군대에 보내지 말고 신부를 행복하게 해줘야 한다.

어떤 이에게 받을 것이 있다 해도, 맷돌은 취하지 말아야 한다. 그것은 그 사람의 목숨과 같기 때문이다. 이웃을 유괴하여 종으로 삼는 사람은 죽일 것이며, 문둥병에 걸린 사람이 있다면 조심하여 레위 제사장의 지시대로 따라야 한다.

이집트에서 나올 때 미리암에게 한 일을 기억해 둘 것을 언급하고 있다. 가난한 사람을 배려하여 물품을 교환할 것과 외국인을 압제하지 말 것을 규례로 정했다. 부모가 잘못했다고 해서 자식을 죽여서는 안 되며 외국인이나 고아의 재판은 공평하게 다뤄야 한다.

과부에게 무엇을 빌려 주고 담보물을 취하지 말아야 한다. 여러분은 이집트에서 종살이했던 것을 유념하여, 나그네와 외국인과 과부와 고아를 위해 항상 배려하고 남겨 두어, 그들이 생활할 수 있도록 자비를 베풀어야 한다.

25장_ 인간관계에 대한 규례

두 사람 사이에 다툼이 일어나 재판을 받게 되어 매를 맞게 되면 재판관은 자기 앞에 엎드리게 한 후, 40대 이상은 때리지 말아야 한다. 그 이상 때리면 맞는 사람이 다른 사람 앞에서 모욕을 당하게 되기 때문이다.

곡식을 추수하는 일을 할 때 소의 입에 망을 씌우지 말 것이며, 형제가 살다가 한 명이 아들 없이 먼저 죽으면, 죽은 사람의 형제가 그 아내와 결혼해야 한다. 그렇게 해서 여자가 아들을 낳으면 죽은 형제의 이름을 따서 불러야 한다. 그래서 그 이름이 이스라엘에서 잊혀지지 않게 할 것이다. 만약 이를 거부하는 형제가 있다면 장로들에게 데려가 여자는 그 앞에서 형제의 신을 벗기고, 그의 얼굴에 침을 뱉고 "형제의 집안을 잇지 않으려는 사람은 이렇게 된다" 고 말하라, 그러면 이스라엘 가운데서 '신을 벗긴 자의 집안' 으로 낙인이 찍힐 것이다.

그리고 다툴 때에 남의 남자의 성기를 잡은 여자는 손을 자르고, 서로 다른 무게의 저울추가 있는 것을 가지고 다니지 말 것이며, 정직한 되를 사용하고, 이집트를 나올 때, 아말렉 사람들이 뒤에 처진 사람을 죽인 악행을 잊지 말고 보복할 것을 지시하고 있다.

26장_ 첫 추수

이스라엘 백성이 가나안 땅에 들어가서 거둔 곡식의 첫 열매는 광주리에 담아 여호와께 가지고 나갈 것과 제사장에게 자신들이 하나님이 주신 땅으로 들어와 이집트에서의 고행과 압제를 되뇌이게 하고, 여호와께서 우리를 인도해 내시고 많은 기적과 표적을 보여주셨으며, 젖과 꿀이 흐르는 가나안 땅에서 첫 열매를 거둬 여호와께 가져왔음을 고백하고, 경배 드릴 것을 규례로 정한다.

3년 째 되는 해에 거둔 모든 것의 십분의 일을 가져다가 그것을 레위 사람과 외국인과 고아와 과부에게 주어 배불리 먹게 할 것을 지시한다. 그리고 여호와께 "집에서 거둔 것 가운데 여호와의 것을 떼어놓았습니다. 그리고 그것을 레위 사람과 외국인과 고아와 과부에게 주었습니다. 저는 여호와의 명령을 잊지 않고 어기지도 않았다"고 고백할 것을 규례로 정했다.

정결한 것을 골라 여호와의 몫으로 준비할 것을 말하며, 이것이 여러분이 지켜야 할 규례와 율법이라고 설명한다. 모든 율법과 규례를 지키고 여호와께 복종할 때 그가 지으신 다른 민족들보다 여러분을 더욱 높이실 것이며, 칭찬과 명예와 영광을 주실 것이다. 여러분은 하나님 여호와의 거룩한 백성이 될 것을 강조하고 있다.

27장_ 돌에 새긴 율법

모세와 장로들이 백성들에게 명령한다. 요단강을 건너 여호와께서 주시는 땅으로 들어가면 큰 돌을 세워 석회를 바르고, 이 모든 가르침을 새겨 놓으라고 한다. 그 돌을 에발 산 위에 세우고 돌 제단을 쌓되 돌을 다룰 때 쇠로 만든 연장을 쓰지 말아야 한다.

다듬지 않은 돌로 제단을 쌓고 번제를 드리며 화목제물을 바쳐 음식을 나누며 여호와 앞에서 즐거워 하라. 모세는 백성들에게 요단강을 건너면 시므온, 레위, 유다, 잇사갈, 요셉, 베냐민 지파는 그리심 산 위에 서서 백성을 향해 축복하고 르우벤, 갓, 아셀, 스불론, 단, 납달리 지파는 에발 산 위에서 백성을 향해 저주하라, 레위 사람은 큰 소리로 백성에게 대장장이를 시켜 우상을 조각하거나 쇠를 녹여 만들어 남 몰래 세우는 사람은 저주를 받는다.

"여호와께서는 사람이 만든 우상을 역겨워 하신다"라고 할 때, 모든 백성은 "아멘!"이라고 답할 것을 지시한다.

그리고 "자기 아버지나 어머니를 업신여기는 사람, 너희 이웃의 지경석을 옮기는 사람, 보지 못하는 사람을 잘못된 길로 인도하는 사람, 외국인과 고아와 과부를 공정하게 대하지 않는 사람, 자기 아버지의 아내와 같이 자는 사람, 짐승과 함께 자는 사람, 누이와 함께 자는 사람, 장모와 함께 자는 사람, 남 몰래 이웃을 죽이는 사람, 돈을 받고 죄 없는 사람을 죽이는 사람, 이 가르침을 따르지 않는 사람은 모두 저주를 받게 될 것이다"라고 할 때 모든 백성들은 "아멘!" 으로 대답할 것을 명령하고 있다.

28장_ 순종하여 받는 복

여러분은 하나님 여호와께 온전히 복종해야 한다. 내가 지시한 모든 명령을 부지런히 지키면 땅 위의 어떤 민족보다 크게 해 주실 것이다. 성읍에서, 들에서, 여러분의 자녀와 땅의 열매가, 짐승의 새끼와, 여러분의 광주리 반죽 그릇이 복을 받을 것이다. 여러분은 들어가거나, 나가거나, 어디를 가든지 복을 받을 것이다.

여호와께서 대적을 물리치게 해 주시므로, 그들은 한 길로 쳐들어와 일곱 길로 도망갈 것이다. 여호와의 규례와 율법을 잘 지키고 따르면 여러분의 조상에게 약속하신 땅을 주시고, 부자로 만들어 주시며, 아름다운 하늘 창고를 열어 모든 일에 복을 주실 것이다. 여러분이 다른 나라에 빌려 주는 일은 있어도, 빌리는 일은 없을 것이다.

여호와의 명령을 부지런히 지키면 꼬리가 아니라 머리가 되게 해 주시고, 바닥이 아니라 꼭대기에 있게 되며, 내가 하는 명령을 좌로나 우로나 치우치지 말고 명령한 대로만 할 것이며, 다른 신을 따르거나 섬기지 말아야 할 것이다.

만약 여호와의 말씀에 복종하지 않는다면, 여러분에게 저주가 내릴 것이다. 모든 복이 저주로 바뀌어 무서운 병과 가뭄과 썩게 하는 병을 보내 여러분이 죽을 때까지 계속될 것이다. 하늘은 놋이 되고, 땅은 쇠가 될 것이며, 먼지와 모래를 비처럼 내리실 것이다. 그리고 적들 앞에 패하게 하여 한 길로 쳐들어가 일곱 길로 도망하게 하고, 여러분의 시체는 새와 들짐승의 먹이가 될 것이고, 아무도 그것들을 쫓아주지 않을 것이다.

보지 못하는 병을 내려 대낮에도 볼 수 없고, 여자와 약혼을 해도 다른 남자가 그 여자와 자게하며, 소를 잡아도 고기를 먹을 수 없게 하고, 여러분의 아들과 딸들을 다른 민족에게 빼앗기며, 다른 나라 백성이 여러분이 지은 곡식을 먹어 버릴 것이다.

모든 농사를 짓지만 소득이 없으며, 아들과 딸들을 낳아도 포로로 끌려 갈 것이다. 여러분의 모든 작물은 메뚜기가 먹어 버릴 것이며, 여러분 가운데 사는 외국인은 점점 강해지고, 여러분은 약해질 것이다. 여러분이 여호와의 명령을 따르지 않는다면 여호와께서 보내시는 원수들을 섬기게 되고 굶주리고 헐벗고 가난하게 되어 여러분의 목에 쇠 멍에를 메이실 것이며, 마침내 멸망시킬 것이다.

여호와께서 멀리 땅 끝에서 한 나라를 보내실 것인데, 그 나라는 독수리처럼 덮쳐 올 것이다. 그들이 사용하는 말을 이해하지 못하고 그들은 노인을 존경하지 않으며 젊은이를 돌보지 않는 무자비한 민족이다. 그들은 포악하여 남김없이 먹어치우고 성을 에워싸고 쳐들어와 성벽을 허물고 하나님이 주신 여러분의 땅을 에워쌀 것이다.

여러분은 먹을 것이 다 떨어지면 굶주리다 못해, 아들과 딸을 잡아 먹을 것이다. 온순한 남자가 잔인하게 변하고, 사랑하는 아내와 자식에게도 먹을 것을 나눠주지 않을 것이다. 여자도 마찬가지로 잔인하게 변하여 남자가 그랬던 것처럼 그대로 할 것이다.

이 책에 적혀 있는 모든 가르침을 지키지 않으면, 반드시 여호와의 진노로 온갖 고통을 당하고 멸망 당할 것이다. 아무리 하늘의 별처럼 많은 사람이 있었다고 해도, 남는 사람의 수는 얼마 되지 않을 것이며, 여러분이 들어가 살던 땅에서 뿌리 채 뽑힘을 당할 것이다. 그리고 여러분을 여러 민족들 가운데로 흩으실 것이며, 그곳에서 나무와 돌로 만든 우상들을 섬기게 될 것이다.

언제나 여러분은 생명의 위협을 받고 살며, 공포와 불안 속에서 나날을 보내게 되며, 생사를 판결할 수 없게 될 것이다. 여호와께서는 여러분을 배에 태워 이집트로 보내질 것이다. 원수들에게 자신을 노예로 팔려 나가길 원하지만 아무도 사려는 사람이 없을 것이다.

29장_ 모압에서 맺은 언약

여호와께서 모세에게 모압에서 언약을 맺으라고 명령하셨다. 이 언약은 여호와께서 이스라엘 백성과 시내 산에서 맺은 약속과는 다른 새로 맺는 언약인 것이다. 모세는 백성을 모아놓고 여러분은 여호와께서 이집트의 파라오와 그의 모든 신하와 그의 모든 땅에 하신 일들을 다 보았고, 그 표적과 기적들을 여러분 눈으로 직접 보았다.

여호와께서는 40년 동안 광야 가운데로 우리를 인도하시고, 그 동안 여러분 몸에 걸친 옷과 신발이 닳지 않았다. 빵과 포도주를 먹지도 않았으며, 헤스본 왕, 시혼과 바산 왕, 옥이 여러분과 싸우러 나왔다. 그러나 우리는 그들을 물리쳐 이겼다. 우리는 그 땅을 점령해서 르우벤 지파와 갓 지파, 므낫세 지파 절반에게 나눠주었다. 그러므로 여러분은 언약의 말씀을 부지런히 지켜야 할 것이다.

여러분은 하나님 앞에 모여 있다. 지도자들과 중요한 사람들 그리고 장로들과 관리들, 이스라엘 남자들과 여러분의 아내와 자녀와 외국인도 함께 있다. 오늘은 여러분과 함께 하나님 여호와와 언약을 맺는 데 참석하고 있는 것이다. 언약을 맺음으로 여러분을 여호와의 백성으로 삼고, 여러분의 하나님이 되시려는 것이며, 여러분의 조상 아브라함과 이삭과 야곱에게 맹세하신 언약인 것이다. 이 언약은 여기 있는 우리들만이 아니라 앞으로 우리 후손에게까지 이어지는 언약이다.

이에 반해 언약의 저주는 여호와와 맺은 언약을 져버리고 거역하여, 다른 신을 섬길 때 모든 징계가 내릴 것임을 확실하게 경고하고 있다. 여호와께서 내리신 혹독한 징계의 참상을 그들의 후손과 외국인들이 보게 될 것임을 분명히 하고 있다.

이런 참혹한 현상을 두고 여호와께서는 이집트에서 인도해 내실 때 세운 언약을 버리고, 다른 신과 우상을 섬겼기 때문이라고 대답하실 것이다. 하나님은 질투하시는 분이시다. 불순종하는 범죄를 용납하지 않으시고, 자기 백성을 지극히 사랑하시기 때문에 이방 백성들이 섬기는 우상과 신을 질투하시는 것이다. 이처럼 여호와께서는 우리에게 비밀스런 일들을 알려 주셨으며, 그러므로 우리는 이 모든 율법을 지켜야 할 것이다.

30장_ 회개에 따른 축복

내가 말한 모든 저주와 축복이 여러분에게 나타나거든 여호와의 말씀에 복종하고 내가 하는 명령을 지키라, 그러면 여호와께서 마음을 돌이키시고 불쌍히 여겨 여러분을 내쫓았던 나라들로부터 다시 모아들이실 것이다. 땅

끝까지 쫓겨 났다 하더라도 하나님께서는 그곳에서 여러분을 모아 데려오실 것이다. 여러분의 조상이 차지했던 땅으로 데려와 그 땅을 차지하게 하실 것이다. 그리고 자손들에게 여호와를 섬기고 따르려는 마음을 주실 것이며, 여러분에게 못된 짓을 한 원수들에게 저주를 내리실 것이다.

율법 책에 적혀 있는 여호와의 명령과 규례를 지키고, 마음과 정성을 다하여 여러분의 하나님을 따르라. 내가 하는 명령은 아주 어려운 것도 아니며 너무 멀리 있는 것도 아니다. 이것은 여러분의 입과 마음 속에 있다. 내가 오늘 여러분에게 생명과 복, 그리고 죽음과 멸망의 길을 내놓았다. 여호와를 사랑하라, 율법과 규례를 따르면 여러분은 번성할 것이며, 여러분이 들어가 차지한 땅에서 복을 받게 될 것이다.

그러나 여호와를 따르지 않고 다른 신과 우상을 섬기면 여러분은 분명히 망하고 말 것이다. 요단강을 건너가 차지할 땅에서 오래 살지 못할 것이다. 내가 오늘 생명과 복 그리고 저주를 내놓았으니 이제 생명의 길을 선택하라, 그러면 여러분과 자손이 살 것이다. 아브라함과 이삭과 야곱에게 약속하신 땅에서 여러분이 축복 속에 살 수 있게 될 것이다.

31장_ 모세의 후계자 여호수아

모세가 이스라엘 백성에게 말씀을 전한다. 그는 이제 나이가 120세이고 더 이상 여러분 앞에 나설 수가 없다고 말하며, 여호와께서도 자신은 요단강을 건널 수 없다고 말씀하신 것을 언급하며 앞으로 여호수아가 여러분을 인도하여 하나님이 주신 땅으로 들어가게 될 것을 말한다.

마음을 굳세게 하고 용감하게 행하여, 두려워 말고 놀라지도 말라, 여러분의 하나님 여호와께서 함께 하실 것이다. 여러분을 떠나지도 않고, 버리지도 않으실 것이다. 그런 후에 모세는 여호수아를 불러, 온 이스라엘이 보는 앞에서 이 백성을 인도하여 조상에게 약속하신 땅으로 들어가 그 땅을 차지하라고 말한다.

여호와께서 너와 함께 하실 것이다. 너를 떠나지도, 버리지도 않으실 것이다. 두려워 말고 걱정하지도 말라고 하며, 여호수아에게 이스라엘 백성의 인도를 인계한다. 그런 다음에 모세는 율법을 적어 언약궤를 메는 레위 자손과 제사장들과 이스라엘 장로들에게 준다.

모세가 그들에게 명령한다. 매 칠년이 끝나는 해는 백성의 빚을 면제해 주는 해요, 그 해의 초막절 기간에 모든 이스라엘 백성이 하나님 여호와 앞에 나와서 여호와께서 선택하신 곳에 서면, 이 말씀을 읽을 것을 지시한다. 모든 백성과 외국인도 이 말씀을 듣고 여호와 하나님을 공경하며 두려워 하고, 모든 율법의 말씀을 지키게 할 것을 당부한다. 그리고 자녀에게도 이 말씀을 훈육하도록 지시한다. 그런 후에 여호와께서 모세와 여호수아를 부르셨다. 모세에게 회막으로 여호수아를 데리고 오게 하신다.

여호와께서 구름기둥 가운데서 성막에 나타나셨다. 구름 기둥은 성막 입구를 덮고 있었다. 여호와께서 모세에게 네 조상들처럼 죽을 것임을 말씀하신다. 앞으로 백성들은 나를 배반하고 그들은 이제 곧 들어갈 땅의 다른 신들을 섬길 것이다. 그들은 나를 떠날 것이다. 그리고 나와 맺은 언약을 어길 것이다. 그때 내가 분노하여 그들을 떠나고 얼굴을 숨기며 그들을 멸망시킬 것이다. 재앙과 무서운 일들이 일어날 것이며, 그들은 하나님이 우리와 함께 하시지 않기 때문이라고 말할 것이다. 이제 노래를 적어 백성들에게 가르치라, 이 노래를 그들이 부르게 하고 내가 내릴 무서운 일들의 증거로 삼게 하라고 명령하신다.

여호와께서는 이스라엘 백성들의 앞날을 이미 내다보시며, 노래를 통해 그들이 하나님의 자손들임을 잊지 않고 기억하게 한다. 모세는 노래를 적어 이스라엘 백성에게 가르쳤다. 여호와께서 여호수아에게 마음을 굳세게 하고 용기를 내라고 말씀하신다. 이는 이스라엘 백성을 약속한 땅으로 인도해야 하기 때문이라고 말씀하신다.

모세는 모든 가르침의 말씀을 책에 적었다. 그리고 레위 자손에게 명령한다. 이 율법 책을 여호와의 언약궤 옆에 놓아두고 여러분에게 증거가 되게 하라고 지시한다. 모세는 이스라엘 백성들이 얼마나 고집스럽고 불경한 사람들인지 잘 알고 있었기에 자신이 함께 하는 동안도 수없이 여호와께 복종하지 않았음을 상고하며, 자신이 죽은 후 여러분은 틀림없이 악한 일을 할 것이며, 내가 주는 명령을 어길 것이다. 그리하여 장차 여러분들에게 무서운 일이 일어날 것이다. 여호와 보시기에 나쁜 짓을 하고 여러분이 만든 우상 때문에 여호와를 화나게 만들 것이라며 이스라엘 백성의 앞날을 걱정한다.

32장_ 모세의 노래

모세가 이스라엘 총회에서 이 노래를 끝까지 들려준다. 그는 120세의 고령임에도 하나님의 명령에 따라 이스라엘 백성이 들어야 할 교훈을 노래로 낭송하고 있다. 모세의 교훈은 가르침은 비와 같고, 말은 이슬이며 풀 위에 내리는 소나기이고, 채소 위에 내리는 가랑비로 비유하며 시작하고 있다.

여호와는 거짓이 없으시고 미쁘시며 공정하신 하나님이시다. 미련한 백성들이여 여호와를 바로 알라, 여호와는 너희를 지으신 아버지시며 너희를 세우신 분이시다. 옛날을 기억하라, 아비와 장로에게 물어 가장 높으신 하나님께서 땅을 주시고 인류를 나누시고 백성의 경계를 정하시고 이스라엘 백성의 수를 세셨다.

여호와께서 자기 백성이 몫을 정하시고 야곱 백성을 향하여 자기 것으로 삼으셨고, 여호와께서는 야곱 백성을 돌보시고 모든 것을 채워 주셨으며 백성을 이끄셨다. 이스라엘은 배불리 먹고 마시며 건강해졌으나 자기를 지으신 하나님에게서 떠났다. 역겨운 짓을 하고 하나님을 분노하시게 만들었다. 여호와께서 마침내 이스라엘을 버리셨다. 여호와 아닌 다른 신을 섬겼기 때문이다.

여호와께서 온갖 재앙을 내리셨다. 백성들을 흩어 버리고 원수들을 시켜 진멸케 하셨다. 모든 것은 여호와께서 계획적으로 하신 일이다. 이스라엘은 생각이 없는 민족이라 깨닫지 못한다.

여호와께서 자기 백성을 심판하셨고 자기 종들로 인하여 탄식하신다. 오직 여호와만이 하나님이신 것을 알게 하라, 나 말고 다른 신은 없으며 내가 생명을 주고 나만이 해칠 수 있다. 나의 칼을 갈아 심판할 것이다. 원수들에게 벌을 내리고 나를 미워하는 사람들에게 그대로 갚겠다. 화살은 그들의 피로 가득하고 내 칼은 그들의 살을 먹으며 그들에게서 피가 흘러 나와 피의 보복을 감행할 것이다. 원수의 나라 지도자들의 머리가 베일 것이다.

나라들아 여호와의 백성들과 함께 즐거워 하라, 여호와께서 종이 흘린 피를 갚아주실 것이며, 원수들에게 벌을 내리실 것이다. 여호와의 땅과 백성이 지은 죄를 씻어 주실 것이다. 이렇게 노래를 읊은 모세는 이 모든 노래를 증언으로 삼아 자손들에게 교육시킬 것을 당부한다. 그리고 여호와의 명령에 따라 여리고 건너편 모압 땅의 느보 산에 올라 가나안 땅을 바라본다.

여호와께서는 네 형 아론이 호르 산에서 죽었듯이 너도 네가 오른 산에서 죽어, 네 조상에게로 돌아갈 것이라고 말씀하신다. 너희 둘은 신 광야에 있는 가데스의 므리바 샘물에서 나에게 죄를 지었다. 너희는 이스라엘 백성 가운데서 나를 거룩히 여기지 않았다. 그러므로 너는 저 땅을 멀리서만 바라볼 것이다. 너는 내가 이스라엘 백성에게 줄 땅으로 들어가지 못할 것이라고 말씀하신다.

33장_ 백성에게 복을 빌어 주는 모세

하나님의 사람 모세는 죽기 전에 이스라엘 백성에게 복을 빌어 준다. 여호와께서는 시내 산에서 오시고, 세일 산에서 해처럼 떠오르셨으며, 바란 산에서 위대함을 보이셨고, 수많은 천사들을 이끌고 오신다. 그의 손에는 불같은 율법이 들려 있다. 여호와께서는 진정으로 자기 백성을 사랑하신다. 우리는 그 발 아래 엎드려 가르침을 받는다. 모세가 율법을 주었다. 그것은 야곱 백성의 율법이다.

여호와께서 이스라엘의 왕이 되셨다. 모세는 백성과 지도자들이 모이고 이스라엘 지파들이 모이자 축복을 시작한다. 르우벤, 유다, 레위, 야곱, 베냐민, 요셉, 스불론, 잇사갈, 갓, 단, 납달리, 아셀을 거명하여 지파별로 지난 과거사를 기억하며 미래를 축복해 준다. 하나님은 너희를 도우시며 영원하신 하나님이 너희 피난처이시다.

그의 팔이 너희를 영원히 붙들어 주시고 원수를 쫓아내시며 안전한 곳에 눕고 야곱의 우물은 아무도 건드리지 못할 것이다. 그 땅은 곡식과 포도주가 가득한 땅이며 하늘에서는 이슬이 내린다. 이스라엘아, 너희는 복을 받았다. 여호와께서 구해 주신 백성이고 여호와께서 너희의 방패시고, 돕는 분이시며, 너희의 영광스런 칼이시다. 원수들이 너희에게 패하며 너희는 그들의 높은 신전을 짓밟을 것이다.

34장_ 모세의 죽음

모세는 모압 평지에서 느보산으로 올라간다. 여호와께서 모든 땅을 보여주시므로 모세는 길르앗에서 단까지 볼 수 있었다. 모세는 납달리 모든 땅과 에브라임과 므낫세를 보았다. 지중해까지 모든 유다 땅을 보았다. 남쪽의 광야와 네게브와 여리고 모든 골짜기에서 소알까지 다 보았다.

여호와께서 모세에게 말씀하시며 이것은 너희 선조 아브라함과 이삭과 야곱에게 약속한 땅이다. 나는 그들에게 이 땅을 너희의 자손에게 주겠다고 말했다. 내가 이 땅들을 너에게 보여주기는 했으나, 너는 이 땅에 들어가지는 못할 것이다.

여호와의 종, 모세는 말씀대로 모압 땅에서 죽었다. 그의 나이 120세였으며 그 때까지 기력과 시력은 약해지지 않았다. 이스라엘 백성들은 모세의 죽음을 슬퍼 하며 30일 동안을 울었다. 모세가 여호수아에게 손을 얹었기 때문에 그는 지혜로워졌다. 백성들은 모세가 지시한 대로 여호수아의 말을 따랐다.

모세와 같은 예언자는 그 뒤 한 사람도 없었고, 그는 여호와께서 얼굴과 얼굴을 마주하여 말씀하던 사람이었다. 그는 이집트의 파라오와 신하들 앞에서 표적과 기적을 일으켜 이스라엘 백성들을 이끌고 이집트를 떠나온 위대한 지도자였다.

여호수아 | Joshua

가나안 땅 정복에 관한 역사 : 24장

저　　자 : 여호수아
기록연대 : B.C 1370년 ~ B.C 1330년경

세계사 비교 : B.C 1300년경 은나라의 반경이 수도를 은허로 옮겼다.
중심인물 : 여호수아. 라합

핵심 에피소드 : 여호수아는 에브라임 지파였다. 헬라어로 그의 이름은 '예수' 였다. 그는 이스라엘 민족을 약속의 땅으로 인도하여, 하늘의 약속한 땅으로 그의 백성을 인도하고 있는 예수님의 원형이 되었다. 여호수아는 40년 동안 광야를 유랑할 때 모세의 수행원이었다.

모세와 함께 하나님의 산에 올라갔다. 12명의 정탐꾼 중의 한 사람이었다. 85세 때 모세를 계승했다. 가나안을 정복하는 데는 약 6년이 걸렸고 나머지 생애에는 12 지파를 정착시키고 다스렸다.

그가 이스라엘 민족을 통치한 총기간은 약 25년이었다. 그는 110세에 죽었고, 에브라임의 딤낫-세라에 묻혔다. 그는 훌륭한 군인으로 군대를 훈련시키고, 정탐꾼을 보냈으며 또한 기도를 드리며 하나님께 의존했다.

1장_ 하나님의 명령

모세의 후계자가 된 여호수아에게 하나님께서 모든 백성을 이끌고 요단강을 건너 내가 주는 땅으로 들어가라고 명령하신다. 하나님께서는 모세에게 했던 것처럼 여호수아에게 모든 지도의 권위를 주신다. 모세가 너희에게 가르친 모든 율법을 늘 입에 담고 살아 가야 할 것이며, 왼쪽으로나 오른쪽으로나 기울지 않게 실행할 것을 명하셨다. 힘을 내고 용기를 가지며 두려워하지 말고 실행하면 하나님 여호와가 항상 너희와 함께 하실 것을 약속하신다.

이에 여호수아는 백성들에게 삼일 후면 요단강을 건널 것이니 양식을 예비할 것이며, 하나님 여호와께서 주신 땅을 차지할 것이라고 말했다. 백성들은 모세를 대신한 여호수아에게 충성하며 따를 것을 맹세한다.

** 주요구절 **
1 : 7 오직 너는 마음을 강하게 하고 극히 담대히 하여 나의 종 모세가 네게 명한 율법을 다 지켜 행하고 좌로나 우로나 치우치지 말라, 그리하면 어디로 가든지 형통하리니.

2장_ 여리고에 정탐꾼 파견하다

여호수아는 싯딤에서 두 명의 정탐꾼을 여리고 성에 파견한다. 그들은 라합이라고 하는 기생의 집에 머물게 된다. 이를 눈치 챈 여리고의 왕은 라합의 집에 병력을 보내 정탐꾼을 잡으려 하지만 라합은 성문을 닫을 무렵 집을 떠났다고 말한다. 그녀는 정탐꾼들을 지붕 위에 숨겨 놓았다. 라합은 병사들이 돌아가자 정탐꾼들에게 와서 자신은 당신들이 여호와께서 보내신 것과 이 땅을 당신들에게 주었음을 알고 있다고 고백한다.

정탐꾼들은 여리고 성이 공격당할 때 라합의 가족을 구해 줄 것을 약속한다. 자신들이 탈출한 창문에 붉은 밧줄을 걸어두라고 한다. 정탐꾼들은 여호수아에게 돌아가 전황을 보고한다. 이는 이미 여리고를 하나님께서 우리에게 주심을 저쪽 백성들이 알고 두려워 하고 있다고 보고한다.

3장_ 요단강을 건넘

여호수아는 싯딤을 떠나 요단강가로 이동하여 진을 친다. 언약궤를 선두로 이스라엘 백성들이 요단강을 건너는데 궤를 메고 가는 제사장들이 강물에 발이 잠기는 순간부터 강물이 흐르지 않았다. 강물은 마치 둑처럼 쌓였으며 이스라엘 백성들이 강을 완전히 건널 때까지 언약궤를 멘 제사장들은 강 가운데 멈춰 있었다.

이스라엘 백성들은 마른 땅을 밟으며 요단강을 건너 갔다. 이는 여호수아가 말한 대로 온 땅의 주인이신 주님의 언약궤가 여러분보다 먼저 요단강에 들어갈 것이며, 강물이 마를 것이란 말이 그대로 실현된 결과인 것이다.

4장_ 기념하는 돌을 세우다

여호와께서 여호수아에게 명하여 각 지파별로 한 사람씩을 뽑아 제사장이 서있던 강 한가운데서 한 사람당 하나씩의 큰 돌을 골라 열두 개를 취하라고 하신다. 이는 이스라엘 후손들에게 하나님의 역사하심으로 강물이 멈추고 마르게 하신 기적을 교육하기 위한 것이다.

여호수아는 돌을 취하여 언약궤를 메고 서있던 요단강 가운데 두었다. 백성들은 강을 모두 건넜고 언약궤를 강 건너편으로 옮겼다.

르우벤 자손들과 갓, 므낫세 반 지파 사람들은 전투준비를 한다. 여호와께서 언약궤를 메고 있던 제사장들을 강에서 올라오게 명하신다. 여호수아가 제사장들에게 올라올 것을 지시하자 강물은 예전처럼 다시 가득하게 흐르기 시작했다. 여호수아는 요단강에서 가져온 돌들을 길갈이란 곳에 세운다.

여호수아는 백성들에게 자손대대로 하나님 여호와의 역사하심과 주께서 큰 능력을 갖고 계신 분임을 알 수 있도록 교육할 것과 언제나 여호와 하나님을 섬길 것을 당부하고 있다.

5장_ 할례를 받다

강을 건너자 많은 토착민들이 이스라엘 백성들의 놀라운 기적을 체험하고는 두려워 하였다. 여호수아는 여호와의 명을 받아 부싯돌로 칼을 만들어 기브앗 하아롯이란 곳에서 할례를 행한다. 광야에서 출생한 자손들은 그 동안 할례를 받지 못 했기 때문에 그들은 모두 할례를 받는다. 상처가 아물 동안 진에 머물고 있었다.

여리고 평야에 있는 길갈에 진을 치고 유월절을 지킨다. 그들은 누룩을 넣지 않은 무교병과 볶은 곡식을 먹었다. 이 음식을 먹는 날부터 하늘에서 내리던 만나는 먹을 수 없게 되었으며 가나안 땅에서 나는 것을 먹었다.

6장_ 여리고 성이 무너짐

여리고 성의 사람들은 이스라엘 백성들을 두려워 하여 성문을 굳게 잠가 버린다. 여호와께서 여리고 성을 주겠다고 하신다. "하루에 한 번씩 여리고 성을 군대와 함께 행진하라, 그 일이 엿새 동안 계속하고 제사장 일곱 명에게 숫양의 뿔로 만든 나팔을 가지고 언약궤 앞에서 행진하라, 칠 일째 되는 날에 성을 일곱 바퀴를 돌며 나팔을 불어라, 백성들은 고함을 쳐라, 그리 하면 여리고 성이 무너질 것이라" 고 말씀하셨다.

여호수아는 여호와의 명령대로 실행한다. 일곱째 날 성을 일곱 바퀴 돌았을 때 제상들은 나팔을 불며 백성들에게는 고함을 치도록 한다. 그러자 여리고 성이 무너지게 된다. 성안에 있던 기생 라합과 그의 집에 있던 사람들은 정탐꾼을 도왔으므로 약속을 지켜 살려 주게 된다.

7장_ 아간의 죄

이스라엘 백성들은 여리고를 정벌하고 얼마 안 되어 아이라는 곳을 치기 위하여 정탐을 한다. 그 결과 그들은 이스라엘의 적수가 되지 못 한다고 과소평가했다. 삼천 명 정도로 공격을 한다. 그러나 이스라엘은 아이 사람들에게 대패하여 쫓겨 온다. 여호수아는 언약궤 앞에 엎으려 옷을 찢고 슬픔의 표시로 재를 뒤집어 썼다.

이스라엘 사람들은 여호와를 원망한다. 요단강을 건너 이곳까지 오지 않았더라면 오늘 같은 패배는 없을 것이라고 불평하기 시작했다. 그러자 여호와께서 이스라엘 백성들의 죄를 조목조목 열거하신다. 여리고 성을 점령할 때 아무도 전리품을 갖지 못 하도록 하였고 그 모든 것은 여호와의 것이었으나 누군가 나의 것을 가졌으므로 너희들은 적과 싸워 이길 수가 없었다.

여호수아에게 이스라엘 모든 지파를 모이도록 한다. 그 중 한 지파와 한 가족을 선별하여 범인을 찾아내는데 유다 지파에서 세라의 집안 중에서 삽디 가족의 아들 아간을 지목하신다. 아간은 여호와께 죄악을 고백한다. 아름다워 보이는 겉옷과 이백 세겔의 은과 오십 세겔의 금을 가져와 천막 아래 묻어 놓았다고 자백한다. 사람들은 그리로 가서 물건들을 가져 왔다.

여호수아는 아간과 그의 가족들을 데리고 아골 골짜기로 간다. 백성들은 그들을 돌로 쳐 죽여 불로 태워 버렸다. 아간이 죽은 아골 골짜기는 '괴로움의 골짜기' 란 뜻으로 불려지고 있다. 이후 여호와께서는 화를 내지 않으셨다.

8장_ 아이 성을 무너뜨리다

그 후에 여호와께서 두려워 말고 포기하지 말라고 하시며 모든 군대를 이끌고 아이 성을 진격하라고 하신다. 하나님께서 여호수아에게 그 땅을 주실 것을 약속하셨다. 이 번만은 성 안에 있는 좋은 것을 취해도 좋다고 허락하신다.

여호수아는 하나님의 명령을 받아 군인들을 배치하고 작전을 짠다. 일종의 기만전술로 치고 빠질 때, 적진에 숨어 있던 병사들이 뒤에서 적을 공격하는 작전이었다. 주력부대는 성 북쪽에 있고 5천명을 뽑아 벧엘과 아이 성 사이의 골짜기에 미리 매복시킨다. 아이 왕은 이스라엘 군대가 성 뒤쪽에 숨어 있는 것을 알지 못하고 추격하기 시작한다.

여호수아는 하나님의 지시대로 후퇴하기 시작한다. 아이의 군인들이 맹렬히 뒤쫓아 왔고, 그 때 골짜기에 숨어 있던 이스라엘 군대가 오히려 역으로 아이 성의 군대를 추격했다. 여호와께서 함께 하신 이스라엘 군대는 전투에서 아이 성의 군대를 전멸시킨다. 여호수아는 끝까지 창을 든 손을 내리지 않고 적들을 죽인다. 남녀를 합해 1만 2천명의 아이 성 사람들이 죽었다.

여호수아는 아이 성의 왕을 잡아 성을 불태우고 저녁까지 나무에 매달았다가 해가 질 무렵 시체를 성문 아래로 던지고 돌로 덮어 버렸다. 그리고 여호수아는 여호와를 위해 에발 산에 제단을 쌓고 모세가 명령한 대로 율법 책을 읽고 돌에 새기며 모세의 명령을 올바로 준수해 나간다.

9장_ 기브온 사람들의 속임수

지중해 서쪽 연안과 산악지대에 살던 아모리인을 비롯한 기브온 사람들은 한 곳에 모여 이스라엘과의 전투계획을 토의한다. 이들은 여리고 성의 함락과 아이 성의 함락을 익히 알고 있었다. 그래서 그들은 이스라엘 백성을 속임수를 쓰기로 결정하여 헌 옷과 헌 신발과 곰팡이가 핀 빵을 준비해 길갈에 있던 여호수아를 찾아간다. 그들은 아주 먼 나라에서 온 사람들인데 이스라엘과 화의를 맺기 원한다고 말한다.

여호수아는 당신들은 이 근처에 사는 사람들 같은데 어찌 화의를 맺을 수 있겠느냐고 반문한다. 그러자 기브온 사람들은 우리는 당신의 종이나 다름없는 존재라고 말하며 이스라엘을 돌보시는 여호와의 능력을 잘 알고 있다고 간청을 한다. 여호수아는 기브온과의 화의를 여호와께 묻지 않고 그들의 남루함을 보고 화의조약을 맺게 된다.

3일 후 이스라엘은 그들이 가까운 근동에 살고 있던 사람들임을 알게 된다. 그러나 하나님 앞에서 맺은 화의 조약 때문에 공격할 수 없었다. 여호수아는 기브온 사람들의 지도자를 불러 왜 거짓말을 했는가를 따진다. 그러자 그들은 당신의 종이며 여호와 하나님의 능력을 믿기 때문에 생명을 지키기 위해 어쩔 수 없이 거짓말을 하게 되었다고 토로한다.

여호수아는 기브온 사람들을 종으로 삼았고 그들은 이스라엘 백성을 위해 나무를 베고 물을 길었으며 지금까지도 그 일을 하고 있다.

10장_ 해와 달이 멈추다

예루살렘에는 아도니세덱이란 사람이 왕으로 있었다. 그도 최근에 일어난 이스라엘 백성들의 이야기를 전해 듣고 있었다. 불안해진 그는 이웃 나라 왕들에게 힘을 모아 기브온과 이스라엘을 칠 것을 요청한다. 그러자 아모리의 다섯 왕들이 군대를 파견한다. 예루살렘, 헤브론, 야르뭇, 라기스, 에글론의 왕들은 연합부대를 만들어 기브온을 공격한다.

기브온은 여호수아에게 산악지대 사람들이 쳐들어 오고 있으니 당신의 종들을 구해 달라고 전갈을 띄운다. 여호수아는 모든 군대를 이끌고 길갈을 떠나 전투를 하러 간다. 여호와께서 이스라엘 군대에게 역사하셨다. 도주하는 적군에게 큰 우박을 내리시고 그 우박에 맞아 적군들은 많은 사람이 죽었다. 여호와께서 아모리 사람들을 이길 수 있게 도와주시며 해를 기브온 위에 멈추게 하셨다.

여호수아는 승리한 부대를 이끌고 길갈로 돌아왔으나 다섯 명의 적군 왕들은 동굴에 숨어 있었다. 그는 다섯 왕들이 숨어 있는 동굴을 바위로 막았다가 체포한다. 여호수아는 이스라엘 백성을 모아 놓고 체포된 왕들의 목을 밟게 한다. 그것은 자기 민족에게 용기를 심어 주기 위한 것이었다. 다섯 명의 왕을 모두 죽여 해가 질 때까지 나무에 매달아 놓았다. 다시 동굴에 왕들의 시체를 넣고 바위로 동굴을 막아 버렸다.

그 날, 여호수아는 막게다를 쳐서 이겼으며 막게다의 왕도 여리고 왕을 죽인 것처럼 죽였다. 여호수아는 군대를 이끌고 근동의 왕국을 차례로 정벌한다. 막게다를 떠나 립나와 라기스를 정복하고 에글론과 헤브론과 드빌을 정복한다.

이처럼 여호수아는 모든 땅 즉 산지와 남쪽 네게브 지방과 평지와 경사지의 모든 성을 공략하여 가데스 바네아에서부터 고센에 이르기까지 기브온에 이르는 모든 성을 점령한다. 그리고는 여호와 하나님께 모든 승리의 기쁨을 돌려 드리며 길갈로 돌아온다.

11장_ 북쪽 왕들을 물리치다

하솔의 왕 야빈은 인접 나라들의 소식을 접하고 불안하므로 마돈과 요밥과 시므론 왕에게 사람을 보내 연합부대를 편성할 것을 제의한다. 그리고 동서쪽의 가나안과 아모리를 비롯한 여브스 사람과 미스바 지역의 히위 사람에게도 같은 제안을 한다. 이들은 이스라엘과 싸우기 위해 메롬 물가에 모여 진을 친다.

여호와께서 여호수아에게 저들을 두려워 말라고 하시며 내일 이맘때에 저들을 쳐서 이길 수 있게 하시겠다고 약속하셨다. 여호수아의 군대는 메롬 물가의 적진을 급습하여 여호와의 말씀대로 적들의 말 다리를 부러뜨리고 시돈과 미스르봇 마임과 미스바 골짜기까지 점령하고 하솔 성을 점령하여 왕을 칼로 죽인다. 숨쉬는 사람은 한 사람도 남김 없이 칼로 쳐 죽였다. 이것은 오래 전 모세가 여호수아에게 그렇게 하라고 명한 것을 실천한 것이다.

또한 헤브론, 드빌, 아납, 유다, 그리고 이스라엘 안에 살던 아낙 사람들을 차례로 멸망시킨다. 아낙 사람들은 가사, 가드, 아스돗에서 몇 사람만 살았을 정도로 전멸했다. 여호수아는 이스라엘 모든 땅을 점령했으므로 여호와께서 약속하신 대로 사람들에게 땅을 분배한다.

12장_ 여호수아가 물리친 왕들

여호수아는 여리고, 아이, 예루살렘, 헤브론, 야르뭇, 라기스, 에글론, 게셀, 드빌, 게델, 호르마, 아랏, 립나, 아둘람, 막게다, 벧엘, 답부아, 헤벨, 아벡, 랏사론, 마돈, 하솔, 시므론, 악삽, 다아낙, 므깃도, 게데스, 갈멜의 욕느암, 돌, 길갈의 고임 왕, 디르사 왕 등 31명의 성읍과 왕들을 물리치고, 그 땅을 점령하기에 이른다. 작은 땅덩어리를 31명의 왕이 분할 통치한 것을 보면, 가나안 땅이 얼마나 분열되어 있었는가를 알 수 있게 된다.

13장_ 땅의 분배에 따른 여호와의 명령

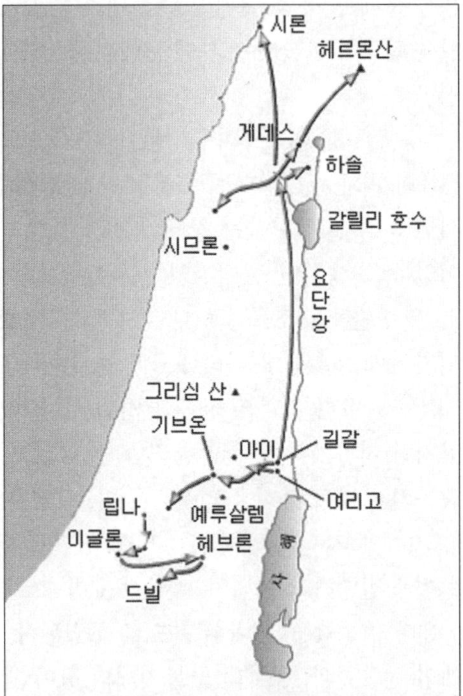

여호수아의 전투 : 가나안 정복

여호수아가 나이가 많고 늙었다. 여호와께서 아직 점령하지 못한 땅을 열거하시며 그 땅을 점령하여 각 지파별로 분배할 것을 명령하신다. 블레셋과 그술, 시홀 시내에서 북방의 에그론 남방 아위, 가나안의 전지역, 시돈인의 므아라, 아모리 사람들의 아벡, 그발 사람들의 레바논과 헤르몬산 아래의 바알갓부터 하맛, 레바논에서 미스르봇마임의 산지 거민의 땅을 점령케 할 것이라고 말씀하신다.

여호수아에게 그 땅을 아홉 지파와 므낫세 절반의 지파에게 주어 기업이 되게 하라고 명령하신다. 요단 동편의 땅이 모세가 살아 있을 때 르우벤, 갓, 므낫세 절반의 지파에 분배되었음을 알려 준다. 두 지파 절반과 레위 지파는 가나안의 본토와 모든 땅 분배에서 제외될 것임을 강조하고 있다.

14장_ 가나안 땅의 분배

이스라엘 백성들이 가나안 땅을 분배 받은 것에 대한 기록으로 제사장 엘르아살과 눈의 아들 여호수아와 이스라엘의 족장들이 분배 받은 가나안 땅은 아홉 지파와 절반의 지파에게 주었다. 요셉 자손은 므낫세와 에브라임의 두 지파가 되었지만 레위 자손들에게는 분깃을 주지 않았고, 오직 살아 갈 성읍과 가축과 재물만 주었는데, 이는 모세가 여호와의 말씀에 따라 순행한 결과였다. 유다 지파를 시작으로 이스라엘은 요단 서편의 땅을 분배 받게 되었다. 제비뽑기식으로 분배하였으며 유다의 자손 갈렙은 여호수아에게 헤브론을 분배 받게 해 달라고 하는데 이는 모세로부터 여호수아와 갈렙이 가나안을 정탐하고 돌아왔을 때 분배해 줄 것을 약속 받은 땅이기 때문이었다.

15장_ 유다 지파의 땅

유다 지파는 12지파 중에서 가장 넓은 땅을 분배 받았다. 이는 형제들 중에서 으뜸이 될 것이라는 창세기 29장 야곱의 예언을 성취시킨 하나님의 축복이었다. 그렇지만 중심지인 예루살렘에는 여브스 사람들이 살고 있었으므로, 원주민들을 모두 쫓아내라고 하신, 여호와 하나님의 명령이 아직도 성취되지 못하고 있음을 나타내고 있는 것이다.

갈렙은 유다 지파의 땅에 편입된 사람이었다. 그는 헤브론 땅을 분배를 받았지만 지파와 혈통을 따른 것이 아니었고, 그가 하나님을 온전히 좇았기에 축복의 결과로 분깃을 얻은 것이다. 갈렙은 아낙 자손을 멸하고 드빌을 취하는 자에게 자신의 딸을 주겠다고 한다. 그러자 그의 조카인 옷니엘이 나서 드빌을 점령하고 갈렙의 딸 악사를 아내로 맞이한다.

유다의 성읍들은 네 부분으로 구별된다. 브엘세바를 중심으로 남쪽에 29개의 성읍들과, 동부의 구릉지대의 광야에 있는 6개의 성읍들이다. 유다 지파는 예루살렘에 거하는 여부스 사람들을 쫓아 내지 못 하였으므로 함께 예루살렘 안에 살았으며 훗날 다윗 시대에 들어와서야 완전히 정복하게 된다.

16장_ 요셉의 아들들인 에브라임 지파의 땅

요셉의 자손인 에브라임과 므낫세 지파가 유다 지파 다음으로 분배 받은 요단 동편 광야에서 서편 지중해 연안까지의 땅은 마찬가지로 야곱의 예언을 성취시킨 것이다.

에브라임은 므낫세의 동생이지만 형보다 큰 사람이 되라고 축복한, 야곱의 축복을 그대로 성취한다. 그러나 그들은 하나님의 명령을 어기고 가나안 사람들을 모두 쫓아 내지 못한다.

17장_ 므낫세 지파의 땅

므낫세 지파의 절반은 요단 동편의 땅을 분배 받는다. 남은 절반의 지파가 본 장에서 요단 서편의 땅을 분배 받고 있다. 슬로브핫의 딸들은 하나님의 명령대로 지파 내에서 혼인하므로 조상의 땅을 보전하게 된다. 므낫세 지파와 에브라임 지파는 두 지파로 인정하면서도 땅의 분배에는 하나의 제비를 뽑게 하였으므로, 불평을 늘어놓게 된다.

여호수아는 그들에게 산지를 스스로 개척하여 그 삼림을 취할 것을 명한다. 가나안 사람들이 철병거와 강인함을 가졌더라도, 그들을 스스로 쫓아 낼 수 있을 것이라고 말하며, 아무리 강한 대적 앞에서라도 강하고 담대하게 전진할 것을 예시해 주고 있다.

18장_ 실로에서의 땅 분할

여호수아는 이제 나머지 7지파에게 땅을 분배한다. 이미 비옥하고 좋은 땅은 유다와 에브라임, 므낫세 반지파가 차지했기 때문에 나머지 땅들에 대한 실망이 컸다. 여호수아는 그들을 하나님의 회막이 있는 실로로 모이게 한 후, 나머지 땅을 분배하려는데 먼저 남은 땅을 조사하고 제비를 뽑아 분깃을 정해 주게 된다. 이는 오랜 유목생활로 정착하기 힘든 사람들에게 땅에 대한 애착을 갖게 하여, 남은 가나안 정복의 완성을 독려하려는 것이었다.

베냐민 지파의 영토는 에브라임과 유다 지파 사이의 땅이다. 이는 모세의 예언을 신명기 33장처럼 성취하게 된 것이다. 베냐민 자손들은 야곱의 창세기 27장 예언대로 호전적이어서 남북을 잇는 전략적 요충지에서도 잘 견디어 냈다. 이들은 훗날 왕국이 분열할 때에도 예루살렘 성전을 지키고, 다윗의 왕권을 유지하게 된다.

19장_ 시므온, 스블론, 잇사갈의 영토

시므온 지파는 12지파 중에서 가장 작은 지파였으므로 유다 지파의 영토에서 땅을 분할 받는다. 이 지파의 인구가 감축된 이유는 족장 시므리의 바알브올 사건 때문이었다.

야곱은 이들에게 "이스라엘 중에서 흩을 것이다"라고 예언한 바 있다. 스블론 지파는 야곱의 창세기 49장 예언대로 지중해 연안의 바닷가 지역에 살게 된다. 잇사갈에 대해서는 안락한 농경생활을 하게 될 것이란 야곱의 예언대로 에스드렐론 평야지대를 받았고 그곳에는 아합의 궁전과 나봇의 포도원이 있었다.

아셀 지파는 갈릴리 산맥에서 지중해로 향하는 구릉 지대이다. 레바논의 눈 덮인 봉우리에서 흘러 내리는 물이 이 땅에 흘러 들었으므로 땅이 비옥했다. 납달리 지파는 게네사렛과 요단으로 동쪽의 경계를 이루고, 서쪽으로 아셀과 남쪽으로 스블론과 잇사갈과 맞닿아 있다. 자연의 경치가 아름답고 토질이 훌륭했으나, 가나안 지파와 혼합하여 살았으므로 우상숭배에 빠지게 된다. 단 지파는 마지막으로 제비를 뽑았는데 유다와 에브라임의 사이에 있는 땅을 분배 받았으나 인구에 비해 땅이 작으므로 레센을 쳐서 정복하여 그곳을 '단' 이라 이름짓고 살았다.

여호수아는 지파별 땅 분배를 마친다. 그리고 여호와의 명령대로 에브라임 산지의 딤낫세라 성읍을 중건하여 그곳에 거하게 된다. 이렇게 하여 여호수아는 이스라엘 각 지파의 족장들과 더불어실로의 회막문 즉, 여호와 앞에서 제비 뽑아 나눈 땅의 분배작업을 모두 마치게 된다.

20장_ 도피성의 지정

이제 이스라엘 백성에게 남은 일은 하나님 여호와의 율법과 규율을 준수하고 순종하며 사는 일이었다. 여호수아는 가나안 땅 안에 도피성을 지정한다. 이것은 여호와께서 모세에게 하신 명령을 민수기 35장과 신명기 34장의 예로 준행하는 일이다.

이로써 비의도적 살인죄를 지은 이스라엘 백성과 외국인들이 도피성을 통해, 그 혜택을 입게 하려는 것이다.

21장_ 레위 지파의 성읍

레위 사람들은 이스라엘 백성들 중에서도 특별히 구별된 사람들이다. 이는 하나님을 섬기는 제사장의 직분을 맡았기 때문이다. 하나님의 회막이 있던 작은 성읍인 실로에 살았다. 여호수아는 12지파에서 할당 받은 48개 성읍을 레위인 들에게 나눠 주어, 그들로 전 지역에 흩어져 하나님 앞에 봉사할 수 있도록 하였다.

가나안의 분할

레위 지파는 게르손, 고핫, 므라리 족속으로 나뉘었다. 고핫 족속 중 아론의 계열에게는 제사장의 직분이 주어지게 되었다. 그러므로 제일 먼저 땅을 받는데 13개 성읍을 먼저 받았으며, 그핫 자손들은 10개의 성읍을 게르손 자손들은 13개 성읍을 므라리 자손들은 12개 성읍을 분배 받게 되었다. 레위 지파에게는 도피성을 포함한 전국 각지의 땅을 받았다.

이는 모든 지파가 어디에서라도 레위 지파를 통하여 하나님을 섬길 수 있도록 조치한 결과인 것이다.

22장_ 약속의 성취

여호수아는 르우벤 지파와 갓 지파, 므낫세 반 지파를 부른다. 그는 모세의 민수기 32장의 약속대로 그들을 요단 동편으로 돌아가 안식하며, 모세 때 그랬듯이 너희 마음을 다하고 성품을 다하여 여호와 하나님을 섬길 것을 축복한다. 이들은 각자 장막으로 향하는데 요단 저편으로 건너가 큰 단을 쌓게 된다.

요단 서편 이스라엘 지파의 사람들이 실로에 모여 비느하스를 보내 그들에게 눈물겨운 대안을 제시하게 된다. 이는 하나님의 단은 하나밖에 쌓을 수 없기 때문에 두지파의 반을 반역으로 보았다. 이들은 공동체적 관심을 얻기 위해 단을 쌓았으나 브올의 죄악과 아간의 죄악으로, 이스라엘 공동체에 내려진 하나님의 진노를 기억하고 있었다.

단 쌓은 일은 비느하스와 두 지파 반을 통한 이스라엘 백성들의 상호협의를 달성함으로써, 공동체의 회복을 시도하게 되는 좋은 계기가 되었다.

23장_ 여호수아의 마지막 설교

여호수아는 이제 늙어 임종을 앞두고 백성들을 향한 마지막 고별 설교를 한다. 이는 두 가지의 유언으로 하나는 여호와께서 이스라엘을 위해 싸우신다는 것과, 다른 하나는 하나님을 배신하면 저주를 받을 것이다.

그는 너희 중 한 사람이 천 명을 쫓을 것이며, 여호와께서 너희를 위하여 싸울 것이다. 그러므로 여호와를 사랑하라, 남아 있는 가나안 원주민들과 혼인하고 다른 신을 섬기면, 이 아름다운 땅에서 너희들이 멸절 당할 것이라고 강력하게 경고한다.

24장_ 언약의 갱신과 여호수아의 죽음

여호수아는 백성들을 세겜에 모여 놓고 하나님 여호와의 말씀에 아브라함과 이삭과 야곱과 에서를 주셨으며, 에서에게는 세일산을 주었고, 야곱과 그 자손들은 이집트로 내려갔으니, 내가 모세와 아론을 보냈으며, 내가 그 가운데 행하였고, 그 후에 너희를 인도하여 냈노라고 이스라엘의 역사를 설명한다.

여호수아가 세겜을 택하여 하나님의 역사와 교훈을 백성들에게 설명한 것은 아브라함이 가나안으로 이주한 후 첫 약속을 받은 곳이며, 그 후 성스러운 곳으로 여겨졌기 때문이다. 이에 백성들은 우상을 완전히 버릴 것이며, 오직 여호와 하나님만을 섬길 것을 결의한다.

여호수아는 하나님은 거룩한 분이며, 질투하는 하나님이시니, 너희 허물과 죄를 용서하지 않을 것이라고 경고하자 백성들은 스스로 증인이 되었다며 강한 결의를 보여준다.

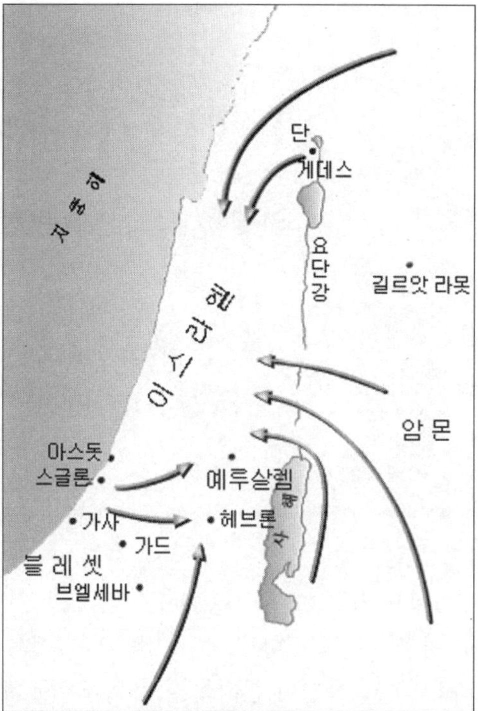

이스라엘이 주변 백성들을 쳐부수다

여호수아는 그날 세겜에서 백성들과 더불어 새 언약을 세운다. 이것은 모세가 시내 산에서 하나님과 세운 언약을 더욱 새롭게 하기 위한 것이며, 언약의 말씀이 율법 책에 기록되었고 증거를 삼기 위하여, 큰 돌을 성소 곁에 세워 하나님을 배반하지 않게 조치한다.

여호수아는 이 일이 있은 후 110세에 죽는다. 그가 죽은 후 이스라엘을 다스릴 만한 후계자는 없었다. 전쟁 중에 하나님의 놀라우신 역사하심을 체험한 사람들은 사는 날 동안 여호와를 섬겼으며, 이스라엘 자손이 이집트에서 가져온 요셉의 뼈를 세겜에 장사하였으니, 이곳은 야곱이 세겜의 아비 하몰에게서 금을 주고 매입한 땅이었으므로 요셉의 자손들이 이곳에 살게 되었다.

아론의 아들 엘리아살도 죽어 그의 아들 비느하스가 에브라임 산지에 장사지내었다. 이후 이스라엘 백성들은 우상을 섬기게 되며 비참한 현실 속으로 빠져 들게 된다.

사사기 | Judges

가나안 땅에서의 최초 300년 동안의 역사 : 21장

저　　자 : 사무엘
기록연대 : B.C 1050년 ~ B.C 1000년경

세계사 비교 : B.C 1050년 은나라가 멸망하였으며 서주 시대가 개막되어 주 왕조가 성립된다. B.C 1010년 다윗이 이스라엘 왕에 즉위하였고, B.C 1000년 아리아인이 갠지스 강 유역에 이주하였으며, 이 무렵에 아타르바 베다 성전이 건축되었다.

중심인물 : 드보라, 기드온, 삼손 등의 유명 사사들

핵심 에피소드 : 약속한 땅에서의 처음 340년 연속되는 압박과 구원이 교차되는 큰 업적의 기록이다. 여호수아가 죽은 후 이스라엘 민족은 강력한 중앙집권 체제를 갖추지 못했다. 그들은 하나님을 모시는 것 외에는 힘을 합치지 않았고, 12지파가 동맹을 맺었다.

사사기 시대의 정부 형태는 신정정치로 하나님이 나라를 직접 다스린다고 생각하였다. 그러나 백성들은 하나님을 진심으로 모시지 않고 계속 우상숭배에 빠졌다. 무정부 상태에서 이따금 내분으로 괴로움을 당하고, 주위에 있는 적으로부터 공격을 자주 받아, 이스라엘은 발전이 매우 더디고, 사무엘과 다윗이 왕국을 세울 때까지 강대국이 되지 못했다.

사사 시대의 존속기간은 확실하지 않다. 이 기간의 거의 끝에 등장하는 입

다는 11장에서 이 기간을 300년이라고 말했다. 따라서 약 300년 즉, B.C 400 ~ B.C 1100년으로 생각된다. 출애굽에서 솔로몬 왕까지의 기간은, 광야, 엘리, 사무엘, 사울, 다윗의 기간을 포함하여 480년이었다.

1장_ 이 땅에 남아 있었던 가나안 사람들

여호수아는 가나안 사람들을 어떤 지역에서는 멸망시키고, 다른 지역에서는 복종시켰다. 그러나 여호와께서는 이스라엘 민족에게 가나안 사람들을 완전히 멸망시키든지 내쫓으라고 명령하셨다. 악의 씨앗을 남겨 놓은 셈이다. 이 일로 인하여 본서를 통해 진행되는 이스라엘의 타락과 하나님의 용서와 회복이 반복되고 있음을 알게 된다.

유다 사람들이 먼저 여호와의 명령대로 가나안 사람들과 전투를 벌인다. 그들은 시므론 사람들과 협력하여 가나안과 브리스 사람들을 쳐서 이기게 하였다. 그들은 베섹에서 1만 명을 죽인다. 그리고 아도니 베섹을 붙잡아 엄지손가락과 발가락을 잘라 버린다. 그들은 아도니 베섹을 예루살렘으로 끌고 와 죽이고 예루살렘을 점령한다. 그리고 성을 불태웠고 성안의 사람들을 죽인다. 그리고 산지와 남서쪽의 구릉지에 살던 가나안 사람들과 싸워 이긴다.

갈렙은 드빌 성을 공략하기에 앞서 기랏세벨이라 불리는 드빌 성을 점령하는 사람에게 자신의 딸인 악사를 주기로 한다. 그러자 갈렙의 동생 그니엘의 아들 옷니엘이 나서 성을 점령하자 악사를 옷니엘에게 보내며 딸의 소원을 들어주어 샘을 선물로 준다.

유다 지파 외에는 가나안 족속을 몰아내는 데 실패하게 된다. 그렇게 되자 가나안 사람들은 그 땅에 거하게 되는데 이는 이스라엘 역사에 있어서 화의 근원으로 남게 된다.

2장_ 여호수아가 죽은 후의 배반

대담하게 광야에서 자란 이스라엘 백성들은 여호수아의 강력한 지도 아래 가나안을 정복했다. 그러나 앞 세대들이 죽자 다음 세대들은 모든 물자가 풍부한 땅에 살면서 안일한 생활에 빠지고, 가나안 사람들의 종교를 믿으며,

우상숭배를 하게 된다.

이스라엘 자손들은 여호와의 목전에서 바알 신을 섬긴다. 여호와의 진노가 시작되어 노략질하는 자들에 의해 패하게 된다. 또한 재앙으로 그들을 벌하신다. 그러나 여호와께서는 사사를 세워 이스라엘 자손들을 약속처럼 노략질하는 자들의 손에서 구하신다. 그러나 사사가 죽은 후에 다시 패역과 악덕을 추구하고 타락한다.

여호와의 진노가 다시 일어났고 열조와 세운 언약을 어기고 나의 목소리에 따르지 않았으므로 여호수아가 죽을 때 남겨진 주변의 열국들을 이스라엘을 위하여 쫓아내지 않을 것임을 분명히 밝히시고 있다.

3장_ 첫 번째 사사 옷니엘

여호와께서는 가나안 정복전쟁을 경험하지 못한 이스라엘 후손들에게 열국을 남겨둠으로 가르쳐 알게 하려 하셨다. 그가 남긴 열국은 블레셋의 다섯 군주와 가나안 사람들과 시돈과 히위 사람들이었다.

이스라엘 자손들은 바알과 아세라를 섬기는 죄를 짓게 된다. 그래서 여호와께서 메소포타미아의 왕 구산 리사다임을 통해 8년 동안이나 이스라엘을 다스리도록 하신다. 이스라엘 사람들은 여호와께 부르짖어 용서를 빈다. 그러자 옷니엘을 사사로 세워 메소포타미아 왕을 물리치게 하고, 40년 동안 그 땅에 평화를 주셨다.

그러나 백성들은 또 다시 나태해지기 시작한다. 여호와께서는 다시 모압 왕 에글론을 강하게 하여, 이스라엘을 다스리게 하신다. 에글론은 암몬과 아말렉 사람들과 합세하여, 여리고를 점령하고 18년 동안 통치하게 된다.

그러자 사람들은 또 다시 여호와께 부르짖어 용서를 빈다. 여호와께서 그들을 구하기 위해 왼손잡이 에훗을 사사로 세워 에글론에게 선물을 빙자하여 양날의 칼을 숨겨 에글론과 접촉한 후, 그를 유인하여 방으로 데려온 후 사람들을 내보내고 허벅지에 차고 있던 칼을 빼 에글론의 배를 찔러 칼자루가 몸 안에 들어갈 정도로 깊은 상처를 내는데 에글론의 등 뒤로 칼끝이 나왔다.

이스라엘 백성들은 에훗을 따라 모압 사람들을 무찌른다. 그 후 80년 동안을 평화스럽게 살 수 있었다. 사사 에훗의 뒤를 이은 사람은 삼갈이었다. 그는 소를 모는 막대기로 블레셋 사람 600명을 죽이고 이스라엘을 구출한다.

4장_ 드보라와 바락

에훗이 죽은 뒤에 이스라엘 백성은 또 다시 하나님 보시기에 나쁜 일을 저지르게 된다. 그래서 여호와께서 가나안 왕 야빈을 통해 이스라엘을 다스리게 하신다. 야빈은 철병거를 900대씩이나 가진 막강한 왕으로 20년 동안이나 이스라엘을 통치하게 된다. 이스라엘 백성은 여호와께 부르짖어 용서를 구한다.

여호와께서 랍비돗의 아내인 드보라를 세워 사사로 삼는다. 드보라가 에브라임 산지 라마와 벧엘 성 사이, 종려나무 밑에 앉아 있을 때, 이스라엘 사람들이 재판을 받기 위해 그곳에 찾아온다. 드보라는 납달리 지파의 강역에 살고 있던 바락을 불러 여호와의 명령을 전한다. 군대 1만 명을 모아 야빈의 군대장관 시스라를 기손 강가에서 물리칠 것을 명령한다. 드보라는 바락과 행동을 같이 하는데 군대를 모아 다볼산으로 올라간다.

여호와께서 이미 그들을 위해 길을 닦아 놓으셨고 철병거를 이끌고 진격해 오는 시스라를 맞이하여 용감히 싸워 한 사람도 남김 없이 죽인다. 그러나 시스라는 잡히지 않고 도주하여 하벨의 아내 야엘의 천막으로 숨는다. 야엘은 시스라를 정중히 모신 후 목이 말라 하는 그에게 안정을 취하게 이불을 덮어 주고, 잠이 들기를 기다렸다가 그가 깊이 잠에 빠지자 말뚝으로 머리를 뚫어 땅에 박히게 한다.

시스라를 쫓던 바락이 도착했을 때 이미 시스라는 죽어 있었다. 또한 하나님은 가나안 왕 야빈을 이스라엘 사람들 앞에서 물리쳐 주신다.

5장_ 드보라의 노래

드보라의 노래는 이스라엘이 가나안 왕 야빈을 물리친 영광스런 승리를 노래한 것이다. 전반부는 승리의 비결이 어디에서 있는지를 노래하고 있으며 후반부는 전투에 직접 참가한 사람들을 위한 승리의 찬가로 쓰여 있다.

"여호와여! 여호와의 적은 모두 이와 같이 죽게 하소서. 그러나 여호와를 사랑하는 사람은 떠오르는 해와 같이 강하게 하소서!"라고 노래하며 끝을 맺고 있다.

6장_ 미디안 사람들의 공격

이스라엘 백성들은 또 다시 여호와께서 보시기에 나쁜 악행을 시작하게 된다. 그래서 7년 동안을 미디안의 압제를 받게 하신다. 그들은 매우 강한 족속으로 이스라엘 백성들을 잔인하게 다스렸다. 그들은 이스라엘 백성들의 땅에 가축을 몰고 와 농작물을 초토화 시켰고, 약탈을 자행하는 등 악질적으로 저들을 괴롭혔다. 사람들은 여호와께 부르짖어 잘못을 빌며 용서를 구한다.

어느 날 기드온에게 예언자를 보내 여호와께서 당신과 함께 하신다고 말한다. 그러나 기드온은 믿지 못하며 여호와께서 함께 하셨는데 어째서 이스라엘 백성이 미디안에 의해 압제를 받아야 하는지를 묻는다. 여호와께서 기드온에게 이스라엘을 구원하라고 명령하신다. 그러자 기드온은 자신의 약함을 드러내며 부정적으로 받아들인다.

므낫세 지파 중에 가장 약한 가족 출신인 기드온에게 여호와께서 함께 하실 것임을 강조하시며 미디안 군대를 물리칠 것을 명령하신다. 그러자 기드온은 의심을 풀지 않고 주님의 증거를 보여 달라고 하며 여호와의 천사에게 무교병과 음식을 장만하여 대접을 한다. 여호와의 천사는 지팡이 끝을 통해 무교병과 음식을 불살라 버린다.

그때서야 기드온은 주 여호와의 은혜와 존재를 믿으며, 그곳에 제단을 쌓아 '주님은 평화이시다'란 뜻으로 '여호와 샬롬'이라 불렀다. 그날 밤 여호와께서 기드온에게, 아버지의 바알 제단과 아세라 우상을 찍어 버리게 한다.

이튿날 사람들은 자신들의 제단이 사라지고, 기드온이 쌓은 새 제단 위에 소의 제물이 있는 것을 발견하고 기드온의 집으로 몰려와 항의를 한다. 요아스의 아들 기드온은 바알 스스로 싸우게 하란 뜻의 '여룹바알'이란 이름을 얻게 된다. 미디안 사람들과 아말렉 사람들이 합세하여 요단강을 건너 이스르엘이란 곳에 진을 친다.

므낫세 사람들은 기드온의 나팔 소리를 듣고 따르게 된다. 기드온은 아셀과 스블론과 납달리 백성을 따르게 한 후 그들 앞에서 여호와의 도우심을 징표로 보여준다. 타작마당에 양털을 놓고 그 양털에게만 이슬이 맺히게 하고, 다른 땅은 마르도록 하자 기드온의 말처럼 되었다.

기드온은 하나님께 다시 말한다. 한 번만 더 시험할 수 있게 해 달라고 한다. 이번에는 양털은 마르게 하고, 땅을 적시게 해 달라고 말하자, 그날 밤 그가 말한 대로 되었다.

7장_ 기드온의 삼백 용사

그러자 기드온을 따르는 사람들이 너무 많아졌다. 여호와께서 이스라엘 백성의 수가 많아 자기 스스로 싸워 이겼다고 할 것을 대비하여, 백성들을 집으로 돌려 보낸다. 여호와께서 아직도 만 명이 남아있으니 물가로 데려가 물을 먹게 하는데 무릎을 꿇고 먹는 사람과, 손에 담아 핥아 먹는 사람을 구별하는데, 핥아 먹는 사람은 3백 명이었고, 그들을 기드온의 군대를 삼는다.

기드온은 집으로 돌아간 사람들에게 항아리와 나팔을 받아둔다. 그러자 여호와께서 일어나 미디안을 공격하라고 명령하신다. 기드온은 승리를 예감하는 꿈 이야기를 친구에게서 듣고 용기를 얻게 된다. 그는 삼백 명의 군대를 세 무리로 나눠 항아리를 주고, 그 속에 횃불을 넣었다. 그리고 사람들에게 나팔을 불고 "여호와를 위하여! 기드온을 위하여!"를 외치게 한다. 적진으로 다가간 기드온의 용사들은 일순간에 항아리를 깨뜨리고 나팔을 불며 함성을 외친다.

여호와께서 미디안 사람들이 그 안에서 서로 자기들끼리 칼을 가지고 싸우게 만드신다. 기드온은 에브라임 산지에 사람을 보내어 내려와 미디안을 공격하라고 지시한다. 그들은 오렙과 스엡이라는 미디안 왕을 사로잡았다. 에브라임 사람들은 오엡을 바위에 쳐 죽이고, 스엡을 포도주 틀에서 죽인다. 그들은 두 왕의 머리를 잘라 기드온에게 가져 온다.

8장_ 미디안 사람들을 추격하다

그들은 기드온의 형제를 죽인 세바와 살문나를 뒤쫓았다. 추격 도중 숙곳이란 곳에 이르러 군사들에게 먹을 것을 달라고 하자 그곳의 거민들이 조롱하며 주지 않는다. 기드온은 두 사람을 사로잡는다. 숙곳의 젊은이에게 그곳의 77명의 장로 명단을 입수한다. 기드온은 자신을 조롱했던 장로들을 광야의 가시와 찔레로 벌하고 브누엘 탑도 무너뜨린다. 그리고 형제를 죽인 세바와 살문나를 죽인다.

미디안의 압제에서 이스라엘을 구원한 기드온은 백성들에 의해 왕으로 추대 받을 지경에 이르자, 그는 여호와께서 이스라엘을 다스리실 것이라고 말한다. 기드온은 사람들에게 금을 거둬 에봇을 만들어 자기 고향인 오브라에 두는데, 이스라엘 백성들은 여호와를 섬기지 않고 에봇을 섬기게 된다. 이와 같은 행위는 기드온과 그의 가족들이 죄를 짓게 되는 덫이 되었다.

그 후 기드온은 40년 동안 살아 있었는데 그 동안 평화스런 기간이 계속 되었다. 기드온에게는 첩이 많아 아들이 70명이나 되었다. 그 중 세겜에 사는 첩에게서 에비멜렉이란 아들을 두었고, 죽은 뒤 고향인 오브라에 있는 아버지 요아스의 무덤에 묻힌다.

기드온이 죽자 이스라엘 백성들은 바알 신을 따른다. 그들은 바알브릿을 자기들의 신으로 섬기기 시작한다. '여룹바알' 이라 불리던 기드온은 이스라엘을 위하여 좋은 일을 많이 했으나, 사람들은 그의 가족에게 친절하지 않았고 존경하지도 않았다.

** 주요구절 **
8 : 23 기드온이 그들에게 이르되 내가 너희를 다스리지 아니 하겠고 나의 아들도 너희를 다스리지 아니 할 것이요, 여호와께서 너희를 다스리시리라.

9장_ 아비멜렉이 왕이 되다

여룹바알, 기드온의 아들 아비멜렉은 외삼촌들이 살고 있는 세겜으로 간다. 세겜의 지도자들에게 여룹바알의 아들 70명이 다스리는 것과, 단 한 사람이 다스리는 것을 선택하도록 흉계를 꾸민다.

세겜의 모든 지도자들은 아비멜렉이 다스리길 원했고 그는 그들로부터 은전을 받아 부랑자들을 사서 아버지의 고향 오브라로 간다. 그는 바위 위에서 70명의 형제들을 모두 죽인다. 그러나 그 중 막내인 요담은 형을 피해 도망한다.

아비멜렉은 세겜과 밀로의 모든 지도자들에 의해 왕으로 추대된다. 요담이 그 소식을 듣고 그리심 산 꼭대기로 올라가 백성들에게 소리친다. 올리브나무와 무화과 나무를 비유하여 누가 올바른 왕인가를 묻고 끝내는 불로 아비멜렉과 세겜 지도자들을 태우게 될 것이라고 저주하며, 브엘 성으로 도주하여 살았다. 아비멜렉은 3년 동안 이스라엘을 다스린다.

하나님께서 악한 영을 보내 세겜의 지도자들이 아비멜렉을 배신하도록 한다. 아벳의 아들 가일이 아비멜렉을 축출해야 한다는 여론을 불러 일으켜 민심을 유리하게 이끌어가고 있었다. 스블은 가알의 이 같은 행위를 아비멜렉에게 전한다. 그래서 아비멜렉의 군대와 가알의 군대는 전쟁을 벌인다. 가알은 세겜 사람들로 군대를 만들어 아비멜렉과 싸우는데, 세겜 사람들은 아비멜렉에게 쫓겨 도망치고, 가알의 군대 역시 성문에 이르기도 전에 죽임을 당한다.

스불은 가알과 그의 형제들을 세겜에서 쫓아 냈으나 세겜 사람들이 다시 아비멜렉을 공격하려 하자 이비멜렉에게 첩보가 전해진다. 두 편의 군대는 하루 종일 세겜 성에서 싸운다. 아비멜렉은 성을 허물고 소금을 뿌린다. 세겜의 망대에 살던 사람들이 신전 안에 모여 있다는 것을 알게 된 아비멜렉은 군대와 함께 살몬 산으로 올라가 나뭇가지를 가져가게 하여, 신전 주위에 쌓아놓고 불을 질러 신전안의 사람들을 모두 불태워 죽여 버린다. 세겜 망대에 살던 사람들은 남자와 여자를 합하여 천 명이나 되었는데 그때 모두 죽고 말았다.

그 후에 아비멜렉은 데베스 성으로 간다. 그는 성을 점령하고 그곳에서도 망대에 올라가 남녀를 그곳으로 들어가게 한 후, 공격하기 시작한다. 망대에 불을 지르기 위해, 문 가까이 갔을 때, 한 여자가 맷돌을 아비멜렉에게 던진다. 아비멜렉은 맷돌에 머리를 맞아 큰 부상을 입어 죽게 되자, 부하에게 칼을 빼 자신을 죽이라고 한다. 그리고는 아비멜렉이 여자에게 죽임을 당했다고 말하지 말라고 당부하며 부하의 칼에 죽는다.

이스라엘 백성들은 그때서야 집으로 돌아갔다. 결국 요담이 말한 저주가 아비멜렉이 죽음으로 그대로 이뤄지게 된 것이다.

10장_ 사사 돌라와 야일과 입다

아비멜렉이 죽은 뒤, 부아의 아들 돌라가 사사가 되어 23년 동안 이스라엘을 위하여 사사로 있었고 죽어서 사밀에 묻혔다. 돌라가 죽은 뒤 길르앗에 살던 야일이 사사가 된다. 그는 22년 동안 이스라엘을 위해 사사로 임한다. 30명의 아들을 두었으며 30마리의 나귀를 타고 다녔으며, 길르앗의 30개 마을을 다스리다가 죽은 후, 가몬 성에 묻힌다.

이스라엘 백성들은 또 다시 여호와 보시기에 악한 일을 저지른다. 바알과 아스다롯이란 우상을 섬긴 것이다. 그들은 아람과 시돈, 모압, 암몬, 블레셋 백성들의 신을 섬겼다. 여호와를 멀리 하고, 제대로 섬기지 않았으므로 여호와께서 이스라엘 백성들에게 고통을 주신다.

블레셋과 암몬 사람들에게서 38년 동안을 압제 받고 고통 받게 하셨다. 이스라엘 백성들은 여호와께 죄를 고백하며 용서를 부르짖는다. 여호와께서는 엄중하게 지난 역사를 지목하시며 다시는 너희를 구해 주지 않겠다고 응답하신다. 그러자 백성들은 우상을 없애 버리고 여호와만을 섬기기 시작한다. 암몬 백성들은 전쟁을 위하여 길르앗에 진을 쳤고 이스라엘 백성들은 미스바에 진을 친다.

11장_ 입다가 지도자로 뽑히다

길르앗 사람인 입다는 아버지 길르앗이 창녀를 통해 얻은 아들이다. 그런 이유로 집안에서 배척 당해 부랑자들과 어울리며 돕 땅에서 살고 있었다. 암몬 백성들이 이스라엘을 치려 하자 길르앗의 장로들은 입다가 고향으로 돌아와 군대를 이끌고 암몬 사람들과 싸워 줄 것을 요청한다.

미스바에서 입다는 여호와께서 나를 인도하여 암몬 사람들을 물리친다면 나를 당신들의 통치자로 세우겠는가를 묻는다. 그러자 장로들은 기꺼이 그렇게 하겠노라고 응답한다. 입다는 장로들과 함께 길르앗으로 군대의 지휘관이 된다. 그는 다시 한 번 장로들에게 미스바에서 자기가 했던 약속을 여호와 앞에서 확인한다.

입다는 암몬 진영에 사람을 보내 우리를 공격하는 이유가 무엇인지를 묻는다. 그러자 암몬 사람들은 예전에 당신 백성들이 출애굽할 때 암몬 사람들의 땅을 빼앗았기 때문이라고 전한다. 입다는 자기 백성들이 출애굽하여 지나온 과거사를 정확하게 전달하며, 암몬 사람들의 땅을 빼앗은 적이 없다고 주장한다.

여호와께서 이스라엘과 암몬 사람들 중 어느 쪽이 옳은지를 가려 줄 것이라고 응답한다. 그러나 암몬의 왕은 입다의 말을 무시해 버린다. 그 후에 여호와의 영이 입다에게 내린다. 그는 길르앗과 므낫세를 지나 미스바에 이르게 된다. 그는 전쟁을 시작하기 전에 여호와께 한 가지 약속을 한다. 자신이 전쟁에서 승리하고 돌아올 때, 제일 먼저 나와 반기는 사람을 번제물로 태워 바칠 것을 약속한다.

여호와께서 도와주심으로 입다는 20여 개의 성을 정복하며 승리의 개가를 올린다. 그가 전쟁에서 이기고 미스바의 집으로 돌아오자, 그의 딸이 소고를 치고 춤을 추며 개선하는 아버지를 맞이한다. 입다는 그런 딸에게 슬픈 소식을 전한다.

여호와께 약속한 번제물이 된 딸은, 아버지와 여호와의 약속은 지켜져야 하지만, 자신에게 두 달 동안 산에서 지낼 수 있게 해 달라고 부탁한다. 자신은 결혼도 못해 보고 죽게 되었으니, 친구들과 함께 산에 올라가 실컷 울 수 있게 해 달라고 한다. 입다는 딸의 부탁을 들어준다. 입다의 딸은 두 달 후 집으로 돌아와 번제물로 죽는다.

그 후 이스라엘 여자들은 해마다 4일 동안 길르앗 '입다의 딸' 을 기억하며 슬피 울게 되었다.

12장_ 입다와 에브라임

에브라임 사람들이 몰려와 입다에게 암몬과의 전투에 자신들을 부리지 않았기 때문에 당신 집을 불태우고, 당신들과 싸우겠다고 선전포고를 한다. 입다는 평화적으로 이스라엘의 입장을 타진한다. 그러나 에브라임 사람들은 길르앗 사람들을 에브라임과 므낫세에서 도망친 자들이라며 조롱한다. 입다는 길르앗 사람들을 모아 에브라임과 싸운다.

길르앗 사람들은 요단강 나루를 지키고 있는데, 에브라임 사람들이 강을 건너려할 때 '십볼렛' (시내)이란 단어를 시험하여 발음이 정확하지 않으면 모두 죽여 버리는데, 에브라임 사람 4만 2천명이 죽는다. 그들은 십볼렛을 '씹볼렛'(무거운 짐)이라 발음했기 때문이다. 입다는 이스라엘 백성을 위해 6년 동안 사사로 있게 된다.

그가 죽은 후 베들레헴 사람인 입산이 사사로 세워지는데, 그는 아들 30명과 딸 30명을 두어 각 지방으로 시집 장가를 보냈다. 그는 7년 동안 사사로 있었다. 입산이 죽은 후, 스블론 사람 엘론이 사사로 세워진다. 그는 10년 동안 사사로 있게 되며, 그의 뒤를 이어 압돈이 사사로 세워진다. 그는 40명의 아들과 30명의 손자를 두었는데 70마리의 나귀를 타고 다녔다.

13장_ 삼손의 출생

이스라엘 백성들이 또 다시 여호와 보시기에 악한 일을 저지른다. 그래서 블레셋 사람이 이스라엘을 40년 동안 다스리게 하신다.

소라 성에 마노아란 사람이 살고 있었다. 여호와의 천사가 마노아의 아내에게 나타나 지금까지 수태를 못 했으나 임신하여 아들을 낳게 될 것을 예언해 준다.

아들을 낳으면 절대로 머리를 깎지 말 것이며, 하나님께 바쳐질 나실인이 될 것이라고 한다. '나실인'은 그의 몸을 주께 드리기로 서원한 사람으로, 포도주와 부정한 것들을 먹거나, 만지거나 취득하지 말고, 머리에 삭도를 대지 않는 등의 성별된 생활과 행동을 해야 하는 민수기 규례에 의한 것이다. 천사에 의해 삼손은 블레셋 사람들의 손에서 이스라엘을 구원하게 될 사람임을 계시해 준다.

14장_ 삼손의 결혼

마노아의 아내는 천사의 계시대로 삼손을 낳는다. 그가 성장하여 딤나성의 블레셋 처녀를 보았다. 그는 부모에게 그 여자와 결혼하겠다고 말하지만, 그들은 이스라엘 여자들도 있는데, 할례도 받지 않는 족속인, 블레셋 사람과 사돈을 맺으려 하냐고 못마땅해 한다. 그러나 이 일은 여호와께서 미리 계획하신 일이었다.

그래서 부모들은 삼손과 함께 딤나로 간다. 도중에 어린 사자를 만나 위기를 당하는데, 삼손에게 여호와의 영이 들어가 사자를 찢어 죽인다. 삼손의 가족은 딤나에 가서 여인을 만나 잔치를 벌인다. 잔치는 계속되고 삼손은 딤나로 오던 중에 자신이 죽인 사자의 몸에 꿀벌이 있는 것을 보고 그 꿀을 부모에게 가져가 먹게 한 일로 블레셋 사람들에게 수수께끼를 낸다. "먹는 자에서 먹을 것이 나오고 강한 자에게서 단 것이 나온다." 이 수수께끼는 아무도 풀지 못한다.

그러자 블레셋 사람들은 삼손의 아내를 설득하여 답을 알아낸다. 삼손은 약속한 대로 베옷과 겉옷 30벌을 블레셋 사람들에게 줘야 했다. 이때 여호와의 영이 삼손에게 임하여 큰 힘을 주신다. 그는 아스글론 성으로 내려가, 그곳 사람 30명을 죽이고 옷을 취하여 블레셋 사람들에게 주었다. 그는 매우 화가 나서 아내를 둔 채 자신의 아버지에게 돌아간다.

15장_ 삼손이 블레셋 사람과 다툼

얼마 후, 삼손은 아내가 있는 마을로 다시 찾아간다. 그러나 장인은 삼손을 방안으로 못 들어가게 하며, 이미 결혼식에 왔던 삼손의 친구에게 딸을 주었으니 차라리 동생을 데려가라고 말한다.

삼손은 여우를 잡아 꼬리를 연달아 묶은 후, 홰를 달아 불을 붙여 블레셋 사람들의 밭과 곡식에 불을 질러 버린다. 블레셋 사람들이 몰려와 삼손이 한 짓을 알아내고는 삼손의 아내와 장인을 불태워 죽인다.

삼손은 블레셋 사람들을 죽여 복수한 뒤, 에담 동굴에 머물렀다. 이때 유다 사람들이 몰려 와 블레셋의 지배를 받고 있는 마당에 당신이 그런 일을 하므로, 우리에게 해를 끼치고 있다고 거칠게 항의를 한다. 그들은 삼손을 묶어 블레셋 사람에게 넘겨주겠다고 공론화 한다.

삼손은 모두의 피해를 줄이기 위해 허락한다. 레하라는 곳에 이르자 블레셋 사람들이 삼손에게 다가와 소리치며, 삼손의 체포를 즐거워 한다. 이때 여호와의 영이 삼손에게 임하여 그를 묶고 있던 밧줄이 불에 탄 것처럼 힘없이 풀려져 나가게 한다. 그는 나귀의 턱뼈를 주워 들고 천 명이나 되는 사람들을 죽인다. 이렇게 삼손은 20년 동안 이스라엘의 사사로 있었다.

16장_ 삼손과 드릴라

삼손이 가사 성에서 창녀 드릴라와 시간을 보내다가 그를 죽이기 위한 그곳 사람들의 행동을 보고 화가 나므로 성문을 부숴 어깨에 메고, 헤브론 성이 마주보이는 언덕으로 간다.

이 일이 있은 후 그는 드릴라와 사랑에 빠진다. 블레셋 사람들이 드릴라에게 가서 삼손의 힘이 과연 어디에서 오는 것인지를 알아보도록 한다. 드릴라는 많은 양의 은을 보상금으로 받는 조건으로 삼손에게 힘이 나오는 이유와 어떻게 하면 몸을 묶을 수 있는지를 물어 본다. 삼손은 거짓으로 힘의 근원은 끊어지지 않는 밧줄임을 알려 준다. 몇 번이고 삼손에게 속은 드릴라는 집요하게 힘의 근원을 알아내려고 매일 밤 물어 본다. 삼손은 사실을 얘기한다. 머리에 삭도를 대지 않은 나실인이라는 것을 밝힌다.

드릴라는 삼손을 무릎에 뉘이고 잠들게 한 후, 사람을 불러 삼손의 머리털 일곱 가닥을 밀게 한다. 그리고는 그를 깨워 블레셋 사람들이 잡으러 왔다고 한다. 삼손이 놀라 일어나 힘을 쓰려 하지만 예전의 힘은 사라지고 만 것을 안다. 여호와께서 자신을 떠났음을 알게 된다.

그는 블레셋 사람들에 의해 두 눈이 뽑힌 채, 가사로 끌려 가서 구리사슬에 묶여 곡식을 갈게 되었다. 삼손의 머리가 자라기 시작한다. 블레셋 왕들이 자기들의 신 '다곤'에게 제사를 지내기 위해 모여들었다. 그들은 삼손을 감옥에서 끌어내, 재주를 부리게 한다. 신전에는 수천 명의 남녀로 가득 차 있었다. 삼손은 동료 노예에게 신전의 기둥을 만지게 해 달라고 부탁한 다음 여호와께 기도를 한다.

한 번만 힘을 달라고 기도한 삼손은 양손으로 서로 다른 기둥을 붙잡고 "나는 블레셋 사람들과 함께 죽겠다!"라고 소리치며 힘을 다해 기둥을 밀자, 신전이 무너져 내렸다. 이렇게 해서 그는 살아 있을 때보다 죽을 때에 더 많은 사람을 죽였고, 형제들은 삼손의 시체를 거둬, 아버지 마노아의 무덤에 장사지냈다.

17장_ 미가의 우상

에브라임 산지에 미가라는 사람이 살고 있었다. 그는 어머니의 은을 훔친 과거의 죄를 고백하며 은을 내놓는다. 어머니는 그것을 여호와께 거룩하게 드리겠다며 은장이를 불러 우상을 만들어 미가의 신전에 두게 된다. 이때 이스라엘에는 왕이 없었기 때문에 사람들은 자기 방식대로 살아가고 있었다.

어느 날, 레위의 젊은 사람이 베들레헴에서 미가의 집에 오게 되었다. 미가는 레위 사람을 환대하며 우리 집에 살며 제사장을 맡아달라고 청탁을 한다. 그래서 레위 사람은 미가의 아들처럼 되어 한 식구가 되자 미가는 여호와께서 레위 사람을 제사장으로 두었으니 복을 주실 것이라고 생각하고 있었다.

18장_ 단 지파와 라이스

왕이 없던 시절이기에 단 지파 사람들은 마땅히 살 곳을 정하지 못하고 이동하며 살 만한 땅을 찾고 있었다. 단 지파에서는 다섯 명의 사람을 뽑아 에브라임 산지에 있는 미가의 집에 오게 된다. 그의 집에 머물던 레위 제사장을 보고는 여호와께 단 지파가 살 땅을 찾을 수 있게 해 달라고 부탁한다. 제사장은 그들에게 여호와께서 당신들이 가는 길을 지켜 줄 것이라고 말한다.

다섯 사람은 라이스 성으로 간다. 그 성 사람들은 시돈 백성처럼 평화롭게 살고 있었다. 모든 것이 넘쳐 흐를 만큼 풍족한 마을이었다. 그들은 돌아와 본 대로 보고한다. 그러자 단 지파는 군대를 만들어 무기를 들고, 에브라임 산지 쪽으로 이동한다. 전에 정탐 왔던 사람들이 미가의 집에 우상과 에봇이 있음을 말하자, 그들이 집으로 들어가 우상과 에봇을 들고 나오며, 레위 사람에게 이스라엘 한 지파의 제사장이 되어 달라며 그를 데려 간다. 미가는 쫓아와 항의를 했지만, 그들을 당해 낼 수 없었다.

단 지파 사람들은 제사장과 함께 라이스 성으로 들어가 사람들을 죽이고 성을 불태워 버린다. 그들은 그곳에 성을 쌓고 그곳의 이름도 조상의 이름을 따다 '단' 이라 지었다. 그리고 성 안에 우상을 만들어 세운다. 모세의 손자이며 게르손의 아들인 요나단을 제사장으로 삼는다.

요나단과 그의 아들들은 단 지파의 제사장이 되어 이스라엘 사람들이 포로로 끌려갈 때까지 일하게 되었고, 단 지파 사람들은 하나님의 성막이 실로에 있는 동안 미가가 만든 우상들을 섬겼다.

19장_ 레위 사람과 첩

에브라임 산지에 레위 사람이 살고 있었는데 유다의 베들레헴에서 첩을 데려온다. 그 첩이 간음을 하고 유다 땅 베들레헴 아버지의 집으로 돌아와 네 달을 머무르게 된다. 레위 사람인 남편은 그 여자를 데려오기 위해 하인과 나귀 두 마리를 끌고 그곳을 간다. 장인은 환영하며 여러 날을 머물게 한다.

그가 여자를 데리고 기브아 성으로 들어가 하루를 묵게 된다. 기브아는 베냐민 지파였다. 아무도 그들을 재워 주려 하지 않으나 어느 노인이 일을 마치고 돌아오는 길에 그들을 만나 자기 집으로 데려가, 나귀에게 먹을 것을 주고, 사람들을 환대해 준다. 그들이 평안히 쉬고 있을 때, 사람들이 몰려 와 노인에게 손님들을 끌고 나오라고 호통을 친다.

노인이 밖으로 나가 정중히 맞이한 손님들에게 행패를 부리지 말 것을 거듭 요청한다. 그러며 자신의 딸과 첩을 내보낼 테니 제발 손님들에게 해를 입히지 말라고 간곡하게 당부를 한다. 그러나 사람들이 노인의 말을 듣지 않자 안에 있던 레위 사람은 자신의 첩을 내보낸다. 사람들은 여자에게 욕을 보이고, 밤새 괴롭히다가 동이 틀 무렵에야 놓아준다.

여자는 자신의 남편이 머무는 노인의 집, 문 앞에 다가와 쓰러진다. 이때 레위 사람이 길을 떠나려다 첩을 발견하지만, 그 여자는 이미 죽어 있었다. 그는 나귀에 첩을 싣고 집으로 돌아와 칼로 첩의 몸을 열두 등분으로 나눠 12지파에게 골고루 보내어 각 지파 사람들의 의분을 일으키려 한다. 그 자신도 첩을 취한 부도덕한 일을 했음에도 기브아인의 부도덕함에 격분한 것이다. 그것을 본 사람마다 이스라엘이 출애굽한 후로 이런 일은 처음이라며, 간음과 폭행 시체유기 등에 관한 심각한 고민에 빠지게 되었다.

20장_ 이스라엘과 베냐민의 전쟁

모든 이스라엘 지파의 지도자들이 미스바에 모여 회의를 한다. 여기에는 칼을 든 군인이 40만 명이나 되었다. 베냐민 사람들은 이 소식을 듣고 레위 사람에게 말한다. "어찌하여 이런 행악이 일어났는가?" 죽은 첩의 남편인 레위 사람이 소상하게 설명을 한다.

그러나 베냐민의 지도자들은 내부의 단결을 위해 이스라엘과 맞서 싸울 것을 결정하게 된다. 드디어 이스라엘 군대가 쳐들어 온다는 것을 알게 된 베냐민 사람들은 기브아로 모여 대적할 막강한 군대를 대기시켜 놓았다.

이스라엘은 베냐민을 제외하고 40만 명이 모였다. 이스라엘 백성들은 벧엘로 올라가 여호와께 누가 먼저 나가 베냐민과 싸울 것인가를 아뢴다. 유다였다. 이튿날 아침 이스라엘은 기브아로 행군을 한다. 그때 베냐민의 군대가 선제공격을 해온다. 이로 인해 이스라엘 사람들은 2만 2천명이 죽는다.

이스라엘 백성들은 여호와 앞에 나아가 소리 내어 울었다. 그들은 우리의 친척인 베냐민과 다시 싸워야 할 것인가를 놓고 여호와께 묻자, 여호와께서 나가서 그들과 싸우라고 지시하신다. 그날에도 베냐민 사람들은 이스라엘 군사 1만 8천명을 죽인다.

그러자 이스라엘 사람들은 다시 벧엘로 올라가 울부짖어 여호와께 기도한다. 벧엘에는 여호와의 언약궤가 있었다. 비느하스라는 제사장이 언약궤를 섬기고 있었는데, 그는 아론의 아들인 엘르아살의 후손이었다. 이스라엘 백성들이 여호와께 베냐민과의 싸움을 또 다시 아뢴다. 여호와께서 나가 싸우라고 하시며, 너희에게 이길 수 있도록 돕겠다고 약속하신다.

전투가 벌어지고 이스라엘 사람들이 죽기 시작한다. 수풀 속에 잠복하던 이스라엘 특공대가 뛰쳐 나와 기브아를 공격하자 격렬한 싸움이 계속된다. 성은 불탔으며, 베냐민의 군대는 2만 5천명이 죽었다. 여호와께서 이스라엘의 손을 들어 주신 결과였다.

21장_ 베냐민 사람을 위해 아내를 얻어주다

이스라엘 사람들은 미스바에 모였을 때 누구든지 베냐민 지파의 남자에게 자기 딸을 시집보내지 않기로 했다. 그들은 벧엘로 올라가 이스라엘의 한 지파가 없어지게 된 것을 슬퍼 하며 울부짖고 번제를 드린다. 여호와께 맹세는 했지만, 형제인 베냐민 지파의 남은 남자들에게 어떻게 대를 잇게 할 것인가에 대한 고민을 하게 된다.

그러자 이스라엘 백성들은 미스바 회의에 나오지 않은 지파가 누구인가를 파악한다. 길르앗의 야베스에서 한 사람도 회의에 참석하지 않았음을 안 이스라엘 지도자들은, 그 길로 1만 2천명의 군대를 그곳으로 보내, 여자와 어린 아이할 것 없이 죽일 것이며, 남자와 잔 경험이 있는 여자도 모두 죽이라고 명령한다. 군대들은 길르앗의 야베스에서 남자관계를 모르는 젊은 처녀 400명을 찾아낸다.

그들은 가나안의 실로로 그 여자들을 데려와 이스라엘에 사는 베냐민 사람들에게 평화를 선언한다. 그러자 베냐민의 사람들이 돌아왔으며, 야베스의 처녀들을 베냐민 남자들에게 주었다. 이스라엘 사람들은 형제인 베냐민 남자들이 아직도 여자가 모자라다는 것을 잘 알고 있었으나 여호와께 딸을 주면 저주를 받을 것이라고 맹세했기 때문에 어쩔 수 없이 벧엘 북쪽의 실로란 곳에서 해마다 벌어지는 여호와의 축제 때에 젊은 춤추는 여인들을 사로잡아 베냐민 땅으로 보낼 것을 결의한다. 그러면 베냐민 남자들은 여자 한 사람씩 붙잡아 결혼을 했다.

그리고 하나님께서 주신 그들의 땅으로 돌아갔다. 그들은 그 땅에 다시 성을 짓고 살았다. 그 후에야 이스라엘 백성들도 각자 자기 지파와 가정이 있는 하나님께서 주신 땅으로 돌아갔다.

룻기 | Ruth

다윗과 메시아의 계보가 시작 : 4장

저 자 : 미상
기록연대 : B.C 1390년 ~ B.C 1050년

세계사 비교 : 사사기와 유사함
중심인물 : 룻, 나오미, 보아스

핵심 에피소드 : 사사 시대를 배경으로 벌어지는 룻에 대한 이야기로 영적인 암흑기인 사사 시대에 나오미를 따라 유대 땅 베들레헴으로 이주해 온 모압 여인, 룻의 효도와 신앙심이 짧게 피력되고 있다. 계대결혼의 풍습과 추수하는 정경이 표현되므로 민족의 생활양식과 윤리적 가치관을 파악할 수 있는 전기문학서이다.

룻이란 훌륭한 여인을 통해 1천년 전 하나님께서 아브라함에게 구세주를 예비할 수 있는 큰 민족을 세우라는 명령을 받았다. 룻기에서는 모든 민족을 영적으로 통치하실 메시아가 탄생하실 계보를 발견하게 된다. 룻은 다윗 왕의 증조모로 여기서부터 구약 이야기는 다윗의 계보로 중심이 모아지고 있다.

1장_ 모압에 이주

베들레헴에 살고 있던, 한 가족인 엘리멜렉과 나오미와 두 아들은 기근 때문에 모압에 가서 살았다. 모압 사람들은 창세기에 나오는 아브라함의 조카인 룻의 자손들이다. 따라서 이스라엘과는 먼 친척뻘이다. 그러나 그들은 우상을 숭배했다. 그들의 신, 그모스는 어린아이를 제물로 받았다. 베들레헴의 두 아들은 모압 여자와 결혼을 한다. 그 후 아버지와 두 아들, 말론과 기룐이 죽는다.

며느리는 오르바와 룻이 남았는데, 그 중 '룻' 은 놀라운 신앙을 가진 여인이었다. 시어머니 나오미는 며느리들에게 고향으로 돌아가라고 한다. 그러자 두 며느리는 울며 나오미를 따라갈 것이라고 한다. 나오미의 강력한 요청으로 오르바는 나오미에게 입을 맞춘 후에 고향으로 돌아가지만, 룻은 끝내 나오미를 따라 베들레헴으로 간다. 그때는 보리를 추수하는 시기였다.

** 주요구절 **
1 : 16 룻이 가로되 나로 어머니를 떠나며 어머니를 따르지 말고 돌아가라. 강권하지 마옵소서 어머니께서 가시는 곳에 나도 가고 어머니께서 유숙하시는 곳에서 나도 유숙하겠나이다. 어머니의 백성이 나의 백성이 되고 어머니의 하나님이 나의 하나님이 되시리니.

2장_ 보아스와 만남

베들레헴에는 보아스라는 유지가 살고 있었는데 나오미의 가까운 친척이었다. 룻이 나오미에게 이삭을 주워 오겠다며 밭으로 나간다. 그 밭은 친척 보아스의 밭이었다. 룻을 발견한 보아스는 종들에게 누구인데 이삭을 줍는가를 묻는다. 그녀가 나오미의 며느리란 것을 알게 되자 일꾼들의 뒤를 따라 이삭을 줍도록 해 준다. 룻은 의외로 대접하는 보아스에게 감사의 예를 표한다. 보아스는 룻의 효성에 대해 이미 잘 알고 있었다. 보아스는 자기 곁으로 룻을 불러 식사를 대접한다. 보아스는 일꾼들에게 이삭을 떨어뜨려 룻이 많이 주워 갈 수 있게 하라고 배려해 준다. 룻이 집으로 돌아와 자초지종을 말하자 나오미는 여호와께 보아스의 복을 빌어준다.

3장_ 나오미의 생각

나오미는 며느리 룻에게 알맞은 가정을 꾸릴 수 있도록 보아스에게 시집보낼 생각을 하고 있다. 그래서 타작마당에 향수를 바르고 보아스가 음식을 다 먹고 잠자리에 들면 그곳으로 들어가 발치 이불을 들고 들어가 누우라고

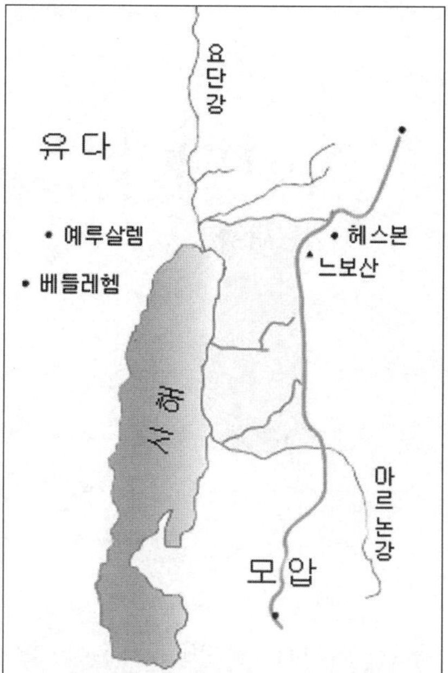

모압 사람 룻

한다. 그러면 그 사람이 네가 할 일을 말해 줄 것이라고 말하자 룻은 쾌히 응낙한다.

먹고 마시기를 그친 보아스는 기분이 좋아 곡식단 더미 곁에 눕는다. 룻은 이불을 가지고 다가가 그의 발치 끝에 눕는다. 보아스는 룻을 발견하고는 그녀의 착한 심성에 감탄한다.

여호와께 복을 빌어주며 자신보다 더 가까운 친척이 있으니 그 사람에게 땅을 사서 돌려주기를 청할 것이라고 말한다. 만약에 그가 거절하면 자신이 룻의 청을 받아들이겠다고 대답한다. 보아스는 룻의 겉옷에 보리쌀을 담아주며 나오미에게 돌아가 있으라고 한다.

4장_ 보아스와 룻의 결혼

보아스는 나오미의 더 가까운 친척을 만나 상황을 설명한다. 그리고 장로 10명을 불러 같이 앉도록 한다. 보아스는 친척에게 현재의 땅이 나오미의 남편 엘리멜렉의 소유인지라, 그의 가족이 돌아왔으니, 그들에게 소유권을 돌려줘야 한다고 설명한다. 친척에게 나오미의 땅을 사서 돌려준다면, 모압 여자인 룻을 아내로 맞이해야 할 것이라고 말한다. 그러자 친척은 오히려 보아스에게 그 땅을 사도록 권유한다.

보아스는 증인이 된 장로들 앞에서 엘리멜렉과 말론과 기룐의 땅을 사고, 말론의 아내였던 룻을 자신의 아내로 맞아들이겠다고 선언한다. 장로들은 이스라엘의 여인 라헬과 레아처럼 복 받기를 빌어주며 증인이 된다. 룻은 보아스와 결혼하여 오벳이란 아들을 낳았고 그는 이새의 아버지이며 다윗의 할아버지가 되었다.

사무엘 상 | I. Samuel

왕국의 설립에 대한 역사적 사건 : 31장

저　　자 : 미상
기록연대 : B.C 930년 ~ B.C 722년경

세계사 비교 : B.C 1010년 다윗 왕의 즉위에 이어 B.C 955년 솔로몬이 이스라엘 왕국의 왕으로 즉위하였다. B.C 931년 이스라엘 왕국이 북이스라엘과 남유다 왕국으로 분열된다. B.C 814년 페니키아인들이 북아프리카의 카르타고에 식민지를 건설한다.

B.C 770년에는 주나라의 평왕이 성주로 천도하여 동주시대가 개막되며, 중국은 춘추시대에 돌입한다. B.C 753년에 로마가 건국되었으며, B.C 744년에서 B.C 721년까지 앗시리아의 세력이 확장되며, 이스라엘 왕국이 멸망한다.

중심인물 : 엘리, 사무엘, 사울, 요나단, 다윗

핵심 에피소드 : 사무엘서의 특징은 왕정체제의 확립에 기반을 두고 진행된다. 이스라엘의 마지막 사사이며 최초의 선지자가 된 사무엘의 출생으로부터 이스라엘의 첫 번째 왕이 된 사울 왕이 죽을 때까지 약 100년간의 사건을 기록한 왕정시대의 서막을 여는 전환기의 역사이다.

초대 왕, 사울은 하나님의 뜻에 부합되지 못한 인물이다. 그래서 하나님은 다윗을 통치자로 삼게 된다. 이스라엘은 하나님이 통치하는 신정체제이면서도, 왕을 통해 나라를 다스리는 왕국이기도 한 것이다.

사무엘의 활동무대를 살펴 보면, 예루살렘의 북쪽에 있는 라마는 사무엘이 출생하고, 거주하고, 사망한 곳이었다. 라마의 북쪽에 있는 벧엘은 사무엘의 북쪽 본거지였다. 벧엘은 에발산, 헤브론, 미스바와 함께 이 나라의 가장 높은 곳이다. 이곳에서 800년 전, 야곱은 하나님의 사닥다리를 보았다.

라마의 서쪽 미스바는 네비사므윌 산에 있으며 사무엘의 서쪽 본거지였다. 여기에 사무엘은 '에벤에셀' 의 돌을 세웠다. 이 북쪽 기슭에는 여호수아가 태양을 정지시킨 기브온이 있으며 라마와 예루살렘의 가운데에 있는 기브아에는 사울의 집이 있었다.

다윗이 출생하고 후에 예수님이 탄생하신 베들레헴은 라마의 남쪽에 있다. 라마의 북쪽에 있는 실로는 여호수아 시대부터 하나님을 섬겼다. 블레셋 사람으로부터 돌아온 법궤가 있던 기략여아림은 라마의 서남쪽에 있었다.

1장_ 사무엘의 출생

여로함의 아들 엘가나에게는 두 명의 아내가 있었다. 한 사람은 한나였고 또 한 사람은 브닌나였다. 브닌나에게는 자식이 있었지만 한나에게는 없었다.

엘가나는 해마다 라마를 떠나 실로에 가서 여호와께 경배하며 제물을 바친다. 그 때마다 자식이 없는 한나는 괴로움을 당한다. 브닌나는 한나를 업신여기며 괴로움을 준다. 한나는 식음을 전폐하고 괴로워 하다가 여호와께 울부짖어 기도한다. 그녀는 하나님께 아들을 주신다면 아들을 여호와께 드리겠다고 서원한다. 그녀는 집으로 돌아가 임신을 하게 된다. 그렇게 하여 사무엘이 출생한다.

한나는 아기의 젖을 떼기 전에는 실로에 가지 않겠다고 말한다. 이는 젖을 뗀 후, 사무엘을 아예 실로의 제사장에게 맡길 심산이었기 때문이다. 사무엘이 젖을 떼자, 한나는 아들을 데리고 여호와의 성막으로 간다. 한나는 사무엘을 여호와께 드린다며, 이 아이는 평생토록 여호와의 사람이 될 것이라고 하나님과의 약속을 실행한다.

2장_ 한나의 감사

한나가 여호께 감사의 기도를 드린다. "여호와께서는 내 마음에 기쁨이 넘치게 해 주셨습니다, 나는 여호와 안에서 더욱 강해졌습니다. 여호와께서는 자기 왕에게 힘을 주시며 자기가 기름 부어 세운 왕을 강하게 하실 것이다" 라고 기쁨의 노래를 부른다.

제사장 엘리의 아들들은 아주 나쁜 사람이었다. 마음대로 제물을 취하고 제사장의 규율을 지키지 않는다. 제물을 소중히 여기지도 않았고 함부로 다뤘다. 여호와께서 제사장의 종들이 큰 죄를 짓고 있음을 아셨다. 그러나 사무엘은 여호와께 순종했다.

한나는 자녀를 더 낳아 세 아들과 두 딸의 어머니로 축복을 받는다. 제사장 엘리는 나이가 많았다. 마침내 자기 아들들의 죄악을 모두 알게 된다. 회막 앞에 있는 여인들과 같이 잠자리를 한 것도 알았다. 그는 자식들에게 여호와의 진노를 설명하며, 옛 조상들이 행했던 여러 이야기를 해 주며 바르게 살아가기를 충고하지만 아들들은 냉담하게 받아들인다.

3장_ 사무엘을 부르심

어린 사무엘은 제사장 엘리 밑에서 여호와를 섬겼다. 엘리는 눈이 거의 실명되어 볼 수가 없었는데, 어느 날 밤에 여호와께서 사무엘을 부르신다. 사무엘은 엘리 제사장이 부른 것으로 알고 달려가지만 엘리가 부른 것이 아니었다.

여호와께서 세 번째 불렀을 때에야 엘리 제사장은 사무엘을 여호와께서 부르신다는 것을 알게 된다. 또 다시 사무엘을 부르는 소리가 났다. 그는 "여호와여 말씀하십시오, 저는 주님의 종입니다" 라고 대답하게 된다.

여호와께서는 엘리 제사장의 가문을 통하여 이루려던 모든 것을 사무엘에게 돌리신다. 그가 점점 자라나며 단 지파에서 브엘세바에 이르는 모든 이스라엘 사람들은 사무엘을 여호와의 예언자로 인정하게 된다.

4장_ 이스라엘의 패배

이스라엘 백성이 블레셋과 싸우러 나간다. 이스라엘은 에벤에셀에 진을 친다. 블레셋은 아벡에 진을 쳤다. 블레셋 군대는 이스라엘 군대 4천명을 죽인다. 이스라엘 장로들은 오늘의 패배를 언약궤를 모시지 않았기 때문으로 판단하여 실로에 있는 언약궤를 엘리의 아들 홉니와 비느하스와 함께 진으로 모셔온다. 그러나 이스라엘 사람들은 영적인 타락을 고민하기 전에 여호와의 언약궤에만 의존하려 한다.

그 결과 이스라엘은 언약궤마저 블레셋에게 빼앗기는 최대의 수모를 겪게 된다. 그때 임신 중이던 엘리의 며느리 비느하스의 아내에게 엘리와 남편 비느하스가 죽었다는 소식을 듣자 진통이 시작된다. 그녀는 아이를 낳으며 하나님의 영광이 이스라엘에서 떠났다고 외치며 아기 이름을 이가봇이라 불렀다.

5장_ 블레셋의 재앙

블레셋 사람들은 언약궤를 빼앗아 에벤에셀에서 아스돗으로 가져가 다곤 신상 곁에 두었다. 이튿날 다곤 신상이 쓰러진 것을 발견하고 바로 세웠지만 다음날도 다곤 신상이 쓰러져 있었다. 그래서 블레셋 사람들은 언약궤를 가드로 옮긴다. 그곳의 주민들이 피부에 종기가 나는 징벌을 당한다.

언약궤는 에그론으로 옮겨진다. 에그론 사람들이 강하게 항의한다. 브레셋의 왕들을 모이게 한 후 언약궤를 본래 있던 자리로 옮길 것을 결의한다. 그들은 피부에 종기가 나서 큰 괴로움을 당하자 하늘을 우러러 크게 울부짖는다.

6장_ 돌아온 언약궤

블레셋 사람들은 언약궤를 일곱 달 동안 자기들 땅에 두었다. 그들은 점쟁이들을 불러들여 언약궤를 어찌해야 좋을지 묻는다. 결국 이스라엘로 돌려보내기로 결정한다. 블레셋 사람들의 종기는 날로 번창하여 사람들을 괴롭히고 있었다. 블레셋 사람들은 수레에 언약궤를 싣고 속건 제물로 젖소 두 마리로 수레를 메운다. 점쟁이 예언대로 수레는 이스라엘을 향하여 벧세메스로 향한다.

그 때 골짜기에서 밀을 베던 사람들이 눈을 들어 여호와의 언약궤를 본다.

여호와의 언약궤를 다시 보게 되어 그들은 기뻐 한다. 레위 사람들은 여호와 언약궤를 모셔 놓고 보내온 금쥐와 금종기 등을 바위에 올려 놓는다. 그들은 여호와께 번제물과 희생제물을 바친다. 그런데 사람들 중 70명이 여호와의 언약궤를 들여다보았다가 그들이 모두 죽었다. 백성들은 통곡하며 기랴여아 림 백성에게 블레셋에서 보낸 언약궤를 그 성으로 가져가라고 한다.

7장_ 이스라엘의 구원

기랴여아림 사람들이 와서 언약궤를 가져다가 아비나답의 집에 두고, 그의 아들 엘리아살을 거룩한 사람으로 세워 여호와의 궤를 지키게 한다. 언약궤가 그곳에 머문 것은 20년 동안이었다.

사무엘이 등장하여 이스라엘 사람들의 영적인 변모를 불러 일으키고, 그 동안의 죄를 고백하고 회개하므로, 이스라엘은 블레셋과의 전쟁에서 승리하게 된다. 사무엘은 미스바에 모여 여호와께 회개의 기도를 한다. 이 소식을 들은 블레셋 사람들은 이스라엘을 공격해 온다. 사무엘은 어린 양을 가져와 여호와께 번제물로 바치며, 이스라엘의 승리를 위하여 여호와께 부르짖는다. 이스라엘 군대는 블레셋을 맞아 승리를 이룩한다.

이를 기념하기 위하여 사무엘은 돌을 가져다가 미스바와 센 사이에 세우며 '에벤에셀' 이라 부른다. 이는 "여호와께서 우리를 이곳까지 도와주셨다" 란 뜻이다. 하나님께서는 사무엘이 살아있는 동안 블레셋 사람들을 막아주셨다. 그리고 그는 모든 마을에서 이스라엘을 다스렸다.

8장_ 왕을 요구하는 이스라엘

사무엘이 늙어 그의 아들 요엘과 아비야에게 이스라엘의 사사를 삼는다. 그러나 그 아들들은 사무엘의 행실을 따르지 못하고 뇌물을 취하며 정직한 판결을 하지 않았다. 이에 이스라엘 장로들이 모여 사무엘에게 왕정을 요구하기에 이른다. 왕정체제가 싹이 트는 사건인 것이다.

사무엘은 여호와께 기도하여 그 답을 구하게 된다. 이런 장로들의 요구는 지금까지 보호하시고 인도해 주신 하나님에 대한 불신의 징표이다. 그들은 열방과 같이 여호와의 통치에 대적되는 왕정체제를 요구한 것이므로 하나님과의 언약을 깨는 결과를 초래한 것이다.

사무엘은 왕정체제의 폐해를 소상하게 설명한다. 그러자 사람들은 완악하게 뜻을 굽히지 않고 다른 열방과 같은 왕이 필요하며, 왕이 우리를 다스리고, 또한 앞장서서 적들과 싸워야 한다고 주장한다. 마침내 여호와께서 사무엘에게, 그들 스스로 짊어져야 할 세속의 왕정체제를 허락하신다. 그 책임은 이스라엘 백성 모두에게 부과되는 하나님의 심판일 수밖에 없는 것이다.

9장_ 왕으로 선택된 사울

이스라엘 백성들의 요청대로 사울이 이스라엘 초대 왕으로 선택된다. 하나님께서는 그의 아버지 기스가 암나귀들을 잃었을 때, 사울에게 그 나귀를 찾으라 하여 에브라임 산지와 살리사 땅을 찾아다녔다. 베냐민 사람의 땅까지 다녔지만 결국 찾지 못한다. 사환의 말대로 하나님의 사람이 살고 있는 성으로 가서, 그에게 도움을 청하기로 하고, 성으로 들어가 하나님의 선견자인 사무엘을 만나게 된다.

이미 사무엘은 여호와를 통하여, 사울이 베냐민 땅으로부터 올 것이란 예시를 받았다. 여호와께서는 그를 통해 이스라엘을 블레셋으로부터 구원할 것임을 밝히신다. 사무엘이 사환과 사울을 데리고 방으로 들어가 초대한 사람들 중에 가장 윗자리에 사울을 앉게 한다. 요리도 사무엘과 같이 먹게 되었으므로, 매우 파격적인 대우를 받게 되었다. 그는 이스라엘 중에서 키가 크고 제일 잘 생긴 청년이었다.

10장_ 기름 부음 받는 사울

사무엘이 기름병을 가져와 사울의 머리에 붓고 사울을 이스라엘의 왕으로 선택하신 하나님의 진정한 의미를 믿게 할 수 있는 세 가지의 사건을 약속한다. 그것은 베냐민 땅 셀사에 있는 라헬의 무덤가에서 두 사람을 만나 잃어버린 나귀를 찾았다는 소식을 듣고 아버지가 사울을 걱정하고 있다는 소식을 듣게 될 것과, 다볼에 있는 큰 나무 아래에서 벧엘로 하나님께 예배 드리러 가는 세 부류의 사람들을 만날 것과, 블레셋의 영문이 있는 성읍으로 들어갈 때 예언하며 내려오는 무리를 만나게 되는데, 사울도 그들 속에 끼어 예언을 하고 변하여 새 사람이 될 것임을 말한다. 사울은 이 모든 사건들이 하나님의 뜻이라는 것을 알게 된다.

사울을 왕으로 선포하기 위하여 미스바에 사람들을 모이게 한다. 각 지파별로 천 명씩 여호와 앞에 나와서 제비를 뽑았는데 베냐민 지파가 뽑히고 지파의 가문별로 뽑자 마드리 가문이 뽑힌다. 사무엘은 마드리 가문의 한 사람씩 지나가게 했는데 기스의 아들 사울을 뽑았다.

그러나 그는 현장에 없었다. 그들이 여호와께 묻자, 사울은 짐꾸러미 뒤에 숨었다고 하신다. 사람들이 달려가서 사울을 데려와 여호와께서 택하신 "이스라엘의 왕 만세!"를 외쳐 부른다. 그러나 사울이 왕이 된 것을 부정하며 거부하는 소리도 있었다. 이렇게 해서 백성들의 요구를 들어 주신 하나님께서 청년 사울을 이스라엘의 첫 번째 왕으로 세우셨다.

11장_ 암몬 족속을 물리침

사울은 왕으로 선택되었지만 왕권을 행사하지 못하고, 이전에 사사들이 해오던 것과 비슷한 일을 하고 있었다. 그 때, 암몬 족속이 길르앗의 야베스에 진을 치고 이스라엘을 공격하려 한다. 야베스의 장로들이 사울에게 사람을 보내 구원을 요청한다. 소를 몰고 밭갈이를 마치고 돌아오던 사울은 백성들의 울음소리를 듣고 야베스의 사람들로부터 암몬군대의 이야기를 듣는다. 이때 사울에게 하나님의 영이 강하게 임재하신다.

사울이 감동되어 소 두 마리를 죽여 각을 떠서 이스라엘 각 지역으로 보내 참전을 독려하자, 이스라엘 사람 30만 명과, 유다 사람 3만 명이 모집된다. 그 결과 암몬 족속을 부수고 대승을 거두게 된다. 사무엘이 백성에게 말하여, 우리가 길갈로 가서 여호와 앞에 사울로 왕을 삼자고 한다.

이 사건 이후부터 이스라엘 모든 백성이 사울을 완전한 이스라엘의 왕으로 신임하게 된다.

12장_ 사무엘의 설교

사무엘은 백성들 앞에서 이제껏 자신이 가졌던 이스라엘 통치권을 사울에게 넘겨주는 마지막 설교를 한다. 그는 자신의 성결함을 먼저 증인으로 요구하였고, 백성들의 증인을 유도해 낸다. 그리고 하나님의 인도하심이 오늘날까지 이스라엘에 임하셨으며, 하나님께서 너희 왕이 되었으나 너희들은 스스로 왕을 구하였고, 이제 너희의 구한 왕을 여호와께서 너희 위에 세우셨음을 명확하게 제시한다.

이것은 여호와 외에 인간의 왕을 구한 이스라엘의 죄에 대한 언급이다. 백성들은 하나님 여호와를 경외하고, 왕은 여호와를 따라야 할 것과 그렇지 못할 경우, 이스라엘 열조에게 하나님께서 진노로 치신 것처럼, 너희를 칠 것임을 명백하게 설명한다. 사무엘은 백성들을 위하여 기도하기를 쉬지 않을 것이며, 선하고 의로움으로 백성들을 가르칠 것이다. 그러므로 여호와를 경외하고, 마음을 다하여 섬기라고 경고한다.

13장_ 사울의 망령된 제사

사울이 왕이 된 지 2년이 되어 요나단이 블레셋 사람들의 수비대를 공격한다. 블레셋 군대는 병거가 3만이고, 마병이 6천, 군사는 셀 수 없을 정도로 많았다. 사울은 나팔을 불어 이스라엘 사람들을 모으고 용기를 심어 준다. 그러나 병기에서 절대적으로 불리한 이스라엘은 도처에 숨기에 바빴다.

사울은 길갈에서 약속한 대로 사무엘을 기다리고 있는데, 기간이 지나도 오지 않자 백성들이 사울 곁을 떠나기 시작한다. 사울은 기다리다 못해 스스로 번제와 화목제를 드린다.

그러자 사무엘이 도착한다. 그는 사울의 망령됨을 보고, 여호와의 규례를 왕이 지키지 않았음을 질책하며, 여호와께서 세우신 이스라엘 위에 왕의 나라를 세웠는데, 이제 여호와의 명하신 바를 지키지 않았으므로 왕은 끝날 것이며, 새로운 지도자를 여호와께서 삼을 것이라고 호통을 치고 기브아로 올라간다.

사울의 아들 요나단은 베냐민 땅, 게바에 진을 치고 블레셋 사람들은 믹마스에 진을 친 채, 전투를 준비하고 있었다. 블레셋은 이스라엘의 저항을 아예 근절시키기 위하여, 그들의 철기 가공기술을 사용하여 이스라엘의 병기가 될 만한 것들을 거두고 무디게 해 자신들의 농기구와 철제 무기를 제작하였다. 그러므로 정작 싸우는 날에는 요나단의 손에만 검과 창이 있을 뿐, 백성의 손에는 창과 검 등 철제무기가 없었다.

14장_ 블레셋을 치는 요나단

요나단은 아버지 사울과는 달리 전적으로 여호와를 믿는 신앙만으로 담대하게 소년 병들을 모아 아무도 모르게 블레셋 진영으로 침투한다. 사울은 600명의 군사를 데리고 미그론의 석류나무 아래 머물고 있었지만 요나단의 공격을 눈치 채지 못하고 있다. 사울은 전쟁의 초기부터 불 신앙적 면모를 보여 왔고, 왕으로서 여호와의 대리권자임을 정확히 인식하지 못하고 있었다. 그러나 그의 아들 요나단은 여호와가 전투에 함께 하심을 믿었기 때문에 담대한 작전을 수행할 수 있었다.

요나단의 기습공격에 블레셋 군대들은 두려움과 공포에 떨게 된다. 여호와의 섭리는 블레셋 백성들을 떨게 했고, 땅도 크게 진동시키고 있다. 그때서야 사울은 요나단이 없어짐을 알고 블레셋 진영으로 간다. 그들은 자기편끼리 칼을 휘둘러 대혼란에 빠져 있었다.

통일 이스라엘 왕국

이때 사울의 군대와 요나단의 군대가 협공하여 블레셋을 추격한다. 이날에 이스라엘 백성들이 피곤하여 배가 고팠을 즈음, 사울은 무모하게 금식령을 내린다. 요나단은 금식령을 듣지 못했으므로 수풀 속에 흐르던 꿀을 먹는다. 그러자 눈이 밝아진다. 이것으로 전투에 지친 요나단의 기력이 회복되었다. 사울은 백성들에게 전리품의 가축을 도살하여 먹게 하나 피 있는 채 먹지 말라고 명한다. 그리고 여호와를 위하여 처음으로 단을 쌓는다.

사울은 여호와께 질문한다. "블레셋을 쫓아 내려갈 때에 여호와께서 함께 하시겠나이까?"라고 물었으나, 여호와는 침묵으로 대답하지 않으신다. 그러자 사울은 자신과 요나단 중에 죄를 지었는지를 가려내기 위해 제비를 뽑는다. 요나단이 뽑혔다.

사울은 아들에게 죄를 묻는다. 그는 막대기로 꿀을 찍어 먹었을 뿐이라고 대답한다. 사울은 죄를 물어 요나단을 죽이려 하지만 그와 함께 했던 병사들이 이스라엘을 구원한 요나단의 죽임은 부당하다고 강하게 항의한다. 그로 인해 요나단은 오히려 영웅대접을 받게 된다. 그러나 사울은 왕위에 있으며 모압, 암몬, 에돔, 소바의 왕들과 블레셋과 아말렉을 쳐서 힘겨운 승리를 거둔다.

15장_ 버림 받는 사울

사무엘이 사울에게 여호와의 명령을 전달한다. 그 내용은 아말렉 족속은 이스라엘 백성들의 출애굽을 괴롭힌 잊지 못할 족속이기 때문에, 그들을 진멸하라는 명령이었다.

사무엘은 군대를 소집하여 아말렉을 진멸하기 위해 출동한다. 전쟁에서 대승을 거두지만, 그는 여호와의 명령을 잊고, 아말렉 백성들만 칼로 쳤을 뿐, 진정 아말렉 왕, 아각과 그의 양과 소 등, 귀한 것과 기름진 것들은 진멸하지 않았다. 여호와께서 사무엘에게 사울을 왕으로 삼으신 것을 후회한다고 말씀하신다. 사무엘은 밤을 새워 여호와께 부르짖어 기도한 후, 사울을 찾아 간다. 그는 여호와의 명령을 완수하였노라고 말한다.

사무엘이 판단하기에는 여호와의 명령은 아말렉 사람의 완전한 진멸이었는데, 사울은 명령에 청종치 않았다. 사무엘이 들려오는 양과 소들의 울음소리는 무엇이냐고 묻자 그는 좋은 것으로 여호와께 제사를 드릴 짐승을 선별하여 남긴 것이라며 자기변명을 한다.

사무엘은 "순종이 제사보다 낫고, 듣는 것이 숫양의 기름보다 낫다"고 하며, 여호와께서 명령하신 대로 왕의 폐위를 전달한다. 그러자 사울은 자신의 범죄한 사실을 고백한다. 사무엘은 사울이 하지 못한 아말렉 왕, 아각의 처치를 맡아 길갈에서 그를 찍어 죽인다.

그 후 사울과 사무엘은 결별을 한다. 여호와께서는 사울을 이스라엘 왕으로 삼으신 것을 후회하셨다.

16장_ 다윗에게 기름 부음

여호와께서 사무엘에게 임하셔서 베들레헴 사람 이새의 집으로 가되 뿔에 기름을 채워 가지고 갈 것을 명령하신다. 사무엘은 사울의 위협을 피하는 방법을 여호와께 묻는다. 그는 주의 말씀대로 송아지를 끌고 제사를 지내러 간다 하여, 이새와 그 아들들을 성결케 하여 제사에 청한다. 차례로 오는 아들들에 대하여 사무엘은 여호와의 뜻을 살핀다. 이새의 아들 일곱이 다 지나가지만 여호와의 낙점은 이뤄지지 않는다.

사무엘은 이새에게 또 아들이 남았는가를 묻자 막내 다윗을 가리키며 양을 지키고 있다고 대답하자, 그를 데려오기 전에는 식사를 하지 않겠다고 하여 급히 다윗을 데려오게 한다. 여호와께서 그에게 일어나 기름을 부으라고 명령하신다. 사무엘은 기름 뿔을 가져다가 다윗에게 붓자, 다윗이 그 날 이후, 여호와 하나님의 영에 감동되어 살아 간다.

한편 사울은 여호와의 영이 떠나고 악신이 그를 우울증으로 빠져 들게 하여, 매우 고통을 당하게 되자, 수금 잘 타는 악사를 통해 음악으로 사울의 병을 치유하려 한다. 이때 베들레헴 이새의 아들, 다윗이 수금의 명수로 천거를 받게 된다. 하나님의 놀라운 계획인 것이다. 다윗이 사울 앞에서 수금을 타자 악신이 떠나고, 사울의 정신이 깨끗해진다.

17장_ 다윗과 골리앗

블레셋 군대들은 에베스담밈에 진을 치고 사울과 이스라엘은 엘라 골짜기에 진을 치고 전투를 준비한다. 블레셋 진영에서 골리앗이란 거인 장수가 나와 사울 진영에 대해 한 사람씩 대적하자고 청하며, 이스라엘 군대를 모욕하는 말을 한다.

사울은 골리앗의 말에 두려워 떨며 마땅한 대항자를 찾는다. 이때 다윗이 아버지 이새의 심부름으로 전쟁터에 나가 있던 형들의 소식을 알아 보기 위해 그곳으로 찾아온다. 그는 골리앗이 하는 소리를 모두 들었다. 그는 여호와를 의지하여 "할례 없는 블레셋이 감히 하나님이 계시는 이스라엘 군대를 모욕하는가?"라며 골리앗의 대적이 되겠다고 한다. 그 소리를 들은 큰 형 엘리압이 다윗을 말리며 호통을 치지만, 다윗의 의지를 저지하지 못한다.

다윗은 사울에게 불려가 골리앗과 싸울 것을 담대히 말한다. 그에게 군복과 투구를 입혔지만 맞지 않는다. 오히려 거추장스러워 벗어 버리고 손에 막대기와 매끄러운 돌 다섯 개와 물매를 가지고 골리앗에게로 나간다. 블레셋 군대들은 다가오는 다윗을 보고 저주하며, 막대기를 가지고 나와 겨룰 것이냐며 조롱하고 비웃는다.

다윗은 "당신은 칼과 창으로 싸우지만 나는 만군의 여호와 당신이 모욕하는 이스라엘 군대의 하나님 이름으로 싸울 것"이라고 당당히 대답한다. 골리앗이 한 걸음씩 다가올 때, 다윗이 주머니의 돌을 꺼내 물매로 힘차게 던지자 골리앗의 이마에 명중하여 박힌다. 거인 골리앗이 맥없이 쓰러지자, 다윗이 달려가서 골리앗의 칼을 빼, 그의 머리를 벤다.

블레셋 군대가 다윗의 용맹함에 놀라 도망친다. 이스라엘 군대가 도망치는 블레셋 군대를 추격한다. 사울은 군장 아브넬에게, 저 용맹한 자가 누구인가를 묻는다. 다윗은 골리앗의 머리를 들고 아브넬과 함께 사울에게 다가와 베들레헴에 사는 이새의 아들 다윗임을 말한다.

** 주요구절 **
17 : 45 다윗이 블레셋 사람에게 이르되 너는 칼과 창과 단창으로 내게 오거니와 나는 만군의 여호와의 이름 곧 네가 모욕하는 이스라엘 군대의 하나님의 이름으로 네게 가노라.

18장_ 요나단의 우정과 사울의 질투

블레셋의 거장 골리앗을 죽인 다윗은 명실상부한 이스라엘의 영웅으로 각광 받게 된다. 요나단은 다윗과 영원한 우정을 맺는다. 사울은 다윗을 여러 전투에 출정시킨다. 그 때마다 다윗은 승전보를 안고 돌아온다. 백성들은 개선하는 다윗의 군대를 향해 기쁨의 노래를 부르며 환호한다. "사울이 죽인 적은 천천이요, 다윗이 죽인 적은 만만이라네." 이렇듯 사울보다 다윗의 인기는 절정을 향했다.

그러자 사울은 다윗을 질투하기 시작한다. 하나님이 보내신 나쁜 영이 사울에게 들어가자, 그는 수금을 타고 있던 다윗을 창으로 죽이려 한다. 다윗은 사울의 공격을 두 번씩이나 피해 도망한다. 사울은 하는 수 없이 궁리를 한다. 자신의 딸, 메랍을 다윗에게 주어 아내로 삼는다. 결혼을 조건으로 내세워 전투에 나가 여호와를 위하여 열심히 싸울 것을 약속하게 한다.

사울의 속마음은 다윗이 블레셋과 싸우다 필시 죽을 것으로 생각하고 있었다. 다윗은 그 일에 대해 고사하며, 왕의 사위가 될 자격이 없다고 한다. 사울은 2년 동안 전투를 하고 돌아오면, 자신의 사위로 삼겠다며 약속하지만 다윗이 돌아올 즈음에는 자신의 딸, 메랍을 아드리엘에게 시집을 보낸다.

그러나 그의 둘째 딸 미갈이 다윗을 사랑하고 있었다. 그는 둘째 딸을 이용해 다윗을 전쟁터에 다시 내몰아 죽이려 계획하고, 다윗으로부터 블레셋 사람의 포피 백 개를 가져오면 미갈을 주기로 약속한다.

다윗은 미갈을 사랑하는 마음으로 전투에 나가 블레셋 사람 2백 명을 죽이고 포피를 잘라 가져온다. 그러자 어쩔 수 없이 미갈을 주게 된다. 사울은 여호와께서 다윗과 함께 하신다는 것을 알고 있었기 때문에 더욱 불안한 나날을 보내게 된다.

19장_ 사울이 다윗을 죽이려 함

사울은 아들, 요나단과 종들을 불러 놓고 다윗을 죽이라고 명령한다. 요나단은 이 말을 비밀리에 다윗에게 전해 준다. 요나단은 아버지 사울에게 가능한 대로 다윗을 보호해 주는 발언을 한다. 그러자 사울은 여호와께 맹세하며 다윗을 죽이지 않겠다고 약속한다. 다윗은 블레셋 군대를 물리친다.

이때 사울에게 악한 영이 들어가 또 다시 수금을 타고 있던 다윗을 죽이려고 창을 던진다. 그러나 창은 벽에 꽂히고 다윗은 자리를 피해 집으로 돌아온다. 그날 밤 사울은 다윗의 집으로 사람을 보내 그를 죽이려 한다. 다윗의 아내 미갈이 기지를 발휘해 다윗을 숨기고, 다윗의 침소에 우상을 가져다 뉘어놓는다. 미갈은 다윗이 아프다고 핑계 대자 사울은 침대째 들고 오라고 호통을 친다. 사람들이 와 보니 침대에 누운 것은 다윗이 아닌 우상이었다.

다윗은 사울을 피해 라마의 사무엘에게로 간다. 그는 사울이 자신에게 했던 일들을 모두 말한다. 두 사람은 나욧으로 가서 함께 머물렀다. 사울은 사람을 보내 다윗을 체포하려 했지만, 오히려 잡으러 온 병사에게 여호와의 영이 들어가므로 예언을 하게 된다. 이렇듯 세 번째 체포조를 파견하지만 그들도 예언을 하는 것이다.

이번에는 사울이 직접 라마로 간다. 그는 나욧이란 곳으로 걷는데 하나님의 영이 사울에게 들어가 예언을 하며 사무엘 앞으로 가서 지쳐 쓰러진다.

20장_ 다윗과 요나단

사울에 의해 계속해서 쫓겨 다니던 다윗은 스스로 판단을 한다. 더 이상 사울에게 쫓겨다닐 수 없었다. 그는 자신과 우정을 나눈 요나단에게 사울과의 중재를 요청한다. 다윗은 자신이 고향 베들레헴으로 갔다고 사울에게 전해 줄 것을 부탁한다. 자신을 요나단의 종이라 말하며 여호와 앞에서 약속한 바를 지켜 줄 것을 당부하자, 사울이 다윗을 해칠 생각을 갖고 있다면 먼저 알려 줄 것을 약속한다. 두 사람은 들로 나가 여호와 앞에서 우정의 언약을 맺는다.

요나단은 다윗을 자신의 목숨처럼 아끼게 된다. 초하루 축제일이 되자, 사울의 곁에는 이브넬과 요나단만 있을 뿐, 같은 사위인 다윗의 모습은 보이지 않았다. 사울은 이새의 아들 다윗이 어제와 오늘 참석하지 않느냐고 묻는다. 그러자 요나단은 그는 베들레헴으로 가서 마을 제사를 드리게 해달라고 하며 떠났다고 하자, 사울은 화를 내며 요나단에게 호통을 친다. 이새의 아들 다윗이 살아 있는 한, 너는 왕이 될 수 없다고 잘라 말한다.

요나단은 사울에게 "왜 다윗을 죽이려 하느냐"며 항의하자, 창을 던져 요나단을 죽이려 한다. 요나단은 아무것도 먹지 않고 상한 마음으로 다윗과 약속한 들로 나가서 멀리 활을 쏘아 미리 약정한 대로 활줍는 아이들을 통해 사울이 다윗을 죽이려 하고 있다고 전해 준다. 요나단은 다윗에게 여호와께서 같이 해 주실 것을 믿는다며 작별을 고한다.

21장_ 다윗이 아히멜렉을 만남

다윗은 제사장 아히멜렉에게 찾아가 진설병을 얻어 먹고, 골리앗에게서 빼앗은 칼을 얻는다. 그 길로 가드 왕, 아기스에게 간다. 아기스 왕은 다윗의 출현을 두려워 한다. 그가 골리앗을 죽인 장수라는 것을 잘 알고 있었기 때문이었다. 그래서 다윗은 아기스와 종들 앞에서 미친 척한다. 아기스는 다윗이 미쳤음을 알고 종들에게 내쫓으라고 명령한다.

22장_ 아둘람 동굴로 피신

다윗은 가드를 떠나 아둘람 동굴로 도망한다. 다윗의 형들과 친척들이 그를 만나러 동굴로 찾아온다. 4백 명 가량의 사람들이 몰려와 다윗 편이 되어준다. 그는 모압 땅, 미스베로 간다. 다윗은 자신의 부모를 모압 왕에게 맡기며 보호해 줄 것을 부탁한다.

이때 예언자 갓이 나타나 동굴에 숨어 있지 말고, 유다 땅으로 가라고 한다. 그는 그곳을 떠나 헤렛 숲 속으로 간다. 사울은 다윗의 뒤를 추적한다. 그는 기브아 언덕의 상수리 나무 아래 손에 창을 들고 서 있었다. 그는 마을 사람들에게 다윗을 죽이려는 이유를 설명한다. 자신의 아들과 짜고 왕을 속였다는 죄목이었다.

그러자 엠돔 사람, 도엑이 사울에게 다윗이 아히멜렉을 만났다고 말하며, 그는 다윗을 위해 기도해 주었고, 골리앗의 칼도 내주었다고 보고한다. 사울은 아히멜렉을 잡아 오게 한 후, 직접 심문을 하지만 아히멜렉은 다윗은 왕에게 충성을 다한 종이라며 직언을 한다. 그러자 사울은 도엑에게 여호와의 제사장들을 죽이라고 명령한다. 그는 세마포 에봇을 입은 85명의 제사장과 가족들을 죽였으며, 제사장들의 성인 놉의 백성들을 무차별로 죽였다.

그러나 제사장 아히멜렉의 아들 아비아달은 죽음을 피해 달아난다. 그는 다윗에게 아히멜렉과 제사장들의 죽음을 전한다. 다윗은 아비아달을 위로하며 함께 있자고 권한다.

23장_ 그일라 백성을 구하다

블레셋 사람들이 그일라를 공격한다. 다윗은 여호와께 전투의 참가를 묻는다. 여호와께서 전투에 나가 그일라를 구하라고 명령하신다. 다윗은 블레셋과 싸워 그일라 백성들을 구한다. 사울은 다윗이 그일라에 있다는 것을 알게 된다. 그러자 그는 다윗을 죽일 수 있는 절호의 기회라고 판단하여 그일라로 내려가 성을 공격한다.

다윗도 사울이 자신을 잡으러 오고 있음을 알고, 아비아달에게 에봇을 가져와 하나님께 기도를 한다. 여호와께서는 다윗에게 그일라 백성이 자신을 사울에게 줄 것이라고 하신다. 그러자 다윗은 그일라를 떠나 십 광야의 요새에 몸을 숨긴다.

사울은 그일라를 포기하고 다윗을 찾아 다닌다. 그때마다 여호와께서 다윗에게 앞서서 사울의 정황을 알려 주신다. 사울이 자신을 찾아 오고 있음을 알고, 다윗은 수풀 속에 몸을 숨긴다. 요나단이 다윗에게 왔다. 요나단은 사울이 다윗을 죽이지 못 할 것이며, 앞으로 다윗이 이스라엘의 왕이 될 것임을 전해 준다. 십 백성이 사울에게 가서 다윗의 거처를 알려 준다.

그러나 그는 더욱 정확한 은신장소를 전해 주도록 명령한다. 이미 다윗과 부하들은 마온 광야에 있었다. 사울도 다윗이 있는 곳으로 와서 진영을 포위하여 체포하려 한다. 그때에 사울에게 병사가 급히 와서 블레셋이 우리 땅을 공격해 오고 있다고 보고하자, 사울은 다윗을 쫓다 말고 블레셋을 막기 위해 돌아가게 된다.

24장_ 다윗이 사울을 부끄럽게 함

사울이 블레셋을 물리친 후에 병사가 와서 다윗이 엔게디 광야에 있다고 보고를 한다. 그래서 3천명의 군대를 뽑아 다윗을 잡으러 간다. 사울은 용변을 보기 위해 동굴로 들어간다.

그런데 다윗과 부하들은 굴 안쪽에 있었다. 다윗은 여호와께서 말씀하신 기회임을 알아 차린다. 그러나 사울을 죽이지 않고 옷자락을 잘랐지만 사울은 아무것도 모른다. 다윗은 사울의 옷자락 자른 사건을 후회하며 여호와께서 기름 부은 왕인데 해가 되는 일은 삼가야 함을 지시한다.

다윗은 사울의 뒤에서 엎드려 절하며 소리 지른다. 여호와께서 오늘 주신 기회였지만 왕을 해치지 않았음을 자른 옷자락을 보여주며 외친다. 여호와께서 옳고 그름을 가려 주실 것이며, 왕의 손에서 구해 주실 것을 강하게 말하자 사울은 감격한다.

"너는 나보다 옳도다, 너는 나에게 잘해 주는데, 나는 너에게 나쁜 일을 했다" 며 진정 다윗은 자신의 아들이라며 큰 소리로 운다. 그는 장차 다윗은 이스라엘의 왕이 될 것이며, 그때 자신의 자손을 죽이지 않을 것임을 여호와께 맹세해 달라고 청한다. 다윗은 쾌히 약속을 한다.

25장_ 사무엘의 죽음

사무엘이 죽는다. 온 이스라엘 사람들이 슬퍼 하고 라마의 집에서 장사를 지낸다. 이때 다윗은 바란 광야로 내려간다. 마온이란 곳에 갈렙의 자손인 부자가 살고 있었다. 그는 갈멜에 많은 땅을 가지고 양을 먹이는 나발이란 사람이었다. 그의 아내는 아비가일이며 지혜로운 여자였다. 그러나 그의 남편 나발은 무자비한 사람이다.

다윗은 나발에게 사람을 보내어 과거에도 해친 적이 없는 선량한 사람들이니 먹을 것을 달라고 한다. 나발은 그들에게 욕을 하며 음식 주기를 거절한다. 부하들이 그대로 나발의 말을 전하자 다윗은 칼을 차고 400명의 병사를 대동하고 나발의 집을 향한다.

한편 나발의 집에는 하인이 나발의 아내 아비가일에게 와서 나발이 다윗의 병사들에게 행한 일을 말한다. 과거 그들은 우리를 보호해 준 고마운 사람들이라고 설명까지 한다. 아비가일은 급히 서둘러 빵과 포도주를 준비하여 나귀에 싣고 다윗을 만나러 간다.

다윗은 화가 무척 나서 나발의 가족을 한 사람도 남김 없이 죽이겠다고 소리친다. 아비가일이 나귀에서 내려 얼굴을 땅에 대고 절하며 "내 주여 모든 것은 제 잘못" 이라며 용서를 빈다. 그녀는 여호와께서 살아 계셔서 피 흘려 복수하려는 것을 막게 해 주셨음을 감사 드리며 선물을 내려놓는다.

다윗이 그녀가 여호와를 따르는 신실한 여인이란 것을 알게 되자, 이렇게 자신을 영접해 주는 것을 여호와께 감사 드린다고 말한다. 아비가일은 지혜를 구해 위기를 막아내고 집으로 돌아온다. 나발은 술에 취해 기분이 좋아져 왕처럼 들떠 있었다. 아비가일은 그가 술에 깬 다음날 모든 사실을 말한다.

나발은 심장이 멈춰 굳어진다. 10일 후 나발은 죽는다. 나발이 죽었다는 말을 들은 다윗은 여호와께서 자신을 홀대한 나발의 목숨을 거둬 가셨다고 판단하고 여호와를 찬양한다. 그는 아비가일에게 사람을 보내어 자기 아내로 삼고 싶다는 뜻을 전한다. 아비가일은 다윗의 병사들에게 절을 하며 기꺼이 다윗의 아내가 되어 준다.

다윗은 이스르엘의 아히노암과도 결혼을 하여 두 사람 모두 아내로 삼는다. 사울의 딸 미갈도 다윗의 아내였으나 사울은 라이스의 아들 발디에게 그녀를 주었다.

26장_ 다윗이 사울을 부끄럽게 만들다

다윗은 하길라 언덕에 숨어 지낸다. 사울은 3천 명의 군대를 이끌고 또 다시 다윗을 체포하러 온다. 하길라 언덕에 진을 친 사울은 아브넬과 함께 잠을 자고 있었다. 다윗은 사울이 잠든 곳을 포위한다. 그날 밤, 다윗과 아비새는 사울의 진영으로 잠입한다. 사울의 창은 머리 쪽에 꽂혀 있고 아브넬도 군사들에 둘러싸여 잠들어 있었다. 아비새가 다윗에게 오늘이야말로 하나님께서 주신 절호의 기회라 하며 창으로 사울을 땅에 꽂아 버리겠다고 한다.

다윗이 사울을 죽이는 것을 만류하며 여호와께서 기름 부은 왕을 죽일 수 없다 하여 사울의 머리맡에 있는 창과 물병을 가지고 나온다. 다윗은 반대편 언덕으로 올라가 아브넬과 사울 진영을 향해 소리친다.

그는 아브넬은 죽어 마땅하다며 왕을 보필하지 못한 죄를 소리질러 깨우쳐 주자 사울이 깨어나 다시 한 번 다윗의 행동에 감탄을 금치 못하며 "내 아들 다윗아, 너는 복을 받았다" 며 왕궁으로 돌아간다.

27장_ 다윗과 블레셋 사람들

사울의 추적은 갈피를 잡을 수 없이 변해 간다. 다윗은 사울의 진정한 마음을 알 수가 없어 블레셋 땅으로 아예 망명을 한다. 그리고 블레셋 지역의 가드의 왕 아기스로부터 시글락 땅을 얻어 자신의 입지를 강화하기 시작한다. 다윗이 블레셋 땅으로 도망갔다는 말을 들은 사울은 다시는 다윗을 쫓지 않는다. 다윗은 그술과 아말렉과 기르스를 공격하여 아기스 왕의 신임을 얻는다. 그러나 다윗에게 진퇴양난의 위기가 몰려 온다. 아기스에게 충성을 맹세한 그였지만 동족인 이스라엘을 치러 가는 전투에 협공의 조건이 들어온 것이다.

28장_ 사울과 엔돌의 무당

블레셋 사람들은 이스라엘과 전투하기 위해 군대를 조직한다. 아기스 왕은 다윗에게 동참할 것을 명령한다. 아기스는 다윗을 영원한 자신의 호위병으로 임명하기에 이른다. 블레셋 사람들은 수넴에 진을 치고 이스라엘은 길보아에 진을 친다.

사울은 전쟁을 위하여 여호와께 기도 드리지만 응답을 받지 못한다. 그러자 그는 종들을 시켜 무당을 찾는다. 그는 엔돌의 무당을 데려와 술법을 이용하여 죽은 사무엘을 만나게 된다. 사무엘은 사울에게 내일 전쟁터에서 죽게 되어 자신에게 올 것이라고 말한다. 사무엘이 살았을 당시 그의 말을 전혀 귀담아 듣지 않았던 사울이 그가 죽은 뒤에 사무엘의 지도를 받으려는 것이다. 사무엘의 청천벽력 같은 말에 땅에 엎드려 두려워 하며 아무 것도 먹지 못한다. 사울은 하루 종일 먹지 않았기 때문에 기력이 다해져 먹을 힘도 없어진 듯했다. 무당은 자신의 집에서 송아지를 잡고 누룩이 없는 빵을 만들어 사울과 신하들에게 먹인다.

29장_ 다윗이 시글락으로 돌아감

블레셋 군인들은 천명 단위로 행군을 한다. 블레셋의 왕들은 다윗이 아기스 왕의 종으로 있는 것을 보고 기이하게 여긴다. 그 전에 이스라엘에서 자신들과 대적한 그 유명한 다윗임을 알고는 다윗과 함께 블레셋 군대를 이스라엘을 향하여 진군시킬 수 없다고 한다. 그러자 아기스 왕은 어쩔 수 없이 다윗을 블레셋으로 다시 돌려 보낼 수밖에 없었다.

30장_ 아말렉 사람들과의 전투

삼 일째 되는 날에 다윗은 시글락에 도착한다. 그때 아말렉 사람들이 남유다와 시글락으로 쳐들어온다. 그들은 남녀노소를 가리지 않고 포로로 잡아간다. 다윗이 시글락에 와보니 마을은 불타 없어졌으며, 그들의 아내들과 아들딸들은 포로로 잡혀가고 말았다. 다윗의 두 아내 아히노암과 나발의 과부 아비가일도 끌려간 것이다.

다윗이 제사장 아비아달에게 에봇을 가지고 오라고 한다. 그는 여호와께 기도를 드리며 아말렉과의 전투를 묻자 여호와께서 그들의 뒤를 쫓으면 아내들을 구할 것이라고 응답하신다. 그는 뒤를 쫓다가 이집트 사람을 만나는데 그는 아말렉 사람의 노예로, 병이 나자 들판에 버려두고 간 사람이었다.

다윗은 그에게 아말렉 사람들이 포로로 잡아간 가족의 행방을 묻고는 그의 인도를 받아 아말렉 사람들의 진영으로 간다. 그들은 승리의 기쁨으로 누운 채 먹고 마시며 즐기고 있었다. 다윗은 그들과 일간의 전투를 벌여 승리를 거둔다. 잃어버린 아내들과 포로가 될 뻔 했던 사람들을 되찾는다.

다윗이 전리품을 가지고 돌아오자, 피곤함에 지쳐 브솔 시내에 쉬고 있던 같은 군대들이 환영한다. 그러나 이기적인 사람들이 쉬고 있던 병사들은 전쟁에 나가지 않았으므로 전리품을 나눠주지 말자고 주장한다. 그러나 다윗은 여호와의 뜻을 빌어, 남아서 자신들의 물건을 지킨 사람이나, 전쟁터에 직접 나간 사람이나, 똑 같이 나눠야 함을 강조한다. 다윗은 시글락에 돌아와 전리품을 인근 성읍의 왕들에게 골고루 나눠 선물을 한다.

31장_ 사울의 죽음

이스라엘 사람들은 블레셋 군대에게 밀려 도망을 친다. 많은 이스라엘 군대가 길보아 산에서 죽임을 당한다. 블레셋 군대는 사울과 그의 아들들을 끝까지 뒤쫓아, 요나단과 아비나답과 말기수아를 죽인다. 사울은 화살에 맞아 죽을 지경에 이른다. 사울은 호위병에게 블레셋 사람에게 죽느니 차라리 부하에게 죽겠다며, 자신을 죽이라고 명령한다.

부하가 두려워 하며 사울을 죽이지 못하자, 그는 스스로 배에 칼을 대고 엎어져 죽자, 곁에서 지켜보던 부하도 자결한다. 사울과 그의 세 아들은 이렇게 죽었으며, 이스라엘 사람들은 그들이 죽는 것을 보고 도망쳤다. 블레셋 사람들이 전리품을 거두러 왔다가 사울이 주검을 보고, 그의 목을 베어 벧산의 성벽에 걸었으며, 갑옷을 벗겨 아스다롯 신전에 두었다.

길르앗의 야베스에 사는 사람들은 사울이 참혹하게 당한 것을 블레셋 사람들에게 전해 듣고, 용사를 뽑아 밤새도록 벧산으로 가서 사울과 아들들의 시체를 가지고 야베스로 돌아와 시체들을 화장한다. 야베스 사람들은 화장한 뼈를 그곳의 에셀 나무 아래 묻어 주고 7일 동안이나 음식을 먹지 않았다.

사무엘 하 | II. Samuel

다윗의 통치 역사 : 24장

저　　자 : 미상
기록연대 : B.C 930년 ~ B.C 722년경

세계사 비교 : 사무엘 상과 유사함
중심인물 : 다윗, 이스보셋, 요압, 암논, 압살롬

핵심 에피소드 : 사무엘서의 두 번째 이야기이다. 사무엘 상에서 사울이 죽음으로 종결되었던 이스라엘 왕국의 연속 편으로 다윗이 왕위에 오르고 향후 40년간 이스라엘을 통치하게 된다.

다윗 왕국의 성립 과정과 중흥을 다루고 있으며 다윗의 범죄로 인한 고난의 사실과 왕국의 시련과 역경을 다루고 있다. 다윗은 모든 이스라엘 백성의 영웅이며 위대한 지도자였지만 인간적인 범죄에는 약함을 드러낼 수밖에 없었다.

본서에는 자신의 죄악을 철저히 회개하고 고백하므로 하나님의 용서와 자비하심으로 회복되는 아름다움을 표현하고 있다.

1장_ 다윗의 행적

아말렉과의 전투에서 승리한 다윗은 시글락으로 돌아와 머무르고 있는데, 젊은 사람이 찾아와 울부짖으며 슬퍼 한다. 그는 사울과 요나단의 죽음을 다윗에게 알려준다. 그는 아말렉 사람으로 사울이 자결할 때 그를 죽도록 도와 준 병사였다.

다윗은 그 소식을 접하고 옷을 찢으며 슬픔을 표현한다. 다윗은 그 병사를 죽인다. 그 이유는 여호와께서 기름 부은 왕을 죽인 죄였다. 그리고는 사울과 요나단을 기리는 시를 지어 유다 백성들에게 가르치게 한다.

2장_ 다윗이 유다의 왕이 되다

여호와께서 다윗의 기도를 들으시고 유다의 성 헤브론으로 올라갈 것을 지시하신다. 다윗은 자신의 아내 두 명을 데리고 헤브론으로 올라간다. 그의 아내 중 한 사람은 아히노암이었고 다른 아내는 나발의 과부 아비가일이었다. 유다 사람들이 헤브론으로 와서 그에게 기름을 부어 유다의 왕으로 삼는다. 그들은 길르앗의 야베스 사람들이 사울을 장사지내 주었다는 말에 사자를 보내 격려의 말을 전한다.

한편 아브넬 장군은 죽은 사울의 아들 이스보셋을 마하나임으로 데리고 가서 길르앗, 이술, 이스르엘, 에브라임, 베냐민 등 모든 이스라엘의 왕으로 추대한다. 그는 2년 동안 왕위에 있게 되었지만 유다 사람들은 다윗을 왕으로 받들었다. 다윗의 부하 요압 장군은 기브온 연못가에서 아브넬 장군을 만나게 된다. 두 사람은 병사들을 뽑아 힘겨루기를 한다. 그 날의 힘겨루기는 전쟁으로 비화되어 다윗의 부하들은 아브넬과 이스라엘 병사들을 물리쳐 승리한다. 스루야의 아들들인 요압과 아비새와 아사헬은 싸움터에 있었다.

아사헬의 아브넬의 창에 배가 관통되어 죽자 요압과 아비새는 아브넬을 뒤쫓아 추격전을 벌인다. 아브넬이 요압에게 화의를 청한다. 요압을 화의를 받아들여 아브넬 군대를 뒤쫓는 것을 중지한다. 아사헬을 비롯한 다윗의 부하들 19명이 죽었고 다윗의 부하들은 아브넬을 따르던 베냐민 사람 360명을 죽였다. 그들은 아사헬의 시체를 거둬 베들레헴에 있는 그의 아버지 무덤에 장사지내 준다. 그리고는 밤새 길을 걸어 헤브론으로 돌아온다.

3장_ 다윗과 이스보셋의 세력다툼

다윗이 유다의 왕으로 통치한 7년 반 동안 이스보셋의 추종자들과 다윗의 추종자들은 오랫동안 서로 싸움을 한다. 하지만 다윗의 세력은 점점 강해졌고 이스보셋의 세력은 점점 약해지고 있었다.

다윗에게 아내 아히노암을 통해 암논이 태어난다. 그리고 아비가일을 통해 길르압이 태어난다. 세 번째 아들이 태어나는데 그는 그술의 왕 달매의 딸 마아가였다. 네 번째 아들은 학깃에게서 아도니아가 태어났다. 다섯 번째 아들은 아비달에게서 스바댜가 태어났다. 여섯 번째 아들은 에글라에게서 이드르암이 태어났다.

이들은 모두 헤브론에서 태어난 다윗의 아들들이다. 아브넬 장군은 사울 세력의 지도자로 자리 잡는다. 그때에 아브넬은 사울 왕의 후궁인 아야라는 여인과 동침을 했는데 사울의 아들 이스보셋이 항의를 하자 매우 화를 내며 자신이 사울과 이스보셋에게 충성을 바쳤노라고 강하게 불만을 토로한다.

그는 다윗 세력과의 막후 협상을 통해 자신이 다윗에게 갈 것이라 공언한다. 그는 사람을 보내 다윗에게 협상을 시작한다. 다윗은 아브넬을 받아들이는 조건으로 사울의 딸 미갈을 데려오는 조건을 붙인다. 아브넬은 이스라엘 장로들에게 자신이 다윗을 섬기려 하는 일이 하나님 앞에 정당함을 주장하며 설득한다.

다윗은 부하 20명을 데리고 헤브론으로 찾아온 아브넬을 위해 잔치를 베푼다. 아브넬은 다윗이 온 이스라엘을 통치할 것을 천명하고 돌아간다. 그때 전쟁터에서 요압과 다윗의 부하들이 돌아온다. 이미 아브넬은 헤브론을 떠났다. 나중에 요압은 부하들로부터 아브넬이 왔다 간 것을 듣게 된다. 그는 다윗에게 그자는 첩자라고 하며 몰래 사람을 보내 그를 데려오도록 한다.

요압은 자신의 동생 아사헬을 죽인 원수 아브넬의 배를 찔러 죽인다. 그 사실을 안 다윗은 요압의 집안에게 아브넬의 죽임 죄를 전가하시며 아브넬의 상여를 뒤따르며 헤브론에 장사지내 준다. 다윗은 요압의 집안을 저주하며 아브넬의 죽음을 슬퍼 하며 시를 지어 노래를 부르게 했다.

이렇게 한 것은 다윗이 직접 아브넬을 죽이지 않았다는 사실을 백성에게 알리는 의도에서였다. 그만큼 아브넬의 입지가 이스라엘 백성들한테 강했기 때문이다.

4장_ 이스보셋의 죽음

이스보셋은 자신을 떠나 헤브론으로 간 아브넬이 죽었다는 소식을 듣고 매우 두려워 떤다. 이때 바아나와 레갑이란 장교가 잠들어 있는 이스보셋의 침실로 찾아와 그의 배를 찌르고 머리를 베어 다윗에게로 가져온다. 그들은 사울 왕의 아들 이스보셋을 죽이고 머리를 가져왔다고 자랑스럽게 보고한다.

그러나 다윗의 반응은 의외였다. 그 전에 사울의 죽음을 알려주고 그를 자결케 도운 병사를 죄를 물어 죽인 바 있었음을 이유로 죄 없는 이스보셋을 침대로 찾아가 죽인 두 사람을 모두 처단하라고 명령한다. 두 사람을 죽이고 손과 발을 잘라 헤브론 연못 위에 매달았으며 이스보셋의 머리를 가져다가 헤브론의 아브넬 장군의 무덤에 묻어 준다.

5장_ 다윗이 이스라엘의 왕이 되다

그 일이 있은 후 이스라엘의 모든 지파 장로들이 헤브론의 다윗에게로 온다. 그들은 여호와 앞에서 언약을 맺는다. 그리고 다윗에게 기름을 부어 왕으로 추대하기에 이른다. 그래서 다윗은 헤브론에서 7년 6개월을 유다의 왕으로 있었으며 그의 나이 30세에 예루살렘에서 이스라엘과 유다의 왕으로 33년을 통치하게 된다.

다윗은 예루살렘에 살고 있던 여부스를 공격한다. 여부스 사람들은 다윗을 과소평가하여 눈먼 사람과 다리가 불편한 사람들로도 다윗을 이길 수 있다고 호언장담한다. 그러나 다윗은 시온 성을 점령하여 요새화시킨다. 그의 성은 더욱 견고하고 강해지는데 이것은 만군의 여호와께서 다윗과 함께 하시기 때문이었다.

다윗은 두로의 왕 히람이 사절단을 보내 백향목과 석수와 목수들을 보내 왕궁을 지어주는데 그제야 여호와 하나님께서 자기를 이스라엘의 왕으로 세우셨음을 깨닫게 된다. 그리고 다윗은 예루살렘에서 후궁과 아내들을 더 얻게 된다. 그들에게서 아들을 낳게 되는데 삼무아, 소밥, 나단, 솔로몬, 입할, 엘리수아, 네벡, 야비아, 엘리사마, 엘랴다, 엘리벨렛이다.

블레셋 사람들이 다윗이 이스라엘의 왕이 되었다는 소문을 듣고 다윗을 찾아온다. 그들은 르바임 계곡에 진을 치고 다윗을 공격할 생각이었다. 다윗은 여호와께 아뢰어 블레셋을 공격하도록 명령을 받는다. 그는 바알브라심으로 내려가 블레셋을 물리치고 그곳을 "여호와께서 홍수처럼 나의 원수들을 덮치셨다"고 표현한다.

6장_ 언약궤를 예루살렘으로 옮기다

다윗은 이스라엘 백성 중에 3만 명을 뽑아 여호와의 언약궤를 옮기는 사업에 착수한다. 유다의 바알레에 있는 아비나답의 집에 있는 언약궤를 그의 아들인 웃사와 아효가 수송 작업을 맡았다. 다윗과 모든 사람들이 악기를 연주하며 여호와 앞에서 즐거이 찬양을 드린다. 그러나 언약궤가 나곤의 타작마당에 도착할 즈음 소들이 뛰어 언약궤가 수레에서 떨어지려 하자 웃사가 손을 내밀어 궤를 잡았다.

여호와께서 진노하시므로 웃사가 그 자리에서 죽는다. 다윗은 웃사의 죽음을 현장에서 보며 여호와께 화가 났다. 그래서 웃사가 죽은 장소를 베레스웃사 즉 '웃사의 벌'이라고 부른다.

다윗은 그 날부터 여호와를 무서워 한다. 언약궤의 이동을 멈추고 3개월 동안 오벧에돔의 집에 머물러 있게 하는데 여호와께서 오벧에돔의 집을 축복하신다. 그 후 다윗은 여호와의 축복한 사실을 근거로 다시 언약궤의 이송 작업을 시작한다. 그는 여호와 앞에서 베로 만든 에봇을 입고 어린 아이처럼 춤을 추며 즐거워 한다. 마침 여호와의 언약궤가 다윗 성으로 들어올 때 집 안에 있던 사울의 딸 미갈이 이를 보고 다윗을 못마땅해 하며 업신여긴다.

다윗은 화목제를 드리고 빵과 고기와 건포도 등을 모든 사람들에게 나눠주며 축제를 마무리한다. 다윗이 자신의 집 안 사람들을 축복하기 위해 집으로 돌아갔을 때 미갈이 다윗을 향해 여호와 앞에서 행한 바보 같은 행동을 꼬집어 여종들이 업신여길 것이며, 조롱의 대상이 되었다고 불만을 토로한다.

다윗은 여호와 앞에 체면을 상관 않고 기뻐 하며 춤출 것이고 여종들도 자신을 더욱 존경할 것이라고 잘라 말한다. 이 일로 미갈은 죽는 날까지 자식을 낳지 못하게 된다.

7장_ 다윗의 성전

다윗의 왕궁에는 평화가 지속된다. 다윗이 나단에게 자신은 백향목으로 지은 왕궁에 살고 있는데 여호와의 궤는 지금도 장막 안에 있음을 걱정하게 된다. 그러자 예언자 나단은 여호와께 아뢰어 여호와의 궤는 늘 이스라엘 백성들과 함께 이동하여 다윗이 목동으로 있을 때 이스라엘의 지도자로 삼으셨다.

그러므로 여호와의 궤가 정착할 성전은 다윗이 아닌 그의 아들 대에 다음 왕으로 삼아 성전을 짓게 할 것임을 말씀하신다. 이 말을 들은 다윗은 장막으로 들어가 여호와 앞에 앉아 자신에게 내려주신 엄청난 축복을 감사 드리며 앞으로도 자기 자손에게 주실 영광과 축복에 대해 간절히 아뢴다.

** **주요구절** **
7 : 11 전에 내가 사사를 명하여 내 백성 이스라엘을 다스리던 때와 같지 않게 하고 너를 모든 대적에게서 벗어나 평안케 하리라. 여호와가 또 네게 이르노니 여호와가 너를 위하여 집을 이루고, 12 네 수한이 차서 네 조상들과 함께 잘 때에 내가 네 몸에서 날 자식을 네 뒤에 세워 그 나라를 견고케 하리라, 13 저는 내 이름을 위하여 집을 건축할 것이요 나는 그 나라 위를 영원히 견고케 하리라.

8장_ 전쟁에서 승리하는 다윗

다시 블레셋을 물리치고 승리한다. 모압 백성을 물리치고 유프라테스 강을 차지하기 위해 소바의 왕 하닷에셀을 쳐서 이긴다. 다윗은 이 전투에서 전차를 몰던 군인 1700명과 보병 2만명을 사로잡았으며 말 100마리만 남겨 수레를 끌게 하고 나머지는 다리를 못 쓰게 만든다.

다마스커스의 아람 사람들이 이 소식을 듣고 하닷에셀을 도우려 오지만 다윗은 그들 2만 2천명을 물리친다. 그는 군대를 다마스커스에 두고 전투를 벌이는데 가는 곳마다 여호와의 도우심으로 승리를 하게 된다. 아람 사람들은 다윗에게 조공을 바치고 하닷에셀의 신하들에게서 금방패를 빼앗아 예루살렘으로 가져온다.

다윗은 수많은 전리품을 모아 여호와께 바친다. 또한 소금 골짜기에서 아람 사람 1만 8천명을 무찌른다. 그리고는 아람의 모든 지역에 자신의 군대를 두게 된다. 스루야의 아들 요압 장군은 모든 군대의 지휘관이 되었고 아힐룻의 아들 여호사밧은 역사 기록관, 아히둡의 아들 사독과 아비아달의 아들 아히멜렉은 제사장이 된다.

스라야는 서기관이 된다. 여호야다의 아들 브나야는 그렛과 블렛 사람을 통치하는 왕의 경호관이 되었고 다윗의 아들들도 정부의 요직을 얻게 된다.

9장_ 사울 왕의 집안을 돕다

다윗은 친구 요나단을 생각해서라도 사울의 집안을 돕고 싶어했다. 그 집안에 살아남은 사람이 있었는데 시바라 불리는 사울의 종이었다. 그는 시바를 불러들여 사울의 집안에 살아 있는 사람이 있느냐고 묻자 그는 다리를 절룩이는 요나단의 아들이 아직 살아 있다고 대답한다. 요나단의 아들 므비보셋이 다윗에게 온다. 다윗은 요나단과의 우정을 잊지 않고 그의 아들에게 예전의 사울의 재산을 돌려주고 시바를 통해 농사를 지어 므비보셋에게 양식이 떨어지지 않게 하라고 명령한다.

므비보셋은 다윗의 아들들과 같이 다윗의 식탁에서 식사를 했다. 므비보셋에게는 미가라는 아들이 있었다. 시바의 집안에 있는 모든 사람들이 므비보셋의 종이 된다. 므비보셋은 예루살렘에 살며 언제나 왕의 식탁에서 식사를 했다.

10장_ 암몬과 아람 사람들과의 전쟁

암몬의 왕 나하스가 죽고 그의 아들 하눈이 왕이 되었다. 다윗은 나하스와의 친교를 잊지 않고 그의 아들에게 특사를 보내 왕의 죽음을 위로한다. 그러나 암몬의 장관들은 다윗이 성을 정탐하고 전쟁을 일으키려 작전을 펴고 있다고 하눈 왕에게 충고를 한다. 그래서 하눈은 특사들의 수염을 절반 가량 자르고 옷의 엉덩이 부분을 잘라 모욕을 준 후 돌려보낸다.

다윗은 특사들에게 수염이 다 자랄 때까지 여리고에 있다가 예루살렘으로 오라고 지시한다. 암몬 사람들은 그 일이 있은 후, 자신들이 다윗의 원수가 되었음을 알고 병사를 모아 전쟁준비를 한다. 이 정보를 들은 다윗은 요압 장군에게 군대를 동원하여 전쟁터로 나간다. 암몬과 돕과 마아가에서 온 군대들은 이스라엘 군대를 포위하고 전쟁준비를 마친다.

요압 장군은 자신의 군대 앞뒤로 적군이 있는 것을 알고 이스라엘 병사들 중 용맹한 사람을 뽑아 자기 동생 아비새에게 지휘권을 주어 암몬 병사들을 물리치게 한다. 요압과 아비새는 어느 진영이 불리하게 되면 협공할 것을 약속하고 여호와의 도우심을 믿고 전쟁을 시작한다. 일단 아람 군대는 이스라엘 군대에게 밀려 성 안으로 도망한다.

그들은 더 많은 군대를 모아 유프라테스 강의 하닷에셀 왕이 아람 군대를 동원하여 소박을 지휘관으로 임명하여 전쟁준비를 완료한다. 이스라엘 역시 군대를 재정비하여 요단강을 건너 헬람으로 간다. 아라마 군대가 선제공격을 해 오자 다윗은 아람군대를 격퇴한다. 아람 군대의 지휘관 소박도 죽인다.

하닷에셀을 섬기던 다른 나라의 왕들은 이스라엘이 아람 군대를 제압했다는 소식을 듣고 이스라엘과 평화롭게 지내기로 조약을 맺는다. 그러나 아람 사람들은 암몬 사람 돕는 것을 두려워 한다.

11장_ 다윗과 밧세바

봄이 되면 왕들은 전쟁터에 나가는데 다윗은 요압과 이스라엘 군대를 전쟁터로 내보낸다. 그들은 암몬 사람들은 무찌르고 랍바 성을 공격한다. 다윗은 예루살렘에 머물고 있었다.

어느날 저녁 왕궁의 지붕 위를 걷고 있다가 우리아의 아내 밧세바가 목욕하는 것을 본다. 다윗은 밧세바를 불러 오도록 하여 함께 잠을 잔다. 그런 후 그녀는 집으로 돌아간다. 그런데 밧세바가 임신을 한다. 다윗은 그녀가 임신한 것을 알았다. 다윗은 전쟁터에 있는 요압에게, 우리아를 보내도록 명령한다.

다윗은 우리아를 집으로 보내 밧세바와 동침케 하여 임신 사실을 은폐하려 하지만 그는 왕궁 문밖에서 모든 신하들과 함께 잠을 잔다. 다윗의 신하가 우리아가 집으로 가지 않고 병사들의 장막에 머물고 있다고 보고를 한다. 그는 자신의 상관과 동료들이 전쟁터에서 싸우고 있는 때에 어찌 집으로 가서 아내와 잠자리를 같이 할 수 있겠느냐고 반문한다. 다윗은 우리아에게 술을 먹여 만취하도록 하지만 역시 집으로 가지 않는다.

하다 못한 다윗은 요압에게 편지를 써서 가장 험한 전투가 벌어지는 곳으로 우리아를 파견하라고 지시한다. 결국 우리아는 전사하고 만다. 요압은 근심 어린 전투상황을 보고한다. 성벽에 가까이 가 싸우는 바람에 우리아가 죽었기 때문이다. 그러나 그 소식을 들은 다윗은 오히려 그 일로 근심하지 말라고 격려를 보낸다.

밧세바는 자신의 남편 우리아가 죽었다는 소식을 듣고 슬피 울었다. 그녀가 슬픔의 기간을 마치자 다윗은 종을 보내 그녀를 왕궁으로 데리고 오게 하여 아내로 맞이한다. 그러나 여호와께서는 다윗의 한 일을 기뻐하지 않으셨다. 다윗은 이 일로 인하여 그의 평생에 오점을 남기게 된다.

12장_ 다윗의 아들이 죽다

여호와께서 나단을 보내셔서 부자와 가난한 사람의 비유로, 다윗의 실수를 회개하도록 종용한다. 부자는 양이 많았는데도 불구하고 가난한 사람의 한 마리밖에 없는 양을 빼앗아 나그네를 접대하는데, 다윗이 바로 부자 같은 사람이라고 여호와의 말씀을 전한다.

여호와께서는 다윗이 우리아를 암몬 적진으로 보내 죽게 한 것과, 그의 아내를 빼앗아 자신의 아내로 만든 것을 강하게 비판하신다. 다윗은 자신의 죄를 나단에게 고백한다. 그러나 여호와께서는 밧세바와 다윗에게서 낳은 아들이 큰 병에 걸려 죽게 될 것임을 나단을 통해 경고하신다.

다윗은 하나님께 밤새도록 땅에 누워 회개하고, 7일 동안 식음을 전폐하고 용서를 빌었다. 그러나 아들은 결국 죽고 말았다. 자신의 용서와 기도에도 불구하고 아들이 죽은 것을 안 다윗은 자리에서 일어나 몸에 기름을 바르고, 여호와께 예배를 드린다. 결국 다윗은 아들이 아플 때부터 식음을 전폐하였으나, 아이가 죽자, 음식을 먹기 시작한 것이다.

그는 모든 것을 여호와의 징계하심으로 받아들인 결과였다. 그리고 아내 밧세바를 위로하고 다시 동침하여 아들을 낳는데, 그가 솔로몬이다. 그 후 다윗은 요압과 함께 암몬 사람들의 성인 랍바를 총공격하여 대승을 거두고 전리품을 빼앗아 예루살렘으로 돌아온다.

13장_ 암논과 다말

다윗에게는 압살롬이란 아들과 암논이란 아들이 있었다. 압살롬에게는 다말이란 누이동생이 있었다. 그런데 암논은 다말을 사랑하게 된다. 그러나 어쩔 수 없이 고민만 하다가 상사병에 걸리고 만다. 그러는 암논에게 요나답이란 친구가 있었는데 그는 매우 교활한 사람이었다. 요나답은 왕자인 암논이 어찌하여 매일 슬퍼하고 있냐고 묻는다. 그는 솔직하게 이복동생인 다말을 사랑하고 있기 때문이라고 말한다.

요나답은 꾀를 내어 암논이 다말과 결혼할 수 있도록 한다. 다말이 맛있는 음식을 만들어 오라비에게 가서 먹이면 병이 낳을 것이라고 하여 다말을 침실로 불러 음식을 먹여줄 때 그녀를 강제로 동침하려 하자, 다말은 이스라엘엔 이런 법이 없다며 강하게 반항한다. 그러나 암논은 강제로 다말을 강간했으며, 암논의 마음은 다말을 미워하는 마음으로 변하게 된다.

암논은 종을 불러 다말을 끌어내게 하고 문을 잠가 버린다. 다말은 머리에 흙을 뒤집어쓰고 옷을 찢으며 손을 머리 위에 올리고 길을 가며 슬피 울었다. 압살롬은 모든 것을 알게 되었다. 딱한 누이동생 다말을 자신의 집에 살게 한다. 그는 암논에게 아무런 내색을 하지 않는다.

2년 후, 압살롬은 자기 양 떼의 털을 깎는 일을 하게 되는데, 풍습대로 잔치를 열어 왕자들을 초청한다. 다윗은 아들 압살롬의 초청을 고사한다. 그리고 복만 빌어준다. 압살롬은 자신의 이복 형 암논을 잔치에 같이 가게 해달라고 부탁한다. 그래서 다윗은 모든 왕자들을 압살롬의 잔치에 보낸다. 압살롬은 자기 종들에게 암논이 술에 취하면 죽여 버리라고 명령한다. 종들은 주인이 말한 대로 암논을 죽인다. 다른 왕자들이 도망치는 동안 다윗에게 이 소식이 전해진다.

다윗은 옷을 찢으며, 땅 위에 누워 슬픔을 표현한다. 이때 요나답은 암논이 죽은 이유를 말한다. 압살롬은 다른 나라로 도망쳐 암미훌의 아들 달매에게로 갔다. 다윗은 죽은 암논을 생각하며 슬픔에 잠긴다. 압살롬은 3년 동안 그술에서 도피생활을 한다. 그러는 동안 다윗은 암논의 죽음에서 슬픔이 가라앉고, 이제는 압살롬을 그리워 하게 된다.

14장_ 예루살렘으로 돌아온 압살롬

다윗의 마음이 압살롬을 그리워 하는 줄을 간파한 요압은 적극적으로 압살롬의 귀환을 위하여 행동을 개시하는데 드고아에서 슬기 있는 여인을 선발하여 다윗 왕을 설득시킨다. 그녀는 요압의 짜놓은 기발한 비유의 사건을 다윗에게 설명한다. 드고아의 여인은 인생의 덧없음을 비유로 말하고 하나님의 긍휼을 더불어 상기시키려 한다.

다윗은 요압을 시켜 압살롬을 데려오게 하지만 그를 보지 않으려고 자기 집으로 보낸다. 다윗이 압살롬을 용서는 했지만 그의 죄에 대해서는 아직도 분노의 감정을 가지고 있는 것이다. 온 이스라엘 백성 중에서 압살롬은 매우 흠 없는 아름다운 사람이었다. 그는 2년 동안 예루살렘에 살면서도 아버지 다윗 왕의 얼굴을 볼 수가 없었다. 그래서 요압을 왕에게 보내려 하지만 요압이 도무지 불러도 오지 않자, 그의 보리밭에 불을 지른다.

요압이 자기 보리밭이 불탄 것을 보고 압살롬에게 찾아와 따지자, 압살롬은 당신을 부르려 해도 오지 않아서 궁여지책으로 불을 지른 것이라고 설명하고, 다윗 왕에게 압살롬을 예루살렘으로 불러들였으면, 왕의 얼굴을 볼 수 있어야 할 텐데 그렇지 못하니 차라리 그술에 가서 사는 것이 더 좋았을 것이라고 말하며, 죄가 있다면 자신을 죽이는 것이 낳을 것이라고 한다. 요압이 압살롬의 말을 그대로 다윗에게 전하자, 왕은 압살롬을 불러 화해의 입을 맞춘다.

15장_ 다윗을 반역하는 압살롬

압살롬은 재판을 받으러 오는 백성들의 환심을 사서 송사에 관여한다. 왕이 당신들의 재판을 도와줄 대리인들을 지정하지 않았으니 자신이 재판관이 되면 모든 이에게 이로울 것이라고 공언을 한다. 그리고 사람들이 와서 절을 하면 입을 맞추며 자신의 심복으로 만들어가는 것이다. 이렇게 자기 기반을 다져가는데 여러 가지 술수를 동원하여 지지자를 늘려 나간다.

그술에서 돌아온 지 2년 만에 다윗 왕을 만났고, 이후 4년 동안 민심의 기반을 자신에게 모으는 데 성공한다. 그는 다윗을 속여 그술에서 서원한 일을 이루기 위하여 헤브론에 가서 여호와를 섬기겠노라고 요청한다. 왕의 허락을 받은 압살롬은 헤브론으로 가서 그 곳의 왕이 되었음을 지지자들의 입을 통해 만천하에 알리도록 한다.

이후 압살롬을 지지하는 백성의 수가 많아지게 되는데 이 소식을 접한 다윗은 예루살렘을 떠나 도피할 것을 결정한다. 왕이 도피할 때에 권속을 따르게 하고 후궁 10명을 두어 궁을 지키게 한다. 제사장 사독에게 명하여 여호와의 궤를 이동시키지 말라고 한다. 만약 여호와의 은혜를 입게 되면 다시 돌아올 수 있으리라고 확신하고 있기 때문이다. 자기 아들들의 반역을 피해 도망하는 다윗의 심경은 매우 곤고하였다. 그러나 그의 이와 같은 시련과 고통의 책임은 순전하게 자신에게 있음을 통감하고 있다.

여호와가 다윗을 기뻐하지 아니 한다면 여호와께서 무슨 징계를 내리셔도 달게 받겠다는 고백을 한다. 하나님의 뜻이 있다면 언약궤를 옮기지 않아도 다시 예루살렘으로 돌아와 여호와를 섬길 수 있으리란 강한 믿음을 가지고 도피의 여정에 오른다. 다윗이 감람산 길로 올라가며 머리를 가리고 맨발로 울며 백성들과 함께 행동하고 있었다.

압살롬과 모반에 가담한 자 가운데 아히도벨이 있다는 소식을 듣고 다윗은 아히도벨의 모략을 헛되게 해달라고 기도한다. 다윗 왕의 내밀한 모든 것을 잘 알고 있던 아히도멜은 모든 정보를 압살롬에게 제공하고 중책을 맡아 활약하고 있는 것이다. 하나님께서는 다윗의 기도를 들어주시고 그의 친구 후새를 통해 예루살렘에 들어가 압살롬과 아히도벨의 모략에 대응하게 된다.

16장_ 패륜아 압살롬

므비보셋의 사환 시바가 므비보셋의 재산을 노리고 그 모든 것을 차지한다. 그는 압살롬의 모반을 기회로 삼아서 주인 므비보셋을 모함하여 그의 재산을 탐닉하고 있다. 또한 다윗이 바후림에 이르렀을 때 사울의 족속인 시므이가 나와 돌을 던지며 다윗을 저주한다. 그러나 다윗은 그의 저주의 망언을 귀담아 듣지 않고 모든 것이 자신의 부덕에 의한 하나님의 징계로 수용하기에 이른다.

시므이의 저주는 "피를 흘린 자여 비루한 자여 가거라." 스루야의 아들 아비새가 시므이를 죽이려 하지만 다윗은 아비의 피를 받은 아들이 모반을 하는데, 저들인들 어떠하겠느냐며 만류한다. 이어 압살롬은 아히도벨과 더불어 예루살렘에 입성한다. 다윗의 특사 후새가 만세를 부르며 압살롬을 환영한다.

후새는 다윗을 섬긴 것과 같이 이제는 압살롬을 극진히 섬길 것이라고 맹세하며, 자연스럽게 그들의 중심으로 들어가게 된다. 압살롬은 이제 예루살렘 왕궁에서 어떻게 치세를 해야 할 것인지를 아히도벨에게 자문한다.

그는 다윗에 의해 왕궁에 머물던 후궁들과 동침하게 한다. 압살롬은 온 이스라엘 백성들 앞에서 다윗의 후궁들과 동침을 하는 패륜을 범하게 된다. 아히도벨의 간악한 모략은 압살롬으로 하여금 반역의 행로에 더욱 깊이 빠져들어 더 이상 헤어나올 수 없도록 하고 있다.

17장_ 아히도벨과 후새의 모략

아히도벨은 1만 2천의 병력으로 다윗을 공격하여, 다윗만 죽이고 나머지 백성들은 예루살렘으로 복귀시킬 것이라고 한다. 압살롬은 후새의 조언을 듣고 싶어 했다. 후새는 아히도벨의 전략은 옳지 않다고 말한다.

다윗은 용사 중의 용사요, 그가 백성들 틈에 거하지 않고, 굴이나 요새에 머무를 터이니, 그들이 지나갈 만한 곳에 복병을 두어 전멸시켜야 한다고 주장하자, 이스라엘의 장로들이 아히도벨의 전략보다 후새의 전략이 타당하다고 한다. 후새는 제사장 사독과 아비아달에게 진실을 말하고, 다윗을 위하여 모략을 전개하고 있음을 전달하게 한다.

요나단과 아히마아스가 전갈을 가지고 다윗을 만나러 간다. 계집종을 통해 다윗에게 전갈을 보내는데 한 소년이 압살롬에게 고자질을 한다. 두 사람은 바후림에 있는 민가에 들어가 우물 속으로 내려가 숨는다. 그 집 여인이 우물을 덮고 곡식으로 위장해 주니 아무도 그들을 찾을 수가 없었다.

이윽고 도착한 압살롬의 수색대원들이 여인에게 묻지만, 여인은 그들이 시내를 건너 이미 도망하였다고 거짓말을 한다. 대원들은 예루살렘으로 돌아간다. 두 사람이 우물에서 나와 다윗에게로 가서 빨리 물을 건너가도록 알려 주며, 아히도벨의 모략을 설명해 준다.

다윗은 모든 백성들과 요단강을 건넌다. 아히도벨은 자신의 전략이 실패로 돌아가자, 고향으로 돌아가 집을 정리하고는 스스로 목을 매 자살한다. 다윗은 마하 나임에 도착하는데, 압살롬은 뒤쫓아 요단강을 건너 길르앗에 진을 친다.

18장_ 압살롬의 패배

다윗은 천부장과 백부장을 임명하여 군대를 정비하고 전투태세를 갖춘다. 다윗은 압살롬의 선처를 군장들에게 부탁하고 요압과 아비새와 잇대에게 군사를 분할하여 에브라임 수풀로 가서 싸우게 한다. 다윗의 군대는 이 전투에서 2만 명의 압살롬 군사들을 죽인다.

압살롬이 다윗의 군사들에게 발각되는데 그의 머리가 상수리 나무 가지에 걸리자 노새는 그냥 빠져 나가고 압살롬은 상수리 나무에 매달리게 된다. 요압에게 이 소식이 들려온다. 요압은 당장에 목을 베지 않고 무얼 했느냐, 은 열개와 띠를 하나 주었을 것이라고 말하자, 그 병사는 은 열이 아니라 천개를 받는다 해도, 어찌 다윗 왕의 아들의 목을 벨 수가 있겠느냐며 반문한다.

그는 다윗 왕이 아무도 압살롬을 죽이지 말라고 한 명령을 지키고 있었다. 요압은 지체하지 않고 창으로 상수리 나무에 매달린 압살롬의 심장을 찔러 죽인다. 그리고 나팔을 불어 전투를 마치게 한다. 요압의 부하들은 압살롬의 시체를 구덩이에 던지고 돌무더기로 덮어 버렸다. 압살롬을 따르던 이스라엘 병사들은 집으로 도망쳤다.

제사장 사독의 아들 아히마아스가 이 소식을 다윗 왕에게 빨리 전하고 싶어 하지만 요압은 그를 만류한다. 그는 다윗이 전에 행한 일들을 익히 잘 알고 있었기 때문에 아히마아스 직접 전하는 대신 구스 사람에게 직접 압살롬의 죽음을 전하게 한다. 아들의 비보를 들은 다윗은 성문 위 골방으로 들어가 슬피 울며 아들 압살롬을 외치며 차라리 아비인 자신이 대신하여 죽었더라면 좋았을 것이라고 탄식한다.

19장_ 다윗의 슬픔

요압은 다윗이 아들의 죽음을 매우 슬퍼 한다는 소식을 듣는다. 다윗의 이와 같은 행동은 반란군을 위해 죽음을 각오하고 압살롬의 군대와 싸웠던 병사들의 사기를 저하시키기에 이른다.

요압은 다윗 부대의 장군으로서 왕의 행위가 잘못되고 있음을 지적하며 오히려 왕에게 충성을 다한 심복들이 역적이 되는 모양을 두고 볼 수 없어 다윗에게 승전한 군대를 위로해 줄 것을 강경하게 요청한다. 요압의 말을 들은 다윗은 정신을 가다듬고 성문에 나가자 모든 백성이 왕에게 모여들었다. 백성들은 다윗 왕의 환궁을 요청한다.

그러나 이스라엘 사람들은 압살롬에게 기름을 부어 왕으로 추대했던 스스로의 죄책감 때문에 서로의 의견이 나뉘어 있었다. 다윗은 사독과 아비아달을 비롯한 제사장들과 유다의 장로들에게 이스라엘이 자신을 왕으로 다시 환궁을 요청하고 있는데, 유다는 내 형제이며, 골육인데 머뭇거리며, 결단을 내리지 못함을 매우 서운하게 생각한다. 이처럼 다윗은 왕의 환궁 문제를 유다 지파에게 비중을 두고 우선권을 주고 있었다.

또한 압살롬을 죽인 요압 장군을 대신하여 아마사를 군대 장관으로 삼겠다고 약속한다. 이리하여 유다 지파 외의 다른 지파에게 좋지 않은 경계심을 불러오게 되었고, 사적인 감정으로 매우 중요한 직책인 군대 사령관의 자리를 아마사에게 넘긴 것이다. 다윗이 예루살렘으로 환궁할 때, 유다 사람들 틈에 시므이와 시바도 함께 환영을 나온다.

시므이는 다윗을 저주한 사람이고, 시바는 사울의 손자이며 요나단의 아들인 지체장애를 가진 므비보셋을 모함하여 압살롬의 모반에 참여하느라 다윗 왕의 피난 행렬에 끼지 않았다고 거짓 보고하여, 그의 재산을 나눠 받아 사리사욕을 채운 사람이었다.

므비보셋이 다윗을 환영하러 나온다. 그는 다윗 왕이 예루살렘을 떠난 날부터 발도 씻지 않고, 옷도 빨지도 않았으며 수염도 깎지 않았다. 다윗을 따라갈 수 없었던 딱한 사정을 몰라주고 다윗은 시바의 간계를 정확하게 파악하지 못하고 므비보셋의 밭을 시바에게 나눠 주라고 명령한다.

다윗은 피난지에서 정성을 다해 음식을 제공했던 바르실래를 데리고 예루살렘에 들어가 은혜를 베풀려 하지만, 그는 자신의 나이가 80노인인데 왕궁으로 가 무슨 복을 누리려 하겠는가, 조용히 부모님의 묘역이 있는 고향에서 여생을 마치겠다며, 다윗이 청을 고사하며 김함을 천거하여 예루살렘으로 함께 가게 한다.

20장_ 다윗에 대항하는 세바

베냐민 지파의 세바가 다윗에 대항하여 반란을 일으킨다. 그는 나팔을 불며 사람들을 선동하여 다윗을 따르는 무리들을 따돌린다. 다윗을 따르는 무리는 유다 사람들 뿐이었다. 예루살렘 왕궁에 도착한 다윗은 왕궁을 지키도록 했던 후궁 10명을 별실에 가두고 죽는 날까지 그들과 동침하지 않고 생과부로 지내게 한다. 이는 압살롬의 패역으로 인한 결과였다.

다윗은 새로 임명한 군대 장관 아마사에게 3일 안에 유다 사람을 모으라고 명령하지만, 기한 내에 사람을 모으지 못하자, 다시 아비새에게 명령하여 세바를 치도록 한다. 요압 장군과 모든 용사들이 세바를 좇으려 기브온 근처에 이르자, 아마사가 군대를 맞으러 나온다. 요압이 인사를 하는 척하며 입을 맞추려 할 때, 칼로 배를 찔러 창자가 땅에 흘러 나올 정도로 중상을 입어 죽는다.

이렇게 해서 요압은 부동의 군대 장관 지위를 확보하게 된다. 요압은 자신을 따르는 병사들을 이끌고 다시 세바를 좇는다. 아벨 성에 가서 성을 공격하려 하자, 한 여인이 나와서 아벨 성은 평화스런 여호와의 성을 허물려고 하느냐며, 아벨 성의 백성들은 여호와의 기업이라고 설명한다.

그녀의 기지는 요압의 공격을 멈추게 한다. 그녀는 요압이 원하는 대로 세바의 머리를 사람들로 하여금 베게 하여 요압에게 던지므로 아벨 성의 평화를 지키게 된다. 이로 인하여 요압은 다시 이스라엘의 군대 장관에 복귀한다.

21장_ 죄로 인한 기근

다윗 시대에 3년 동안 기근이 있었다. 이는 하나님의 징계였다. 다윗은 그 징계의 원인을 여호와께 의뢰한다. 이는 사울이 기브온 사람을 죽였기 때문이었다. 그 때 기브온은 이스라엘 사람들이 아니었다. 살아남은 아모리 족속 중의 한 사람들이었다.

여호수아는 하나님의 이름으로 기브온 사람들을 이스라엘 안에서 보호받고 살도록 약속했지만, 사울 왕은 이 약속을 파기한다. 이것은 여호와의 언약을 파기한 것이나 다름없는 일이었다. 사울은 여호와보다는 자신이 속한 이스라엘과 유다를 통한 자신의 명예욕에 빠져 있었다.

다윗은 기브온 사람들에게 사울의 잘못을 말했고 처리방안을 묻자 그들은 사울의 아들들을 보내주면 그들을 매달아 죽여 원수를 갚겠다고 한다. 다윗은 사울의 자손 중 요나단의 아들 므비보셋만은 보호해 주고 다른 일곱 아들을 기브온 사람에게 넘겨 줘 죽게 한다. 그들이 죽은 후 사울의 후궁이었던 리스바는 자기 아들들의 시체를 짐승들이 먹지 못하도록 밤낮으로 막고 지켰다.

그 소식을 들은 다윗은 사울과 그의 아들 요나단의 뼈를 취하여 베냐민 땅, 셀라에 그의 아비 기스의 묘에 장사한다. 그리고 죽임 당한 일곱 아들의 유해도 가져와 장사지낸다. 그러자 하나님께서 그 땅 백성들의 기도를 들어 주셨다.

22장_ 다윗의 시

다윗은 모든 대적의 손에서 자신을 구해 주신 여호와의 은혜를 노래한다. "여호와는 나의 반석이시요, 나의 요새시요, 나를 건지시는 자요, 나의 하나님이시요, 나의 피할 바위시요, 나의 방패시요, 나의 구원의 뿔이시요, 나의 높은 망대시요, 나의 피난처시요, 나의 구원자시라." 다윗은 여호와의 도우심으로 향후 모든 대적들을 물리쳐, 승리할 수 있음을 노래로 표현한다.

23장_ 마지막 말

이새의 아들 다윗의 마지막 말로 하나님을 대신하여, 왕국을 통치하는 왕으로서의 올바른 자세와 이에 따르는 하나님의 축복을 언급하는데, 이는 돋는 아침의 해와 같으며, 구름 없는 아침과 비온 후 광선으로, 땅에서 움돋는 새 풀과 같다고 비유한다.

이스라엘을 광명한 나라, 의로움이 가득 찬, 새 생명의 나라로 인식하고 있으며, 사악한 무리들은 가시나무 같아서 불사르게 될 것이라고 말한다. 다음으로는 다윗 시대의 군인들과 30인의 용사들이 공적이 나열되어 있다.

24장_ 인구조사

여호와께서 이스라엘을 향해 진노하신다. 하나님은 징계를 내리시려고 다윗에게 이스라엘과 유다의 인구를 조사케 한다. 다윗은 요압에게 인구조사를 시킨다. 요압은 모든 성읍을 돌며 인구를 9개월 여에 걸쳐 조사한 후 다윗에게 보고를 하는데 이스라엘에서 칼을 빼는 대담한 사람이 80만이며 유다에서는 50만 명이었다. 그는 훌륭한 군대의 숫자를 헤아린 후, 흡족해 한다.

그러나 이내 하나님께 군대의 수를 헤아려 자만한 것이 하나님께 죄악임을 깨닫는다. 모든 나라의 인구의 숫자는 정치경제의 기본이 된다. 그러나 다윗은 이스라엘이 언약의 나라이고, 여호와가 함께하시는 나라임을 착각하고, 잠시 군대의 위용으로 만용을 부린 점을 여호와께 용서를 구하는 것이다.

여호와께서는 이스라엘을 징벌하기에 앞서 선지자 갓을 통하여 다윗에게 세 가지 유형의 징계를 선택하도록 한다. 다윗은 끝까지 여호와의 긍휼과 자비를 기대했지만, 여호와께서는 온역을 통해, 단부터 브엘세바에 이르는 이스라엘의 성읍에 7만 명이나 죽게 되는 강력한 징벌을 내리신다.

그런 다음 다윗의 기도를 들어주시고, 징벌을 멈추게 하시며, 갓을 통해 여부스 사람, 아라우나의 타작마당에 가서 단을 쌓으라고 지시하신다. 이로써 하나님과 다윗과 이스라엘 백성들의 관계는 이전처럼 복원될 수 있었다.

다윗 (David)

다윗은 모든 점에 있어서 위대한 인격자였다. 그는 몹시 나쁜 일도 했다. 동양의 왕으로서는 대단히 훌륭한 사람이었다. 그는 정성을 다해 하나님께 헌신했다. 우상 숭배의 세계에서, 우상 숭배에 계속 빠지려는 이스라엘 민족 안에서, 다윗은 하나님을 위하여 반석과 같이 섰다. 어떠한 환경에서도 그는 기도와 감사와 찬양으로 하나님께 나아갔다. 그의 위대한 두 가지 업적은 왕국의 확립과 시편의 창작이었다.

열왕기 상 | I. Kings

왕국의 분열에 관한 기사 : 22장

저　　자 : 미상
기록연대 : B.C 561 ~ B.C 537년경

세계사 비교 : B.C 600년경 중국에서는 전국시대가 계속되고 있었으며, B.C 609년에 앗시리아 제국이 멸망했고, B.C 587년 유다 왕국의 멸망으로 2차 유수, B.C 563년 석가 탄생, B.C 552년 공자가 탄생한다. B.C 539년 키로스 2세의 나보니도스 격파로 신바빌론이 멸망하고, 페르시아 제국이 성립된다. B.C 521년 페르시아에서 다리오스 1세가 즉위한다. B.C 525년 페르시아가 오리엔트를 통일한다.

중심인물 : 다윗, 솔로몬, 르호보암, 여로보암, 아합, 엘리야, 엘리사, 히스기야, 요시아

핵심 에피소드 : 열왕기 상은 왕국과 왕과 백성의 뒤에는 이 세상을 지배하시고 주관하시는 하나님이 계시다는 것을 보여주고 있으며, 하나님에 대한 순종과 규례의 진실한 실천이 왕국의 흥망을 좌우하고 있다는 점을 인식시키기 위해 기록되었다.

1장_ 다윗의 말년

다윗이 늙어 노쇠해지자 시복들이 젊은 여인을 데려다가 수종을 들게 하

지만, 다윗은 그녀와 동침하지는 않는다. 다윗의 노쇠로 인한 권력의 공백기가 찾아온 것이다.

다윗의 아들이자 솔로몬의 형인 아도니야는 부왕의 노쇠한 시기를 이용하여 병사를 모으고, 요압 장군과 제사장 아비아달과 모의하여 왕권을 탈취하려 한다. 그들은 잔치를 베풀어 유다의 유명 인사와 다윗 왕의 심복들을 초대하지만, 선지자 나단과 브나야와 솔로몬은 초대하지 않는다. 그 일로 나단은 솔로몬의 생명이 위태로움을 알고, 솔로몬의 어머니 밧세바와 솔로몬의 생명을 지키기 위해 계교를 짠다.

밧세바는 다윗의 침실로 들어가 아도니야가 왕권을 찬탈했어도 이를 알지 못하고 있다고 말한다. 이때 나단이 들어와 다윗에게 아도니야의 왕위를 인정했느냐고 다윗에게 묻는다. 많은 왕궁의 심복들과 제사장 아비아달과 군대 장관들이 아도니야를 왕이라 부르며 만세를 불렀으니, 이것이 진실로 다윗 왕의 허가를 받은 일이냐고 따진다.

이에 다윗은 밧세바를 앞으로 불러내, 자신이 이스라엘 하나님 여호와를 가리켜 맹세했던 대로 밧세바의 아들 솔로몬이 자신의 뒤를 이어 왕이 되게 하였으므로, 오늘날 솔로몬에게 왕위를 물려준다고 말한다. 이어 다윗은 제사장 사독과 선지자 나단과 브나야를 불러 솔로몬을 왕의 노새에 태우고 기혼으로 내려갈 것이며, 거기서 기름을 부어, 이스라엘의 왕으로 삼고 양각을 불어 백성들 앞에 왕이 되었음을 공식적으로 선포하게 한다.

나름대로 왕위 계승을 축하하기 위해 잔치를 베풀던 아도니야 측의 요압 장군은 양각 소리를 듣고 요나단으로부터 솔로몬이 왕에 등극하였다는 소식을 듣게 된다.

그러자 아도니야의 잔치에 모인 사람들이 저마다 자리를 떠난다. 아도니야가 죽임 당할 것을 겁내, 제단의 뿔을 잡고 항거하듯 조건을 붙이며, 자신을 죽이지 않을 것임을 약속해 달라고 한다.

솔로몬이 그에게 선을 도모하며 산다면 머리카락 하나라도 상하지 않을 것이라고 응대하자, 제단에서 내려와 동생 솔로몬에게 절하며 왕으로서의 예우를 한다.

2장_ 다윗의 예언

다윗의 임종이 다가와 솔로몬에게 여호와의 명을 지키라고 유언하고, 요압과 마하나임으로 갈 때 자신을 저주했던 시므이에게 벌을 내릴 것과 바실래의 아들에게 상을 내릴 것을 유언으로 남기고 40년 동안 통치해 온 이스라엘 왕으로서의 모든 임무를 끝낸다.

솔로몬은 왕권을 강화하고 권위를 견고케 하기 위하여 다윗의 유언대로 숙청을 시작하는데, 첫 번째가 그의 이복 형 아도니야였다. 그는 솔로몬의 어머니를 통해 수넴 여자 아비삭과 결혼할 수 있게 해달라고 요청한다. 그러나 솔로몬은 밧세바에게 화를 내며 저를 죽이지 않으면 하나님께서 나를 치실 것이라고 말한 후, 브나야를 시켜 아도니야를 죽인다.

둘째로는 제사장 아비아달이었다. 그는 아도니야를 왕으로 추대한 사람으로 여호와의 궤를 멘 제사장이기에 죽이지는 않고, 제사장 직분을 박탈하여 고향 아나돗으로 쫓아낸다.

세 번째의 숙청은 요압 장군이다. 솔로몬의 숙청작업이 시작되었음을 안 요압은 여호와의 장막으로 들어가 단 곁에서 목숨을 건 협상을 하지만 솔로몬은 브나야를 시켜, 여호와의 이름으로 그를 단 위에서 죽인다. 요압을 죽인 이유는 의롭고 선한 이스라엘의 장군 아브넬과 유다의 장군 아마사를 칼로 죽인 죄 때문이었으며, 아도니야를 왕으로 추대한 죄 때문이었다.

네 번째로는 시므이를 예루살렘 집에 연금시킨다. 그러나 3년 후, 시므이는 도망한 그의 종을 찾으러 예루살렘을 떠나 가드에 가서 종을 잡아온다. 그러나 그 일이 솔로몬에게 발각되어 여호와를 두고 맹세한 약속, 즉 예루살렘을 이탈한 죄로 브나야를 시켜 처형한다.

3장_ 아기를 놓고 지혜를 구하는 솔로몬

솔로몬은 이집트의 공주와 정략적으로 결혼을 한다. 아직 성전 건축이 이뤄지지는 않았으며 산당에서 제사를 지냈다. 솔로몬이 제사를 지내기 위해 기브온으로 가는데 꿈을 꾸게 된다. 솔로몬은 여호와께 재판할 수 있는 지혜를 구한다. 그러자 여호와께서는 지혜를 주시고 전무후무한 지혜와 영광을 주신다고 약속하셨다. 부왕 다윗이 했던 것 이상으로 여호와를 사랑하고 규례를 지키면 부와 영광을 주어 열 왕 중에 으뜸가는 왕이 될 것이라고 말씀하신다.

솔로몬은 여호와의 언약궤 앞에 서서 번제와 수은제를 드리고 모든 신하들을 위해 잔치를 베푼다. 그 후 두 명의 창기들이 솔로몬에게 찾아와 아기를 놓고 재판을 신청하는 일이 벌어졌다. 두 창기들은 한 집에 사는 여자들로 아기를 같은 시기에 낳아 기르다가 한 아이가 어미한테 깔려 죽게 되자 한 아이를 훔쳐 가지고 와서 죽은 아기는 서로가 자신의 아들이 아니라고 하고 살아있는 아기가 각기 자신의 아기라고 주장한다.

솔로몬은 칼을 가져오게 한다. 그리고 아기를 반으로 갈라 반씩 나눠주라고 명령한다. 그러자 진짜 아기 엄마인 여인은 어쩔 수 없이 자기의 주장을 철회하며 다른 여자에게 주고 제발 죽이지는 말아달라고 간청한다. 그러나 한 여자는 계속해서 반으로 갈라 나누자고 주장하고 있다.

솔로몬은 아기를 포기한 어미에게 아기를 주라고 판결한다. 솔로몬이 하나님으로 받은 지혜가 어미들의 심리를 통찰하므로 이러한 명 판결을 내릴 수 있었다.

4장_ 솔로몬의 신하들

솔로몬은 하나님으로부터 지혜를 축복으로 받아 왕국을 통치하면서 지혜있는 신하 11명을 얻게 된다. 제사장 사독의 아들 아사리아가 제사장에 임명된다. 엘리호렙과 아히야는 서기관으로, 여호사밧은 서기관, 브나야는 군대장관, 사독과 아비아달은 제사장으로, 나단의 아들 아사리아는 관리장으로, 다른 아들 사붓은 대신으로, 아히살은 궁내 대신, 압다의 아들 아도니람은 감역관으로 임명된다. 이들은 모두 호국 공신이거나 그들의 자식들로 나라의 요직을 맡은 것이다.

가장 중요한 기관인 제사장직은 엘리 가문으로 내려오던 관례를 깨고, 사독 가문으로 이어지게 된다. 솔로몬은 전국의 행정조직을 열두 장관에 의해 맡게 하여 각 행정 구역마다 세금을 징수하는 징수관을 파견하고 왕실의 식물을 공급하도록 한다. 이후 유다와 이스라엘의 백성이 점차 늘어 이웃나라에게 조공을 받으며, 먹고 마시며 화평의 시대를 맞이한다.

솔로몬이 통치하는 왕국의 영역은 팔레스타인 북쪽과 남쪽의 끝으로, 단과 브엘세바로 표현되는 이스라엘 전 영토에, 포도 나무와 무화과 나무를 심어 평안히 살게 되었다. 하나님께서는 솔로몬에게 지혜와 총명을 거듭 심어주시고, 그의 지혜가 이집트와 동양 사람의 모든 것보다 뛰어나게 하셨다.

그는 3천 개의 잠언과 1천여 개의 노래를 지었으며, 문학과 예술을 발전시키고, 레바논의 백향목에서 우슬초와 짐승과 생물 등 생물학에 대한 논리도 세웠다. 모든 민족의 지도자들이 그의 지혜를 배우러 솔로몬을 방문했다.

5장_ 성전 건축 준비

두로의 왕 히람이 솔로몬이 다윗의 왕위를 물려 받았다는 소식을 듣고 그의 신하들을 파견한다. 히람은 다윗과 절친한 왕이었으므로 솔로몬이 요청한 성전 건축을 위한 레바논의 백향목 벌목을 즐거이 돕는다. 레바논의 시돈 사람들은 나무를 베어 건축하는 기술을 소유한 사람들이었다.

레바논은 원래 이스라엘의 영토였으나, 그곳을 빼앗지 않고 시돈 사람을 그곳에 살게 했다. 자연히 레바논은 시돈 사람의 나라가 되었고, 지금에 와서는 오히려 이스라엘 왕인 솔로몬이 레바논의 백향목을 수입하게 된 것이다.

6장_ 성전이 완성되다

솔로몬이 왕위에 오른지 4년 만에 성전 건축이 본격적으로 시작된다. 이스라엘 백성들이 이집트를 떠난 지 480년 만의 일이다. 성전의 규모는 성막보다 두 배로 컸으며, 구조는 성막과 거의 동일하게 꾸민다. 성전은 하나님과 사람의 교류하는 지성소이므로 건축하는 데서 소란한 소리가 나지 않도록 돌을 채취현장에서 가공하여 사용하였다. 그 밖에도 건축현장에서 연장소리가 나지 않도록 했으며, 엄숙함과 거룩함이 늘 유지되며, 건축사업이 진행되었다.

여호와께서 솔로몬에게 말씀으로 임하셔서 성전을 건축하여 율례대로 행하게 되면 다윗에게 약속한 말을 이루게 할 것이라고 하신다. 그러므로 하나님께서는 이스라엘 백성들 가운데 거하시고 떠나지 않으시고 성전을 통하여 이스라엘을 통치하시며 임재하심을 확인하게 된다.

완공된 솔로몬의 성전의 내부는 백향목과 잣나무로 꾸며졌고 모두 금으로 입혔으며 지성소는 백향목 널판으로 막아서 하나님의 거룩함과 권위와 위엄이 드러나도록 지어졌다. 지성소 안에 법궤를 두고 정금으로 입혔다. 사면의 벽에는 그룹들과 종려의 꽃을 장식으로 아로새겨 금으로 입혀 하나님의 임재를 상징적으로 표현했다. 솔로몬의 성전 건축은 7년 동안 진행되었고 솔로몬 즉위 11년 만에 완성되었다.

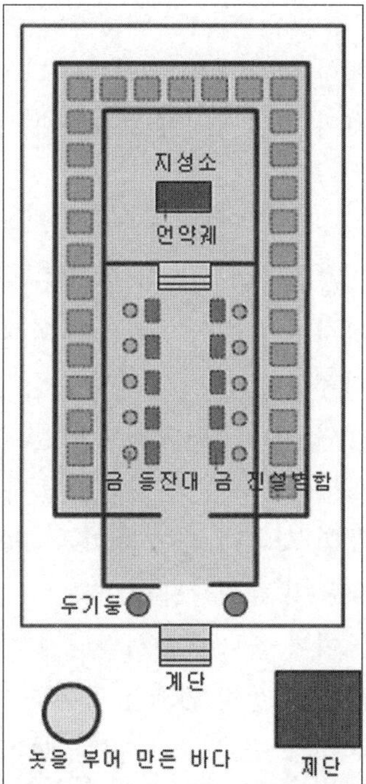

솔로몬의 성전

7장_ 궁전의 건축

솔로몬은 성전 건축이 완료되자 이어 왕궁 건축을 시작한다. 이는 하나님의 통치가 성전을 통해, 왕궁의 솔로몬에게 임하여 진정한 왕은 하나님이심을 드러내며, 자신은 하나님의 대행자임을 상징하는 것이다. 궁전의 구조는 무기고로 쓰일 낭실과 재판을 위한 낭실을 짓고 백향목으로 덮었다. 솔로몬이 거처할 궁과 이집트 파라오의 딸을 위한 낭실을 마련했다. 왕궁을 건축하는 데는 13년이 걸렸다.

솔로몬은 두로의 히람을 데려다가 놋기둥을 세우는 일을 한다. 낭실 앞에 두 개의 놋기둥을 세워 우측의 기둥을 '야긴' 이라 칭하고 하나님이 세우실 것이란 뜻으로, 좌측의 기둥을 능력은 하나님에게 있다는 뜻으로 '보아스' 라 칭했다.

그 밖에 놋바다를 만들어 육신의 부정을 씻고 성결의식에 쓰이는 물을 저장하게 했으며, 놋바다 사면의 아래에서는 한 면당 3마리의 소가 받치므로 12마리의 소가 떠받치게 했다. 그리고 10개의 물두멍과 받침을 만들어 그곳에 여러 가지 문양을 넣어 꾸몄다.

두로의 히람이 여호와의 전에 사용될 기구들을 만들었다. 이 작업에는 엄청난 금과 놋이 쓰였으나 다윗으로부터 전해 온 것들을 사용하고도 남아 여호와의 전 곳간에 보관하게 되었다.

8장_ 언약궤를 모심

솔로몬이 여호와의 언약궤를 다윗 성에서 수송하려고 이스라엘 장로들과 제사장과 레위 사람들에 의해 성전으로 가져와 지성소 아래 그룹 날개 밑에 안치한다. 성전 건축과 왕궁 건축은 여호와의 궤를 가져와 안치하는 것으로 대단원의 막을 내리게 되었다.

이는 다윗에게 말씀하신 하나님의 언약 즉, 다윗의 당대에는 성전을 짓지 못할 것이며, 다윗의 아들 대에 성전을 이루리라고 말씀하신 것을 마침내 솔로몬이 달성시킨 것이다.

이어 솔로몬은 하나님께 기도를 한다. 하나님의 함께하심을 믿으며 이스라엘 백성의 범죄를 질병과 재난에서 구원하여 주심을 바라며, 전쟁에서의 승리와 주를 믿는 이방인들의 구원하심으로 만민의 주 되심과 여호와 전에 나와 간구하고 부르짖을 때 들어주실 것을 간절히 기도한다.

9장_ 여호와께서 솔로몬에게 나타나시다

여호와께서 솔로몬에게 나타나셔서 그가 지은 성전을 거룩하게 구별하여, 여호와의 이름을 영원히 성전 안에 둘 것이라고 말씀하신다. 그리고 솔로몬을 비롯하여 다윗의 자손들로 이스라엘의 왕권을 이어가게 할 것임을 약속하신다. 그러나 여호와의 규례와 율법을 어기고 다른 신을 섬기게 되면 거룩히 구별한 성전이지만 헐어버릴 것이며, 이스라엘 백성들을 이 땅에서 쫓아낼 것이라고 경고하신다.

솔로몬은 20년 동안 성전과 궁궐을 건축했다. 그가 원하는 대로 백향목과 잣나무와 금을 제공했던 두로의 왕, 히람에게 갈릴리에 있는 20개의 마을을 준다. 히람은 솔로몬이 하사한 마을이 마음에 들지 않았다. 그가 보낸 금은 120달란트로 약 4.11톤이 무게였다. 현재 시가로 계산해도 엄청난 금액이었다.

솔로몬은 레바논과 예루살렘 땅에 짓고 싶은 모든 건축물을 지었으며 이스라엘 백성들이 아닌 아모리, 헷, 히위, 여브스 사람들을 노예로 삼게 된다. 이들은 이스라엘 백성들이 완전히 멸족시키지 못한 지역의 사람들이었다.

이스라엘 백성들은 솔로몬 정부의 지휘관, 군인, 신하, 장교, 전차 지휘관, 전차병으로 근무하게 되었으며, 솔로몬의 지시를 받고 현장을 감독하는 사람만 550명에 이르렀다. 그는 이집트의 파라오의 딸을 위하여 왕궁을 지어 주었다. 바다를 잘 알던 히람은 뱃사람들을 보내, 오빌에서 금 420달란트를 가져오기도 했다.

10장_ 스바의 여왕

스바의 여왕이 솔로몬에 대한 소문을 듣고 시험해 보기 위하여 방문한다. 그녀는 솔로몬에게 많은 금과 향료와 선물을 하고 내심 가지고 있던 많은 이야기를 한다. 솔로몬이 그녀의 모든 질문에 빠짐없이 대답을 해주자, 그녀는 솔로몬의 지혜를 인정하게 된다.

스바의 여왕은 솔로몬의 궁궐 생활과 번제를 드리는 일과 시중드는 종들의 모습을 보며 감탄하며 존경스런 마음을 갖게 된다. 그녀는 솔로몬에게서 특별히 많은 선물을 받아 가지고 돌아간다. 솔로몬은 해마다 금 660달란트를 세금으로 거둬들이고, 무역업자와 상인들이 바치는 금으로 방패를 만들고, 상아로 왕좌를 만들기도 했다. 왕좌로 올라가는 계단은 여섯 개로 12사자의 상을 만들어 아름답게 장식했다. 그가 사용하는 그릇과 잔은 모두 금으로 만들었으며 레바논 수풀의 궁에서 사용하는 집기들도 모두 금으로 만들었다.

그리고 바다에 배를 두고 히람의 배와 함께 3년에 한 번씩 금과 은과 상아와 원숭이와 공작새를 싣고 돌아오게 했다. 모든 세상의 사람들은 솔로몬의 지혜를 듣고 싶어 했으며, 그를 보고 싶어 했다. 그는 예루살렘 성 안에 전차 1,400대와, 전차를 모는 병사 12,000명을 가지고 있었다.

솔로몬이 왕으로 있는 동안 예루살렘에서는 은이 돌같이 많았고, 백향목이 뽕나무처럼 흔한 것이 되어 버렸다. 그리고 이집트와 길리기아에서 훌륭한 군사용 말을 수입하였다.

11장_ 솔로몬의 아내들

솔로몬은 다른 나라의 여자들을 좋아했다. 이집트의 왕, 파라오의 딸을 비롯해서 모압, 암몬, 에돔, 시돈, 헷 여자도 좋아했다. 여호와께서 이전에 다른 나라 백성과 결혼하지 말라고 하시며, 그들과 결혼하게 되면 너희의 마음을 돌리게 하여, 그들의 우상을 섬기게 될 것이라고 경고하셨다.

그러나 솔로몬은 이국 여인들과 사랑에 빠지게 된다. 솔로몬은 700명의 후궁과 300명의 첩을 두었고, 그의 수 많은 아내들은 솔로몬을 하나님으로부터 점점 멀어지게 작용하게 된다. 그가 나이가 들어 늙어가며, 아내들은 솔로몬의 마음을 돌려, 우상을 섬기게 하는데, 그는 아버지 다윗만큼 여호와를 참되게 섬기지 못했다. 그는 시돈의 여신 아스다롯을 섬긴다. 그리고 암몬 사람들의 신, 밀곰도 섬긴다.

솔로몬은 여호와 보시기에 악한 일을 저지르게 된 것이다. 그는 또한 예루살렘 언덕 위에 신당을 세워 모압의 그모스와 암몬의 몰렉 신을 섬기도록 배려해 준다. 이 일은 솔로몬이 외국인 아내들의 꼬임에 넘어가 그들의 비위를 맞춰준 결과였다.

여호와께서는 두 번씩이나 솔로몬에게 나타나, 다른 신을 섬기지 말라고 말씀하신다. 그럼에도 솔로몬은 여호와의 경고에 주의를 기울이지 않는다. 여호와께서 분노하셔서, 네 나라를 빼앗아 네 신하에게 줄 것임을 천명하신다. 그러나 솔로몬이 살아있는 동안에는 그렇게 하지 않을 것이라고, 유예기간을 설정해 주신다.

나라 전체를 다 빼앗지 않는 것은 여호와의 종 다윗과, 여호와께서 선택하신 예루살렘을 위하여, 한 지파를 솔로몬의 아들에게 남겨주어 다스리게 하시겠다고 말씀하셨다. 그러자 여호와의 진노는 이내 솔로몬의 적수를 만들어 버린다. 에돔 사람 하닷을 세워 솔로몬의 적수가 되게 하셨다.

예전 다윗 왕 시절에 요압 장군과 이스라엘 백성들은 에돔에 6개월간 머무르며, 그곳 남자들을 모두 죽인 일이 있었다. 그 당시 어린 아이였던 하닷은 아버지의 신하들과 함께 이집트로 피난했었고, 이집트의 파라오 왕은 그들에게 먹을 것과 집과 땅을 주어 살게 도와주었다.

하닷은 다윗이 죽어 조상의 무덤으로 들어갔고, 요압 장군도 죽은 것을 알고, 파라오에게 솔로몬의 적수가 되기 위해 고향으로 돌아가겠다고 말한다.

여호와께서는 또한 엘리아다의 아들 르손을 세워 솔로몬의 적수가 되게 하신다. 그리고 충신이었던 느밧의 아들 여로보암도 솔로몬에게 반역을 하게 하신다. 솔로몬이 여로보암을 죽이려 하지만, 그는 이집트의 왕, 시삭에게 도망하여 솔로몬이 죽기까지 도피생활을 한다.

이렇게 해서 솔로몬은 40년 동안 이스라엘을 통치했다. 그가 죽어 아버지 다윗의 성에 묻히고, 그의 아들 르호보암이 뒤를 이어 왕위에 오르게 된다.

12장_ 왕국의 분열 시작

솔로몬이 죽고 르호보암이 왕위에 올랐다는 소식을 이집트에 피신 중이던 느밧의 아들 여로보암이 듣는다. 그는 선지자 아히야의 말을 듣고 '하나님의 길에서 행하면 10지파와 견고한 집을 줄 것이다' 란 말을 믿고, 솔로몬에게 반기를 들었다가 이집트로 피신한 사람이다. 이스라엘 백성들이 여로보암을 불러들여 르호보암에게로 간다.

이스라엘 백성들은 솔로몬의 건축 일에 고된 노역을 했다고 항의한다. 르호보암은 3일간의 말미를 두고 이스라엘 노신들과 토론을 한다. 그 결과 왕은 종이 하는 것처럼 백성들을 섬겨야 할 것이며, 친절하게 백성을 대해 주면 그들이 왕을 섬기게 될 것이란 충고를 한다.

그러나 르호보암은 노신들의 충고를 듣지 않고 젊은 사람들과 다시 상의한다. 젊은 사람들의 의견은 노신들과 달랐다. 르호보암은 백성을 솔로몬 왕 때보다, 더욱 고된 일을 시킬 것이며, 가죽 채찍이 아닌 가시 돋친 채찍으로 칠 것이라고 결론을 내린다. 그는 백성들이 원하는 것을 들어주지 않는다. 백성들은 왕을 인정하지 않고 흩어져 집으로 돌아간다. 다만 유다 마을의 이스라엘 백성들만큼은 르호보암의 왕위를 인정했다.

르호보암은 아도니람을 이스라엘 백성들에게 보낸다. 그는 강제로 동원된 노역꾼들을 감독하는 사람이었다. 백성들은 그를 돌로 쳐 죽인다. 르호보암은 서둘러 수레를 타고 예루살렘으로 도망친다. 이스라엘 백성들은 여로보암이 돌아왔다는 소식을 듣고 그를 청하여 이스라엘의 왕으로 삼는다. 르호보암은 예루살렘에 이르자 유다와 베냐민 지파를 모았다.

18만 명의 군사가 모이게 된다. 그는 이스라엘과 싸워 나라를 되찾으려 한다. 여호와께서 주의 사람 스마야에게 말씀하신다. "너희는 이스라엘 백성과 싸우러 나가지 마라, 이는 내 뜻대로 된 일이다." 스마야는 이 말을 르호보암과 유다와 베냐민 군사들에게 전한다. 그러자 그들은 여호와의 말씀에 순종하여 모두 집으로 돌아간다.

그때 여로보암은 에브라임 산지에 있는 세겜에 성을 건축하고 살다가 그곳에서 나와 브누엘 성을 세운다. 그는 이 나라가 다윗의 집안으로 다시 돌아갈지도 모른다고 생각한다. 백성들은 예루살렘으로 여전히 제사를 지내러 갈 것이고, 그러다 보면 유다 왕 르호보암에게 돌아갈 수도 있다고 생각하여, 부하들과 의논하여 금송아지 두 개를 만들고, 예루살렘으로 제사 지내러 가는 백성들을 현혹시켜, 이집트에서 구출해 준 신에게 경배할 것을 종용하기에 이른다. 그는 금송아지 하나를 벧엘 성에 두고, 다른 하나는 단 성에 두었다.

백성들은 그곳에 가서 금송아지에게 제물을 드리고 예배를 드렸다. 여로보암은 여러 산당을 짓고 제사장도 레위 사람이 아닌 다른 지파 중에서 선출한다. 그는 마음대로 절기를 정하고, 그 때에 벧엘로 올라가 제물을 바치고 제사를 지낸다. 이 모든 행위들이 여호와 앞에 큰 죄가 되는 것이었다. 결국 이스라엘 왕국이 남북으로 분열되기 시작한 것이다.

13장_ 벧엘에 대해 말하다

하나님의 사람이 벧엘에 도착하고 보니, 여로보암이 제단 곁에서 제물을 바치고 있었다. 하나님의 사람이 외친다. "제단아, 제단아, 여호와께서 너에게 말씀하셨다. 다윗 집안에 요시야란 아들이 태어날 것이다. 그는 네 위에서 제사를 드리고 있는 산당의 제사장들을 네 위 제물로 바칠 것이며, 인간의 뼈를 네 위에서 태울 것이다." 여로보암은 소리치는 하나님의 사람을 잡으라고 팔을 내밀어 명령한다.

그러나 여로보암의 팔은 그대로 마비되어 움직일 수가 없게 된다. 곧이어 제단이 갈라지고 모든 재가 땅 위로 쏟아진다. 놀란 여로보암은 하나님의 사람에게 애원한다. 그가 여호와께 은혜를 베풀어 달라고 기도 드리자 왕의 팔

분단된 이스라엘 왕국

이 돌아오게 된다. '하나님의 사람' 은 여로보암의 친절에 겸손하게 사양한다.

그것은 여호와께서 누구든 음식을 먹지 말 것이며, 자신이 온 길을 택하지 말고, 다른 길로 내려갈 것을 명령하셨기 때문이었다. 그래서 그는 벧엘에서 올라온 길을 피해 다른 길로 돌아가, 여호와의 말씀에 순종했다. 그 소식을 들은 벧엘을 지키던 늙은 예언자는 같은 하나님의 예언자로, 그를 쫓아가 같은 하나님의 종으로 당신에게 음식을 대접해 보내라는 명령을 받았다고 속인 후, 자신의 집으로 데려와 음식을 먹인다.

그리고 당신은 여호와의 말씀을 거역했다고 말하며, 나귀에 태워 보낸다. '하나님의 사람' 은 여호와의 말씀을 어긴 죄로 길거리에서 사자를 만나 죽는다. 그때서야 늙은 예언자는 하나님의 말씀이 확실하다는 것을 알고 슬퍼하며, 그의 시체를 거둬 자신의 무덤에 장사지낸다. 그는 아들들에게 훗날 하나님의 사람 유골 곁에 자신의 뼈를 묻어 줄 것을 당부한다.

여로보암은 그 일이 있은 다음에도 나쁜 짓을 계속한다. 일반 백성 가운데서 산당의 제사장을 뽑았기에 그의 집안은 멸망하여 땅에서 사라져 버리게 되었다.

14장_ 여로보암 아들이 죽다

여로보암의 아들 아비야가 병들어 죽게 되자, 그는 아내에게 실로의 예언자 아히야를 만나게 한다. 아히야는 여로보암이 이스라엘의 왕이 될 것이라고 예언한 바 있는 사람이었다. 아내는 빵과 과자와 꿀을 선물로 가지고 아히야를 찾아간다.

여호와께서 아히야에게 말씀하셨다. 여로보암의 아들이 병이 들었고 그래서 그의 아내가 변장을 하고 찾아올 것임을 알려 주신다. 여로보암의 아내가 문으로 들어오는 소리를 듣고, 아히야는 여호와께서 일러 주신 대로, 어찌 변장을 하고 나를 찾아왔느냐고 힐책하며, 여호와의 말씀을 전한다. "여로보암에게 다윗의 백성을 쪼개어 한쪽의 지도자로 세웠는데, 계명과 율법을 지키지 아니 하였으며, 여호와를 배반하고 우상을 만들어 섬기는 악한 일을 했으니, 네 집안의 종을 비롯한 모든 남자를 다 죽일 것이며, 네 집안을 완전히 멸망시킬 것이다"라고 여로보암의 아내에게 전한다.

그리고 이스라엘에 새 왕을 세울 것이고, 그에게 여로보암의 집안은 멸족케 될 것이라고 하며 돌아가라고 한다. 또한 여로보암은 스스로도 죄를 지었지만 이스라엘 백성들에게도 죄를 짓게 했으므로, 여호와께서는 이스라엘을 버리실 것이라고 말한다. 여로보암의 아내가 돌아가 집안에 이르자, 아들 아비야가 죽는다.

그래도 아비야 만큼은 여호와를 생전에 기쁘게 했으므로 무덤에 묻힐 것이며, 다른 이들은 개의 밥이 되고, 새의 밥이 되어 죽어갈 것임을 예언했다. 이 일은 아히야가 예언한 대로 이루어지게 되었고, 여로보암은 22년 동안 이스라엘을 다스리다가 죽는다. 그의 아들 나답이 왕위를 물려 받는다.

솔로몬의 아들 르호보암은 예루살렘에서 유다의 왕으로 41세에 등극하여 17년간 유다 왕국을 통치하였다. 유다 백성들도 여호와 보시기에 악한 일을 저질렀다. 그들은 높은 언덕과 푸른 나무 아래에 산당과 우상 아세라 신상을 만들어 세웠다. 산당에는 남자 창기까지 있었고, 유다 백성들의 죄악상은 선조들보다 훨씬 더했다.

르호보암 5년에 이집트의 시삭 왕이 예루살렘에 쳐들어와, 성전과 왕궁에서 보물을 모두 빼앗아 간다. 솔로몬이 만든 금으로 된 방패들도 가져갔다. 르호보암은 금방패 대신 놋으로 방패를 만들어 궁궐 수비대에게 주어 지키도록 한다. 르호보암과 여로보암은 살아 있는 동안 늘 전쟁을 했다.

르호보암도 죽어 예루살렘 조상들의 무덤에 묻히고, 그의 아들 아비얌이 뒤를 이어 왕위에 오르게 된다.

15장_ 유다의 아비얌 왕

여로보암 18년에 아비얌이 유다의 왕이 된다. 그는 3년 동안 예루살렘에서 유다 왕국을 통치한다. 그는 아버지 르호보암이 지은 죄를 그대로 답습한다. 하나님께서는 선조 다윗의 충성을 기특히 여겨 그런대로 예루살렘을 유지시켜 주시고 있었다. 다윗은 우리아의 아내를 범한 일 외엔, 그의 평생에 하나님의 명령을 어긴 적이 없었다.

아비얌이 다스리는 동안에도 여로보암과의 전쟁은 계속되었다. 아비얌이 죽어 예루살렘에 묻히고, 그의 아들 아사가 왕위에 오르게 된다. 여로보암이 이스라엘 왕으로 통치한 지 20년째 되는 해에 르호보암의 손자 아사가 왕위에 오른 것이다. 그는 41년 동안 왕위에 있게 된다.

아사는 하나님 보시기에 다윗처럼 올바르게 살았다. 남자 창기들을 쫓아버리고 조상들이 섬기던 온갖 우상을 없애 버렸으며 할머니 마아가의 아세라 우상을 이유로 그를 왕비에서 파면한다. 아사는 평생토록 여호와께 충성했다. 여로보암의 뒤를 이은 나답 왕은 2년밖에 이스라엘을 통치하지 못한다. 블레셋 사람들을 공격하고 있을 때, 바아사가 배신하여 나답을 죽이고 왕위를 차지하게 되었기 때문이다.

바아사는 유다의 아사 왕을 공격한다. 이에 아사는 아람 왕 벤하닷에게 사신을 보내 협조를 요청한다. 벤하닷은 아사의 요청대로 바아사와 맺은 조약을 깨고 유다를 지원한다. 이스라엘 마을을 공격하여 승리하자 바아사는 라마에서 성 쌓는 일을 포기하고 후퇴한다.

바아사는 왕이 되자마자 여로보암의 사람들을 모두 죽였으므로, 예언자 아히야가 했던 여호와의 말씀이 이뤄지게 된 것이다. 그 후로 바아사는 여호와께서 보시기에 악행을 저지르며 여로보암 못지 않은 죄를 짓게 된다.

16장_ 그 밖의 왕들

여호와의 말씀이 하나님의 아들 예후에게 내려왔다. 그는 바아사에게 자신이 당신을 높여 이스라엘의 지도자로 세웠지만, 여로보암처럼 이스라엘 백성에게 죄를 짓도록 했다며, 바아사의 집안을 멸절하리라고 말한다.

여로보암에게 내린 징계를 당신에게 내린다고 경고하며, 당신 집안 사람 중에 성안에 죽는 사람은 개들의 먹이로, 들에서 죽는 사람은 새들의 먹이가 될 것임을 알려 준다. 결국 바아사는 죽어 디르사란 곳에 묻힌다.

그리고 뒤를 이어 그의 아들 엘라가 왕이 된다. 이때는 아사가 유다 왕으로 오른 지 26년째 되는 해였다. 엘라는 2년 동안 이스라엘을 통치했고, 그가 아르사의 집에서 술에 취해 있을 때, 시므리가 반역하여 그를 죽이고, 시므리가 이스라엘의 왕이 된다. 그 역시 왕이 되자마자 바아사 집안 사람들을 전부 죽인다.

바아사와 엘라는 이스라엘 사람들을 우상을 섬기게 하는 등의 죄를 짓게 만들었다. 그는 아사가 왕위를 이어간 지 27년째 되는 해에 왕이 되어 디르사에서 7일 동안이란 짧은 날을 왕위에 있었다.

오므리와 모든 이스라엘 백성들은 시므리가 반역하여 왕을 죽였다는 소식을 듣고 다르사로 쳐들어간다. 성이 점령되자, 시므리는 왕궁에 불을 지르고 자신도 뛰어 들어가 불에 타 죽는다. 그래서 오므리가 새로운 이스라엘 왕위를 잇게 된다.

유다 왕국의 아사가 왕위에 있은 지 31년째 되는 해에, 오므리는 반대파인 디브니를 죽이고 왕권을 장악하게 된다. 그 역시 여로보암이 했던 것처럼 이스라엘 백성들을 죄악으로 이끌었다. 그는 죽어 조상들의 무덤이 있는 사마리아에 묻히고, 그의 아들 아합이 뒤를 이어 왕이 된다.

유다 왕국의 아사가 왕위를 이은 지 38년째 되는 해에 아합이 이스라엘의 왕으로 등극하게 된다. 그는 22년 동안 사마리아에서 이스라엘을 통치한다. 그는 오므리나 다른 이스라엘 역대 왕들보다 더욱 악행을 일삼았다. 그는 바알 신을 섬기고 사마리아에 신전을 세웠다. 그리고 아세라 우상도 만들었다.

17장_ 엘리야의 가뭄 예언

길르앗의 예언자 엘리야가 아합 왕에게 말했다. 자신은 이스라엘 하나님 여호와를 섬기는데 앞으로 몇 년 동안 비와 이슬이 내리지 않을 것임을 말한다. 여호와께서는 엘리야에게 이곳을 떠나 요단 동쪽 그릿 시냇가에 숨고, 그곳의 시냇물을 마시며, 까마귀들이 가져다 주는 먹이를 먹으라고 하신다.

엘리야는 여호와의 명령대로 실행한다. 땅에 비가 내리지 않자, 시냇물도 말라 버리게 되고, 그는 다시 여호와의 명령에 따라 사르밧이란 곳으로 이동한다. 여호와께서는 사르밧의 과부가 도울 것임을 이미 말씀하셨다. 그는 과부에게 물과 빵을 가져다 달라고 부탁한다. 그러자 과부는 여호와를 두고, 가난하여 빵이 없음을 맹세한다.

그녀는 항아리에 밀가루가 조금 있고, 기름이 조금 있을 뿐, 땔감을 주워 죽어가는 아들에게 먹을 음식을 마련하러 나왔다고 솔직하게 고백한다. 엘리야는 과부를 안심시키고 집으로 돌아가 음식을 준비하라고 한다. 음식을 만들면 조그만 빵 하나를 자신에게 먼저 가져올 것을 부탁한다.

여호와께서 과부를 축복하셨다. 이 땅에 비가 내릴 때까지, 과부의 항아리에 밀가루가 떨어지지 않을 것이며, 병에 든 기름도 떨어지지 않을 것이란 축복을 하신다. 그래서 엘리야와 사르밧 과부의 가족은 음식을 넉넉하게 먹게 되었다. 얼마 뒤 과부의 아들이 병이 들게 되어 죽게 된다.

그러자 과부는 엘리야에게 "당신은 하나님의 사람입니다. 내 아들을 죽이려고 이곳에 오셨습니까?"라고 반문한다. 엘리야는 아들을 건네 받고 위층으로 올라가 자신이 묵고 있는 침상에 아이를 눕히고 여호와께 기도한다. 아이는 기적처럼 살아나 숨을 쉬게 되었고, 과부는 엘리야를 참 하나님의 사람임을 고백하게 된다.

18장_ 엘리야와 바알의 예언자들

가뭄이 든지 3년 만에 여호와께서는 엘리야에게 아합 왕을 만나게 지시하신다. 아합 왕은 왕궁을 관리하는 오바다를 부르러 신하를 보냈는데 오바댜는 참마음으로 여호와를 따르는 사람이었다. 그는 이세벨이 여호와의 예언자들을 죽일 때 동굴에 숨겨주고 100명의 예언자를 살려 준 일도 있었다. 아합은 오바다에게 물이 있는 땅을 찾자고 제안하여, 두 사람은 서로 다른 곳으로 물을 찾아 떠난다.

오바댜가 길을 가다가 엘리야를 만나게 된다. 오바댜는 엘리야를 알아보고 인사한다. 엘리야는 아합 왕에게 가서 자신이 여기 있음을 고하라고 한다. 그러나 오바댜는 그 전에 사람들을 풀어 엘리야를 찾았으나 찾지를 못했는데, 지금 아합에게 엘리야가 여기 있다고 하면 후환이 겹칠 것을 두려워 한다.

예전에 이세벨이 예언자들을 죽일 때, 100명의 예언자들을 두 개의 동굴에 나눠 숨겨준 일이 탄로 날 것이고, 그 일로 인하여 아합은 반드시 자신을 죽일 것이라고 말한다. 엘리야는 두려워 떠는 오바댜에게 만군의 여호와를 섬기는 엘리야임을 말하고, 반드시 아합 왕을 만날 것임을 말한다. 어쩔 수 없이 오바댜는 아합에게 가서 엘리야의 존재를 알린다.

아합이 와서 엘리야에게 당신이 이스라엘을 괴롭힌 엘리야가 맞느냐고 묻지만, 엘리야는 괴롭힌 것은 자신이 아니고, 왕과 왕의 집안 사람들이라고 반박한다. 엘리야는 바알 신을 따르는 아합을 저주하며 갈멜 산으로 이세벨에게 붙어 먹고 사는 바알 신 예언자 450명과, 아세라 예언자 400명을 이끌고 올라오라고 한다. 아합은 그 사람들을 동원하여 갈멜 산에 오른다. 엘리야는 바알 신과 여호와를 두고, 참 하나님과 참 바알을 따르기를 원하는 대로 선택하라고 한다.

여호와의 예언자는 엘리야 한 사람뿐이며, 바알의 예언자는 450명이나 있다고 소리친다. 엘리야는 소 두 마리를 가져와 한 마리씩 골라잡은 후에 장작 위에 올려놓고 불을 지피지 말고, 당신들의 신과 여호와께 기도하여 불을 내려 태워 주시는 분이 참 하나님일 것이라고 제안한다. 바알 신을 섬기는 예언자들이 한나절을 빙빙 돌며 주술을 외웠으나, 불이 내리지 않는다.

엘리야는 그들에게 소리를 지르고 약을 올리며, 바알 신을 깨우라고 하자, 그들은 더 큰 소리로 기도하며 창으로 자기 몸까지 찌르며 피가 나게 한다. 저녁이 되도록 그들은 바알 신을 부르며, 미쳐 날뛰었으나 어떤 움직임도 보이지 않는다. 엘리야는 백성들에게 자신의 주변으로 모이게 하고는 여호와를 위하여 제단을 쌓았다. 그는 제단을 쌓고, 소를 잡아 여러 조각으로 나눈 후, 장작 위에 올려놓고 항아리 네 개에 물을 가득 채워 장작더미 위에 붓게 한다. 엘리야가 한 번 더 물을 붓게 하자, 도랑에 물이 가득 고이게 되었다.

저녁이 되자, 엘리야의 기도가 시작되었다. "여호와여 주님은 아브라함과 이삭과 이스라엘의 하나님이십니다. 주님이 이스라엘의 하나님이심을 증명해 주십시오." 그러자 여호와의 불이 하늘에서 떨어져 제물과 장작을 태우고 도랑의 물을 모두 말라 버렸다. 모든 백성들이 그 모습을 보고 땅에 엎드려 여호와는 하나님이시라고 외쳐댔다. 엘리야는 바알의 예언자들을 붙잡으라고 소리치며, 그들을 잡아다가 기손 시냇가로 끌고 가서 모두 죽여 버린다.

엘리야는 아합 왕에게 이제 올라가서 먹고 마시라고 한다. 그가 돌아가자 엘리야는 무릎에 얼굴을 묻고 하나님께 간절한 기도를 올린다. 그리고 사환에게 갈멜 산에 올라가서 바다 쪽을 살펴보라고 한다. 이렇게 그 일을 일곱 번이나 되풀이 했다. 일곱 번째가 되자, 사람 손바닥만한 구름이 바다에서 올라오고 있음을 보고한다.

엘리야는 사환에게 지금 당장 아합 왕에게 가서 비가 오기 전에 마차를 준비해서 집으로 돌아가라고 지시한다. 이윽고 검은 구름이 하늘을 덮기 시작하더니, 큰 비가 쏟아지기 시작한다. 아합 왕은 자기 마차를 타고 이스라엘로 급히 돌아갔으나, 여호와의 능력을 입은 엘리야는 아합 왕보다 먼저 이스라엘에 도착되었다.

**** 주요구절 ****
18 : 21 엘리야가 모든 백성에게 가까이 나아가 이르되 너희가 어느 때까지 두 사이에서 머뭇머뭇 하려느냐 여호와가 만일 하나님이면 그를 좇고 바알이 만일 하나님이면 그를 좇을 지니라 하니 백성이 한 말도 대답지 아니 하는지라.

19장_ 엘리야가 호렙 산으로 피하다

갈멜 산의 승리로 바알 세력들을 진멸하리라 생각했던 엘리야는 이세벨의 보복개시 소식을 듣고 도망하여 브엘세바에 이르러 사환을 남겨둔 채, 광야로 들어가 로뎀 나무 그늘에 앉아 죽기를 여호와께 구한다. 나무 아래 잠든 엘리야에게 천사가 다가와 먹을 것을 제공하며, 그가 먹고 마시며 기운을 차린 후 40일 동안 밤낮을 걸어, 하나님의 산, 호렙에 도착한다. 엘리야가 그곳에 있는 굴에 들어가 머물 때, 여호와께서 임하여 엘리야를 부른다.

엘리야는 자신이 처한 위급함을 여호와께 아뢴다. 그러자 여호와께서 산에 서있으라 지시하신다. 여호와께서 지나가시는데, 그 앞에 크고 강한 바람이 산과 바위를 부수고, 지진이 일어나고, 불이 타오르는데도 여호와의 모습은 보이지 않고 작은 소리만 들려 오는데, 엘리야가 옷으로 얼굴을 가리고, 굴 한 쪽에 서서 여호와의 음성을 듣는다.

여호와께서 다메섹으로 가서 하사엘에게 기름 부어 아람 왕으로 삼을 것이며, 님시의 아들 예후에게 기름 부어 이스라엘 왕으로 세울 것이며, 엘리사에게 기름 부어 선지자로 삼으라고 지시하신다.

하나님은 하사엘과 예후를 통해 아합 왕의 사람들을 징벌하실 것이며, 하사엘의 칼을 피하는 자를 예후가 죽일 것이며, 예후의 칼을 피하는 자를 엘리사가 죽일 것이라고 말씀하신다. 그러나 바알을 섬기지 아니 한 자, 7천명을 살려둘 것이라고 약속하신다. 그 후 엘리야는 밭을 갈고 있던 사밧의 아들 엘리사를 만난다. 그는 엘리야를 만나자 밭일을 포기하고 소를 잡아 나누며 엘리야를 따른다.

20장_ 벤하닷이 사마리아를 공격하다

아람의 왕 벤하닷이 사마리아에 쳐들어 와 포위한 채, 아합에게 사신을 보내, 은과 금 그리고 아름다운 아내들과 자녀들을 내놓으라고 요구한다. 이스라엘 장로들과 백성들은 아합에게 불온한 벤하닷의 요구에 더욱 강경하게 대처할 것을 주문한다.

아합 왕이 다스리는 이스라엘은 사마리아를 공격해 올 벤하닷과 맞서 싸울 준비를 한다. 벤하닷의 군대는 술을 마시다가 전쟁 상황을 맞게 된다. 벤하닷은 사마리아에 정탐 병을 보낸다. 그들은 사마리아 사람들이 몰려 오고 있음을 보고하자, 모두 사로잡을 것을 명령한다. 사마리아의 병사들이 벤하닷의 아람 군대를 쫓아 죽이게 되자, 벤하닷은 마병과 함께 도주한다. 선지자가 다시 아합에게 벤하닷의 다음 공격에 대비할 것을 조언한다.

벤하닷은 산지에서의 싸움이 불리한 것을 알고, 평지에서 이스라엘 군대를 끌어내 진멸하리라 작전을 계획한다. 이듬해 군대를 모은 벤하닷이 이스라엘과 싸우려고, 아벡에 올라가 보니, 이스라엘보다 아람 군대가 땅에 가득할 정도로 많아 보였다. 벤하닷은 자신감을 불태운다.

이 때에 하나님의 사람이 아합에게 말한다. 아람 사람이 말하기를 여호와는 산의 신이지만 골짜기의 신은 아니라 하니, 여호와께서 이스라엘에게 승리를 줄 것이니, 이기면 여호와의 도우심을 알라고 한다. 군대가 서로 대응한 지 7일 만에 전투가 벌어졌는데 아람 군인 10만 명을 죽이고 남은 자는 아벡으로 퇴각했다. 벤하닷은 성읍으로 도주하여 골방에 숨는다.

아합의 병사들이 성읍에 이르자 벤하닷의 심복들이 아합에게 오며 이스라엘의 인자한 왕을 향해, 굵은 베로 허리를 묶고, 벤하닷의 생명을 위하여 간청한다. 아합은 그러는 저들에게 벤하닷이 살아 있음을 반가워 하며, 그는 왕의 형제이니 그를 데려오라고 하자, 신하들은 곧바로 벤하닷을 데리고 와 병거에 태운다. 벤하닷이 이전에 빼앗은 모든 성읍을 반환할 것을 약속한다.

아합은 벤하닷의 약속을 믿고 풀어준다. 얼마 후, 예언자가 아합에게 와서 하나님의 예언을 설명한다. 여호와의 명령으로 진멸하라고 한 사람을 놓아주었으니, 당신의 목숨으로, 저의 목숨을 대신할 것이며, 당신의 백성은 저들 백성을 대신할 것임을 아합에게 전해 준다. 아합이 이 소리에 크게 근심하며 궁으로 돌아간다.

21장_ 나봇의 포도원

이스르엘 사람, 나봇의 포도원이 아합의 궁궐에 가까운 곳에 있었다. 아합은 나봇에게 포도원을 주고, 그보다 더 좋은 포도원을 줄 것이라고 한다. 그러나 나봇은 조상에게서 물려 받은 포도원을 아합에게 줄 수 없다고 말한다. 아합이 이 말을 듣고 궁으로 돌아와 식사를 하지 못하고 근심에 쌓여 있는데, 그의 아내 이세벨이 그 이유를 묻자, 나봇의 포도원 이야기를 한다.

이세벨은 자신이 나봇의 포도원을 왕께 드릴 것을 약속한다. 그녀는 나봇과 함께 사는 장로들과 귀인들에게 편지를 보내, 금식을 선포하고 나봇을 백성 가운데 높이 앉힌 다음, 간악한 모략으로 나봇이 하나님과 왕을 저주하였다 하며, 끌고 나가 돌로 쳐 죽이라고 편지에 썼다. 장로와 귀인들이 이 편지를 보고 나봇을 백성 중에 높이 앉히고, 나봇에게 두 사람이 다가와 거짓 증거로, 하나님과 왕을 저주하였다고 주장한다. 그러자 사람들은 나봇을 끌어내 이세벨의 편지 내용대로 돌로 쳐 죽이게 된다.

이세벨의 간교로 나봇은 죽었으며, 나봇이 죽었다는 소식을 듣고 아합은 포도원을 접수하러 그 곳으로 내려간다. 이때 선지자 엘리야가 다시 등장하는데, 그는 나봇의 포도원을 접수하러 그곳으로 내려간 아합을 찾아온다. 엘리야에게는 이미 여호와의 명령이 임했다. 엘리야는 아합과 이세벨에게 아합의 식솔들이 진멸하여 개와 새의 먹이가 될 것임을 전한다.

이에 아합은 옷을 찢고, 굵은 베로 몸을 동이고, 금식하며 진심으로 죄를 반성한다. 여호와께서 아합이 진심으로 회개하고 반성하는 것을 보시더니 측은히 여겨 그 벌을 당대에서 철회하시며, 아들의 시대에 내릴 것이라고 엘리야에게 말씀하신다.

22장_ 아합의 패전

아람과 이스라엘이 전쟁 없이 3년을 평화롭게 보낸다. 유다의 왕 여호사밧이 아합에게 와서 길르아 라못의 소유권을 놓고 합세하여, 아람에게서 빼앗자고 동맹할 것을 제안한다. 두 나라의 왕들은 협공을 하기에 앞서 여호와의 뜻을 묻는다.

예언자 미가야를 부르러 간 사이 시드기야의 예언을 먼저 듣는다. 그는 여호와의 말씀이 철로 뿔을 만들어 아람 사람들을 찔러 진멸할 것이라고 예언했다. 그러자 모든 선지자들이 한 목소리로 여호와께서 길르앗 라못을 쟁취시켜 주실 것이라고 같은 예언을 한다.

드디어 선지자 미가야의 예언을 듣게 된 아합은 불길한 예언을 하는데 이스라엘이 목자 없는 양같이 산에 흩어져 있으니 평안히 무리가 집으로 돌아가게 될 것이라고 예언한다. 아합과 여호사밧은 기르앗 라못으로 올라간다. 아람 군대와의 치열한 전투 중에 아합은 미가야의 예언대로 전사하고 만다. 예언대로 그 백성들은 목자 없는 양같이 뿔뿔이 흩어져 고향으로 돌아간다. 아합이 피를 흘리고 죽어 사마리아에 장사된다. 그가 탔던 병거를 못에서 씻을 때, 개들이 그 핏물을 핥아 먹었고, 이는 여호와의 말씀과 같이 된 것이다.

아합의 뒤를 이어 그의 아들 아하시야가 왕위를 이어가지만 그도 역시 부덕과 악행을 일삼는다. 이는 선조인 여로보암의 악한 행위를 좇는 것으로 바알을 섬기고 우상을 숭배하며 하나님을 진노케 하는데 그의 아비, 아합과 버금갈 정도였다.

열왕기 하 | II. Kings

분열된 왕국의 역사 : 25장

저　　자 : 미상 / '예레미야' 기록설이 유력
기록연대 : B.C 561 ~ B.C 538년경

세계사 비교 : B.C 600년경 중국에서는 전국시대가 계속되고 있었으며, B.C 609년에 앗시리아 제국이 멸망했고, B.C 587년 유다 왕국의 멸망으로 2차 유수, B.C 563년 석가 탄생과, B.C 552년 공자가 탄생한다. B.C 539년 키로스 2세의 나보니도스 격파로 신바빌론이 멸망하고, 페르시아 제국이 성립된다. B.C 521년 페르시아에서 다리오스 1세가 즉위, B.C 525년 페르시아가 오리엔트를 통일한다.

중심인물 : 엘리사, 수넴 여자, 나아만, 히스기야, 이사야, 므낫세, 요시야, 힐기야, 시드기야, 느부갓네살, 역대 왕들

핵심 에피소드 : 왕국의 쇠퇴해 가는 과정을 그리고 있으며 이스라엘의 분열로 인한 유다 왕국과 이스라엘 왕국의 전쟁 기록으로 17장에서 이스라엘 왕국의 패망과 앗시리아에 포로로 잡혀 가는 상황을 전개하고 있으며, 18장 이후로는 유다 왕국의 말기에 대한 기록이 전개되고 있다.

본서에서는 이스라엘과 유다의 역사를 통해 하나님의 섭리와 계획을 알려주며, 선민들의 타락상을 통해 왕국의 멸망 과정을 나타내며 인간이 통치하는 국가의 한계성을 인식시켜 준다. 메시아 왕국을 기대하기 위하여 기록되

었다고 볼 수 있다.

1장_ 엘리야와 아하시아 왕

아합 왕이 죽은 뒤 모압이 이스라엘을 배반한다. 아하시아 왕이 2층에서 떨어져 부상을 당하자, 에그론의 바알세블에게 자신의 병이 나을 수 있는지 신탁한다. 이때 여호와의 천사가 엘리야에게 아하시아가 보낸 사신을 만나게 한다. 엘리야는 그들에게 어째서 여호와 하나님을 두고 바알세블에게 신탁을 받으러 가는지를 묻는다. 사신들은 이 말을 듣고 아하시아에게 돌아와서 그대로 보고한다.

아하시아는 인상착의를 물어, 그가 엘리야임을 확인한 다음 병사들을 보내 엘리야를 처단하려 하지만, 그는 산꼭대기에 올라 앉아 있었다. 병사들이 아하시아의 명령을 받고 당신을 데리러 왔노라고 말하자, 엘리야는 진정 자신이 하나님의 사람이라면, 당신들을 불태워 죽일 것이라고 말한다. 그러자 곧바로 하늘에서 불이 내려와 병사 50명을 불태워 죽인다.

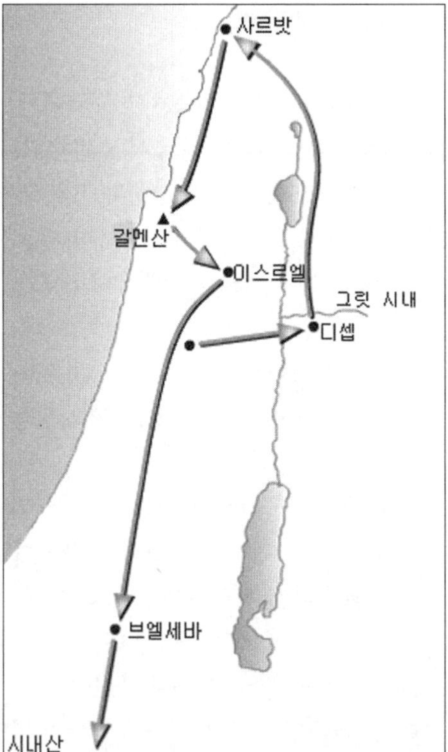

엘리야의 여로

아하시아는 다른 병사 50명을 엘리야가 있는 산으로 보내지만, 여호와께서는 그들 역시 불에 태워 버린다. 아하시아는 세 번째로 병사 50명을 다시 보낸다. 이에 오십부장은 엘리야에게 앞선 병사의 죽음을 보고 두려워 하여, 자신의 부하들의 생명을 존중해 줄 것을 빌었다.

여호와의 천사가 엘리야에게 저와 함께 가라고 지시하자, 병사들과 함께 아하시아에게 간다. 엘리야는 여호와의 지시대로 당신은 그 병으로 인하여 죽을 것이라고 전했고 아하시아 왕은 하나님의 말씀대로 죽는다. 그는 아들이 없었으므로 여호람이 왕위를 잇게 된다.

2장_ 엘리야의 승천

엘리야와 그의 제자 엘리사는 벧엘에 있는 예언자들에게 간다. 예언자들은 엘리사에게 당신의 선생을 하나님께서 오늘 하늘로 데려가실 것을 알고 있느냐고 말한다. 엘리사는 이미 선생의 승천을 알고 있었다.

그는 엘리야를 따라 여리고로 간다. 여리고의 예언자들도 같은 말을 번복한다. 엘리야는 여호와의 지시에 따라 요단강으로 이동한다. 엘리사와 예언자들이 그곳으로 따라간다. 엘리야가 강가에서 겉옷을 벗어 둘둘 말아 강물을 치자, 강물이 양쪽으로 갈라진다. 엘리야와 엘리사는 마른 땅 위로 강을 건넌다.

엘리야는 자신이 하늘로 올라갈 텐데, 엘리사에게 무엇을 해주기 바라느냐고 묻자, 엘리사는 선생님의 영적 능력을 두 배로 받기를 원한다고 대답한다. 엘리야는 만약 네가 승천하는 자신의 모습을 보게 되면, 그 뜻을 이룰 것이라고 말하자, 불 전차와 불 말이 나타나 두 사람을 사이를 갈라놓는다. 엘리야는 회오리 바람을 타고 하늘로 올라간다.

엘리사는 선생의 승천을 보며, 옷을 찢어 슬픔을 표하고 엘리야의 옷으로 강물을 치자, 다시 강물이 갈라진다. 이 광경을 보고 있던 여리고의 예언자들은 엘리야의 영이 엘리사에게 있다고 말하며, 엘리사에게 다가와 엎드려 절한다. 예언자들은 혹시 여호와께서 엘리야를 하늘로 들려 올려가다 산 속에 떨어뜨렸을지도 모른다며 병사들을 보내 산을 수색하자고 하자, 엘리사는 만류한다.

하지만 예언자들은 산으로 병사들을 보내 엘리야를 3일 동안이나 찾았으나, 아무런 흔적도 발견하지 못하고 돌아온다. 엘리사는 성으로 가서 더러운 우물을 여호와의 능력으로 깨끗한 물로 변화시켜 준다. 그리고는 벧엘로 가는데 어린 아이들이 나와 그를 대머리라고 놀려댄다. 엘리사가 돌아보고 어린 아이들을 저주하자 숲에서 암컷 곰 두 마리가 나와 어린 아이 42명을 모두 찢어 죽인다. 엘리사는 갈멜 산을 거쳐 사마리아로 돌아간다.

3장_ 이스라엘과 모압의 전쟁

유다의 왕 여호사밧 18년에 이스라엘은 아합의 아들 요람이 왕위를 이어 12년 동안 통치한다. 요람은 여호와 보시기에 악한 일을 하지만 아합 만큼 악하지 않았다. 아비의 우상인 바알을 위해 세운 돌을 철거했지만, 여로보암이 짓던 죄는 그대로 따라 했다. 이때 모압의 왕, 메사는 양을 치는 사람이었다. 그는 이스라엘 왕에게 어린 양 10만 마리와 숫양 10만 마리의 털을 바쳐야 했다.

아합이 죽자 그는 이스라엘을 배반한다. 요람 왕은 사마리아에 병력을 배치하고, 유다 왕 여호사밧에게 협공할 것을 제의한다. 여호사밧은 형제의 도리를 다하기 위해 요람과 함께 에돔 광야를 따라 모압을 치러 간다. 7일 동안 행군을 하던 중, 군인들의 마실 물이 떨어진다.

요람 왕은 이스라엘과 유다의 왕을 모압 사람들에게 넘겨 주려는 여호와의 뜻인지를 묻고 싶어 엘리사를 부른다. 엘리사는 요람 왕을 무시한 채, 여호사밧을 위하여 여호와의 능력을 통해 골짜기에 비가 내리는 것을 보지 않고도 물이 가득하게 되어 병사와 짐승의 물을 해결해 준다. 그리고 모압을 쳐서 승리할 것이란 예언을 들려 준다.

모압 군대들은 해가 강물에 비친 것이 피처럼 보여 착각한 채, 내분으로 강물이 피로 물들었다고 판단하여, 이스라엘 진영을 향해 쳐들어 온다. 이에 이스라엘 군대는 모압의 성들을 무너뜨리고 대승을 거둔다.

4장_ 엘리사의 기적들

남편을 잃은 과부가 엘리사에게 와서 도움을 청한다. 그녀는 죽은 남편의 빚으로 아들들이 종으로 팔려 가려는 딱한 처지에 놓여 있었다. 엘리사는 그녀가 가진 전 재산인 기름 한 병을 이용하여 여호와의 능력으로 그릇마다 기름을 채워 주는 기적을 보여준다. 과부는 엘리사의 말대로 그 기름을 팔아 빚을 갚고, 남은 기름으로 아들들과 살게 되었다. 그리고는 수넴으로 향한다.

그곳에는 귀부인이 살고 있었는데 엘리사가 지날 때마다 그 집에 들러 음식을 먹고 간다. 귀부인은 남편에게 엘리사의 용모를 짐작하여 하나님의 거룩한 사람임을 알고, 지붕 위에 작은 방을 만들고, 엘리사가 그곳을 지날 때마다 묵어 갈 수 있도록 한다.

어느 날, 엘리사는 늘 편의를 제공하는 고마운 부인을 불러 도와줄 일이 없는가를 묻지만 수넴 여자는 지금 생활이 평안하다고만 말할 뿐이다. 엘리사는 자기 종을 통해서 귀부인이 아들이 없음을 알게 된다. 그는 부인을 불러 축복해 주며 내년 이맘 때쯤이면 아들을 품에 안고 있을 것이라고 말한다. 그 일 있은 후 부인은 엘리사의 말대로 아들을 낳았고, 건강하게 자라난다.

그런데 어느 날, 아이가 머리 아픔을 아비에게 호소한다. 아비는 부인에게 아들을 보내지만 결국 아이는 부인의 무릎 위에서 죽는다. 부인은 종과 나귀를 준비하여 엘리사를 만나기 위해 산으로 출발한다. 엘리사는 갈멜 산에서 수넴 여자가 오는 것을 보고, 종에게 안부를 묻게 한다.

부인은 엘리사의 발을 붙잡으며, 자신은 엘리사에게 아들을 낳게 해달라고 한 적도 없는데, 아들을 주셔서 이제 죽어 슬픔이 가득해 달려 왔음을 고백하자, 엘리사는 종 게하시에게 지팡이를 주며 누구를 만나든 인사를 나누지 말고, 지팡이를 아이의 얼굴 위에 놓으라고 지시한다. 그러자 부인은 하나님을 두고 맹세코, 엘리사의 곁을 떠날 수 없다고 말한다.

엘리사는 하는 수 없이 부인과 함께 산을 내려온다. 종이 먼저 아이에게 들어가 지팡이를 올려 놓았으나 깨어나지 않자 엘리사가 직접 들어가 문을 닫고 여호와께 기도를 드린다. 그리고 침대로 다가가 아이에게 엎드리며 입을 맞추고 체온을 덥혀 주자, 아이는 재채기를 일곱 번한 뒤에 눈을 뜨게 된다. 엘리사가 부인을 불러 살아난 아이를 데려가라고 한다. 부인은 엘리사의 발 앞에 엎드려 절한 다음, 아이를 데리고 밖으로 나갔다. 엘리사가 길갈로 다시 돌아왔을 때, 가뭄이 들어 있었다.

예언자들이 그 옆에 앉아 있었다. 그들은 국을 끓였는데, 어떤 사람이 야생 덩굴에 달린 박을 넣고 끓였다. 사람들이 국을 먹다가 독이 든 것을 발견하자, 엘리사는 밀가루를 풀어 독을 말끔히 없애 주는 능력을 보여 준다. 그리고 적은 양의 보리빵 20개와 햇곡식을 가져와 100명의 사람들에게 나눠 주라고 종에게 지시한다. 터무니 없이 적은 양을 걱정하는 종에게 엘리사는 여호와의 말씀으로 많은 사람들을 먹이고도 남는 이적을 보여 준다.

5장_ 나아만의 병을 고친 엘리사

나아만은 아람 왕의 군대 장관이었다. 그는 왕에게 신임을 받는 충성스런 군인이었는데 문둥병에 걸리고 말았다. 나만의 아내한테는 이스라엘 여종이 있었다. 여종은 이스라엘과의 전쟁했을 때 잡아온 소녀였다. 소녀는 여주인에게 주인의 병을 고치려면 사마리아에 살고 있는 예언자를 만나게 해 보라고 권유한다. 나아만은 아람 왕에게 가서 소녀의 말을 전하자 왕은 편지를 써서 나아만에게 주어 이스라엘 왕을 만나게 한다. 편지에는 나아만의 문둥병을 고쳐 달라는 내용이 적혀 있었다.

왕은 편지를 읽고 어이가 없어 자신이 무슨 수로 나아만의 문둥병을 고칠 수 있겠느냐며 옷을 찢으며 분기한다. 혹시 아람 왕이 이런 식으로 이스라엘을 공격하려고 구실을 만드는 것이 아닌가 하며 의심을 하게 된다. 그 때 엘리사가 이스라엘 왕이 옷을 찢었다는 소식을 듣고, 종을 불러 그 이유를 알게 된다.

그는 나아만을 불러 요단강에 가서 일곱 번을 씻으라고 말한다. 나아만은 자신을 홀대하는 엘리사의 행위에 화가 나서 신하들에게 짜증을 부린다. 나아만이 찾아 갔으면 얼른 나와 맞이하며, 주 하나님의 능력을 불러 병든 자리에 정성껏 손을 얹어 병을 고칠 일이 아니냐며 분개한다. 나아만의 종들은 분개하는 그를 설득하여 요단강으로 데려가 몸을 씻게 한다. 그러자 문둥병이 사라지고 새 살이 돋아나게 된다.

나아만은 엘리사에게 와서 오직 하나님은 이스라엘 땅 가운데 계심을 알게 되었다며 선물을 전한다. 그러나 엘리사는 선물을 거절하고 돌려 보낸다. 나아만은 이스라엘의 흙을 두 마리 나귀에 싣고 길을 떠난다. 그는 앞으로 번제를 드릴 경우 오직 여호와께만 드릴 것을 약속한다. 하지만 자신의 주인이 림몬 신전에 들어갈 때 부축을 해야 하므로, 그때는 여호와께서 용서해 주실 것을 당부한다.

그들이 떠난 뒤, 엘리사의 종 게하시가 곰곰이 생각하다가, 주인이 그 많은 선물을 주겠다는데도 받지 않은 것이 답답하여 하나님께 결심하고 뒤쫓아 가, 거짓말로 에브라임 산지에서 두 사람의 손님이 왔는데, 그들에게 줄 은 한 달란트와 옷 두 벌을 달라고 한다. 나아만은 은 두 달란트와 옷 두 벌을 자루에 담아 자신의 종들에게 게하시와 더불어 가져가도록 한다.

게하시는 종들을 시켜 자신의 집에다 챙기게 하고 돌려 보낸다. 그가 엘리사에게 오자 어디 갔다 왔는지를 묻는다. 그는 거짓으로 대답하지만 엘리사의 영이 나아만의 종들이 짐을 내릴 때부터 함께 하고 있었으므로 게하시에게 나아만의 문둥병이 옮겨, 눈처럼 하얗게 되는 벌을 내린다.

6장_ 엘리사의 신학교와 도끼 자루

엘리사의 생도들에게 현재의 처소는 매우 비좁았다. 그래서 요단강가의 넓은 지역으로 옮겨 집을 짓게 되는데 나무를 베어 집짓는 일을 하던 중, 한 생도의 도끼가 자루에서 빠져 물 속으로 사라진다. 이때에 엘리사는 나뭇가지를 물 속에 던져 도끼가 떠오르게 하는 기적을 베푼다.

이때에 아람 왕이 이스라엘을 침공한다. 그러나 하나님의 사람이 이스라엘 왕에게 세세한 정보를 전달하여 아람 왕의 작전은 실패를 되풀이한다. 이스라엘 왕이 어떻게 아람 왕의 작전계획을 미리 알아낼 수 있느냐고 부하들에게 묻는다. 부하들은 엘리사라는 선지자의 능력이라고 답한다. 그러자 왕은 엘리사를 체포하기 위해 병력을 출동시킨다.

엘리사가 묵고 있던 도단 성을 완전히 포위한 아람 군대는 병거와 말과 수많은 병사로 위협을 가하기 시작한다. 엘리사의 사환이 무서워 떨며 그에게 밖의 사정을 보고하자, 엘리사는 사환이 저들보다 우리 측 병사가 많다고 말하며, 당당히 여호와께 기도드린다. "여호와여 원컨대 저의 눈을 열어 보게 하옵소서." 그러자 사환의 눈이 밝아지는데 자세히 보니, 불 말과 불 병거가 산에 가득하여 엘리사를 에워싸고 있는 것이다.

아람 병사들이 다가오는데, 엘리사는 여호와께 다시 기도를 드려 저들의 눈이 어두워지게 해 달라고 한다. 엘리사는 아람 병사를 유인하여 이스라엘의 수도 사마리아로 들어간다. 그러자 엘리사는 여호와께 저들의 눈을 열어 보게 해 달라고 기도한다. 저들이 눈이 열려 보게 되는데, 자신들이 사마리아 가운데에 서 있는 것을 알게 된다.

이스라엘 왕 여호람이 포로 된 아람 병사들을 죽이려 하자 엘리사는 오히려 저들에게 먹을 것을 주어 주인에게 돌려 보내라고 지시한다. 여호람은 엘리사의 지시대로 그들을 먹고 마시게 한 후 아람 왕에게 돌려 보낸다.

아람 왕 벤하닷은 다시 사마리아를 총공격하여 포위하므로 전쟁이 길어진다. 그 여파로 사마리아 성내의 백성들이 굶주림에 시달리게 된다. 아람 군대의 1차 침입 시에 엘리사는 하나님의 뜻으로 화해를 만들어 주었으나, 이스라엘 왕 여호람은 오히려 엘리사가 아람 군대를 도와주는 것으로 오해하고 있었다.

아람 군대장관 나아만의 문둥병을 고쳐준 일이며, 사로잡은 아람 병사들을 돌려 보낸 일 때문이다. 그래서 여호람은 엘리사를 죽이려 한다. 이스라엘 백성들은 전쟁 중에 엄청난 질고와 가난을 겪으며 급기야 인육을 먹어야 하고, 심지어 자신의 자식을 삶아 먹는 최악의 저주를 체험하고 있는 것이다.

7장_ 구원 받는 사마리아 성

사람의 눈과 판단으로는 저주스럽고 절망뿐이던 사마리아에, 네 명의 문둥병자가 나타나므로 하나님의 기적을 통해 구원을 받게 된다. 문둥병자들은 성 안에서 거주할 수 없었다. 그래서 시온 성, 문 앞에 장막을 짓고 살고 있었다. 하나님께서는 기적을 베풀어 아람 군대들이 놀라 도망하게 만드신다. 그 기적은 말소리와 병거소리 등 막강한 대 부대의 이동하는 소리를 아람 군대에게 들려 주신다.

이 소리를 들은 아람 군대는 이스라엘이 다른 나라와 연합하여 자신들을 치러 오는 것으로 판단하게 된다. 그들은 군량미와 물품을 고스란히 남겨두고 황급하게 퇴각한다. 이 소식을 문둥병자들이 먼저 알게 되었고 여호람에게 보고되자 그는 인간의 생각을 내세워, 오히려 저들이 매복하여 역습을 감행하기 위한 작전을 펴고 있다고 생각한다.

여호람은 정찰병을 보내 실제 상황을 알아보게 한다. 정찰병이 돌아와 한 말은 문둥병자들의 말과 같았다. 그러자 백성들이 아람 군대의 장막으로 몰려가, 물건을 노략질하므로 일대 혼란이 벌어진다. 왕은 장관을 성문에 세워

사태를 수습한다. 그러나 사나운 백성들은 굶주림에 지친 나머지, 성문 지키는 장관을 밟아 죽인다. 하나님께서는 엘리사를 통해 예언하신 일을 이처럼 정확하게 실천하셨다.

8장_ 땅을 돌려 받은 수넴 여인

이 부분은 이전에 엘리사를 절친하게 대해 주었던 수넴 여인에 관한 기록으로, 이스라엘에 7년 동안 기근이 심했던 때의 에피소드이다. 수넴 여인은 엘리사의 말을 듣고 7년 동안 이스라엘을 떠나 블레셋에 가서 가뭄을 피한다. 7년 동안의 기근이 해결되자 여인이 블레셋에서 돌아와 집과 땅을 찾으려고 왕에게 찾아가 호소한다.

왕은 엘리사의 사환 게하시에게 여인의 정체를 묻는다. 게하시는 과거 엘리사가 죽은 아들을 살려준 집안의 여인이라고 왕에게 답한다. 그러자 왕은 여인의 모든 소유를 되돌려 주라고 명한다.

엘리사가 다메섹에 갔을 때 아람 왕 벤하닷이 병이 들어 있었다. 벤하닷은 하사엘에게 예물을 들고 엘리사를 찾아가 왕의 병이 낫겠는가를 알아 보라고 한다. 하사엘은 온갖 푸짐한 선물을 낙타 40마리에 싣고 엘리사를 찾아간다. 엘리사는 하사엘을 보자 하나님 여호와의 계시를 받는다.

병이 나을 것인가를 묻는 하사엘에게 정녕 나을 것이라고 대답은 하지만 뒷일은 왕이 죽을 것임을 여호와께서 내게 알려주셨다고 말한다. 그리고는 하사엘이 이스라엘 백성에게 행할 모든 악과 성에 불을 지를 것이며, 젊은이를 칼로 죽이며 어린 아이를 메어치며 아이 밴 부녀자의 배를 가르는 모든 악을 행하게 될 것이라고 말한다. 이 예언을 들은 하사엘은 벤하닷한테 돌아와 왕의 병이 나을 것이라고 전한다.

이튿날 엘리사의 예언은 성취된다. 하사엘은 이불에 물을 적셔 누워 있던 벤하닷의 얼굴을 덮어 죽이고 스스로 왕위를 차지하게 된다. 유다의 왕 여호람의 통치 기간은 8년이었다. 그의 부인은 이스라엘의 아합 왕의 딸이었다. 여호람의 악행은 북쪽의 이스라엘 열왕에 뒤질 바가 아니었으나 여호와께서는 참된 주의 종 다윗을 생각해서 남쪽 유다 왕국을 멸하지 않으신다.

여호람이 죽어 열조의 무덤 다윗 성에 장사되었고 그의 아들 아하시야가 왕위를 계승하게 된다. 북쪽 이스라엘 왕국은 아합의 아들 요람이 12년째 통치하고 있는 기간이었다.

9장_ 예후가 왕으로 뽑히다

엘리사는 예언자 무리 중에 한 사람을 뽑아 작은 기름병을 가지고 여호사밧의 아들 예후를 찾아 길르앗으로 가게 한다. 그는 예후를 찾거든 머리에 기름을 부어 여호와께서 당신을 이스라엘의 왕으로 세우셨다고 한 후, 얼른 자리를 피하라고 지시한다.

사자는 엘리사의 지시대로 예후를 찾아가 기름을 붓고 왕으로 세운 다음, 당신의 주인인 아합의 집안을 멸할 것, 여호와의 종을 죽인 이세벨을 처단할 것, 아합 집안의 모든 사람을 한 명도 남김 없이 죽일 것을 명령한다. 예후가 하나님의 사자의 말대로 신하들에게 전하자, 그들은 입었던 옷을 벗어 돌층계 위에 깔고 나팔을 불며, 예후가 왕이 되었음을 선포한다.

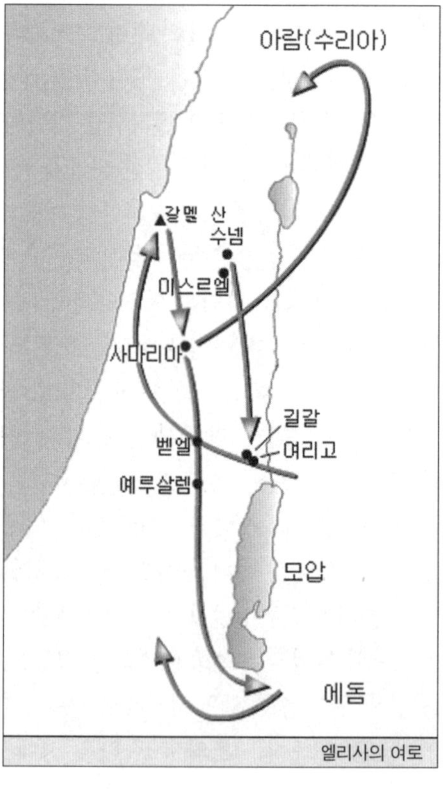

엘리사의 여로

이때 요람 왕은 아람 왕 하사엘과 싸우느라 길르앗 땅, 라못을 지키고 있었다. 예후는 요람이 부상 당해 치료 받고 있는 이스르엘로 간다. 요람 왕을 지키던 파수꾼들은 예후가 무슨 좋은 소식을 가져오는 것으로 알고 환영하지만 모두 예후의 뒤를 따르게 된다. 그러자 요람 왕과 유다 왕, 아하시아가 예후를 만나기 위해 나봇의 땅으로 간다.

요람이 예후에게 무슨 소식을

가져왔는가를 묻자 그는 왕의 어머니, 이세벨이 우상을 섬기고 요술을 부리는데 무슨 좋은 소식이 있겠느냐며 반문한다. 그러자 요람은 말머리를 돌려 도망치며 아하시아에게 반역이라고 소리친다. 예후가 활을 당겨 요람의 가슴을 관통시킨다.

그는 요람의 시체를 나봇의 밭에 던지라고 한다. 그리고 여호와의 말씀을 전한다. "나는 어제 나봇과 그의 아들들이 흘린 피를 보았다. 그러므로 내가 나봇의 밭에서 아합에게 벌을 내릴 것이다." 유다 왕 아하시아가 이 모습을 보고 도망치자, 예후는 아하시아도 죽여 버리라고 명령한다.

아하시아는 므깃도라는 곳까지 도망쳤지만 그 곳에서 죽임을 당하고, 시체는 예루살렘으로 옮겨져 다윗 성에 장사되었다. 예후는 다시 이스라엘로 돌아온다. 이세벨은 요람과 아하시아가 죽었다는 소식을 듣는다.

그녀는 눈에 화장을 한 채 창밖을 내다보고 있었다. 예후가 성 안으로 들어오자 준엄하게 꾸짖으며, "자기 주인을 죽인 너, 시므리야 평안하냐" 고 소리친다. 예후가 이세벨을 내던지라고 내시에게 명령하자, 그녀는 밖으로 내던져지고 말들이 시체를 밟는다. 이세벨의 피가 담장까지 튀었고 예후는 그래도 왕의 딸이므로 시체를 묻어 주라고 지시한다.

사람들이 이세벨의 시체를 묻어 주려고 찾았으나 없어졌다. 남은 것은 그녀의 두개골과 발과 손바닥뿐이었다. 사람들이 들어와 보고하자, 여호와께서 엘리야를 통해 말씀하신 대로 '개들이 이세벨의 시체를 이스라엘에서 먹을 것' 이라고 한 일이 이뤄진 것이라며 놀라움을 금치 못한다.

10장_ 아합과 아하시아 집안이 죽임을 당하다

아합의 아들 70명은 사마리아에 살고 있었다. 예후는 사마리아의 장로들에게 편지를 써서 선전포고를 한다. 장로들은 매우 두려워 한다. 예후는 두 명의 왕을 처치한 대단한 군인이었기 때문이다. 그들은 아합의 아들 중에 한 명을 왕으로 세워 싸울 준비를 하라는 예후의 편지를 거부하고 예후에게 복종할 뜻을 전한다.

그러자 예후는 두 번째 편지를 써서 자신의 뜻을 따르겠다면, 아합의 아들들의 목을 치라고 한다. 장로들은 그 편지를 받고, 왕자 70명을 죽여 목을 광주리에 담아 예후에게 보낸다. 이 사건은 여호와께서 아합의 집안을 멸절시키라고 한 말씀을 이룬 것이라고 설파한 후 사마리아로 향한다. 그 길에 아하시아의 형제들을 만나 그들을 모두 죽인다. 그리고는 다시 길을 가다가 레갑의 아들, 여호나답을 만나 그와 함께 사마리아로 들어가서 여호와께서 엘리야를 통해 말씀하신 대로, 아합의 사람들을 모두 죽인다.

예후는 모든 백성들을 불러 모은 뒤, 거짓말로 자신은 아합보다 더 바알 신을 섬기는 사람이라고 소개한 뒤, 바알의 예언자와 선지자를 모두 모이게 한다. 그런 다음 바알 신전으로 들어가기 전에 예복을 나눠 주고, 여호나답을 신전 안으로 들여 보낸다. 많은 바알 예언자들과 선지자들이 바알 신에게 번제를 드리기 위해 신전 안으로 몰려 들어간다.

예후는 병사 80명을 밖에 대기시켜 놓았고, 그 병사들로 바알을 섬기는 모든 사람을 죽이게 명령한다. 그들은 신전의 나무 우상들을 끌어내 불태워 버린다. 돌 우상을 깨트리고, 마침내 신전까지 무너뜨린다. 이처럼 예후는 이스라엘에서 바알 종교를 없애 버렸다. 그러나 여로보암이 지었던 죄에서 완전하지는 못했다. 여로보암이 만들어 놓은 벧엘과 단에 있는 금송아지를 섬기게 했었다.

여호와께서 예후에게 지금까지 한 일을 칭찬하시며, 이스라엘 왕좌에 앉게 하시려고 했으나, 그는 마음을 정성을 다하여 여호와의 율법과 규례를 따르지 못했기 때문에 여호와께서는 이스라엘 땅을 다른 나라에 주시기 시작한다. 아람 왕, 하사엘이 요단 동쪽의 길르앗 땅을 점령했고, 바산까지 차지하게 한다. 예후가 죽어 사마리아에 묻히고, 그의 아들 여호아하스가 왕위를 물려 받는다. 예후는 28년 동안 이스라엘을 통치했다.

11장_ 아달랴와 요아스

아달랴는 유다왕 아하시야의 어머니였다. 그녀는 자신의 아들 아하시야가 죽임 당한 것을 보고 왕의 집안 사람들을 죽인다. 그때 요람의 딸이자 아하시야의 누이인 여호세바가 자신의 아들 요아스를 몰래 빼내 여호와의 성에 6년 동안 숨어 살게 된다.

아달랴는 이스라엘을 통치한다. 7년째 되던 해에 제사장 여호야다는 백부장과 호위병들을 불러 요아스에게 충성을 맹세케 하고 왕궁과 여호와의 전을 지키게 한다. 여호야다가 요아스를 데려와 머리에 왕관을 씌우고 여호와의 율법 책을 주며 기름 부어 왕으로 세우게 된다. 백성들은 만세를 부르며 기뻐한다.

아달랴가 그 소리에 놀라 성전에 가보니 요아스가 왕이 되어 있었다. 아달랴는 반역이라고 소리친다. 제사장 여호야다가 아달랴를 쫓아 내게 하고 그녀를 따르는 자를 죽이라고 지시한다. 그러나 여호와의 성전 안에서 사람을 죽일 수가 없기 때문에 그녀가 나갈 길을 열어주었다가 바깥으로 나간 뒤 처단해 버린다.

여호야다는 요아스의 왕위를 튼튼하게 하기 위한 여러 조치를 한다. 요아스는 일곱 살의 어린 나이에 왕이 된 것이다.

12장_ 성전을 수리하다

어린 왕 요아스는 제사장 여호야다가 일러준 대로 여호와 보시기에 합당한 일만 하게 된다. 왕이 된 지 23년째에 백성들이 바친 돈과 예물을 받아만 둘 뿐 성전을 수리하지 않고 있자 그는 여호야다를 불러 제사장들을 통해 성전 수리비를 받지 말고 직접 성전 수리하는 곳으로 바치도록 하라고 지시한다.

그렇게 해서 제단 곁에 상자를 두어 성전 수리비를 직접 왕의 신하와 대제사장이 관리하게 만든다. 그들은 목수와 돌 쌓는 기술자들에게 품삯을 주고 수리비용으로 줘서 성전을 수리하게 한다. 워낙 일꾼들이 정직했기 때문에 돈의 회계에 대한 것 필요조차 느끼지 않았다.

그 무렵 아람 왕 하사엘이 쳐들어와 예루살렘을 점거하려 하자 요아스는 이전 왕들이 모아둔 모든 금은보화를 하사엘에게 보내자 그는 순순히 이스라엘에서 물러난다.

요아스에게는 두 명의 신하가 있었는데 그들이 배신하여 요아스를 죽인다. 그를 죽인 신하는 시므앗의 아들 요사갈과 소멜의 아들 여호사바드였다. 요아스가 죽어 다윗 성에 묻히자 그의 아들 아마샤가 왕위를 물려 받는다.

13장_ 이스라엘의 여호아하스 왕

여호아하스는 예후의 아들로 사마리아에서 이스라엘의 왕으로 등극하는데 그는 17년 동안 왕국을 통치한다. 그는 여호와 보시기에 악한 일을 저지르고 아세라 우상 등을 섬기며 여로보암의 죄악상을 그대로 돌이키지 않았다. 화가 난 여호와께서는 아람 왕 하사엘과 그 아들 벤하닷에게 이스라엘 왕국을 지배하게 하신다.

여호아하스가 죽자 그의 아들 요아스가 뒤를 이어 왕이 된다. 그는 16년 동안 이스라엘 왕국을 통치한다. 요아스 역시 여호와 보시기에 악한 일을 저지르며 죄를 돌이키지 않고 여로보암의 죄악을 답습한다. 요아스 재위 시에 엘리사가 병들어 죽게 된다. 그는 요아스를 통해 활을 당기게 하고 땅을 치게 하여 아람과 싸워 세 번을 이길 것을 예언한다.

요아스가 땅을 여러 번 쳤더라면, 승리는 더욱 견고해질 수도 있었으나 그는 세 번 밖에 땅을 치지 않는다. 엘리사가 죽어 장사지낸 무덤가에 어느 백성이 장사를 지내는데 도적 떼가 쳐들어옴을 보고 놀란 나머지, 시체를 엘리사의 무덤에 던지자 그 시체가 엘리사의 뼈에 닿아, 다시 살아나 제 발로 일어서는 기적이 일어난다.

그리고 요아스는 아람과의 전쟁을 하게 된다. 하나님께서는 아브라함과 이삭과 야곱과 맺으신 언약을 지키기 위해 이스라엘을 도우셨다. 마침내 요아스가 죽고 여로보암 2세가 뒤를 이어 왕이 된다.

14장_ 유다 왕 아마샤의 통치

유다의 왕 요아스의 아들 아마샤는 25세에 왕으로 등극하여 29년 동안 예루살렘에서 유다를 통치한다. 아마샤는 여호와 앞에 비교적 정직하게 정사를 펼친다. 그러나 요아스의 뒤를 이어 충실하게 백성들을 통치하였지만 산당을 없애지 않으므로 백성들이 산당에서 제사 지내며 분향을 하게 한다.

그는 왕권을 잇자마자 부왕 요아스를 죽인 심복들은 죽였으나 그들의 자녀들은 죽이지 않았다. 이는 모세의 율법대로 아비의 죄로 자녀를 죽이지 말 것이며, 오직 사람마다 자기의 죄로 죽을 것이라고 한 것을 지킨 것이다.

아마샤는 에돔을 공략하여 1만 명을 죽이고, 셀라를 쳐서 유다에 복속시킨다. 그는 여세를 몰아 북왕국 즉, 이스라엘을 공략하기로 작정하고 사자를 보내, 이스라엘 왕 요아스와 대면하자고 제의한다. 그러나 이스라엘의 요아스는 가시나무와 백향목을 우의적으로 표현하여, 자신의 과대평가와 교만함에 일침을 가하지만 이스라엘을 침공하여 패하게 된다.

한편 이스라엘의 요아스가 유다를 물리치고 예루살렘에 있는 여호와의 전과 왕궁에서 금과 은 등 기물을 빼앗고, 사람까지 볼모로 잡아 사마리아로 돌아온 후 명을 다해 죽는다.

이스라엘의 왕위는 요아스의 아들 여로보암이 이어 간다. 그는 사마리아에서 왕위에 올라 41년을 통치한다. 그의 부왕 요아스에 의해 부흥하던 이스라엘은 절정기에 이른다.

여로보암 2세는 하나님의 은혜로 주변국에서 최강의 강성국가로 발전한다. 여로보암 2세가 죽은 후 그의 아들 스가랴에 의해 왕권이 이어진다.

15장_ 유다 왕 아사랴의 통치

이스라엘 여로보암 2세 27년에 유다에는 아마샤의 아들이 16세의 어린 나이에 아사랴가 왕이 된다. 그는 52년 동안 유다를 통치한다. 그 역시 부왕 아마샤가 행한 대로 정직하게 여호와를 경외하였으나 산당은 없애지 못한다. 여호와께서 왕을 치심으로 죽는 날까지 문둥병에 걸려 별궁에 거하며 궁중 일은 왕자 요담이 맡아 보게 된다. 아사랴가 죽어 다윗 성에 장사되고 요담이 왕위를 이어 간다.

한편 이스라엘에서는 여로보암 2세의 아들 스가랴가 즉위한 지 6개월 만에 살해 당한다. 그가 살해 당하므로 예후 자손의 왕위는 5대만에 끝나게 된 것이다. 이때부터 이스라엘 왕국 즉 북왕국은 쇠퇴의 길을 걷게 된다. 스가랴를 죽이고 왕이 된 야베스의 아들 살룸은 불과 한 달 만에 므나헴에게 살해되는 비운을 맞이한다.

므나헴은 살룸의 통치에 혁명을 일으켜 퇴각시키고 살해한 장본인이다. 그는 10년 동안 사마리아에서 이스라엘을 통치하였으나 악행을 일삼았다. 앗시리아의 왕이 이스라엘을 침공하려 하자 은 1천 달란트를 백성 중 부자들에게 토색하여 앗시리아 왕에게 주고 위기를 모면한다.

그가 죽자 그의 아들 브가히야가 왕이 된다. 그는 2년 동안 이스라엘을 통치한다. 그 역시 여호와 보시기에 악행을 저지르다가 부하 르말랴의 아들 베가가 반역하여 그를 죽이고 왕이 된다.

베가가 왕권을 탈취한 뒤 20년을 사마리아에서 이스라엘을 통치한다. 그도 여호와 보시기에 악행을 일삼았으며 앗시리아 왕 디글랏 빌레셀에게 패하여 게데스와 하솔과 갈릴리와 길르앗과 납달리 모든 땅을 빼앗기게 된다.

한편 유다에는 25세의 요담이 왕이 되어 16년 동안 예루살렘에서 유다 왕국을 통치한다. 그는 부왕 웃시야의 뒤를 이어 정직하게 백성들을 다스렸으나, 그 역시 산당을 없애지 못하여 백성들이 산당에서 제사지내고 분향하게 만들었다. 이즈음에야 여호와께서 아람 왕 르신과 르말랴의 아들 베가를 보내 유다를 치게 하신다. 요담이 죽고 그의 아들 아하스가 왕위를 이어간다.

16장_ 유다 왕 아하스의 통치

20세에 왕위를 물려 받은 아하스는 다윗 열조의 본을 따르지 않고 이스라엘 열 왕의 뒤를 따라 이방 사람들의 가증한 우상을 숭배하며 산당과 작은 산과 푸른 나무 아래에서 제사 드리며 분향한다. 이때에 아람의 왕과 이스라엘의 왕이 침공하여 패전한다. 이 전쟁은 앗시리아에 대항하여 연합하려는 아람과 이스라엘의 제의를 거부하고 친앗시리아 정책을 폈기 때문에 벌어진 것이다.

아하스는 앗시리아 왕을 방문한 뒤 그곳에 지어진 단을 보고 제사장 우리야를 시켜 단을 만들어 제사를 지낸다. 아하스는 자기 편의 대로 제사의 규례를 뜯어 고쳐 하나님의 율법을 거역하는 죄를 짓는다. 또한 앗시리아 왕을 위하여 왕이 사용하는 낭실을 여호와의 전으로 옮기는 악행을 범한다. 그가 죽고 아들 히스기야가 왕위를 이어간다.

17장_ 이스라엘 호세아의 통치

엘라의 아들 호세아가 사마리아에서 왕이 되어 9년을 통치한다. 그는 여호와 보시기에 악을 행하였으나, 그 전의 이스라엘 왕들보다는 덜했다. 앗시리아의 왕 살만에셀이 침공하여 패배하므로 조공을 바친다. 이스라엘에는 친

앗시리아파와 친이집트파가 있었는데 호세아는 친이집트파의 조언을 듣고 도움을 청하자 앗시리아의 왕이 호세아가 배반했다 하여 그를 옥에 가두는 사건이 일어난다.

호세아 9년에 앗시리아 왕이 사마리아를 점령하고 이스라엘 백성을 사로잡아 앗시리아로 끌고 간다. 북왕국 이스라엘의 멸망은 지금껏 이스라엘 자손을 이집트에서 인도하여 내신 여호와 하나님께 범죄하며, 다른 신과 우상을 섬긴 결과였다. 모든 산 위에 푸른 나무 아래 목상과 아세라 상을 세우고 산당을 지어 그곳에서 제사를 지내고, 분향을 하는 등 온갖 죄악을 범했기 때문이다.

또한 아이들을 제물로 삼아 불 가운데로 지나가게 하였고, 아론의 후손들을 제사장에 임명하지 않았으며, 성전에서 예배드리지 않았고, 우상의 제사장들에게 십일조를 바치고, 단과 벧엘의 금송아지를 신봉하므로 하나님의 말씀을 거역하고 율법과 규례를 지키지 않았다. 이스라엘 자손들은 여로보암이 지은 모든 죄를 똑같이 반복하여 행하였으므로, 모든 선지자를 통해 경고하신 대로 이스라엘을 여호와 앞에서 제거하신 것이다. 그들은 포로로 잡혀가 앗시리아의 여러 지역에 살게 된다.

이후 앗시리아의 식민지 정책으로 이스라엘 백성들은 이방민족으로 여러 지역으로 흩어져 살게 되고, 사마리아에는 이방인들이 몰려와 사는데 그들마다 색다른 종교와 우상을 섬기게 되므로 사마리아는 온통 이방 종교의 총본산이 된다. 이러한 혼맥상은 열왕기가 기록된 시점까지 계속되어 왔다.

18장_ 히스기야의 개혁

북왕국 이스라엘이 멸망하고, 남왕국 유다에는 아하스의 아들 히스기야가 왕이 되어 예루살렘에서 29년 동안 유다를 통치한다. 그는 그의 조상 다윗의 선행을 두루 좇으며 정직하게 백성을 다스린다. 여러 산당을 없애고 주상을 깨뜨려 버리며 아세라 목상을 찍어 모세가 만들었던 놋 뱀까지도 부숴 버린다.

그는 전후 유다 왕에서 볼 수 없을 정도로 여호와 하나님을 의지하고 규례를 충실히 따른 왕이 되었다. 그로 인하여 무슨 일이든 만사형통하였다. 블레셋을 쳐서 지경을 넓혔다. 히스기야 14년에 앗시리아의 왕, 산헤립이 북왕국 이스라엘을 빼앗은 기세를 몰아 남왕국 유다를 침공한다. 히스기야는 주변 국가들과 더불어 앗시리아에 대항하기 위해 연합동맹을 맺고 있었으나, 앗시리아가 침공하자마자 비굴하게 협상하여 조공을 바친다.

히스기야는 여호와의 전에 있던 은을 모두 바쳤으며, 왕궁의 기둥과 자기에 입혔던 금을 벗겨내 모두 앗시리아 왕에게 바친다. 그럼에도 앗시리아는 랍사게를 비롯한 장군을 동원하여 대군을 이끌고 예루살렘을 공격한다. 그들은 히스기야의 부하들에게 연락하여 유다의 사기를 꺾으려 한다. 그들이 제안한 말은 '이집트를 의지해도 별 소득이 없을 것' 이란 것이었으며, 히스기야가 산당을 허물어 버린 일을 트집 잡아, 유다의 내부 분열을 획책하고 나선 것이다.

그리고 여호와의 뜻이 아니고서야 어찌 유다 왕국을 멸하러 왔겠느냐고 비아냥거린다. 그러나 히스기야는 이들의 말에 현혹되지 아니 하고, 잠잠히 여호와의 도움을 바라며 침묵을 지킨다. 그는 여호와께서 백성들을 대신해서 강적 앗시리아와 싸워 주실 것이라고 백성들의 믿음을 강조한다. 그러자 그들은 백성들에게 모략과 회유를 펼치며 히스기야의 말을 믿지 말고, 일찌감치 항복하고 앗시리아에서 주는 포도와 무화과를 먹으라고 회유한다.

그들은 장차 이 땅이 앗시리아의 식민지가 될 것이며, 백성들은 살기 좋은 땅으로 옮겨가, 곡식과 포도주와 떡과 포도원과 감람과 꿀이 풍부한 곳에서 영원히 살게 될 것이라며 달콤한 제안을 한다. 그러나 유다의 백성들은 히스기야의 말을 따라 아무도 그들의 제안에 대답하는 사람이 없었다. 이 모든 말을 궁내대신 엘리야김과 서기관 셉나와 사관 요아가 슬퍼하며 옷을 찢고, 히스기야 왕에게 앗시리아의 유혹적 선동을 보고한다.

19장_ 이사야의 예언

히스기야가 이 소식을 듣고 옷을 찢고, 굵은 베옷을 입은 채, 여호와의 전으로 들어가 기도를 시작한다. 그는 엘리야김과 셉나와 나이든 제사장들을 아모스의 아들 선지자 이사야에게 보낸다. 이사야는 웃시야의 마지막 때부터 요담, 아하스, 히스기야 왕까지 살아온 선지자였다. 그는 산헤립의 몰락을 예언한다. 여호와께서 히스기야의 기도를 들어주실 것이며, 앗시리아 왕

산헤립의 교만함을 꾸짖을 것이고, 앗시리아가 머지 않아 멸망할 것이며, 그들이 포로된 자들을 잔인하게 다뤘듯이, 저들도 포로가 되어 보복을 받고 잔인하게 멸망당할 것이라고 예언한다.

또한 히스기야에게 금년과 내년에는 앗시리아가 침공해 올 것이지만 삼년 되는 해에는 앗시리아가 돌아갈 것이며, 그 후로 다윗의 왕조가 견고하게 설 것임을 예언한다. 이사야 선지자의 예언대로 앗시리아 군대는 철수했으며, 산헤립은 그의 아들에 의해 살해당하게 되는데, 그의 죽음은 여호와의 사자가 역사하여 앗시리아의 진영의 군사 18만 5천명을 죽였다.

그러자 산헤립은 황망히 퇴각해서 니느웨에 머물고 있었다. 그가 신사에서 참배를 하는데, 아드람멜렉과 사레셀이 모반을 한다. 참배하던 앗시리아의 왕, 산헤립을 칼로 쳐 죽이고, 아라랏 땅으로 도망한다. 반역자들에 의해 왕이 죽자, 그의 아들 에살핫돈이 왕위를 이어 간다.

20장_ 병 고침을 받은 히스기야

이때에 히스기야는 병이 깊어 죽을 지경이 된다. 선지자 이사야가 찾아와 여호와의 말씀대로 당신의 모든 것을 정리하라고 말한다. 이는 히스기야가 살아나지 못할 것을 예언한 것이다. 그 말을 듣고 히스기야는 벽을 향해, 여호와께 통곡하며 기도를 올린다. 이사야가 성읍으로 가고 있을 때, 여호와의 말씀이 임하신다. 여호와께서 다윗의 자손 히스기야의 기도소리를 들었고, 눈물을 보았으니, 병이 낫게 되어 3일 안에 여호와의 전에 올라갈 수 있게 될 것이라고 말씀하셨다.

히스기야는 15년을 더 살며, 생명을 연장하게 될 것이고, 유다 왕국을 앗시리아의 손에서 구원할 것이라고 말씀하셨다. 이에 이사야가 히스기야에게 돌아가 무화과 반죽을 가져다가, 그의 상처에 얹자 병이 낫게 되었다. 이는 이사야를 통해 하나님이 치료하실지라도, 일반적 악성 종양의 치료법인 무화과 반죽을 사용한 치료 행위는 병행되어야 함을 뜻하고 있다.

한편 바빌론은 유다 왕국과 동맹을 맺으므로 합세하여 앗시리아와 대적하고자 사신을 파견한다. 히스기야는 그 사신들에게 유다의 군기고와 왕의 개인적인 보물을 넣어둔 창고 등 모든 것을 보여준다. 이사야가 와서 사신들이 어디서 온 자들인가를 묻자, 히스기야는 바빌론에서 왔음을 말한다.

그리고 왕궁의 모든 기물과 보물 등 저들에게 모두 공개했노라고 말하자 이사야는 여호와의 말씀을 전한다. 오늘날까지 모든 왕조의 기물과 보물을 쌓아 놓은 것들이 바빌론으로 옮겨 갈 것이며, 히스기야의 아들들이 사로잡혀 바빌론 왕궁의 환관이 될 것임을 예언한다. 히스기야는 앗시리아와의 전쟁에 대비하여 우물을 파고 수리시설을 만들어 성안으로 물을 끌어들인다. 히스기야가 죽고 그의 아들, 므낫세가 왕위를 이어 간다.

21장_ 므낫세의 통치

히스기야의 아들 므낫세가 왕위에 오른 나이는 12살이었다. 그는 예루살렘에서 55년 동안 유다를 통치한다. 그는 여호와 보시기에 악행을 저지르고 부왕 히스기야가 헐어 버린 산당을 다시 세우고, 바알을 위하여 단을 쌓았으며, 아세라 목상을 만들어 해와 달과 별을 숭배하고 섬긴다. 여호와의 전에 단을 쌓고, 아이들을 제물로 삼아, 불 가운데로 걸어가게 하며, 행악을 일삼는다.

이처럼 므낫세의 가증할 만한 죄악은 여호와의 징계를 받게 되는데, 그것은 유다 왕국의 철저한 패망으로 이어진다. 므낫세가 행한 범죄는 아모리 족속의 죄악보다 더 크다고 할 정도로 폭악스런 왕정을 시행했다. 무죄한 선지자들과 경건한 사람들은 므낫세의 우상숭배 정책에 반대하다가 피를 흘려 죽었다. 그들이 흘린 피가 예루살렘에 가득했을 정도라고 표현하고 있다.

므낫세가 죽어 웃사의 동산에 장사된 후, 그의 아들 아몬이 왕위를 이어가게 된다. 그가 왕위에 오를 때에는 22세였고, 예루살렘에서 2년을 통치한다. 그 역시 부왕, 므낫세에 버금가는 악행을 저질러 신복들이 반란을 불러 온다. 신복들이 아몬을 죽이고 그의 아들 요시야를 왕으로 삼는다.

22장_ 율법 책의 발견

요시야는 나이 8세에 왕위에 올라 예루살렘에서 31년 동안 유다 왕국을 통치한다. 그리고 성전 수리를 위해 선조로부터 수납한 은을 거둬 들여 성전 보수비로 사용한다. 대제사장 힐기야가 여호와의 전에서 율법 책을 발견하는데, 그는 요시야 앞에서 율법 책을 읽는다. 요시야는 자신의 열조가 율법 책의 내용대로 율법을 지키고 성결하게 살지 못한 죄로, 여호와께서 자신들에게 발하신 진노가 엄청난 것임을 깨닫고 옷을 찢어 슬퍼 한다.

여호와께서는 그를 가상히 여기시며, 요시야 시대에는 재앙을 내리지 않고, 그가 죽은 뒤에 유다에 내리게 할 것임을 사자들을 시켜, 요시야 왕에게 복명하도록 하신다.

** **주요구절** **
22 : 13 너희는 가서 나와 백성과 온 유다를 위하여 이 발견한 책의 말씀에 대하여 여호와께 물으라. 우리 열조가 이 책의 말씀을 듣지 아니 하며 이 책에 우리를 위하여 기록된 모든 것을 준행치 아니 하였으므로 여호와께서 우리에게 발하신 진노가 크도다.

23장_ 요시야의 유다 통치

요시야는 여호와 보시기에 정직하게 정치를 한다. 유다 왕국 최후의 종교개혁을 이루고, 우상을 제거하고, 할아버지 므낫세에 의해 더럽혀지고 훼손된 성전을 보수한다. 그는 우상이 되었던 모든 기물을 부수는데, 유다의 열왕이 아하스의 다락 지붕에 세운 단과 므낫세가 세운 단을 헐어 버리고 가루를 내어 기드론 시내에 쏟아 버린다. 석상들은 깨뜨리고, 아세라 목상들을 찍어, 사람의 해골로 채웠으며 벧엘의 단과 산당도 헐어 버린다. 요시야의 우상 파괴는 벧엘과 사마리아와 북왕국 전역으로 확산되었다.

그가 왕위에 오른 지 18년째 되던 해에는 유월절 행사를 사상 유례가 없을 정도로 성대하게 개최한다. 요시야처럼 모세의 율법을 마음과 정성을 다하여 지킨 왕은 요시야 이전과 이후에도 없었다. 그렇지만 여호와께서는 유다를 향한 진노와 징계의 타오름은 멈추지 않았다. 이는 므낫세의 철저한 반역과 죄악에서 기인된 것이다.

여호와께서 이스라엘을 징벌한 것처럼 유다도 물리칠 것이며, 여호와의 성읍과 성전도 버릴 것을 단호히 말씀하신다. 요시야는 그의 선행에 비해 비극적인 죽음을 맞이한다. 이집트의 왕 파라오가 앗시리아를 치자고 요시야를 유인하여 유프라테스 강으로 나오게 한 뒤, 므깃도에서 요시야를 살해한다. 요시야의 신복들은 그의 시신을 므깃도에서 예루살렘으로 가져와 묘실에 장사하고, 그의 아들 여호아하스를 왕으로 삼는다. 그는 매우 짧은 3개월을 통치하는데 여호와께서 보시기에 그의 열조가 했던 행악을 저지른다.

이때 이집트의 파라오 왕은 립나에 여호아하스를 가두고, 왕이 되지 못하게 하고, 오히려 그 일로 벌금을 내게 한 후, 요시야의 아들 엘리아김을 '여호야김' 이라고 이름을 고쳐서 왕으로 삼는다.

여호아하스는 이집트로 끌려가 죽음을 맞는다. 여호야김이 왕위에 오른 때는 25세였다. 그는 예루살렘에서 11년 동안 위기의 왕국을 통치했다.

24장_ 바빌론 왕, 느부갓네살

여호야김 시대에 바빌론의 느부갓네살 왕이 침공하여 마침내 유다는 패망의 기로 접어들게 된다. 바빌론은 1, 2차에 걸쳐 유다를 공략한다. 여호와의 징벌이 임하시므로 선지자들의 예언처럼 갈대아, 아람, 모압, 암몬 자손의 부대들이 협공하여 유다를 멸하게 된다. 이 역시 므낫세의 지은 악행으로 인함이었다.

여호야김이 죽어 열조에게 돌아가고 그의 아들 여호야긴이 왕이 되었다. 여호야긴은 18세에 왕위에 오르지만, 3개월 밖에 나라를 다스리지 못하는 비운을 겪는다. 그 동안도 부친들이 저지른 행악을 본받아 여호와께서 보시기에 악을 저지른다. 이때에 바빌론의 느부갓네살이 병사들을 이끌고 예루살렘에 올라와 성을 포위한다. 바빌론의 왕은 여호야긴과 그의 어머니와 신복들과 함께 항복을 하고, 여호와 전의 모든 보물과 왕궁의 보물을 집어냈으며, 솔로몬이 만든 금기명을 훼손하고 파괴한다.

느부갓네살은 예루살렘의 모든 백성과 군사 1만 명과 대장장이를 비롯한 많은 기술자들을 포로로 잡아간다. 그는 여호야긴을 포로로 잡아가며, 시드기야를 왕으로 삼는다. 그때 시드기야의 나이는 21세였고, 예루살렘에서 11년 동안을 무너져 가는 유다 왕국을 다스린다. 시드기야도 재임하며, 여호야김의 모든 행위를 본받아 악행을 저지른다.

여호와께서 예루살렘과 유다에 대해 진노하시는데, 저들을 여호와 앞에서 완전히 몰아내게 된다. 시드기야가 하나님의 뜻을 어기고 이집트와 협조하며, 바빌론 왕을 배반한 것이다.

25장_ 예루살렘의 멸망

시드기야 9년 10월, 바빌론의 느부갓네살 왕이 시드기야의 배반에 분기하여, 예루살렘을 공격하기 위해 사방에 진을 치고 토성을 쌓는다. 성을 에워싼 지 18개월 만에 성안에 기근이 심하여 백성들이 먹을 양식이 떨어지게 된다. 느부갓네살은 성벽을 뚫고 공격하기 시작한다. 시드기야의 아들들은 바빌론 왕 앞에서 죽임을 당한다. 에돔을 향해 도망치던 시드기야는 사로잡혀 소경이 된 채, 바빌론으로 끌려가 감옥에서 죽는다.

성전이 있던 예루살렘의 함락은 여호와 하나님의 서슬 퍼런 징계의 핵심이 드디어 느부갓네살 19년에 그의 시위장관 느부사라단이 예루살렘에 온다. 그는 여호와의 전과 왕궁을 불사른다. 예루살렘 모든 성벽을 허물었고, 성중에 남아 있는 사람들은 모두 바빌론으로 끌려 간다. 시위대 장관은 대제사장 스라야와 부제사장 스바냐와 문지기와 성중의 내시, 서기관, 등 60여명이 느부갓네살에게 끌려가 그에게 처형 당해 죽는다.

그 후 유다에 방백이 통치하는데, 바빌론 왕에 의해 임명된 그달리야 방백은 바빌론 왕을 섬기는 종에 불과했다. 그동안 교만했던 유다 사람들에게 철저한 징계가 내려진 것이다. 그는 맹세하여 말하기를 모든 백성들은 갈대아 신복을 두려워 하지 말 것이며, 바빌론 왕을 섬기라고 한다. 그래야 평안히 살 수 있으리란 판단을 했기 때문이었다.

이 소식에 반감을 품은 왕족 출신의 이스마엘은 10여 명의 부하를 끌고 와서 그달리야를 죽이고, 유다 사람과 갈대아 사람을 죽인 후, 이집트로 피신하여 갈대아 사람들의 보복을 피한다. 이는 출애굽 이전 종살이 시대로의 회귀가 이뤄지고 있는 것이다. 포로가 된 유다 왕, 여호야긴이 바빌론에 잡혀간 지 27년 만에 감옥에서 석방된다. 그는 바빌론 왕에게서 지위를 높임 받고 항상, 왕 앞에서 식사를 하며, 저의 쓸 비용은 바빌론 왕이 그가 죽을 때까지 지급하도록 은혜를 입는다.

이와 같이 여호야긴의 명예가 회복되는 종결 부분의 처리는 다윗 왕권의 회복과 하나님이 택하신 선민들의 명예 회복까지도 우의적으로 표현하고 있는 것이다.

역대 상 | I. Chronicles

다윗의 통치 역사 : 29장

저　　자 : 미상 / '에스라' 저작설도 있다
기록연대 : B.C 450 ~ B.C 400년

세계사 비교 : B.C 494년 오왕 부차가 월왕 구천을 격파하였고, B.C 492년 페르시아 전쟁이 시작되고, 마케도니아에서 패퇴하였다. B.C 473년 월나라 왕 구천이 오나라 왕을 섬멸하고 승리하였다. B.C 469년 소크라테스, B.C 372년 맹자, B.C 365년 장자가 출생하고, B.C 359년 진나라의 효공이 정치개혁을 시작한다. B.C 450년 전후의 페르시아는 최대의 부흥기를 맞는다.

그러나 크세르크스 1세의 암살을 계기로 암살정국은 계속되며 페르시아의 정치적 혼란이 이어지다가 B.C 334년 알렉산더 대왕의 침입을 받아 페르시아군은 패했으며, B.C 331년 완전히 멸망하기에 이른다. 페르시아는 세계제국으로 B.C 536년에서 B.C 331년까지 200년 동안 유프라테스 강 유역과 티그리스 강 유역, 그리고 고원지대, 인도와 그리스 접경지대까지 영토를 확장하고, 최강의 패권국가로 존재할 수 있었다.

중심인물 : 사울, 다윗, 유다의 왕들, 이스라엘 지파

핵심 에피소드 : 역대 상은 다윗의 통치와 이스라엘 백성의 계보를 창세기의 아담으로부터 기록하고 있다. 지금까지 정리한 창세기에서 열왕기 하까지 12권의 기록은 이스라엘 백성들이 바빌론 제국의 포로가 되는 것으로 끝

났다. 역대 상 · 하는 포로 이전의 이야기를 되풀이하고, 유다의 멸망과 포로로 잡혀가는 시점에서 매듭짓는다. 이것은 다윗과 솔로몬과 유다 왕들의 통치에 초점을 맞춰, 이전 것을 모두 요약한 것이다.

역대 상은 부분적으로 사무엘 하와 같으며, 이스라엘 백성의 계보 9장을 서문으로 시작하여, 다윗의 이야기를 취급하고 있다. 계보는 아담으로부터 이스라엘 백성들이 바빌론 포로에서 돌아오는 내용을 포함하고 있다. 열왕기와 역대기의 다른 점은 열왕기는 북쪽 왕국과 남쪽 왕국이 함께 기록되어 있으나 역대기는 남쪽 왕국만 취급하고 있다. 역대기는 주로 다윗 왕을 취급하고, 그의 자손에 대해서도 기록하고 있다.

1장_ 아담에서 아브라함까지

최초의 인간, 아담에서 시작되는 계보로 아담, 셋, 에노스, 게난, 마할랄렐, 야렛, 에녹, 므두셀라, 라멕, 노아로 이어진다. 노아는 아들을 세 명 두었으며, 셈과 함과 야벳이다. 아브라함의 계보를 거슬러 올라가 보면 데라, 나홀, 스룩, 르우, 벨렉, 에벨, 셀라, 아르박삿, 셈이다. 그러므로 노아의 자손 중에서 셈의 계보에서 믿음의 조상, 아브라함이 나온다.

아브라함의 계보는 그의 아들 이삭과 이스마엘이며, 그의 첩, 그두라에게서 시므란과 욕산과 므단과 미디안과 이스박과 수아를 얻었다. 아브라함의 처, 사라에게서 난 자식은 이삭이다. 그러므로 이삭의 계보는 에서와 야곱(이스라엘)이다.

창세기에서 열왕기에 이르는 중심적 계보인 이스라엘 백성은 야곱의 자손들을 뜻하며, 다른 종족들은 이방인으로 표현되고 있다. 아브라함으로부터 정통적인 이스라엘의 계보가 시작되는데, 이스마엘의 계보와 첩의 소생 계보는 그의 약속받은 아들, 이삭의 계보를 강조하려는 의미에서 기록하고 있다. 진정한 하나님의 계획에 의거한 후사는 아브라함과 이삭과 야곱으로 이어져 하나님 왕국의 선택받은 계보임을 입증하고 있다.

여기서 중요한 사실은 창조된 인간, 아담에서 노아의 세 아들 중, 축복 받은 셈의 계보에서, 아브라함과 이후 다윗과 예수 그리스도의 계보로 구원의 역사가 이뤄가고 있음을 알 수 있게 된다.

2장_ 야곱의 계보

야곱은 자신의 형, 에서의 장자 축복을 가로챈 뒤, 아버지 이삭으로부터 축복을 받는다. 하나님의 구원의 약속이 야곱에게로 넘어가는 매우 중요한 사실이다. 그는 얍복강 나루에서 하나님의 천사와 싸워, 환도 뼈가 부러지는 고통을 당하지만, 하나님께서는 그에게 '이스라엘' 즉 '하나님과 겨루어 이긴 사람' 이란 뜻의 새 이름을 받게 되며, 이는 하나님께서 약속하신 이름으로 야곱을 대신해서 불려진다.

야곱의 아들들은 르우벤, 시므온, 레위, 유다, 잇사갈, 스블론, 단, 요셉, 베냐민, 납달리, 갓, 아셀이다. 이 중에서 유다의 자손들은 에르, 오난, 셀라를 얻었고, 유다의 며느리, 다말을 통해 베레스와 세라를 얻는다. 계보는 베레스로 이어지고, 그는 헤스론과 하물을 낳는다.

유다의 계보는 헤스론으로 이어지고, 그의 아들 람에게서 암미나답, 나손, 살마, 보아스로 이어진다. 보아스(룻의 남편)에게서 오벳과 이새를 얻는데 구원의 역사는 '이새' 의 계보로 이어진다.

이새는 엘리압, 아비나답, 시므아, 느다넬, 랏대, 오셈, 일곱째로 '다윗' 을 얻는다. 다윗의 출생으로 유다 지파를 통해서 인간이 다스리는 왕국이 출현하게 되며, 이는 하나님께서 백성을 다스리기 위하여 선택하신 왕의 계보가 유다 지파로 정해졌음을 뜻하고 있다.

여기에 나오는 갈렙의 계보는 가나안 정탐 때, 여호수아와 함께 했던 갈렙을 지칭하는 것이 아니다.

3장_ 다윗의 계보

다윗의 계보는 이스라엘이 왕정과 신정체제의 중복정치를 이루는 데 중심적 역할을 한 계보이다. 다윗의 아들들과 처와 첩의 이름을 통하여, 이스라엘의 엄청난 수난과 고난의 역사가 전개되었음을 알 수 있게 된다. 다윗의 아들은 압논, 다니엘, 압살롬, 아도니야, 스바댜라, 이드르암은 헤브론에서 살 때 얻은 처첩의 소생들이고 예루살렘에 살 때 얻은 아들들은 시므아, 소밥, 나단, 솔로몬이다. 이들은 밧수아에게서 얻은 자식들 외에도 다말을 누이로 둔 9명의 아들과 여러 명의 첩에게서 얻은 아들들이 있다.

이 중에서 이어지는 계보는 솔로몬으로 그의 장자 르호보암에서 아비야로 또한 아사와 여호사밧으로, 요람과 아하시야로, 요아스에서 아미샤로, 아사랴에서 요담으로, 아하스에서 히스기야로, 므낫세에서 아몬으로, 요시야에서 맏아들 요하난과 둘째 여호야김과 셋째 시드기야, 넷째 살룸으로 장자의 계보로 이어졌다. 이 계보는 솔로몬으로부터 바벨론 포로 시대까지의 다윗 왕가의 계보이다.

여호야김 이후는 포로 시대로 여고냐, 브다야, 스룹바벨, 하나냐와 스가냐, 느아랴, 에료에내의 아들들로 이어진다.

포로 시대 이후 인간의 역사는 이스라엘 민족의 바벨론 포로로 인하여 막이 내리지만, 하나님의 구원의 역사는 다윗의 계보를 통해 계속 되어지고 있음을 이상의 계보를 통해 발견하게 된다.

4장_ 유다 지파

이스라엘 12지파가 시작되는 계보로, 유다의 아들들은 베레스, 헤스론, 갈미, 훌, 소발이다. 이어지는 계보는 소발의 아들 르아야를 비롯한 자손들의 3세에서 4세손까지를 기록하고 있다. 유다의 자손 중, 야베스는 하나님께 기도하여 복에 복을 더해 주시고, 지경을 넓히시며, 주께서 도우심을 받아 환난을 벗어나 근심이 없기를 간구하였던 사람으로, 하나님께서 그의 기도를 들어주셨다. 계보 중 옷니엘이 있는데 이는 갈렙의 아우 그나스의 아들이다.

이후 그는 갈렙의 딸, 악사를 아내로 맞이하며 메소포타미아의 왕, 구산리다사임으로부터 이스라엘을 구출한 최초의 사사가 되었다. 여분네의 아들 갈렙은 유다 지파의 사람은 아니지만 하나님의 축복으로 유다의 계보에 편입된 사람이다.

다음으로는 시므온 지파의 계보로 이어진다. 이들은 유다 지파와 가장 가까운 지역에 분포되어 생활하는데 주요 성읍들은 여호수아가 기업을 분배할 때, 유다 지파에게 돌아간 땅이었다. 이들은 유다 왕, 히스기야 시절에 모우님 사람을 쳐서 그돌 지역을 차지했고, 세일 산의 아말렉 족속을 쳐서 지경을 넓혔다. 시므온 지파가 정복 전쟁을 치룬 이유는 그들의 조상, 야곱이 저주하여 기업을 분배 받지 못했기 때문이었다.

5장_ 르우벤 지파

야곱의 맏아들 루우벤은 아비의 침상을 더럽혔던 근친상간의 범죄로 인하여, 장자권이 요셉에게로 넘어갔음을 기록하고 있다. 루우벤의 아들들은 하녹, 발루, 헤스론, 갈미였으며 앗시리아에 잡혀 간 요엘의 계보와 길르앗에서 축복을 받은 벨라의 계보로 이어진다. 르우벤 지파가 분배 받은 기업은 요단 동편으로 이 지역을 함께 분배 받은 갓, 므낫세 반 지파 등은 우상을 섬기는 타락한 생활로 하나님의 진노를 불러 비극적 종말을 맞이했다. 이어지는 갓 자손들은 르우벤 지파와 마주보는 지역에 살았으며, 요엘과 사밤과 야내와 사밧의 족장이 소개된다.

이 기록은 유다 왕, 요담과 이스라엘 왕, 여로보암 시절의 기록들이다. 이들 요단 동편의 지파들은 군사적으로 동맹을 맺었는데, 루우벤, 갓, 므낫세 반 지파의 군사력은 4만 여명에 달했다. 그들은 하갈 사람과 여두르와 나비스와 노답 사람들과 전쟁을 했는데 하나님께서 도우심으로 큰 승리를 얻었다.

므낫세 반 지파의 자손들이 바산에서 헤르몬산까지 번성하여 생활했다. 지파의 용맹한 족장들은 에벨, 이시, 엘리엘, 아스리엘, 예레미야, 호다위야, 야디엘이었으며, 이들은 하나님께서 징벌한 그 땅의 신들을 숭배하는 범죄를 저지른다. 그로 인해 요단 동편의 지파들은 하나님의 진노로 심판을 받게 되었고 앗시리아 왕, 불과의 전쟁에 참패하여 멸망을 자초하게 된 것이다.

6장_ 레위 지파

레위의 아들 게르손과 그핫과 므라리 중에서 대제사장직을 맡은 그핫의 자손인 아론의 계보를 기록하고 있다. 레위 지파에서는 이스라엘의 지도자들이 나왔는데, 그핫의 아들, 아므람에게서 아론과 모세와 딸, 미리암을 얻었고, 제사장을 맡은 아론의 아들은 나답과 아비후와 엘르아살과 아다말이다. 이들 중 나답과 아비후는 하나님께 다른 불로 제사를 드리다가 벌을 받고 죽는다.

그의 후손들은 제사장을 맡았는데 엘르아살, 비느하스, 사독 등의 제사장들이 언급되고 있다. 사독은 다윗과 솔로몬 왕 당시에 제사장이었으며, 바빌론 포로기의 여호사닥의 이름도 계보에 올라있다. 그는 여호와께서 느부갓네살의 손을 시켜 예루살렘에서 이스라엘 백성들을 끌고 갈 때, 포로에 섞여 바빌론으로 간 제사장이었다.

그리고 성막 예배의 봉사자들의 계보로 이어진다. 다윗이 언약궤를 옮긴 후에 여호와의 집에서 찬송하는 일을 맡겼으며, 솔로몬이 예루살렘에 성전을 세울 때까지 회막 앞에서 찬송하는 일을 맡긴 사람들의 계보이다. 그핫 자손 중, 헤만은 찬송하는 자이며, 사무엘의 손자이다.

이런 식으로 사무엘의 족보를 거꾸로 올라가며 기술하고 있다. 이 같은 방식으로 레위의 아버지 야곱에까지 이르고 있다. 또한 아론과 그의 자손들은 번제단과 향단 위에 분향하며, 제사를 드리고 지성소의 모든 일을 하며, 하나님의 종 모세의 명대로 이스라엘을 속죄하는 역할을 한 계보이다.

레위인은 가나안 땅에서 기업과 분깃을 분배 받지 못했다. 이들은 각 지파에서 분깃을 일정량 할당 받아 생활하였다. 레위 지파의 사람들은 이스라엘 전역에 흩어져 살면서, 백성들의 신앙적 지도자의 생활을 하였다.

7장_ 북방 지파들

요단 서편에 자리 잡은 지파들의 계보를 기록하며, 그들의 뛰어난 군사력을 중점적으로 기록하고 있다. 잇사갈의 아들들은 돌라, 부아, 야숩, 시므론이었고 그의 가문에는 훌륭한 용사들이 8만 7천 명이나 되었다.

베냐민의 아들들은 벨라, 베겔, 여디아엘이다. 이 세 사람의 후손들 역시 훌륭한 족장이며 용사들이었다. 납달리의 아들들은 야시엘, 구니, 예셀, 살룸이었으며, 므낫세의 아들들은 아스리엘, 스로브핫이었고 에브라임의 아들들은 수델라였다.

그로부터 10대 뒤에 '눈' 이 기록되어지고, 그의 아들 여호수아가 등장하게 된다. 아셀의 아들들은 임나와 이스와, 이스위, 브리아였다. 이들 후손들도 족장이었으며, 방백이고, 큰 용사들이었는데 후손은 2만 6천 명이었다.

북방 지파 중에서, 단 지파의 기록이 없는데 그들은 우상숭배에 빠져 하나님의 '신정공동체' 에서 이탈되어 있을 것으로 추정된다.

8장_ 다시 거론되는 베냐민 지파

전 장에서 베냐민 지파는 간략하게 언급되어 있지만, 이 장에서는 매우 자세하게 기록하고 있다.

첫 번째는 왕정 체제 이전의 족장들이 소개되고 있으며, 두 번째로는 왕정 시대의 최초의 왕인 사울의 계보를 기록하고 있다.

여기서 주목할 만한 사건들은 베냐민 지파의 호전성과 용맹성이다. 야곱은 베냐민을 '물어 뜯는 이' 로 비유했는데, 이는 이스라엘 전 지파와 대항한 기브아 전투와 사울의 블레셋 격침과 이스라엘 두 번째 사사였던 에훗의 용맹성으로 볼 때, 야곱의 비유는 적절한 비유였고, 베냐민 지파의 호전적 감각을 의미한 예언이었다고 볼 수 있다.

기브온의 조상에서 사울의 계보가 자세히 기록되어 있는데, 사울의 아들들은 요나단, 말기수아, 아비나답, 에스바알이었다. 사울의 계보를 강조하고 있는데, 그는 이스라엘 최초의 왕국을 건설한 '왕' 이었기 때문이다. 하나님께서 계획하시고, 섭리하시는 하나님 왕국이 구체화 되어 가고 있음을 드러내고 있는 것이다.

9장_ 예루살렘에 돌아온 백성들

유다의 범죄로 바빌론에 포로로 잡혀 갔던 이스라엘 백성은 다시 예루살렘으로 돌아오기 시작한다. 예루살렘에 돌아온 포로들은 하나 둘, 예전의 12 지파를 대표하는 계보를 형성하게 되는데, 이들은 유다의 아들 베레스의 자손 중에는 우대의 계보, 실로 사람 중에는 아사야와 그 아들들이며, 세라 자손 중에는 여우엘과 그 형제들 690명이고, 베냐민 자손 중에는 살루와 이브느야와 엘라 등 956명이었다. 그리고 레위 지파의 제사장 후손 중에는 여다야와 여호야립과 야긴과 하나님의 전을 맡은 아사랴로 그는 힐기야의 아들이다.

예루살렘으로 귀환한 제사장들은 모두 1,760명이었다. 이들의 귀환으로 하나님의 성전 기능은 완전히 회복된다. 성전의 문지기는 살룸과 그의 형제들이었다. 이들의 열조들도 예전에 성막 문을 지키는 직분을 담당했었다.

이 당시 성전의 문지기는 212명으로 레위 사람 4명이서 총책을 맡았으며,

하나님의 전, 곳곳의 문을 지켰고, 아침마다 문을 여는 직분을 맡았다. 레위 자손들은 성전의 제사용 물품의 반출과 반입을 맡기도 하였으며, 제사장의 아들 중에 어떤 사람은 향기름을 만드는 일을 맡았고, 살룸의 큰아들 맛디댜는 냄비에 지지는 일과, 그핫 자손 중 어떤 사람은 진설병을 만들었다. 또한 찬송하는 직분을 맡은 사람들은 레위의 족장으로, 그들은 골방에 기거하며 오로지 찬송하는 일만 하였다.

끝으로 사울왕의 계보를 기록하고 있는데 기브온의 조상, 여이엘은 그의 아내, 마아가에게서 압돈을 비롯한 후손을 얻게 되는데, 예루살렘에 살면서 형제들이 서로 의지하고 살았다. 계보 중의 한 인물인 넬은 기스를 낳고, 기스는 사울을 낳았으며, 사울은 요나단과 말기수아와 아비나답과 에스바알을 낳았다. 이 계보는 아셀의 6명의 아들을 기록하며 끝이 난다.

10장_ 사울의 최후

사울은 이스라엘 최초의 왕으로, 그의 만년에 하나님께 불순종하여 비참한 최후를 맞게 되는데, 블레셋과의 전투에서 사울이 죽는 내용을 기록하고 있다. 이 사실은 사무엘 상 31장에 기록된 바 있다.

이스라엘 사람들은 블레셋 군대에게 밀려 도망을 친다. 많은 이스라엘 군대가 길보아 산에서 죽임을 당한다. 블레셋 군대는 사울과 그의 아들들을 끝까지 뒤쫓아 요나단과 아비나답과 말기수아를 죽인다.

사울은 화살에 맞아 죽을 지경에 이른다. 사울은 호위병에게 블레셋 사람에게 죽느니 차라리 부하에게 죽겠다며 자신을 죽이라고 명한다. 부하는 두려워하며 사울을 죽이지 못하자, 그는 스스로 배에 칼을 대고 엎어져 죽는다. 그것을 보고 있던 부하 역시 자결하고 만다. 사울과 그의 세 아들은 이렇게 죽었으며, 이스라엘 사람들은 그들이 죽는 것을 보고 도망쳤다.

블레셋 사람들이 전리품을 거두러 왔다가 사울의 주검을 보고, 그의 목을 베어 벧산의 성벽에 걸고, 갑옷을 벗겨 아스다롯 신전에 둔다. 길르앗의 야베스에 사는 사람들은 사울이 참혹하게 당한 것을 브레셋 사람들에게 전해 듣고, 용사를 뽑아 밤새도록 벧산으로 가서 사울과 그의 아들들의 시체를 가지고 야베스로 돌아와 시체들을 화장한다.

야베스 사람들은 화장한 뼈를 야베스에 있는 에셀 나무 아래 묻어 주고 7일 동안이나 음식을 먹지 않았다. 이처럼 사울이 죽게 된 이유는 여호와께 범죄했기 때문이며, 여호와의 말씀을 지키지 아니 하고, 신접한 사람에게 의탁한 결과, 사울을 죽이고, 이새의 아들 다윗에게 이스라엘 통치권을 넘기셨다.

11장_ 다윗이 왕이 되다

B.C 1004년경 다윗은 헤브론에서 이스라엘 백성의 대대적인 환호를 받으며 왕으로 즉위한다. 여호와께서 다윗에게 말씀하시는데, 네가 내 백성 이스라엘의 목자가 되며, 내 백성 이스라엘의 주권자가 되리라고 하신다. 이에 이스라엘의 장로들이 다윗에게 기름을 부어 왕으로 삼는다. 이로써 다윗은 여호와 하나님의 대리권자가 된 것이다.

그는 여부스 원주민을 쫓아내고 시온산성을 빼앗아 다윗 성이라 이름지었다. 요압 장군은 여부스 사람을 몰아내고 군대 장관이 된다. 다윗을 도운 용사들의 기록이다.

야소브암은 30인의 두목이었고 엘르아살은 3인의 용사 중에 한 사람이었다. 3인의 용사는 야소브암과 엘르아살과 삼마를 지칭한다. 블레셋과의 전투 중에 다윗은 블레셋 사람의 요새가 베들레헴에 있는데, 누가 베들레헴의 우물물을 떠다가 자신으로 하여금 마실 수 있게 할 수 있겠는가를 주문한다.

3인의 용사들은 목숨을 걸고 블레셋 진영으로 들어가 베들레헴의 우물물을 길어와 다윗에게 준다. 그러나 다윗은 자신들의 목숨을 걸고 떠온 피와 같은 물을 마실 수 없다 하여, 여호와의 전에 붓는다.

이 장에서는 다윗의 용사들에 대한 구체적인 이름이 기록되고 있으며, 30인의 두목들의 업적과 첫 3인의 용사와 두 번째 3인의 용사를 기록하고 있는데, 그들은 요압의 동생 아비새와 여호야다의 아들 브나야만 거론되었고 나머지 한 사람은 이름을 알 수가 없다.

12장_ 다윗의 군대

사울에 쫓겨 다니다가 다윗은 시글락에 숨어 산다. 이때 다윗을 도운 사람들의 명단이 기록되어졌다. 이들은 다윗을 보필하며 강력한 다윗 왕권의 기반을 조성하는 데 큰 공헌을 하게 된다. 시글락에 숨어 지내던 다윗은 블레셋의 왕, 아기스의 배려 덕분에 살아갈 수 있었다. 그러나 그의 능력만으로는 도저히 사울을 제거할 수 없는 형편이었으나, 하나님께서 그에게 군대를 주시어 그를 돕게 한 것이다. 베냐민 지파와 유다 지파의 도움은 인간의 뜻이 아닌 하나님의 도우심으로 인한 결과였다.

다윗의 지위가 견고해지자, 사울 쪽에 섰던 병사들이 갓 지파에서도 나왔다. 이들은 전투에 능숙한 군인들이었다. 사울이 죽고, 다윗이 헤브론에서 왕위에 오를 때, 이스라엘 12지파의 모든 사람들이 참여한다. 유다 지파 6,800명, 시므온 지파 7,100명, 레위 지파 4,600명, 아론의 집 여호야다의 병사 3,700명, 젊은 용사 사독의 장관이 22명이었고, 베냐민 지파는 사울의 동족이지만 그 중에 다윗에게로 온 사람이 3,000명이었다. 에브라임 지파 20,800명, 므낫세 반지파 18,000명, 잇사갈 지파 200명, 스불론 지파 50,000명, 납달리 지파의 장관이 1,000명과 병사 37,000명, 단 지파에서 28,600명, 아셀 지파 40,000명, 요단 서편의 르우벤, 므낫세 반, 갓 지파를 합하여 120,000명이었다.

이 많은 군대가 헤브론에 모여들어 다윗을 왕으로 삼자고 동맹한 것이다. 이 많은 군대들이 3일 동안 다윗과 함께 지내며 먹고 마셨다. 근동의 형제들이 이들이 먹고 마실 양식을 준비하였으며 나귀와 약대와 소에 많은 물품을 실어 날랐다. 다윗이 왕으로 즉위하던 날에는 모든 이스라엘 백성들은 즐거워 했으며, 기쁨과 화평이 함께한 대규모의 민족적인 축제가 벌어졌다.

13장_ 하나님의 법궤를 옮기다 웃사가 죽다

다윗은 백부장과 천부장들을 통해 기럇여아림에 있는 여호와의 법궤를 옮겨 온다. 백성들은 아비나답의 집에서 궤를 운반하기 시작한다. 기돈의 타작마당에 이르러 수레를 끌던 소들이 갑자기 뛰어 웃사가 법궤에 손을 댄다.

여호와께서는 웃사가 법궤를 만진 것에 진노하셔서 그를 죽인다. 다윗은 분노가 일었지만 웃사의 죽음을 목도하고는 하나님을 두려워 한다. 그래서 법궤를 예루살렘으로 옮기지 못하고, 오벧에돔의 집으로 옮겨 세 달 동안 머물러 있게 된다. 여호와께서 법궤가 머무른 오벧에돔의 집을 축복하셨다.

14장_ 다윗의 나라가 번성하다

두로 왕, 히람이 다윗에게 사신을 보내 백향목과 목수와 석수들을 보내, 다윗의 왕궁을 짓게 한다. 다윗은 이때에서야 여호와께서 자신을 '이스라엘의 왕'으로 세우셨다는 것을 실감하게 된다. 다윗은 예루살렘에서 더 많은 아내를 맞아들여, 아들과 딸을 많이 낳았다.

다윗이 기름 부음을 받고 이스라엘의 왕이 되었다는 소식을 들은 블레셋 사람들이 그를 잡으러 온다. 블레셋 군대는 생각지도 않던 르바임 골짜기를 급습한다. 다윗은 여호와께 묻는다. 여호와께서 다윗에게 출동할 것을 명령하셨다. 그는 바알브라심으로 올라가 블레셋 군대를 물리친다. 그들은 자신들이 섬기던 우상을 버리고 도망친다.

다윗은 그 우상을 태워 버리라고 지시한다. 얼마 후, 블레셋 군대가 또 다시 침공하자, 다윗은 여호와께 묻는다. 여호와께서는 저들의 후방을 공략하라고 명령하신다. 그래서 뽕나무 숲 맞은편에서 공격한다. 다윗이 하나님께서 명령하신 대로 공격을 하자 대승을 거두게 된다. 다윗의 이름이 알려지고, 여호와께서는 주변 모든 나라들에게 다윗을 두려워 하게 만드셨다.

15장_ 언약궤가 예루살렘으로 돌아오다

다윗은 예루살렘에 자신의 왕궁을 아름답게 지었다. 그다음 하나님의 법궤를 모셔올 성막을 세운다. 그는 레위 사람을 뽑아 하나님의 법궤를 멜 수 있도록 조치한다. 그는 레위 가문의 지도자들을 불러 하나님의 법궤를 실수 없이 예루살렘으로 모셔올 것을 지시한다. 레위 지파의 사람들은 스스로 거룩하고 성결케 하여 법궤를 멜 수 있는 준비를 정성껏 마친다. 비파와 수금을 타며 법궤를 이동할 때 기쁜 노래를 부르게 한다.

레위 사람들의 지도자 그나냐는 노래를 잘 하는 사람으로 찬양하는 사람들을 지휘하였다. 다윗과 이스라엘 장로들과 천부장들이 오벧에돔의 집에 있던 언약궤를 메고 기쁜 마음으로 올라왔다. 하나님께서 언약궤를 메는 레위 사람들을 도우셨다. 그들은 소와 양을 제물로 바친다.

다윗은 세마포로 지은 에봇을 입고, 찬양대와 궤를 멘 모든 이들도 세마포로 옷을 만들어 입었다. 언약궤가 예루살렘으로 들어올 때 사울의 딸, 미갈이 창 밖을 내다보다가 다윗 왕이 춤추며 즐거워 하는 모습을 보고 그를 업신여기고 비웃었다.

16장_ 다윗의 감사 찬양

다윗은 미리 세워 놓은 장막 안에 언약궤를 옮겨와 안치했다. 그리고 번제와 화목제를 올린다. 제를 마치고 다윗은 이스라엘 남녀 모두에게 빵과 고기와 건포도를 선물한다. 레위 사람들에게 언약궤를 섬기며 여호와께 예배 드리는 일을 맡아 보게 한다.

다윗은 제사장 브나야를 비롯하여 여러 사람들에게 비파와 수금과 나팔을 불게 하고, 아삽과 그의 친척들에게 여호와께 감사하며 찬양하는 일을 시킨다. 다윗은 감사의 노래를 부른다. 그가 "영원히 여호와 이스라엘의 하나님을 찬양하리라"고 찬양을 하자, 백성들은 "아멘!"으로 화답한다. 다윗은 아삽과 오벧에돔과 제사장 사독에게 여호와의 성막을 지키고 섬기게 한다. 여호와께서 이스라엘에게 주신 율법 책에 적혀 있는 규례를 따라 아침 저녁으로 제단 위에 번제물을 바치게 한다.

17장_ 하나님께서 다윗에게 약속하시다

다윗이 왕궁으로 돌아와 선지자 나단에게 자신은 궁전에 거하고 있는데 여호와의 언약궤가 장막 안에 있으므로 불편하다고 호소한다. 그날 밤 여호와께서 나단에게 말씀하시는데, 다윗은 여호와께서 살 집을 지을 사람이 아니라고 하신다. 여호와께서는 이스라엘 백성들이 이집트에서 이끌어낼 때부터 장막을 자신의 집으로 인정하시고 있음을 확인하여 주신다.

다윗에게 모든 축복을 다해 주시지만 여호와의 전은 다윗이 죽어 조상들에게 돌아가고, 다윗의 아들 중 한 사람을 새 왕으로 삼을 것이며, 그에게 성전을 짓게 할 것이라고 말씀하셨다.

여호와께서는 다윗의 집안이 이스라엘을 영원히 다스릴 수 있도록 하시겠다고 하신다. 여호와께서는 그들의 아버지가 되며, 그들은 여호와의 아들이 될 것이며, 여호와의 집과 나라를 영원히 그에게 맡길 것과 다윗가의 왕좌를 영원토록 없애지 않을 것임을 말씀으로 나단에게 전해 주신다. 나단은 하나님의 모든 말씀을 다윗에게 전한다.

그 후에 다윗은 여호와 앞에 들어가 기도를 한다. 여호와께서 주의 종을 위하여 주의 뜻대로 이처럼 놀라운 일을 하게 하시고 큰 일들을 맡기셔서 알게 하셨으니, 주 밖에 다른 신은 없노라고 고백하며 감사의 기도를 올린다. 그는 이스라엘 백성과 하나님의 구원의 계획과 이집트에서 이끌어내신 놀라운 주의 섭리에 감사 드린다.

여호와께서는 친히 이스라엘 백성을 주의 백성으로 삼으신 일을 진심으로 고백한다. 이제 모든 이스라엘 백성들은 주님을 이스라엘의 하나님으로 섬기며 율법과 규례대로 주 앞에 굳게 설 것을 서약한다.

18장_ 다윗이 여러 전쟁에서 이기다

다윗은 블레셋 사람들의 지경을 빼앗았고 모압 백성들을 물리쳤으며 유프라테스 강역을 침범하려던 소바 왕, 하닷에셀을 하맛까지 쫓아내고, 그들의 전차 1천대와 기마병 7천명과 보병 2만명을 사로잡았고, 전차를 끌던 말만 남겨두고 말의 다리를 부러뜨려 못쓰게 만들었다.

이 소식을 듣고 소바의 왕 하닷에셀을 도우려고 다마스커스의 아람 사람들이 쳐들어오자, 다윗은 아람 사람 2만 2천명을 죽인다. 그래서 아람 사람들은 다윗이 종이 되었다.

다윗은 하닷에셀의 병사들이 가지고 있던 금 방패를 빼앗아 예루살렘으로 가져온다. 또한 스루야의 아들 아비새는 소금골짜기에서 에돔 사람 1만 8천명을 죽이고 대승을 거둔다. 다윗은 에돔과 다마스커스에 군대를 두어 다스린다. 그 후 다윗은 공평무사하게 이스라엘을 다스린다.

19장_ 다윗이 암몬과 싸우다

다윗은 암몬 백성들의 왕, 나하스가 죽자 그의 아들 하눈에게 사절단을 파견하여 왕의 죽음을 슬퍼하는 위로의 말을 전한다. 다윗은 이전에 나하스와의 선의의 우정을 연속하려고 생각했지만 하눈은 사절단에게 수염을 억지로 자르는 등 무례한 행동을 서슴치 않는다. 수염이 잘리고 엉덩이가 보이는 터진 옷을 입고 돌아온 신하들을 보며 다윗은 분개한다.

그는 요압 장군과 군대를 보내 암몬을 치게 한다. 그들은 요압과 그의 동생 아비새의 공격을 받고 도주한다. 그러나 아람 군대는 유프라테스 동쪽에 살던 아람 사람들의 지원을 받아 다시 공격을 해온다. 다윗은 다시 총공격을 단행해 아람 군대 전차병과 보병 4만 여명을 죽이는 대성과를 거둔다.

20장_ 요압이 암몬을 멸망시키다

요압은 이듬해 봄 다시 암몬을 공격한다. 그 땅을 멸망시키고 다시 랍바 성으로 공격해 들어간다. 다윗이 암몬 왕의 머리에서 금관을 벗겨내 예루살렘으로 가져온다. 금관에는 많은 양의 금붙이들이 장식되어 있었다. 그리고 랍바 성의 백성들을 포로로 끌고 와 톱질과 곡괭이질을 시킨다.

또 얼마 후에 블레셋의 거인들과 전쟁하여 게셀에서 승리하고, 가드에서도 큰 승리를 거둔다. 다윗의 형이자, 시무아의 아들인 요나단은 가드의 블레셋 거인족 자손들을 모두 죽인다.

21장_ 다윗의 인구조사

사탄이 이스라엘을 괴롭히려고 다윗의 마음 속으로 들어가 이스라엘 백성의 수를 헤아려 보게 한다. 다윗은 요압 장군에게 명령하여 이스라엘 12지파의 모든 인구를 조사하게 한다. 요압은 여호와께서 이미 셀 수 없을 정도의 백성을 주시기로 언약하셨는데, 뭐 하러 인구조사를 하려는가를 반문한다. 사탄의 조종을 받은 다윗은 그래도 인구조사를 강행한다.

요압은 왕의 명령이 못마땅하므로 레위 지파와 베냐민 지파의 인구조사는 계산에서 빼어 버린다. 하나님께서도 이 일을 못마땅하게 생각하셨다. 그래서 선견자, 갓을 통해 앞으로 세 가지 벌을 내리겠으니, 그 중 하나를 고르게 한다. 3년 동안 가뭄 피해를 당할 것과 칼을 들고 쫓아 오는 자들을 피해 3개월 동안 숨어 다닐 것인지, 그리고 삼일 동안 여호와의 칼을 받을 것인지를 결정하게 한다.

다윗은 그제야 자신의 오만과 교만함을 알아차리고 여호와께서 내리는 벌을 받겠다고 한다. 세 번째의 벌은 여호와의 칼을 3일 동안 받는 것이지만, 여기서 칼이란 이스라엘 전역에 병마가 휩쓸 것을 의미하고 있었다. 그로 인하여 7만 명이나 되는 이스라엘 백성이 죽었다. 다윗은 하나님께 간절한 서원을 하자 병으로 인한 징계가 그치는 듯했다. 어느 날 여호와의 사자가 오르난의 타작마당에 서 있었다. 다윗은 그를 보게 된다.

여호와의 천사가 하늘과 땅 사이에서 칼을 꼬나들고 자신을 쳐다보고 있었다. 다윗은 모든 죄와 허물은 자신에게 있으니 자신을 벌해 달라고 간청한다. 여호와의 천사가 여부스 사람 오르난의 타작마당에 가서 여호와께 번제를 드리라고 지시한다. 그때 오르난이 타작을 하다가 뒤를 돌아보는데, 자신의 네 아들이 죽어 있는 것을 보게 된다. 다윗이 오는 것을 본 오르난은 달려나가 얼굴을 땅에 대고 절하며 타작마당을 다윗에게 준다.

다윗은 그의 제의를 거두고, 금 6백 세겔을 주고 타작마당을 사서 여호와께 진심으로 번제를 드린다. 그러자 여호와의 천사가 칼을 칼집에 꽂는다. 기브온 언덕에는 광야생활 중에 모세가 세운 성막이 있었는데, 다윗은 여호와의 천사와 그의 칼이 무서워 성막 안으로 들어갈 수가 없었다.

22장_ 다윗의 성전 건축계획

다윗은 예루살렘에 성전을 짓기 위하여 이스라엘 백성들을 불러 모아 석수장이와 목수들을 선발한다. 시돈과 두로 사람들이 가져온 백향목을 건축재료로 사용한다. 그는 여호와의 전을 가장 크고 아름답게 지을 계획이었다. 다윗이 죽기 전에 성전 지을 재료들을 충분히 준비해 두고, 그의 아들 솔로몬에게 이스라엘 여호와 하나님을 위하여 성전을 짓게 한다.

그는 전쟁을 많이 하여 사람을 많이 죽였으므로 여호와의 이름을 위하여 성전을 지을 수 없게 되었음을 설명한다. 그러나 아들 대에는 성전을 지을 수 있게 되며, 솔로몬이 통치하는 시대에는 평화만 가득할 것임을 말한다. 그리고 솔로몬을 축복하여 여호와께서 모세에게 주신 율법과 규례를 잘 지킬 것이며, 강하고 용감하여 두려워 하지 말 것을 당부한다.

이제 충분한 건축자재와 기술자들이 모였다. 다윗은 이스라엘의 모든 지도자들에게 솔로몬을 도와 성전 건축에 매진할 것을 독려한다. 그리고 성전을 지으면 언약궤를 옮기고 하나님의 성스러운 그릇들도 모두 성전으로 옮기라고 지시한다.

23장_ 레위 사람들

다윗이 늙어 솔로몬에게 왕위를 물려준다. 그는 이스라엘의 지도자들과 제사장과 레위 사람을 모이게 한다. 30세 이상 된 레위 사람을 헤아려 보니 3만 8천명이나 되었다. 이들 중 2만 4천명은 여호와의 성전 일을 맡았고, 6천명은 관리와 재판관을 맡는다.

4천명은 문지기가 되었으며 나머지 4천명은 여호와를 찬양하는 악기 연주자와 찬양대원을 맡았다. 다윗은 레위 사람들을 게르손과 고핫과 므라리 가문 출신으로 분류한다. 이들은 모두 레위의 아들들이었다.

24장_ 제사장의 직무

레위의 자손인 아론의 직계서열 24번째까지의 제사장들을 나열하고 있다. 다윗은 사사 시대 이후 전국에 흩어져 제사장직을 담당하던 아론의 자손들을 예루살렘으로 모아 중앙집권 체제를 이루려 한다.

특히 아론의 자손 중에서 그의 두 아들인 엘르아살과 사독이 한 부류를 이루었으며, 이다말의 자손 아히멜렉 계열이 서로 협조하여 직무를 수행하는 것은 매우 중요한 일이었다.

그래서 왕과 방백들과 제사장 사독과 아히멜렉과 레위 사람 족장들 앞에서 반차 즉, 직무를 맡아 행하는 감독들 24명을 제비뽑는데 여호아립을 비롯해서 마지막 마아시아까지 24명의 반차를 선출하여 저들의 조상, 아론이 명한 대로 여호와의 전에 들어가 수종을 들게 한다.

레위 사람 중에 남은 자들은 여호와 전에서 제사장을 보좌하는 일을 맡긴다. 이들도 아론 형제의 자손들로 장자의 일가 친척들이다. 그들은 오로지 여호와를 섬기는 일에만 전념하게 되었다.

25장_ 찬양대의 직무

다윗은 성전의 제반 기능을 원활하게 하기 위한 조치로 이미 조직되어 있던 찬양대를 개편하여 24반열에 맞춰 재편하기에 이른다. 각 반차마다 12명씩이 참여하였으므로 찬양대원의 수는 288명이 되었다.

이 당시에도 찬양은 예배와 제사의식에서 매우 중요한 부분으로 인식되어졌으며, 하나님의 은혜를 간구하고 대의적인 구원을 전제로 하나님께 드려지는 찬양의 일을 맡았다. 그들은 전쟁에 참여해서도 그 직무를 수행했다. 이들 역시 남겨진 레위 사람 중에서 제비를 뽑아 간선하였다.

26장_ 성전 수위대

B.C 975년경 고라 자손들 중 아삽의 계열에서 성전 문지기를 반차로 선출한다. 이들은 성전의 문지기로 제사장이나 찬양대보다는 낮은 직급이었다. 성전의 네 군데의 문을 지키고 창고의 관리를 맡았다. 백성들이 드리는 십일조와 현물과 전리품을 보관하는 업무인 셈이다. 특히 성전의 창고에는 다윗이 수집해 놓은 여러 가지 금 은 기구 등 성전 건축에 사용될 많은 양의 기물들이 보관되어 있었다.

그리고 레위 사람들의 기타 직무들을 보면 이스할의 자손 중에 그나냐와 그 아들들에게 율법에 의한 전문 재판관 직을 주고 이스라엘의 사법체제를 유지시킨다. 행정체제는 하사바를 시켜 요단 서편의 땅을 관할하게 하였고, 여리야는 요단 동편의 땅을 관할하는 행정 책임자로 임명하였다. 이들은 각종 세금과 십일조 등 행정 전반적인 업무를 통괄하였다.

27장_ 군대의 조직

다윗은 이스라엘 모든 족장과 천부장과 백부장 등 왕을 섬기는 유사들이 사람 숫자대로 반차를 나눠, 한 반열에 각 2만 4천명씩의 군대를 조직하여, 매월 돌아가며 병역의무를 담당케 했다. 백성들은 12개월 중 1개월을 병역에 종사하며, 평상시에는 생업에 종사하게 한다.

1월에는 첫 반의 반장 즉, 군대 장관은 삽디엘의 아들 야소브암으로 그 반열에 2만 4천명의 군대가 있었다. 이렇게 하여 12월에는 옷니엘의 자손 헬데가 군대 장관이었으며 역시 같은 수의 군대를 조직하여 지휘하였다.

다윗은 지금까지 지역별로 분산되었던 행정조직을 중앙집권적 왕권국가로 만들어 간다. 그래서 사울 시대에 행해졌던 각 지파의 관리감독을 대행하는 관장제도를 이행하고 있다. 르우벤 지파를 관장하는 엘레에셀을 비롯하여 12지파의 관장을 선출하여 지방 행정조직의 체계를 정비한다. 그리고 요압을 시켜 인구조사를 실시하던 중에 여호와 하나님의 진노를 사서 끝내지 못한다.

왕의 재산을 관리하는 아스마웻은 왕의 곳간을 맡았고 웃시야의 아들 요나단은 성읍과 산성의 곳간을 맡는다. 이들은 왕실의 재정을 담당한 사람들로 다윗 왕정시대 왕궁의 재무를 관리하는 사람들이었다. 왕실의 소유지를 관리하고 포도원을 경영하고, 감람나무와 뽕나무를 관리하게 하였으며, 소와 약대와 나귀와 양 떼를 관리하여 왕가의 재산을 충당한 것이다.

다윗 왕과 함께 생사고락을 함께 한 충신들을 보면 모사 역에 요나단이며, 여히엘은 왕자들의 교육을 담당하였고, 아히도벨은 왕의 모사 즉, 특별 자문 역할을 맡았으며, 후새는 왕의 친구가 되었고, 브나야의 아들 여호야다와 아비아달은 아히도벨의 뒤를 이었으며, 요압은 군대 장관이 되었다.

28장_ 다윗의 마지막 연설

다윗은 앞에서 언급한 솔로몬에게 남긴 유언과 앞으로 시행해야 할 모든 일들을 이스라엘 지도자들 앞에서 선포한다.

그것은 솔로몬의 왕위 계승의 적법성과 정통성을 지도자들에게 각인시켜 주고, 앞으로 솔로몬이 지어야 할 성전의 건축 사업에 박차를 가할 수 있도록 동기를 유발시키려고 한 것이다. 다윗은 앞으로 지어질 성전은 하나님이 설계한 작품으로 성전에 쓰일 각종 기물과 배치도를 솔로몬에게 넘겨 준다. 그 안에는 각종 기물과 금 등대와 등잔, 진설병과 각 상을 만들 때 들어갈 금의 중량을 적시하여 기록되어 있으며, 향단의 정금과 각종 장식품의 문양을 정해 주었으며, 여호와의 언약궤를 덮는 그룹들의 날개와 문양까지도 상세히 정해 주었다.

이 모든 것이 여호와께서 다윗의 손에 임하셔서 작성된 설계도인 것이다. 그는 솔로몬에게 강하고 담대하게 성전 건축사업을 진행할 것이며, 성전을 건축하는 동안 여호와께서 함께 하실 것임을 역설한다. 제사장과 레위 사람들과 이스라엘의 모든 책임자들이 솔로몬을 적극 도울 것임을 천명하고 있다.

29장_ 다윗의 예물

다윗은 이제껏 모든 성전 건축의 재료와 건축양식과 설계도를 솔로몬에게 전해 준 뒤, 여호와의 전은 사람을 위한 것이 아니며, 여호와 하나님을 위한 것임을 재천명하며 자신이 그 동안 모아놓은 엄청난 양의 금과 은과 놋과 철제와 나무와 보석을 하나님의 성전 건축에 사용하기를 희망하며 예물로 바친다.

이는 죽기 바로 직전까지 하나님을 위하여 순종하고, 성별된 삶을 살아가는 주의 종의 모습을 보여준 것으로 그가 예물을 바치자 이스라엘 지도자들도 즐거운 마음으로 성전 건축을 위한 예물을 드렸다. 자신의 소유물을 바친다는 것과 즐거이 바친다는 것은 개인적인 사유재산을 포기하며, 오로지 여호와께로 온 것을 여호와께 돌려드림을 하나님의 은혜로 내정하고 있는 것이다.

다윗은 온 백성들 앞에서 하나님을 찬양한다. 또한 그가 죽은 후에 벌어질 모든 일을 하나님께 의탁하며 마지막 기도문을 낭송한다. 우리 하나님 여호와여, 주의 거룩한 이름으로 전을 건축하기 위해, 미리 저축했던 모든 물건들이 다 주님에게로 왔으니, 모두 주의 것임을 고백한다. 이런 후 다윗은 이스라엘 통치 40년의 막을 내리고 죽어 열조의 나라로 들어간다.

역대 하 | II. Chronicles

남유다 왕국의 역사 : 36장

저　　자 : 미상 / '에스라' 의 기록설이 유력하다
기록연대 : B.C 450년 ~ B.C 400년

세계사 비교 : B.C 494년 오왕 부차가 월왕 구천을 격파하였다. B.C 492년 페르시아 전쟁이 시작되고, 마케도니아에서 패퇴하였다. B.C 473년 월나라 왕, 구천이 오나라 왕을 섬멸하고 승리하였으며, B.C 469년 소크라테스가 출생하였다. 또한 B.C 372년 맹자, B.C 365년 장자 등이 출생하였으며, B.C 359년 진나라의 효공이 정치개혁을 시작하였고, B.C 450년 전후의 페르시아는 최대의 부흥기를 맞는다.

그러나 크세르크스 1세의 암살을 계기로 암살정국은 계속되며 페르시아의 정치적 혼란이 이어지다가 B.C 334년 알렉산더 대왕의 침입을 받아 페르시아군은 패했으며, B.C 331년 완전히 멸망하기에 이른다.

페르시아는 세계 제국으로 B.C 536년에서 B.C 331년까지 200년 동안 유프라테스 강 유역과 티그리스 강 유역, 그리고 고원지대, 인도와 그리스 접경지대까지 영토를 확장하고, 최강의 패권국가로 존재할 수 있었다.

중심인물 : 솔로몬, 유다 왕들

핵심 에피소드 : 유다 왕들의 통치를 기록하고 있다. 남왕국 유다의 정통성을 강조하고 있으며 성전 건축의 역사와 제사제도에 대한 해설을 통하여 하

나님만이 제사를 받으실 수 있음을 강조하고 있다. 전체적으로 왕들의 타락상도 보이지만 하나님께서 선택한 민족을 변함없이 사랑하심과 하나님 말씀에 순종하고 따르는 자들에게 임하는 축복과 그렇지 못한 자에게 내려지는 가혹한 저주를 기록하고 있다.

역대 하는 열왕기 상 · 하와 같은 내용을 취급하고 있다. 분열된 10지파의 왕에 대해서는 기록하지 않고 있다.

1장_ 솔로몬이 지혜를 구하다

다윗의 아들 솔로몬은 아버지를 이어 강력한 왕이 되었다. 하나님께서 그를 도와 함께 하셨기 때문이었다. 그는 이스라엘의 지도자들을 모아 기브온에 있는 신당으로 간다. 거기에는 모세가 세운 여호와의 성막이 있었다. 그는 놋 계단을 올라 번제를 드린다.

그날 밤 하나님께서 솔로몬에게 임재하셨다. 그가 원하는 모든 것을 들어주시겠다고 대답하신다. 솔로몬은 아버지 다윗에게 약속하셨던 것들과 백성을 평화롭게 다스리기 위한 지혜를 달라고 간구하자 여호와께서는 솔로몬에게 지혜를 주시고 축복하셔서 전에도 후에도 없을 위대한 왕으로 만들어 주실 것을 약속하셨다. 그는 예루살렘에 돌아와 새롭게 군대 조직을 재편한다. 전차를 준비하고 말을 수입해서 군사력을 확고히 한다.

2장_ 성전 건축을 준비하다

그는 성전과 왕궁을 짓기로 결정하고 사역에 동원할 인부 십여 만 명을 뽑는다. 그리고 히람 왕에게 도움을 청하여 성전 공사에 필요한 백향목을 지원받는다. 히람 왕은 나무를 다루는 인부들과 각종 숙련공들을 집결하여 건축 준비를 지원한다. 그는 성전 건축 지원을 요청한 솔로몬에게 편지를 보내 구체적인 지원책을 설명한다.

후람이라는 기술자는 금과 은과 놋, 그리고 석재와 자주색 천을 짜고 다룰 아는 다재다능한 기술자이므로 이스라엘의 기술자를 충분히 도와줄 것이라고 전한다. 레바논에서 나무를 베어 뗏목으로 바다 건너 욥바까지 보내면, 욥바에서 예루살렘까지는 이스라엘 노동자들에 의해 운반하도록 목재 운반

방법을 정해 준다.

솔로몬이 이스라엘에 살고 있는 이방인들을 조사하니 153,600명이나 되었다. 이 사람들 중에서 짐을 운반할 인부와 산에서 돌을 캐낼 인부와 노동을 감독할 사람을 뽑았다.

3장_ 성전의 건축

예루살렘의 모리아 산 위에 성전 건축이 시작되었다. 이곳은 다윗에게 여호와께서 나타나신 장소였다. 그는 아버지 다윗이 준비해 놓은 곳에 성전을 짓는다. 이곳은 여브스 사람 오르난의 타작 마당이기도 했다. 솔로몬이 성전을 짓기 시작한 때는 그가 왕위를 물려 받은 지 약 4년이 지난 뒤였다.

성전은 거대한 돌과 금을 입혀 백향목으로 지어졌다. 성전 건축에 사용된 금, 은, 목재 등은 지금 돈으로 20 ~ 50억 달러로 추산되어, 그 당시 세상에서 가장 비싸고 찬란한 건물이었음이 틀림없다. 성전은 성막의 모양대로 건축되었다. 모든 부분이 예전 성막 크기의 두 배로 확대되었다.

4장_ 성전의 규모

솔로몬은 놋으로 제단을 만들고 바다라 부르는 커다란 그릇도 만들었다. 대체적인 성전의 규모는 1규빗을 50cm로 환산한다면 길이 30m, 폭 10m, 높이 15m이었다. 성전은 동쪽을 향했다. 서쪽 10m는 지성소 즉, 내전으로 하고 동쪽 20m는 성소 즉, 배전으로 했다. 지성소에는 법궤가 있으며 그룹으로 덮여 있다. 휘장을 사이로 성소의 가운데에는 금으로 만든 향단이 있고, 북쪽과 남쪽에 금으로 만든 향단과 떡상이 5개씩 있었다.

성전은 30,000명의 이스라엘 사람과 150,000명의 가나안 사람이 건축했다. 건축 기간은 7년이 걸렸으며 각 부분품은 성전에서 떨어진 곳에서 제작되어 망치와 어떤 도구의 소리도 내지 않고 조립되었다.

5장_ 언약궤를 성전으로 옮기다

성전을 완공한 후 언약궤를 시온 성 즉, 다윗의 성에서 옮겨 온다. 레위 사람들이 성막과 그 안의 거룩한 물건들을 운반한다. 그리고 언약궤를 성전 내부의 지성소에 두었는데 그룹의 날개 아래 두었다.

그 궤 안에는 돌판 두 개만이 들어있었다. 백성들은 새 성전에 옮겨진 언약궤를 주축으로 제사를 올리고 나팔을 불며 보호하여 주시는 여호와께 감사의 축제를 벌인다.

찬양대는 "여호와는 선하시며 그의 사랑은 영원하시다"라고 노래를 부른다. 이때 구름이 성전을 덮어 온다. 제사장들은 구름 때문에 일을 계속할 수가 없었고, 여호와의 영광만이 하나님의 성전을 가득 채웠다.

6장_ 솔로몬의 메시지

솔로몬은 그때에 여호와께서는 캄캄한 구름 속에 계시겠다고 말씀하셨다고 외친다. 그리고 주께서는 이 성전에 영원히 계실 것임을 강조한다. 그는 백성들에게 여호와를 찬양하자고 제안한다. 예전 아버지 다윗에게 약속하신 이스라엘 백성의 구원 이야기와 예루살렘에 성전을 세울 것과 다윗이 성전을 짓고 싶어 했으나 하나님께서는 만류하셨고, 아들인 자신에게 성전 건축을 허락하셨음을 각인시킨다.

그는 백성들 앞에서 제단을 향하여 손을 쳐들고 기도를 드린다. 이스라엘의 하나님 여호와여 주와 같으신 이는 하늘과 땅에 없으며, 사랑의 언약을 지켜 주심에 대하여 감사 드린다. 그리고 다윗에게 주셨던 모든 약속을 이스라엘 모든 백성들을 위해 반드시 지켜 주실 것을 간절히 염원한다.

7장_ 성전을 바치다

솔로몬이 기도를 마치자 하늘에서 불이 내려와 번제물과 다른 제물들을 태워 버린다. 그리고 여호와의 영광이 성전 안에 가득 차게 된다. 사람들은 그 모습을 현장에서 직접 목격한다. 백성들과 제사장들 모두는 넓은 돌을 깔아 놓은 땅에 엎드려 얼굴을 묻으며 여호와의 능력에 감복하여 깊은 감사를 드린다.

제사장들은 여호와를 섬길 준비를 하고 레위 사람들은 음악을 연주하며 하나님께 기쁨의 찬양을 올린다. 솔로몬은 성전 앞뜰 한가운데를 거룩하게 구별하여 번제물과 화목제의 기름을 바치는데, 이미 놋 제단에는 더 이상 제물을 올릴 수 없을 정도로 가득했기 때문이었다.

마침내 7일 동안의 초막절 절기를 지키고, 성전을 바치는 예식을 한 뒤 백성들은 각자 집으로 돌아간다. 솔로몬이 생각했던 대로 성전을 다 짓고 또한 왕궁 짓기를 마치자 하나님께서 나타나신다.

하나님께서는 솔로몬의 기도를 들어주셔서 성전에서 드리는 제사를 받을 것이라고 말씀하신다. 그리고 모든 백성들이 자신의 일을 뉘우치고, 기도하며 말씀을 따르고, 악한 길에서 돌아오면 죄를 용서해 주시고, 축복해 주실 것을 약속하신다. 만약 그렇지 못하고 다른 신을 섬기며, 행악한 일들을 저지르면 여호와께서 엄중히 죄를 물어 큰 재앙을 내리실 것을 경고하신다.

8장_ 솔로몬의 활동

솔로몬은 성전 건축과 왕궁 건축하는 데 20년이 걸렸다. 히람 왕이 준 지역을 새로 건설하여 이스라엘 백성들을 이주시키고 하맛소바를 점령하고 다드몰, 벧호론, 레바논 등 모든 땅을 다스리며 곳곳에 물건을 쌓아놓을 수 있는 창고를 건설한다. 이 땅에는 이스라엘 백성이 아닌 아모리, 브리스, 히위, 여부스 사람들이 남아 살고 있었다. 이들은 이스라엘이 그 종족을 다 멸하지 않고 남겨둔 사람들이었다.

솔로몬은 그들을 노예로 삼는다. 이스라엘 사람은 절대로 노예로 삼지 않았으며 장교와 전차지휘관, 전차병이 되었다. 그는 아내가 된 이집

솔로몬 왕국

트 왕의 딸을 다윗 성에서 새 왕궁으로 데려 온다. 새 왕궁은 이집트 공주를 위한 것이었다. 다윗 성에는 여호와의 궤가 있어 거룩한 곳이기 때문에 공주가 살 수 없는 곳임을 설명한다.

그는 모세가 명한 대로 매일 성전에서 제물을 바친다. 제물을 정기적으로 바쳐야 하는 때는 매주 안식일과 초하루와 해마다 세 차례 지키는 절기 즉 무교절과 칠칠절과 초막절이었다. 그리고 제사장들을 정하여 순서대로 일을 맡기고 레위인들에게 찬양을 올리게 한다. 히람 왕은 신하들에게 엄청난 양의 금을 주어 솔로몬에게 푸짐한 선물을 하도록 한다.

9장_ 스바의 여왕

스바의 여왕이 솔로몬의 명성을 듣고 그를 만나기 위해 예루살렘으로 온다. 스바 왕국은 당시 아라비아 남서쪽에 자리한 상업으로 번성한 나라였다. 이 나라는 인도와 동 아프리카에 사치품을 수출하고 해상무역과 아라비아 사막을 통과하는 대상무역을 통해 막강해진 왕국이었다. 그녀는 그동안 누려 온 무역의 통로와 상권의 위협을 느끼게 되었고 그로 인해 솔로몬과 협상을 하고, 그의 실질적 능력을 시험하기 위해 예루살렘을 방문한 것이다.

스바의 여왕은 직접 솔로몬의 지혜를 확인하고 왕의 하나님을 찬양한다. 그리고 많은 향료와 금을 선물한다. 솔로몬은 이에 화답하며 여왕이 가져온 것보다 더 많은 선물을 주어 스바 왕국으로 그녀를 돌려 보낸다.

그 후로 해마다 솔로몬은 금을 받았고 무역업자들과 상인들, 그리고 아라비아 왕들에게서도 금과 은을 받았다. 솔로몬은 금을 두드려 작은 방패 3백 개를 제작하여 레바논 숲의 궁에 보관한다. 왕의 보좌는 상아를 깎아서 만들었다. 보좌로 올라가는 계단은 여섯 계단으로 보좌에는 금으로 만든 받침대와 여러 가지 금으로 된 부속물이 있었다. 여섯 계단에는 12마리의 사자가 양 끝에 한 마리씩 있었다.

솔로몬은 이 세상의 어떤 왕들보다 재산과 지혜가 많았다. 그를 만나러 오는 사람들은 무수한 선물을 가지고 왔으며, 전차와 말들이 엄청나게 많았다. 그가 재위할 당시 예루살렘에서는 은이 돌처럼 흔했으며 백향목은 뽕나무만큼이나 흔한 것이 되었다. 솔로몬은 이렇듯 풍요와 평화 속에 40년 동안 이스라엘을 다스렸으며, 그가 죽어 예루살렘 다윗 성에 묻히고, 그의 아들 르호보암이 왕위를 계승하게 된다.

10장_ 르호보암의 과실

르호보암이 왕위를 계승한다는 소식을 들은 여로보암은 이집트 도피생활을 마치고 돌아온다. 여로보암은 백성들을 동원하여 솔로몬의 치적 중에서 건축을 위한 노역을 꼬집어 고된 일을 시키지 말아달라고 말한다. 르호보암은 지도자들과 논의하였으나 나이든 늙은 지도자들의 이야기를 거부하고 젊은이들의 여론을 수렴한다. 그들은 르호보암에게 더욱 강력한 노동을 시킬 것을 주문한다.

며칠 후 르호보암은 백성들에게 젊은이가 말한 대로 아버지보다 더욱 고된 노동과 가죽채찍이 아닌 전갈의 독침으로 다스릴 것을 천명하고 나선다. 그러자 이스라엘 백성들은 르호보암을 비난하며 집으로 돌아가 버리고 유다의 여러 마을에 사는 백성들만 그를 왕으로 섬긴다.

얼마 후 백성들의 의사타진을 위하여 르호보암은 신하 하도람을 이스라엘 백성에게 보내지만 백성들은 화가 나 돌을 던져 하도람을 죽인다. 그러자 르호보암은 서둘러 전차를 타고 예루살렘으로 도망친다.

11장_ 르호보암이 유다를 강하게 만든다

르호보암은 예루살렘으로 돌아와 군대를 모으는데, 유다와 베냐민 가문에서 18만 명의 병사를 선발한다. 그러자 여호와의 사람은 스마야에게 하나님께서 유다와 베냐민 병사들에게 집으로 돌아갈 것을 말한다. 그것은 여호와께서 르호보암의 일을 계획하고 만드셨기 때문이었다. 스마야의 말을 들은 병사들은 여로보암을 치러가지 않고 돌아서게 되었다.

그 후 르호보암은 예루살렘에 살며 유다의 여러 성들을 요새화 한다. 그는 요새로 만든 성마다 지휘관을 임명하여 음식과 기름과 포도주를 쌓아두는 등 전쟁준비에 박차를 가한다. 그러자 이스라엘 모든 땅의 제사장과 레위 사람들이 르호보암에게로 온다. 그들은 여호와를 섬기는 일을 하던 사람들이었다.

한편 여로보암은 자기 맘대로 아무렇게나 제사장을 뽑았고, 자기가 만든 염소와 소의 우상을 섬기게 하였다. 이스라엘 모든 지파에는 여호와를 섬기려는 사람들이 있었지만, 여로보암이 막았기 때문에 예루살렘으로 몰려 오게 된 것이다. 이들은 르호보암을 도와 유다를 강하게 만드는 역할을 했다.

12장_ 시삭이 예루살렘을 공격하다

르호보암이 강한 왕이 되고, 나라도 견고해지자 이집트의 왕 시삭이 예루살렘으로 쳐들어온다. 그들은 셀 수도 없는 군대와 리비아와 숙과 에티오피아 군대까지 동원하여 대대적인 침략을 시도한 것이다. 그들은 예루살렘의 요새를 점령하였으며 이에 겁먹은 르호보암은 유다의 지도자들에게 피신하였다.

이때 예언자 스마야가 찾아와 하나님의 지시를 전하는데, 그 내용은 르호보암과 백성들이 하나님을 배신하였으므로 이집트 군대에게 패할 것이라고 말한다. 그러자 르호보암과 유다의 지도자들은 하나님께 용서를 빈다. 하나님께서는 시삭을 시켜 예루살렘을 완전히 멸망시키지 못하게 하고 시삭의 종이 될 것을 명하신다. 시삭은 예루살렘의 성전과 왕궁에 침입하여 수많은 기물과 보물들을 탈취해서 남김 없이 털어 간다. 솔로몬이 만든 금방패도 가져 간다.

르호보암은 진심으로 잘못을 뉘우친다. 그는 예루살렘의 강한 왕이 되어 17년 동안 통치를 하지만 무슨 일이든 여호와의 뜻을 먼저 묻지 않고, 자신의 뜻대로 일을 처리해 나가 악한 일을 도모한다. 르호보암이 죽고 그의 아들 아비야가 왕이 된다.

13장_ 아비야 왕

그는 3년 동안 유다를 통치하였다. 그의 아버지처럼 사악했으나 여로보암과 전쟁할 때 "너희는 여호와의 나라에 대해 반역을 하고 있다. 여호와의 나라는 다윗의 아들의 것이다"라고 여로보암 군대를 향해 소리치며 다윗 왕국의 당위성을 주장한다.

하나님께서는 유다 백성과 아비야 편을 들어주시므로 이스라엘 군대들이 대패하여 달아나게 만드신다. 여로보암의 이스라엘은 금송아지를 우상 숭배하였고, 아론의 자손인 레위 사람들을 쫓아냈으며, 마음대로 제사장을 뽑았다. 그들의 패인은 하나님의 진노가 이스라엘에게 내리신 결과였다.

여로보암은 전쟁에서 패배한 후 다시 부흥하지 못한 채 여호와의 진노를 받아 죽는다.

14장_ 아사 왕

그는 41년 동안 유다를 통치했다. 그의 오랜 통치 기간에 북왕국은 7명의 왕이 교체되었다. 그는 좋은 왕으로 하나님을 열심히 섬겼다. 커다란 개혁의 물결이 나라를 휩쓸었으며, 그는 외국의 제단, 높은 곳, 기둥, 태양신의 상, 아스다롯의 상을 파괴했다. 그는 남창을 폐지하고, 우상을 섬기는 어머니를 황후에서 물러나게 했다.

15장_ 아사 왕의 업적들

하나님의 영이 오멧의 아들 아사랴에게 들어간다. 그는 아사를 만나서 말한다. 만약 주 하나님을 찾으면 여호와께서 유다인과 함께 하실 것이며, 그렇지 않으면 주께서 버리실 것이다.

이스라엘은 오랫동안 참된 하나님 없이 살아 왔다. 그리고 그들을 가르칠 제사장도 없었고 율법도 없었다. 그러나 그들은 어려움을 당하면 이스라엘의 여호와 하나님께 다시 찾아왔다. 그때마다 여호와께서는 용서하여 주셨다. "여러분은 힘을 내시오. 낙심하지 말고 여호와께 모든 것을 의뢰하고 상급을 기다리라" 고 말한다. 이 말을 들은 아사 왕은 역겨운 우상들을 없애 버렸다. 그리고 에브라임 산지에서도 우상들을 없애 버린다.

아사는 자기 어머니 마아가를 태후의 자리에서 물러나게 한다. 그것은 마아가가 주께서 역겨워 하시는 아세라 우상을 만들었기 때문이다. 그는 우상을 토막 낸 다음에 기드론 골짜기에서 불태워 버렸다. 그리고 자기 아버지의 거룩한 예물을 하나님의 성전에 바쳤다. 그가 통치하던 35년 동안은 전쟁이 없었다.

16장_ 그 밖의 일들

아사 왕이 유다를 통치한 지 36년째 되는 해에, 이스라엘의 바아사 왕이 유다를 침공한다. 바아사는 라마로 가서 성을 쌓고, 사람들의 내왕을 막고 있었다. 아사는 신하를 시켜 아람의 벤하닷에게 지원을 요청한다. 벤하닷은 아사의 말에 동의하며 군대를 보내 이스라엘을 공격한다. 바아사가 물러간 자리에 성벽의 돌과 재료들을 날라다가 게바와 미스바를 지었다.

이때 예언자 하나냐가 당신은 하나님을 의지하지 않고 아람 왕을 의지했기에 아람 왕의 군대는 떠났으나, 앞으로 여러 전쟁을 겪어야 할 것임을 예언한다. 아사는 그가 전한 말을 듣고 화가 나서 그를 감옥에 가둔다. 그리고 다른 백성들에게도 압제를 가한다. 그는 39년째 되던 해에 심한 병이 들어 41년째 되던 해에 죽어 다윗 성에 묻힌다.

17장_ 여호사밧 왕

유다를 25년 동안 통치하였다. 매우 종교적으로 심성이 풍부한 사람으로 모든 일에서 하나님을 찾았다. 군중 교육제도를 만들어, 제사장과 레위 사람들에게 율법서를 가지고 정기적으로 순회시키며 백성들을 교육했다.

그는 전국에 재판소를 설치했으며 많은 군대를 가져서 더욱 강대해졌다. 그가 이룩한 군대는 18만명에 달했다.

18장_ 미가야의 경고

여호사밧은 부와 명예를 누리고 있었다. 그는 결혼을 통하여 아합 왕과 동맹을 맺는다. 그는 아합을 찾아가는데 아합은 그에게 길르앗 라못을 치라고 한다. 그러나 치기 전에 여호와께 물어보자고 말한다. 그래서 아합은 예언자 4백 명을 모은다. 예언자들은 길르앗 라못을 치라고 예언한다. 그런 다음 여호사밧이 여호와의 뜻을 예언할 자를 찾는다.

미가야라는 예언가가 있었는데 아합은 그를 좋아하지 않았다. 어쩔 수 없이 미가야를 수소문하여 데려온 후, 여호와의 의중을 묻는다. 미가야는 하나님을 두고 맹세하며, 칠 것을 예언한다. 그러나 미가야는 하나님의 영이 그를 속이게 한 것을 알고 있었다.

두 사람의 왕들은 길르앗 라못으로 간다. 아합은 변장을 하고 전쟁터로 나가지만 그 전쟁에서 전사하고 만다.

19장_ 재판관을 뽑는 여호사밧

전투에서 아합 왕이 죽자, 여호사밧은 예루살렘으로 돌아온다. 그는 그가 다스리는 모든 지역에 재판관을 세운다. 재판관들에게 백성을 재판하는 것은 곧 여호와를 재판하는 것임을 깨닫게 한다. 매사에 공평과 진실함으로 재판을 진행할 것을 지시한다.

여호사밧은 레위 사람들과 지도자들에게 늘 여호와를 공경하고 섬기며, 그를 두려워해야 할 것을 당부한다. 바른 일을 하는 곳에는 항상 여호와께서 함께 하신다는 것을 설파하고 있다.

20장_ 여호사밧이 전쟁을 하다

모압과 암몬과 마온 사람들이 전쟁을 걸어온다. 여호사밧은 두려움에 떨고 있었다. 그래서 유다 사람들에게 하나님께 기도하도록 지시하고, 기도하는 동안에는 금식할 것을 명령한다. 유다 사람들과 예루살렘 백성들이 여호와의 전 앞에 모였다.

여호사밧은 청중들에게 여호와의 권세와 능력을 설명한다. 여호와께서 두려워 말고 나가서 저들과 대적하여 싸우라고 하셨음을 선포한다. 하나님께서는 저들의 퇴로에 복병을 두게 하셔서 큰 승리를 안겨 주신다. 유다 사람들이 언덕에 올라가 광야를 내려다보는데 널려진 것은 적들의 시체들 뿐이었다. 그는 이렇게 하여 25년 동안 여호와를 섬기며 유다 왕국을 통치했다.

**** 주요구절 ****
20 : 12 우리 하나님이여 저희를 징벌하지 아니 하시나이까. 우리를 치러 오는 이 큰 무리를 우리가 대적할 능력이 없고 어떻게 할 줄도 알지 못하옵고 오직 주만 바라보나이다 하고.

21장_ 여호람 왕

그는 8년 동안 통치하였다. 좋은 아버지와 할아버지의 자손이었지만 악독한 아합의 딸, 아달랴와 결혼하는 바람에 악해졌다. 그는 왕위에 오르자마자 자신의 동생들을 몰살하였으며, 아내의 뜻을 좇아 산당을 짓고 우상숭배에 빠진다.

그가 통치할 때에 예루살렘은 앗시리아와 블레셋의 침략을 받았다. 그는 창자가 튀어나오는 무서운 병으로 죽었다. 그가 죽었을 때 아무도 그의 죽음을 슬퍼하지 않았고, 다윗 성에 묻히긴 했으나, 왕들의 무덤에는 묻히지 못했다. 이 모든 일이 그의 악행으로 인한 여호와의 징계인 것이다.

22장_ 아하시야와 아달랴 왕

그는 1년 동안 유다 왕국을 통치하였다. 백성들은 그를 왕으로 뽑아 여호람의 뒤를 잇게 한다. 그는 형들이 왕궁에 침입한 아라비아 사람들에 의해 모두 살해되었기 때문에 왕이 될 수 있었다. 그도 역시 아합 집안 사람들처럼 악행을 저지른다. 그는 하나님의 계획에 의해 예후를 만나게 되는데, 예후는 하나님께서 아합 집안을 멸하기 위해 세운 주의 종이었다.

아하시야는 아람 왕, 하사엘과 전쟁을 하는데 이스라엘의 요람 왕도 함께 싸움에 나간다. 요람은 길르아 라못 전투에서 부상을 당한다. 요람은 악행을 저지르던 아합의 아들이었다. 부상한 그를 만나러 아하시야가 이스라엘로 내려간다. 이때 아합의 집안을 징벌하던 예후를 만나게 된다. 그는 아하시야 집안 사람들을 죽이고 사마리아에 숨어 있던 아하시야를 찾아내 죽인 후 시체를 묻어 준다.

아하시야는 여호사밧의 집안이었지만 그는 여호와를 경외하지 않았기에 죽음을 자초한 것이다. 아하시야의 어머니 아달랴는 자기 아들의 죽음을 보고, 유다에 있는 왕족의 집안 사람들을 모두 죽이기 시작한다.

아달랴는 유다의 여왕으로 8년 동안 유다를 통치한다. 죽음을 모면한 요아스는 하나님 성전에 숨어서 살아날 수 있었다. 그녀는 바알 우상을 숭배했고 손자들을 학살한 최초의 여왕이었다.

23장_ 요아스 왕

그는 할머니 아달랴가 왕족을 죽일 때 죽음 직전에 유모와 함께 숨겨져 살아난 사람으로, B.C 843년에서 B.C 803년까지 40년 동안 유다를 통치하였다. 요아스는 아달랴의 손자였으며, 아달랴가 왕족을 살해할 때에 유모와 함께 몸을 숨겨 성전에서 6년 동안 숨어 있었다. 요아스가 7세가 되었을 때 그의 삼촌이며 대제사장인 여호야다는 아달랴를 폐위하고, 요아스를 즉위시켰다.

그래서 여호야다는 요아스가 살아있는 동안 유다 왕국의 실권자가 되었다. 성전을 증축하고 하나님을 다시 경배하게 했다. 여호와의 전에서 정한 규례대로 번제를 드리고 즐거이 노래하며 평화가 충만했다. 온 백성들이 즐거워하고 예루살렘이 평온하였다. 요아스는 여호야다가 살아 있는 동안 매사를 정의롭게 행했다. 그의 폐위된 할머니 아달랴 여왕은 왕궁의 자객들에 의해 죽었다.

24장_ 성전을 다시 짓다

제사장 여호야다가 생존해 있을 때에 요아스는 성전을 고치기로 마음 먹고, 레위 사람을 시켜 유다 사람들에게 세금을 걷어 성전을 고치라고 지시한다. 그러나 레위 사람들은 왕의 명령을 듣고도 일을 서두르지 않았다.

요아스는 대제사장을 불러 따진다. 그 이유는 전에 아달랴의 아들들이 하나님의 성전을 부수고 들어가, 거룩한 물건들을 훔쳐 바알 신을 섬기는 데 사용한 적이 있기 때문이었다. 그래서 요아스는 헌금 상자를 여호와의 성전 밖에 놓으라고 지시한다. 그러자 백성들은 돈을 궤 안에 넣기 시작하여 많은 양의 돈을 거두게 된다. 그 돈으로 하나님의 전을 중수하기에 이른다.

대제사장 여호야다가 죽자, 요아스는 우상숭배에 빠져 들어 여호와의 진노를 받는다. 어떤 선지자의 충고나 조언도 듣지 않게 되자, 하나님께서는 죽은 여호야다의 아들 스가랴를 감동시키게 하여 백성들에게 왕의 잘못을 토로케 한다. 그러자 그는 심복을 시켜 스가랴를 여호와의 전 앞에서 돌로 쳐 죽인다.

요아스 왕이 스가랴의 아버지 여호야다가 자신에게 베푼 은혜를 망각하고 스가랴를 죽인 것이다. 1년 후, 아람 군대가 적은 무리로 쳐들어 왔으나 이미 그들에게 여호와의 징계가 함께 하셨으므로, 요아스는 크게 패하여 왕의 침상에서 모반한 신하들에 의해 주살 당하게 된다.

25장_ 아마샤 왕

그는 29년 동안 유다를 통치하였다. 정직하게 왕정을 베풀었으나 온전한 마음으로 행하지는 않았다. 에돔의 신을 섬겼으며 이스라엘과 전쟁하여 예루살렘을 이스라엘 왕에게 빼앗겼다. 그의 통치는 시작은 좋았으나 마지막은 비참했다.

25세에 왕위에 오른 그는 하나님의 법도에 따라 순종하는 삶을 살아간다. 아버지를 죽인 사람들을 제거하면서도 그의 자식들은 죽이지 않았으므로 모세의 율법대로 한 것이었다. 그는 군대를 이끌고 염곡에서 세일 자손 1만 명을 죽이는 승리를 거둔다. 그가 에돔 사람들을 죽이고 돌아오며 세일 자손들의 우상을 가져다가 자신의 신으로 세우고, 그 앞에서 경배하고 섬기기 시작한다.

이것은 여호와께서 아마샤에게 진노를 하시게 된 원인이었다. 그는 전쟁에서 승리한 자신감과 교만함으로 이스라엘 왕 요아스에게 선전포고를 한다. 유다가 동족간의 전쟁을 일으킨 것이다. 아마샤 왕은 이스라엘 요아스에게 체포되어 유다의 예루살렘에 큰 피해를 가져오게 된다.

아마샤는 요아스가 죽은 후에도 15년을 더 살았는데, 끝내 자신이 지은 죄를 하나님께 회개하지 않고 믿었던 신하들의 모반으로 비참하게 살해되는 비운을 맞게 된다.

26장_ 웃시야 왕

그는 52년 동안 통치하였다. 그의 아버지 아마샤가 죽자 16세의 어린 나이에 왕위를 잇는다. 정직하게 행하고 하나님을 섬겼다. 그가 하나님을 잘 섬기는 동안에는 그를 번영할 수 있게 해 주신다. 그는 좋은 장비를 갖춘 많은 군대를 가지고 있었다. 블레셋, 아람, 암몬과의 전쟁에서 승리한다. 농업에 큰 관심을 가졌으며 전쟁으로 영토를 넓혔다.

그러나 그는 교만에 빠진다. 그는 나라가 강성해지고 부강해지자, 제사장의 업무를 자신이 하려 한다. 그래서 여호와의 전에 들어가 향단에 스스로 분향을 하려 하자, 제사장 아사랴가 다른 제사장 80명을 데리고 들어가 막아선다. 웃시야 왕은 그래도 자기 손으로 향로를 붙잡고 분향하려 할 때 여호와의 징계가 그의 이마에 내려와 문둥병이 퍼지게 된다.

그제야 자신의 잘못을 뉘우치고 성전에서 나간다. 그 일로 웃시야는 죽는 날까지 문둥병에 시달려야 했으며, 별궁에 살면서 고독한 최후를 맞이하게 된다.

27장_ 요담 왕

그는 아버지 웃시야가 문둥병에 걸려 왕정을 못하게 되자, 아버지 대신에 섭정하여 16년 동안 유다를 통치하였다. 그 대부분 기간 동안 웃시야의 지도를 받아 정치를 펼쳤다.

그는 성을 증축하였으며, 암몬 자손과 전쟁하여 승리하므로 그들에게 조공을 받았다. 그가 웃시야에게 내려진 하나님의 징벌을 교훈 삼아 하나님 앞에 겸손하며, 정도를 행하였으므로 축복을 받아 점점 부강한 나라로 만들어 간다.

28장_ 아하스 왕

그는 16년 동안 유다를 통치하였다. 조상의 정책에 반항하는 젊고 사악한 왕이 되었다. 그는 바알 우상을 들여오고, 산당과 작은 산과 푸른 나무 아래에서 제사를 드리고 분향하며, 극악할 정도의 우상숭배에 빠진다. 그리고 자신의 아들을 불에 태웠다.

여호와께서 진노하심으로 아람과 이스라엘과 에돔과 블레셋으로부터 침공을 당한다. 많은 사람들이 이스라엘에 포로로 잡혀 간다. 선지자 오뎃이 그 포로들을 풀어 주라고 하자 에브라임 자손 두목들이 유다의 포로를 풀어 준다.

그 후로 아하스는 앗시리아 왕에게 원조를 요청하지만 오히려 공박을 당한다. 그는 여호와의 전과 지도자들의 집에서 재물을 거두어 앗시리아 왕에게 선물했으나 불필요한 짓이었다. 그러자 아하스는 더욱 죄악에 빠진다. 앗시리아 왕이 섬기던 다메섹 신들에게 제사를 지낸다.

그렇지만 하나님께서는 아하스가 지은 죄악과 교만과 우상숭배 등 사악함에도 불구하고 저들 포로들에게 관용을 베풀도록 이스라엘 사람들을 교화시킨 것이다. 이는 하나님이 세운 왕국의 완전한 멸절을 피하고 언제든 돌아올 수 있게 하여 그 명맥을 이어 가시려 한 주님의 섭리인 것이다.

29장_ 히스기야 왕

그는 B.C 726년에서 B.C 697년경까지 29년 동안 유다를 통치하였다. 무질서한 나라를 바로 잡고 하나님 보시기에 정직하게 정치를 행한다. 그는 여호와의 전을 깨끗이 하고 정화시키며, 다윗이 행했던 대로 여호와를 경외하는 마음으로 사람을 모아 대대적인 정화작업을 벌인다. 그는 열조의 잘못으로 여호와께 악행을 저질러 성소를 등지고, 낭실 문을 닫고, 등불을 끄고, 번제를 드리지 않았으므로 여호와의 진노를 받았음을 인정한다.

그는 이제 게으르지 말 것이며, 여호와를 섬기며 분향하자고 한다. 그러자 유다 백성들은 하나님께 진심으로 속죄의 제사를 드린다. 성전 봉헌 의식을 진행하고, 과거 아하스 왕의 교만과 불신앙으로 인하여 파기되었던 다윗 시대의 하나님과의 언약을 새롭게 하며, 선택 받은 백성으로 하나님과의 관계를 재정립하려는 개혁적인 조치를 취한다.

하나님께서 보시기에 예루살렘의 성전만이 합법적인 성소였기에 히스기야는 모든 이스라엘을 위하여 모세 율법에 따라 번제와 속죄제를 드린 것이다. 그는 선지자 아삽의 시로 하나님께 찬양을 드린다. 이후 히스기야는 성결 의식을 마쳤으니 제물과 감사 제물을 가져와 마음껏 드리라고 지시한다. 그러자 백성들이 가져와 드린 제물이 수천 마리 양과 수백 마리 소와 각종 제물이 산더미처럼 쌓이게 된다.

30장_ 히스기야의 유월절 준비

히스기야는 온 유다와 이스라엘과 에브라임과 므낫세에 편지를 보내 예루살렘에 있는 여호와의 전에 와서 유월절을 지키자고 제안한다. 이는 북쪽의 이스라엘 민족들이 대부분 앗시리아의 포로로 끌려 갔기 때문에 유다는 유일한 하나님의 선택받은 왕정국가였다. 통보를 받은 왕들은 브엘세바에서 단까지 온 이스라엘에 반포하여 열조가 세운 왕국의 복원과 형제들의 우애와 이집트에서 구출한 조상들의 위업을 기념한다.

하나님이 함께 하심을 회복하려는 히스기야의 뜻대로 유월절은 준비되고 있었다. 그러나 이번의 유월절은 1월 14일로 정해진 것이 아니고, 제대로 유월절을 지키지 못한 백성들을 위하여, 한 달 뒤인 2월 14일에 지키게 된 것이다. 이는 이제껏 민족적으로 저지른 우상숭배와 죄악에서 회심하여, 하나님께 돌아오게 하려는 강한 목적이 있는 축제로 개최된 것이다.

그리하여 하나님과의 언약을 갱신하고, 왕국을 재건하고, 민족의 통일성을 구축하려는 민족적 합일의 축제였다. 축제가 진행되던 중 많은 사람이 성결치 못했기 때문에 레위 사람들은 부정한 사람들을 위하여 양을 잡아 여호와 앞에 드려 성결케 하였고, 에브라임과 므낫세와 잇사갈과 스블론의 많은 사람들이 부정한 몸으로 유월절 양을 먹음으로 여호와의 규례를 어기게 된다.

그러자 히스기야는 여호와께 간절히 기도하여 용서를 빈다. 하나님께서 히스기야의 기도를 들어 주시고 그들의 병을 고쳐 주셨다. 그들이 즐거운 마음으로 무교절을 지키고 누룩 없는 떡을 나눠 구워 먹으며, 이집트에서 구원해 주신 여호와 하나님의 은혜에 감사 드린다. 이렇듯 예루살렘은 축제 속에 즐거움과 기쁨으로 가득 차게 되는데, 이는 솔로몬 이후 없었던 민족적인 기쁨이며 즐거움이었다.

31장_ 종교 개혁

2주일에 걸쳐 진행되었던 유월절 행사를 성공적으로 마친 히스기야는 전 지역에 산재해 있던 산당과 우상을 척결하고, 레위 사람들에 의한 제사장 직과 그들의 역할을 회복시키기 위해 제사장들에게 번제와 화목제를 드리게 하고, 여호와의 율법을 지키게 하며, 율법에 기록된 대로 십일조를 온 백성들이 바치게 하여 하나님의 성전을 지키고 관리하는 레위 사람들의 안정된 생활을 유지할 수 있는 방안을 강구하기 시작한다. 곡식 추수가 끝나면 칠칠절을 지키고, 포도 농사가 끝나면 장막절을 지내므로, 태양력으로 6월에서 10월까지 약 4개월간 백성들이 십일조를 드릴 수 있게 했다.

그런 일로 인하여 성전을 위한 재정이 확보되었고 제사장과 성전 일을 맡은 레위인들의 생활이 안정된다. 히스기야의 종교 개혁은 완료되었고, 모든 일을 하나님께 간구하고, 한 마음으로 실천함으로써 만사가 형통케 되는 큰 축복을 입게 되었다.

32장_ 산헤립의 침입

앗시리아 왕 산헤립이 유다의 성에 들어와 진을 치고 전쟁을 일으킨다. 이미 저들은 모든 성을 함락시키고 예루살렘만 남겨놓은 상태였다. 백성을 동원해 저들에게 들어가는 수로를 모두 막는다. 그리고 성을 재건축하고, 군대장관들을 위로하여 하나님의 도우심을 간구한다. 산헤립은 그의 심복인 랍사게를 보내 히스기야를 모독하고 하나님을 비방한다. 히스기야는 저들의 모략과 비방에도 불구하고, 아모스의 아들 선지자 이사야와 함께 하늘에 울부짖어 기도하기 시작한다.

여호와께서 천사를 보내, 앗시리아 진영에 임하시므로 대장과 장관들을 죽인다. 산헤립이 얼굴이 뜨거워져 그의 나라로 퇴각한다. 그가 섬기던 신전에 들어갔을 때, 그의 자식들에 의해 무참히 죽임을 당한다. 이토록 여호와께서는 히스기야와 선지자 이사야의 기도를 들어 주셨다.

이후로 히스기야의 위상이 다른 나라들에 비해 상대적으로 높아지게 되었다. 훗날 히스기야가 병들어 죽게 되자 여호와께 기도하여 간구한다. 여호와께서는 이적을 베풀어 응답하셨지만 히스기야의 마음이 교만하여 그 은혜를 보답하지 않아 하나님의 진노가 유다와 예루살렘에 임하게 된다.

그러나 그가 자신의 교만함을 뉘우쳤으므로 여호와의 진노가 그의 생전에는 임하지 않게 된다. 히스기야의 기적 같은 통치를 정탐하기 위해 바빌론의 사신들이 찾아오는데, 그는 자신의 국방력을 공개한다. 그의 교만함을 하나님께서 시험하신 것이다. 이로 인한 정책의 실패는 바빌론과의 관계를 악화시키는 중대한 요인으로 작용하게 된다.

33장_ 므낫세 왕

그는 무려 55년 동안 유다를 통치하였다. 유다의 왕 중에서 가장 악독했고 가장 오랫동안 통치한 왕이었다. 그는 아버지 히스기야가 파괴한 우상을 재건했다. 바알 숭배를 다시 시작했으며, 그의 자식들을 불에 태웠다. 그는 예루살렘을 피로 물들게 했으며, 전설적인 이야기지만 선지자 이사야를 톱으로 켜서 죽였다고도 전해지는 악독한 인물이다. 그의 악정과 우상숭배로 인하여 하나님께서는 그를 앗시리아 군대에 의해 참패케 하시고 사로잡혀 가게 하신다. 그는 성전을 위배하였고 율법을 위배하였으며, 돌이킬 수 없는 죄악으로 파탄의 상황을 자초하게 된다.

그러나 하나님께서는 므낫세의 기도를 들어주신다. 그를 앗시리아의 포로에서 예루살렘으로 돌아오게 해주신 것이다. 그리고 성을 재건축하고 여호와의 전에서 우상을 제거하며 개혁적인 사업을 벌인다. 이는 열왕기에 비해 므낫세의 치적을 완화시켜 주는 차이를 보여주고 있다. 열왕기에서는 므낫세의 죄악으로 유다가 멸망하는 것으로 기록되어 있으나 미미하지만, 그의 회개와 개혁사업을 기록하고 있는 것이다.

이처럼 므낫세를 용서하신 이유는 과거의 죄악으로 인한 현실과, 미래에 대한 소망을 좌절시키지 않도록 하신, 용서해 주시는 하나님의 사랑과 배려 때문이다. 므낫세가 죽자, 그의 아들, 아몬이 왕위를 계승한다. 그는 2년 동안 유다를 통치한다. 그 역시 아버지 므낫세와 같이 사악한 죄를 범한다. 그는 신하에 의해 궁중에서 살해되는 비운을 맞이하게 된다. 그가 시해 당한 후 백성들은 아몬 왕을 시해한 범인들을 처단하고, 그의 아들 요시야를 왕으로 삼는다.

34장_ 요시야 왕

그는 31년 동안 유다를 통치했다. 그가 왕위에 오른 나이는 8세의 어린 나이였다. 그가 성장하여 16세 때, 다윗의 하나님을 찾기 시작한다. 20세 때, 개혁을 시작하며 성전 정결사업을 펼쳤으며, 그 사업을 진행하던 중에 대제사장 힐기야에게 성전을 수리하게 한다. 사람들이 여호와의 전에 연보한 돈을 꺼낼 때, 제사장 힐기야는 모세가 전한 여호와의 율법 책을 발견한다. 요시야는 율법의 말씀을 듣자 옷을 찢으며 그동안 율법에 적힌 대로 살아 오지 못한 모든 백성의 죄악을 용서해 달라고 빈다.

26세 때, 유다에서 가장 철저한 개혁을 단행했다. 율법서가 그 개혁에 원동력이 되었지만 그러나 백성들은 마음 속에 우상을 가지고 있었다. 그것은 므낫세가 오랫동안 우상숭배를 통한 사악한 정치를 하여 여호와 하나님은 백성들의 생각에서 멀리 떠나 있었다. 요시야는 유다와 예루살렘의 모든 장로들을 불러 모은 후 발견한 율법 책을 읽게 했다. 그리고 여호와 앞에 언약을 새롭게 세워 순종하고 계명과 율례를 바르게 지켜 언약의 말씀을 따르게 했다.

35장_ 요시야의 유월절

요시야는 히스기야처럼 성대한 유월절 의식을 치른다. 그는 1월 14일에 예루살렘에서 어린 양을 잡아 유월절을 준비한다. 그리고 자기 소유의 어린 양과 어린 염소와 숫소 수만 마리를 내놓아 백성들과 방백들이 즐거이 유월절 행사에 참여할 수 있게 한다. 이를 행하는 데 모든 기본을 율법서에 적힌 대로 실행하였다.

여호와를 섬길 행사 준비가 완료되자 요시야는 번제를 올린다. 그때 모인 이스라엘 자손들은 유월절을 지키고 무교절을 7일 동안 지킨다. 이는 선지자 사무엘 시대 이후와 이스라엘 10명의 왕도 요시아처럼 성대한 유월절을 지키지 못하였다. 그의 종교혁신 사업이 마무리되던 때에 이집트의 느고 왕이 유프라테스 강가의 갈그미스를 침범하자, 요시야가 직접 나가 전투에 임한다.

이는 주변국의 정세가 유다에게 불리해질 것을 예상하게 된다. 앗시리아와 신흥제국 바빌론과의 전쟁이 벌어진다면 유다에 심각한 상황이 올 수 있다고 판단하여, 이집트 느고 왕의 출전을 막아 내려고 하지만 하나님께서는 이미 바빌론에게 패권을 잡게 하시려는 계획과 섭리로 진행되는 전쟁이었다. 느고는 하나님은 자신의 편이니 자신의 출정을 막지 말라는 것이었다.

그러나 요시야는 변장을 한 채 싸움에 임했다가, 적의 화살에 맞아 중상을 입고, 예루살렘으로 후송되었으나 죽게 된다. 예레미야는 요시야를 위하여 슬픔의 노래를 지었다.

36장_ 여호아하스 왕 이후 패망의 길

그는 B.C 608년경 3개월 동안 유다를 통치하였으나 이집트의 느고 왕에 의해 폐위된다. 그들은 여호아하스의 동생 여호야김을 왕으로 세운 후, 그를 이집트로 잡아 간다. 여호야김은 자신의 형, 여호아하스의 뒤를 이어 11년 동안 유다를 통치한다. 그러나 바빌론의 왕, 느부갓네살이 쳐들어와 저를 쇠사슬로 결박하여 바빌론으로 잡아 간다. 또한 그는 여호와 전의 모든 기물들을 탈취하여, 바빌론 자신의 신전에 가져다 두었다.

그 후 유다에는 여호야김의 아들인 여호야야긴이 왕위를 잇는데, 그는 나이가 8세의 어린 아이였다. 예루살렘에서 3개월여를 통치했으나, 느부갓네살의 2차 침입으로 인하여 에스겔을 포함하여 1만여 명의 포로들과 함께 바빌론으로 끌려 간다.

이후 시드기야가 21세의 나이로 예루살렘에서 11년을 통치하였다. 그 역시 하나님 보시기에 악행을 저질렀고, 선지자 예레미야가 여호와의 말씀으로 경고하지만 듣지 않았다. 당시 제사장들과 백성들은 패망의 길을 가고 있었으며, 여호와의 전을 더럽혔으므로, 하나님의 사자들을 보내 백성들을 깨우치려 했다. 그들은 비웃으며 선지자에게 욕을 하는 등 다시는 만회할 수 없는 정도까지 타락했다.

시드기야의 반 바빌론 정책은 예루살렘의 멸망을 급속도로 빠르게 가져오게 된다. 그는 예레미야의 경고도 무시했고, 여호와를 섬기지 않았으며, 이집트를 의지한 채, 바빌론에 대항하였고 성전을 우상으로 더럽혔으며 하나님의 사자들을 멸시했다. 이에 하나님께서 갈대아 왕에게 임하셔서 유다를 치게 한다. 저들이 침공하여 성전에서 칼로 청년들을 죽이고, 남녀노소를 가리지 않고 살해한 후, 성전의 기물과 보물들을 가지고 바빌론으로 간다.

또한 성전을 불사르고 모든 왕궁을 불살라 버린다. 죽음에서 살아난 사람들은 저들의 노예가 되어 70년 동안 포로가 된 채 그곳에서 살게 된다. 페르시아의 고레스 왕, 첫 해에 예레미야 선지자가 예언한 말씀이 고레스 왕을 감동시켜, 예루살렘 성전을 새로 건축하게 하고, 포로로 바빌론에 와 있는 백성들은 모두 고향으로 돌아갈 수 있도록 허용하기에 이른다.

이렇게 하여 유다가 멸망한 지 70년 만에 그들은 다시 예루살렘으로 돌아오게 된다. 이 역시 하나님께서 선택한 백성의 보호하심과 심판이 포로생활의 아픔과 시련으로 끝을 맺게 되고, 새로운 시대를 만들어 주시려는 계획을 시행하고 계신 것으로, 페르시아의 왕 고레스에게 역사하셔서 포로귀환이라는 정책적 대결단을 내리게 하신 것이다.

페르시아의 정책

앗시리아와 바빌론 왕의 정책은 정복한 나라의 국민을 본국에서 추방하는 것 즉, 다른 나라에 분리시키는 것이었으나, 페르시아 왕의 정책은 그 반대로 본국에 송환시키는 것이었다. 페르시아 왕이 앗시리아와 바빌론 왕보다 훨씬 인간적이었다. 페르시아의 첫 왕, 고레스는 고귀하고 의로운 군주로, 그의 첫 업적은 유대인을 본국으로 귀환하는 문제를 승인하는 것이었다. 페르시아는 유프라테스 강과 티그리스 강 유역의 동쪽 하류에 있는 산이 많은 고원지대에 위치했다. 페르시아 제국은 보다 커져서 동쪽으로는 인도에, 서쪽으로는 그리스에 다다랐다. 이 나라의 수도는 페루세포리스와 수사였으나, 왕은 이따금 바빌론에 거주했다. 페르시아는 세계적 제국으로 B.C 536년에서 B.C 331년까지 200년 동안 계속되었다.

에스라 | Ezra

이스라엘 민족이 포로에서 돌아온 역사 : 10장

저　　자 : 에스라
기록연대 : B.C 444년경

세계사 비교 : B.C 494년 오왕 부차가 월왕 구천을 격파하고, B.C 492년 페르시아 전쟁이 시작되었으나, 마케도니아에서 패퇴하였다. B.C 473년 월나라 왕, 구천이 오나라 왕을 섬멸하고 승리하였다. B.C 469년 소크라테스가, B.C 372년 맹자, B.C 365년 장자 등이 출생하였고, B.C 359년 진나라의 효공이 정치개혁을 시작하였다.

B.C 450년 전후의 페르시아는 최대의 부흥기를 맞는다. 그러나 크세르크스 1세의 암살을 계기로 암살정국은 계속되며 페르시아의 정치적 혼란이 이어지다가 B.C 334년 알렉산더 대왕의 침입을 받아 페르시아군은 패했으며, B.C 331년 완전히 멸망하기에 이른다.

페르시아는 세계 제국으로 B.C 536년에서 B.C 331년까지 200년 동안 유프라테스 강 유역과 티그리스 강 유역, 그리고 고원지대, 인도와 그리스 접경지대까지 영토를 확장하고, 최강의 패권국가로 존재할 수 있었다.

중심인물 : 스룹바벨, 에스라

핵심 에피소드 : 하나님은 일찍이 이스라엘 백성을 선택하시어 하나님 왕국의 백성들로 구원하시려고 계획하셨다. 그런데도 이스라엘 지도자와 백성

들은 하나님과의 언약을 저버리고 우상을 섬기며 율례를 따르지 않았다. 그 때마다 징계로 고통을 주시지만, 끝내 왕국이 멸망하는 지경에까지 하나님이 섭리하신다.

강대국에 나라를 빼앗기고, 민족이 포로로 70년간을 타국에서 고통을 당한 후에야 예레미야를 통해 예언하신 구속의 역사를 다시 시행하시는 것이다. 이러한 하나님의 놀라운 계획에 의거하여 역사가 진행되고 있다. 유대인의 귀환과 예루살렘 성전의 재건은 예레미야 선지자의 예언이 성취된 것이었다. 선택받은 민족인 이스라엘 민족이 구속사의 주역임을 부각시키고 있다.

에스라, 느헤미야, 에스더서는 구약성서의 마지막 부분을 형성하고 있는데, 바빌론 포로에서 돌아와 예루살렘을 재건하고 새로운 민족적 국가를 재건하고 있는 상황인 것이다. 그 기간은 약 100년 동안 진행되었으며, 마지막 선지자들인 학개, 스가랴, 말라기는 이 시대에 살면서 이스라엘의 회복을 위해 헌신하였던 인물들이다.

1장_ 고레스의 선언

페르시아의 왕 고레스는 하나님의 강권적인 임재와 역사로 포로된 이스라엘 백성들을 귀환한다는 조서를 내리게 된다. 이는 예레미야에 의해 예언되었던 일이었다. 그는 이스라엘의 하나님은 참 신이시며, 백성된 자들은 예루살렘으로 올라가 성전을 새로 건축하기를 하나님께서 원하고 계심을 알리며, 모든 금과 은을 드리고, 짐승과 물건을 동원하여 건축비를 충당하도록 지시한다. 그러자 많은 사람들이 건축을 위한 헌금을 드리게 된다.

고레스 왕이 여호와의 전 기명을 꺼내 이전 느부갓네살 왕이 취해 온 엄청난 양의 금과 은기명을 세스바살을 통해 예루살렘으로 돌려 보낸다.

2장_ 1차 귀환자의 등록 (B.C 538년경)

바빌론왕 느부갓네살에게 포로가 되어 잡혀 갔던 자손 중에서, 예루살렘으로 돌아온 대표적인 사람들은 스룹바벨, 예수아, 느헤미야, 스라야, 르엘라야, 모르드개, 빌산, 미스발, 비그왜, 르훔, 바아나 등이다. 종을 제외하고

42,360명이었다. 총독 스룹바벨과 제사장 여호수아의 지도 아래 성전 재건 사업이 시작되었다.

예루살렘으로 돌아온 유다 사람 외에 종7,337명, 성가대원 200명, 말 736마리, 나귀 245마리, 낙타 435마리, 노새 6,720마리, 금과 은그릇 5,400개 등이었으며, 제사장과 노래하는 사람과 문지기, 성전 종들은 다른 이스라엘 사람들과 함께 고향에서 자리를 잡았다.

3장_ 성전의 기초 공사

이스라엘 백성이 7월에 예루살렘에 모인다. 예수아와 그 형제 제사장들과 스룹바벨과 그 형제들이 일어나 하나님의 단을 만들고, 모세의 율법에 따라 번제를 드린다. 규례대로 초막절을 지키고 번제를 매일 정해진 대로 드린다. 7월 1일부터 비로소 여호와께 번제를 드렸으나, 여호와의 전이 있던 성전 터에는 놓지 못했다.

솔로몬이 지은 영화로운 성전은 사라지고 언약궤도 없었다. 그들은 이방인들이 두려워 단을 제대로 세우지 못했다. 고레스왕의 조서에 따라 백향목을 레바논에서 욥바 해변까지 운송하여, 스룹바벨과 예수아 등 형제 제사장들은 귀환한 지 2년여 만에 성전을 재건축할 수 있었다.

이때에 예전에 성전을 보았던 늙은이들은 대성통곡을 했고, 사람들은 여호와께 찬양을 올리며 즐거워 하였다.

4장_ 성전 건축이 중단되다

성전 건축이 재개된다고 하자, 스룹바벨과 족장들에게 찾아와 유다와 베냐민 출신들이 거칠게 항의를 한다. 또한 아하수에로 왕이 즉위할 때 소송의 글을 올리기도 한다. 아닥사스 왕 시절에는 비슬람을 비롯한 그의 동료들이 고소의 글을 올려 성전 건축을 방해한다.

이들의 고발 내용은 돌아온 유다 사람들이 성읍을 건축하는 데 저들이 성읍을 건설하고 성을 건축하고 나면 다시는 조공을 바치지 않을 것이며, 그들은 반역을 도모할 것이라고 아부성 짙은 글을 올린 것이다. 그 글을 읽은 왕은 예전의 유다 사람들의 행위를 돌이켜 보더니 성읍공사를 중단시킨다. 이것은 다리오 왕 2년까지 계속되었다.

5장_ 성전의 완성

선지자 학개와 스가랴가 하나님의 이름으로 예언한다. 이에 스룹바벨과 예수아는 여호와의 전을 건축하기 시작한다. 이 일에 선지자들이 함께 하여 도왔다. 이때 사마리아의 총독이 성전 재건의 합법성을 따지며, 다리오 왕에게 고발장을 보낸다. 그러나 유다 사람들은 사마리아 사람에 대해 확실한 믿음을 보여준다.

유다 사람들은 하나님의 종으로 오랜 옛적 하나님의 성전을 다시 건축하는 것이며, 하나님의 뜻에 철저히 순종하고 있었다. 또한 죄악을 남김없이 고백하고 성전의 재건축은 오로지 하나님께서 주관하시며 감독하고 계심을 확신하고 있었다.

6장_ 다리오의 조서

사마리아 총독한테서 고발장을 접수한 다리오 왕은 성전 재건축의 합법성을 인정하며, 닷드네에게 성전 건축을 적극 지원하여 완공시키라는 조서를 내린다.

다리오는 유다 사람들에게 친절했다. 그의 즉위 2년, 유대인이 본국에 돌아온 지, 16년 되는 해에 선지자 학개와 스가랴의 격려로 성전 건축 공사는 다시 시작되었다. 그는 고레스 왕의 조서를 확인한다.

건축 경비는 왕궁에서 부담할 것과 노획했던 성전의 모든 기물들을 돌려보낼 것 이외에 파라오 왕은 매일 필요한 번제물을 공급할 것이며, 명령을 위반하는 사람은 엄벌에 처할 것과 성전을 훼파하는 자는 여호와께서 징벌하실 것임을 천명한다.

다리오왕의 이 같은 조서가 내리자, 사마리아의 총독은 신속하게 그 일을 처리한다. 성전의 재건축 사업은 다리오 6년에 완공되었다. 성전 봉헌식을 드리고 모든 이스라엘 지파를 위한 속죄제를 올린다.

성전이 완공된 후, 귀환한 자손들이 유월절과 무교절을 즐거운 마음으로 지켰다. 이로 인하여 하나님께 드리는 예배가 회복되었으며, 포로 귀환자들과 예루살렘에 남아있던 사람들의 단결과 단합을 이끌어낸 귀중한 역사가 되었다.

7장_ 에스라의 귀환

페르시아의 아닥사스 왕 시절에 에스라라고 하는 사람이 있었다. 그는 대제사장 아론의 혈통에서 난, 율법에 능한 학사 겸 제사장이었다. 그는 하나님의 도우심으로 왕에게 신임을 받고 있던 궁궐의 서기관이었다. 왕 아닥사스는 에스라에게 조서를 내려 유다 사람 중 예루살렘으로 돌아가려는 사람들이 누구든지 에스라와 함께 갈 수 있게 한다.

이것은 제 2차 포로귀환의 명령서이다. 그리고 바빌론에서 얻은 모든 금은과 재물을 예루살렘 하나님의 전을 위하여 가져가라고 한다. 그 외에도 필요하다면 왕의 개인 재산을 두는 내탕고에서 가져다가 하나님의 전에 쓰일 것이라면 얼마든지 가져가 쓰라고 한다. 이처럼 아닥사스 왕은 유다 사람들의 종교와 정치적 통치권의 위임을 아주 적극적으로 표현하고 있으며 하나님 중심사상을 바탕으로 유다 사람들의 귀환을 명령하는 조서를 내린 것이다. 아마도 그는 에스라를 통하여 여호와의 율법에 대한 위대성과 구원의 역사를 스스로 인정했기 때문일 것이다.

8장_ 귀환자들의 명단

에스라와 함께 돌아온 2차 포로 귀환자들의 명단이 기록되어 있다. 비느하스 자손 중에 게르솜과 이다말 자손 중에 다니엘, 이는 다니엘서를 지은 다니엘이 아닌 사람이다. 다윗 자손 중에 핫두스 바로스 자손 중에 스가랴를 비롯한 약 9,000명의 귀환자들이 있었다.

에스라가 귀환자들을 이끌고 3일 동안 강가의 장막에 머무는데 레위인 들이 없었다. 아닥사스 왕으로부터 성전에 드릴 예물은 풍부했으나 레위인 없이는 여호와의 규례대로 제사를 올릴 수가 없음을 잘 알고 있었기 때문에, 에스라는 레위인을 급히 찾게 된다. 그는 하나님의 선한 손의 도우심을 힘입어 신앙과 유대 민족의 지도자로 귀환하는 길을 이끌어간다. 그는 금식을 선포하고 장애와 위험이 없는 평탄한 길을 갈 수 있게 되기를 간구한다.

에스라가 동족을 이끌고 예루살렘으로 가는 길은 1,440km의 먼 길이었기 때문에 각별한 정신력과 체력과 지도력이 함께 해야 했다. 그들은 돌아와 하나님께 속죄제와 번제를 드리며 자신들이 포로로 사로잡혔던 근본적 이유를 깨닫고 조상들의 하나님께 대한 범죄와 수치를 벗어 버리고 이방 풍속을 씻어내기 위한 속죄제를 드린다. 그리고 부정한 것과 귀환 도중 전염병에 감염된 동포들의 회복을 위한 제사를 올렸다.

9장_ 에스라의 회개의 기도

에스라가 예루살렘에 도착했을 때 중대한 문제를 발견하게 된다. 백성들과 제사장과 레위 사람과 방백 등 지도자들이 자유로 우상 숭배하는 이방 사람들과 잡혼하여 아내와 며느리로 삼아 이방족속과 피가 섞이는 데 관료들과 지도자들이 더욱 앞장섰음을 알게 된다. 잡혼은 하나님이 유대인들에게 여러 번 금지하였는데도, 유대인들을 우상 숭배에 빠뜨려 포로의 원인이 되었던 것이다.

에스라는 그 현황을 알게 되자 슬퍼하며 옷을 찢고 수염을 뜯으며 괴로워한다. 그는 하나님께 회개의 기도를 한다. 율법과 규례의 언약을 지키지 않고 우상을 숭배하던 열조들에게 하나님은 선지자를 보내 경고하고 회개케 하며 끝내 진노의 심판을 하다가 나중에 포로가 되게 하였다.

이스라엘 하나님 주 여호와는 의로운 분이시며 남아 있던 자들이 하나님께 죄를 범하여 우리 모두가 한 사람도 주 앞에 바로 설 수가 없음을 통회하며 기도한다.

** 주요구절 **
9 : 6 말하기를 나의 하나님이여 내가 부끄러워 낯이 뜨뜻하여 감히 나의 하나님을 향하여 얼굴을 들지 못하오니 이는 우리 죄악이 많아 정수리에 넘치고 우리 허물이 커서 하늘에 미침이니이다.

10장_ 통회와 개혁

에스라가 하나님의 전에서 울부짖어 기도하고 자복하자 많은 백성들이 통곡하며 자신들의 지은 죄를 회개한다. 에스라는 이방 여인과 결혼한 모든 남자를 조사하고 명단을 공개하며 여자를 돌려보내 관계를 청산하므로 하나님의 율법 앞에 바로 설 수 있는 기틀을 마련한다. 이는 이방 여인과 결혼을 하고 자식을 가진 수많은 유다 사람들에게는 하나님이 주시는 재앙만큼이나 뼈를 깎는 아픔일 수 있었다. 사랑하는 아내와 헤어져야 했으며 자식들과 헤어져야 하는 비극이 가족사에 남겨지기 때문인 것이다.

에스라는 그에게 주어진 종교적 정치적 권한을 강력하게 행사할 수밖에 없었다. 그는 2개월에 걸쳐 조사를 마치고 이방 여인과 결혼한 남자의 명단을 발표한다. 제일 먼저 제사장 중에 이방 여인을 취한 예수아의 자손들과 임멜, 하림, 바스훌 자손들과 레위 자손과 노래하는 사람들 등 113명이 이방 여인과 결혼을 한 것으로 발표된다.

이들은 이방 여인을 고향으로 돌려 보내고 여호와께 속건제를 드려 자신들의 죄를 속죄한다. 이는 선택 받은 백성의 순수한 권리를 되찾기 위한 가슴 아픈 에스라의 개혁의 조치였다.

느헤미야 | Nehemiah

예루살렘의 재건에 관한 역사 : 13장

저　　자 : 느헤미야/ 에스라의 저작설도 있음
기록연대 : B.C 420년경

세계사 비교 : '에스라' 와 유사함
중심인물 : 느헤미야, 에스라, 산발랏, 도비야, 게셈

핵심 에피소드 : 예루살렘의 회복과정과 3차 포로 귀환 이후에 진행된 예루살렘 성벽재건 공사와 이스라엘 민족의 언약 갱신을 비롯한 부흥을 기록하고 있다. 이는 예루살렘의 하나님과의 관계회복과 영적인 각성을 보여준다.

시대 배경은 페르시아의 부흥기였던 아닥사스 왕조 시대의 유다 사람들의 핍박받음과 수모로부터의 해방을 예루살렘 귀환이라는 민족적 염원 성취로 이뤄 간다. 느헤미야는 하나님 사업에 충실한 정치가였으며 페르시아의 아닥사스 왕궁에서 가장 신임 받는 자리인 술 관원을 맡고 있었다. 그는 예루살렘에서 온 하나니로부터 그곳 소식을 듣고 크게 슬퍼하고 금식하며 기도하던 중 아닥사스로부터 예루살렘 총독직을 부여받고 귀환하게 된다. 그는 총독으로 부임하자 예루살렘 성곽 재건 작업을 시행한다. 그리고 성벽을 완성하고 다시 페르시아로 돌아갔다가 말년에 다리오 왕 시절에 예루살렘으로 돌아와 죽는다.

그가 총독으로 예루살렘에 파견될 즈음 유다 사람들은 스룹바벨에 의한 1차 귀환과 에스라의 2차 인도와 3차 느헤미야의 인도까지 거의 100년 동안 예루살렘 성전을 재건한 일 밖에 하지 못했다. 이는 그들이 성벽을 쌓으려 할 때마다 주변 강대국들이 위협하든가, 음모하여 페르시아 왕이 성벽 재건 공사를 중지하도록 명령했기 때문이다.

1장_ 느헤미야의 예루살렘 귀환

느헤미야는 기도의 사람이었으며 애국심이 강하고 용기와 인내를 겸비한 사람이었다. 그는 늘 하나님께 기도 드리는 생활을 했다. 그는 왕에게 귀환을 요청하기 전에 4개월 동안 기도하며 준비를 한다. 하가랴의 아들 느헤미야는 유다에서 온 하나니로부터 고국의 소식을 듣는다. 그의 말에 의하면 유다에 남겨진 사람들은 큰 고난과 능욕을 당했으며 예루살렘성은 훼파되었고 성문들은 불타 버렸다는 소식을 듣는다.

그는 하나님 앞에 금식하며 기도를 한다. 하나님께서 모세에게 명하신 율법과 규례를 지키지 못한 민족의 죄를 고백하며 용서를 빈다. 앞으로 주의 계명을 지키고 실천하여 하나님과 선택 받은 민족의 관계가 회복시켜 주실 것을 간곡히 기도한다.

2장_ 기도의 응답

느헤미야는 아닥사스다 왕의 술을 관리하는 중요 보직을 맡은 관리였고 상당한 신임을 받고 있었다. 그가 왕을 알현하는데 얼굴에 근심이 가득한 것을 왕이 보고 무슨 일로 안색이 편치 못한지를 묻는다. 느헤미야는 이미 4개월 동안을 기도하며 이 날을 준비해 왔다. 그는 왕에게 자신의 조상의 무덤이 있는 예루살렘 성읍이 무너져 손실되었고 성문은 불타 버렸다는 것을 말한다.

그러자 왕은 느헤미야의 심중을 알아차리고 그의 예루살렘 귀환을 허락한다. 왕은 느헤미야의 모든 소원을 들어 주어 군대 장관과 군대까지 동원하여 성을 증축하고 성문을 고칠 수 있도록 모든 재료와 조건을 충족시켜 준다.

3장_ 느헤미야의 귀환

느헤미야의 간절한 기도는 4개월 만에 아닥사스다 왕이 예루살렘 귀환을 허락하며 이루어졌다. 귀환한 느헤미야는 대제사장 엘리아십과 그의 형제 제사장들이 양문의 보수와 성벽 재건을 시작하여 동쪽으로 진행해 가기 시작한다. 이 성벽의 재건 작업은 가문의 계보대로 분담하여 시행하는데 예루살렘 성에는 10개의 문과 4개의 망대가 있었다.

구체적으로 작업 할당을 하여 45개 지역의 38명의 헌신하는 사람들로 성벽 중수가 이뤄진다. 이를 위하여 백성들은 스스로 힘을 합쳤고 유지들은 돈을 희사해서 하나님 사업이 순조롭게 진행될 수 있도록 최선을 다했다.

4장_ 방해공작

예루살렘 성벽이 재건된다는 소식을 접한 산발랏과 도비야는 유다 사람들을 비웃으며 사마리아 군대를 충동질하여 방해공작을 벌인다. 도비야는 저들이 중수한 성은 여우가 올라가도 무너질 것이란 야유를 보낸다. 느헤미야는 그럴수록 저희의 업신여김과 야유를 저희에게 돌아가도록 기도한다.

그러나 성벽 중수 공사는 페르시아 왕의 허가사항이었으므로 산발랏은 직접 대항하지는 못한다. 산발랏과 그의 도당들의 기습공격과 심한 조롱으로 유다 사람들은 사기가 저하된다. 이들이 성벽 중수를 그토록 저지하려는 이유는 성벽이 완성되고 나면, 유다 사람들이 막강해질 것을 우려했기 때문이고 사마리아 사람들이 지금껏 행사해 오던 팔레스타인 지역에 대한 자신들의 입지가 상당부분 훼손될 것을 염려했기 때문이다.

그럼에도 불구하고 느헤미야는 그들을 경계하며 공사를 진행시켜 절반의 공사를 마치게 된다. 유다 사람들은 중무장을 하고 한 손에는 병기를 잡고, 한 손으로 공사를 할 정도로 철두철미하게 성벽 중수에 혼신의 힘을 쏟아 붓는다. 이러한 느헤미야의 용기와 믿음은 하나님에게로부터 우러나오고 있었다. 그는 우리 하나님이 우리를 위해 싸우신다는 것을 확신하고 있었다.

5장_ 느헤미야의 개혁

성벽 중수에 따르는 부작용은 외적인 방해뿐만이 아니고 내부적인 문제도

유발되고 있다. 이는 늘 노동에 나선 사람들이 농사를 지을 수 없으므로 가족을 먹여 살릴 식량이 절대적으로 부족했다. 그 해에는 흉년이 들어 밭과 포도원과 집 등을 저당 잡히고 식량을 얻어야 하는 어려움을 당하고 있었다. 사람들의 원성이 높아가자 느헤미야는 민장과 사람들을 모아 현실적 문제의 타개를 위한 연설을 한다.

이방인의 손에 팔린 우리 형제들을 모두 돌아오게 했는데 다시금 당신들은 형제들을 이방인에게 팔아 버릴 것인가를 논박한다. 그리고 가진 사람들에게 재산을 내어 형제와 더불어 먹고 마시게 한다. 만약 이를 이행치 않는 사람에게는 하나님의 징벌이 내려질 것을 말하자 사람들은 "아멘!"으로 그 뜻에 화답을 한다.

그리고 느헤미야는 이전의 유다 총독과 자신을 비유하며 자신은 총독이 된 지 12년 동안 녹록을 받지 않고 오로지 성벽 중수에 모든 것을 쏟아 부었음을 강조한다. 토색을 일삼던 이전의 총독과는 확실히 대비되는 지도자로서의 정신자세를 표현하는 말이다.

** **주요구절** **
5 : 8 이르기를 우리는 이방인의 손에 팔린 우리 형제 유다 사람들을 우리의 힘을 다하여 속량하였거늘 너희는 너희 형제를 팔고자 하느냐. 더구나 우리의 손에 팔리게 하겠느냐 하매 저희가 잠잠하여 말이 없기로.

6장_ 대적들의 음모

아직 성문에 문짝을 달지 못할 시점에 산발랏과 도비야와 아라비아 사람 게셈 등이 오노 평지에서 만나자고 제의하는데 이는 느헤미야를 해치려고 계획한 것이다. 그런 계략을 알아차린 느헤미야는 큰 공사를 하고 있는 중이라 갈 수가 없다고 하자, 저들은 네 번씩이나 느헤미야를 끌어내 암살하려는 저의를 보내 온다.

또한 유다에 왕이 있다고 소문을 퍼뜨려 중상모략으로 르시아 왕에게 모반의 죄를 알리려 했으며, 도비야는 선지자들을 이용하여 성전 안으로 들어가 도피해 있을 것을 요청하여 살해하려는 음모를 꾸미지만 의연하게 믿음으로 대처하여 저들의 계획을 수포로 돌아가게 한다. 성벽 중수 공사는 빠른 시일 안에 이뤄진다. 52일 만에 성벽을 완공한 것은 오로지 하나님의 능력과 도우심이 있었기에 가능한 일이었다.

이렇게 빠른 기간 내에 공사를 마무리 지을 수 있었던 이유는 다른 부분은 이미 복구 작업을 진행해 왔고, 동쪽 부분만 기초공사를 했을 뿐 다른 곳은 기존의 성벽 기초 위에 중수공사를 했기 때문이다. 이렇게 빠른 공사의 진척은 대적들을 두렵게 만들었다.

그렇지만 예루살렘의 유지들은 도비야와 편지를 주고 받으며, 그의 자녀들과 혼사를 맺음으로 자신의 위치를 확고히 하고 있었다. 저들은 도비야의 선행을 느헤미야에게 전해 주며 편지를 보내 오므로 느헤미야를 곤경에 빠뜨리려 한다.

7장_ 성의 방비와 인구조사

느헤미야는 성벽 공사를 완공하고 성문을 달아 찬양대와 레위 사람들을 성전에 세우고 아우 하나니와 관원을 두어 예루살렘을 다스리게 한다. 그리고 성문을 굳게 지키기 위하여 해가 높이 뜨기 전에는 성문을 열지 말 것과 문을 닫을 시엔 빗장을 정확히 지르고 예루살렘의 주민을 선별하여 반차를 구성하고 자기 가옥과 성을 지키게 한다. 그리고 느헤미야는 스룹바벨과 함께 돌아온 유다 사람들의 인구를 조사한다. 100년 전에 바빌론 왕 느부갓네살에게 잡혀 갔다가 귀환한 스룹바벨과 예수아 계보의 인구조사는 바로스 자손을 비롯한 족속들의 계보와 출신 지역에 따른 계보와 제사장의 계보와 성전에서 봉사하는 자들의 신분에 따른 계보를 기록하고 있다.

여기에 나오는 출신 지역은 예루살렘을 중심으로 약 32km 안에 있는 지역을 말한다. 예루살렘에 거하는 사람들은 성전 봉사자들과 제사장과 레위 사람, 찬양대원들과 문지기, 느디님 사람들, 솔로몬의 신복들, 문 앞에서 수종드는 여인들이다. 예루살렘의 총인구는 노래하는 사람과 노비를 제외하면 42,360명이었다.

8장_ 율법책의 낭독

예루살렘 성벽을 완공하고 체제 정비를 마친 느헤미야는 수문 앞 광장에 사람들을 모은 후, 제사장 에스라로 하여금 율법 책을 낭독하게 한다. 에스라가 군중들 앞에서 책을 펼 때에 모두가 일어선다. 그가 여호와 하나님을 송축하자 백성들은 "아멘!"으로 화답하며 여호와께 경배를 드린다. 그들은 율법 책을 낭독하고 이에 따른 설명을 한다. 백성들이 율법 책의 말씀을 듣고 우는 사람이 생긴다. 총독 느헤미야와 제사장 겸 학사 에스라는 백성들에게 오늘은 성일이니 울지 말라고 이른다.

그리고는 백성들이 즐거워 하며 음식을 나누고 성대한 초막절을 지킨다. 초막절에는 도처에 감람나무 가지와 종려나무 가지 등으로 초막을 세웠다. 에스라는 첫날부터 끝날까지 하나님의 율법 책을 낭독하고 초막절이 끝나고 8일째 되던 날에는 성회를 개최했다.

9장_ 금식과 회개하는 백성들

초막절이 들어 있는 24일에는 금식하며 굵은 베옷을 입고 금식하며 기도를 드린다. 3시간 동안은 율법 책을 낭독하고, 다시 3시간 동안 자신들의 죄를 회개하며 여호와께 경배 드린다.

이들은 거국적인 회개운동을 전개하고 있는 것이다. 하나님에 대한 경외심을 갖고 언약에 의한 축복에 감사를 드린다. 유다 사람들이 하나님께 특별히 감사를 드리는 이유는 하나님 율법과 규례에 순종치 않고 주께 돌아오라고 가르치는 선지자들을 죽인 죄로 인하여 대적의 손에 붙이셨으나 완전히 멸절치 않으시고 대적의 손에서 구원해 주심을 감사 드렸다. 주님께서는 회개하지 않는 백성들을 긍휼히 생각하시고 오랫 동안 기다리시며 하나님과의 관계 회복을 통해 새로운 구속의 은사를 저들에게 베푸신 것이다.

유다 사람들은 마침내 하나님의 구속의 역사와 언약의 성취를 재고하게 하시며, 이들이 다시는 하나님 앞에 죄를 범하지 않을 것을 각오하며, 새 언약의 실천을 다짐하고 있다.

10장_ 백성들의 약속

지난 과거를 돌이켜 보고 선조에서 현세대까지 여호와께 죄를 범한 사실과 앞으로 철저하게 여호와의 율법과 규례를 지킬 것을 약속한 후, 글로 적어 제사장들이 그 위에 서명을 한다. 약속의 글에 서명을 한 사람은 느헤미야와 시드기야 등 수많은 백성과 레위 사람들이었다.

맹세의 약속을 지키지 않는 사람은 하나님께서 징계하실 것임을 확인하고 있다. 이방인과의 결혼 금지를 지킬 것과 안식일을 지킬 것과 7년마다 땅을 쉬게 하는 것과 각종 제사를 위한 제물을 헌납할 것 등을 약속한다. 그리고 성전 관리자들인 레위인들을 위하여 십일조를 드릴 것도 약속했다.

11장_ 이방 민족의 예루살렘 거주

이스라엘의 지도자들은 예루살렘 성 안에 살았다. 그리고 백성들 중에서 제비를 뽑아 십분의 일을 성 안에 살게 하고, 나머지는 자기 마을에서 살도록 했다. 예루살렘에 살게 된 지파는 유다와 베냐민 지파의 일부였다.

12장_ 제사장과 레위 사람

스룹바벨과 예수아와 함께 귀환한 제사장과 레위 사람들이 명단이 기록되었다. 이들은 성전을 봉헌하기 전에 성전 건축과 관련하여 중요한 임무를 맡았던 사람들로 구성되어졌다. 레위 사람들의 지도자는 하사뱌와 세레뱌와 예수아로 한 무리가 하나님께 찬양과 감사를 드리면 그의 동료들은 맞은편에서서 찬양을 되받아 하나님을 찬양했는데, 이런 형식은 다윗 왕으로부터 전해 내려온 것이다.

또한 그들은 예루살렘 성벽을 하나님께 바치는 예배를 드린다. 제사장과 레위 사람들은 몸을 깨끗이 하고 성벽과 성문을 청소한다. 유다 사람들을 성 꼭대기로 올라가게 하고, 두 팀의 합창단을 세워 감사의 찬양을 올리게 한다. 한 쪽의 합창단은 거름 문을 통해 성벽 오른쪽 꼭대기로 걸어간다. 그 뒤로 유다의 지도자들이 성벽 꼭대기로 올라간다. 다른 합창단은 왼쪽으로 돌아 올라갔는데 느헤미야는 그들의 뒤를 따라간다. 나팔을 불고 찬양을 올려드리자 예루살렘은 기쁨에 들뜨게 된다.

유다 사람들은 풍성한 제물을 바치고 제사장과 레위 사람들을 위하여 모든 소산의 십일조를 바친다. 문지기와 합창단원들도 백성들이 바친 헌물을 쓸 수 있게 했는데, 이는 다윗과 솔로몬이 하던 것과 꼭 같은 것이었다. 레위 사람들을 위하여 헌물을 남겨 두었고, 아론 자손의 몫도 남겨 두었다.

13장_ 외국인을 내보내다

율법 책을 소상히 읽는 동안, 그 책에 암몬 사람과 모압 사람은 하나님의 회중 속에 참여할 수 없음을 알게 된다. 그들은 이집트에서 탈출한 이스라엘 백성들에게 음식과 물을 주지 않았고 따뜻하게 맞아들이지도 않았기 때문이다. 그래서 백성들은 모압과 암몬 사람들을 이스라엘 가운데서 구분하게 된다.

한편 느헤미야는 성벽 중수 공사를 마치고 바벨론 왕 아닥사스다에게 돌아가 있었다. 그는 왕에게 다시 예루살렘으로 돌아가게 해달라고 청원한다. 왕의 허락을 받고 예루살렘으로 다시 돌아와 보니 엘리아십이 도비야에게 성전 뜰에 있는 방을 제공한 것을 알게 된다. 느헤미야는 너무 화가 나서 도비야의 물건들을 밖으로 내던진다. 그리고 창고에 보관된 레위 사람들의 몫을 지급하지 않은 사실을 알게 된다.

당시 레위 사람들과 합창단원들은 뿔뿔이 흩어져 고향으로 돌아간 뒤였다. 느헤미야는 그들을 다시 불러들여 이전과 같은 일을 맡겼다. 사람들이 안식일을 거룩하게 지키지 않고 안식일에 일 하는 것을 목격하자 그는 사람들을 꾸짖으며 우리 조상들이 동일한 죄로 인하여 하나님의 징벌을 받았던 것을 상기시킨다.

느헤미야는 혼란해진 민심을 수습하고 올바로 세우기 위해 잘못을 지적하고 시정하기를 권고하며, 기도 드려 이스라엘 백성들의 잘못을 회개한다. 그 당시 유다의 남자들은 아스돗과 암몬과 모압 여자들을 아내로 맞이하는 바람에 자녀들이 유다 말을 하지 못할 정도였다. 그는 그 중 몇 사람을 때리고 머리털을 뽑으며 하나님 이름으로 잘못을 회개하게 한다.

솔로몬 왕은 위대한 사람이었지만 결국 이방 여자를 아내로 받아들여 하나님께 큰 죄를 지었던 일을 상기시킨다. 그는 이방의 모든 부정한 것들과 악습으로부터 유다 사람들을 성결케 만들었다. 레위 사람들에게 제사장으로서 혹은 하나님의 종으로서 해야 할 일들을 맡기고, 첫 열매와 나무를 가져오게 하여 거룩한 제단에 올리고 하나님께 축복을 빌었다.

에스더 | Esther

전멸상태를 가까스로 면한 이스라엘에 관한 사건 : 10장

저　　자 : 미상

기록연대 : B.C 485년에서 B.C 435년경

세계사 비교 : B.C 450년 전후의 페르시아는 최대의 부흥기를 맞는다. 그러나 크세르크스 1세의 암살을 계기로 암살정국은 계속되며 페르시아의 정치적 혼란이 이어지다가 B.C 334년 알렉산더 대왕의 침입을 받아 페르시아군은 패했으며, B.C 331년 완전히 멸망하기에 이른다. 페르시아는 세계 제국으로 B.C 536년에서 B.C 331년까지 200년 동안 유프라테스 강 유역과 티그리스 강 유역, 그리고 고원지대, 인도와 그리스 접경지대까지 영토를 확장하고, 최강의 패권국가로 존재할 수 있었다. 로마에는 이미 공화정이 실시되고 있었으며, 그리스에서 소크라테스가 활동하던 시대였다.

중심인물 : 에스더, 아하수에르 왕, 모르드개, 하만

핵심 에피소드 : 유다의 1차 포로 귀환은 B.C 536년의 일로 성전의 복구는 B.C 636년에 시작하여 B.C 516년에 완료되었다. 본문의 에스더는 B.C 478년 페르시아 왕국의 왕비가 된다. 에스라는 B.C 473년에 귀환했고 느헤미야는 B.C 444년에 성벽을 재건하였다. 그러므로 에스더는 느헤미야보다 약 30년을 앞선 여인이다. 느헤미야가 귀환하여 활동할 수 있었던 것도 에스더가 페르시아 왕국의 왕비로 있었기에 가능한 것일 수도 있다.

1장_ 와스디 왕비의 폐위

아하수에로 왕은 인도에서 에티오피아까지 127지역을 다스리는 위엄 있는 왕이다. 그는 수도인 수산에서 귀족들과 신하를 초대하여 잔치를 벌이는데 페르시아와 메대지역의 총독들도 초대되었다. 잔치는 180일나 계속되었으며 수산궁은 온갖 아름다운 것들로 장식하여 왕의 드높은 권위를 자랑하고 있었다. 손님들에게 금 잔을 주어 포도주를 마실 수 있는 양껏 마시게 했다. 이때 왕비 와스디도 지역의 귀족 부인들을 초청해 잔치를 베풀고 있었다. 아하수에르 왕은 자신의 왕비를 많은 사람에게 보여주고 싶어 왕후의 관을 쓰고 향연장으로 나오라고 지시한다.

그러나 와스디 왕비는 이를 거절한다. 그러자 신하들은 왕의 명령을 어긴 죄를 물어 왕비를 쫓아내라고 조언한다. 이 말을 들은 왕은 자신의 명령을 우습게 알고 거부한 왕비의 불경스런 소문이 나라 안에 퍼지게 되면 백성들의 아내들도 남편을 무시하고 경외하지 않을 것이 우려되어, 신하들의 말에 따라 마침내 왕비를 폐위하기에 이른다.

2장_ 에스더가 왕비가 되다

얼마 뒤 아하수에로 왕의 분노가 풀렸을 때 산하들은 새 왕비를 간택할 것을 요청한다. 이에 왕은 전국 각 지방에서 아리따운 아가씨들을 뽑아 수산궁으로 데려오라고 지시한다. 이들 중에서 왕의 마음에 드는 여인을 왕비로 맞이할 것임을 밝힌다.

그때에 수산성에는 모르드개라는 유다 사람이 있었다. 그는 베냐민 지파 사람으로 시므이의 손자였다. 그 역시 바빌론 포로 당시 왕과 함께 끌려온 사람이었다. 그에게는 하닷사라는 사촌이 있었는데 그가 바로 에스더였다.

왕의 명령에 의해 전국의 많은 미인들이 수산궁으로 뽑혀 온다. 궁궐의 내시인 헤개는 에스더에게 깊은 관심을 갖고, 그녀에게 궁녀 일곱 명을 배치하여 그녀를 돕게 하고, 후궁에서 가장 좋은 곳으로 옮겨진다. 처녀들은 아하수에로 왕을 만나기 전에 12개월 동안 몸매를 아름답게 가꾼다. 그들은 왕의 침전에 들어가 수종을 들게 된다.

에스더를 만난 왕은 그녀를 좋아하게 되고 왕비로 맞이하여 큰 잔치를 베풀게 된다. 전국에 휴일을 선포하고 푸짐한 선물을 나눠주었다. 한편 에스더는 누구에게도 자신의 집안과 민족의 얘기를 하지 않았다.

모르드개는 왕궁 곁을 서성이며 동생이 왕비가 된 것에 흐뭇해 하는데, 궁궐 문을 지키던 두 사람이 왕을 죽이고 반역을 도모하려는 것을 알게 되어 에스더에게 말을 전하자 그녀는 왕에게 그 정보를 전달한다. 반역의 음모가 밝혀지자 역모자들은 나무에 달려 처형 당하게 된다.

3장_ 앙심을 품은 하만

아하수에르 왕은 아말렉 족속의 자손인 하만을 고급 관료로 등용시킨다. 모든 궁궐의 신하들이 하만에게 절을 하며 예를 갖추지만 모르드개는 예절을 갖추지 않는다. 그러자 하만은 매우 화가 나서 모르드개 뿐만 아니라 유다 사람들 전체를 죽여야겠다고 아하수에르 왕에게 말한다.

그 이유는 왕의 명령을 듣지 않는 다는 것이었다. 왕은 하만의 유다 민족 말살계책에 동조하여 좋을 대로 하라고 허가한다. 하만은 각 지방에 조서를 내려 유다 사람을 죽이라고 엄청난 살인 명령을 내린다.

4장_ 도움을 청하는 모르드개

모르드개와 유다 사람들이 이 소식을 듣고 굵은 베옷을 입고 금식하며 통곡하자 왕에게도 이 소식이 전해진다. 왕비 에스더의 시녀들이 의복을 가지고 모르드개에게 가서 옷을 갈아입기를 간청하지만 그는 옷을 받지 않는다. 에스더가 시종을 시켜 무슨 일로 모르드개가 베옷을 입고 궁궐 앞에서 통곡을 하고 있는지를 물어 보게 한다.

모르드개는 시종에게 하만의 민족말살 계략을 설명한다. 조서의 초본을 시종에게 주어 증거를 삼는다. 시종이 에스더에게 자초지종을 설명한다. 그녀는 다시 모르드개에게 자신의 상황을 설명하며, 왕이 부르지 않는데 왕 앞에 나가면 왕실 법도상 죽게 되는데 수산에 살고 있는 유다 사람을 모아 자신을 위해 3일 동안 금식하면, 자신이 죽으면 죽으리란 결심으로 왕 앞에 나가 따질 것임을 전한다.

** 주요구절 **
4 : 14 이 때에 네가 만일 잠잠하여 말이 없으면 유다인은 다른 데로 말미암아 놓임과 구원을 얻으려니와 너와 네 아비 집은 멸망하리라. 네가 왕후의 위를 얻은 것이 이 때를 위함이 아닌지 누가 아느냐.

5장_ 에스더와 모르드개

에스더가 예복으로 갈아입고 왕이 머무는 어전 맞은편에 선다. 왕이 그 광경을 보고 사랑스럽게 불러 왕의 권위를 표시하는 금홀을 에스더에게 내밀며 소원을 묻는다. 에스더는 가까이 가서 금홀을 만지자 왕후의 소원이라면 나라의 절반이라도 주겠다고 말한다. 에스더는 왕을 위하여 잔치를 베풀었으니 하만과 함께 잔치에 참석해 줄 것을 요구한다.

잔치가 진행되고 왕과 하만이 자리에 앉아 술을 마시며, 여흥을 즐기다가 에스더에게 왕비의 소원을 다시 묻는다. 그러자 그녀는 오늘 말할 것이 아니고, 내일 다시 잔치에 나오면 그때 소원을 말하겠다고 한다. 이는 에스더가 왕의 심중을 너무나 잘 읽고 있었기 때문이었다.

하만은 왕비의 잔치 초대에 매우 들떠 있었다. 왕후께서 자신을 특별히 왕과 함께 초청한 것은 매우 이례적인 일이라고 내심 흐뭇해 하다가도 궐 밖에 원수 같은 유다 사람, 모르드개가 여전히 꿇어앉아 있는 것을 보고는 마음이 강퍅해진다. 무슨 일이 있더라도 내일은 왕에게 보고하여, 그를 나무에 달아 죽일 것임을 아내와 함께 숙의한다.

6장_ 명예를 얻는 모르드개

아하수에르 왕이 밤잠을 못 이루다가 왕실의 역대 기록을 살피는데 모르드개가 일전에 신하들의 모반을 알려 주므로 자신의 생명을 건졌는데도 아무런 포상을 받지 않음을 알게 된다. 그때에 하만이 모르드개를 나무에 달아 처형할 것을 요청하러 왕궁으로 오고 있었다.

왕은 하만에게 모르드개를 비유로 어떤 사람을 존귀하게 쓰려는데 어떻게 하면 좋을 것인지를 묻는다. 하만은 왕이 존귀케 하려는 사람이 자신임을 확신하고 자세한 방법까지 왕에게 조언한다. 그러자 왕은 당신이 말한 대로 왕의 옷과 말을 가져다가 유다 사람 모르드개에게 옷을 입히고, 말을 태워 성읍의 거리로 나아가 왕이 존귀케 하는 사람은 앞으로 이렇게 우대할 것임을 반포하라고 명령한다.

왕의 명령을 따른 후 하만은 정신이 아득하여 집으로 돌아와 그의 아내에게 오늘 당한 일을 말한다. 아내는 매우 부정적으로 하만의 미래를 말한다. 하만이 자신의 꾀에 스스로 걸려든 셈이었다.

7장_ 하만의 죽음

하만은 다음날 왕비가 베푸는 잔치에 왕과 함께 참석한다. 왕은 에스더에게 소원을 다시 묻는다. 그러자 그녀는 자신이 유다 사람이란 것을 폭로하고, 근간의 모든 상황을 말하며, 유다 사람들이 하만에 의해 도륙당하고 죽게 되었음을 말한다. 그 말을 듣자 왕이 화가 나서 연회장 밖으로 나간다. 하만이 왕비에게 다가가 엎드려 목숨을 구걸한다.

잠시 후 왕이 다시 들어와 보니 하만이 왕비 앞에 엎드려 있는 것을 보고, 감히 왕비까지 범하려 한다며 꾸중을 하자, 병사들이 하만의 얼굴을 싸며 죄인으로 다룬다. 내시 중에 한 사람이 왕에게 "하만이 왕의 목숨을 살려준 모르드개를 처형하려고 나무를 세워 놓았다"고 보고한다. 그러자 왕은 오히려 하만을 그 나무에 달아 죽이라고 명령한다.

8장_ 유다 사람들의 구원

그 일로 하만은 나무에 달려 처형되었으며, 유다 사람 살해 명령은 취하되지 않은 상태였다. 모르드개가 왕 앞에 나오자, 하만에게 주었던 반지를 주며 하만의 집을 모르드개에게 주고 관리할 것을 지시한다. 에스더는 왕에게 유다 사람들을 죽이라고 명령한 조서를 거둬 달라고 간청한다.

그래서 모르드개를 시켜 하만이 내렸던 조서를 취소하고, 왕의 명령과 반지로 인을 쳐서 전국으로 보내는데, 준마를 부릴 줄 아는 날랜 사람들을 동원하여 신속하게 유다 사람들을 구원하라고 조서를 내린다.

모르드개가 조복을 입고 금면류관을 쓴 채 앞으로 나오자 수산성 백성들과 신료들이 노래를 부르며 기뻐한다. 이 일로 왕의 특별조서가 내려가는 지방마다 유다 사람들은 기쁨을 나누며 축제를 벌인다.

9장_ 대적을 쳐부순 유다 사람들

12월 13일은 하만의 계략에 의해 유다 사람들을 진멸하는 날이다. 그러나 유다 사람들은 자신을 공격하여 죽이려던 대적들을 물리치자 모든 족속들이 유다 사람을 두려워 하여 막아내지 못한다. 모르드개의 명성이 점점 높아지자 궁궐 안의 관료도 그를 무척 경계하게 된다. 그는 유다 사람들을 시켜 수산성에 살던 대적들을 죽이게 하고 하만의 10명의 아들까지 처단한다.

그러나 그의 집과 재산에는 손을 대지 않는다. 왕은 왕비 에스더에게 이만큼 유다 사람들의 대적을 처단했는데, 다른 소원이 있는가를 묻는다. 에스더는 하만의 자식들을 나무에 달기를 소원하자 그를 들어 하만의 아들들의 시체를 나무에 달아 맨다. 그리고 이틀 동안 계속해서 유다 사람들의 대적들을 물리치게 한다.

모르드개가 기록한 규례를 아하수에르 왕이 전국에 선포하여, 이날 유다 사람들이 대적을 물리치고 죽음의 공포에서 벗어난 일을 기억하고 기뻐 하게 하는 축일로 14일과 15일 이틀을 지정하고 그 축제의 이름을 '부림절' 이라 명명한 다음, 전국 각지에 하달하여 유다 사람들이 죽음의 문턱에서 살아난 것을 기념하도록 조치한다.

10장_ 모르드개의 칭송

아하수에르 왕은 비록 페르시아 제국의 왕이었지만, 에스더와 모르드개의 역할로 유다 사람들을 죽음의 협곡에서 건져낸 하나님께서 역사하신 주의 사람이었다. 모르드개의 명성과 존귀함은 페르시아의 열 왕의 일기에 기록되는 영광을 누리게 된다. 동족의 생명을 지키기 위하여 헌신한 모르드개는 페르시아의 제 2인자로 추앙 받게 된다.

에스더의 기록을 통하여 하나님께서는 택한 백성을 언제 어디서든 이런 방식으로 지켜주시며, 지도자를 통해 하나님의 섭리와 뜻을 이루게 하고 계심을 이해할 수 있게 된다.

욥 기 | Job

인간의 고난에 관한 문제 : 42장

저　　자 : 미상

기록연대 : 미상 / 족장시대의 기록으로 모세나 솔로몬의 시대로 추정되며 문학성이 풍부한 작자에 의해 기록되었다.

중심인물 : 욥, 엘리바스, 빌닷, 소발, 엘리후

핵심 에피소드 : 욥기는 태고의 분위기 속에 아브라함 자손들의 삶의 배경을 토대로 아라비아 북쪽에서 이집트로 이주하던 시기에 기록된 서사시의 기록이다. 욥은 주위 사람들로부터 가장 위대한 사람으로 잘 알려진 인물이었으며 하룻만에 온갖 비극을 맛보는 인물이다. 하나님의 진노에 대한 징벌은 인간의 고통으로 오는 것은 아니며 하나님의 계획과 섭리 속에 있음을 나타내고 있다.

또한 최악이 고통 속에서도 하나님을 경외하고 신뢰하며 찬양하는 인간의 진실한 모습을 반영하고 있다. 하나님은 전지전능하신 분이므로 시공간을 초월하여 인간세계를 계획대로 섭리하시고 역사와 운명을 주관하심을 욥이란 인물을 통해 보여주고 있다.

인간의 고난을 통해 하나님의 섭리와 치유를 주관하심에 대한 시적이며 철학적인 명상록이다. 욥기는 시와 노래로 지어진 문학서로 시가서로 불리는 구약성서의 첫 번째 기록이다. 다음은 시편과 잠언, 전도서, 아가서로 이어지고 있다. 시가서는 대부분 다윗과 솔로몬 시대인 이스라엘 역사의 황금기에 쓰여졌다.

욥기는 그 전에, 시편의 일부분은 그 후에 기록되었다. 그러나 대부분의 시편은 다윗이 지었으며, 잠언, 전도서, 아가서는 솔로몬이 지었다. 욥은 족장시대의 사람이었으며, 에서의 자손이 세운 '에돔' 의 왕이란 설도 있다.

1장_ 의로운 사람 욥

우스라고 불리는 곳에 하나님을 공경하고 악을 미워하는 정직한 사람 '욥' 이 살고 있었다. 그에게는 일곱 아들과 세 딸이 있었으며, 수많은 짐승과 종들을 거느리고 있는 대단한 사람이었다. 그는 자식들에게 생일잔치를 베풀고 아침 일찍 하나님께 번제를 드리는 경건한 가정의 가장이었다.

어느 날 여호와께서 사탄을 불러 충성된 종 욥의 동태를 묻는다. 그러자 사탄은 하나님께서 그를 보호해 주심으로 충성을 다하고 있으나, 그렇지 않게 되면 하나님을 배신할 것이라고 말한다. 여호와께서는 사탄에게 시험을 해보라고 말씀하신다.

사탄이 욥의 집에 이르렀다. 저들은 맏형의 집에 모여 음식을 먹으며 포도주를 마시고 있었다. 사탄의 시험이 시작된다. 욥의 짐승들을 스바 사람들이 빼앗고 종들을 칼로 쳐 죽였다고 황급히 달려온 종이 욥에게 보고한다. 종의 말이 끝나기도 전에 또 한 사람의 종이 달려와 갈대아의 강도들이 들이닥쳐 낙타를 빼앗고 종들을 죽였다고 보고한다. 또 한 사람의 종이 달려와 맏아들 집에 모여 음식을 나누던 가족들이 강풍에 집이 무너져 죽었다고 보고한다.

이 비보를 들은 욥은 옷을 찢으며 머리를 삭발하고 땅에 엎드려 하나님께 고백한다. 어머니로부터 벌거벗고 나온 몸이니 벌거벗은 채로 돌아갈 것이며, 주신 분도 여호와시고 가져가신 분도 여호와시라고 하며 여호와의 이름을 찬양한다. 이 모든 일을 겪고도 욥은 하나님을 원망하지 않는다.

** 주요구절 **
1 : 21 가로되 내가 모태에서 적신이 나왔사온즉 또한 적신이 그리로 돌아가올지라. 주신 자도 여호와시요 취하신 자도 여호와시오니 여호와의 이름이 찬송을 받으실지니이다 하고.

2장_ 사탄의 보고

어느 날 사탄이 여호와 앞에 서서 욥의 근황을 보고한다. 여호와 보시기에 욥은 어느 시련을 당해도 변함없이 의로운 사람이란 것을 알고 계셨다. 사탄은 또 다시 욥을 시험해 보기를 원하며 욥의 생명을 걸고 그가 깊은 병에 들면 하나님을 배신할 것이라며 시험해 볼 것을 말하자, 여호와께서는 사탄에게 시험을 허락하신다. 사탄이 욥을 쳐서 발 끝에서 머리 끝까지 종기가 나게 한다. 그는 잿더미에 앉아 기와 조각으로 온 몸을 긁으며 괴로워 한다.

그때 욥의 아내가 그에게 하나님을 저주하고 죽어 버리라고 핀잔을 한다. 욥은 아내에게 우리가 받은 복이 얼마인데 재앙인들 못 받겠느냐며, 입술로 죄를 범하지 않는다.

그 후 욥이 몹쓸 병에 걸린 것을 알고 세 명의 친구가 찾아온다. 그들은 데만 사람 엘리바스와 수아 사람 빌닷과 나아마 사람 소발이었는데, 그들이 멀리서 욥을 보니 도저히 알아볼 수 없을 정도로 비참한 몰골로 변해 있었다. 그들은 울부짖으며 겉옷을 찢고 티끌을 머리에 뿌리고 7일 동안을 밤낮으로 욥과 함께 땅에 앉아있었지만 욥이 받는 고통이 너무 커서 위로의 말을 한 마디도 하지 못한다.

3장_ 욥의 저주

욥은 자신이 태어난 것을 저주한다. 그리고 죽기를 바란다. 어머니의 자궁이 열리지 않아 자신이 태어나지 않았더라면, 눈으로 슬픔의 현실을 보지 않았을 것이고, 이 같은 고통의 쓰라린 맛을 몰랐을 것이라며 나에게는 평안도 없고 쉼도 없으며 안식도 없이 끊임없이 고통만 찾아오고 있다며 자신의 처지를 비관하고 있다.

4장_ 엘리바스의 말

데만 사람 엘리바스가 욥의 원망을 듣고 난 후 대답한다. 그는 더 이상 참을 수 없게 되자 욥에게 충고를 한다. 욥은 많은 사람들에게 신앙을 가르치고 약한 자들을 도와주고 연약한 자들을 격려했다.

그런데 이런 일을 당하더니 좌절하고 있으며 "하나님을 경외하는 힘으로 고통을 참아낼 수 없느냐?"고 묻는다. 그는 모든 사람은 죄로 인해 망하게 되며, 악의 밭을 갈고 죄를 심은 자들은 뿌린 대로 거두게 되어 있음을 말한다. 그리고 환상으로 본 일을 전해 주며, 사람이 어떻게 창조주 앞에서 의롭다고 할 수 있으며 깨끗해질 수 있겠는가를 말한다.

5장_ 계속되는 엘리바스의 말

천사에게 도움을 요청해도 대답은 없을 것이며, 하나님을 떠난 어리석은 사람이 잠시 성공하다가 갑작스런 재앙으로 망하는 것을 보았다고 말한다. 그는 내가 욥이라면 하나님을 찾고 문제를 하나님께 맡길 것이라고 말한다. 그분은 위대하고 놀라운 일을 하시는 분이시며, 겸손한 자를 높이시고 애통하는 자들을 안전한 곳으로 이끄시는 분이라고 말하며, 여러 가지 일화를 소개하며 욥이 진정으로 하나님께 돌아올 것을 권면하고 있다.

6장_ 욥의 대답

욥은 엘리바스의 충고에 전능자의 화살이 내 안에 박히고 하나님의 공포가 자신을 엄습하고 있음을 고백한다. 그는 오직 소원은 하나님께서 그 손으로 자신을 죽이시는 것이라고 강변한다. 그러나 자신은 거룩하신 분의 말씀을 한 번도 거스른 적이 없으므로 이 고통 중에도 내게 기쁨과 위로가 되고 있음을 말한다.

이제 자신은 놋쇠가 아닌 이상 견딜 힘이 없으며 고통 당하는 자신을 동정하지 않는 것은 하나님을 무시하는 일이라고 반문한다. 자신은 시냇물을 찾듯이 친구들을 기다렸는데, 그러나 자신의 몰골을 본 친구들은 기겁을 했으니 자신이 친구들에게 뭣을 원한 것도 아닌데 오히려 나에게 거북한 말을 하는지를 이해하지 못하고 있음을 토로한다. 자신에게 친구들의 격려가 필요한데 오로지 나무라기만 하니 친구들은 고아를 팔아 넘기고 친구를 돈과 바꿀 사람들이라고 악담하듯 퍼붓는다.

7장_ 계속되는 욥의 대답

자신이 살아가는 것이 너무도 힘들어 자리에 누우면 일어날 시간을 기약하는데, 왜 그리 밤이 긴지 알 수가 없으며, 살갗은 곪아 터지고, 구더기가 가득한데, 자신의 생명이 점점 소진해 가고 있음을 고백한다. 자신의 영이 상하고 마음이 괴로워 견딜 수가 없으며, 침대에 누우면 고통이 잊혀질까 했지만 주님은 환상을 통해 오히려 두려워 떨게 하신다.

자신의 삶이 싫어지고 있으니 주님께서 소망 없는 욥을 이제는 주님의 감시와 표적으로부터 놓아주시고 죄를 용서해 주시며, 잘못을 없애 달라고 한다. 이제 곧 흙 속에서 잠이 들게 될 것이니, 그때는 주님이 욥을 찾으셔도 자신은 이미 없을 것이라고 원망의 소리를 한다.

8장_ 빌닷의 말

그러자 수아 사람 빌닷이 욥에게 말한다. 하나님께서 자네를 잘못 판단하시진 않을 것이며, 전능자이신데 실수를 하실 분이 아니시다. 그리고 자녀들이 죄를 지은 것이 분명하므로 죄 값을 받고 있는 것이다. 그러나 지금이라도 하나님께 자복하고 자비를 구하면 자네를 도와주실 것이라고 말한다. 지금은 보잘 것 없는 욥이지만 나중에는 위대하게 쓰일 것을 말한다.

조상들의 일을 기억하고 배워 하나님을 배반하는 무리들이 하루아침에 사라져 가는 비유를 말한다. 하나님은 정직한 사람들을 버리지 않으시며 악인들을 돕지 않으신다. 하나님께서 기쁨과 즐거움을 주실 것이며, 욥을 미워하는 자들은 망신을 당하고 악인의 집은 망할 것이라며, 욥에게 용기를 심어주는 말을 한다.

9장_ 욥의 대답

자신도 빌닷의 말을 이해하지만 누구라서 하나님 앞에 죄 없다고 할 것이며, 하나님과 논쟁하고 대적할 수 있겠는가, 그분은 진노하시므로 산과 들을 옮기고 땅을 흔드시며 해를 뜨지 못하게 하시고 온 우주를 다스리는 분이신데, 그 분이 자신 곁을 스치고 지나가신다 하여 어찌 알아볼 수 있으며, 가져가시면 누구라서 도로 찾을 수 있겠는가라고 말한다.

욥의 생명이 빠르게 지나가고 있으며, 이제 와서 원망을 접고 미소를 지어본들 주께서 죄 없다고 인정하시겠는가, 오로지 주께서 치시는 막대기를 거두시지 않는 한 생명을 미워하고 원망할 수밖에 없는 일이라고 한탄하고 있다.

10장_ 계속되는 욥의 대답

욥은 하나님께 담대하게 말한다. 자신을 죄인 취급하지 말아 주실 것과 당신이 손수 만든 욥을 멸시하시며, 왜 악인들을 좋게 보시는가, 당신의 눈이 사람의 눈과는 다를진대 어찌 사람의 눈으로 보는 것처럼 자신을 보시는 거냐고 묻는다.

그의 원망의 질문은 계속 이어지고, 자신의 출생을 스스로를 자학하며 멸시한다. 그리고 제발 고통의 순간을 더하게 마시고, 한 시라도 빨리 흑암의 세계로 자신을 데려가 달라고 애원한다.

11장_ 소발이 말하다

나아마에서 온 친구 소발이 욥의 말을 듣고 너무 말이 많으므로 대답한다. 욥의 많은 말로 누구도 설득시킬 수 없으며, 욥의 말을 듣고 꾸짖지 않을 수 없음을 안타까워 한다. 하나님께서는 아마도 욥의 죄를 얼마만큼은 제하시고 벌을 내렸을 것이며, 하나님의 그 깊고 오묘한 뜻을 깨달을 수 있을지 의문시 되며, 그분이 오셔서 욥을 재판하신다면 거짓된 사람을 잘 판별하실 것이라고 말한다.

미련한 사람이 지혜를 얻기 바라는 것보다 들나귀가 사람을 낳게 되기를 바라는 것이 현명할 것이니, 이제 마음을 새롭게 고쳐 먹고 마음의 죄를 던져 버리고 두 손을 들어 부르짖어 보라고 충고한다. 그러면 욥은 떳떳하게 고개를 들고 두려워 하지 않아도 되며, 괴로움은 흘러가고 삶은 대낮보다 더 밝고, 흑암은 물러갈 것이며, 광명한 소망을 갖게 될 것이라고 말한다.

12장_ 욥의 대답

욥은 소발의 충고를 듣고는 비아냥거리듯 부정적인 대답을 한다. 자신이 친구들의 조롱거리가 되었고 하나님과 긴밀하게 교제하던 자신이 웃음거리밖에 안 되고 있음을 서러워 한다. 어디든지 물어 보면 지금 자신에게 닥친 재앙이 여호와께로 온 것을 모를 바가 없을 것이며, 모든 것이 그분에게로 온 것임을 알고 있다고 말하지만 참된 지혜와 권능도, 모략과 총명도, 모두 여호와께 있는 것이다.

그러나 그분은 모략가를 맨발로 걷게 하시며 판사를 바보로도 만드시고, 신실한 자들의 입을 막아 버리시기도 한다. 그분은 나라와 민족을 흥하게도 하시고 쇠하게도 하시며, 민족을 넓히시기도 하며 흩어 버리기도 하시고 이 세상 지도자들의 총명을 빼앗기도 하시며, 길도 없는 광야에서 방황하게도 하시는 분이시다.

13장_ 계속되는 욥의 대답

친구들이 지적한 사항을 자신도 알고 있으며, 자신이 친구들보다 못하지 않음을 항변한다. 그러므로 친구들은 거짓말쟁이요, 돌팔이 의사 같으니 제발 입을 다물고 자신의 말을 귀담아 들어주기를 부탁한다. 친구들은 하나님께 아첨을 하는 것인지, 아니면 하나님을 위하여 변호를 하려는 것인지, 쓰레기 같은 말들을 함부로 하지 말 것을 당부한다.

비록 어떤 위험에 처한다 해도 자신은 스스로 생명을 지킬 것이며, 자신의 주장을 굽히지 않을 것이라고 강력하게 말한다. 그러면서 하나님께 두 가지 소원을 말한다. 하나는 주께서 당신의 손을 치워 주시고 공포에서 벗어나게 해 주실 것과 다른 한 가지는 자신이 지은 죄와 허물이 얼마나 되는 것인지 보여 달라고 한다. 왜 자신을 회피하시고 원수 취급을 하시며, 연약한 욥을 괴롭히시는지 그 이유를 밝혀 달라고 요구하고 있다.

14장_ 계속되는 욥의 대답

여인에게서 나온 사람의 수명은 짧으며 잠시 피었다가 지는 꽃 같은 존재이며, 미끄러지는 그림자 같은 존재임에도 주께서는 그런 사람의 삶을 살피시고 심판을 하시려는지를 묻는다. 하나님께서 인간의 수명을 이미 정해 주셨기 때문에 주의 정해진 시간을 넘어서지 못함을 알기에 품꾼처럼 하루를 마칠 수 있게 해 달라고 요구한다.

욥은 나무와 비교하여 인간의 덧없음을 피력하고, 바닷물과 강물이 증발하여 사라지듯 사람의 죽음도 하늘이 없어질 때까지 계속될 터인데, 주의 진노가 지나갈 때까지 자신을 무덤에 숨겨 주시다가, 다시 때를 정하여 욥을 기억해 달라고 의탁한다. 그는 죽음과 영의 세계에 대한 질문을 던지며, 사람이 죽었다가 다시 살아날 수 있다면 다시 살아날 때까지 기다리겠노라고 말한다.

15장_ 엘리바스의 대답

데만에서 온 친구 엘리바스가 비유를 써가며 조롱하듯 대답한다. 지혜로운 욥이 어찌하여 헛소리를 늘어놓고, 쓸데없는 말잔치를 되풀이하는 것인가를 꾸짖는다. 하나님을 경외하는 마음도 사라졌고 스스로 죄인이라 입술로 말하며, 하나님의 회의에 들어간 적도 없으며 모든 것을 다 아는 체하고, 우리보다 더 많은 것을 아는 것같이 교만스레 허풍을 떨고 있음에 대하여 호통을 친다.

지금 욥의 눈은 분노로 가득차 있고, 하나님께 화를 내고 있다는 것을 모르고 있다고 훈계한다. 사람이 도대체 무엇이기에 깨끗할 수 있으며 여자에게서 나온 사람이 어떻게 의로울 수 있다고 할 수 있나, 하나님께서는 자신의 천사들도 신뢰하지 않으시는데, 하물며 가증스럽고 타락한 우리들의 행동을 어떻게 보실 것인가를 묻는다. 그리고는 자신이 겪은 이야기를 들려 준다. 저들의 조상들이 살던 때를 말하고 포악한 자들과 악인에게는 항상 재앙이 계속 되었으며, 그들은 흑암에서 소망을 갖지 못하고 오직 심판의 칼날을 기다려야 했음을 강조한다.

이들은 인간의 교만함으로 하나님께 대항했기 때문이며, 고개를 치켜세우고 큰 방패를 들어 감히 하나님께 대항했었다. 이런 자들은 황폐한 성에 살게 되며, 더 이상 부유를 누리지 못하고 불꽃이 그들을 태울 것이다. 경건치 못한 사곡한 무리에게는 자손이 없을 것이며, 뇌물을 받는 자의 집은 불 타 없어질 것이다.

16장_ 욥의 불평

욥의 다섯 번째 말이다. 그는 친구들의 질책과 충고를 받아들이려 하지 않는다. 하나님께서 자신에게 내린 불공정한 진노와 고난에 대해 크게 반발한다. 그는 너희들이 내 처지가 되어 보면, 나도 너희에게 머리를 흔들 수 있다. 그러나 자신을 위한 증인은 하늘에 계시다. 간혹 하나님을 원망하고 대항하려던 욥이지만 그의 궁극적인 믿음의 목표는 역시 하나님이라는 사실을 고백한다.

17장_ 욥의 계속되는 답변

자신의 기운은 이미 약해졌고 생명이 거의 소진되고 있음을 고백하며, 자신을 위한 무덤이 마련되었음을 말한다. 그는 친구들을 조롱꾼이라고 말하며 불평을 계속한다. 그의 눈은 울어서 충혈되었고, 친구들은 그를 조롱한다.

그는 백성들의 웃음거리가 되고, 백성들은 욥의 얼굴에 침을 뱉는다고 말한다. 거듭되는 친구들의 조롱에 다시는 그들에게서 지혜를 찾아내기 힘들다고 판단하고, 다가오는 죽음의 두려움 속에서도 소망의 존재를 찾으려 한다.

18장_ 빌닷의 두 번째 충고

빌닷이 어째서 친구인 우리들을 짐승처럼 부정하게 매도하는지를 따진다. 그리고 욥은 스스로 분노하여 자신을 찢었노라고 말한다. 악인들의 길은 죽음의 길이며, 광명과 흑암을 대조하여 하나님은 광명한 빛 속에 계시고, 악인은 어둠 속에 있게 될 것임을 말한다. 그는 욥의 악함을 가정하고 악한 사람의 운명을 비유하며 욥을 회개시키려 한다.

19장_ 욥의 다섯 번째 대답

욥은 자신의 마음을 번뇌케 하며 충고를 계속하는 것에 대해 화를 낸다. 자신의 입장에서 친구들의 말을 듣다 보니 그들이 미워지며, 하나님께서 내린 진노와 고난은 이해할 수 있으나, 친구들이 자신에게 던지는 충고는 견디기 힘든 모욕과 수치감을 느끼고 있다. 욥의 아내를 비롯한 주변 인물들이 모두 자신을 미워 하는 대적들로 변했다고 말한다. 그래서 욥은 친구들을 미워 했다.

그러는 친구에게 하나님의 진노를 당한 욥을 불쌍히 여기지 않고, 어째서 친구들이 하나님처럼 자신을 핍박하는 것인가를 따진다. 그 때 갑자기 절망에 빠져 있던 욥의 입에서 훌륭한 신앙 고백이 튀어 나온다.

"내가 알기에 나의 구속자가 살아 계시니 후일에 그가 땅에서 서실 것이라, 나의 몸이 썩은 후에 육체 밖에서 하나님을 보리라."

20장_ 소발의 두 번째 충고

소발의 두 번째 말로 욥이 당하고 있는 고통의 원인을 그가 악인이기 때문인 것으로 몰아 가고 있다. 악인은 그 높이가 하늘에 닿고 머리가 구름에 미칠지라도 소용없는 짓이며 허망한 것이다. 악인은 분명히 멸망 당하게 됨을 강조한다.

그는 욥을 향해 결론적인 선언을 한다. 그 죄악을 드러낼 것이며, 땅이 일어나 그를 칠 것이며, 그 가산이 패가할 것이다. 이것이 악인이 하나님께 받는 기업이라고 말한다.

21장_ 욥의 답변

친구들은 자신을 싸잡아 악인으로 몰아가고 있다. 그러므로 지금 당하는 고통은 당연하며, 더욱 비극적인 종말이 자신에게 오고 있음을 주장하고 있다. 그러나 친구들이 말한 대로 악인이라고 하여 모두 심판 받아 죽는 것이 아님을 예를 들어 설명한다. 악한 사람도 자손이 번성하고 평안하며, 두려움이 없고, 소들은 낙태하지 않고 새끼를 낳고 있으며, 소고와 수금을 타며 노래를 부르기도 한다.

하지만 욥 자신은 악인들과 처지가 판이하게 다르다는 점을 강력히 주장하고 있다. 친구들이 말하는 악인의 부류에서 빼어줄 것을 당부한다. 친구들에게 자신을 악인과 같은 유형의 사람으로 보지 말아 달라고 호소한다. 그러므로 자신을 악인이라고 매도한 친구들의 충고와 대답은 거짓된 것뿐이라고 단정한다.

22장_ 엘리바스의 세 번째 말

그는 점점 더 강하게 욥의 악함을 주장하며, 특히 가난한 사람들을 잔인하게 취급했다고 말했다. 언사는 감정적으로 격앙되고, 엘리바스는 욥이 죄악을 조목조목 나열하며 정죄한다. 형제의 물건을 볼모로 잡은 일과 헐벗은 자의 의복을 벗긴 일, 목마른 자에게 물을 먹이지 않은 일, 주린 자에게 음식을 주지 않은 일 등, 욥의 부정적 행위를 대며 욥의 죄악상을 나열한 후, 너는 하나님과 화목하고 평안하라. 그리하면 복이 욥에게 임할 것이라고 충고한다.

엘리바스는 욥의 재산이 많은 것에 대해 부정한 재물을 모으고 관리하는데 정직하지 못한 행위가 감추어져 있음을 전제한 후, 욥에게 정죄하고 회개하여 욥의 손이 깨끗해지므로 용서를 받게 될 수 있을 것이라고 충고하고 있다. 친구들은 고난과 시련은 악인에게만 닥치는 것이란 주장을 굽히지 않고 있으며, 욥은 그런 고난은 악인과 의인에게도 닥쳐 올 수 있는 것이라며 서로의 주장을 팽팽히 견지하고 있다. 결국 친구들은 고발자가 되어 욥을 위협하고 있는 것이다.

23장_ 욥의 일곱 번째 대답

욥은 하나님과 만나 직접적인 재판을 받기를 원하고 있다. 그러나 앞으로나 뒤로나 그 분은 보이지 않는다. 그러나 욥이 가는 길을 주께서 아시므로 자신을 단련한 후에 정금같이 나올 것을 말한다.

욥의 변론은 19장에서의 대각성 이후로 많은 변화를 보이고 있다. 하나님의 능력을 인정하고 그 분을 두려워 하지만 결국 하나님께서는 자신을 흑암의 권세에서 건져 내실 분이란 믿음과 소망을 피력하고 있다.

24장_ 계속되는 욥의 답변

욥은 어째서 하나님께서 양떼를 빼앗아 기르는 자들과 고아의 나귀를 몰아가며 과부의 소를 볼모로 잡은 악인들을 심판하시지 않음을 탄식하고 있다. 의로운 자들은 옷이 없어 벗은 채 밤을 보내고, 추위에도 덮을 것 없이 지내며 고아를 어미 품에서 빼앗고, 가난한 자의 옷을 볼모로 잡으며, 사람을 죽이고 간음하는 자의 눈은 해가 저물기만을 바란다.

이와 같은 불공평하고 의롭지 못한 일들은 흑암이며, 흑암은 광명에 대한 두려움을 포함하는 것이라고 항변한다. 마침내 악인과 의인 모두는 고난을 당하게 되지만 끝내는 악인의 행위에 하나님의 심판에 임하게 될 것임을 주장한다. 그러므로 친구들의 견해처럼 고난은 악인만 당하는 것이며, 번영은 의인만이 누릴 수 있다고 한 것에 대해 적극적인 반론을 펼치고 있다.

25장_ 빌닷의 세 번째 말

하나님께서는 권능과 위엄으로 지극히 높은 곳에서 화평을 베풀고 계시며, 그의 광명을 누리지 않은 사람은 없다고 말하지만 하나님 앞에서 누가 자신이 의롭다고 말할 수 있겠는가, 특별히 여자에게서 나온 인간이 의롭다 할 수는 없다. 하나님께서는 창조하시고 운행하시는 달과 별일지라도 더럽게 보실 수 있는 것으로, 인간은 하나님께 모든 것을 맡기고 굴복하여야 할 것임을 말하고 있다.

26장_ 욥의 답변

욥은 빌닷의 말에 전적으로 조롱하며 답변한다. 그는 빌닷에게 힘 없는 자, 기력 없는 팔, 지혜 없는 자를 참 잘 가르쳤다고 비웃으며 조롱한다. 어둠 속에 악령들이 횡행하여도 하나님 앞에서는 음부의 세계도 드러나게 되며, 멸망의 웅덩이도 가릴 수 없이 드러나게 됨을 강조한다.

이는 하나님의 위대하심을 찬양하는 대목이다. 그러면서 빌닷에게 도대체 무슨 신에 네게서 나왔느냐고 물으며, 빌닷의 충고와 조언이 하나님의 섭리 안에서 나온 것이 아니므로 빌닷의 충고를 아예 묵살해 버린다.

27장_ 세 친구에 대한 욥의 결론적인 항변

엘리바스의 강도 높은 변론으로 시작된 대화의 순서가 빌닷의 상투적이고 피상적인 마지막 충고에 대해 욥이 답변하고 있다. 이는 엘리바스, 빌닷, 욥의 답변 순서로 진행되던 순서가 바뀐 기록이다.

욥이 격언을 예로 들어 하나님을 두고 맹세한다. 자신은 친구들의 조언을 옳다고 인정할 수 없음을 단호하게 표명한다. 그리고 자신의 대적은 악인과 같이 될 것이며, 사곡한 자가 될 것이라고 저주한다. 그리고 악인들의 운명을 말한다. 악인은 멸절을 당할 것이며, 그들의 재물이 의인의 손에 넘어갈 것이다. 그들은 재물을 모아도 소용없으며, 두려움에 멸망을 맞이할 수밖에 없을 것이다. 또한 마음의 평안조차 얻지 못하고, 사후 의인들의 조롱과 비웃음을 받게 되는 참극을 맞이하게 될 것임을 주장한다.

28장_ 지혜에 관한 시

악인들이 현실에서 득세하며 범사에 잘 되는 것 같으나 공의로운 하나님께서는 그들의 행위대로 심판하실 것임을 노래한다. 인간의 지혜는 하나님에게 속해 있고, 욥과 친구들이 벌인 논쟁을 세 개의 논단을 열거해 기록하고 있다. 욥의 주장은 하나님을 경외하는 것이 인간의 참된 지혜임을 밝히고 있다. 그리고 악인에 대한 하나님의 징벌을 정당화 시키며, 악에서 떠나는 것이 곧 지혜임을 주장하고 있다.

29장_ 과거를 회상하는 욥

욥이 격언을 예로 들어 설명한다. 신앙과 가정에 대해 회상하며 자신의 아름다웠던 과거를 떠올리며, 하나님의 보호하심과 사람들이 자신에게 보여주었던 존경심과 환대와 자신이 공의롭게 지향했던 일들을 통해, 친구들에게 자신을 의롭지 못하다고 평가한 부분에 대하여 강력하게 반박하고 있다.

30장_ 현실적 고난을 말하는 욥

자신보다 젊은 자들이 자신을 기만하고 희롱한다며 자신의 불행을 앞 장과는 대조적으로 묘사하고 있다. 그는 사회적으로 사람들로부터 멸시 당하는 자신의 모습을 언급하고 있고, 하나님께서 고통을 주시므로 자신을 버리셨다는 내용을 말한다. 누구에게든 아무런 도움조차 받을 수 없는 절망의 구렁 속에 처해진 자신의 현재 상황을 진술하고 있다.

과거에 욥은 비천한 자들과 무익한 자들, 그리고 궁핍한 자들에게까지 능멸을 당해야 했으며, 과거에 자신의 충고와 조언을 따르던 사람들이 지금은 오히려 비참한 몰골의 자신에게 비웃고 침을 뱉는 상황까지 이르게 되었다.

이 무뢰한 자들에게 고난을 받는 것은 하나님께서 자신을 고난을 주시기 때문이라고 하소연한다. 급기야 자신의 고통은 뼈가 타는 듯하고 수금과 피리의 아름다운 소리들은 애통하는 소리로 변하였음을 언급하고 있다.

31장_ 결백을 주장하는 욥

자신의 내적 순결에 대한 결백을 주장하며 탐욕과 호색을 부인한다. 거짓과 탐심을 부인하며 간음죄를 부인한다. 그리고 자신의 종들을 멸시하지 않았음을 주장하고, 가난한 자와 고아와 과부를 선대했다는 주장을 한다. 원수와 나그네한테도 잘 대해 주었고, 자신의 죄를 숨기지 않았음을 맹세하며, 친구들에게 자신을 고소할 기소장을 제출해 달라고 요구한다.

만약 자신이 이제껏 언급한 항목들 외에 어떠한 범죄가 있다면 과감히 시인하겠다는 강한 의지의 표현을 하고 있다.

32장_ 엘리후의 등장

욥이 스스로를 의롭게 여기는 것을 보고, 엘리후가 분노를 터뜨린다. 그는 욥에게는 자신이 하나님보다 의롭다고 말한 것 때문에 분노를 발했으며, 친구들에게는 욥의 대답에 답변을 못하는 것을 보고 분노를 터뜨리는 것이다. 그는 저들보다 나이가 어린 이유로 이제껏 참고 있었으나, 친구들의 무능력함과 욥의 무례한 언행에 변론을 하기 시작한다.

엘리후의 가정은 하나님을 섬기는 신앙가의 출신이었고, 연소자로서 윤리와 도덕심이 출중한 사람이었다. 지금까지 욥의 친구들은 그가 받는 고난은 욥이 지은 죄와 시련이라며 인과응보의 논리로 욥을 정죄하고 있었으나, 엘리후가 변론에 끼어들며 새로운 국면을 맞이한다. 그는 변론의 당위성을 내세우며 변론에 임하는 자신의 심정을 표현하고 있다. 자신에게 지혜를 주는 심령이 더 이상 침묵으로 자신을 일관할 수 없게 되었음을 고백한다. 인간의 지혜로는 욥의 고난을 해결할 수 없었음을 느꼈고, 하나님이 주시는 참 지혜만이 그를 정죄할 수 있다고 생각하고 있는 것이다.

욥의 친구인 엘리바스와 빌닷과 소발은 욥의 오랜 친구들로 그를 찾아온 목적은 그를 조문하고 위로하려는 것이었다. 그러나 그들은 하나님께 지혜를 요청하지 않았고, 인간의 지혜와 경험으로 욥의 죄악을 변론한 것이다. 엘리후는 욥을 위해 진정한 하나님의 지혜를 통한 변론을 다짐하며, 자신의 마음을 가죽부대에 비유한다. 또한 아첨하지 않고 오로지 진리만을 말하겠다고 한다.

33장_ 엘리후의 첫 번째 변론

엘리후는 욥에게 자신의 말을 경청하기를 부탁하고 변론을 시작한다. 인간은 모두 하나님 앞에서 흙으로 지으심 받은 피조물이니, 아무도 인간이 인간을 권세로 누르지 못할 것이다. 욥의 변론을 듣다 보니 하나님께서 보시기에 욥이 죄가 없고 순전함을 주장하고 있으며, 하나님께서 자기를 징벌하신 것으로 파악하고 있다.

하나님께서 인간의 질문에 답하시는 것을 부인하는 것에 대해 욥은 의롭지 못한 사람이라고 비평하며, 하나님의 전지전능과 위대하심을 부각시키고 있다. 그리고 하나님께서 고난당하는 자에게 천사를 보내시어 결국은 구원하시고 회복시킨다는 것을 변론한다.

엘리후는 고난의 목적을 설명하며, 욥이 현재 당하고 있는 고난은 하나님께서 징계에 목적을 두신 것이 아니라 차후 욥에게 더 많은 축복을 주시기 위한 연단으로 풀이하고 있는 것이다. 이것은 하나님께서 계획하신 신앙인의 훈련으로 해석하고 있는 것이다.

34장_ 욥의 문제점을 말하는 엘리후

엘리후는 자신의 말을 들으라고 하면서, 자신들의 의견이 어느 것이 옳고 그른 것인지를 판별해 보자고 제안한다. 그리고 욥의 문제점을 거론한다. 엘리후는 욥을 단정짓는데, 그는 의로운 사람이지만 하나님께서 그에게서 의를 제거하셨고, 악한 일을 즐겨 하는 무익한 사람으로 만드셨다고 주장하고 있다고 판단하고 있다.

그러나 엘리후는 하나님의 공의로우심은 사람의 행위의 결과에 따라 보응하시는 인과응보이다. 하나님께서는 인간의 불의나 행악으로 인하여 고결하신 공의를 스스로 굽히지 않는 분이심을 강조한다. 하나님께서는 사람의 모든 행위를 감찰하시며, 순간적으로 인간의 행위에 대한 심판을 내리시는 분이라고 말한다. 그러므로 인간은 교만을 버려야 한다고, 욥을 향해 직언을 하며 욥의 회개를 촉구하고 있다. 이는 다른 세 친구와 같은 결론에 도달하고 있다.

그는 욥이 지은 죄악을 단정적으로 말하자면, 그는 지혜 없는 무식의 소치로 말하고 있으며, 자신의 고집을 꺾지 않고 시험받기를 원하므로, 그 결과 자신의 죄악 위에 패역을 더한, 하나님을 거역하는 말을 하고 있다고 지적하고 있다.

35장_ 계속되는 엘리후의 말

엘리후는 욥에게 자신의 생각대로 하나님보다 의롭다고 생각하는 것이 자신에게 유익한 것이 무엇인지를 친구들에게 말해 보라고 한다. 여기에서는 욥이 자신의 순전함을 하나님께서 알아주지 않고 계심을 원망한 부분에 대한 충고였다. 하나님께서는 광활한 우주와, 그 뜻이 인간의 내밀한 곳에 계시지 않고, 욥이 원하든 안하든 상관없이 하나님께서는 주권자로서 만물을 섭리하고 계시다고 말한다.

그러므로 욥이 지은 악은 욥에게나 적용될 뿐이지 우주의 주권자이신 하나님께는 영향을 끼쳐 드리지 못함을 인식시키려 한다. 하나님께서는 욥처럼 악인이거나 교만한 사람의 기도에는 응답하지 않으신다. 욥이 하나님 앞에 자신의 결백을 강력하게 주장하는 것을 상당한 교만으로 판단하고 있는 것이다. 그는 욥의 주장과 변론에 대해 너무나 과장된 말을 함으로써 자신의 무식을 드러내고 있다고 욥을 폄하하고 있다.

36장_ 계속되는 엘리후의 말

엘리후는 계속해서 말을 이어간다. 하나님은 전지전능하신 분으로 아무도 멸시하지 않으신다. 그리고 악인을 징벌하시고 고난 받는 자를 회복시켜 주시며 의인의 길을 영광스럽게 만드신다. 그러므로 욥이 받는 고난은 그의 행위에서 자초한 고난임을 말한다.

하나님께서는 곤고한 자를 그 시점에서 이끌어내시며, 학대 받을 즈음에서 구원하시는 분이심을 강조하고 있다. 하나님의 공의로우심과 주권과 선악에 대한 하나님의 공정성을 토대로 욥의 고난에 임하는 잘못된 자세를 지적하고 있다. 그리고 자연계에 섭리하시는 하나님의 오묘하신 역사에 대해, 바람과 비를 비유로 설명한다.

37장_ 엘리후가 말하는 하나님의 능력

계속해서 하나님의 역사가 자연계를 통해 섭리하고 계심을 설명하고 있다. 광풍이 일어나고 찬 기운이 이르러 얼음을 얼게 하시고 구름을 만들어 토지를 습윤케 하시는 초월적인 긍휼을 베푸신다고 말한다.

그리고 욥에게 이 모든 하나님의 기묘하신 섭리로 이뤄지는 역사 앞에 바로 서서 자신의 악행을 속죄하고 회개할 것을 촉구하고 있다. 엘리후는 순차적으로 하나님을 변호하고, 욥에게서 교만을 버리도록 유도한다. 자연계를 주관하시는 하나님의 능력을 묘사하여 욥에게 하나님의 기묘한 섭리에 대해 생각할 수 있는 질문을 던진다. 그런 다음 욥에게 중점적인 잘못을 지적하여 하나님의 직접적인 답변을 이끌어내는 계기를 마련하고 있는 것이다.

38장_ 하나님께서 욥에게 직접 말씀하시다

엘리후의 노력은 마침내 폭풍 가운데 계신 하나님의 말씀을 듣게 된다. 욥은 하나님께 자신의 고난을 처리해 달라고 줄기차게 요구했었다. 드디어 그에게 말씀으로 나타나신 것이다.

하나님께서는 욥의 무지를 드러내신다. 하나님의 창조의 사역부터 우주를 만드신 의도와 계획을 열거하시며, 땅의 기초와 바닷물이 넘쳐 나옴과 구름과 흑암, 아침과 새벽, 음부의 세계, 빛과 어두움, 폭우와 우레, 얼음과 서리, 별과 삼림 등 하나님의 오묘하신 창조와 주관하심을 설명하시고, 까마귀가 먹을 것이 없어 하나님께 부르짖을 때에 먹이를 주시는 이가 누구인가를 질문하신다.

39장_ 계속되는 하나님의 말씀

하나님의 말씀이 계속 되어지고 있다. 염소의 생태질서를 물으시고, 들나귀에게 스스로 만드신 드넓은 뜰을 집으로 제공하신 일과 들소와 타조와 말이 힘차게 뛰는 것과 매와 독수리들이 각자 처소를 마련하며, 생육하고 번성하는 모든 질서를 누가 주관하고 다스리는가를 아느냐고 물으신다.

하나님의 지혜와 섭리 앞에서 인간의 지혜와 선부른 교만이 얼마나 미약하고 우매한 것인지를 알게 하시고, 하물며 동식물의 생태를 살피시고 양육하시고 번성케 하시는 하나님이신데, 어찌 인간에 대한 관심이 자연계만 못할 것인가를 반어법으로 풀이하시며, 욥에게 큰 깨달음을 주시려는 것이다.

40장_ 계속되는 하나님의 말씀

욥에게 하나님께서는 변박하는 자로 즉, 하나님과 다투려는 것으로 보시며 대답을 유도하신다. 욥이 한두 번 하나님과 다투겠다고 말한 것을 인정한다. 그러나 그는 미천하며 손으로 입을 가릴 뿐이라고 말할 수밖에 없다. 여호와께서 다시 폭풍 가운데서 욥에게 말씀하신다. 대장부답게 하나님께 말하라고 한다. 그러시며 욥에게 모든 교만한 자를 낮추게 하고, 악인을 처단하여 징벌하면 자신의 오른손으로 스스로를 구원할 수 있게 됨을 인정하실 것이라고 말씀하신다.

그리고 하마를 예로 들어, 그 동물의 장쾌한 힘과 뼈의 강인함을 주셨고, 동물의 번성을 위해 산야에 식물을 자라게 하심도 하나님이심을 욥에게 설명하신다. 그러므로 욥의 독선적이며 교만한 자기 주장을 접고 하나님의 절대 주권 속으로 들어와 순종하도록 말씀과 비유로 가르쳐 주신다.

41장_ 악어를 통한 하나님의 능력

앞 장에서 하마를 통해 하나님의 능력을 보여주시고 욥의 한계를 지적하신 것처럼, 이번에는 악어를 통해 욥의 한계를 지적하셨다. 낚시로 악어를 포획할 수 없고, 줄로 매어 잡을 수도 없는 것이 나약한 인간이란 점을 주지시켜 주시며, 이와 같이 힘센 악어를 만드신 이와 당돌하게 변론을 하자고 주장하는 욥의 태도가 얼마나 지각없고 어리석은 결정이었던가를 깨닫게 한다.

하나님께서 많은 동물 가운데 악어를 등장시키신 것은 욥의 행위와 악어의 형상이 하나님께 도전하는 욥의 모습과 적절하게 비교되었기 때문이다. 욥은 자신과 함께 온 우주만물을 주관하시는 이는 하나님이심을 알고, 자신도 그 속에 아주 작은 존재임을 악어의 비유를 통해 회개할 수 있도록 지혜를 주시고 있는 것이다.

42장_ 욥의 회개

욥이 여호와께 대답한다. 주는 무소불능하시고, 무슨 경영이든 못 이루심이 없으심을 고백한다. 자신의 무지와 교만을 인정하며 진심으로 하나님 앞에 진정으로 회개한다. 하나님께서는 엘리바스와 그의 두 친구들에게 일곱 마리의 숫소와 숫양을 취하여 번제를 드리라고 말씀하신다.

그 이유는 세 친구들 역시 인과응보에 기초해서 변론과 충고를 계속했지만 결국 욥을 설득시키지 못하였고, 자신들도 변론과정에서 하나님을 바로 알지 못한 채 인간적인 논리를 앞세워 하나님 영광을 가렸다. 그러므로 하나님께서는 욥의 친구들에게도 속죄의 기회를 주신다.

하나님께서는 욥을 들어 중보자로 세우신 후, 그를 하나님의 종 즉, 제사장으로 세워 번제를 드리게 하시므로 욥과 세 친구의 화해를 주선하셨다. 욥은 친구들을 위해 기도했고, 하나님께서는 욥의 받은 고난과 상처를 낫게 하시어 전에 가졌던 소유보다도 갑절이나 많은 축복을 주셨다. 죽은 자식들을 대신하여 아들을 일곱이나 주시고, 아름다운 딸을 셋이나 주셨다. 욥은 그 후로 형통하게 140년을 더 살다가 죽었다.

** 주요구절 **
42 : 5 내가 주께 대하여 귀로 듣기만 하였삽더니 이제는 눈으로 주를 뵈옵나이다.

시 편 | Psalms

이스라엘의 애국에 관련된 시문학 : 150장

저자 : 기록 연대가 가장 빠른 것은 모세의 시편으로 1편이 기록되어졌으며, 다윗의 시편은 73편으로 가장 많은 부분을 차지하고 있다. 솔로몬의 시 2편과 아삽의 시 12편, 고라 자손들의 시 10편, 헤만의 시 1편 등으로 작자가 밝혀진 100편과 그 밖의 작자 미상의 시 50편으로 구성되어졌다.

기록연대 : B.C 1500년 ~ B.C 500년

세계사 비교 : 매우 오랫동안 창작되어진 시가들로 인도의 인더스 문명이 발흥하고, 트로이가 도시국가를 건설했으며, 그 기간 중에 B.C 1200년 모세의 출애굽 사건이 있었다. 다윗과 솔로몬에 의한 이스라엘 왕국이 번창했고, 앗시리아의 발흥과 멸망이 함께 들어 있는 연대기이며, B.C 509년 로마에서는 공화정이 실시되던 해이다.

핵심 에피소드 : 시편은 그야말로 구약성서 시가문학의 최고봉으로, 함축된 시어와 주제를 영적 감성으로 풀어낸 시금석 같은 문학작품이다. 원래 시는 요약할 수 없는 시인정신에 입각한 언어의 절제미와 순수미를 노래하고 있기 때문에 여기서 요약 정리하는 작업이 불필요하다는 것을 밝혀둔다.

그러나 여러분의 이해를 돕기 위하여 모든 시편의 주제를 요약하여 정리해 보았다. 시편만큼은 성서에 나와 있는 원문을 정독하는 것이 가장 바람직한 일이지만, 본 요약정리 부분을 참고로 하여 찾아 들어가 시상에 흠뻑 빠져 보는 것도 좋은 시편의 감상방법이라 생각된다.

시편은 하나님을 대상으로 부르는 '신뢰의 노래' 또는 '신의 찬가'란 의미를 가지고 있으며 히브리어로 된 찬미와 이스라엘 민족의 찬송의 뜻을 포함하는 함축된 노랫말로 구성되어져 있다. 개인의 예배 생활이나 대중 예배 때 사용되며, 구약성서에서 가장 사랑 받는 문학서이다.

신약시대의 예수님도 시편을 사랑하였으며, 십자가 상에서 죽음의 고뇌를 표현하실 때에도 시편 22편의 "내 하나님이여, 내 하나님이여 어찌 나를 버리셨나이까"를 인용하셨다.

다윗이 중심이 된 시편의 저자들은 하나님의 속죄 받은 백성들의 진실한 마음과 주님을 경외하는 정서를 찬양의 글로 옮겨놓고 있다.

제1권 ; 1 ~ 41편, 제2권 ; 42 ~ 72편, 제3권 ; 73 ~ 89편, 제4권 ; 90 ~ 106편, 제5권 ; 107 ~ 150편으로 구성되어진다.

제 1 권

1편 _ 의인의 길과 악인의 길

복 있는 사람은 악인의 꾀를 좇지 아니하고 죄인의 길에 서지 아니 하며 오만한 자리에 앉지도 아니 하고 오직 여호와의 율법을 즐거워 하며, 그 율법을 주야로 묵상하는 자임을 노래한다.

세상 친구보다 하나님의 말씀으로 사는 사람들은 복이 있다. 그들은 행복과 번영도 얻을 수 있다. 악한 사람은 그렇지 않다. 선한 사람의 복 있는 삶과 악한 사람의 불행한 삶이 극명한 대조를 보여주고 있다.

** **주요구절** **

1 : 1 복 있는 사람은 악인의 꾀를 좇지 아니 하며 죄인의 길에 서지 아니 하며 오만한 자의 자리에 앉지 아니 하고, 2 오직 여호와의 율법을 즐거워 하여 그 율법을 주야로 묵상하는 자로다.

2편 _ 하나님이 세우신 왕

선지자 '나단' 을 통해 다윗에게 말한 하나님의 언약으로 다윗을 세워 이스라엘의 왕으로 세우실 것을 약속하시고 열방을 네게 주어, 네 소유가 땅끝까지 이를 것을 노래하고 있다. 내가 영을 말하는데 여호와께서 내게 이르시되, 너는 내 아들이라 오늘날 내가 너를 낳았다, 이처럼 여호와를 경외하고 섬기며 의지하고 즐거워 할 것을 노래한다.

3편 _ 하나님을 신뢰함

압살롬이 반역할 때, 비참한 다윗의 심경을 토로한 비탄의 시편이다. 시련을 받을 때, 하나님을 신뢰한 좋은 예이다. 그는 하나님의 손이 그의 지팡이가 되어 주심을 믿음으로 주를 신뢰하고 있다.

4편 _ 저녁 기도

3편에서 이어지는 시편으로 압살롬의 추적을 피해 쫓기는 다윗이 피곤에 지쳐 하나님의 품 속에서 잠을 청하며 부른 노래이다. 그는 마음의 기쁨을 느꼈으며, 마음의 평화를 느꼈다. 명상을 통해 하나님과 교제하므로 주께서 자신을 지켜 주시고 있음을 확신했다.

5편 _ 아침 기도

자신을 배반한 아들과 적에게 포위 되었을 때 다윗은 기도하며 하나님이 보호하여 주심을 믿고 기뻐 찬양했다. 다윗은 수많은 내부의 적을 가지고 있었다. 그는 아침을 맞이하면서 찬양함으로 악인을 물리치고 의인을 구원해 달라고 노래한다.

6편 _ 참회와 울음

다윗이 우리아의 아내 밧세바와 통음 죄를 지은 후 병들고 슬퍼하며 눈물을 흘리고 부끄러움을 당하며 후회한다. 또한 적들에게 심한 경멸감을 느끼고 쓴 참회의 시편이다.

7편 _ 보호에 대한 기도

사울에게 쫓겨 다니던 다윗은 하나님께 자신의 결백을 토로한다. 자신이 여호와께 피난하오니 자신을 쫓는 무리들을 멀리 하시고 구원해 달라고 비감 어린 호소를 올린다.

8편 _ 창조와 감사

만물을 창조하신 하나님을 찬양하는 노래이다. 자연계에 숨겨진 하나님의 놀라운 섭리를 발견하고 찬양하는 다윗의 진정한 하나님 신뢰의 노래이다. 여호와 우리 주여, 주의 이름이 온 땅에 어찌 그리 아름다울 수가 있습니까, 이와 같이 우주 안에 드러난 하나님의 장대함과 위엄을 드높이며 노래한다.

9편 _ 승리와 감사

공의로우신 심판자 하나님을 찬양한다. 암몬 족속을 물리치고, 민족적인 입장에서 그리고 개인적 입장에서 하나님께 승리의 감사를 드린다.

10편 _ 심판하소서

악한 자가 교만하여 가련한 자를 심히 군박한다고, 저들을 자신의 꾀에 함몰하게 도와 달라고 노래한다. 불의와 억압으로부터 피압박자들의 권익을 바라며 정의롭게 심판하여 주실 것을 의뢰하는 시편이다.

11편 _ 악의 번성

창궐하는 악의 세력과 맞서 싸우는 다윗의 노래이다. 사탄과 악의 세력을 물리치고 하나님의 품 속에 피난하고 있는 다윗의 결연한 믿음을 보여준다. 다윗은 악한 적을 휩쓸어 거의 전멸시키고 하나님을 신뢰하며 기쁨으로 노래를 불렀다. 이 시는 다윗이 사울을 피해 도망 다닐 때 지었다.

12편 _ 구원하소서

경건한 자들이 사라지고 충실한 자가 사라지는 온갖 술수와 악행이 만연되는 세상을 구원해 달라고 간원하는 탄식의 노래이다.

13편 _ 환난과 기도

집요한 적들의 자신이 목숨을 노리고 있을 때 하나님께서 언제까지 자신에게 얼굴을 숨기고 계시는지를 호소하는 탄식의 노래이다. 여호와 내 하나님이여 나를 생각하사 응답해 달라고 부르짖는다.

14편 _ 보편적인 죄악

하나님이 없다고 말하는 무신론자들이 얼마나 어리석은가를 보여준다. 하나님이 계시는 이상, 악한 사람들을 심판하는 날도 있을 것이다. 그러나 하나님의 백성에게는 심판의 날이 곧 기쁨의 날이 될 것임을 노래한다.

15편 _ 진실한 백성

다윗은 의롭고 진실하며 정직한 사람이다. 성결한 언행을 하며 올바른 신앙과 청렴한 재물 관을 가진 사람만이 모범적인 하나님의 자녀가 될 수 있음을 노래한다.

16편 _ 신뢰하는 자

다윗의 자기에 대한 금언 시로 여호와를 항상 내 앞에 모시고, 그가 우편에 계시므로 내가 요동치 않을 것이다. 그러므로 마음이 기쁘고 즐거워, 자신의 육체도 안전하게 보존할 것이며, 영혼을 음부에 버리지 않으시고, 주의 거룩한 자로 썩지 않게 하실 것임을 노래한다.

17편 _ 보호하심에 대하여

적에게 패하였을 때 다윗은 하나님을 의지한다. 자기의 결백을 지키며 하나님을 신뢰하고, 이 세상을 사랑하는 사람들에게 둘러싸여 있으면서도 다윗은 하나님 나라에 관심을 두었다.

18편 _ 감사와 찬송

사울과 여러 해 동안 싸운 후에 왕국을 굳건히 세우고, 왕좌를 회복하였다. 그는 자신에게 나타난 모두를 하나님의 섭리와 계획으로 여기고 영광과 찬송을 올려 드린다.

19편 _ 자연과 말씀

자연과 율법에 나타난 하나님의 계시를 노래한다. 창조의 놀라움과 영광, 하나님 말씀의 완전함과 능력, 자연을 창조하신 하나님은 그가 기록한 말씀대로 사람에게 교훈하신다. 하나님의 말씀은 완전하고 확실하며, 진실하고 기쁨을 주시기 때문에 꿀보다 더 달다고 표현한다.

20편 _ 승리의 기원

다윗이 전쟁에 임할 때, 기를 올리면서 승리의 기도로 부른 노래이다. 그는 모든 것을 통해 여호와를 신뢰했다.

21편 _ 승리에 대한 감사

다윗은 전쟁에 나가기 전에 기도한 것처럼, 전쟁 후에도 기도했다. 승리할 수 있도록 도와주신 여호와께 감사의 기도를 올리고 주의 권능을 찬양한다.

22편 _ 십자가에 대한 시

내 하나님이여 어찌하여 나를 버리셨나이까, 이것은 다윗의 번민하는 울부짖음 같다. 이것은 예수님이 오시기 천년 전에 쓰여졌는데, 예수님 당시에 예수님이 십자가 위에서 하시는 말씀을 듣고, 적들의 조롱을 보면서 기록한 것처럼 생생하다. 그의 손발은 찔리고, 그의 옷은 분배되었다.

이러한 말씀은 예수님이 십자가에 달리시는 것 외에 다윗이나 어떤 다른 사람에게도 적합하지 않다.

23편 _ 여호와는 나의 목자

여호와는 나의 목자시니 내가 부족함이 없으리로다. 그가 나를 푸른 초장에 누이시며 쉴 만한 물가로 인도하시는도다, 구약성서에서 가장 사랑스러운 구절이다. 이 시편은 아름다운 노래를 부르며 하늘을 나는 새와 같다. 이것은 세상의 어떠한 철학보다도 슬픔에 잠긴 사람을 위로하여 주는 시이다.

또한 세상이 끝날 때까지 모든 어린이들이 노래 부를 것이다.

이 시편은 사명을 다하고 나서 하나님의 품 속에 돌아와 날개를 접고 영원히 행복하게 노래 부를 수 있는 시편이다. 이 시편은 다윗이 목동으로 아버지의 양을 치고 있을 때 지었을 것이다.

24편 _ 시온에 도착하다

다윗이 여호와의 법궤를 예루살렘으로 수송할 때 부른 노래이다. 영광의 왕이 누구인가, 만군의 여호와께서 영광의 왕이심을 찬양하는 노래이다.

25편 _ 영혼의 기도

다윗은 죄와 역경으로 영혼이 눌린 때가 있었다. 그때마다 영적인 투쟁을 하며, 간구와 기도로 여호와의 임재하심을 구하는데, 심령의 괴로움을 호소하며 온유한 자에게 기도로 가르쳐 주시는 하나님을 칭송하고, 이스라엘의 구원을 간구하고 있다.

26편 _ 청렴한 다윗

죄악 중에 속한 인간들이지만 다윗은 자신의 결백함을 호소한다. 자신의 완전함과 결백함을 통해 정의로운 편에 서 있음을 강조하고 있다.

27편 _ 헌신에 대하여

여호와는 자신의 빛이시며 구원이심을 노래한다. 자신의 생애를 오로지 하나님께 의탁하는 심경을 노래하고 있다. 그리고 여호와의 보호하심과 인도하심을 간청하고 있다. 여호와여 주의 길로 인도하시고, 평탄한 길로 인도해 달라고 기도한다. 그리고 강하고 담대한 마음을 주실 것을 요청하고 있다.

28편 _ 환난 중에 기도함

다윗은 환난 중에 하나님께 기도한다. 유일한 피난처가 되어 주신 여호와께 자신을 의탁하며, 압살롬에 의해 도주하던 상황을 묘사하고 있다. 여호와는 힘이시며, 기름 부은 받은 자의 구원이시고, 산성이심을 노래한다.

29편 _ 하나님의 음성

우주를 주관하시는 여호와 하나님의 권능을 칭송하는 노래이다. 천둥과 번개, 폭풍우로 자연을 섭리하시는 여호와를 경배할 것임을 고백하고 있다.

30편 _ 궁전의 헌납

온갖 고난과 역경을 이겨내고, 자신이 살아온 경험을 반추해 보며, 여호와의 도우심을 찬양하는 노래로 다윗의 말년에 지은 노래이다.

31편 _ 신뢰의 노래

사울의 추적을 받을 때 지은 노래로 적들이 비밀스럽게 친 그물에서 자신을 빼어내 달라는 간구로, 위기에 직면한 자신을 구원해 달라고 요청하는 노래이다.

32편 _ 참회의 시

다윗이 밧세바와 죄를 범했을 때 지었다. 그는 자기의 부끄러움과 창피함을 표현할 적당한 말을 찾지 못했다. 그러나 다윗은 자기의 의로움을 거듭 맹세하기도 했지만, 의롭다고 한 말은 다윗이 이 무서운 실수를 범하기 전에 했다. 그렇지만 다윗의 생애를 보면 대부분 의로웠다. 마음이 약해져 저지른 죄와 고의로 혹은 습관적으로 저지른 죄는 다르다. 선한 사람도 죄를 짓게 된다. 다윗의 후회는 그것을 보여 준다.

33편 _ 기쁨과 찬양

작자 미상의 본 시편은 창조주의 찬양과 여호와의 지고지순한 선하심을 찬양한다. 저희 영혼을 사망에서 건지시고, 가난과 굶주림에서 해방시켜 주심을 찬양하고 있다. 여호와의 선하심과 인자하심을 베풀어 주시기를 간구하는 노래이다.

34편 _ 다윗의 감사

어떠한 어려움 중에서도 다윗은 기도로 하나님을 찾았다. 구원을 받을 때마다 감사와 찬양으로 하나님께 나아갔다. 하나님 안에 사는 것은 얼마나 영광스러운 일인가, 그리고 하나님을 얼마나 기쁘시게 하는 일인가, 어떤 사람은 하나님께 별빛을 감사하라, 그러면 달빛을 주실 것이다. 달빛을 하나님께 감사하라, 그러면 햇빛을 주실 것이다. 햇빛을 하나님께 감사하라, 그러면 하나님이 계신 곳으로 당신을 이끌 것이다.

35편 _ 저주의 시

이것은 적에게 복수심을 나타낸다. 이 것은 악한 사람에게 하나님의 진노를 나타낸 것이 아니고, 적에 대한 복수를 기도한 것이다. 애국심을 표현하는 전쟁 시로 강한 적과 대적하여 자기 민족이 살아남을 수 있기를 희망하고 있다.

36편 _ 인자하신 하나님

하나님을 두려워 하지 않는 불신자들에게 주의 인자하심을 통해, 안전하고 풍요로운 삶을 누릴 수 있게 됨을 권면하는 노래이다.

교만한 자의 발이 내게 미치지 못하게 하시고, 악인의 손이 나를 밀어내지 못하게 하신다. 죄악을 행하는 자들이 넘어져 다시는 일어나지 못할 것임을 강조하고 있다.

37편 _ 의인과 악인의 마지막

지혜의 시로 하나님께 전적으로 자신을 의탁하라는 노래이다. 너의 길을 여호와께 맡기라, 하나님께 의지하면 그가 이루시고, 의를 빛같이 나타내실 것이며, 공의가 정오의 빛같이 밝게 비추실 것임을 노래한다.

38편 _ 질병으로부터의 회개

죄악으로 인한 육체적 질병으로부터의 고통을 호소하고 있다. 나의 사랑하는 친구들과 모든 이웃들이 자신을 소외시키고 아픔을 주지만 철저히 자신의 잘못을 회개하므로 주께서 구원해 주실 것을 간구한다.

39편 _ 인생의 무상함

여두둔이란 사람은 다윗의 세 명의 음악 지도자 중의 한 사람으로 두 사람은 아삽과 헤만이었다. 다윗이 만년에 자신의 삶을 되돌아보고 자신의 고뇌에 찬 과거를 뉘우치며 회개하는 노래이다.

그는 하나님께 소망을 걸고 회개하며 하나님의 도우심을 요청하고 있다. 그리고 자신을 모든 죄과에서 건지시며 우매한 자의 심판에서 벗어나게 해 주심을 하나님께 감사 드린다. 눈물 흘려 부르짖을 때, 잠잠히 계시지 말며, 적극적으로 도우시므로 자신을 용서하여 달라고 간청하는 노래이다.

40편 _ 구원에 대한 찬양

하나님의 율법은 항상 다윗의 마음 속에 있었다. 그러나 그가 지은 죄와 허물로 인해 심한 마음의 상처를 입었다. 무수한 죄악을 저질렀으므로 여호와의 은총을 베풀어 주셔서 원수들을 물리쳐 달라고 애원한다. 가난하고 궁핍한 자신을 도우시고 죄악에서 건져내 주시며 대적의 손길에서 벗어나 구원에 이르기를 갈망하고 있다.

41편 _ 병마에 대하여

압살롬에게 쫓겨 다니는 처량한 아버지의 신세를 한탄한 노래이다. 쇠약한 병상에서 붙들어 주심같이 자리를 털고 일어나 고침을 받게 하여 주심을 감사 드린다. 여러 우여곡절이 있었지만 주께서 자신을 안전하게 인도하여 주심을 감사 드리고, 자신과 함께 떡을 나누던 친구들까지 자신을 배신하여 뒷꿈치를 붙잡았음을 토로하고, 배신한 저들에게 보복할 수 있게 되기를 서원한다.

제 2 권

42편 _ 하나님의 집

하나님이여, 사슴이 시냇물을 찾기에 갈급함 같이 내 영혼이 주를 찾기에 갈급합니다. 절박한 상황에서 괴로워 하거나 포기하지 않고 여호와께 의뢰하며, 그의 도우심을 간청하고 있다. 하나님의 크신 위엄과 손길을 확신하면서도 목전의 급박한 상황에 최선을 다하는 모습을 보여준다. 내 영혼아 네가 어찌하여 낙망하여 불안해 하지 말고 하나님께 모든 것을 맡기라고 권면한다.

43편 _ 보호하심을 기도함

주는 나의 힘이 되시는 하나님이신데 어찌하여 우리를 버리셨습니까, 어찌하여 원수의 압제로 인하여 우리를 슬프게 하시는 것입니까. 이스라엘 백성들은 탄식을 하며 원망을 하지만 다시금 하나님을 바라고 우리를 도우시는 하나님을 오히려 찬송할 것임을 노래한다.

44편 _ 절망에서 구원

바빌론으로 잡혀 간 이스라엘 백성들의 비참한 모습을 떠올리게 하는 시편으로 침략들에 의해 예루살렘은 훼파되고 이방 신을 섬기는 바빌론 사람들의 억압으로 괴로워 하는 처절한 상황을 묘사하고, 이스라엘 민족의 구원을 노래하고 있다.

45편 _ 사랑의 노래

고라 자손의 시로 이스라엘 왕의 결혼식에 불려진 축가에 해당하는 시편이다. 왕의 위엄과 왕비의 아름다움 그리고 왕조의 정통성을 다양한 비유와 묘사로 절대적 권위의 왕권을 온 세상에 드러내며 왕의 이름을 만세에 기억나게 하고 만민의 축복 받기를 노래한다.

46편 _ 피난처

히스기야 왕 시대에 앗시리아의 침입을 배경으로 하나님의 도우심으로 대적들을 섬멸한 놀라운 주의 능력을 찬양하고, 하나님께서 돌봐 주시는 우리에게는 어떠한 시험이나 불리한 상황 속에서도 적들이 우리를 제압할 수 없음을 노래하고 있다. 루터의 유명한 찬송가 '내 주는 강한 성' 의 기초가 되는 노래이다.

47편 _ 하나님의 통치

만민들아 여호와를 찬양하라, 여호와께서 만민을 우리에게 열방을 우리 발아래 복종케 하셨다. 열방의 방백들이 하나님의 백성이 되고, 세상의 모든 방패들이 모두 여호와의 것이 되었음을 노래한다.

48편 _ 시온성의 노래

시온의 아름다움을 극찬하는 고라 자손의 시편이다. 시온의 견고함은 여러 환난을 물리쳤다. 만군의 여호와께서 하나님의 성을 영영토록 견고케 하여 주실 것이다.

49편 _ 재물을 의지함

모든 사람에게 지혜의 말씀을 듣게 한다. 자기의 재물을 의지하고 자만하는 사람은 어리석은 사람이다. 그들이 살아있을 때는 좋아하고 그럴 듯해 보일 테지만 죽은 후에는 영영 빛을 보지 못할 것임을 가르친다.

50편 _ 예배의 권면

하나님은 지구와 그 안에 있는 모든 것의 소유자이시다. 하나님께 드리는 것은 그의 것을 반납하는 것에 불과하다. 감사함에 제사 지내는 사람이 나를 영화롭게 한다. 그 행위를 바르게 하는 사람에게 하나님의 구원을 보여주게 될 것이다.

51편 _ 자비에 대하여

다윗이 밧세바와 죄를 지은 후에 지었다. 참회의 시편으로 "나에게 깨끗한 마음을 주옵소서" 라고 노래한다.

** 주요구절 **
51 : 10 하나님이여 내 속에 정한 마음을 창조하시고 내 안에 정직한 영을 새롭게 하소서.

52편 _ 악인과 의인

다윗을 도와준 제사장 아히멜렉이 도엑의 신고로 죽는다. 자신으로 인하여 생명을 빼앗긴 제사장과 그의 가족 85인의 죽음을 통분해 하며, 위로하고 악인의 횡포와 의인의 고난이 결국은 악인의 파멸을 가져오게 하고, 의인이 승리함으로 하나님께 보상 받게 됨을 노래하고 있다.

53편 _ 보편적인 죄악

어리석은 자들은 하나님이 없다고 한다. 다윗은 이런 무신론자들의 실상과 운명을 표현하고 있다. 시온에서 이스라엘을 구원하여 주실 분은 하나님 밖에 없음을 교훈적으로 보여주는 시편이다.

54편 _ 하나님께 부르짖음

주께서 모든 환난에서 나를 건지시고 내 원수가 당하는 것을 눈으로 볼 수 있게 하셨음을 노래한다. 이는 '십' 광야의 수풀 속에 숨어 있다가 사울에게 발각되어 죽음의 처지에 이르렀을 때 부른 비탄의 노래이다.

55편 _ 배신 당한 자

다윗은 노년에 이르러 아들 압살롬과 그의 군사 아히도벨에게 배반당한다. 쫓겨 가는 치욕스런 왕의 모습을 생각하며 비탄에 젖은 시를 노래하고 있다. 배반자들의 위협에서 구원하여 주실 것을 기원한다. 다윗은 두려움과 떨림과 비감함이 자신을 뒤덮고 있음을 구구절절하게 노래하다가, 드디어 하나님께 모든 것을 의뢰함으로 승리의 확신을 얻게 된다.

56편 _ 구원에 대하여

다윗은 사울의 추적을 피해 이스라엘의 적대국인 블레셋으로 도피한다. 적대국에서 숨어 살아야 하는 괴로움을 표현하고 있으며, "내가 하나님을 의지함으로 두려워 하지 않으니 사람이 나를 어찌할 수 있겠는가." 다윗은 이와 같이 하나님의 도우심을 절대적으로 신뢰하는 확고한 믿음을 드러낸 시편이다.

57편 _ 다윗의 기도

블레셋에서 피난하고 있을 때 지은 시로 하나님께서 도와주실 것을 확신하는 시편이다. 주의 날개 안에서, 이 재앙이 지나갈 때까지 피할 것임을 기도하며, 주의 영광은 온 세계 위에 드높아질 것임을 노래한다.

58편 _ 악인의 멸망

악인을 증오하며 사악한 일을 저지르는 무뢰함을 공의로우신 하나님께서 심판하여 주실 것을 간청하고 있다. 모든 권세가 하나님에 속해 있음을 잊고 영욕에 휘말린 악한 위정자들을 책망하고 악인의 멸망을 선포한다.

59편 _ 다윗의 기도

사울이 군사를 보내 집에 있던 다윗을 잡으려고 한다. 다윗은 나의 하나님이여, 내 원수에게 나를 건져 주시고 나를 높여 달라고 간원한다. 그는 하나님의 하나님을 확신하고 찬송으로 긍휼을 베풀어 달라고 탄원한다. 나는 주의 힘을 노래하고, 주의 인자하심을 칭송하며, 주는 나의 산성이며 환난 날에 피난처 되심을 고백한다.

60편 _ 승전의 기원

아람과 에돔에 대항하여 북쪽 지방에서 전쟁을 하며, 승리를 기원한다. "누가 나를 이끌어 견고한 성에 들이며 누가 나를 에돔에 인도할 것인가, 하나님은 우리를 버리지 않으셨습니다. 우리를 도와 대적을 물리치게 하여 주시옵소서." 마침내 하나님께서는 다윗의 기도에 응답을 하신다.

61편 _ 확신의 찬송

하나님께 자신의 기도를 들어주실 것을 요청하며, 주는 나의 피난처이시며 원수를 피하는 망대라고 비유하며 구원을 요청한다. 자신의 왕권을 강화시켜 주시고 여러 대에 걸쳐 화평한 왕위가 지속될 수 있게 되기를 서원한다.

62편 _ 승리를 기원

다윗은 하나님을 굳건하게 신뢰하는 믿음의 사람이었다. 다윗은 자신을 왕위에서 쫓아내려는 아들과 패역한 무리들의 공격에 대항하여 더욱 하나님께 기도로 매달리며 하나님으로부터 위로와 승리를 빌었다.

63편 _ 광야의 노래

다윗이 유다의 광야에 머물 때 궁핍한 땅에서 간절히 주를 찾으며 영혼과 육체가 주를 갈망하고 있음을 고백한다. 주의 인자가 생명보다 나으므로, 내 입술이 주를 찬양할 것이라, 나의 영혼이 주를 가까이 따르니 주의 오른손이 나를 붙드실 것이라.

64편 _ 보호에 대하여

다윗이 악인의 음모를 심판해 주실 것을 청구한 시편이다. 근심하는 소리를 들어 주시고 자신의 생명을 보전하여 달라고 하며 시작하고 있다. 악한 자들의 중상모략과 자신을 해치려 하는 원수의 모습을 하나님께 폭로한다. 그리고 하나님의 공의로운 심판을 요청한다.

65편 _ 바다와 추수의 노래

서원을 이행할 것을 노래하는 감사의 시편이다. 온 우주만물을 주관하시는 하나님의 능력과 위대하심을 기도에 응답하여 주신 하나님을 찬양하며, 권능과 공의로 우주를 주관하여 주심에 감사를 드린다.

약속의 땅을 더욱 윤택하게 하시고 백성들에게 풍성한 삶을 제공하시는 하나님을 찬양한다. 초장에 양떼가 무리지어 있고, 들에는 모든 곡식이 풍년

들어 바람에 넘실거리니 즐거이 주를 찬양합니다.

66편 _ 추수감사절의 노래

온 땅이 주를 경배하고 주를 찬양하며, 주의 이름을 찬양합니다. 이 처럼 하나님의 신실하심과 구원의 섭리를 노래하고 있다. 이스라엘 백성을 홍해와 요단강을 건너게 하심과 고난 가운데서 택한 백성들을 구원하심과 서원의 실천을 다짐하는 시편이다.

67편 _ 구원의 선포

하나님이 주시는 축복을 받은 백성들의 감사의 시편이다. 하나님께서 베푼 은혜에 감사하고 기뻐 하며, 주를 찬양하게 되기를 기원한다. 그리고 땅의 모든 끝이 하나님을 경외할 것을 예언하듯 노래함으로 열방 여러 나라에서도 하나님의 기뻐 하시는 찬양이 울려 퍼질 것임을 노래한다.

68편 _ 승리의 노래

모세에서 다윗의 시대에 역사해 주시는 하나님의 구원과 영광스러운 승리의 행진을 노래한다. 시온을 통해 온 세상을 통치하실 하나님을 찬양한다. 왕들을 하나님께 예물을 바치고 전능하신 하나님의 능력이 성소와 백성에게 미치며, 그들 중에는 오로지 하나님을 찬송하는 찬양하는 일만 있을 뿐이다.

69편 _ 고난의 시편

다윗이 극심한 고통 중에 쓴 시이다. 탄식의 시이며 자신을 엄습하고 있는 고난의 세력이 엄습해 와 죽음 직전으로 몰아붙이고 있고, 자신은 설 곳이 없는 물과 수렁, 깊은 물 등의 돌이킬 수 없는 죽음의 지경에 처해 있음을 노래하고 있다.

70편 _ 탄원과 부르짖음

다윗의 탄원 시이다. 직면한 고난으로부터 도움을 요청하고 스스로 자신은 가난하고 궁핍하며, 고난에 처했음을 탄원하며, 조속한 구원과 도움을 간청하고 있다.

71편 _ 화해의 시

여호와여 내가 주께 피합니다. 의로 나를 건져 주시고, 나를 풀어 주시며 나의 피할 바위가 되어 주심을 기원한다. 늙은 날에 나를 버리지 마시기를 바라고, 쇠약한 때에 나를 떠나지 마시옵소서. 변함없는 도움을 요청하고 찬양을 계속 할 것을 다짐하며, 자신의 생애를 마감하는 날까지도 주를 비파와 수금과 자신의 입술로 영원하신 하나님을 찬양할 것을 노래한다.

72편 _ 영광과 장엄함

솔로몬의 시편이다. 솔로몬의 왕국은 영광의 극에 달해 있었다. 이 시편은 부분적으로 그의 평화스럽고 영광스런 왕국 통치를 표현하고 있으며, 다른 뜻으로 보면 공의로운 하나님께서 백성들에게 평화를 주시며, 가난한 자들을 신원하며 궁핍한 자의 자손을 구원하고 압박하는 자를 물리칠 것을 노래한다. 장차 오실 메시아 왕국을 찬양한다고 볼 수도 있다.

제 3 권

73편 _ 악인과 번영의 관계

아삽의 시로 악인들이 행세하고 형통하는 것을 번영을 누리는 모순을 보며 심각한 갈등을 느끼는 시인의 마음을 표현하고 있다. 마침내 소망의 하나님을 바라보는 성숙한 믿음으로 이를 극복하며, 주를 멀리 하는 자는 망한다는 것과 음녀같이 주를 떠난 자를 주께서 멸하시리란 확신과 소망으로 주를 찬양하다.

74편 _ 재난 받는 민족을 위하여

예루살렘이 바빌론에 짓밟힌 처참한 광경을 보고, 통한에 사무쳐 지은 시편이다. 가난한 자를 돌보시는 언약의 하나님께서 학대 받은 자로 부끄러이 돌아가게 마시고 가난하고 궁핍한 자로 주의 이름을 찬송케 해달라고 기원한다.

75편 _ 재판장이신 하나님

공의로우신 하나님께서 악인을 벌하시며 의인을 승리케 하실 것임을 기원하고 있다. 너희 뿔을 높이 들지 말며, 교만한 목으로 말하지 말라, 악인의 뿔을 다 베어내고 의인의 뿔은 높이 들릴 것임을 찬양한다.

76편 _ 승리에 대한 감사

아삽의 시로 하나님의 공의로우심을 찬양한 시편이다. 현존하시는 거룩하신 하나님과 공의로운 심판을 하시는 하나님, 그리고 경배를 받아 마땅하신 하나님을 찬양한다.

77편 _ 역사적인 시편

아삽의 시로 이스라엘 백성들의 영적 전투에 관하여 암담한 현실과 피폐해진 백성들의 영혼의 고통을 탄식하듯 노래한다. 주는 이적과 기사를 행하신 하나님이시며, 주의 팔로 야곱과 요셉의 자손을 구속하였으며, 주의 백성의 무리들을 양같이 모세와 아론의 손으로 인도하셨음을 확신하며 하나님을 찬양하고 있다.

78편 _ 청종하는 믿음

내 백성이여 내 교훈을 들으며 내 입으로부터 나오는 말에 귀를 기울이라고 하며 시작하는 역사적인 사건을 통한 교훈의 시편이다.

그들은 모세 시대에서 다윗 시대까지 역사의 고비마다 나타내신 하나님의 교훈을 철저히 준행해야 할 것임을 강조하며, 출애굽시의 놀라운 하나님의 섭리와 도우심, 그리고 이스라엘 백성들이 지은 죄와 해당되는 하나님의 징계를 교훈으로 삼아, 우상숭배를 근절하고 하나님의 법도를 성실히 준행하자는 교훈을 강조하고 있다. 그리고 유다와 다윗을 선택하신 하나님의 능력을 양을 기르시는 목자와 비유하고 있다.

79편 _ 탄식의 노래

하나님이여 열방들이 주의 기업에 들어와서 주의 성전을 더럽히고, 예루살렘을 돌무더기로 만들었음을 애도하는 시편이다. B.C 586년 바빌론의 침입으로 예루살렘이 멸망한 역사적 사실을 통해, 멸망의 원인을 이스라엘 민족의 타락과 죄악으로 인함을 고백하며 탄식하고 있다.

80편 _ 북이스라엘의 패망

동족인 북이스라엘 왕국이 앗시리아의 침략에 패망하게 된 것을 보며, 안타까운 심정으로 부른 남유다 왕국 백성들의 노래이다.

북왕국의 에브라임, 므낫세, 베냐민 지파를 거론하며 구원을 얻게 해 달라고 호소하고, 백성들에게 자비를 베푸시고 이스라엘을 포도나무에 비유하여 농부가 포도나무를 아꼈던 것처럼, 멀어진 하나님의 사랑이 저들에게 돌아와 구원해 주시기를 간청하고 있다.

81편 _ 불복종에 대하여

유월절의 정신을 회복하고 기념하려는 이스라엘 백성들이 하나님의 규례를 복종하지 않고 우상을 섬기며, 이방 신에게 절을 함으로써 하나님을 배신했던 기억을 되살리게 하며, 하나님을 찬양을 하고 백성들이 하나님의 구원의 계획에 청종하여 원수를 제거하고, 대적을 쳐서 약속된 축복을 누리게 해 달라는 노래이다.

82편 _ 아삽의 시

불의로운 세상 통치자들과 재판관들에게 하나님의 공정하신 심판이 임할 것을 경고하는 교육적인 시편이다. 하나님이여, 일어나 세상을 심판해 주소서, 이 세상의 통치자들이 마땅히 온 우주를 통치하시는 하나님의 공의로우심과 사랑의 규례를 반드시 따라야 함을 강조하며, 궁극적으로는 저들 모든 통치자와 권력자들이 하나님의 심판을 받게 됨을 강조하고 있다.

83편 _ 보호하심

아삽의 노래이다. 주의 백성을 치려는 대적들을 물리쳐 주시고 사해의 남쪽 민족들인 에돔과 요단 동편의 암몬 족속과 지중해 연안의 블레셋과 두로, 북방의 앗시리아 등 대적의 열방들 속에서 이스라엘을 지켜 달라고 간절히 원하고 있다. 주의 광풍으로 저들을 쫓으시고, 주의 폭풍으로 저들을 두렵게 해 달라고 노래한다. 오직 여호와만이 이 세상의 지존자임을 명확히 하고 있다.

84편 _ 하나님의 집

예루살렘 성전을 순례하는 사람들이 성전을 사모하며 그리는 마음을 시로 표현했다. 주의 집에 거하는 자는 복이 있으며, 저들이 항상 주를 찬양할 것입니다. 하나님의 성전에서 봉사하는 사람은 복을 받게 된다. 주의 성전 안에서 하루가, 다른 곳에서의 천 날보다 낫다고 표현했다. 하나님의 전에서 주를 찬양하며 간절히 경배하는 자들은 복된 사람들임을 노래한다.

**** 주요구절 ****
84:10 주의 궁정에서 한 날이 다른 곳에서 천 날보다 나은즉 악인의 장막에 거함보다 내 하나님 문지기로 있는 것이 좋사오니.

85편 _ 간구와 부르짖음

포로생활에서 귀환한 사람들이 환난을 당하자, 하나님의 은혜를 다시 한 번 간구하게 된다. 주의 백성의 죄악을 사하시고 저희 모든 죄를 덮으셨습니다. 잔류한 백성들의 문제가 불거지고, 귀환한 포로들은 황폐한 예루살렘을 볼 때 아직도 하나님의 진노가 끝나지 않았음을 인식하고, 신뢰의 하나님께 회복의 기도를 올린다.

86편 _ 다윗의 기도

여호와여 나는 곤고하고 궁핍합니다. 다윗은 경건하며 하나님과 함께 동행합니다. 대적의 손에서 건져 주시옵소서.

제 3 권에 나오는 다윗의 유일한 시편으로 하나님께서 교만한 자들을 치시고 강포한 무리들을 멸하시고 주의 종을 구원해 달라고 탄원하는 노래이다.

87편 _ 시온을 찬양하다

고라 자손의 노래이다. 하나님의 성, 시온을 찬양하는 시편이다. 귀환한 이스라엘 백성들이 하나님의 사랑을 찬양한다. 스룹바벨에 의해 성전이 재건된 시대를 배경으로 지어진 노래이다.

88편 _ 고난 받는 사람

내가 밤과 낮으로 주의 앞에 부르짖고 있음을 알리며 시작하고 있다. 개인의 고난을 하나님께 탄원하는 암울하고 비극적인 시편이다.

89편 _ 하나님의 언약

다윗에게 주셨던 언약의 이행을 촉구하는 시편이다. 하나님께서 약속해 주신 언약이 유효하다면, 지금의 곤경에서 헤어 나갈 수 있기를 간절히 요청하고 있다.

주의 팔에 능력이 있으며 주의 오른손은 높으십니다. 우리 방패는 여호와께 속해 있고, 우리 왕은 이스라엘의 거룩한 자에게 속해 있다. 하나님께서 그의 택한 백성을 통치하시려고, 다윗을 왕으로 세우시고 그와 영원한 약속을 통해, 하나님의 약속은 영원한 것임을 강조하며, 도움을 요청한다.

제 3 권의 결론 역할을 하는 시편이다.

제 4 권

90편 _ 모세의 기도

다윗보다 400년을 먼저 살다 간, 모세의 시편으로 유한한 인생살이와 덧없이 지나가는 세상살이 속에서 영원부터 영원토록 하나님의 은총을 바라며 만족케 되어 즐거운 인생이 될 수 있기를 바란다. 주의 영광이 현재 뿐만 아니라 미래의 후손들에까지 영원히 나타내 주실 것을 원하고 있다.

91편 _ 신뢰의 노래

작자 미상의 시편으로 하나님을 믿고 따르는 삶의 모습을 표현하고 있다. 하나님을 신뢰하는 사람에게는 화가 장막에 미치지 못할 것임을 설명하고 있다.

92편 _ 안식일 찬양

안식일을 회상하며 창조의 주간을 생각한다. 악인은 멸망할 것이며, 의인은 번성할 것을 노래하며, 의인은 종려나무 같이, 레바논의 백향목 같이 번성하고 흥왕할 것이다. 여호와는 나의 바위시며 그에게는 불의가 없음을 찬양한다.

93편 _ 위엄과 존귀하신 하나님

작자 미상의 시편으로 하나님의 절대적인 우주 통치를 찬양하고 있으며 47 편과 유사한 시편이다. 여호와께서 통치하시니 스스로 권위를 입으시고 능력 띠를 입으셨으므로 견고함으로 요동치 않을 것임을 찬양한다.

94편 _ 복수의 시

부당하게 압제를 가하며 약한 자를 억압하는 주관자들에게 상당한 형벌을 내려 달라고 탄원한다. 교만한 자와 악인의 죄악을 고발하고, 그들은 주님의 택한 백성들과 땅을 황무지로 만들며, 과부와 나그네를 죽이는 악을 행사함으로, 하나님께서 저 무지한 자들의 주장을 심판하시며, 저희 죄악을 저들에게 돌릴 것이며, 행악을 인하여 저들을 끊으실 것을 간구하고 있다.

95편 _ 하나님의 통치

노래하라, 기뻐 하라, 하나님은 왕이시다. 그 앞에서 무릎을 꿇자. 우리는 그의 백성이다. 저는 하나님이시며 우리는 그의 백성이며, 그 손 안에 있는 양과 같다. 오늘날 주의 음성을 듣기를 기도한다.

96편 _ 노래하라

노래하라. 기뻐 하라. 감사하라. 하나님을 찬양하라. 하나님이 세상을 심판하실 때에 그의 백성들은 승리의 날이 될 것이다. 하늘도 기뻐 하고 땅도 기뻐 하라, 심판의 날이 가까이 왔다.

97편 _ 주께 감사

여호와를 사랑하는 자들은 악을 미워 하라, 그러면 하나님께서 악의 세력에서 건져 올리실 것이다. 의인을 위하여 빛을 뿌리고 정직한 사람을 위하여 기쁨을 주실 것이니, 의인이여 너희는 여호와로 인하여 기뻐 하며, 거룩하게 할 것이니 주께 감사하라.

98편 _ 만물들아 찬양하라

이스라엘을 위해 역사해 주시는 하나님의 은혜에 감사와 찬양을 올린다. 온 땅이여 여호와께 즐거이 노래하며 찬송하라, 나팔을 불어 여호와를 찬양하며, 온 세상 모든 민족들이 하나님을 찬양하라고 권면하는 시편이다.

바다와 충만한 것과 세상 속에 살고 있는 사람들은 모두, 주 여호와 하나님을 찬양하라고 노래한다.

99편 _ 하나님을 찬양

작자 미상의 시편으로 여호와 하나님은 모든 민족을 통치하시고 이스라엘을 위해 능력으로 역사하여 주시며, 이스라엘을 위해 중재자들을 세우시고, 죄악을 용서해 주시는 여호와를 찬양하고 있다.

하나님은 거룩하다. 그의 통치에 만국이 요동한다. 하나님은 공평과 정의를 사랑하신다. 하나님께서는 우리들의 기도에 응답하여 주신다. 그러므로 여호와를 높이며, 성스러운 산에 올라 경배 드릴 것을 강조하는 시편이다.

100편 _ 주의 성실하심

온 땅이여 즐거이 그리고 기쁨으로 여호와를 섬기고 노래하며 그 앞에 나갈 것이며, 그의 자비는 영원히 참으시고, 성실성은 모든 세대에 미치게 됨을 찬양한다. 여호와는 선하시고 영원하시므로, 그 성실함은 자손 대대로 이어질 것임을 노래한다.

**** 주요구절 ****

100 : 1 온 땅이여 여호와께 즐거이 부를지어다, 2 기쁨으로 여호와를 섬기며 노래하면서 그 앞에 나아갈지어다, 3 여호와가 우리 하나님이신 줄 너희는 알지어다 그는 우리를 지으신 자시요 우리는 그의 것이니 그의 백성이요 그의 기르시는 양이로다, 4 감사함으로 그 문에 들어가며 찬송함으로 그 궁정에 들어가서 그에게 감사하며 그 이름을 송축할지어다, 5 대저 여호와는 선하시니 그 인자하심이 영원하고 그 성실하심이 대대에 미치리로다.

101편 _ 통치자에 대한 시편

다윗이 왕위에 오를 때, 기록한 시편으로 이스라엘의 왕권 정치는 하나님께서 택한 민족을 택한 사람에 의해 다스리시는 하나님의 계획에 따라 만들어진 제도이므로, 이스라엘의 왕은 하나님의 뜻과 지시에 따라 나라를 다스려야 함을 노래한다. 다윗의 통치철학을 밝힌 시이다.

102편 _ 참회의 기도

이스라엘 백성들이 당한 수난과 고난과 수치와 멸시를 당하고 있을 때, 영원하신 하나님께서 시온을 회복시켜 주심을 확신하며, 울부짖으며 참회를 위한 기도와 찬양을 드린다.

103편 _ 자비에 대한 시편

다윗이 늙었을 때, 하나님께서 자신과 이스라엘 민족을 위해 베푸신 놀라운 은혜와 자비에 대한 감사의 노래를 부른다. 여호와는 자비로우시며 은혜로우시며 노하기를 더디 하시고 인자하심이 풍부함을 찬양한다.

104편 _ 자연 시편

저자를 알 수 없는 시편이다. 우주만물의 창조주 하나님은 세계의 모든 일을 자세히 통찰하신다. 창조의 전반부에 나타난 하늘의 현상을 노래하고 땅과 물을 구별시키신 창조 셋째 날, 물에 대한 노래와 동식물에 대한 하나님의 섭리를 노래하고 있다. 우주의 자연계를 비롯한 모든 피조물들이 하나님의 계획에 의거하여 창조되었고, 인간이 양식을 위하여 하나님께서는 들판에 동식물을 번성케 하심을 찬양한다.

105편 _ 서사적 시편

여호와께 감사하며 그 이름을 불러 아뢰며 그 행사를 만민 중에 알게 할지어다. 아브라함과 이삭과 야곱에게 언약하신 일을 기억하고 회상하는 시편이다.

하나님의 언약을 성취해 가는 과정에서 하나님의 계획에 의거하여, 요셉이 이집트의 노예로 팔려 가고 총리대신으로 출세한다. 하나님께서 가나안 땅을 주셨지만 족장들은 이 족속에서, 저 족속으로, 나라와 나라 사이를 유리하며 떠도는 삶을 살았다. 서사적인 이 노래는 이스라엘 조상들의 역사 속에 남긴 행동이 모두 하나님의 섭리 속에 약속이 이행되는 과정이었음을 노래한다.

106편 _ 서사적 시편

모세가 이스라엘 백성들을 인도할 때, 홍해가 갈라져 백성들이 마른 땅으로 건너게 하심을 상고하며, 백성들의 원망과 탐욕을 제어하도록 기도한다.

금송아지를 섬긴 사건을 회상하며, 모세의 필사적인 간구와 부르짖음으로 이스라엘을 하나님의 진노에서 건질 수 있었음을 노래한다. 바알 신을 섬긴 일도 회상하며, 아론의 손자 비느하스가 우상과 악을 몰아내는 데 앞장 서, 하나님의 진노에서 벗어날 수 있었음을 영원토록 찬양할 것임을 노래한다.

제 5 권

107편 _ 자비와 공평

여호와께 감사하라, 그는 선하시며 그 인자하심이 영원함이로다. 광야에서 구원 받은 이들의 찬양과 포로에서 풀려난 감사의 찬양, 질병에서 고침 받은 자들의 찬양을 통해 하나님이 그의 백성과 자연의 일을 섭리하시므로 강을 변하여 광야로, 샘이 마른 땅으로 주린 자를 채워 주시고, 그들이 거주할 땅과 성을 주시며, 포도 농사를 짓게 해 주심을 감사 드린다. 이처럼 하나님께서 직접 섭리하시는 자연의 위대한 변화와 놀라움을 노래한다.

108편 _ 다윗의 전쟁 노래

다윗이 전쟁 중에 지어 부른 시편으로 하나님이여, 마음을 정하였으니 내가 노래하며 내 심령으로 찬양하리로다. 비파야, 수금아, 깰지어다. 내가 새벽을 깨우리로다.

하나님께서 선택하신 이스라엘 백성들을 대적으로부터 보호해 주시며, 구원해 주실 것을 확신하며 부르는 노래이다. 57 편과 60 편의 일부분과 거의 비슷하다.

109편 _ 반역자에 대한 복수

다윗이 공의로운 하나님께 간원하며 징벌을 받아야 할 악인들의 행위를 약술하고 있다. 나는 사랑하나 저희는 도리어 나를 미워함으로 나의 사랑을 갚았다. 악인으로 저를 제어하고 대적으로 오른편에 서게 해 달라고 노래한다. 다윗은 악한 대적에게 저주를 내려 주시도록 간구한다. 이 시편은 다윗이 악인을 저주하는 시편이다.

110편 _ 장차 오실 왕

다윗이 지은 시로 장차 오실 메시아의 강림을 예고하고 있다. 이는 그리스도가 오시기 전 1천년 앞서 이뤄진 다윗의 예언이다. 너는 멜기세덱의 반차를 좇아 영원한 제사장이 될 것이다. 이 시편은 마태복음 22장, 사도행전 2장 등에도 인용되었다. 메시아의 예언은 시편 중 2, 16, 22, 24, 45 편에 기록되어 진 바 있다.

111편 _ 찬양의 노래

하나님의 위엄과 영광, 정의로우심과 자비와 공평하심 그리고 진리를 찬양하고 있다. 여호와를 경외하는 것이 지혜의 근본이 되며 계명을 지키는 자들은 지혜로운 자들이므로 영원토록 여호와를 칭송할 것이다.

112편 _ 악인에 대한 경고

하나님을 경외하고, 정직하고, 자비롭고, 겸손하고, 가난한 사람에게 친절히 대하며 하나님의 법도를 사랑하라. 악인은 한탄하며 이를 갈고 소멸될 것이며, 비참한 종말을 맞게 될 것임을 노래한다.

113편 _ 할렐루야 시편

할렐루야 여호와의 종들아 하나님을 찬양하라, 이제부터 영원토록 여호와의 이름을 찬송하라. 이 노래는 유월절 밤에 가정에서 불렀다고 한다. 113편과 114편은 저녁식사 전에, 115, 116, 117, 118편은 식사 후에 불렀다. 예수와 제자들도 최후의 만찬에 당연히 불렀을 것이다. 할렐루야는 하나님을 영원히 찬양하란 뜻으로 여기에서는 할렐루야로 시작해서 할렐루야로 끝난다.

114편 _ 출애굽의 노래

이스라엘 민족이 이집트에서 기적적으로 구출된 것과 유월절의 시작을 회상했다. 땅과 바다와 강물과 산이 하나님 앞에서 떨었다.

115편 _ 여호와는 하나님이시다

이스라엘 주변 국가들인 열방이 하나님을 모독하지 않게 해 주시고, 이스라엘 민족을 굽어 살펴 달라고 기원한다. 주의 백성은 복을 받게 되며 주를 신뢰하는 자는 복을 받는다. 하나님 외에 다른 신을 섬기는 자는 복을 받지 못한다. 하나님은 자비하시고, 진실하시고, 우리를 도와주시고, 우리의 방패이시다. 영원히 찬양하라. 우상은 사람을 어리석게 만든다. 우리의 신은 하나님이시며, 우리를 축복하여 주신다. 영원히 주의 이름을 찬양하라.

116편 _ 건져 주신 하나님을 찬양

하나님이 기도에 응답하여 주심을 감사 드리며, 절대적인 위기에서 구원하여 주시고, 죽음과 시험에서 구출하여 주셨으며, 시인의 기도에 응답하여 주신 하나님을 찬양하고 있다.

117편 _ 여호와를 영접하라

너희 모든 나라들아 여호와를 찬양하며 너희 모든 백성들아 저를 칭송하라. 이는 나라와 민족을 초월하여 하나님의 크신 사랑과 진실하심을 찬양하자고 권면하고 있다. 사도 바울은 로마서 15장에서 이 시편을 인용하여 이방 민족에게 복음을 전하는 것이 하나님의 뜻임을 강조하고 있다.

118편 _ 간증의 시

여호와께 감사하라, 저는 선하시며 그 인자하심이 영원함이로다. 역경에 처한 자신을 구원해 주심을 감사 드리며, 이스라엘 백성들의 함께 찬양할 수 있도록 안내하고 있다.

119편 _ 말씀 중에 영광을

성서 중에 가장 긴 시편으로 176절로 구성된 장편 시이다. 여호와를 섬기고 율법을 지키는 자들을 위한 여러 가지 교훈으로, 율법과 증인, 심판, 명령, 교훈, 말씀, 길을 통해 여호와 하나님께 자신을 의존하고 있다. 내가 거짓을 미워하고 주의 법을 즐거워 합니다. 율법과 규례를 지켜 하나님의 주관과 도움을 요청하고 있다.

** 주요구절 **
119 : 105 주의 말씀은 내 발에 등이요 내 길에 빛이니이다.

120편 _ 계단의 노래

환난 중에 여호와께 부르짖은 결과 응답하심을 감사 드리는 시편으로 시온에서 멀리 떨어진 배타적인 적들로부터의 화평을 간구하는 노래이다. 계단의 노래, 상승의 노래, 순례자들의 노래라고도 부른다. 명절 때 예루살렘으로 올라가며 부른 노래로 혹은 남자의 뜰 15계단을 오르며 부른 노래이며, 음성을 단계적으로 올리며 부른 시편이다.

121편 _ 여호와의 사람들을 지키시는 노래

내가 산을 향하여 눈을 들리라, 나의 도움이 어디서 올까, 나의 도움이 천지를 지으신 여호와께로다. 여호와는 너를 지키시는 자이며, 네 우편에서 그늘이 되어 주시고, 낮의 해가 너를 상하게 하지 못하고, 밤의 달도 너를 해롭게 하지 않을 것임을 노래한다. 예루살렘 순례자들이 처음으로 예루살렘의 산을 보았을 때 부른 노래이다.

** 주요구절 **
121 : 1 내가 산을 향하여 눈을 들리라, 나의 도움이 어디서 올꼬, 2 나의 도움이 천지를 지으신 여호와에게서로다.

122편 _ 성전에 올라가는 노래

성전을 순례하는 사람들이 성전 문에 가까이 왔을 때 부른 노래로 하나님의 성전이 있는 예루살렘을 찬양하고 성전에서 생활하는 모든 사람들의 만복을 축원하고 있다. 예루살렘과 하나님의 집을 향해 다가가며, 여호와 우리 하나님의 집을 위하여, 내가 네 복을 구할 것이라고 노래한다.

123편 _ 자비를 내려 주소서

눈을 들어 하늘에 계신 주를 바라봅니다. 주께서 우리에게 자비를 베푸실 때까지 여호와를 바라봅니다. 주여 적들로부터 멸시와 천대를 이겨낸 우리를 불쌍히 여겨 주소서.

124편 _ 사람들을 구원하심

민족이 위험을 당했을 때 보호하시며 구원해 주신 하나님을 찬양한다.

125편 _ 진실한 자의 보호

여호와를 의지하는 사람들은 흔들리지 않고, 영원히 서있는 시온산과 같습니다. 산들이 예루살렘을 보호하듯 하나님께서 이스라엘 민족을 보호해 주심을 노래한다.

126편 _ 우리에게 풍요를 주심

여호와께서 포로들을 시온에 돌아올 수 있게 하심을 송축한다. 그리고 후반부에 포로된 자들의 귀환을 바라는 기도의 시편이다. "여호와여 포로가 된 우리들을 자유롭게 하소서, 네게브 사막을 흐르는 물처럼 자유롭게 하여 주소서" 라고 탄원하고 있다.

127편 _ 솔로몬의 시

여호와의 집 즉, 성전을 찬양하고 가정을 통해 평안하게 잠을 잘 수 있도록 인도하시는 분이 바로 여호와이심을 송축한다.

128편 _ 행복한 집

행복한 가정은 민족 번영의 기본임을 노래함. 여호와를 공경하고 두려워하는 자들은 이처럼 복 있는 사람들임을 칭송하며, 이스라엘의 번영을 기원한다.

129편 _ 적들과의 싸움

우리의 대적들은 대대로 이스라엘 민족을 괴롭혔다. 그러나 그들은 나를 이기지 못했으며, 하나님께서는 악한 자의 사슬을 끊으시고, 나를 자유롭게 하셨음을 노래하고 적을 무찌를 것을 바라는 시편이다.

130편 _ 자비를 주옵소서

깊은 절망 속에서 여호와의 자비를 구하는 참회의 시편이다. 내가 여호와를 기다리고 또 기다립니다. 나는 주의 말씀에 나의 소망을 두고 있습니다. 나의 영혼이 주를 기다리니 파수꾼이 아침을 기다리는 것보다 더 간절히 기다림을 기도한다.

131편 _ 진실한 어린 아이처럼

내 영혼이 어머니와 함께 있는 젖뗀 아이와 같습니다. 오, 이스라엘아 소망을 여호와께 두십시오. 어린 아이와 같이 순수한 마음으로 여호와를 신뢰할 것을 노래함.

132편 _ 성전을 위한 찬양

다윗에게 영원한 왕위를 돌려 주겠다고 하신 하나님의 약속을 확인하며 다윗을 위하여 뿔 하나를 자라게 하고, 기름 부음 받은 자를 위해 등불 하나를 세울 것이며, 다윗의 적들을 부끄러움으로 옷 입힐 것을 간구하는 시이다.

133편 _ 주의 사람들을 찬양함

제사장의 집안 형제를 사랑하고 아론의 후예들을 축복하며 찬양한다.

** 주요구절 **
133 : 1 형제가 연합하여 동거함이 어찌 그리 선하고 아름다운고.

134편 _ 성전을 지키시는 하나님을 찬양

여호와의 모든 종들아 주를 찬양하라, 성전에서 봉사하는 모든 자들아 주를 찬양하라.

135편 _ 우상 섬기는 자들을 구원하소서

여호와를 찬양하라, 그는 야곱을 선택하시고 이스라엘 백성들을 이집트에서 구해 내신 분이시다. 하나님께서는 이집트의 파라오에게 이적을 보이시고 아모리, 바산, 가나안의 왕들을 죽이셨다. 많은 사람들이 우상을 만들어 금상에 절하였지만 하나님께서는 그들에게도 자비를 베푸십니다. 시온으로부터 예루살렘에 거하시는 하나님께 찬양을 드린다.

136편 _ 영원하신 하나님의 백성들

하나님은 영원하시고 그의 사랑은 영원하다는 것을 노래하며, 이스라엘 민족의 보호하심을 송축하고, 매 절마다 하나님의 사랑은 영원함을 되풀이해서 강조한다.

137편 _ 포로가 된 이스라엘 백성

바빌론 강가에서 시온을 생각하며 울던 추억을 떠올리며, 예루살렘이 망하던 날을 기억하고 있다. 포로가 된 이스라엘 백성의 억울함을 호소한다.

138편 _ 감사의 찬양

여호와는 높이 계셔도 낮은 자들을 내려다 보시며, 멀리서도 거만한 자들을 알고 계십니다. 내가 어려움 중에 있어도 주는 나의 생명을 보호하십니다. 기도의 응답이 이뤄질 때, 감사와 여호와께 찬양을 올리는 시이다.

139편 _ 모든 것을 아시는 하나님

전지전능하신 하나님을 찬양한다. 하나님께서는 우리의 모든 것을 다 아시고 아무것도 그에게 숨길 것이 없다. 주께서 나를 알고 계십니다. 주는 내가 언제 앉고 일어서는 것까지도 알고 계시므로, 내가 주께로부터 피하여 숨을 수 없음을 고백하고 있다.

140편 _ 보호하여 주소서

다윗에게는 많은 적들이 있었다. 그는 악한 자들로 인하여 하나님께 더 가까이 나가고 의지하게 되었다. 그는 악한 자들을 멸해 달라고 기도한다. 여호와여 나를 악한 자들로부터 구출해 주소서, 나를 보호해 주소서, 여호와여, 악한 자들에게 그들이 바라는 것을 주지 마소서.

141편 _ 죄를 짓지 않게 하소서

다윗은 스스로 죄악에 빠져 들지 않게 해 달라고 기도한다. 주 여호와여, 내가 주만 바라봅니다. 악한 자들이 내 앞에 쳐 놓은 덫에서 나를 구해 주시고 함정에서 나를 구해 주소서. 내가 안전히 지나간 후에 그들이 빠지게 하소서.

142편 _ 안전함을 위하여

다윗이 사울 왕에게 쫓김을 당해 동굴에서 은신하던 때의 노래이다. 나를 나의 감옥에서 풀어 주소서, 내가 주의 이름을 찬양합니다. 의로운 자들이 내 주위에 모일 것입니다. 이는 주께서 나를 선하게 대해 주셨기 때문입니다.

143편 _ 보호와 인도하심을 기도

도움과 주의 인도하심을 간구하는 다윗의 울부짖음이다. 여호와여 나를 원수들로부터 구원해 주소서, 내가 주께 숨었나이다. 주의 변치 않는 사랑으로 나의 적들을 잠잠하게 하소서, 나의 모든 적들을 쳐부수소서.

144편 _ 승리의 기도

다윗의 전쟁 시이다. 그의 군대가 역경과 곤경에 처해 있을 때 그의 바위가 되신 하나님께 찬양을 드렸다. 주는 나의 여호와, 나의 요새, 나의 산성, 나의 구원자시며 나의 방패, 나의 피난처, 내 백성들을 복종케 하시는 분임을 노래한다.

145편 _ 왕이신 하나님을 찬양

전쟁에서 승리한 다윗은 하나님께 이 노래로 감사와 찬양을 드렸다. 왕이신 나의 하나님 내가 주를 높입니다. 내가 주의 이름을 영원히 찬송할 것입니다.

146편 _ 약한 자를 도우시는 하나님을 찬양

내가 살아있는 동안 하나님을 찬양할 것이다. 내가 어떠한 존재가 될지라도 하나님을 찬양할 것이다.

147편 _ 도우시는 하나님을 찬양

여호와는 예루살렘을 세우시고 이스라엘 백성들을 다시 모으신다. 모든 피조물아, 위대하신 하나님을 찬양하라, 야곱의 하나님 이스라엘의 하나님을 찬양하라.

148편 _ 지으신 하나님을 찬양

천사들아, 하나님을 찬양하라, 해야, 달아, 별아, 하나님을 찬양하라. 하늘아, 할렐루야를 외치라. 땅의 모든 왕과 귀족과 통치자와 청년과 처녀와 노인과 아이들아, 모두 주를 찬양하라.

149편 _ 하나님을 찬양

이스라엘을 지으신 하나님을 찬양하라, 백성들아 소고와 수금으로 하나님을 찬양하라. 기쁨으로 노래하라. 시온아, 기뻐 하라. 할렐루야!

150편 _ 주님을 찬양

주의 성전에서 하나님을 찬양하라, 나팔과 비파와 수금으로 하나님을 찬양하라. 숨을 쉬는 만물아, 하나님을 찬양하라. 할렐루야!

잠 언 | Proverbs

솔로몬의 지혜 : 31장

저자 : 솔로몬 . 아굴 . 르므엘 외

기록연대 : B.C 950년 ~ B.C 700년. 솔로몬의 재위기간은 B.C 971년에서 B.C 931년이었으며, 이 당시 기록되었고 히스기야 때 B.C 715년에서 B.C 686년경에 편집되었다.

세계사 비교 : B.C 1000년 아리아인이 갠지스 강 유역에 이주하였고 솔로몬이 이스라엘 왕으로 재위하였다. B.C 931년 이스라엘 왕국이 북이스라엘과 남유다로 분열한다.

B.C 814년 페니키아인이 북아프리카에 카르타고 식민지를 건설했으며 B.C 753년 로마를 건국한다. B.C 744년 앗시리아가 세력을 확장하여 정복전쟁의 시대로 돌입한다. 중국은 춘추시대에 들어가게 된다.

중심인물 : 솔로몬, 아굴, 르므엘

핵심 에피소드 : 지식의 근본은 하나님이심을 깨닫게 하고 있으며, 지혜를 구하고 솔로몬의 아들인 르호보암을 교육시키기 위하여 저술되었다. 솔로몬은 젊은 사람으로 지식과 지혜를 열망했다.

그는 당대의 문학적 천재였다. 그의 문학적 업적은 놀라울 정도였으며 세계의 왕들이 그의 말을 들으러 방문하기도 했다. 그는 식물학과 동물학도 연구했으며, 과학자로 통치자로 거대한 기업을 가진 사업가로 시인으로, 도덕주의자로 활약하였고, 그는 하나님의 전도자였다.

1장_ 솔로몬의 잠언

다윗의 아들 이스라엘 왕 솔로몬의 잠언이다. 서두에 잠언의 목적을 열거한다. 지혜, 교훈, 이해, 정의, 공평, 평등, 분별, 지식, 판단을 증진시키는 데 잠언의 목적을 두고 있다. 시작하는 말은 여호와를 경외하라는 것이다.

다음은 부모의 교육에 주의하라고 말하며, 그 다음은 나쁜 친구를 피하라고 권면하며, 지혜의 권고와 경고를 한다. 너희가 지식을 미워하고 여호와를 멀리 하면 자기 꾀에 빠질 것이며, 어리석은 자의 퇴보는 자신을 망치며 미련한 자의 안일함은 자신을 멸망에 이르게 한다. 그러나 지혜 있는 자들은 평안하고 즐거움을 얻게 될 것이다.

** 주요구절 **
1 : 7 여호와를 경외하는 것이 지식의 근본이어늘 미련한 자는 지혜와 훈계를 멸시하느니라.

2장_ 지혜를 구하는 자의 유익

지혜를 추구하는 자에게 유익함이 무엇인가에 대해 설명한다. 지혜는 정성껏 구해야 한다. 지혜가 있는 곳은 하나님의 말씀이다. 부정한 여자를 멀리하는 것도 중요한 지혜 중의 하나이다. 지혜가 마음에 들어가 지식이 영혼을 즐겁게 할 것이며, 근신이 너를 지키게 되고 명철이 너를 보호하여 악한 자의 길에서 건져 주실 것이다. 지혜가 당신을 선한 길로 안내하고 의인의 길을 지키게 될 것이라고 강조하고 있다.

3장_ 지혜를 순종함

내 아들아 나의 법을 잊지 말고 나의 명령을 정성을 다해 따르라, 그로 인하여 장수할 것이며, 평강을 누리게 될 것이다. 하나님의 근본과 성품을 바로 이해하고 진정한 자세로 그분을 섬기라. 하나님께서는 네 앞길을 인도하는데 그치지 않으시고, 네 앞에 놓인 모든 장애물을 제거하여 정한 목적지까지 동행하실 것이다. 그리고 이웃에게 선행을 베풀어 평안을 누리라, 지혜로운 자는 영광을 기업으로 받게 되며, 미련한 자의 이름과 직위는 세상에 추하고 부끄럽게 알려질 것이다.

4장_ 아들에게 주는 아버지의 훈계

나도 내 아버지의 아들이었다. 아버지께서 나에게 명철을 교훈하셨고, 내 말을 들으라고 교육하셨다. 지혜와 명철을 얻으려 노력하고 하나님을 높이라, 그가 너를 높이 들어 쓰실 것이다. 사특한 자의 첩경에 들어가지 말며, 지혜로운 길과 악인의 길을 섭렵하고 지혜 있는 길을 갈 것이며, 그로 말미암아 장수하고 생명을 지키게 될 것임을 강조하고 있다. 매사에 좌로든 우로든 한 쪽으로 치우치지 말 것을 권면하고 있다.

5장_ 탕녀에게 마음을 두지 말라

음녀의 입술은 꿀을 떨어뜨린다. 그 입은 기름보다 미끄럽지만 그 끝은 쓰며 두 날 칼같이 날카롭고, 그 걸음은 음부로 내려갈 것이다. 그러므로 음녀의 모든 일에 마음을 두지 말고 멀리 하라. 이는 한 배우자를 선택하여 정결한 결혼을 하라고 교훈하는 것이다. 음행의 죄는 생존에 영향을 끼치며, 훗날 뼈저린 후회를 몰고 오게 된다. 악인은 하나님의 심판을 받아 자기 악에 걸리게 되며, 죄의 올무 속으로 빠져들게 될 것이다. 그러므로 훈계를 올바로 듣고 실행하여야 할 것이다.

6장_ 어리석음에 대한 경계

일상에서 빠질 수 있는 어리석음을 지혜로 벗어나게 해주는 교훈이다. 의심스런 채무관계를 갖지 말 것이며, 게으른 자는 개미에게 가서 그 하는 것을 보고 지혜를 얻으라. 불량하고 악한 자는 그 마음에 패역을 품어 패망에 이르게 될 것이다. 태만과 교활함과 위선과 오만함을 버리라, 여호와께서는 이런 자들을 미워 하신다.

내 아들아, 아비의 명령을 지키고 어미의 법을 떠나지 말라, 명령은 등불이요, 법은 빛이다. 훈계와 책망은 생명의 길이다. 악한 계집의 유혹에 넘어가지 말라, 음녀는 귀한 생명을 사냥할 것이다. 남의 아내와 통간하는 자도 형벌을 받게 될 것이고, 부녀와 간음하는 것은 자기 영혼을 망하게 하는 무식한 사람의 소치이다.

7장_ 음녀의 길에 치우치지 말라

지혜와 명철을 구하라, 그리하면 말로 호리는 음녀와 이방 계집에게 빠지지 않을 것이다. 어두운 밤중에 어리석은 소년을 보았는데, 그는 음녀의 집 골목 모퉁이로 가고 있었다. 그때 기생이 간교하게 소년을 맞이하더니 소년과 입을 맞춘 후에 화목제를 드려 서원한 것이 이뤄졌다고 말했다. 기생은 소년을 만난 것이 우연이 아니라고 하며, 그녀의 화려한 침실로 그를 끌어들인다. 그녀는 남편이 집에 없음을 말하자 안심하고 소년이 그녀의 집으로 들어갔다.

마치 소년의 모습은 죽으러 푸줏간으로 들어가는 소 같았으며, 쇠사슬에 매여 벌을 받으러 가는 형상이었다. 그들은 사망에 이르는 길에 들어선 것을 알지 못하였다. 아들들아 내 말에 주의 하라, 네 마음이 음녀의 길에 치우치지 않도록 주의하라고 경고한다. 이는 남편이 없을 때, 음행에 빠질 수 있는 방종한 여인에게도 경종을 울리게 한다.

8장_ 부르짖는 지혜

지혜를 의인화한 이야기로 지혜는 사람들이 많이 모인 도처에서 소리 높여 그를 초청하고 어리석은 자들에게 명철하라, 지혜는 밝고 선하며 정직하고 패역을 미워한다. 너희가 은을 받지 말고 지혜를 얻으면 정금보다 훌륭한 지식을 얻게 된다. 여호와를 경외하는 것은 악을 미워 하는 것이다. 지혜는 의로운 길로 행하며, 공평한 길 가운데로 가고, 지혜를 사랑하는 사람으로 하여금 재물을 얻어 부귀하게 할 것이다.

지혜는 여호와의 조화의 시작 전에 함께 하셨다. 지혜를 지키는 자는 복이 있을 것이며, 지혜를 얻는 자는 생명을 얻고, 여호와의 은총을 입게 될 것이다. 그러나 지혜를 미워하는 자는 영혼을 해치고 사망에 이르게 될 것이다.

9장_ 지혜와 어리석음

지혜는 여자와 같아서 모든 사람을 잔치에 초대한다. 그러나 정욕적인 여자는 어리석은 사람만을 부른다. 여호와를 경외하는 것이 지혜의 근본이며, 거룩하신 자를 아는 것이 명철이다. 미련한 여자들이 아무것도 알지 못하고 성읍 문에 서서 지나가는 남자들을 불러 도적질한 물이 달고 몰래 먹은 떡이 맛이 있다고 유혹한다. 어리석은 자들은 그가 음부의 세계로 빠져 가는 것을 알지 못한다.

10장_ 솔로몬의 잠언

지혜로운 아들은 아비를 기쁘게 하지만 어리석은 자는 어미의 근심거리가 된다. 여호와께서는 의인의 영혼을 주리지 않게 하시지만 악인은 그렇지 못하다. 손을 부지런히 놀리면 부자가 되고, 그렇지 않은 자는 가난할 것이다. 여름에 거두는 자는 지혜로운 아들이며, 추수 때 잠자는 자는 부끄럼을 끼치는 자라, 의인의 머리에는 복이 들어 있으며, 악인의 입에는 독이 들어 있다. 바른 길로 가는 자는 평안한 걸음을 할 것이지만 굽은 길로 가는 자는 더러운 성품이 드러날 것이다. 미움은 다툼을 사랑은 모든 허물을 숨겨 준다.

지혜로운 자는 지식을 간직하고 미련한 자는 멸망을, 부자의 재물은 견고한 성이며, 가난한 자의 궁핍은 패망이다. 말이 많으면 허물을 일으키고 지혜로운 자는 입술을 제어한다. 미련한 자는 행악으로 낙을 삼고, 명철한 자는 지혜로 낙을 삼는다. 여호와의 도가 정직한 자에게는 생명이며, 행악하는 자는 사망이다. 의인의 입술은 기쁨을 말하고, 악인의 입은 패역을 말할 것이다.

11장_ 정직한 자와 사특한 자

정직한 자의 성실함은 자기를 인도하지만 사특한 자의 패역은 자신을 망하게 한다. 악인과 의인을 대조시켜 의인은 환난에서 구원을 받고 악인은 그렇지 못하다. 의인이 잘되면 성읍은 기뻐 할 것이며, 악인이 패망하면 성읍은 기뻐 외칠 것이다. 의인은 선하고 구제를 즐겨 하며 곡식을 생산하고 선을 추구한다. 또한 의인은 번성할 것이며, 그 열매는 생명나무 같고 지혜로운 사람이다. 악인은 모든 것에 그렇지 못하다. 거짓 도량형은 하나님이 싫어하신다. 분별력 없는 예쁜 여자는 돼지 코에 단 진주와 같다.

12장_ 훈계를 좋아하라

훈계를 좋아하는 자는 지식을 얻고, 선인은 여호와의 은총을 받으며 의인의 뿌리는 흔들리지 않는다. 착한 여인은 남편이 잘될 것이고, 그렇지 못한 여인은 남편에게 근심과 고통을 주게 된다. 의인은 깨끗한 생각을 하지만 악인은 흉계를 꾸민다. 의인은 많은 사람을 살리고 칭찬을 받게 되며, 육축의 생명까지도 돌아보고 환난에서 벗어나게 된다. 악인은 자기 행위를 옳다고 주장하고 분노를 쉽게 일으키며, 거짓과 궤휼을 말한다. 의인은 이웃의 인도자가 되지만, 악인은 자신을 미혹에 빠뜨린다. 의로운 길은 생명이 있고 사망이 없다.

13장_ 부지런한 자의 마음

지혜로운 아들은 아비의 훈계를 따른다. 거만한 아들은 아비의 책망을 듣지 않는다. 부지런한 사람은 원하는 것을 얻고 의인은 거짓을 미워하며, 부자인 사람은 재물로 생명을 구할지 모르나 가난한 사람은 위협 받을 이유가 없다. 부정한 축재는 점점 허비되며, 말씀을 멸시하는 자는 파멸에 이른다. 지혜로운 자들과 친구가 되면 자신도 지혜롭게 된다. 회초리를 들지 않는 아비는 자식을 미워하는 자이며, 자식을 사랑하는 아비는 부지런히 자식을 훈련시킨다.

14장_ 지혜로운 여인

지혜로운 여인은 가정을 번영시키며 미련한 사람은 자기 등에 회초리를 맞는다. 진실한 증인은 거짓말을 하지 않고 웃을 때에도 고통이 숨었음을 알아야 한다. 미련한 자는 남의 말을 그대로 받아들이며 성미가 급한 사람은 미련한 짓을 한다. 가난한 사람은 이웃도 피하지만, 부자에게는 친구가 모여들게 된다.

진실한 증인은 죄 없는 사람을 구하고 여호와를 경외하는 자는 견고한 요새를 얻게 되며, 생명의 샘을 제공 받고 사망의 올무에서 사람을 구해낸다. 화를 참는 자는 지혜로운 사랑으로 성미가 조급한 사람은 자신의 미련함을 드러낸다. 의로운 사람들은 자기 나라를 번성케 하며, 왕은 지혜로운 신하를 기뻐 한다. 화를 빨리 내는 사람은 어리석은 취급을 받게 된다. 화를 더디 내는 사람은 큰 이해심이 있는 사람이다.

15장_ 부드러운 대화

부드러운 대답은 화를 가라앉히고, 과격한 말은 분노를 일으킨다. 지혜 있는 자의 혀는 지식을 전달하고 온화한 말은 생명나무 같으며, 미련한 자는 아비의 징계를 업신여긴다. 의인의 집에는 재물이 쌓일 것이며, 악인의 제사는 여호와께서 미워 하시고 의인은 그렇지 않다. 마음이 즐거우면 얼굴이 환할 것이며, 근심하는 자는 영혼을 상하게 된다. 재물은 없어도 여호와를 모시면 즐거울 것이고, 채소만 먹어도 사랑하는 것이 고기를 먹고 싸우는 것보다 유익할 것이다.

여호와께서는 교만한 자의 집을 허시고 탐욕을 부리는 자는 재앙을 불러들인다. 뇌물을 미워하는 자는 형통할 것이며, 마음의 기쁨과 좋은 소식은 눈과 뼈를 건강하게 할 것이다. 훈계를 무시하지 말고 책망을 두려워 하지 말 것이며, 여호와를 경외하면 지혜를 얻고 영예를 얻게 될 것이다.

16장_ 마음의 계획

마음의 계획은 사람이 세우나 일을 이루게 하시는 이는 여호와 하나님이시다. 모든 일을 여호와께 맡기고 교만하지 말며, 사랑으로 죄를 용서 받아 여호와를 경외하라. 적은 재물로 의롭게 살고 사람이 계획을 하지만, 그 걸음을 정하시는 이는 하나님이심을 기억하라. 왕의 입술은 지혜를 말해야 하며, 공의로 왕위를 튼튼히 해야 한다.

지혜를 얻는 것이 금과 은을 얻는 것보다 나으며 교만하지 말라, 가르침에 순종하는 자가 되고 여호와를 신뢰하라, 지혜로운 자의 마음은 입을 다스릴 줄 알며, 부드러운 말로 매사를 갈음하라. 사악한 사람은 자기 이웃을 꾀어 멸망으로 인도한다. 백발은 영예로운 면류관이다. 노하기를 더디 하는 사람은 용사보다 낫고, 자기를 다스릴 줄 아는 사람은 성을 정복하는 자보다 낫다.

** 주요구절 **
16 : 1 마음의 경영은 사람에게 있어도 말의 응답은 여호와께로서 나느니라.
18 교만은 패망의 선봉이요 거만한 마음은 넘어짐의 앞잡이니라.

17장_ 화목함에 대하여

가난한 사람이 화목한 것이 부자가 싸우는 것보다 나으며, 지혜로운 종은 아들을 잘 가르쳐 아들의 재산을 함께 받게 된다. 악을 행하는 사람은 악한 말을 따르며 거짓말하는 사람은 험담에 귀를 기울인다. 모욕을 갚지 않는 것은 사랑을 구하는 것이며, 슬기로운 자는 책망을 깨우친다. 다툼의 시작은 댐의 작은 구멍과 같으며, 싸움이 일어나기 전에 따지기를 멈춰야 한다. 친구는 변함없이 사랑할 것이며, 형제는 어려울 때 도와야 한다.

지혜롭지 못한 사람은 남의 보증을 서주고, 자기 이웃의 보증인이 된다. 마음이 삐뚤어진 사람은 형통할 수 없으며, 자신의 혀로 남을 해치려는 자는 재앙에 빠지게 될 것이다. 명철한 자는 지혜를 바라보지만, 어리석은 자는 땅 끝을 헤매며, 부모에게 근심만 끼친다. 명철한 사람은 감정을 조절하고, 바보라도 침묵하면 지혜롭게 보이는 법이다.

18장_ 이기적인 생각

이기적인 사람은 자신만을 생각하고 남의 도움을 무시한다. 어리석은 자는 자기 생각만 주장한다. 사람의 말은 깊은 물과 같으며, 지혜의 샘은 끊이지 않고 흐르는 강물과 같다. 범죄자의 편에 들어 무고한 사람을 죄 있다고 재판하는 것은 옳지 않으며, 어리석은 자의 입술은 분쟁을 일으키고 파멸로 이끌어 갈 것이다. 듣기 전에 대답하는 자는 미련하므로 수치를 당한다. 혀는 사람을 살리기도 하고 죽이기도 하는 힘을 가졌으니 혀를 놀리기를 좋아하는 자는 그 대가를 받게 될 것이다. 좋은 친구는 형제보다도 낫다.

19장_ 흠이 없는 언행

너그러운 자에게는 은혜를 구하는 자가 많으며 선물을 주는 자에게는 누구나 가까이 하려 할 것이다. 지혜를 얻는 자는 자기를 사랑하는 사람이다.

명철을 귀히 여기는 사람은 매사에 형통할 것이다. 종이 주인을 다스리는 것은 옳지 못하며, 슬기로운 자는 쉽게 화를 내지 않고 허물을 덮어 주려 한다. 집과 재물은 부모에게서 상속을 받지만 슬기로운 아내는 여호와께서 주신다.

사람이 바라는 것은 변함 없는 사랑이다. 여호와를 경외하면 만족을 얻고 재난 피할 수 있게 된다. 자기 부모를 쫓아내는 자식은 부끄러움의 자식이다. 내 아들아 교훈을 듣지 않으면 주의 말씀에서 벗어날 것이다. 악한 증인은 법을 비웃으며 악인의 입은 죄를 물마시듯 할 것이며, 거만한 자에게는 징계가 내리고 어리석은 자에게는 매질이 있을 것이다.

20장_ 포도주의 지혜

포도주를 마시면 우쭐해질 것이고 독주를 마시면 싸움질을 하게 된다. 왕의 진노는 사자의 울부짖음 같고 왕을 화나게 하면 생명을 잃게 된다. 게으른 자는 일을 하지 않아 추수할 것이 없을 것이다. 의인은 흠 없는 삶을 살고 후손들은 복을 받을 것이다. 정확하지 않은 저울추 여호와께서 미워 하신다. 아이일지라도 그 행동으로 자신들의 깨끗함과 옳음을 나타낸다. 잠자기를 좋아하면 가난해질 것이며, 깨어 있으면 양식이 쌓일 것이다.

속여서 얻은 음식은 맛이 있을 것 같으나, 나중에 입안에는 자갈이 가득할 것이다. 전쟁을 하려면 조언을 열심히 들어라. 수다쟁이는 비밀을 누설하니 피하라. 조급하게 서원하지 말라, 왕은 변하지 않는 사랑으로 인하여 강대해지며 왕위가 견고해진다. 젊은이의 영광은 힘이지만, 노인의 백발은 영광이다. 상처를 입도록 때려야 죄지을 생각을 안 하며, 마음 속에 깊이 새길 것이다.

21장_ 왕의 마음

왕의 마음은 여호와의 손 안에 있고, 그분의 마음은 물길처럼 바뀌신다. 의로운 생활이 형식적인 제사보다 여호와를 기쁘시게 한다. 악인은 늘 죄를 범할 궁리를 하며 가난한 자의 부르짖음을 경청하여 자기가 부르짖을 때 응답을 받을 수 있도록 하라, 따지고 바가지를 긁는 아내와 사는 것보다, 사막에서 혼자 사는 것이 낫다. 의롭고 신실하게 사는 사람은 형통하고 번창하며 영예를 얻게 된다. 게으름뱅이는 일은 안하고 꿈만 꾸다 죽는다. 여호와를 거스르는 것은 어떤 지혜와 통찰력과 계획으로도 성공하지 못한다. 전쟁을 대비하여 말을 준비하지만, 승패는 하나님께 달려 있음을 알아야 한다.

22장_ 명예와 재물

명예가 많은 재물보다 귀하고, 좋은 평판이 금은보화보다 귀하다. 슬기로운 사람은 위험을 보면 피할 줄 알지만, 어리석은 사람은 그 속에 빠져 화를 당한다. 사악한 사람의 길에는 도처에 함정과 가시가 기다린다. 아이에게 올바른 길을 가르쳐라, 그러면 늙어서도 그 길을 떠나지 않을 것이다. 거만한 자를 쫓아내고 정결한 마음을 사랑하는 자가 되라, 창녀의 입은 깊은 구덩이와 같고, 여호와의 진노를 받는 것들은 그 구덩이로 떨어질 것이다. 자기 재산을 늘리려고 가난한 자를 학대하는 자와 부자에게 뇌물을 바치는 자는 모두 가난에 떨어질 것이다.

여호와를 의지하도록 하기 위해 특별히 권한다. 서른 가지의 모략과 지혜의 말씀을 기록해 주었으니, 바르고 신뢰할 수 있는 말씀으로 너를 가르쳐, 너를 보낸 자에게 올바르게 대답할 수 있도록 하라. 가난한 자를 힘이 없다고 이용하지 말라, 약한 자를 성문 안에서 압제하지 말라, 화풀이를 잘하는 사람을 사귀지 말라, 성을 잘 내는 사람을 사귀지 말라, 타인의 보증을 서지 말라, 네 조상이 세운 밭의 울타리를 함부로 옮기지 말라, 자기 일에 충실한 사람을 쓰라, 그는 하찮은 사람을 섬길 것이며, 왕을 위해 좋은 신하가 될 수 있을 것이다.

23장_ 음식에 대한 지혜

높은 관리와 식사를 할 때, 네 앞에 무엇이 있는지 잘 살피라, 식욕이 일어나거든 목에 칼을 들이대라, 그의 진미를 탐내지 말라, 그것은 사람을 속인다. 부자가 되려다가 건강을 해치게 되니 분수에 맞게 사는 지혜를 배워라, 구두쇠의 음식을 먹지 말 것이며, 진수성찬을 탐하지 말라, 어리석은 자가 듣는 데서 말하지 말라, 그가 네 지혜를 비웃을 것이다.

언제나 여호와를 경외하라, 그러면 네 앞길이 환하게 열릴 것이고, 네 소망이 끊어지지 않을 것이다. 술이나 고기를 탐하는 자들과 어울리지 말라, 아버지에게 순종하며, 어미가 늙더라도 무시하지 말라, 진리를 사고 팔지 말며, 지혜와 훈계와 명철을 사들이라, 네 부보를 즐겁게 해 드려 너를 낳아 주신 분들을 기쁘게 해 드려라. 모든 재앙과 슬픔과 상처와 눈물은 술독에 빠진 자들로부터 오며, 독한 술을 들이키는 자들에게서 온다.

24장_ 악인을 부러워 하지 마라

악인들을 부러워 하지 말고, 그들의 친구가 되지 마라, 지혜로 인해 집이 세워지고 견고해질 것이다. 지식을 통하여 방에 귀하고 아름다운 것들이 채워질 것이다. 지혜로운 사람이 힘센 자나 무사보다 낫다. 전략을 세운 뒤 전쟁에 임하라, 어려움을 당하여 낙담하지 말라, 이는 너의 연약함을 드러내기 때문이다. 억울하게 사형장으로 끌려가는 자를 건져주라, 여호와께서 너의 생각을 아시고 보응해 주실 것이다. 악인 때문에 불평하지 마라, 악인의 등불은 오래 가지 못하고 꺼질 것이다. 근거 없이 네 이웃에게 불리한 증언을 하지 마라, 네 혀를 놀려 남을 속이지 말고 그가 행한 대로 나도 행하고 그가 행한 대로 나도 갚을 것이다.

25장_ 히스기야 왕이 모은 솔로몬의 다른 잠언

일을 숨기는 것은 하나님의 영광이요, 일을 잘 살피는 것은 왕의 영광이며, 하늘이 높고 땅이 깊듯이 왕의 마음을 헤아리기는 어려운 법이다. 왕 앞에서 악한 자를 없애고, 의로운 사람들을 통해 왕위를 굳게 세워야 한다. 왕 앞에서 잘난 체하지 말고, 높은 관리들 자리에 끼어들지 말 것이며, 말석에서 상석으로 초대 받는 것이 대중 앞에서 말석으로 쫓겨나는 것보다 낫다.

조급하게 법정에 서지 말며, 이웃과 다툴 때에 이웃의 비밀을 말하지 말라. 경우에 합당한 말은 은쟁반 위의 금 사과와 같다. 끈기 있게 설득하면 통치자의 마음을 바꿀 수 있고 이웃집에 너무 들락거리지도 말며, 마음이 무거운 자 앞에서 노래하지 말라, 네 원수가 굶주리거든 먹을 것을 주라, 그리하면 여호와께서 상을 베푸실 것이다. 옥상 한 구석에 사는 것이 다투는 아내와 같이 사는 것보다 낫고, 꿀을 너무 많이 먹으면 몸이 해롭고, 자기를 다스리지 못하는 자는 성벽이 무너짐과 같다.

26장_ 어리석은 자의 영예

영리하다고 자부하는 현명한 사람을 보아라, 그보다 바보에게 희망이 있다. 말에게는 채찍을 나귀에게는 재갈을, 어리석은 자의 등에는 몽둥이를 휘둘러야 한다. 어리석은 자의 어리석음을 따라 하지 말라, 그러면 너도 어리석은 자가 될 것이다. 게으른 자는 자기 손을 밥그릇에 대고도 입에 넣을 생각을 안 한다.

상관없는 다툼에 끼어들지 마라, 마음은 악하면서 입술만 부드러운 사람은 유약을 바른 토기와 같다. 악의를 품은 자는 입안에 독을 품고 있으므로 그런 자가 좋은 말을 할지라도 믿지 말라, 함정을 파는 자는 자신이 그 함정에 빠질 것이며, 돌을 굴리는 자는 자신이 그 돌에 치일 것이다. 거짓말하는 혀는 상대를 미워 하고 아첨하는 입은 상대를 파멸로 이끌 것이다.

27장_ 내일 일을 자랑하지 마라

내일을 자랑하지 마라, 오늘 무슨 일이 일어날지 누가 알겠는가, 타인이 너를 칭찬해도 네 입으로는 하지 마라, 분노는 잔인하고 화는 사람을 삼킨다. 면전에서 책망하는 것이 숨겨진 사랑보다 낫다. 자기 고향을 떠난 사람은 둥지를 떠도는 새와 같으며, 가까운 이웃이 멀리 있는 형제보다 나을 수 있다. 슬기로운 자는 위함을 보면 피한다. 미련한 자는 제 발로 화를 자초한다. 타인을 위해 보증을 섰다면, 그의 의복을 취하고 다른 지방 사람을 위해 보증을 섰다면 반드시 그 사람을 잡아 두어라. 얼굴이 물에 비치듯 사람의 마음은 사람에게 비친다. 재물은 오래 가지 않고, 면류관은 대대로 물려지지 않는다.

28장_ 악인과 의인

악인은 쫓는 자가 없어도 도망치지만, 의인은 사자처럼 담대하다. 나라가 부패하면 지도자가 자주 바뀌지만, 슬기롭고 지혜로운 지도자는 나라를 안

정시킨다. 가난한 자를 압제하는 권력자는 낟알까지 쓸어가는 폭우와 같다. 악한 사람들은 법을 무시하지만, 여호와를 찾는 이들은 법을 준수한다. 정직한 자를 미혹하는 자는 자신의 함정에 빠질 것이며, 어리석은 부자보다 가난한 사람은 명철로 자신을 살핀다.

악인이 권력을 잡으면 백성들이 모조리 피해 도망가고, 자기 죄를 숨기는 자는 형통하지 못하며, 힘없는 백성을 압제하는 사람은 사자와 굶주린 곰과 같다. 성실한 사람은 축복을 받고 일확천금을 노리는 자는 징벌을 받을 것이다. 탐심이 가득한 자는 분쟁을 일으키고, 가난한 자에게 베푸는 사람은 부족함이 없을 것이며, 못 본 체하는 자들은 저주를 배로 받을 것이다.

29장_ 권력자의 행실

의인이 권력을 잡으면 백성이 기뻐하지만, 악인이 잡으면 백성들이 신음하게 된다. 지혜를 사랑하는 자는 아비에게 기쁨을 주고 창녀를 사귀는 자는 아비의 재산을 탕진할 것이다. 공의로운 왕은 나라를 견고하게 하며, 뇌물을 좋아하는 왕은 나라를 망치고 이웃에게 아첨하는 자는 그의 발 아래 함정을 파게 된다. 어리석은 자는 자신의 분노를 드러내지만 지혜로운 자는 자신을 절제한다. 통치자의 거짓말에 귀를 기울이면 신하들은 모두 타락하게 된다.

왕이 가난한 자를 공평하게 재판하면 그의 왕위가 견고해질 것이고, 행실을 고치려고 아들을 패면 지혜를 주지만 그렇지 않으면 어머니를 망신시킨다. 종을 곱게만 다루면 나중에 자식인양 행동하므로 말로만 하면 절대로 행실을 고치지 않을 것이다. 사람을 두려워 하면 올무에 걸리고, 여호와를 신뢰하는 자는 안전하며, 많은 사람들이 통치자에게 아부를 하지만 공정한 판결은 여호와께서 하실 것이다.

30장_ 아굴이 쓴 지혜의 말

아굴이 누구인지 알려져 있지 않았으나 솔로몬의 친구였을 것이다. 나는 짐승같이 무식한 사람이며 총명을 갖지 못했고 지혜를 배우지도 못했다. 하나님의 말씀은 믿을 만하며, 그분의 말씀에 다른 것을 더하지 마라. 내가 두 가지를 여호와께 구하였더니 허황한 거짓말을 내게서 멀리하여 주시고, 가난도 부유함도 마시고 오직 일용할 양식만 주옵소서. 부모를 저주하지 말 것이며, 비웃거나 경멸하지 말라, 불순종하는 자의 눈은 골짜기의 까마귀에게 쪼이고 독수리에게 먹힐 것이다. 알 수 없는 네 가지는 독수리가 날아다니는 길과 뱀이 기어 다니는 길, 항해하는 배의 길과 젊은 여자와 동침하며 지나간 남자의 길이 그것이며, 간음한 여자의 길도 마찬가지이다. 그녀는 죄를 짓고도 잘못이 없다고 한다. 세상을 뒤흔드는 사건이 서너 가지 있는데, 왕이 된 종과 배부른 바보와 사랑 받지 못하는 여인이 시집간 일과 여주인을 대신한 여종이 그것이다.

작지만 지혜로운 것이 네 가지 있는데, 힘이 없어도 여름에 음식을 장만하는 개미와 왕도 없이 줄지어 행진하는 메뚜기와 힘이 없어도 바위 틈에 집을 짓는 오소리와 손에 잡힐 것 같으면서도 왕궁에 드나드는 도마뱀이 그것이다. 위풍당당한 것도 네 가지 있으니, 동물의 왕 사자와 꼬리를 치켜세운 수탉과 숫염소와 군대를 거느린 왕이다. 만일 네가 미련하여 스스로 높은 체하거나 악한 생각을 품었다면 손으로 네 입을 막아라. 우유를 저으면 버터가 되고, 코를 비틀면 코피가 나오듯 화를 돋우면 싸움이 일어날 것이다.

31장_ 르므엘 왕의 잠언

오, 내가 서원하여 얻은 내 아들아, 너는 힘을 여자들에게 쏟지 마라, 왕을 멸망시킨 여자들에게 기력을 탕진하지 마라. 포도주와 독주를 마시는 것은 왕에게 합당하지 않다. 술에 취해 법을 망각하고 압제 당한 자들을 무자비하게 다룰까 두렵다. 독주와 포도주는 죽게 된 자와 근심하는 자들에게 주어 잠시나마 그것을 잊도록 하라. 힘없는 자들을 대변할 것이며, 공평하게 재판하여 가난한 자와 궁핍한 자들을 변호해 주어라.

현숙한 여인은 비싼 진주보다 귀하니 아내를 신뢰하여 아무런 부족함이 없도록 하라. 현숙한 여인은 남편을 보필하여 평생토록 남편을 잘 되게 하며, 부지런하고 근면하여 종들을 잘 부리고 풍성한 음식을 마련할 것이며, 허리띠를 묶고 당차게 일할 것이다. 손을 놀려 물레질을 하고 팔을 벌려 가난한 자들을 돌보며, 궁핍한 자들에게 후하게 베풀 것이다. 현숙한 여인은 침대에 이불을 만들고 세마포 자색 옷을 입으며, 남편은 유명 인사가 되고 고위 관리들과 함께 앉게 될 것이다. 그녀는 미래를 계획하며 혀에는 진실한 가르침이 배어 있고, 아들들은 그녀를 축복하고 남편은 칭찬할 것이다. 여호와를 경외하는 자는 칭송을 받게 되며, 현숙한 여인이 행한 일이 보상을 받게 되고, 모든 사람들이 그녀를 칭송하게 될 것이다.

르므엘은 솔로몬의 다른 이름일 수도 있다. 그렇다면 밧세바가 이 아름다운 시를 솔로몬에게 가르친 어머니였을 것이다. 이 장은 왕보다도 어머니와 현숙한 아내에 대한 잠언이다.

전도서 | Ecclesiastes

세상살이의 덧없고 헛됨에 대한 문학적 서사 : 12장

저　　자 : 솔로몬
기록연대 : B.C 935년 경

세계사 비교 : 잠언과 유사함
중심인물 : 솔로몬

핵심 에피소드 : 솔로몬의 경험을 통해서 하나님이 우리와 함께 하지 않는다면 인간이 하는 모든 일이 희망이 없으며 공허하며 허무한 행위일 뿐이다. "헛되고, 헛되며, 모든 것이 헛되도다"는 본서의 주제이다.

솔로몬의 아버지 다윗은 오랫동안 투쟁을 통해 왕국을 세웠으며 그는 기뻐하고, 소리 지르며 노래함으로써 하나님을 찬양했다. 다윗이 세워 놓은 평화롭고 안정된 왕위에서 부유와 명예와 권력을 누리면서, 요정과 같은 사치 속에서 생활한 솔로몬은 온 세상에서 가장 행복한 사람이었다. 그러나 항상 그의 머리에 각인된 상념은 이 세상의 모든 것이 헛되다는 것이었다. 솔로몬이 늙어서 쓴 이 책은 솔로몬은 진정으로 행복한 사람이 아니었음을 알 수 있다. 전도서에는 '헛되다'는 말은 37번이나 반복되기 때문이다.

1장_ 모든 것은 헛되도다

솔로몬은 이스라엘의 왕으로 있었다. 그는 인생은 헛되고 헛되며 헛된 것뿐이라고 설교한다. 사람이 해 아래서 하는 모든 수고가 아무 유익이 없으며, 한 세대가 가고 또 오지만 변함이 없다. 자연계의 돌고 돌아가는 현상은 모두 제자리로 돌아가고 있음을 말한다. 바람은 동으로 불다가 북으로 불며, 강물은 바다로 흘러 들어가지만 넘치는 법이 없으며, 다시 돌고 돌아 제자리로 간다.

눈은 보고 또 보아도 만족하지 못하며, 귀는 듣고 또 들어도 채워지지 않는다. 누가 여기 새 것이 있다 할 수 있는가, 그것은 이미 오래 전부터 존재하던 것이라, 해 아래서 되어지는 모든 일들을 살펴보니 마치 바람을 잡으려는 것처럼 허무한 일뿐이다. 지혜가 많으면 괴로움도 많고 지식을 쌓으면 고통도 늘어나는 법이다.

2장_ 쾌락도 헛되도다

쾌락을 맛보려고 마음껏 즐겨 보았으나, 그것 역시 헛된 것뿐이었다. 웃음도, 술 취함도, 정말 헛되었으며 잠시 세상에 사는 동안 무언가 보람된 일을 찾기를 원한다. 그러나 대궐을 짓고 포도원을 만들고 연못을 파서 물을 댔고 종을 부리며, 금은보화와 남녀 가수들의 노래와 그리고 많은 첩을 거느려 보았으나, 모든 수고가 헛되었다. 어리석음과 지혜가 다른 줄 알았으나 결국은 둘 다 같은 운명이었으며, 모두 세월이 지나면 잊혀지고 마는 것이었다.

그래서 산다는 것이 싫어져, 해 아래서 행해지는 모든 일이 바람을 잡는 것과 같이 슬픔과 허무뿐이었다. 하나님께서는 좋은 사람에게 지식과 행복을, 죄인에게는 수고를 주신다. 그러나 하나님을 기쁘시게 하는 것도 허무하긴 마찬가지였다.

3장_ 모든 일에는 때가 있다

하늘 아래 하는 모든 일에는 정해진 때가 있다. 날 때와 죽을 때, 웃을 때와 슬퍼할 때, 간직과 폐기, 침묵과 말해야 할 때, 사랑할 때와 미워 할 때, 전쟁과 평화에도 정해진 때가 있다. 나는 하나님께서 사람들에게 지워 주신 짐을 보았으며 하나님께서는 때를 주시고, 제 때에 아름답게 하시지만, 사람의 마음에 하나님의 행하실 일을 다 깨달을 수가 없다. 공의가 있어야 할 자리에 불의가 있으며, 정의가 있어야 할 자리에 악이 있었다. 하나님은 의인과 악인을 모두 심판하실 것이다. 모든 일과 활동에는 때가 있기 때문이다.

사람과 짐승의 운명은 비슷하다. 모두가 흙에서 와서 흙으로 돌아가기 때문이다. 사람의 영은 위로 올라갔고, 짐승의 영은 땅으로 내려가는 것을 누가 알 수 있겠는가. 내가 알 수 있는 것은 사람이 자신의 일을 즐기는 것보다 나은 것은 없다는 것이다. 그것은 그의 몫이기 때문이고, 그가 죽은 다음에 일어날 일을 보여 줄 사람이 없기 때문이다.

4장_ 학대와 권력

학대하는 자들은 권세가 있는 사람들이다. 그러나 학대 당하는 사람들을 위로해 줄 사람은 없다. 그래서 나는 자신 있게 말한다. 죽은 자가 살아 있는 사람보다 행복하다, 이것보다 아예 태어나지 않아서 해 아래서 행해지는 악을 보지 않는 자가 더 행복할 것이다. 모든 수고와 성취 또한 허무한 것이며, 자식을 낳아 기르며 그들을 위해 수고하며, 재산을 모으지만 정작 자신은 아무것도 즐기지 못하므로 역시 허무한 일이다.

친구의 가치에 대해 생각해 보면, 두 사람은 한 사람보다 낫고, 두 사람이 힘을 합치면 더 큰 일을 할 수 있다. 한 사람이 넘어지면 다른 사람이 일으켜 주지만 혼자뿐이라면 일으켜 줄 수 없기 때문에 불쌍한 것이다. 충고를 싫어하는 왕보다는 가난하지만 지혜로운 소년이 더 행복하다. 처음에는 백성들에게 인기가 좋았지만, 나중에는 아무도 그를 좋아하지 않았으니, 이것 역시 허무한 일이다.

5장_ 약속을 신중히 하라

성전에 예배하러 들어갈 때에는 발걸음을 조심하라, 형식적으로 예배를 드리는 어리석음보다 조용히 나아가는 자가 낫다. 그리고 하나님 앞에서 함부로 입을 놀리지 말 것이며, 말을 적게 하라, 걱정이 많으면 꿈자리가 사납고, 말이 많으면 실수를 하게 된다. 약속을 하고 지키지 않는 것보다 약속을 하지 않는 것이 좋다. 입술로 죄를 짓지 말며, 하나님을 경외하라. 가난한 자들이 학대 받고 정의와 인권이 무시되거든 그것을 처리할 고위 관리에게 맡기라. 가난한 자는 잠을 편히 자지만, 부자는 재물로 인해 잠을 이루지 못한다. 투자를 잘못하여 재산을 날리면, 그 자식들은 한 푼도 가질 수 없게 된다.

우리는 알몸으로 왔다가 알몸으로 바람처럼 돌아가는 것이 이치이므로 저들은 바람을 위해 평생을 수고한 것과 마찬가지이다. 내가 생각해 보니까 하나님께서 주신 자신의 생애 동안에 먹고 마시며, 자기의 일에 보람을 느끼는 것이 행복이며, 적절한 자기 몫을 다하는 것이다. 사람은 자기 삶을 생각할 겨를이 없다. 그것은 하나님께서 그의 인생을 즐거움에 빠지도록 만드시기 때문이다.

6장_ 또 다른 허무한 일

또 다른 허무한 일은 하나님께서 부와 재물과 명예를 모두 주셨지만 이것을 누리지 못 하게 하시고, 다른 사람이 누리게 하시는 경우 이 또한 허무한 일인 것이다. 사람이 아무리 장수하고 오래도록 생명을 연장한다 해도 행복을 맛볼 수 없다면 사산된 아기와 다를 바가 없다. 그림자같이 허무한 인생 중, 삶의 최선이 무엇인지 아는 자가 누구인가, 사람이 죽은 후 해 아래서 무엇이 일어나는지 누가 그에게 말해 줄 수 있단 말인가, 그 누구도 하나님의 계획은 알 수 없기 때문이다.

7장_ 지혜

죽는 날이 태어난 날보다, 초상집에 가는 것이 잔칫집에 가는 것보다 낫다. 슬픔이 웃음보다, 지혜자의 꾸중을 듣는 것이 어리석은 자의 칭송보다, 일의 시작보다 끝이, 인내가 교만보다 낫다. 형통한 날에는 기뻐 하고 재앙의 날에는 살펴라, 이 모든 날은 하나님께서 만드셨다.

진정으로 의로운 삶이지만 망하는 사람이 있으며 죄악에 살아도 장수하는 이가 있고 지나치게 의롭고 지혜로운 체하지 말 것이며, 지나치게 어리석은 자처럼 굴지 마라, 하나님은 극단을 싫어하시기 때문이다. 지혜가 주는 힘은 성을 지키는 열 명의 장수보다 강하며, 깨우친 한 가지는 하나님께서 사람을 정직하게 만드셨지만, 사람들이 많은 꾀를 찾은 점이라고 솔로몬은 말한다.

8장_ 왕에게 복종하라

하나님 앞에서처럼 왕에게도 복종하라, 왕은 자기 맘대로 하는 자이니, 그 앞에서 경솔하게 행동하지 마라, 그의 명령을 지키고 적절히 처신하며, 누구도 전쟁에서 자유로울 수 없으며, 악을 행하는 자는 처벌을 피할 수 없는 법이다. 악한 일을 해도 당장 처벌을 받지 않기 때문에 사람들은 죄를 짓고자 한다. 내가 자신하기로는 악인들이 오래 살 수 있을지 모르나, 하나님을 경외하는 사람들이 모든 면에서 잘될 것이라고 생각한다. 악인은 하나님을 섬기지 않기 때문에 형통할 수 없기 때문이다.

허무한 일은 악인이 받아야 할 처벌을 의인이 받는 경우이다. 또한 의인이 받아야 할 보상을 악인이 받는 경우도 있다. 내가 보기에 이런 것들도 허무한 것이다. 그러므로 삶을 즐기라고 권하고 싶다. 해 아래서 먹고 마시며, 만족하는 것보다 더 나은 것은 없기 때문이다. 하나님의 행하시는 일을 아무리 깨치려 해도 진정한 주님의 뜻을 알아내기는 불가능한 것이다.

9장_ 공동운명체의 인간

모든 사람은 공통의 운명을 갖는다. 의인이나, 악인이나, 선한 사람이나, 강도나, 깨끗한 사람이나, 더러운 사람이나, 예배를 드리는 사람이나, 그렇지 않은 사람 모두가 마찬가지이다. 그것은 언젠간 죽기 때문이다. 살아 있는 개가 죽은 사자보다 나은 것은 산 사람은 자기가 죽을 것을 알지만 죽은 사람은 아무것도 모르며 잊혀지기 때문이다.

그런즉 가서 즐겁게 먹고 기쁜 마음으로 포도주를 마셔라, 언제나 흰 옷을 말끔하게 입고 머리에는 기름을 발라라, 이미 하나님께서 당신이 하는 일을 인정하고 계시므로 허무한 생애 동안 사랑하는 아내와 인생을 즐겨라, 이것이 보상이며 네 삶의 몫이다. 힘을 다해 일하고 죽어지면 아무 일도 할 수 없기 때문이다.

조용히 들리는 지혜로운 사람의 가르침을 들어라, 지혜가 무력보다 강하다고, 늘 말하지만 가난한 사람의 지혜는 무시될 때도 있다. 한 사람의 죄인이 다수의 행복을 파괴할 수도 있는 것이 허무한 현실이다.

10장_ 지혜자의 마음

죽은 파리들이 향내를 없애며 악취를 풍긴다. 지혜자의 마음은 옳은 곳으로 향하고, 어리석은 자의 마음은 그릇된 곳으로 향한다. 통치자들을 살펴보면, 거기에도 폐단이 있다. 어리석은 자들이 높은 자리에 오르고, 지혜로운 자들이 낮은 자리에 앉았다. 또한 노예들이 오히려 말을 타고 가며, 귀족들이 노예처럼 걸어가는 경우도 있는데 이런 일도 허무한 것이다.

왕이 노예 출신이고 대신들은 아침부터 잔치에 빠져 있는 나라에 화가 미칠 것이다. 반면 왕이 귀족 출신이고 대신들이 즐기기 위해 먹는 것이 아니고, 건강을 위해 먹고 마시는 나라에게 복이 임할 것이다. 잔치는 즐거움을 위해 있으며, 포도주는 인생을 즐겁게 해준다. 돈은 모든 것을 해결해 준다. 마음으로라도 왕을 저주하지 말고, 부자들을 저주하지 마라, 공중의 새가 너의 말을 전하고, 날 짐승들이 너의 말을 전파하기 때문이다.

11장_ 슬기로운 인생살이

씨앗을 물 위에 던지면 수일 후에는 수백 배로 거두게 되며, 재산을 한 곳이 아닌 일곱 내지 여덟 군데에 투자하여 시대의 불행에 대비하라, 아침에 씨를 뿌리고 저녁에 네 손을 태만히 놀리지 말라, 태양이 비치는 날에는 어두운 날들도 생각하라, 장래 일은 허무하니 어두운 날도 많아질 것이다. 청년은 마음을 기쁘게 하라, 네 눈이 보이는 것을 따라 즐기되, 이 모든 일에 하나님의 심판이 따른다는 것도 명심하라, 마음에 불안을 없애고 나쁜 일을 하지 마라, 너의 젊은 날은 빠르게 지나가기 때문이다.

12장_ 늙었을 때 일어나는 문제들

그러므로 네 젊은 날에 괴로운 날 즉, 늙은 날이 오기 전에 창조주를 기억하라, 해와 달과 별이 어두워지기 전에 하나님을 기억하라, 그 날이 오면 너의 팔다리에 기운이 빠져질 것이며, 치아가 없어 먹지도 못하고, 네 눈은 희미해지고, 귀도 들리지 않을 것이다. 그 때가 되면 너는 외출하는 것도 자유롭지 못하고, 밖에 나서는 것도 힘들게 되어 마침내 영원한 집으로 돌아가면 조문객들이 분주히 오갈 것이다. 그날이 오기 전에 창조주를 기억하고, 흙으로 만들어진 인간은 흙으로 돌아가고, 그 영은 그것을 주신 하나님께로 돌아갈 것이다.

그러므로 인생은 정말 헛되며 세상만사가 헛되고 헛된 것뿐이다. 세상만사의 결론은 헛되다 함을 들었으면 하나님을 경외하고 그 분의 명령을 지키는 것이 사람이 해야 할 본분이다. 하나님께서 선악 간의 형편을 살펴 심판하실 것이다.

** **주요구절** **
12 : 1 너는 청년의 때 곧 곤고한 날이 이르기 전, 나는 아무 낙이 없다고 할 해가 가깝기 전에 너의 창조자를 기억하라.

아가서 | Song of Solomon

부부의 사랑에 관한 다정다감한 이야기 : 8장

저　　자 : 솔로몬
기록연대 : B.C 970년 ~ B.C 960년경

세계사 비교 : 전도서와 유사함
중심인물 : 솔로몬, 술람미 여인

핵심 에피소드 : 순결한 남녀간의 사랑을 묘사하고 있으며, 서정적인 아름다움을 추구하고 솔직하고 담대한 사랑을 매우 자연스럽게 표현하고 있다. 부부애의 영광과 꽃피는 봄같이, 풍부한 은유와 풍부한 동양적 상상력을 내포하고 있다. 자연과 정원, 목장, 포도원, 과수원, 양떼를 좋아 하는 솔로몬의 목가적인 노래로, 사랑하는 아내와 결혼한 것을 기념하기 위하여 쓴 것으로 생각된다. 표면적으로는 결혼생활의 기쁨을 찬양한 시이다.

근본적으로 부부간 사랑의 기쁨을 부드럽고 깊은 표현으로 나타내고 있다. 이들의 사랑 노래가 하나님의 말씀에 수록될 가치가 있는 이유는 결혼은 하나님이 인정하셨기 때문이다. 아가서의 진행은 오페라의 형식을 취하고 있다. 코러스의 중재와 신랑과 신부의 독창으로 극적인 흐름과 전개양상을 보여주고 있다.

1장_ 술람미 여인이 사랑을 구함

신부 : 감미로운 당신과 입맞춤을 원해요, 그것은 당신의 사랑이 포도주보다 달콤하기 때문입니다. 당신의 향긋한 내음, 향수 같은 당신, 아가씨들이 당신을 사랑하는 것도 이상한 일이 아니지요, 나를 빨리 데려가 주세요.

코러스 : 우리는 당신을 즐거워 하고 기뻐 합니다.

신부 : 예루살렘의 딸들이여, 내가 비록 검을 지라도 업신 여기지 마세요. 오빠들 성화에 포도원을 지키느라 햇볕에 타서 검을 뿐이에요. 사랑하는 이여, 어디서 양떼를 돌보시는지요.

(코러스가 양떼가 있는 길을 따라가 보라고 한다. 그리고 목동들의 천막 근처에 염소를 놓아기르라고 조언한다.)

신랑 : 내 사랑 그대는 파라오가 끄는 준마와 같소. 머리채에 가려진 그대의 두 볼과 그대의 목이 아름답군요.

코러스 : 우리가 그대에게 은을 박은 목걸이를 만들어 주겠습니다.

신부 : 왕이 침상에 누울 때 나의 향유가 향내를 풍기네. 내 사랑은 몰약 주머니, 엔디게 포도원의 꽃송이들 같네.

신랑 : 내 사랑 그대는 아름다워, 그대 두 눈은 비둘기 같구나.

신부 : 아, 나의 사랑, 당신은 멋져요, 우리의 침대는 푸른 풀밭, 우리 집 들보는 백향목, 서까래는 전나무 같아요.

2장_ 기뻐하는 신부의 노래

신부 : 나는 샤론의 꽃 골짜기의 백합화, 아가씨들 중에서도 내 사랑은 가시나무 중의 한 송이 백합화라오. 남자들 중에 내 사랑은 삼림 속의 사과나무. 나 그대 그늘에 앉아 즐기네, 그가 연회장으로 나를 데려가고 그대 열매는 내 입에 달구나. 사랑 때문에 병이 든 내 몸 건포도로 사과로 새 힘을 주세요, 그대 왼 팔이 나를 눕히고, 오른 팔로 나를 안아주네. 예루살렘의 아가씨들이여, 이 사랑을 깨우지 말아 주세요. 나의 애인은 노루, 어린 숫사슴과 같아요. 그리고 말하네, 내 사랑 일어나 이리 오라고. 겨울이 지나 땅위엔 꽃이 피어나고 새들이 지저귀는 시

절이 왔소, 비둘기 짝을 찾는 소리가 들려요.

신랑 : 숨어 있는 나의 비둘기여, 그대 얼굴을 보여주오. 그대 목소리, 달콤한 목소리를 들려주오, 그대 얼굴은 아름다워.

신부 : 우리를 위해 포도원을 망치는 여우 떼를 잡으세요, 내 애인은 나의 것, 나는 그대의 것, 그가 자기 양 떼를 백합화 꽃밭에서 먹이시네.

3장_ 사랑하는 사람이 사라지는 꿈을 꾼 신부

신부 : 밤이면 침상에서 사랑하는 님을 찾네, 그러나 찾지 못했네. 이제 도성으로, 광장으로 나가 사랑을 찾으리라, 순찰 도는 야경꾼들에게 내 사랑을 물어 보네, 그를 찾아 내 어머니의 집으로 데려왔네, 예루살렘의 아가씨들이여 제발, 우리 사랑이 원할 때까지, 제발 내 사랑을 깨우지 마세요.

코러스 : 거친 들을 지나 밤의 두려움을 무릅쓰고 신부를 데리러 오는 신랑의 모습을 노래한다. 광야에서 올라오는 것은 솔로몬이 타고 오는 이스라엘 용사들과 칼을 차고 전쟁에 능숙한 군인들이 오고 있네, 솔로몬은 레바논의 목재로 가마를 준비했네. 은과 금으로 꾸미고 자줏빛 천을 깔고, 예루살렘 아가씨들이 예쁘게 수를 놓았습니다. 시온의 아가씨들이여, 나와서 면류관을 쓴 솔로몬을 보세요, 그의 결혼식 날 그의 모친이 씌워준 면류관을 보세요.

4장_ 왕이 그의 신부를 사모한다

신랑 : 아, 그대는 정말 아름답소, 그대의 두 눈은 비둘기 같고, 그대 머리는 길르앗 산에서 내려오는 염소 같으오. 그대의 이는 흰 양떼들 같으며 그대의 입술은 홍색 실 같고, 두 뺨은 쪼개 놓은 석류 반쪽 같소. 그대의 목은 다윗 성 망대 같고, 두 젖가슴은 새끼 사슴 한 쌍, 백합화 꽃밭에서 풀을 뜯는 쌍둥이 노루 같아, 산들바람 불고 어둡기 전에 몰약 산으로 가, 유향 언덕으로 갈 것이오, 그대는 정말 아름답소, 나의 신부여 레바논에서 나와 같이 갑시다. 사자굴과 표범이 들끓는 산에서 내려와 나에게 오시오, 내 누이, 내 신부 그대가 내 마음을 훔쳤소. 그

대 사랑은 포도주보다 달콤하고 향수보다 향기롭고, 그대의 입술은 꿀처럼 달며 그대의 혀 아래엔 젖과 꿀이 있소. 그대의 이상은 레바논의 향기, 그대는 비밀의 동산, 덮어 놓은 우물, 울타리를 두른 샘이오. 그대는 진귀한 향료, 그대는 동산의 샘, 생수처럼 솟는 우물, 레바논에서 흐르는 시냇물이오.

신부 : (신랑 신부의 첫날밤을 은유한 노래) 깨어라 북풍아, 오라, 남풍아, 내 동산에 불어다오, 그 향기를 널리 퍼지게 해, 나의 애인이 동산에 들어가 좋은 과실들을 맛볼 수 있게 해 다오.

5장_ 사랑하는 사람이 사라지는 꿈을 꾸다

신랑 : 나의 누이 나의 신부, 내가 동산에 들어와서 향과 몰약을, 꿀 송이와 꿀을 따먹고 포도주와 우유도 마셨소, 사랑하는 친구들아 맘껏 마시게나.

신부 : 나는 잠잘지라도 마음은 깨어 있네, 내 애인이 문 두드리는 소리, 그대가 들어오려고 나를 부르고, 내 머리가 이슬에 젖었고 내 머리털도 밤이슬에 촉촉하오, 난 옷을 벗었어요, 다시 입어야 하나요, 난 발을 씻었어요, 다시 흙을 묻혀야 하나요. 사랑하는 사람이 문틈으로 손을 들이미네, 내 심장이 두근거리네, 난 일어나 사랑하는 사람을 위해 문을 열었네, 두 손에서 몰약이 뚝뚝 떨어지네. 그러나 사랑하는 이는 떠나고 없네, 내 마음은 무너지고 그대를 찾을 수도, 대답도 없네, 순찰하던 야경꾼들이 나를 발견했네. 그들이 나를 때리고 다치게 했네, 예루살렘의 아가씨들이여, 혹시 내 사랑하는 님을 만나거든, 내가 사랑 때문에 병이 났다고 전해 주세요.

(이처럼 사랑의 초기단계에서 발전단계를 은유적으로 노래하다가 마침내 사랑의 갈등을 표현하고 있다. 코러스의 개입이 지나간 후 여자의 노래가 이어진다.)

신부 : 나의 애인의 모습은 건강하고 다른 사람들보다 뛰어나며 머리는 정금 같고, 곱슬곱슬한 머리에 까마귀처럼 검고 두 눈은 비둘기 같으며 두 볼은 향료 밭 같고, 그의 입술은 백합화 같답니다. 그의 다리는 레바논 같고 백향목처럼 멋져요.

(여자는 자신의 남자를 예루살렘 아가씨들에게 소개한다. 코러스가 당신의 남자 친구는 어디로 갔는지를 묻는다. 함께 도와 사랑을 찾아주겠노라고 노래한다.)

6장_ 코러스의 신부 예찬

신부 : 나의 애인은 자기 동산으로 내려갔을 거예요, 그 곳에서 양떼를 먹이고 백합화를 모을 거예요. 나는 내 사랑의 것, 나의 사랑은 나의 것이에요.

신랑 : 디르사같이 아름답고 예루살렘같이 사랑스러우며, 깃발 날리는 군대처럼 당당한 나의 사랑, 왕후가 60명, 후궁이 80명, 궁녀들은 셀 수 없이 많지만, 나의 비둘기, 나의 완전한 자는 오직 하나뿐, 모친의 외동딸이자 총애를 받는 여인, 그 사랑을 왕후나 후궁들도 칭찬한다네.

(신랑이 신부를 그리워하는 노래를 한다.)

신부 : 호두나무 숲에 내려가 골짜기에 새움이 텄는지, 포도나무에 싹이 돋았는지, 석류꽃이 피었는지 보고자 했더니, 나도 몰래 그가 내 백성의 귀한 병거에 나를 태우네.

(신랑과 신부가 재회를 한다. 코러스는 솔로몬의 친구들이다. 그들은 재결합한 신랑에게 신부를 보여 달라고 한다.)

코러스 : 술람미 아가씨여, 당신을 보고 싶소, 제발 돌아오세요.

신랑 : 두 줄로 늘어선 무희들 가운데 있는 슬람미 아가씨를 보고 싶어 하는 친구들의 심정 알 만하다네.

(술람미 아가씨를 보고 싶다고 노래하는 친구들의 심정을 대변하듯 노래한다.)

7장_ 코러스의 신부 예찬

신랑 : (신부의 아름다운 외모를 은유하며) 오, 귀한 분의 딸이여, 그대의 다리는 보석 같고 배꼽은 포도주를 채운 둥근 잔이며, 허리는 백합화로 둘러싼 밀 짚단 같소. 그대의 젖가슴은 새끼 사슴, 그대의 목은 상아 망대 같고, 그대의 눈은 헤스본, 바드랍빔 문 곁의 연못 같으오. 그대의 코는 다마스커스를 향한 레바논의 망대 같고, 머리는 갈멜 산 같으며 치렁거리는 머리채는 자줏빛 융단 같소. 왕은 그대의 치렁이는 머릿결에

마음을 온통 빼앗겼다오.

(재결합을 기뻐하는 신랑의 마음을 잘 표현하고 있다.)

신부 : 나는 내 애인의 것입니다. 우리 시골에 가서 한 밤을 지내고 포도원으로 나가 싹이 돋았는지, 꽃잎이 피었는지 석류꽃이 피었는지 살펴봐요. 거기서 그대에게 내 사랑을 드리겠어요. 합환채가 그 향기를 발하고, 온갖 먹음직한 것들을 당신을 위해 준비한 것들이에요.

(두 사람의 재결합은 이렇게 서로의 사랑을 확인하며 진행된다.)

8장_ 후렴의 노래들

신부 : 그대가 내 어미의 젖을 먹고 자란 형제라면 밖에서 그대를 만나 입 맞추어도 아무도 멸시하지 않을 것을, 나는 그대를 모셔 내 어미의 집으로 인도하고 싶어요, 어머니는 나를 가르쳤어요. 그대에게 포도주와 향기로운 내 석류 즙을 마시게 하고 싶어요. 그대가 왼손으로 나를 눕히고 오른손으로 나를 안네, 예루살렘의 아가씨들이여, 우리가 원할 때까지 우리를 깨우지 말고 흔들지 말아 주세요.

(코러스는 신랑 신부의 친정을 방문을 노래한다. 그리고 친정 식구들의 노래가 계속된다. 코러스는 친정에는 아직 어린 누이들이 있음을 노래한다.)

신부 : 나는 성벽 내 젖가슴은 망대랍니다. 솔로몬에겐 바알하몬에 포도원이 있었네. 그는 자기 포도원을 빌려 농부들에게 열매를 갖고 돈을 바치게 했네.

(신부가 신랑 솔로몬에게 친정을 도와줄 것을 간청하는 노래이다.)

신랑 : 동산에 있는 그대여, 내 친구들이 들은 그대 목소리를 나도 듣게 해주오.

신부 : 나의 사랑하는 님이시여, 빨리 오세요. 향나무 우거진 산 위를 달리는 노루나, 젊은 숫사슴처럼 달려, 나에게 오세요.

(이렇게 두 삶의 사랑 노래는 종결된다.)

선지자의 세계 (Prophets World)

창세기에서 에스더까지의 구약성서의 역사책은 이스라엘 민족의 흥망을 기록한 역사 이야기이다. 욥기부터 아가서까지의 문학적인 책은 대체로 이스라엘 민족의 황금기에 기록되었다. 그러나 이사야에서 말라기까지의 선지서들은 이스라엘 민족이 망할 때 기록되었다.

선지자들의 세계를 그 영역별로 나누면 다음과 같이 '대선지자' 와 '소선지자' 로 불린다. 대선지자는 이사야, 예레미야, 에스겔, 다니엘이며 소선지자는 호세아, 요엘, 아모스, 오바댜, 요나, 미가, 나훔, 하박국, 스바냐, 학개, 스가랴, 말라기이다. 성서를 읽는 사람은 누구나 이 선지자들의 이름을 기억하여 쉽게 찾을 수 있어야 한다.

시대로 분류하면, 13명의 선지자는 이스라엘 민족이 멸망할 때 활동했고, 다른 3명은 복구할 때 활동했다. 이스라엘 민족의 멸망은 두 기간으로 이루어진다. 북쪽 왕국은 B.C 734년 ~ B.C 721년에 몰락했다. 이 때가 요엘, 요나, 아모스, 호세아, 이사야, 미가 선지자가 활동한 시기다. 남쪽 왕국은 B.C 606 ~ B.C 586년에 몰락했다. 이 때에 예레미야, 에스겔, 다니엘, 오바다, 나훔, 하박국, 스바냐 선지자가 활동했다. 이스라엘 민족의 복구는 B.C 536 ~ B.C 444년에 있었다. 이 때에 학개, 스가랴, 말라기 선지자가 활동했다.

선지자들의 사명과 메시지는 다음과 같았다.

첫째, 우상과 죄악에서 민족을 구출하는 것. 둘째, 이 일에 실패하면 민족은 멸망할 것이라고 선언했다. 셋째, 남은 이스라엘 자손 중에서 모든 민족을 하나님에게 이끌고 가실 분이 탄생할 것이다. 넷째, 그 분은 언젠가 다윗의 계보에 탄생할 위대한 왕중 왕이 될 사람이다.

선지자의 활동 시기는 B.C 800년에서 B.C 400년까지 약 400년 동안이다. 이 시대의 중심 사건은 이 시대의 중간에 있는 예루살렘의 멸망이었다. 이 사건에 예레미야, 에스겔 , 다니엘 , 오바댜, 나훔, 하박국, 스바냐 선지자들이 관련되어 있었으며, 예루살렘이 멸망할 당시 선지자들이 가장 활동을 크게 한 시대였다.

하나님 자신이 예루살렘의 멸망을 의도적으로 초래시켰다. 하나님은 이 세상에 대한 그의 생각을 대신할 새로운 제도를 가지고 있었다. 그러나 그 제도는 죄악과 부패로 인하여 어떤 제도보다도 짧아졌다. 어쨌든 하나님은 예루살렘을 구하기 위하여 선지자들을 계속 보내셨다. 신앙 없는 거룩한 성을 구하는 데 실패하자, 선지자들은 하나님의 백성이 쇠하는 것은 하나님의 계획이 끝나는 것이 아님을 확신하며 열심히 해명하기 시작했다. 제사장은 민족에게 종교를 가르치는 직책이었고 이는 세습되었으며 계급화 되어 어떤 경우에는 가장 행악한 사람으로 돌변하기도 했다.

선지자는 세습되는 계급이 아니며, 하나님의 직접적인 부르심으로 각자 독특한 사명감을 띄고 활동했다. 물론 예레미야와 에스겔, 스가랴는 제사장이었으며 선지자였다. 이사야와 다니엘은 왕족이었고 아모스는 목자 출신이었다.

이사야 | Isaiah

메시아의 출현을 예언한 선지자의 이야기 : 66장

저　　자 : 이사야
기록연대 : B.C 745년 ~ B.C 680년경

세계사 비교 : B.C 751년 로마가 건국되었으며, B.C 721년 앗시리아의 사르곤 2세의 정복시대와 이스라엘 왕국의 멸망기이다. B.C 670년 앗시리아가 오리엔트를 통일한다.

중심인물 : 이사야. 히스기야

핵심 에피소드 : 이사야서의 핵심은 심판과 구원이다. 이사야 선지자는 이스라엘 민족이 세계 모든 민족에 메시아의 민족이 된다는 생각을 철저히 불어넣어, 그를 메시아의 선지자라고 부른다. 장차 그의 민족을 통하여 위대하고 놀라운 축복이 하나님으로부터 모든 민족에게 이르게 되며, 그는 계속해서 위대하고 놀라운 일이 얼어날 날을 꿈꾸고 있었다.

신약 성서의 요한복음 12장에는 이사야가 그리스도의 영광을 보고, 그에 대해서 말했다고 기록하고 있다. 그는 남유다 왕국의 선지자였다. 그 때에 북이스라엘은 앗시리아에 멸망했다. 이사야는 웃시야, 요담, 아하스, 히스기야의 통치 시기에 살면서 계시를 받았다. 유대인의 전설에 의하면 그는 므낫세에게 톱으로 켜서 살해되었다고 한다. 그의 활동 기간은 약 B.C 745 ~ B.C 695년이었다. 이사야 활동시 앗시리아의 배경을 보면 이사야 이전 1501년 동안 앗시리아 제국은 팽창하였다. B.C 840년에 이스라엘은 예후의 통치를 받으면서 앗시리아에게 조공을 바치기 시작했다. 이사야가 아직 젊었을 때, 앗시리아는 북이스라엘 주민을 모조리 잡아 갔다. 13년 후에 사마리아가 멸망하고 나머지 이스라엘 민족도 잡혀 갔다.

그 다음 몇 년 후에 앗시리아 군대는 유다에 들어와 46개의 성읍을 정복하고, 예루살렘 성벽 앞에서 하나님의 천사에 의하여 제지되었다. 따라서 이사야의 전 생애는 앗시리아 세력의 그늘에서 보냈으며, 그는 예루살렘을 제외한 온 나라가 그들의 손에 멸망하는 것을 목격하였다. 북이스라엘 왕국이 몰락하고 앗시리아 군대가 유다에 침입하여 많은 사람들을 잡아 가고, 예루살렘만 남아 있던 히스기야 통치의 중간 시대의 일이다.

히스기야의 개혁은 사람들의 부패한 생활의 표면밖에 시정하지 못했다. 무서운 앗시리아의 세력은 점점 가까이 왔다. 그러나 사람들은 대비하지 않았다. 춤을 추고 놀았으며 백성은 회개하는 대신에 종교의식에 헌신하는 것처럼 가장하려 했다. 이사야는 그들의 위선적인 종교심에 대하여 엄히 꾸짖었다.

1장_ 하나님께서 백성을 꾸짖으시다

아모스의 아들 이사야가 환상을 보는데, 유다와 예루살렘에 닥칠 환상을 보여주신다. 여호와께서 말씀하시기를 내가 내 자녀를 키우고 길렀으나, 그들이 나를 배반했다고 말씀하셨다. 죄를 지은 민족 이스라엘에 재앙이 닥치며 그들은 여호와를 저버리고 하나님에게서 등을 돌려 몹쓸 짓을 했다. 원수들이 너희 땅을 약탈하여 폐허로 만들어 버렸으며, 시온만이 텅 빈 포도밭처럼 남았다. 만군의 여호와께서 우리 백성 가운데 얼마라도 남겨두지 않았다면, 우리는 소돔과 고모라처럼 완전히 망했을 것이다. 소돔의 통치자 같은 예루살렘의 통치자들아, 고모라의 백성들아, 하나님의 가르침에 귀를 기울여라.

여호와께서는 남은 백성들의 제사와 제물을 역겨우니 가져오지 말라고 하신다. 여호와께서는 몸을 씻어 정결케 하라고 이르셨다. 하나님을 잘 따르던 예루살렘 성이 어쩌다가 창녀처럼 되었는가를 한탄하신다. 지도자들은 반역자들이며, 과부와 고아를 돌보지 않으니, 나 여호와가 진노를 쏟아 붓고 보복할 것을 말씀하신다. 너희를 쳐서 잿물로 허물과 죄를 씻어 낼 것이다.

그리고 예전처럼 재판관을 다시 세우고, 참모들을 세워 예루살렘을 성스럽고 의로운 성이라고 부를 것이다. 시온은 공평으로 구원을 얻을 것이요, 시온으로 돌아오는 백성은 구원할 것이다. 여호와를 배반하고 상수리 나무 아래서 우상을 섬긴 자들은 잎사귀가 시들어가는 상수리 나무같이 될 것이며, 백성들이 하는 일이 불같이 타 버릴 것이고, 아무도 그 불을 끄지 못할 것이다.

** 주요구절 **
1 : 3 소는 그 임자를 알고 나귀는 주인의 구유를 알건마는 이스라엘은 알지 못하고 나의 백성은 깨닫지 못하는도다 하셨도다.

2장_ 예루살렘에 대하여

마지막 날에 여호와의 성전이 서 있는 산이 모든 산꼭대기에 우뚝 설 것이다. 그리로 모든 민족이 모여들어 많은 백성이 야곱의 하나님 성전으로 가자고 외칠 것이다. 여호와의 가르침이 시온에서 나오고 주의 말씀이 예루살렘에서 나온다. 주께서 나라마다 재판하시고 창을 낫으로 만들 것이며, 다시는 나라들이 서로 칼을 들지 않게 하실 것이다. 주께서 야곱의 자손을 버리신 것은 블레셋 사람들처럼 점을 치고, 이방인의 풍습을 받아들여 우상을 섬겼기 때문이다.

여호와께서 재앙의 날을 예고하신다. 모든 산과 높은 언덕을 낮추실 것이며, 교만하고 거만한 자들을 꺾으실 것이다. 모든 우상이 사라지며, 주의 진노와 크신 위엄을 피하여 사람들은 절벽의 동굴로 숨을 것이다. 너희는 사람을 의지하지 마라. 그들은 곧 죽을 것이다.

3장_ 유다와 예루살렘을 심판하심

만군의 주 여호와께서 유다와 예루살렘을 심판하신다. 모든 음식과 물을 없애시고 모든 용사와 재판관과 예언자들과 장로들을 없애 버리신다. 주께서 말씀하시는데, 내가 아이들을 지도자로 세우며 어리석은 아이들이 그들을 다스리게 할 것이다. 예루살렘과 유다가 쓰러진 이유는 그들이 여호와를 거스르고, 주의 영광을 무시했기 때문이다.

그들은 스스로 재앙을 불렀다. 여호와께서 재판정에 오셔서 지도자들과 장로들을 심판하신다. 그리고 예루살렘 여자들에게 경고하신다. 시온의 여자들을 교만하고 거만하기 때문에 여자들의 모든 장신구를 없애 버릴 것이다. 그들은 향수대신 썩은 냄새를 풍기고 몸은 만신창이로 변할 것이다. 남자들은 칼에 맞아 죽을 것이며, 시온은 폐허가 되어 땅에 주저앉게 될 것이다.

4장_ 여호와의 가지

그 때가 되면 일곱 여자가 한 남자를 붙잡고 남편이 되어 달라고 애원하게 되며, 이스라엘의 남은 백성에게는 자랑과 영광이 될 것이다. 시온에서 살아남은 자의 명단에 기록된 자는 거룩한 백성이라고 불릴 것이다. 주께서 시온의 여자들을 씻어 내시고, 예루살렘의 핏자국을 없애 주시며 낮에는 구름과 연기로 밤에는 불꽃으로, 영광스런 장막을 만들어 남은 자들의 피난처로 만들어 주실 것이다.

5장_ 하나님의 포도밭 이스라엘

나의 사랑하는 친구가 기름진 언덕 위에 포도밭을 가꾼다. 포도나무를 심고 잘 길렀지만 나쁜 포도만 열린다. 예루살렘 백성들아, 유다 사람들아, 나와 내 포도밭 사이에서 판단해 보라. 좋은 포도를 기다렸지만 나쁜 포도만 열렸으니, 이 포도밭을 짐승들이 짓밟히게 하겠다. 황무지가 되고 잡초와 가시가 자랄 것이다. 만군의 여호와의 포도밭은 이스라엘 민족이다. 주께서 사랑하고 아끼는 나무는 유다 백성이다. 주께서 정의를 바랐으나 압제와 고통뿐이었다.

여호와께서 모든 집과 농토와 씨앗에까지 저주를 내리셔서 큰 재앙을 줄 것이다. 여호와께서 크게 노하셔서 손을 들어 그들을 치시니 산과 들이 흔들리고 시체가 나뒹굴어도 하나님의 분노는 꺼지지 않을 것이다. 하나님께서 깃발을 들고 먼 나라들의 백성을 부르시면 사람들이 바다의 파도처럼 엄청난 기세로 몰려올 것이다. 사람들이 땅을 보면 어둠과 고통만 보일 것이다. 빛도 구름에 가려 어두워질 것이다.

6장_ 이사야가 예언자가 됨

웃시야 왕이 죽던 해에 성전에 있던 이사야에게 스랍이라는 천사들 나타난다. 그들은 날개를 단 천사들로 거룩하신 여호와를 찬미했다. 이사야는 하나님을 보았다. 그는 죽음이 임박했음을 느꼈고, 입술로 지은 죄를 자복한다. 그때 천사가 숯불덩어리를 가져와 이사야의 입에 대며 입술로 지은 죄를 씻어 주었다. 그리고 주님의 음성을 듣는다.

이사야가 하나님께 질문한다. 언제까지 이런 일을 하실 것인가를 물었다. 주님의 대답은 성들이 멸망하고 사람이 모두 죽고 땅이 황폐할 때까지 연단을 내리실 것임을 말씀하신다. 이 땅의 백성들이 십분의 일이 남아도, 이 땅은 황무지가 될 것이며, 거룩한 자손들이 그루터기가 되어 거기서 새싹이 돋게 될 것임을 비유로 말씀하신다.

7장_ 유다와 아람의 전쟁

아하스가 유다의 왕으로 있을 때, 아람과 이스라엘이 예루살렘을 치러 왔다. 아하스와 백성들이 두려움에 떨었다. 여호와께서 이사야에게 말씀하셨다. 가서 아하스를 만나 침착하게 행동할 것을 지시하신다. 아람과 에브라임과 르말리야의 아들들이 유다를 공격하며, 땅을 분할하여 새 왕을 세울 것을 결의하지만 여호와께서는 그들의 계획이 실패할 것을 말씀하신다.

아람의 수도는 다마스커스이며 르신이란 왕이 통치했고, 이스라엘의 수도는 사마리아인데 르말리야의 아들이 왕이 되어 통치하고 있다. 여호와께서 아하스에게 표적을 구하라고 하자, 그는 여호와를 시험하지 않겠다고 대답한다.

이사야가 다윗의 자손 아하스에게 몸소 여호와께서 표적을 주실 것이며, 처녀가 잉태하여 아들을 낳을 것이며, 그 이름을 임마누엘이라 부르게 될 것을 말한다. 그리고 적들의 침공에 두려워 하는 아하스에게 여호와께서 앗시리아 왕을 보내 공격하게 함으로써, 에브라임이 유다로부터 갈라져 나간 이

후, 최고의 징계를 내려 백성들이 죽고, 왕과 가족들을 칠 것을 말씀하신다.

8장_ 앗시리아의 공격

여호와께서 이사야에게 큰 두루마리를 가져다가 '마헬살랄하스바스' 란 글씨를 쓰게 하고 제사장 우리야와 스가랴를 증인으로 세우시겠으며, 내가 아들을 낳아 엄마, 아빠를 말할 수 있기 전에 앗시리아가 침공해 올 것이라고 말씀하셨으니, 그들이 유다의 전역을 점령할 것이다. 하나님의 계획에 따라 유다는 망할 것이다.

그리고 이사야에게, 너는 이 백성을 따라가지 말라고 하신다. 너에게 여호와는 피난처가 될 것이지만, 이스라엘과 유다에게는 걸려 넘어지게 하는 바위가 될 것이다. 이사야는 모든 사실을 글로 적어 여호와께서 하신 일의 증거로 삼는다. 그리고 사람들에게 자신과 여호와께서 주신 아들을 표적으로 보이며, 이스라엘 백성을 위한 증거로 세우고 만군의 여호와께서 자신과 아들을 보냈다고 말한다. 사람들에게 여호와의 가르침에 순종하며 따라야 한다고 설파한다.

9장_ 새 날이 온다

하나님께서는 이사야를 통해 메시아의 탄생을 예언하시고, 잘못을 반성하지 않고 있는 이스라엘을 엄히 심판하실 것을 말씀하신다. 고통의 땅에 그늘이 걷히고, 요단 건너편과 외국인이 살고 있는 갈릴리까지 영광스럽게 하실 것이다. 어둠 속에 살던 백성이 큰 빛을 보고 민족을 크게 하시며, 백성들을 행복하게 하실 것이다. 백성들이 어깨를 짓누르던 무거운 막대기를 벗겨 주시고, 때리던 몽둥이를 없애주실 것이다. 군인들이 사용하던 군화와 피로 얼룩진 군복들은 모두 땔감이 될 것이다.

그것은 우리에게 한 아기가 태어날 것이기 때문이다. 그 아기는 어깨 위에 왕권이 주어지고 그 이름은 기묘자, 모사, 전능하신 하나님, 평화의 왕으로 불릴 것이다. 그가 다윗의 보좌에서 다스릴 것이며, 정의와 공평으로 그 나라를 견고하게 세울 것이다. 하나님께서는 이스라엘을 심판하신다. 교만한 이스라엘 백성을 치기 위해 아람과 블레셋 사람들이 쳐들어와 이스라엘을 삼켰으나 그런데도 이스라엘은 하나님에게 돌아오지 않고 있다.

여호와께서는 진노를 풀지 않으시고 여전히 이스라엘 백성을 치려 하신다. 므낫세는 에브라임을 치고, 에브라임은 므낫세를 치며, 이들이 힘을 합쳐 유다를 칠 것이다. 악법을 만들어 내는 자를 징계하시며, 가난한 이들을 불공평하게 재판한 죄를 물어, 너희는 포로들 아래 엎드려지거나 죽은 자들 아래에 쓰러질 것이다.

** 주요구절 **
9 : 6 이는 한 아기가 우리에게 났고 한 아들을 우리에게 주신 바 되었는데 그 어깨에는 정사를 메었고 그 이름은 기묘자라, 모사라, 전능하신 하나님이라, 영존하시는 아버지라, 평강의 왕이라 할 것임이라.

10장_ 하나님께서 앗시리아를 심판하신다

앗시라아의 왕은 여호와께서 이스라엘을 징벌하기 위한 수단으로 이용하고 있는 줄을 모르고, 세계를 스스로 정복하고 있는 것으로 착각하고 있다. 앗시리아의 왕의 교만은 하나님이 계획하여 쓰시는 것을, 자기 스스로 교만에 빠져 우상 섬기는 나라의 백성들과 전쟁하여 승리하는 줄 알고 있으나, 여호와께서 앗시리아를 쓸 데까지 다 쓰신 후에 심판하실 것을 말씀하신다.

그런데도 불구하고 앗시리아 왕은 자신의 전투력을 과시하며 잘난 체하고 교만에 빠져 있었다. 이스라엘의 하나님은 빛과 같고 불꽃 같으며, 찔레와 가시 같은 앗시리아 군을 태워 없앨 것이다. 질병을 내리셔서 어린 아이라도 남은 숫자를 셀 수 있을 만큼 전멸시킬 것이다.

그날이 오면, 이스라엘과 야곱의 백성들 중에서 살아 남은 자들은 다시 여호와 하나님을 진실한 마음으로 의지하게 될 것이다. 하나님께서 남은 자의 회복을 설명하시고 계신 것이다.

11장_ 평화의 왕이 오심

메시아의 탄생을 예언하고 있다. 이새의 그루터기에서 한 싹이 나와 열매를 맺게 될 것이다. 여호와의 영이 그에게 임하시며 분별력과 능력을 주시므로 주를 알고 경외할 것이다. 그는 가난한 사람들을 정직하게 재판하며 정의와 성실을 몸에 지닐 것이다. 이는 불의와 전쟁과 공포로 만연된 세상을 인간의 능력으로는 도저히 구원시킬 수 없으므로 메시아를 보내 친히 심판하고, 구원하려 하신 하나님의 계획에 의해 다윗의 후손 중에 메시아를 보내실 것을 말씀하셨다.

에브라임과 유다가 블레셋과 모압과 에돔을 공격하고, 이집트 홍해에 마른 길을 내시어 길을 낼 것이며, 유프라테스 강 위로 뜨거운 바람을 일으켜 물을 마르게 하실 것이다. 그리하여 살아남은 이스라엘 백성들이 앗시리아를 떠나 돌아올 것이며, 이것은 이집트에서 돌아오던 때와 같을 것이다.

12장_ 찬양의 노래

그날에 이스라엘 백성들이 찬양하며 주께서 전에는 내게 진노하셨으나, 이제는 진노를 거두시고 나를 보호하시며, 하나님은 나의 구원이시며, 여호와는 내게 힘이시라고 찬양할 것이다. "시온에 사는 사람들아 기뻐하며 외쳐라, 너희 가운데 이스라엘의 거룩하신 분이 위대한 일을 하셨다"라고 찬양하며 이사야 선지자는 예언을 마친다.

13장_ 바빌론을 향한 심판

이사야는 서둘러 열방의 심판을 예언한다. 앗시리아의 속국인 바빌론에 대한 심판을 경고하는데, 산 위에 깃발을 세우고 소리 높여 군사를 부르라. 손을 흔들어 바빌론 왕국을 공격할 것을 신호하라, 내가 거룩한 나의 용사들을 통해 나의 진노를 바빌론에게 쏟을 것이라. 그러므로 사람들이 떨며 겁에 질려 고통과 괴로움에 사로잡히게 될 것이다.

보아라, 여호와께서 심판하실 날이 다가온다. 땅을 황무지로 만들고 죄인들을 멸하시며, 하늘의 별들과 해와 달도 그 빛을 잃게 될 것이다. 보아라, 메대의 군사를 일으켜 그들을 치게 할 것이다. 메대는 페르시아를 뜻한다. 그들은 잔인하게 남녀노소를 불문하고 참혹하게 죽일 것이다. 하나님께서는 바빌론을 소돔과 고모라처럼 멸절하실 것임을 밝히고 있다.

14장_ 이스라엘의 귀향

하나님께서 야곱의 후손 이스라엘 백성들을 불쌍히 여겨 다시 그들을 도와주실 것이다. 외국 사람들도 야곱의 후손들에게 와서 합류하게 되며, 여러 민족이 이스라엘을 섬기며, 그들은 외국 사람들을 남종과 여종으로 쓰게 될 것이다. 여호와께서 바빌론을 고슴도치의 소굴이 되게 하고, 멸망의 빗자루로 쓸어 버리겠다고 말씀하셨다. 여호와께서 이 모든 일을 계획한 대로 실행할 것이며, 작정한 대로 이룰 것임을 분명히 하신다. 또한 앗시리아와 블레셋을 심판하여 시온을 굳게 세우시고, 자신의 백성들이 가난한 자가 없이 누구나 배불리 먹이실 것을 말씀하셨다.

15장_ 모압에 관한 하나님의 말씀

모압이 하룻밤에 망하게 되어 사람들이 슬퍼 하며 수염과 머리를 밀고 상복을 입고 큰 소리로 울부짖게 될 것이다. 모압 용사들까지도 백성들의 울부짖음으로 떨며 두려워 하게 되며 니무림의 물은 마르고, 풀과 나무와 모든 푸른 식물들이 다 죽게 될 것이다. 디몬 물에는 피가 붉게 고일 것이고, 모압에 얼마 남지 않은 사람들까지도 사신을 보내 죽일 것이다.

16장_ 계속되는 모압에 대한 경고

모압 사람들은 아브라함의 조카 롯의 자손들로 이들은 이스라엘이 가나안에 들어가기 전에 이미 구릉지대에 살고 있었고, 모압 왕, 발락은 예언자 발람을 보내 이스라엘을 저주했던 나라였다. 하나님께서 그런 모압 백성들은 이스라엘에 조공을 보내게 될 것이다. 모압을 탈출한 여인들이 하나님께 피할 수 있는 장소를 달라고 애원하게 될 것이다.

모압에서 쫓겨난 자신들을 보호해 주실 것을 요청한다. 폭력과 약탈이 사라지고 짓밟던 사람들이 사라질 때에 다윗 집안에서 왕이 나와 그 위에 앉을 것이다. 그는 공평하게 재판하고 정의를 베풀 것이다. 그동안 모압 사람들은 우상을 숭배하고 이스라엘을 괴롭혀 왔으며 자기들의 신전을 만들어 기도를 하지만 이 모든 것을 하나님께서 징계하시고 살아남은 자들이 얼마 되지 않고, 남은 자도 쇠약해질 것을 말씀하신다.

17장_ 아람에 대한 하나님의 말씀

이것은 다마스커스에 대한 하나님의 경고의 말씀이다. 다마스커스는 아람 즉 시리아의 수도이다. 교통과 상업의과 군사적 요충지대로 동서남북을 이어주는 중요한 위치에 자리 잡은 나라였다.

하나님께서는 다마스커스가 멸망하여 황폐해지고, 에브라임의 요새들이 무너지고, 다마스커스의 권세도 힘을 잃을 것이다. 그들은 올리브나무의 열매들처럼 흔들어 떨어뜨리고, 몇 개의 열매만 남는 것처럼, 소수의 사람들만 살아 남게 될 것이다. 그때가 되면 이스라엘의 거룩하신 분께 눈길을 돌리며, 아세라 우상에게 절하지 않게 되며, 향을 피우지도 않을 것이다. 군사들이 성난 파도처럼 소리를 지르며 돌진하고, 요란한 소리로 이스라엘 사람들을 겁에 질리게 하지만 다음날 아침이 오기 전에 적들이 죽어 있는 시체를 무수히 보게 될 것이다. 이것이 하나님의 백성들을 약탈하고 압제했던 자들에 대한 하나님의 징계임을 알 수 있게 될 것이다.

18장_ 에티오피아에 대한 하나님의 말씀

에티오피아는 구스의 다른 이름이다. 하나님께서 잠잠히 뜨거운 더위 속에서 내려쬐는 햇볕같이 에티오피아를 바라볼 것이다. 그들이 추수하기 전에 칼로 나무를 베어 버리고 가지를 찍어 버리듯 할 것이다. 죽은 너희 군사들은 새들의 먹이가 될 것이며, 땅의 모든 짐승들이 그것으로 겨울을 나게 될 것이다. 그때 강으로 땅이 나뉜 백성들 곧, 에티오피아 백성들이 예물을 가지고 만군의 여호와의 이름만이 높임을 받는 시온 산으로 올 것이다.

19장_ 이집트에 대한 하나님의 말씀

하나님의 개입으로 인한 이집트의 멸망 과정을 소개하고 있다. 여호와께서 빠른 구름을 타시고 이집트로 들어가시면, 이집트의 우상들이 그 앞에 떨며 용기를 잃어 버리게 될 것이다.

내가 이집트 사람을 부추겨 자기들끼리 싸우게 할 것이며, 형제와 형제가, 이웃과 이웃이 서로 싸울 것이다. 그 다음 이집트를 잔인한 군주에게 넘길 것이다. 이는 정치적인 내란과 앗시리아에게 식민지화 되는 것을 말한다. 그 날이 오면 이집트 사람들은 겁에 질려 여호와를 두려워 할 것이다. 그리고 이집트 땅, 한 가운데 여호와를 섬기는 제단이 세워지고, 이집트 국경에는 여호와를 기리는 기념비가 세워질 것이다.

그들은 억눌린 채 구원을 호소하게 되고, 여호와께서 사람을 보내 그들을 구원하실 것이다. 앗시리아로 가는 길을 열어, 그들과 더불어 여호와를 섬기게 되며, 이스라엘과 앗시리아와 이집트가 동맹을 맺게 되고, 여호와께서 "이집트야, 너는 나의 백성이다. 앗시리아야, 내가 너를 지었다. 이스라엘아, 너는 내 것이다. 너희는 모두 축복을 받으라" 고 하실 것이다.

20장_ 앗시리아의 이집트와 에티오피아 공격

앗시리아의 군대 장관 다르단은 블레셋의 아스돗을 공격하여 점령한다. 이 시기에 여호와께서 이사야에게 베옷을 벗고 신발을 벗으라고 말씀하신다. 그는 하나님 말씀대로 옷을 벗고 맨발로 다녔다. 여호와께서는 3년 동안 그렇게 다닌 이사야를 이집트와 에티오피아의 멸망에 관한 표적으로 삼으셨다.

그 후 앗시리아 왕이 이집트와 에티오피아를 쳐서, 백성들의 옷과 신발을 벗긴 후 사로잡아 갈 것이다. 에티오피아와 이집트 백성들이 두려워 하며 큰 수치를 당하게 될 것이다.

21장_ 바빌론에 대한 하나님의 말씀

바빌론의 멸망은 이스라엘의 해방을 의미한다. 하나님께서 바빌론에 경고를 하신다. 네게브에서 불어오는 바람처럼 광야로부터 재앙이 불어 닥친다. 엘람이 공격하고 메대가 공격하여 성 안의 모든 신음소리를 그치게 하신다. 주께서 징조를 보여주실 때, 산모가 아이를 출산할 때와 같은 고통과 두려움에 떨어야 했다. 너는 가서 파수꾼을 세워 그에게 본 대로 보고하라. 전차나 기마병이나 나귀와 낙타를 탄 사람을 보거든 주의 깊게 살피라고 하라. 파수꾼은, 주여 저는 날마다 밤낮으로 망대 위로 올라가 지키고 있고, 바빌론 성이 포위 당했으며, 바빌론의 우상들이 모두 땅에 떨어져 깨져 버렸다고 외칠 것이다.

이사야는 백성들에게 정확히 보고 들은 바를 전달한다. 내 백성이 타작마당의 곡식처럼 으깨졌고, 내 백성아, 나는 만군의 여호와 이스라엘의 하나님께 들은 그대로를 너희에게 전한다고 소리쳤다. 그리고 에돔과 아라비아에 관한 경고의 말씀도 전한다. 파수꾼에게 아침을 기다리는 심정을 말하자, 그는 아침이 오지만 다시 밤이 될 것임을 부정적으로 말한다. 아라비아에 관해서도 일년이 지나기 전에 게달의 모든 영광이 사라질 것이다. 그 때 활 쏘는 사람이 얼마 남지 않을 것이다.

이사야 선지자는 유다처럼 앗시리아에게 억압당하는 형제국가인 에돔에게 하나님께 회개하고 돌아올 것을 경고한다. 지형적 여건으로 에돔과 바빌론 사이의 사막에 위치해, 동방 국가들로부터 이스라엘의 방어벽 역할을 하던 아라비아 역시 하나님의 심판의 대상이 되었다.

22장_ 예루살렘의 심판

이사야 선지자는 예루살렘의 백성들이 하나님을 신뢰하지 않음으로 인하여 하나님의 심판을 받게 될 것을 경고한다. 성벽은 허물어질 것이며, 서로 짓밟으며 백성의 울음소리가 산까지 퍼질 것이다. 그 날에 여호와께서 슬피 울고 머리를 밀고 거친 베옷을 입으라고 하셨다. 그렇지만 백성들은 오히려 기뻐 하고 즐거워 하며 소와 양을 잡아 내일 죽을 테니 실컷 먹고 마시자고 한다.

여호와께서 내게 지은 죄는 너희가 죽기까지 용서 받지 못할 것이라고 말씀하셨다. 그리고 유다의 관리들에 대한 심판을 경고한다. 셉나라고 하는 경제 관료를 지적하여 심판을 경고하고, 머리 수건처럼 둘둘 말아 던져 버리겠으며, 거기서 죽을 것이고 높은 자리에서 쫓겨나 부끄러움을 당하게 할 것이다. 그 날이 오면, 엘리아김을 불러 네 옷을 빼앗아 그에게 입혀 줄 것이며, 그를 유다 집안의 아버지가 되게 할 것이다. 또 다윗의 집의 열쇠를 그의 어깨에 걸어 주겠다. 그가 문을 열면 아무도 닫지 못하고 또 아무도 열지 못할 것이다.

23장_ 레바논에 대한 하나님의 말씀

두로 즉 레바논에 관한 하나님의 말씀이다. 다시스의 배들아 통곡하라, 항구의 배들과 집이 파괴되었다. 시돈의 상인들은 나일의 추수한 곡식을 실어 날라 무역하므로 너희는 부자가 되었다. 바다의 요새 시돈아 부끄러운 줄 알아라, 이집트가 두로에 관한 소식을 크게 슬퍼 할 것이다. 다시스로 도망하라, 바닷가에 사는 사람들아 슬피 울어라, 만군의 여호와께서 두로에 관한 징계를 계획하셨다.

다시스야, 나일 강이 이집트를 가로지르며 흐르듯, 네 땅을 다녀보아라, 이제는 네가 머무를 항구가 없으며 다시는 기쁨을 누리지 못하고 멸망할 것이다. 바빌론을 보아라, 거기는 이제 나라가 아니다. 앗시리아가 바빌론을 폐허로 만들었고, 요새가 무너져 버렸다. 두로는 70년 동안 잊혀질 것이다. 그러나 하나님께서 두로를 살려 다시 무역을 할 수 있게 하실 것이지만, 그 모든 수익은 하나님을 위해 사용될 것이다.

24장_ 하나님이 세상을 심판하신다

열방에 대한 예언이 끝났다. 이제는 인간이 살아 가고 있는 대지에 대한 하나님의 심판에 대한 예언이다. 여호와께서 땅을 뒤엎으시고 폐허로 만드신다. 그리고 백성을 흩으신다. 사람들 때문에 땅이 더럽혀졌고 그로 인해 저주가 땅을 삼킬 것이다. 소고를 치며 기뻐 하는 소리도 멈추고, 수금소리와 노래 소리도 멈출 것이다. 마을이 혼란에 빠지고 약탈이 자행되며, 성은 폐허가 되고 성문은 부서진다.

이때에 살아 남은 자들이 소리 높여 노래를 부르고 여호와를 찬양하며, 이스라엘 하나님을 찬양할 것이다. 그러나 땅이 부서지고 심하게 흔들리며, 세상이 넘어져 다시는 일어나지 못할 것이다. 그 날이 오면, 여호와께서 하늘의 군대를 벌하시고 땅 위의 왕들을 심판하실 것이다. 그리고 예루살렘의 지도자들이 여호와의 영광을 보게 될 것이다.

25장_ 하나님께 드리는 찬양

여호와여, 주님은 나의 하나님이시니, 내가 주님을 존귀히 여겨 주님의 이름을 찬양합니다. 인간의 죄악으로 인한 하나님의 심판이 끝나고 구속의 영광을 찬양하며, 세계 만민에게 주어진 축복과 여호와의 섭리에 대한 감사의 찬양을 한다.

하나님께서는 종들을 위해 잔치를 베푸시고, 모든 민족에게서 덮개를 벗겨 내시고 영원히 죽음을 치워 버리셨다. 주 여호와께서 모든 사람의 눈에서 눈물을 닦아 주시고, 자기 백성의 부끄러움을 없애시고, 모압의 높고 굳건한 성벽을 허물어 땅바닥의 먼지처럼 만드실 것이다.

26장_ 찬양의 노래

그 날에 새 왕국 유다 땅에서 우리 성은 굳건하며 하나님의 구원의 성벽에 둘러싸여 있고 성문을 열어 의로운 하나님의 백성들이 들어갈 수 있게 할 것이다. 가난했던 사람들이 그 성을 짓밟으며, 즐거이 주님을 찬양할 것이다. 여호와여 우리는 주님을 찬양합니다. 주의 백성들이 죽었으나 다시 살아날 것이며, 시체들이 일어날 것입니다.

먼지 가운데 누워 있는 사람들이 일어나 기뻐 하며, 하나님의 생명의 빛으로 일어나게 될 것이다. 백성들이여, 네 방으로 들어가 문을 닫고 하나님의 진노가 풀리기까지 숨어 있으라, 여호와께서 이 세상 사람들의 죄를 심판하러 오실 것이다.

27장_ 새 왕국의 백성들

그 날이 오면 여호와께서 뱀을 벌하기고 바다의 용을 죽이실 것이다. 사람들은 아름다운 포도밭을 두고 노래할 것이다. 때 맞춰 물을 주고, 아무도 해치지 못하게 하여 밤낮으로 포도밭을 돌보실 것이다. 누구든지 피난처를 찾아 내게로 오면 나와 함께 평화롭게 지낼 것이다.

야곱의 백성들이 뿌리를 내리고 이스라엘이 싹을 내며 꽃을 피워, 세계가 그들의 자녀로 가득 찰 것이다. 야곱의 허물을 씻기 위해 하나님께서는 이스라엘을 심판하셨으나, 아세라 우상을 버리고 태양의 신전들과 제단들을 모조리 부숴 버려야 한다. 그리고 다시는 하나님을 욕되게 해서는 안 될 것이다. 그 날이 오면 큰 나팔소리가 울려 퍼지고 앗시리아와 이집트로 끌려 갔던 사람들이 돌아와 예루살렘의 거룩한 산에서 여호와께 엎드려 절하게 될 것이다.

28장_ 북이스라엘에 대한 경고

유다의 사마리아 성에 사는 술 취한 사람들에게 경고를 한다. 여호와께서 강하고 힘 있는 사람을 보내 극심한 홍수가 들이닥쳐, 사마리아를 뒤덮을 것이다. 술 취한 에브라임 백성에게 자랑스런 면류관이던, 그 성이 사람들에 의해 짓밟힐 것이다. 여호와께서 그 날에 아름다운 왕관이 되시고, 주의 살아남은 백성에게 화려한 화관이 될 것이다. 지도자들은 포도주와 독주에 취해 비틀거리며, 예언자들은 환상을 제대로 보지 못할 것이다.

주의 예언자들을 사람들이 비꼬며 업신여기게 되면 주께서 낯선 말로 여기 쉴 곳이 있으니 지친 사람은 와서 쉬어라, 이곳은 평화스런 곳이라고 말씀하실 것이다. 예루살렘에서 백성을 지도하는 사람들은 귀담아 들어라, 아무도 주님을 속일 수 없으며 주님께서 정의롭게 거짓을 행하는 자를 처벌하시고, 너희들이 맺은 언약들이 무효화 되고 홍수에 휩쓸려 죽게 될 것이다.

여호와의 심판은 공평하셔서 주의 교훈은 놀라우며, 주의 지혜는 뛰어나시다. 다윗이 브라심산에서 블레셋과 싸우고 여호수아가 기브온에서 싸웠듯이 여호와께서 진노하셔서 심판을 유다에게 내리실 것이다.

29장_ 예루살렘에 대한 경고

예루살렘아 내가 군대로 너를 에워싸고 탑을 쌓아 너를 포위하고 공격하겠다. 네 목소리는 네가 죽어 묻힐 땅에서 들려 오는 유령의 소리 같을 것이다. 만군이 여호와께서 오시면 천둥과 지진이 일어나며, 폭풍과 강한 바람이 멸망의 불을 이끌고 올 것이다. 번제단의 불타는 부분인 아리엘을 에워싸고, 공격해 오는 민족들이 한 밤의 환상처럼 사라지며, 시온 산을 치려는 모든 민족들이 먹고 마셔도 배고픈 것 같아질 것이다. 네 눈은 멀어서 앞 못 보는 사람이 되고 포도주를 마시지 않았음에도 비틀거리며 여호와께서 너희를 깊은 잠에 빠지게 할 것이다.

백성들은 입으로만 나를 존경한다고 하고 진정 마음은 멀어져 가고 있다.

형식적으로 나를 경배할 것이므로 내가 백성들을 놀라게 할 신기한 일을 할 것이다. 그리고 다른 민족들에게도 경고하셨다. 여호와 몰래 무슨 일을 도모하는 자들에게 재앙이 닥칠 것이다. 그런 후에 좋은 날이 오게 되고, 레바논이 기름진 땅으로 변하고 푸른 숲으로 변화될 것이다. 눈이 안 보이던 사람이 보게 될 것이며, 겸손한 사람들이 여호와로 인해 행복해지고 거룩하신 여호와 안에서 기뻐 할 것이다. 하나님께서는 아브라함과 야곱의 후손들에게 다시는 부끄럼을 당하지 않게 하실 것이다.

30장_ 반역국가에 대한 경고

여호와께서 반역하는 나라에게 경고하신다. 그들은 내 뜻대로 계획을 세우지 않았고 다른 민족과 조약을 맺을 때도 내 영에게 묻지도 않았다. 마음대로 이집트로 내려가 도움을 청하고 파라오의 도움을 받으려 했다. 그러나 이집트와 파라오의 보호를 받는 것은 실망만 안겨 줄 것이다. 이집트는 쓸모없는 민족이기 때문에 아무런 유익도 줄 수 없다.

그리고 남쪽나라 네게브에 대한 경고로 이어진다. 네게브는 위험하고 거친 곳이다. 그곳은 악독이 가득하며 낙타에 보물을 싣고 다니지만 아무런 도움을 주지 못한다. 이집트가 돕는다 하여도 아무런 도움이 없으므로 여호와의 징계를 피할 수 없을 것이다. 저들은 여호와를 업신여기고 폭력과 거짓으로 일관된 민족이다. 너희 죄 값을 치르게 되며 성벽에는 금이 가고 무너져 내려 항아리 조각처럼 깨질 것이다. 그러나 너희가 돌아와 여호와를 의지한다면 구원을 받을 것이다. 그러나 너희가 그렇게 하지 않고 말을 타고 도망침으로 뒤쫓는 자들이 너희를 쫓아가 너희는 산꼭대기 위의 깃발처럼 홀로 남게 될 것이다.

여호와께서는 너희에게 은혜를 베풀기 원하시고 위로해 주시기를 바라신다. 다음은 시온 산에 사는 하나님의 백성들에게 위로의 말씀을 주신다. 비록 주님께서 너희에게 슬픔과 고통을 주셨지만, 여호와는 여전히 너희와 함께 계시며 돌봐 주실 것이다. 너희들이 은과 금을 입힌 우상을 던져 버린다면, 여호와께서 많은 축복을 내리실 것이다. 여호와께서 불 같은 진노와 큰 폭풍으로 앗시리아를 치실 것이다. 소고와 수금 소리에 맞춰 적들을 치실 것이며, 앗시리아의 왕을 불로 심판하실 것이다.

31장_ 이집트를 의지하지 마라

이집트로 내려가 도움을 요청하는 자들에게 재앙이 내릴 것임을 말씀하신다. 여호와를 의지하지 않고 도움을 요청하지 않으며 악을 행하는 자들을 돕는 백성들을 심판하실 것이다. 이집트 사람들은 하나님이 아니다. 여호와의 진노가 시작되면 도움 받는 자나 도움 주는 자들 공히 쓰러져 망하게 된다. 여호와께서 사자처럼 내려오셔서 시온 산 위에서 싸우실 것이다. 그리고 예루살렘을 보호하시고 지켜 내실 것이다.

이스라엘 자손들아 너희가 반역했던 하나님에게 다시 돌아오라, 그 날이 오면 너희가 만들었던 우상을 던져 버리고 다시는 섬기지 말아야 한다. 앗시리아는 망하며 사로잡혀 노예가 되고 지휘관들은 여호와의 깃발을 보면 겁에 질려 도망치고 말 것이다.

32장_ 정의의 나라

아하스 왕이 정권유지에 급급한 나머지 의롭지 못한 국가들과 동맹을 맺어 하나님의 뜻을 거스르는 일을 본 이사야는 의로운 왕이 나와서 정의와 공의로 나라를 통치하실 것을 경고한다. 아하스의 아들 히스기야를 뜻하는 의로운 지도자는 선한 일을 계획하며 그 일을 실행하게 된다.

그리고 여자들에게 경고한다. 일년이 지나면 너희들에게 두려운 일이 닥칠 것이다. 포도와 여름 과일을 거두는 일도 못하게 되며, 고운 옷을 벗어 버리고 굵은 베옷을 입으며 가슴을 치고 통곡하라, 왕궁은 텅 비고 백성들은 성에서 떠나 요새의 망대가 영원히 폐허로 변하여 풀밭으로 바뀌게 될 것이다. 이러한 심판은 하나님이 높은 곳에서 우리에게 그 영을 부어주실 때까지 계속될 것이다.

그 후에 사막이 기름진 밭이 되며 푸른 숲이 생겨나고 어디서나 정의 와 공평을 찾을 수 있게 될 것이다. 내 백성들이 평화로운 장소에 거처하며 평안히 쉬게 될 것이라고 하며 심판과 회복의 예언을 한다.

33장_ 구원을 바라는 기도

아직 남에게 악한 일을 하고도 망하지 않은 사람에게 재앙이 닥칠 것을 경고한다. 반역을 하고도 아직 배반 당하지 않은 사람에게도 재앙이 닥칠 것이며, 남을 반역하던 일을 그치면 남들이 너를 배반하게 될 것이다. 앗시리아와 히스기야의 조약은 앗시리아의 산헤립의 과도한 야망으로 좌초되자 이사야는 자기 나라의 안위를 여호와께 기도로 호소한다.

여호와여, 우리에게 은혜를 베풀어 주소서. 우리가 주의 도움을 기다립니다. 어려운 일을 당할 때 우리를 구원해 주기를 간구한다. 이사야의 간절한 기도를 여호와 하나님께서 들어주시므로 예루살렘을 지켜주신다. 우리의 절기를 지키는 시온 성을 보아라, 영원한 안식처인 예루살렘을 볼 것이며, 전능하신 분께서 우리를 지켜 주시고 보호하여 평강을 주실 것이다. 여호와께서 너희가 착취한 재산을 다시 우리에게 나눠 주실 것이다.

34장_ 원수들을 멸하심

여호와께서 모든 이방 민족에게 진노하셔서, 저들을 멸하시게 된다. 시체가 쌓이고 피가 산 아래로 흐르고 하늘에서 여호와의 칼이 내려와 에돔을 심판하실 것이다. 그리하여 땅이 피로 물들고 흙이 기름으로 뒤덮일 것이다. 에돔의 강들이 유황으로 변하고 불이 밤낮으로 타오르고, 다스릴 사람이 없어지며, 막강한 요새에는 가시덤불이 자라고 야생조류와 짐승들이 짝을 이뤄 서식하게 될 것이다. 하나님께서 그 짐승들에게 땅을 분배하여 경계를 정해 주시고 영원히 차지하게 만드실 것이다.

35장_ 위로하시는 하나님

광야와 메마른 땅이 기뻐하며 사막이 꽃을 피울 것이다. 마치 레바논의 숲처럼, 갈멜산과 샤론의 평화처럼 아름다울 것이다. 모든 사람이 여호와의 영광을 보며 하나님의 광채를 볼 것이다. 모든 사람이 회복되어 보지 못하던 사람이 보게 되며 의로운 사람들은 사막이 있던 곳에 만들어진 새 길을 걷게 되며, 그 길은 오직 하나님이 구원하신 사람들만 다닐 수 있다. 여호와께서 자유를 주신 백성들이 시온에 돌아와 영원한 기쁨의 노래를 부를 것이며, 슬픔과 고통이 사라지고 즐거움과 행복이 넘치게 될 것이다.

36장_ 앗시리아가 유다를 공격하다

히스기아 왕 14년에 앗시리아의 산헤립 왕이 유다의 요새를 공격해 왔다. 산헤립은 야전사령관 랍사게를 큰 군대와 함께 예루살렘의 히스기야 왕에게 보낸다. 엘리아김과 셉나와 요아가 그들을 맞으러 윗 못 근처로 나갔다. 랍사게가 그들에게 이집트는 부러진 갈대 지팡이에 불과한데, 그 나라를 믿고 의지하는가를 따진다. 랍사게는 성벽에 앉아 있는 히브리 백성에게 큰 소리로 외친다. 엘리아김은 그들에게 백성들이 알아듣지 못하게 아람말로 해줄 것을 당부하지만, 그들은 더 큰 소리로 히브리말로 히스기야를 욕한다.

앗시리아 왕과 화친하면 자유를 누리며 빵과 포도가 풍부하게 살아갈 수 있다고 호언장담을 한다. 백성들은 그 소리를 듣고 잠잠했다. 그것은 랍사게의 말에 아무런 대답도 하지 말라는 히스기야 왕의 명령이 있었기 때문이었다. 엘리아김과 셉나와 요아는 심히 불쾌하여 돌아와 옷을 찢으며 슬퍼 한다.

37장_ 히스기야가 하나님께 도움을 청한다

히스기야가 그 말을 듣고 자기 옷을 찢었다. 너무 슬퍼서 베옷을 입고 여호와의 성전으로 가서 제사장들을 엘리아김과 함께 아모스의 아들 예언자 이사야에게 보낸다. 그는 이사야에게 앗시리아 산헤립에게 당한 모욕과 울분을 전한다.

이미 이사야는 그 상황을 알고 있었다. 그들이 오자마자 들은 말 때문에 두려워 하지 말라고 하고 여호와께서 앗시리아 왕에게 영을 넣어 자기 나라로 돌아가게 할 것이라고 말했다. 앗시리아 왕은 너희 하나님에게 속지 말 것을 종용한다. 히스기야는 그 소식을 전해 듣고는 여호와 앞에 편지를 펼쳐 놓고 간절히 기도 드렸다. "우리 하나님이시여 우리를 앗시리아 왕의 손에서 구해 주십시오 그러면 땅 위 모든 사람들이 여호와만이 하나님이신 것을 알게 될 것입니다"라고 기도했다.

그러자 하나님께서 응답하신다. 이사야에게서 하나님이 하신 응답의 내용을 듣게 된다. "앗시리아 왕아, 나 여호와가 오래 전에 결정했고 지금 일어나고 있는 일들도 오래 전에 계획한 것이다. 네가 여호와인 나를 욕되게 하고 험한 말을 한 것도 알고 있다. 너는 네가 온 길로 돌아갈 것이다" 란 말을 전달한다.

그리고 히스기야에게 여호와께서 답변하신다. 히스기야에게 표적을 주시며, 백성들이 저절로 자란 곡식을 먹을 것이며, 3년 뒤에 심고 거두게 될 것임을 말씀하셨다. 유다 집안의 남은 백성들이 구원을 받을 것이며, 예루살렘과 시온 산에서 살아 남은 백성들이 나오며 만군의 여호와께서 앗시리아 왕은 이 성에 들어오지 못하며, 화살 한 발도 쏘지 못할 것임을 말씀하셨다.

그 날 밤에 여호와의 천사들이 내려와 앗시리아 병사 18만 5천명을 죽였고 산헤립은 니느웨로 퇴각했다. 산헤립은 자기의 신전에서 예배하고 있을 때, 그의 아들들에 의해 칼로 죽임을 당한다. 아버지를 살해한 아들들은 아라랏 땅으로 도망치고, 다른 아들 에살핫돈이 왕위를 물려 받게 되었다.

38장_ 히스기야의 병

그 무렵 히스기야는 죽을 병에 걸려 있었다. 이사야가 와서 그에게 죽을 준비를 하라고 말한다. 이사야의 말을 들은 히스기야는 얼굴을 벽 쪽에 대고 간절하게 기도를 하며 통곡을 한다. 그 때에 여호와께서 이사야에게 말씀하셨다. 다시 돌아가 히스기야에게 "네 기도를 들었고 네 눈물을 보았으니, 네 목숨을 15년 더 늘려 주겠다" 고 말씀하셨다.

이사야는 하나님께 들은 그대로를 히스기야에게 전해 주었다. 그리고 무화과 열매를 통한 치료를 병행한다. 그는 이사야의 말대로 병을 고치게 되고 여호와께서 자신을 구해 주셨다고 기뻐하며 하나님을 찬양한다.

39장_ 바빌론에서 온 사자들

그 무렵 바빌론 왕이 히스기야의 병이 나았다는 소식을 듣고 편지와 선물을 보내 왔다. 그는 기쁜 마음에 왕궁에 있는 귀한 보물들을 하나도 빠짐 없이 그들에게 보여주었다. 이사야가 저들이 어디서 왔는지를 묻자, 히스기야는 바빌론에서 온 사자들이라고 소개한다. 그러자 여호와의 말씀이 이사야에게 임하는데 그것은 왕궁 안에 있는 모든 것을 바빌론에게 빼앗길 것이며,

네가 낳은 자녀들도 사로잡혀 갈 것이라고 말씀하신다.

40장_ 심판이 종결되다

여호와께서 심판을 끝마치셨음을 이스라엘 백성에게 전하라고 말씀하신다. 어떤 사람이 외치기를 "광야에서 여호와의 길을 준비하라, 모든 골짜기가 높아지고 모든 산이 낮아지며, 거친 땅이 평탄케 되며, 여호와의 영광이 나타날 것이다." 그리고 주께서 능력으로 주의 백성들을 다스리실 것임을 선포한다. 하나님의 능력을 인정하고 여호와를 의지하는 사람은 새 힘을 얻고 독수리가 하늘로 솟아오르듯 올라갈 것이며, 그런 사람은 뛰어도 지치지 않으며, 걸어도 피곤치 않을 것이다.

41장_ 이스라엘을 도우시는 하나님

하나님께서는 이스라엘 백성들을 향하여 다시 한 번 선택 받은 민족이며 여호와의 종으로 확인시켜 주신다. 여호와께서 너희를 먼 나라에서 불러 왔고 선택하였으므로 내가 너희와 함께 있을 것이다. 너희를 강하게 하며 오른팔로 너희를 붙들어 줄 것이다. 이스라엘의 거룩한 하나님께서 너희를 구원하겠다고 말씀하신다.

하나님께서는 이스라엘의 회복을 만인 앞에 공증하시고, 이스라엘을 향해 대적하거나 화를 내는 강대국들을 멸하시므로, 너희와 싸우던 사람들이 완전히 사라질 것이다. 전능하신 하나님께서 이스라엘을 위한 많은 일들을 하셨음을 알게 될 것이며, 우상을 완전히 버림으로 진정한 이스라엘의 해방과 승리를 맛볼 수 있게 되었다.

** **주요구절** **
41 : 10 두려워 말라, 내가 너와 함께 함이니라. 놀라지 말라, 나는 네 하나님이 됨이니라. 내가 너를 굳세게 하리라, 참으로 너를 도와주리라. 참으로 나의 의로운 오른손으로 너를 붙들리라.

42장_ 여호와의 종

종의 노래 중 첫 번째 노래이다. 그는 내가 선택한 사람이며, 내가 기뻐 하는 사람으로, 영을 그에게 주어 그가 모든 민족에게 정의를 베풀 것이다. 그는 조용히 말하며 상한 갈대를 꺾지 않고, 꺼져 가는 등불도 끄지 않을 것이다. 바다 건너 먼 나라 백성까지도 그의 가르침을 믿고 의지할 것이다.

여호와 하나님께서 이사야에게 말씀하셨다. 그 분은 하늘과 땅과 그 안에 있는 모든 것을 만들어 펼치신 분이다. 그 분은 땅 위의 모든 사람에게 호흡과 생명을 주신 분이다. 그는 어둠 속에 사는 사람을 감옥에서 끌어내며, 이름 그대로 영광을 홀로 받으며, 찬양을 받을 것이라고 계시하셨다. 노래로 여호와를 찬양하고, 우상을 버리고 오로지 하나님을 찬양할 것을 노래하고 있다. 여호와의 이런 말씀을 이해하지 못하고 하나님께서 구원하실 백성들이 죄악에서 돌이키지 못하고 있으므로 이사야는 한탄하며, 이스라엘 백성들이 심판 받게 될 것을 예언한다.

43장_ 언제나 함께 하시는 하나님

그럼에도 불구하고 하나님께서는 이스라엘 백성을 버리지 않으시고 사랑으로 감싸 주신다. 이스라엘 백성아, 내가 너희를 만들고 구원하였으니 두려워 하지 말라고 말씀하신다. 너희들이 강을 건널 때나 불 사이로 걸을 때에도 물이나 불이 해치지 못할 것이다. 왜냐하면 나 여호와 하나님은 이스라엘의 거룩한 자이고, 너희를 구원할 구원자이기 때문이다. 바빌론에 군대를 보내 성문을 부수게 했고, 바빌론 사람들에게서 노랫소리 대신 애통하는 소리가 나오게 했다.

하나님은 끝까지 스스로 택하신 백성들에게 질병과 전쟁과 포로 됨으로 연단과 시련을 주시지만, 끝내 구원해 주시고 모든 권위를 회복해 주시는 하나님인 것이다. 그러나 너희는 나를 부르지 않았고 싫증을 내며, 번제의 양을 가져오지 않았다. 너희가 나를 위해 돈을 주고 향을 사지도 않았고, 제물의 기름도 가져오지 않았다. 오히려 너희는 수많은 죄를 지어 나를 지치게 하였다. 그러나 너희 죄를 용서해 주었다. 너희의 첫 조상부터 나에게 죄를 지었고, 지도자들은 내게서 등을 돌렸으므로 그로 인해 내가 이스라엘 백성에게 재앙을 내렸고 모욕을 당하도록 한 것이다.

44장_ 유일하신 여호와

여호와의 말씀은 계속되어진다. 그는 이스라엘 백성들을 만드시고 택하셨으며 도움을 주시는 분이시다. 내가 메마른 땅에 물을 붓고 시내가 흐르게 하며 너희 자손에게 영을 부어 주고, 시냇물처럼 복이 흐르게 해줄 것이다. 나는 처음이요 끝이며 나밖에는 다른 신이 없다. 그리고 모든 미래를 말해주는 자는 아무도 없으므로, 너희는 나의 증인이 되었다. 우상은 헛된 것이며, 그런 우상을 섬기는 자들은 부끄러움을 당할 것이다.

여호와께서는 예언자들을 통해 예언을 하게 하셨고, 그 예언을 성취하게 하셨다. 고레스를 통해 나의 뜻을 이루게 할 것이다. 그리고 예루살렘이 다시 세워질 것임을 말했으며, 성전의 기초가 다시 놓일 것을 말했다.

45장_ 고레스를 세우시다

여호와께서 고레스에게 기름을 부어 오른손을 들게 하여 민족을 물리치게 하고, 왕들이 무릎을 꿇게 하며, 그가 가는 곳마다 문빗장을 열게 하고 여호와께서 그보다 먼저 가서 굽은 길을 평탄케 해 주실 것을 말씀하신다. 나는 우주만물을 창조하신 여호와임을 거듭 밝히신다. 그런 후에 온 세상의 사람들을 향해 여호와께 돌아와 구원을 받으라고 하신다. 그리고 맹세를 하신다. 여호와의 말과 맹세는 바뀌지 않으며, 모든 사람이 무릎을 꿇게 되고 따르게 될 것이다. 사람들이 정의와 능력은 오직 여호와께만 있다고 말하게 될 것이다. 이스라엘 백성들은 여호와의 도움으로 의롭게 되고 그로 인해 주를 찬양할 것이다.

46장_ 우상은 헛되다

바벨론의 우상인 벨과 느보를 짐승들이 싣고 가지만 짐승들을 지치게 하는 헛된 짓이다. 우상들은 자신도 구원하지 못하고 고꾸라지며 포로처럼 끌려간다. 그렇지만 여호와께서는 너희들을 인도하며 구원해 주실 것이다. 여호와께서 머지 않은 날에 의로운 일을 하실 것이다. 여호와의 구원의 계획이 이뤄지고 시온을 구하며 이스라엘을 영화롭게 할 것이다.

47장_ 바빌론의 심판

모든 악의 주인이 된 바빌론을 심판하시려는 여호와의 말씀을 선포하고 있다. 바빌론 성아 내려와 티끌에 앉아라, 바빌론 사람들아 너희가 통치자가 아니다. 너희가 이제는 좋은 말로 칭찬 받지 못할 것이다. 멋진 치마를 걷어 올리고 강을 건너며, 벗은 몸이 드러날 것이고, 너희의 부끄러운 모습이 드러날 것이다. 만군의 여호와께서 너희 원수를 갚으실 것이다.

너희는 이스라엘 백성을 무자비하게 다뤘으며 노인들을 학대하였고 고된 일을 시켰다. 너희들은 자녀와 남편을 하루아침에 잃게 될 것이다. 어떤 마술과 속임수로도 너희를 구원할 수 없다. 점성술사든지 속임수를 하는 자들이던지 마술사를 불러다가 너희 앞길을 예단해 보아라, 그들은 모두 제 갈 길로 가버릴 뿐 한 사람도 너희를 구원해 주려 하지 않을 것이다.

48장_ 미래를 다스리시는 하나님

여호와께서는 이스라엘 백성들에게 행해질 많은 일들을 미리 알려 주고, 그것을 모두 이루게 하셨지만 너희는 정직하지도 진실하지도 못했다. 너희 고집은 세고 목의 힘줄은 쇠 같으며 이마는 놋쇠 같다. 그래서 여러 가지 일들을 미리 알려 주었지만 너희들은 듣지 않았고 깨닫지도 못했다.

여호와께서는 이스라엘 백성들이 자신을 배반할 것을 아셨고 주께서는 모든 것을 아시고도 참아 오셨다. 스스로의 영광을 위하여 너희를 멸망시키지 않았던 것이다. 그것은 오로지 여호와의 이름을 더럽히지 않기 위해서였다. 너희는 모두 와서 귀를 기울여라, 여호와께서 너희에게 유익한 일을 가르치며 마땅히 가야 할 길을 가도록 인도하실 것이다.

여호와께서는 내 백성아 바빌론을 떠나라, 그리고 여호와께서 자기 백성을 구원하셨고 외치라고 말씀하셨다. 그리고 백성들이 사막을 건널 때 목마르지 않게 하시고 바위를 쪼개 샘물이 솟아나게 하셨으며, 악한 사람들에게는 평화가 없음을 강조하셨다.

49장_ 여호와의 종

종의 노래라고 불리는 4개의 노래 중에서 두 번째 노래이다. 바닷가 땅에 사는 백성들과 멀리 떨어진 곳에 사는 민족들에게 여호와의 종에 대한 노래가 전해진다. 어머니의 뱃속에 있을 때서부터 여호와께서 내 이름을 부르셨다. 여호와께서 내가 너를 통해 내 영광을 나타내야겠다고 말씀하셨고, 선택받은 이스라엘을 회복시킬 사명과 이방에 빛을 비추어 구원을 베풀 사명을 위해 부름 받았음을 노래하고 있다.

구원의 날에 대해 여호와께서 때가 되면 내가 너의 기도를 들어 주겠다. 구원의 날에 내가 너를 돕고 지켜 줄 것이다. 네가 죄수들에게 자유를 줄 것이며, 먹을 것을 주시며, 어떤 것으로도 너를 해치지 못할 것이다.

여호와께서는 고통 당하는 사람들을 불쌍히 여기신다. 하나님의 구원의 약속이 있었음에도 이스라엘 사람들은 하나님께 불확실한 말을 한다. 그래서 여호와께서 예루살렘과 그 자녀들에게 말씀하신다. "시온은 주께서 나를 버리셨다"라고 말하지만 여호와께서는 어머니가 자신의 아이를 잃는다 해도 나는 너를 잊지 않을 것임을 말씀하신다.

네 눈을 들어 사방을 둘러보면 모든 자녀들이 모여들고 있음을 알게 될 것이다. 황폐하고 망해 버린 땅을 회복시켜 자녀들이 돌아와 이 땅에 살게 되고 전쟁 때 포로 된 사람들이 풀려나 시온으로 돌아오게 된다. 여호와께서 적들과 싸워 네 자녀들을 구해 낼 것이다. 너에게 고통을 안겨준 자들에게 제 살을 먹게 하고 포도주처럼 피를 마시게 하고 그때 너의 구원자가 전능하신 여호와이심을 알게 될 것이다.

50장_ 고난 받는 여호와의 종

여호와께서는 이스라엘 백성들이 포로가 되어 잡혀간 것에 대한 원망을 아시고 너희 죄로 인해 스스로 팔렸으며, 너희 어머니가 쫓겨난 것은 너희 허물로 인함이란 것을 분명히 하신다. 여호와의 종에 대한 세 번째 노래이다. 종을 세워 가르칠 능력을 주시고 귀를 열어 주시며 때리는 자에게 등을 내주고 뺨을 내주었다. 그들이 나를 조롱하고 내게 침을 뱉을 때 내 얼굴을 가리지 않았다. 보라, 주께서 나를 도우시므로 누가 나에게 죄 있다고 할 수 있느냐? 어둠 속을 걷고 빛이 없는 길을 가더라도 여호와를 의지하고 하나님을 믿어라, 스스로 불을 밝힌다고 자부하는 자들은 저들이 피워 놓은 불꽃

속으로 걸어들어 가게 될 것이다.

51장_ 예루살렘의 구원

여호와께서 아브라함을 축복하여 수많은 자녀를 주심같이 시온을 위로하여 주신다. 폐허 속에 사는 사람들에게 자비를 베푸시고 그 광야를 에덴동산처럼 만들고 감사와 찬양이 가득하게 하실 것이다. 이는 의로움으로 너희를 구원할 것이다. 의롭게 살아가는 남은 자를 위한 여호와의 격려인 것이다. 이집트를 치시고 홍해를 건너게 해 주신 여호와께서 풀려난 백성들이 돌아올 것을 확신하는 선지자의 말이다.

하나님께서는 세상을 창조하시고 주관하시는 능력의 하나님을 믿고 따르기를 권면하신다. 그러나 포로생활을 경험하는 것은 하나님의 계획에 의거한 연단의 과정으로 주의 백성들이 맛보게 될 쓰라린 고난의 사건이었음을 말씀하신다. 이제 너희에게 고난을 준 자들에게 고난의 잔을 마시게 할 것이다. 그들은 너희 등을 땅을 밟듯 짓밟았다. 그들에게 하나님의 진노가 임할 것임을 확실하게 선포하신다.

52장_ 주의 백성을 해방시키다

"깨어라, 힘을 내라 시온아, 거룩한 성 예루살렘아, 다시 아름다운 옷을 입어라." 여호와께서 주의 백성을 적들의 압제에서 해방시키실 것을 확실하게 말씀하신다. 한때 포로였던 예루살렘 그리고 시온은 너희가 값없이 팔려가 포로생활을 하였으므로 값없이 구원해 주실 것이다. 이집트로 내려가 살 때, 앗시리아가 이유 없이 내 백성들을 압제하였다.

그러나 그 날에 내 백성들이 내 능력과 이름을 알게 할 것이다. 내가 하나님인 것을 알게 할 것이다. 아름다워라 기쁜 소식을 가지고 산을 넘어 오는 사람이여, 평화를 선포하고 좋은 소식을 가져오며 구원을 선포하는 사람이여, 시온에 하나님은 왕이시라고 전하러 다니는 사람의 발이여, 폐허의 예루살렘이여, 이제 소리 높여 기뻐하라, 예루살렘을 주께서 구원하셨다.

모든 민족에게 거룩하신 능력을 나타내신다. 그 때에 이 땅의 모든 사람이 하나님의 구원을 보게 될 것이다. 그리고 고난 받는 종에 대한 네 번째 노래가 시작된다. 보아라, 내 종이 지혜롭게 행동하며 사람들로 존경과 칭찬을 받을 것이다. 그가 높이 들림 받아 존귀케 되지만, 사람들은 그를 보고 놀리며, 그가 매를 맞고 피를 흘림으로 그의 얼굴이 너무 상하여 사람처럼 보이지 않을 것이다. 그렇지만 그는 여러 백성을 놀라게 할 것이다. 왕들은 놀라 입을 다물게 되고, 그는 아무도 일러 주지 않은 것을 보게 되며, 아무도 듣지 못한 것을 듣게 될 것이다.

53장_ 여호와의 위대한 종

그는 여호와 앞에 새싹처럼 나무 줄기처럼 메마른 땅에서 자라났고, 그에게는 눈길을 끌 만한 위엄이나 아름다움도 없었다. 그는 사람들에게 미움과 멸시를 받았고 아픔과 고통을 겪었다. 사람들은 그를 바라보려 하지도 않았으며, 우리 가운데 아무도 그를 귀히 여기지 않았다. 그는 우리의 질병을 짊어지고, 우리의 아픔을 대신 겪었으나, 우리는 그가 하나님께 벌을 받아 고통을 당한다고 생각했다.

그가 상처를 입은 것은 우리 허물 때문이고, 그가 짓밟힌 것은 우리의 죄 때문이다. 그가 매를 맞으므로 우리가 평화를 얻었고, 그가 상처입음으로 우리가 고침을 받았다. 우리는 모두 양처럼 흩어져 제 갈 길로 갔으나, 여호와께서 우리의 모든 죄 짐을 그에게 지게 하셨다. 그는 매를 맞고, 고난을 당했으나, 어린 양과 같이 잠잠하고 입을 열지 않았다. 사람들이 정의를 짓밟고 그를 거칠게 끌고 갔다. 그가 살아 있는 사람들의 땅에서 끊어졌으니, 누가 그 세대 사람들 가운데서 어느 누가 자기들의 죄 때문에 그가 죽임을 당했다고 생각하겠는가? 그는 악한 일을 한 적이 없고, 거짓말을 한 적도 없지만, 악한 사람들과 묻히고, 그의 무덤이 부자들 사이에 있었다.

그러나 그에게 상처를 입히고, 고통을 준 것은 여호와의 뜻이었다. 여호와께서 그를 죄악을 씻기 위한 속제의 제물로 삼으신 것이다. 많은 고난을 겪은 뒤에 그는 결과를 보고 만족할 것이며, 그의 의로움으로 인하여 많은 사람들을 의롭게 될 것이다. 그는 기꺼이 자기 목숨을 죽음 위로 내놓았고, 죄인 취급을 받았다. 그는 많은 사람의 죄를 짊어졌고, 죄 지은 사람들을 대신해서 용서를 빌었다. 이 부분은 이사야서 중에 가장 유명한 것으로 그리스도께서 종의 모습으로 오시게 됨을 너무나 확연하게 예언한 사건이다.

** 주요구절 **
53 : 4 그는 실로 우리의 질고를 지고 우리의 슬픔을 당하였거늘 우리는 생각하기를 그는 징벌을 받아서 하나님에게 맞으며 고난을 당한다 하였노라, 5 그가 찔림은 우리의 허물을 인함이요 그가 상함은 우리의 죄악을 인함이라 그가 징계를 받음으로 우리가 평화를 누리고 그가 채찍에 맞음으로 우리가 나음을 입었도다, 6 우리는 다 양 같아서 그릇 행하여 각기 제 길로 갔거늘 여호와께서는 우리 무리의 죄악을 그에게 담당시키셨도다.

54장_ 영원한 하나님의 사랑

앞 장에서 죄 없는 주의 종이 고난을 받은 것은 이스라엘 백성이 지은 죄를 인함이었다. 너희가 한 번도 아기 낳은 고통을 겪지 못했으나, 남편을 둔 여자보다 더 많은 자녀를 가질 것임을 비유로 노래하고 있다. 이스라엘 백성의 수가 늘어날 것을 예언한 것이다.

두려워 하거나 당황하지 말고 부끄러워 하지도 마라, 너를 지으시고 구원하실 분은 이스라엘의 거룩하신 하나님이시다. 잠시 내가 너를 버렸으나 큰 은혜로 너를 데려올 것이다. 영원한 사랑으로 너에게 은혜를 베풀 것임을 말씀하신다. 영원히 평화를 누리고 승리를 보장해 주는 이가 여호와이심을 깨닫게 되기를 바라신다. 포로로 잡혀간 이스라엘 백성들이 바빌론으로부터 해방하게 됨을 은유하고 있다.

55장_ 좋은 것을 주시는 하나님

하나님께서는 목 마른 자들을 불러 값없이 포도주와 우유를 제공하신다. 와서 귀를 기울여 들으면 너희가 살게 되고, 영원한 언약을 맺으며 다윗에게 약속한 복을 줄 것이다. 여호와를 찾아라, 가까이 계실 때에 여호와를 불러라. 악한 사람은 돌이키고 죄인의 생각에서 벗어나 여호와께 돌아오면 큰 자비를 베푸실 것이다. 새롭게 각성하고 회개하는 사람을 용서해 주시며, 의심하지 말고 여호와께 돌아오면 기쁨과 평화를 누리며 살게 되고, 산과 언덕이 너희 앞에서 큰 소리로 노래하며, 숲의 모든 나무가 손뼉을 치며 환대할 것이고, 하나님의 말씀과 언약이 반드시 이뤄져 너희에게 기념이 되고 영원히 남을 것이다.

56장_ 모든 민족이 여호와께 복종하게 된다

너희는 정의를 지키고 올바른 일만 하여라, 내 구원이 곧 이를 것이며, 정의가 곧 나타날 것이다. 하나님께서는 구원의 소망을 가진 사람들에게 율법을 지키게 하고, 이스라엘 백성과 이방 민족을 구분하지 않으시고, 하나님을 섬기는 모든 사람들에게 구원의 성취가 있을 것임을 확인해 주신다.

내 집은 온 백성이 모여 기도하는 집이라 불리기 때문에, 외국 사람이라도 하나님을 믿고 율법을 준수하며 여호와를 섬기는 자는 거룩한 산으로 인도할 것이며, 내 기도하는 집에서 기쁨을 누리게 할 것이다. 그리고 이스라엘 지도자들의 악함을 비난하신다. 백성을 지켜야 할 파수꾼들이 눈이 멀었다. 그들은 굶주린 개 같고 목자이면서 자기가 해야 할 일이 무엇인지를 모르고 자기 이익만 찾는다. 그들이 말하기를 "와서 포도주를 마시자, 마음껏 독주를 퍼 마시자, 내일도 오늘처럼 마시자, 그러면 더욱 신나는 일이 있을지도 모를 것이다"라고 게으르고 사리사욕에 빠져 방탕한 지도자들을 책망하고 있다.

57장_ 이스라엘의 우상숭배

이스라엘 백성들은 의로운 사람이 죽어도 아무도 의문을 갖지 않았다. 그들은 하나님께서 악으로부터 의인을 보호하고 계심을 깨닫지 못한 것이다. 그러나 의로운 길을 가는 사람은 죽을 때에도 평화와 안식을 누리게 된다. 이스라엘 백성들이 바빌론에 포로로 잡혀가 그 곳에 살며 우상숭배에 빠져들게 되는데, 하나님께서 마술사와 음란한 자의 자녀와 음탕한 짓을 하는 악인들에게 우상숭배의 잘못을 질책하신다. 음란과 음탕의 우상, 심지어 자녀들까지 제물로 바친 이스라엘 백성들에게 우상을 의지하고 섬김이 얼마나 헛된 것인가를 지적하고 있다.

여호와를 의뢰하는 것이 이 땅을 차지하고 내 거룩한 산을 물려 받게 될 것임을 대비시켜 준다. 그럼에도 불구하고 하나님께서는 이스라엘을 위하여 백성들이 다시 돌아올 수 있도록 새 길을 닦게 하신다. 나는 마음이 슬프고 겸손한 자들에게 새 생명을 줄 것이다. 내가 먼 곳과 가까운 곳에 사는 사람들에게 진정한 평화를 주겠다. 내가 그들을 모두 고쳐 주겠다. 그러나 악한 사람은 성난 바다처럼 안식을 누리지 못한다. 악한 사람에게는 평화가 없음을 말씀하신다.

58장_ 하나님을 섬기는 법

이사야 선지자는 이제부터 마지막까지 이스라엘의 현재에서 미래를 조망한다. 이스라엘 백성들의 잘못된 신앙을 책망하며, 올바로 하나님을 모시는 방법을 전한다. 공의로운 여호와께서는 이스라엘 백성들이 현재까지 해 오던 섬기는 일이 잘못 되었으며, 금식을 하는데 있어서도 사라사욕과 이기적 생각을 버리지 못하였으므로 주님께서 즐거이 받지 못하는 이유를 밝히신다.

진정 여호와께서 바라는 금식은 갇힌 자를 풀어 주고 고된 노동을 시키지 말고, 굶주린 사람에게 음식을 나눠 주어 헐벗은 사람에게 옷을 입혀 주는 자비의 정신을 가지고 임해야 함을 말씀하신다. 안식일을 거룩히 지켜 진정으로 여호와를 찬양하는 길만이 너희가 야곱에 물려준 축복을 되찾는 길인 것을 말씀하신다.

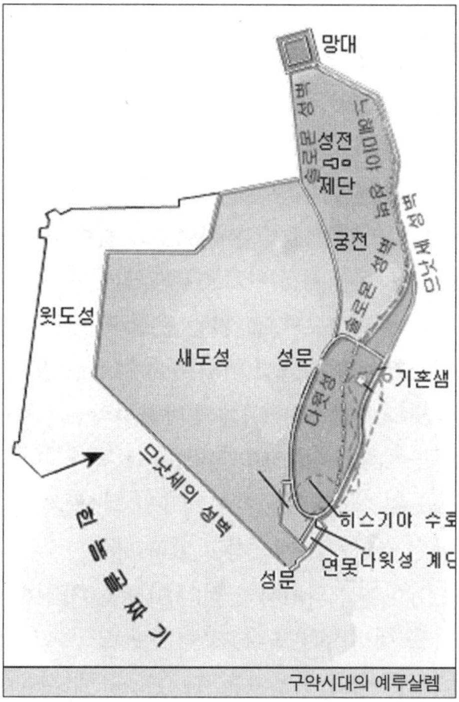

구약시대의 예루살렘

59장_ 백성의 죄

도덕적 잘못과 삐뚤어진 이기심으로 인하여 복을 받지 못하게 된 것을 지적한 다음, 여호와께서 귀가 없어 너희 기도를 못 듣는 것이 아니라고 전제하고, 무고한 살인과 불의와 사악한 음모, 지나친 호전성으로 인해 기도의 응답을 받지 못하고 있음을 지적하고 있다. 이런 죄악으로 말미암아 이스라엘에 재앙이 닥쳤으며, 어둠 속에 마치 죽은 사람처럼 지내야 했던 것이다.

이제 하나님께서 이스라엘 백성을 주도적으로 구원하실 계획을 말씀하신다. 여호와께서 정의의 옷으로 갈아 입으시고 구원의 투구를 쓰시며, 심판의 옷을 입으시고, 뜨거운 사랑의 옷을 겉옷으로 입으시고, 이스라엘의 구원과 회복을 위한 새로운 언약을 맺으신다.

60장_ 예루살렘의 영광

하나님의 구원의 사역에 맞춰 이스라엘은 시온의 영광을 되찾는다. 1차적인 바빌론 포로의 귀환을 상징하는 시온의 영광은 세상에 알려야 할, 여호와의 영광이 민족 앞에 떠오르심을 의미하고 있다. 사방에서 사람들이 돌아오며, 바다 건너편 재물이 이스라엘로 건너오고, 낙타들이 땅을 덮을 정도로 올 것이며, 여호와를 찬양하게 될 것이다.

외국 사람들이 예루살렘 성을 다시 찾을 것과 성문이 밤낮으로 닫히지 않고, 주변 나라들이 재물을 가지고 이스라엘을 향해 올 것이다. 레바논의 큰 나무와 전나무와 회양목이 올 것이며, 너를 해치고 미워하던 자들이 발 앞에 꿇어 엎드릴 것이다. 모든 이스라엘 백성은 의롭게 되며 영원히 땅을 차지하고, 작은 집안이 큰 족속을 이루고, 큰 나라를 이루게 될 것이다.

61장_ 여호와의 구원

구원의 역사가 일어나는 과정을 설명하고 있다. 메시아의 출현을 예언하고 있다. 주 여호와께서 내게 영을 주셔서 기름을 부으시고, 가난한 사람들에게 기쁜 소식을 전하게 하였다. 메시아가 이렇게 오심으로 주 여호와께서 의와 찬송을 모든 나라 앞에서 솟아나게 하실 것이다.

62장_ 새 예루살렘

예루살렘이 구원의 횃불처럼 타오를 때까지 잠잠히 있지 않을 것이며, 백성들이 의를 보고 여호와의 영광을 보게 될 것이다. 시온의 백성들은 보라,

네 구원자가 오신다. 사람들이 그 백성을 '거룩한 백성' 이라 부르고 '여호와께 구원 받은 백성' 이라 부르며 예루살렘을 가리켜 '하나님께서 다시 찾으신 성' 이라 부르고 '하나님께서 버리지 않은 성' 이라 부를 것이다.

63장_ 악인에 대한 공의로운 심판

메시아의 심판의 사역을 언급하고 있다. 그는 포도주 틀의 포도를 짓이기듯이 죄인들을 통렬하게 심판하실 것이다. 그리하여 구원에 이르는 백성들은 예루살렘의 거룩한 백성이라 불려지게 될 것이다. 이사야 선지자는 찬양을 통해 이스라엘의 구원을 기원하고, 이제는 도움을 청하는 기도를 드린다. 여호와의 자비와 사랑을 나타내 주시기를 간구하며 우리를 구원하여 주시는 분임을 고백한다.

64장_ 도움을 구하는 기도

주께서 강림하시면 모든 민족이 주님이 오심을 두려워 하며 떨게 해 달라고 기도한다. 산도 떨고 물이 끓어 오르고 불로 나무를 태우며, 우리가 오랫동안 주의 뜻에 따르지 않았으므로 어찌 구원을 받을 수 있겠는가를 고백하며 죄로 인해 더러워진 모든 것을 용서해 주시기를 기도한다.

주님은 우리의 아버지이며 우리는 진흙이고, 주님은 토기장이십니다. 주께서 손으로 빚어 만드신 인간들의 죄를 용서해 달라고 간청하고 있다. 광야가 된 시온과 예루살렘과 불타 버린 아름다웠던 성전 그리고 우리들의 소중했던 모든 것들을, 잠잠히 계시지 마시고, 도와 주실 것을 탄원하고 있다.

65장_ 옛 것은 지나고 새 세상이 온다

남은 자 중의 남은 자, 의인이며 선지자인 이사야의 간절한 기도는 응답을 받는다. 여호와께서 백성에게 나타나 주셨고, 그 동안 저들이 저지른 죄악상을 하나씩 열거하신다.

그들은 의로운 길을 가지 않았고, 항상 진노할 만한 일을 했으며, 우상의 제물에게 절하며, 벽돌 위에 향을 피우고 돼지고기를 먹고, 은밀한 장소에서 밤을 새우며, 자신들은 거룩한 몸이라고 자부했다. 이런 것들이 여호와 하나님을 진노케 만들고 있다.

여호와께서 공의롭게 저들을 심판하시고, 그들을 완전히 멸망시키지는 않겠으며, 내가 야곱의 자녀 얼마만큼은 씨앗으로 남겨 두겠다.

유다 백성들 중, 얼마는 내 산을 물려 받을 것이다. 내가 뽑은 사람이 그 산을 차지할 것이며, 내 종들이 거기에 살 것이다. 샤론 광야는 양 떼를 칠 목초지가 되고, 아골 골짜기는 소 떼가 쉴 곳이 될 것이다. 나를 따르는 백성이 그 곳을 차지할 것이다. 그러나 여호와를 떠나 우상을 섬긴 사람들은 심판을 받게 된다. 너희의 운명은 내가 정할 것이며, 내가 내 칼로 너희 모두를 심판하겠다. 그것은 내가 너희를 부를 때 대답하지 않았고 말해도 듣지 않았으며, 너희가 좋아하는 일만 해 왔기 때문이다.

주 여호와께서는 내 종들은 먹이겠으나, 너희 악한 백성은 굶주릴 것이라고 말씀하셨다. 목이 마르고 부끄러움을 당할 것이다. 내 종들은 기뻐 찬양을 하고, 악한 백성은 통곡을 할 것이다. 이 땅에서 복을 비는 사람은 미쁘신 하나님께 빌며, 맹세를 하는 사람은 하나님의 이름으로 맹세할 것이다. 옛날의 고통은 사라지고 잊혀질 것이다. 보아라, 내가 새 하늘과 새 땅을 창조할 것이다. 예루살렘을 기쁨이 가득한 성으로 만들고, 즐거움이 가득한 백성으로 만드실 것이다. 내가 주는 여호와의 모든 복은 마치 이리와 어린 양이 평화롭게 함께 먹음 같으며, 사자들이 소처럼 마른 풀을 먹게 될 것이다. 뱀이 흙을 먹고 살며, 아무도 해치지 않으며, 내 거룩한 산에서는 서로 해치는 일도 없고, 상하게 하는 일도 없을 것이다.

66장_ 모든 민족을 심판하신다

이사야서의 전체적인 결론 부분으로 중심 사상이 압축되어 있다. 하늘은 내 보좌며 땅은 내 발판이다. 내가 집을 지어 쉴 곳을 만들었으니 모든 것은 내 것이다.

여호와께서 좋아하는 사람은 나를 두려워 하고 죄를 뉘우치는 사람이다. 악한 사람들이 소를 죽여 제물로 바치는 것은 살인하는 것이며, 양을 죽여 바치는 것은 개의 목을 부러뜨림과 같다. 제사 드리는 예물이 돼지의 피 같고, 향을 피우는 것은 우상을 섬기는 것과 같다. 내 뜻을 따르지 않는 사람들은 자기 멋대로 하며, 그런 역겨운 짓을 하는 사람들이다.

그러므로 내가 그들을 심판할 것이다. 내가 부를 때 대답도 없었고, 말을 해도 귀담아 듣지 않았으며, 내가 좋아하지 않는 짓만 일삼아 왔다.

이처럼 백성들은 여호와께 알맹이 없는 빈 제사를 드렸다는 것을 비유하고 있다. 그러므로 여호와의 심판을 피할 수 없게 된 불가피성을 강조한다. 하나님의 실체를 정확히 알고 주의 말씀을 믿고 들으며, 세상에서 긍휼과 자비를 베푸는 것과 의와 공평을 추구하는 것과 겸손을 추구하는 것이 하나님을 사랑하고 이웃을 배려하고 하는 것이다.

이 같은 선행이 실천되면 예루살렘에 평화가 강물처럼 흐를 것이며, 너희는 아기처럼 젖을 빨며 여호와께 안길 것이다. 내 무릎 위에서 귀여움을 받게 될 것이고, 어미가 자식을 사랑하듯 사랑 받을 것이다. 몸과 마음이 건강해지고 여호와의 종들은 주의 능력을 볼 것이나, 원수들은 여호와의 진노를 볼 것이다. 보아라, 여호와께서 불에 싸여 오시며, 군대가 먼지 구름을 일으키며 오고, 징계와 진노의 불꽃으로 그들을 심판하러 오실 것이다. 주께서 불과 칼로 세상을 심판하실 것이니, 많은 사람이 여호와께 죽임을 당할 것이다.

여호와께서 몇 사람에게 표시를 해 구원하여, 다시스와 리비아와 활 쏘는 사람들의 나라, 두발과 그리스로 보내고, 내 이름을 들어본 적도 없고, 내 영광을 알지도 못하는 먼 나라로 보내, 그들이 내 영광을 이방 민족들에게 알려줄 것이다. 그들이 형제가 되는 이스라엘 사람을 모든 민족들에게 데려와, 나 여호와께 예물로 바칠 것이다. 그들이 예루살렘에 있는 나의 거룩한 산으로 올 것이고, 나는 그들 중 몇 사람을 골라 제사장과 레위 사람으로 삼을 것이다. 내 앞에 영원히 있을 새 하늘과 새 땅을 만들겠다. 이와 같이 너희 이름과 너희 자손도 언제나 나와 함께 있을 것이다.

이사야는 이처럼 하나님께 돌아오기를 거부하는 자들에게 마지막으로 심판의 경고를 한다. 하나님께 돌아오는 자는 하나님이 지으신 새 하늘과 새 땅에 들어가는 축복을 주신다. 이사야 선지자의 예언을 통한 심판의 경고와 구원의 축복은 이처럼 병행되어 최종 결론에 도달되고 있다.

이사야 예언의 요약

이사야가 살아 있을 때 이루어진 것을 열거해 보면, 유다는 수리아와 이스라엘에서 구원된다. 수리아와 이스라엘은 앗시리아에게 멸망한다. 앗시리아가 유다를 침입한다. 블레셋이 종속된다. 모압이 약탈된다. 이집트와 이디오피아가 앗시리아에게 정복된다. 아라비아가 약탈된다. 두로가 정복된다. 예루살렘이 앗시리아에서 구출된다. 히스기야의 생명이 15년 동안 연장된다.

이사야 시대 이후에 이루어진 것들은 바빌론 포로와 바빌론이 고레스에게 패하며 메대인과 엘람인에게 패한다. 바빌론의 영원한 황폐와 고레스의 세계 정복. 고레스가 포로를 석방한다. 고레스가 예루살렘을 재건시킨다. 이스라엘이 회복된다. 이스라엘의 종교가 이집트와 앗시리아에 퍼진다. 이스라엘의 종교가 온 세계에 퍼진다. 두로의 포로와 회복. 에돔의 영원한 황폐 등이다.

메시아에 관한 예언

메시아가 처녀에게서 탄생한다. 갈릴리가 그의 활동 무대가 된다. 그의 신성과 왕위의 영원성. 그의 고난과 악한 사람들은 죽는다. 부유한 자와 함께 묻힌다. 그의 통치의 정의와 축복, 그의 공명과 친절, 그가 이방인을 통치하신다. 그의 거대한 영향력, 우상이 사라진다. 전쟁이 없는 세계가 온다. 지구가 멸망한다. 죽음이 사라진다. 하나님의 백성은 새 이름으로 불린다. 새 하늘과 새 땅이 창조된다. 의로운 사람과 악한 사람이 영원히 분리된다.

이스라엘 이야기

아브라함과 이삭과 야곱에게 언약으로 하나님의 선택 받은 민족인 이스라엘은 이집트에서 종살이를 하던 때에 모세를 지도자로 세워, 하나님께서 약속하신 '젖과 꿀이 흐르는 땅' 을 향해 이집트를 떠나, 시내 광야를 지나 요단강을 건너, 축복의 땅에 들어오게 되었다. 구약성서에서는 그 과정마다 많은 사건과 이스라엘 민족이 고난에 처한 모습을 기록하고 있다.

약속한 땅에 살던 이스라엘 민족은 하나님 보시기에 만족할 만한 일을 하지 못했다. 그래서 하나님께서는 여러 가지 시련과 재앙으로 그들이 스스로 깨우치도록 하셨다. 하나님은 이스라엘을 여호와께서 창조한 모든 백성들 중에 으뜸가는 민족으로 세우고, 직접 통치하시려고 계획했지만, 이스라엘 백성들은 죄를 짓고 우상을 섬기는 일을 계속했다. 그래서 인간을 통해 왕을 세워 자치할 수 있게 해 보셨으나, 수 없는 시행착오만 거듭할 뿐 조금도 회개와 반성의 기미를 보이지 않자, 하나님께서는 심판과 징계의 방법으로 이스라엘을 분할하여, 북이스라엘과 남유다를 갈라놓게 되었다.

그러자 B.C 900년에서 B.C 300년까지 약 600년 동안 북이스라엘과 남유다는 동쪽에 위치한 강대국들에게 피해를 보고 점령 당하게 된다. 그들을 점령한 강대국은 앗시리아였다. 그 다음에는 바빌론과 페르시아였다. 앗시리아는 강한 군대를 훈련시켜 B.C 750년부터 북이스라엘과 남유다를 위협하고 있었다. 열왕기 이하의 성서에 보면 앗시리아의 산헤립 왕이 남유다의 여러 성을 공격한 이야기가 기록되어 있다.

앗시리아의 세력이 차차 약화되자, 그 동안 국력을 튼튼히 하고 부강해진 바빌론이, 느브갓네살 왕 때에 남유다를 침공하여 정복한다. 그리고 남유다가 바빌론에 협력하지 않고 반역을 꾀했다 하여 예루살렘 성전을 B.C 586년에 파괴할 것을 명령한다. 이로 인하여 성전이 파괴되고, 예루살렘은 멸망하여 수많은 유다 백성들이 바빌론으로 포로로 끌려가게 되는데, 이것이 세계사에서 말하는

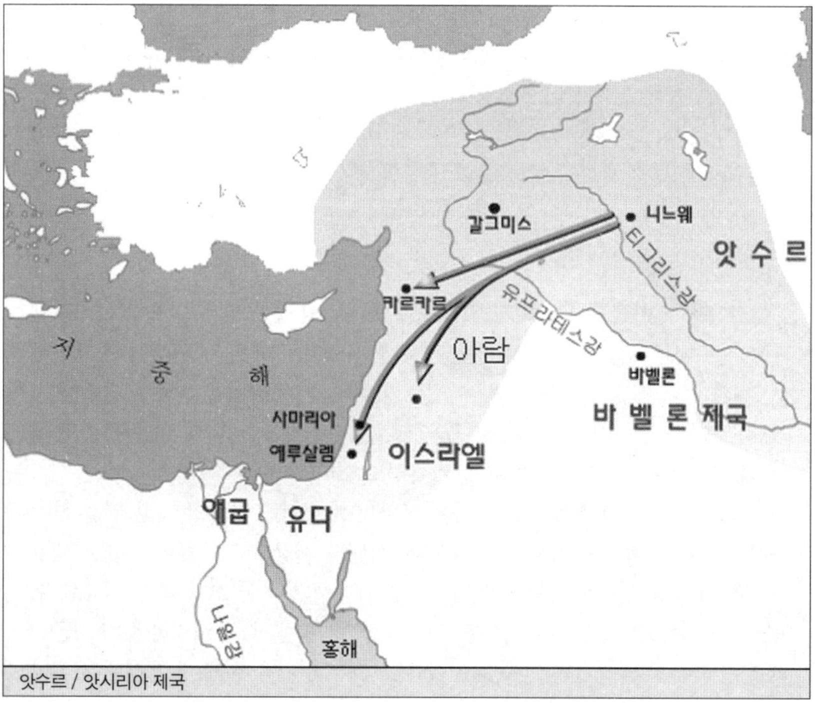

앗수르 / 앗시리아 제국

이른바 '바빌론 유수' 라는 사건이다.

그 후 B.C 539년에 페르시아의 고레스 왕은 바빌론을 침공하여 바빌론을 점령하게 된다. 고레스 왕은 제국을 20개의 작은 나라로 쪼개 '속주' 란 이름으로 다스렸다. 그는 페르시아를 부강한 제국으로 건설하는 데 성공한다. 그는 이스라엘 포로들을 본국으로 돌려보내 주는 좋은 일을 하게 되었다. 이로 인하여 이스라엘 사람들은 50년 만에 그리던 고국으로 다시 돌아오게 된다.

이 사건은 우선 이스라엘 민족을 끝까지 사랑하시는 하나님의 계획에 의한 것이다. 하나님께서는 자신의 백성을 이러한 훈련과 고난의 기간을 통해 새로운 이스라엘 건설을 계획하신 것이었다. 이 사건을 앞뒤로 수많은 선지자를 보내, 이스라엘 백성들을 교육하고 계몽하며, 예언을 통해 각성시키려 했지만 결국 이스라엘 백성은 예언자의 말에 귀를 기울이지 않아 멸망 당해 포로 생활을 겪게 된 것이다.

구약성서의 핵심은 이스라엘 민족과 하나님 사이에 일어나는 갈등과 분노와 징벌과 회복의 역사인 것이다. '이스라엘의 성공과 좌절' 이란 역사적 대사건을 놓고, 성서는 예언자들과 선지자들의 입을 통해 하나님이 영적인 말씀을 기록하고 있다.

예레미야 | Eeremiah

예루살렘을 구하려는 마지막 노력에 관한 기사 : 52장

저　　자 : 예레미야

기록연대 : B.C 627년 ~ B.C 580년경

세계사 비교 : B.C 609년 앗시리아 제국 멸망. B.C 600년 우파니샤드 문헌 성립. B.C 597년 초나라 장왕이 진나라를 격파. B.C 587년 유다 왕국 멸망, 제 2차 유수. B.C 563년 석가모니 탄생. B.C 552년 공자 탄생. B.C 539년 신바빌론 멸망, 페르시아 제국의 성립. B.C 525년 페르시아의 오리엔트 통일. B.C 521년 페르시아 왕 다리오스 1세 즉위.

중심인물 : 예레미야, 바룩, 요시야, 시드기야, 느부갓네살, 그달랴

핵심 에피소드 : 예루살렘을 구원하시려는 하나님의 마지막 노력으로 예레미야를 선지자로 보내신다. 그는 이사야보다 100년 후에 살았다. 이사야는 앗시리아에서 예루살렘을 구하였다. 예레미야는 바빌론에서 이스라엘을 구하려 했으나 실패했다. 국내 정세는 북이스라엘과 남유다의 대부분은 멸망되었다. 예루살렘만 남을 때까지 후퇴를 계속하며 고통을 당했다.

사람들은 아직 선지자의 경고를 깨닫지 못하고, 우상과 죄악에 빠져 들어갔다. 당시 국제 정세를 보면 세계의 3대 강국은 앗시리아, 바빌론, 이집트이었다. 300년 동안 유프라테스 강의 북쪽에 있는 앗시리아는 세계를 지배했지만 지금은 약해졌다. 유프라테스 강의 남쪽에 있는 바빌론이 강대국이 되

었다. 나일 강 유역에 있는 이집트는 1000년 전에 강대국이었다가 쇠퇴해졌고, 다시 강해지고 있었다. 바빌론은 예레미야의 활동 중간에 앗시리아의 세력을 B.C 607년에 꺾었으며, 2년 후에는 갈그미스 전쟁에서 이집트를 분쇄했다. 그리고 70년 동안 세계를 지배했고, 그 동안 이스라엘 백성들은 포로가 되었다. 예레미야는 그의 적들이 매국노라고 비난했지만, 바빌론의 왕에게 굴복하라고 예루살렘에게 끊임없이 충고했다.

느부갓네살은 그의 백성들에게 충고해 준 보상으로 그를 살려줄 뿐만 아니라, 그에게 바빌론의 왕궁에서 살 수 있는 명예를 주었다. 그러나 예레미야는 큰 소리로 바빌론 왕이 여호와의 백성을 멸망시킨 흉악한 죄를 지었다고 꾸짖었다. 이것으로 바빌론은 영원히 황폐하게 되었다.

그 당시 유다의 왕들을 보면 매우 악한 므낫세, 그의 아들 아몬, 개혁하여 좋은 왕 요시야, 3개월의 통치 중 이집트로 잡혀 간 여호아하스, 우상으로 인하여 예레미야의 적이 된 여호야김, 3개월 통치하고 바빌론에 잡혀 간 여호야긴, 예레미야에게 친절했던 시드기야 왕이었다. 이들 중 요시야를 제외하고는 우상을 섬기고, 행악을 일삼은 왕들이 대부분이었다.

1장_ 예레미야의 부름

베냐민 땅 제사장 가문의 힐기야의 아들, 예레미야의 출신과 신분 그리고 사역기간 등이 소개되고 있다. 요시야의 아들 여호야김과 시드기야가 유다를 다스리던 시절이었다. 여호와께서는 예레미야에게 태어나기도 전에 거룩하게 구별하여 예언자로 세우신다. 그는 예레미야에게 어린 나이를 상관하지 말고, 여호와의 명령을 준수하고 따를 것을 명령 받았다. 여호와께서는 아몬드 가지를 증거로 삼아 여호와의 말씀이 이루어지는 것을 확인할 수 있게 하시고, 물이 끓고 있는 가마솥을 보여 주시며 북쪽으로 기울어져 있으므로 북쪽으로부터 재앙이 넘쳐 이 땅의 모든 백성에게 고난이 닥칠 것을 알려주신다.

여호와께서는 북쪽의 모든 백성을 불러 예루살렘과 유다의 성을 치게 할 것이라고 하신다. 그 이유는 유다 사람들이 여호와를 저버리고 다른 신들을 섬기며, 자기 손으로 만든 우상을 섬기기 때문이라고 말씀하신다. 그러므로 예레미야는 허리띠를 조이고 일어나, 이 모든 계시의 말씀을 백성과 지도자들에게 전할 것을 명령하신다. 그리고 예레미야를 그 누구도 해치지 못할 것이며, 여호와께서 항상 함께 해 주실 것을 약속하셨다.

2장_ 이스라엘의 배반

과거에 여호와를 착실하게 섬기고 따르던 이스라엘 백성들이 현재는 멀리 떠나 있다. 그들은 헛된 우상과 다른 신을 섬기고 있으며, 너희 여호와께서는 우리 조상들을 이집트로부터 인도하셔서, 광야와 메마르고 험한 땅에서 먹이시고 기름지게 하셨는데, 제사장은 여호와가 어디 계신지 묻지도 않고, 율법을 다루는 자들은 여호와를 알지 못하며, 예언자들은 바알신의 이름으로 예언하는 지경에 이르렀다고 한탄한다. 그러므로 너희가 저지른 악으로 인해 너희를 벌하고, 저지른 잘못을 꾸짖으며, 하나님을 떠난 잘못을 회개해야 한다. 이스라엘이 침략을 당하게 되고 앗시리아에 의해 학대 받을 것이며, 잔인하게 취급 당할 것을 말한다.

이스라엘 백성들은 바알 신을 섬기고, 짝짓기하는 암낙타 같이 지조 없이 아무 수컷과 짝짓기를 하며, 온갖 죄악을 저질렀다. 그뿐만 아니라 이제 자유롭게 되었으니 여호와를 멀리 하려 하는가, 가난한 사람을 학대하고, 도둑도 아닌 죄 없는 사람들을 죽였으며, 그러고도 너희는 죄가 없다고 공공연히 말을 하는 것을 심판할 것이다. 하나님께서는 앗시리아와 이집트를 통해 너희를 심판하겠다고 경고하신다. 너희가 주변의 강대국을 믿었지만 이제 그들의 포로가 되어 두 손을 머리에 얹은 채 나오게 될 것이다.

** 주요구절 **
2 : 13 내 백성이 두 가지 악을 행하였나니 곧 생수의 근원되는 나를 버린 것과 스스로 웅덩이를 판 것인데 그것은 물을 저축지 못할 터진 웅덩이니라.

3장_ 진실하지 못한 유다

앞 장의 '이스라엘'은 민족 전체를 의미했다. 본문에서는 300년 전에 유다에서 분리되어, 100년 전에 앗시리아의 포로가 된 북왕국 이스라엘을 의미한다.

이스라엘 멸망의 원인을 모르는 유다는 회개하지 않을 뿐만 아니라 므낫세의 악한 통치 아래서 더욱 더 죄악에 빠졌다. 유다와 이스라엘의 재결합을 예언하는데, 그 날에 이스라엘 집안과 유다 집안이 합쳐질 것이다. 저들은 북쪽 땅에서 함께 나와 여호와께서 주신 그들의 조상들의 땅에 이르게 될 것을 말씀하신다. 그러나 여호와의 의지와 상반되게 이스라엘 백성들은 간음한 아내처럼 되어 버렸다, 그럼에도 불구하고 여호와께서는 자신의 백성들이 회개하고 돌아오기를 기다리고 계심을 표현하고 있다.

4장_ 재앙이 다가오는 유다

이스라엘아, 돌아오려거든 내게로 돌아오라고 여호와께서 말씀하신다. 우상을 버리고 진실과 정직함으로 여호와를 찬양할 것을 강조하셨다. 그러나 북쪽으로부터 재앙을 몰고 오실 것을 예고하신다. 그 날이 이르도록 유다 백성들은 자신들이 멸망 당할 것이라는 것을 인정하지 않고 있었다. 원수들이 구름처럼 밀려오고 전차들이 회오리바람처럼 밀려오며, 말들은 독수리보다 빠르게 진군해 들어온다. 예레미야는 저들의 침략을 보며 고통스럽게 외친다. 언제까지 전쟁의 깃발을 보며 나팔소리를 들어야 하는가를 여호와께 아뢴다. 여호와께서는 백성들의 어리석음과 미련함과 악함을 깨우치지 못하고 있음을 한탄하신다.

단이란 곳은 이스라엘의 최북단 헤르몬 산 부근이며, 에브라임은 유다와 이스라엘의 접경지대였다. 이 두 곳에까지 적들이 다가온 것은 이스라엘과 유다의 침공이 이미 시작되었음을 뜻하고 있는 것이다. 유다는 지금 망한 나라인데도 화려한 옷을 입고 금장식으로 몸을 꾸미고, 눈 화장을 하며 환난에 대비하지 못하고 있다. 시온이 산모의 고통을 호소하는 소리를 못 듣고 있음을 한탄하고 계신 것이다.

5장_ 유다의 전체적인 타락

유다의 죄악은 하나님에 대한 죄악과 사람에 대한 죄악으로 구분된다. 유다 백성들은 거짓 선지자들의 말만 믿고, 평안을 누리며 재앙이 임하는 것을 믿지 않고 있었다. 백성들은 여호와를 부인하며, 여호와께서는 우리에게 아무런 일도 하지 않으실 것이다. 우리에게 어떤 나쁜 일도 일어나지 않으며 전쟁이나 굶주림을 겪지 않게 하실 것이다. 여호와께서 이런 백성들의 입에 불을 주시고 말에는 장작이 되게 하신다.

이스라엘 백성에게 말씀하시기를, 먼 곳에서 한 나라를 데려와 너희를 치게 할 것이다. 그들은 너희 말을 하지 못하는 사람들로, 그들의 말을 깨닫지 못한다. 그들의 화살은 무덤이 되고 너희 곡식과 양식을 모두 먹어 치울 것이며, 포도와 무화과도 먹어 치우고, 칼로 너희를 무너뜨릴 것이라고 경고하신다.

여호와께서는 통렬하게 유다 백성을 비난하신다. 눈이 있어도 보지 못하며 귀가 있어도 듣지 못하는 백성아, 너희는 이웃에게 자비를 베풀지 않았으며, 하나님을 배반하고 그물을 쳐놓고 사람을 잡으려 하고, 악한 속임수를 써서 공정한 재판을 하지 않았다. 선지자들과 제사장들도 불의와 타협하여 권력을 휘두르고 거짓말을 하였으니, 마지막 때가 오면 너희가 어떻게 하려고 그런 짓을 저지르는 것인가를 꾸짖으신다.

6장_ 예루살렘이 포위되다

이것은 바빌론의 손에 멸망하는 예루살렘의 모습을 생생하게 예언한 것이다. 그는 회개만이 멸망에서 피할 수 있는 마지막 기회라고 주장하면서 경고했다. 하나님께서는 예레미야를 통해 포도나무를 비유로, 한 사람이라도 이스라엘 백성들을 멸망의 위기에서 구해 낼 것을 지시하신다. 그렇지만 그들은 말을 깨닫지 못한다. 오히려 여호와의 말씀을 비웃고 귀를 기울이지 않는다. 율법과 선지자를 통하여 회개할 것을 촉구하신다. 백성들은 형식적인 제사를 드리고, 온전한 것으로 만족해 하며 누적되는 죄악을 거듭하고 있었다.

여호와께서는 여러 번 회개의 기회를 주었으나 그들이 결국 헤아리지 못하고 계속해서 죄악을 탐닉하므로, 예레미야에게 백성을 관할하고 감시하는 감독의 역할을 주신다. "내 백성들 모두는 나를 배반하였으므로 녹슨 구리와 쇠처럼 썩은 자들이다. 풀무질을 세게 하면 납이 녹아 내릴 텐데, 너희는 아무리 제련을 해도 헛된 것뿐이다. 내 백성은 버림 받은 은이며, 이는 나 여호와가 그들을 버렸기 때문이다"라고 책망하신다.

7장_ 예레미야의 설교

예레미야는 여호와의 말씀대로 성전 문에 서서 외친다. 만군의 여호와께서 너희 길과 행실을 바꾸어 올바른 일을 하라고 설교한다. 이웃끼리 정직하게 살 것이며, 나그네와 고아를 억누르지 말고 다른 신을 섬기지 말 것이며, 죄 없는 사람을 죽이지 마라, 그렇게 하면 여호와께서 너희 조상이 준 땅에서 영원히 살게 하실 것임을 외친다. 당신들은 죄를 저놓고도 거룩한 성전에 들락거리며, 역겨운 짓을 해놓고도 안전하다고 말하고 있다.

이 성전은 여호와의 거룩한 성전이다. 여호와의 심판이 어떤 것인지를 실로에 가서 확인하라, 그러므로 여호와께서 예배를 받기 위해 이룩하신 성전을 멸망시킬 것이다. 유다 백성들은 스스로 자신들을 해치고 있음을 분명히 한다. 너희 조상들에게 명령한 것은 여호와께 순종하라, 그리 하면 여호와께서는 너희의 하나님이 되시고, 너희는 여호와의 백성이 될 것이라고 전한다. 성전에서 드려지는 바르지 못한 예배를 힐책하신 다음 불순종한 유다 백성에게 엄청난 재앙이 닥쳐 올 것을 말씀하신다. 그 날이 이르면 도벳이나 한놈 골짜기가 살인의 골짜기로 변할 것이다. 이 백성의 시체가 맨땅에 놓여, 새와 들짐승의 먹이가 될 것이다. 유다와 예루살렘에서 기뻐하는 소리가 끊어지며, 신랑 신부의 소리가 사라지고, 온 땅이 황무지로 변할 것이다.

8장_ 파헤쳐지는 무덤

무덤이 파헤쳐지고 왕과 제사장과 예언자들의 뼈가 땅에 딩굴어도 치워줄 사람이 없게 될 것을 예언한다. 예레미야는 그의 호소와 책망이 쓸데 없는 것을 충분히 알면서도 유다의 임박한 징계가 마치 이루어진 것처럼 말하고 있다. 아무리 지혜 있는 사람이라 하더라도 여호와의 말씀을 거역하면 지혜로운 사람이 아니다. 그러므로 내가 그들의 아내를 다른 사람에게 주며, 작은 사람에서 큰 사람까지 모든 백성들이 돈에 욕심을 내고, 예언자와 제사장들도 거짓을 자행하고 있다. 그러고도 그들은 부끄러워 할 줄을 모른다. 그러므로 그들은 쓰러져 멸망 당할 것이다.

여호와께서는 포도밭과 무화과 나무와 독뱀을 비유로 유다의 멸망을 말씀하신다. 그러나 예레미야는 여호와의 말씀을 전하면서도 자신의 백성들이 아파 하고 슬퍼 하기에 눈물을 흘린다. 그는 여호와께 백성의 상처가 아물지 않고 있음을 매우 안타까워 하고 있다.

9장_ 실망한 선지자

여호와께서 예레미야에게 말씀하신다. "그들이 화살처럼 입을 놀려 거짓을 쏘아댄다. 더욱 악한 짓을 하며 여호와를 부인하고 있다. 친구를 속이고 형제를 속이니 아무도 믿을 사람이 없다. 예레미야야 너는 속임수 한가운데 살고 있으며 그들은 나를 알려하지 않는다." 이런 이유로 하나님의 심판은 피할 수 없는 운명이 되어 버렸다.

예레미야는 산들을 위해 크게 부르짖고 목장을 위하여 슬픈 노래를 부르며, 산과 들에는 아무도 지나가지 않고, 소 떼도 사라지고, 산새와 짐승도 사라졌음을 절망적으로 노래한다. 이어 유다의 여인들에게 통곡하는 법을 가르치라고 말씀하신다. 죽음이 창문을 넘어 들어오고, 굳건한 성으로 들어와 우리의 아이들을 앗아가고, 광장의 젊은이들을 데려갔다. 너희는 모든 자랑을 삼가라, 이집트와 유다와 에돔과 암몬과 모압 백성을 벌하고, 이스라엘 백성은 마음의 할례를 받지 않았으므로 징계할 것임을 밝히고 있다. 이때부터 선지자의 관심이 주변 열방으로 전환된다. 열방에 대해 제사장 왕국으로 세워 주신 유다 왕국이 제 역할을 감당하지 못하고 있기 때문이다.

10장_ 여호와와 우상들

여호와께서 이방 사람들의 풍습을 본받지 말라고 하셨다. 그들의 풍습은 헛된 것이며, 우상을 은과 금으로 장식하고 망치와 못으로 고정시켜 움직이지 않게 해놓는다. 그들의 우상은 허수아비 같아 말도 못하고 걷지도 못하며, 사람들이 메고 운반해야 한다. 그것들은 너희를 해치 못하고 복을 내리지도 못한다. 여호와께서 북쪽으로부터 요란한 소리가 들려오고 있음을 알린다. 그 소리와 함께 유가의 성들이 무너지고, 늑대의 소굴로 변하게 될 것을 말씀하시고 있다.

예레미야는 이러한 여호와의 진노의 소식에 주의 노여움을 다른 나라에게 쏟아주실 것을 간절히 기도한다. 주님의 이름을 부르지 않는 다른 족속에게 쏟아달라고 울부짖으며 하나님께 기도하고 있다.

예레미야의 목회

11장_ 깨어진 언약

여호와께서는 언약의 말씀을 백성에게 전하라고 하신다. 누구든지 언약을 따르지 않는 사람에게는 재앙이 올 것임을 경고하고 있다. 언약은 이스라엘 백성을 이집트에서 구출할 때 시내 산에서 이뤄진 바 있는 그 언약인 것이다. 하나님께서는 이스라엘의 조상들이 언약을 지키지 않아 저주를 내렸던 것을 상기시키면서, 현재 유다 백성들이 그 옛날 사람들과 마찬가지로 언약을 준수하지 않고 있음을 알고 계신다고 말씀하신다. 유다 백성들은 바알 신을 섬기고 수많은 제단을 쌓았으며, 그 제단이 예루살렘의 거리만큼이나 많음을 지적하고 계신 것이다.

예레미야는 아나돗 사람들이 자신을 죽이려고 음모를 꾸미고 있다는 것을 몰랐다. 그들은 저 나무를 그 열매와 함께 없애 버리자고 말하며, 이름은 말하지 않았다. 예레미야는 후에 그 나무가 자신인 것을 알게 된다. 그래서 여호와께 원수를 갚게 해달라고 애원한다.

아나돗 사람들에게 여호와께서 엄히 말씀하신다. "너희들은 여호와의 이름으로 예언하지 말라, 만약 그렇게 하면 우리 손에 죽임을 당하게 될 것이다." 여호와께서는 예레미야의 기도를 들으시고, 아나돗 사람들에게 재앙을 내리시기로 약속하신다.

12장_ 예레미야의 불평

예레미야는 여호와께 불평을 말한다. 그것은 "속이고 배반하는 사람들이 어째서 잘 살고 있는가?"란 이유 때문이었다. 저들은 입으로만 주님을 가까이 모신다고 말하는 사람들인데, 주님은 저들에게 아무런 징계를 내리시지 않기 때문에 예레미야는 여호와께 저들을 징벌해 달라고 말하는 것이다. 여호와께서는 친히 내 성전을 버렸고, 내 백성과 성읍을 모두 버리고, 원수들에게 넘겨 주셨음을 재확인하시며 대답을 하신다.

13장_ 썩은 허리띠

여호와께서는 지금까지는 직접적인 비유와 방법으로 유다의 멸망을 예시해 오셨으나, 지금부터는 강한 상징으로 유다의 멸망을 말씀하신다. "너는 가서 베띠를 사서 허리에 띠고, 그 베띠가 물에 젖지 않게 하여라." 예레미야는 여호와의 말씀대로 베띠를 구해 허리에 둘렀다. 여호와께서는 그 허리띠를 브랏으로 가지고 가서 바위틈에 감추게 하신다.

예레미야는 시키는 대로 했다. 여러 날이 지난 후 여호와께서는 브랏에 감춰둔 허리띠를 가져오게 한다. 예레미야는 곧장 브랏의 바위틈에 가서 허리띠를 찾아내지만 이미 썩어 쓸모없게 된 뒤였다. 여호와께서는 유다의 교만과 예루살렘 백성들의 교만 때문에 허리띠가 썩었음을 밝히신다. 또한 포도주 부대를 빗대어 경고의 말씀을 전해 주신다. 이 땅의 모든 사람을 취하게 만들어 서로 부딪혀 넘어지게 할 것임을 말씀하신다. 또 한 가지는 유다 백성들이 노예가 될 것을 비유로 말씀하신다.

하나님의 징벌계획 가운데 유다 백성이 받아야 할 몫은 너희 치마를 걷어 올려 너희의 부끄러운 모습을 드러낼 것이며, 간음한 것과 음란한 소리를 낸 것과 창녀처럼 사는 것을 보았고, 네가 언덕과 들판에서 한 역겨운 짓을 다 보았으니, 재앙을 받아 마땅하다고 말씀하시며, 언제까지 너희들이 그토록 더럽게 지낼 것인가를 반문하신다.

14장_ 가뭄

유다에는 혹심한 가뭄이 찾아왔다. 성읍이 죽어 가고 예루살렘에서 슬피

우는 소리가 하늘로 울려 퍼진다. 귀족들은 종을 보내 물을 길어 오라고 하지만 이미 우물은 말라 버렸다. 풀은 말라 비틀어져 짐승들이 먹을 것도 사라져 버렸다. 예레미야는 비록 우리의 죄 때문에 고통을 받고는 있지만 여호와께 기도하여 도움을 간청한다. 여호와께서는 단호하게 유다 백성들의 죄악을 말씀하시며, 오히려 그에게 유다 백성을 위해 기도하지 말라고 말씀하신다. 여호와께서는 더욱 유다에 가뭄을 일으켜 죄악에 대한 징벌을 가혹하게 내리시고 심판을 계속하신다.

예레미야는 주님께서 유다를 완전히 버리셨는가를 묻는다. 우리의 사악함과 죄악과 조상의 죄까지도 인정하오니, 주님의 영광스런 보좌를 욕되게 하지 말아달라며 애원한다. 우상들은 비를 내릴 수 없으며, 오로지 여호와 하나님만이 가능한 일인 것을 잘 알고 있으니 비를 내려달라고 간청하고 있다.

15장_ 유다를 향한 진노

이 땅에 가뭄이 오래 계속되었다. 예레미야는 사람들로부터 미움과 조롱을 받아왔지만 그들이 고통을 당하는 것을 보고 가슴이 아파온다. 여호와께서는 모세와 사무엘이 용서를 빌러 오더라도 유다를 용서할 수 없다고 강력하게 말씀하신다.

유다의 왕 히스기야의 아들 므낫세가 예루살렘에서 한 일을 떠올리며, 땅 위의 모든 나라들이 유다를 미워 하게 될 것임을 경고하신다. 유다의 모든 것들이 죽고 진멸 당할 것이며, 살아 남은 자가 있더라도 그들은 적의 칼날에 죽게 될 것이라고 말씀하신다.

예레미야는 두 번째로 불평을 말한다. 그는 어머니를 원망하며 자신의 출생을 비관해 한다. 모든 사람이 자신을 저주하며 미워 하고 있음을 실토하고 있는 것이다. 여호와께서 그에게 대답하시는데 쇠가 북쪽에서 오는 철과 놋쇠를 부술 수 있겠느냐며, 바빌론의 강력한 군대가 쳐들어와 유다를 멸망시킬 것을 말씀하신다. 예레미야의 간절한 중보의 기도를 들으시고, 그를 구원해 주실 것을 약속하신다. 내가 너를 이 악한 백성에게서 구해 내고, 이처럼 잔인한 사람에게서 건져 낼 것임을 확실하게 말씀하신다.

16장_ 재앙의 날

여호와께서 예레미야에게 결혼하지 말 것을 말씀하신다. 이사야와 호세아는 결혼을 했지만, 예레미야는 환난을 계획하신 하나님께서 그의 결혼을 금지시키셨다. 이 곳에서 자녀를 둔 아비와 어미는 죽어도 새와 짐승의 먹이가 될 것임을 강조하신다. 너는 초상집에 들어가지 말 것이며, 죽은 사람을 위해 울지도 말아야 한다. 유다의 고관이나 낮은 사람이나 모두 죽게 되며, 그들을 묻어 줄 사람조차 없을 정도로 멸절 당하게 될 것임을 시사해 주고 있다. 유다 사람들은 그들의 조상보다도 더 악독한 죄를 저질렀다.

그러므로 너희를 너희 조상이 알지 못하는 땅으로 쫓아 낼 것이다. 여호와께서는 모든 능력을 펼치셔서 자신이 여호와이신 것을 알도록 우상을 만들고 숭배하는 자들을 처벌할 것임을 강조하신다.

17장_ 유다의 죄

유다의 죄는 쇠로 만든 연필로 적혀 있다. 그들의 마음 판에 새겨져 있으며 제단 모퉁이에도 적혀 있다. 그들의 자녀들도 푸른 나무 아래에 아세라 우상을 알고 있다. 산과 들에 있던 제단을 기억할 것이다. 너희가 나로 하여금 분노를 불같이 일어나게 했으니 그 불이 영원히 꺼지지 않을 것이다. 사람을 의지하고 여호와에게서 등을 돌린 자는 저주를 받는다. 그들은 아무도 살지 않는 소금 땅 황무지에서 살게 될 것이다.

그러나 여호와를 믿고 의지하는 사람은 복을 받게 된다. 그는 물가에 심은 나무 같아서 날이 뜨거워도 두려울 것이 없고, 비가 오지 않아도 걱정할 것이 없다. 여호와께서는 사람의 마음을 들여다보시고 판단하실 수 있으므로, 각 사람이 일하고 행동한 대로 갚으신다.

예레미야는 하나님을 찬양한 후 세 번째 불평을 늘어놓는다. 그것은 유다 백성들이 예레미야를 거짓 선지자로 거짓 예언자로 무시하며 음모를 꾸미고 적대시하기 때문에, 그 상태에서 자신을 구해 달라고 간청하는 것이다. 유다 사람들은 예레미야가 예언하는 것이 어디 이뤄지는가를 비꼬며, 오히려 스스로 말한 모든 예언들이 자신을 옥죄어 오고 있음을 토로한다.

여호와께서는 예레미야에게 예루살렘 성문에 서서 백성들을 향하여 자신을 삼가고, 안식일에는 짐을 옮기지 말 것이며, 예루살렘 성문 안으로 짐을 나르지 말라고 외치라고 지시하신다. 그렇지 않으면 아무도 끌 수 없는 불을 일으켜, 예루살렘 성문에서부터 요새까지 태울 것임을 경고하신다.

18장_ 토기장이와 진흙

여호와께서는 예레미야에게 토기장이의 집으로 갈 것을 지시하신다. 거기서 토기장이는 그릇을 빚는데, 잘못 된 것은 진흙을 다시 사용하여 새 그릇을 만든다.

여호와께서는 토기장이처럼 이스라엘 집은 여호와의 손에 들어 있다고 말씀하신다. 때가 되면 어떤 나라나 민족을 뽑아 버리거나, 완전히 멸망시킬 것을 경고하신 것이다.

예레미야는 네 번째로 여호와께 불평을 한다. 사람들은 그 당시 예레미야를 매우 싫어 했다. 제사장과 예언자들은 말로 공격하여 예레미야의 지금까지 헛된 예언을 무시하며 질타하려 한다. 그는 사람들의 저의를 알아내고는 여호와께 사정을 아뢰며 불편한 심기를 드러내고 있는 것이다. 여호와께 자신을 죽이려는 그들의 악한 짓을 용서하지 마시고, 그들의 죄를 지워 버리지 마시며, 주님 앞에 넘어지게 하셔서 벌하여 주실 것을 기도한다.

19장_ 깨진 항아리

여호와께서 불평하는 예레미야에게 가서 토기장이에게 항아리를 하나 사라고 하신다. 그리고 깨진 질그릇을 비유로 유다의 심판이 임박하고 있음을 설명하신다. '한놈의 아들 골짜기' 를 통해 우상의 골짜기이며 극악한 우상숭배자들이 모여 제사 지내던 곳에서 질그릇을 깨뜨리게 하므로 멸절의 비유를 말씀하신 것이다.

앞 장에서도 얘기한 바 있는 '살인의 골짜기' 가 현실로 찾아오고 있음을 예감케 하고 있는 것이다. 예레미야는 골짜기에서 돌아와 여호와의 성전 뜰에 서서 모든 백성에게 당신들이 고집을 피우고 내 말을 듣지 않았으므로, 내가 선포한 재앙을 이제 곧 내리게 하겠다고 외친다.

20장_ 예레미야와 바스훌

바스훌은 제사장이었다. 그는 성전에서 가장 높은 사람이었다. 그도 예레미야가 성전 뜰에서 외치는 소리를 들었다. 그는 예레미야를 붙잡아 때리고 차고에 채워 가둔다. 이튿날 바스훌은 예레미야를 풀어준다. 예레미야는 그에게 사방의 두려움이란 뜻의 '마골밋사빕' 이라 이름이 바뀌게 될 것을 예언하고, 당신은 친구들이 칼에 찔려 죽는 것을 두 눈으로 보게 될 것이며, 유다 백성을 바빌론 왕에게 넘겨 주고 백성들을 바빌론으로 사로잡아 갈 것임을 경고한다. 바스훌도 바빌론에 끌려가 거기서 죽을 것임을 예언한다.

예레미야는 그런 후에 여호와께 다섯 번째의 불평을 토로한다. 백성들은 종일토록 자신을 비웃었고 바스훌에게 잡혀 모진 매를 맞고 감옥에 갇혔으며, 더 이상 견딜 수 없는 모욕감으로 시달리고 있음을 말하며, 예레미야를 법정에 고발하자는 외침도 듣고 있음을 청원하고 있다. 그는 여호와를 찬양한다. 자신을 구원해 주실 여호와께 찬양을 올린다.

그럼에도 불구하고 여호와의 약속이 이뤄질 기미가 안 보이자, 예레미야는 여섯 번째 불평을 토로하는데 부모님에 대한 불만을 늘어놓게 된다. 어찌하여 내가 어머니 뱃속에서 나왔는가, 내가 겪은 것은 오직 재앙과 슬픔뿐, 내 세월이 부끄러움 속에서 끝나간다며, 자신의 처지를 비관해 하며 슬퍼 하고, 탄식에 젖어 들고 있는 것이다.

** 주요구절 **
20 : 9 내가 다시는 여호와를 선포하지 아니 하며 그 이름으로 말하지 아니 하리라 하면 나의 중심이 불붙는 것 같아서 골수에 사무치니 답답하여 견딜 수 없나이다.

21장_ 시드기야의 소원을 물리친 하나님

시드기야 왕은 바스훌과 제사장 마아세야의 아들 스바냐를 예레미야에게 보냈을 때의 이야기이다. 그들은 바빌론의 느부갓네살 왕이 자신들을 공격하려 하자, 여호와께 기도를 부탁하러 예레미야를 찾아온다. 예레미야는 여호와의 말을 대신하여 전하는데 그들에게는 매우 충격적인 내용이었다.

오히려 여호와께서 바빌론 군대를 성에 끌어들여 유다 왕 시드기야와 그의 신하들과 백성들을 느부갓네살에게 넘겨 줄 계획임을 전한 것이다. 그리고 누구든지 예루살렘 성 안에 있는 자는 굶주림과 전염병과 칼에 의해 죽임을 당할 것을 전한다. 그리고 살아 남은 자들도 모두 바빌론으로 포로가 되어 끌려가 고통을 당하게 될 것임을 밝힌다. 여호와께서는 네 행위대로 벌할 것이며, 숲에 불을 질러 모든 것을 태워 버려 심판할 것임을 경고하셨다.

22장_ 악한 왕을 심판함

여호와께서는 예레미야에게 유다의 왕궁으로 가서 왕과 신하들과 관료들에게 의로운 일을 할 것이며, 도둑들로부터 빼앗긴 자들을 보호해 주고 함께 사는 외국인과 고아와 과부에게 악한 짓을 하지 말라고 전한다. 여호와께서는 현재 왕궁을 길르앗의 수풀과 레바논처럼 높고 푸르다고 판단하시고 이것을 아무도 살지 않는 사막으로 만드실 것을 말씀하신다.

요시야의 아들 살룸에 대해, 그는 잡혀간 이집트에서 절대로 고국으로 돌아오지 못할 것임을 말씀하시고, 여호야김을 처단하실 계획을 밝히며, 악한 짓을 많이 한 그에게 중벌을 내리실 것을 분명히 하신다. 그가 죽어도 유다 백성은 슬퍼 하지 않을 것이다. 그리고 여호야긴을 바빌론의 느브갓네살에게 넘겨 줄 것을 말씀하신다.

여호와께서는 다윗의 자손 중에 의로운 가지가 나와 왕이 될 것을 약속하시며, 그때에 유다는 구원을 받고 이스라엘은 평안히 살 수 있게 될 것임을 강조하신다.

23장_ 악한 지도자들

여호와께서는 목자인 유다의 지도자들에게 재앙이 내릴 것을 경고하신다. 너희는 양과 같은 내 백성들을 뿔뿔이 흩어놓고 쫓아 버렸다고 말씀하시며, 유다의 지도자들을 엄한 벌로 다스릴 것을 경고하셨다. 그리고 다윗의 집안에서 의로운 가지를 일으킬 것이며, 그 때가 되면 이스라엘 백성들이 자기 땅에서 살 수 있게 될 것이라고 말씀하신다. 또한 거짓 예언자들에 대한 경고를 하신다. 예루살렘의 예언자들이 나라에 죄악을 퍼뜨리고 있음을 지적하시며 백성들에게 예언자들의 말에 귀를 기울이지 말 것을 지시하신다.

여호와의 분노는 스스로 계획하신 것을 모두 이룰 때까지 멈추지 않을 것임을 설명하셨다. 예언자들이 여호와의 이름으로 거짓말을 하며, 마음대로 예언을 하고 있음을 한탄하시고, 저들이 다른 신과 바알 신을 숭배하게 만든 장본인들이라고 지적하신다. 여호와께서는 거짓 예언자를 이 땅에서 던져 버리고, 예루살렘도 던져 버려 영원히 부끄러움을 당하게 만들 것이라고 말씀하셨다. 이것은 예레미야를 통해 전하신 예언자들에 대한 심판의 경고장인 것이다.

24장_ 좋은 무화과와 나쁜 무화과

여호와께서 유다 사람들이 바빌론의 느부갓네살에게 잡혀 간 다음, 예레미야에게 성전 안에 있는 광주리 두 개를 보여주신다. 광주리 하나에는 잘 익은 좋은 무화과가 들어 있었으며, 다른 광주리에는 썩어서 먹을 수 없는 나쁜 무화과가 들어 있었다. 여호와께서 예레미야에게 무엇이 보이느냐고 물어 보시자, 좋은 무화과와 나쁜 무화과를 선별하여 대답했다.

좋은 무화과는 바빌론에서 고난을 통해 회개하고 의롭게 살아 남아 이스라엘이 회복될 때 귀환할 사람들이고, 나쁜 무화과는 유다 땅에 남은 자들과 이집트로 도망한 모든 이스라엘 백성들이라고 말씀하시며, 여호와께서 전쟁과 굶주림과 전염병을 저들에게 보내 모두 죽일 것을 계시하셨다.

25장_ 예레미야의 예언 정리

예레미야는 여호야김이 유다의 왕으로 오른 지 4년 째 되는 해, 그리고 바빌론의 느부갓네살 왕 원년에 모든 유다 백성에 관해 받은 말씀이다. 23년 동안 여호와께서 예레미야에게 예언활동을 하게 하셨다. 그는 여호와의 말씀을 유다 백성들에게 그대로 전하고 여러 명의 주의 종을 보내 하나님의 경고를 전했지만 백성들은 거들떠보지도 않았다. 우상을 섬기고 다른 신을 섬겼다.

그래서 하나님께서는 저들을 징벌하시려고 바빌론의 느부갓네살 왕을 불러들여 온 유다를 치게 하여 황폐케 만든 것이다. 70년 동안 바빌론을 섬겨야 할 것이며, 그 후에 바빌론을 심판하고 그 땅을 황무지로 만들어 버릴 것이다. 그들도 결국 큰 나라의 왕들을 섬겨야 하며, 유다 백성에게 한 것만큼 그들을 벌하실 것이다. 그리고 이집트도 블레셋과 에돔과 모압과 암몬 백성과 두로의 왕들과 시돈의 왕들, 드단과 데마와 부스와 머리카락을 짧게 한 모든 백성과 아라비아의 왕들, 광야에 섞여 사는 모든 족속의 왕들과 세계의 모든 나라에 여호와의 진노의 잔이 주어질 것이며, 바빌론 왕은 마지막으로 그 잔을 마시게 될 것이다. 하나님께서는 바빌론을 사용해 유다를 징계하시고 유다에게 악영향을 준, 모든 이웃나라 즉 열방들을 징계하시고 마침내 바빌론을 심판하실 것임을 말씀하신다.

26장_ 죽음의 모면

여호야김 원년에 여호와께서 예레미야에게 성전 뜰에 서서 예배하러 오는 모든 유다 사람들에게 하나님 말씀을 전하게 하셨다. 그것은 회개하지 않는 백성들을 위해 한 사람이라도 회개시켜 구원하시려는 하나님의 배려와 계획에 의한 것이었다. 사람들은 주의 종의 말에 귀를 기울이지 않는다. 오히려 예루살렘이 황무지로 망하게 된다는 예언을 듣자, 예레미야를 해치려고 몰려들었다. 사람들의 여론은 그를 죽이는 데로 몰아가고 있었다. 장로들 가운데 몇 사람이 반대 여론을 불러 모으며 히스기야 왕 시절 예언자 미가를 살려주어 여호와의 재앙을 피할 수 있었음을 예로 들며, 예레미야의 구명운동을 한다.

이 무렵 또 한 사람의 예언자 우리야는 이집트로 피신해 있었으나, 여호야김은 그를 잡아들여 칼로 쳐 죽이고 시체를 보통 사람들의 무덤에 내던지는 악행을 저질렀다. 예레미야는 사반의 아들 아히감의 도움으로 가까스로 죽음을 면할 수 있었다.

27장_ 느부갓네살의 멍에

여호와께서 줄과 막대기로 멍에를 만들어 네 목에 매라고 말씀하셨다. 이는 바빌론의 지배를 상징하는 것이었다. 여호와께서는 유다 왕을 만나기 위해 모여든 열방의 왕들에게 바빌론의 느부갓네살에게 모든 땅을 줄 것이며, 모든 열방이 그 나라를 섬기게 될 것을 말씀하셨다. 그런 다음에 바빌론도

망할 것임을 역설하시며 여러 나라의 위대한 왕들이 바빌론 사람들을 종으로 삼게 된다고 말씀하셨다. 바빌론의 침공으로 왕궁과 성전이 저들에 빼앗겨 모든 기물을 약탈해 갈 때에, 여호와께서는 성전의 모든 기물과 왕궁의 보물들도 모두 바빌론으로 실려 가게 되고, 여호와께서 다시 찾아오기까지 그곳에서 있게 될 것임을 말씀하셨다. 이것은 여호와의 말씀으로 예레미야를 통해 예언으로 들려진 이야기였다.

28장_ 거짓 예언자 하나냐

시드기야 4년에 예언자 하나냐가 여호와의 성전에서 백성들과 제사장들이 보는 앞에서 예레미야에게 말을 한다. 바빌론 왕이 유다에게 지운 멍에를 꺾어 버리겠다고 하나님께서 말씀하셨다고 한다. 2년 안에 느부갓네살 왕이 예루살렘 성전 안에서 가져 간 기물들을 다시 가져 오시겠다고 말했다고 강조한다. 그리고 유다의 잡혀 간 모든 포로들도 다시 데려올 것이라고 말한다.

예레미야는 아멘으로 화답하며 여호와께서 그렇게만 해 주시면 더 이상 바랄게 없을 것이라고 말하며, 참 선지자의 올바른 예언에 대해 말한다. 하나냐는 예레미야의 목에서 멍에를 빼앗아 꺾어 버린다. 그런 후에 자신의 예언이 참 예언이라고 주장한다. 그 일이 있은 후 얼마 되지 않아서 여호와께서는 하나냐에게 나무 멍에 대신 쇠로 만든 멍에를 져야 한다고 경고하셨다.

예레미야는 하나냐에게 거짓 선지자라고 단정하고, 백성을 미혹하지 말라고 단언하며, 여호와께서 말씀하신 대로 올해 안에 죽게 될 것을 예언한다. 거짓 선지자 하나냐는 그 해 7월에 죽었다.

29장_ 바빌론 포로에게 보낸 편지

예레미야는 바빌론 포로인 장로와 제사장들에게 편지를 보낸다. 선지자들은 하나냐처럼 바빌론이 급속하게 몰락하고 포로가 된 유다 사람들이 고국으로 귀환하게 될 것을 예언하고 있었다. 이러한 거짓스런 예언에 포로 된 유다 사람들은 현혹되어 환상에 떠돌지 말고, 바빌론에 정착하여 성실하게 살 것이며, 자손을 낳아 기르고 농사를 잘 지어 여호와께서 정해 놓으신 70년이 지나야 귀환될 것임을 강조하고 있다. 하나님의 진정한 뜻은 이것은 재앙이 아니고 희망이 넘치는 미래를 주려는 하나님의 계획이란 점을 강조하고 있다. 이 편지를 받아 본 거짓 선지자 스마야는 예레미야의 편지를 반박하는 내용의 글을 예루살렘에 사는 백성들과 제사장들에게 편지를 보냈다. 바빌론에 있는 스마야나 유다에 있던 하나냐는 하나님이 보낸 선지자가 아니었다. 이들은 공통적으로 진정한 주의 종 예레미야를 대적하고 있다. 여호와께서는 스마야와 그의 자손을 벌하시겠다고 말씀하신다. 그들은 고국으로 귀환하는 일을 보지 못할 것이라고 예레미야를 통해 말씀하셨다.

30장_ 희망의 약속

여호와께서 예레미야에게 말씀하시며 책에 기록하라고 하신다. 그 내용은, 때가 되면 내 백성 이스라엘과 유다를 포로에서 해방시켜, 내가 그들의 조상에게 준 땅으로 돌아가게 할 것이다. 만군의 여호와께서 그 날이 오면, 내가 그들의 목에서 멍에를 꺾어 버리고 묶은 사슬을 끊어 버리겠다. 앞으로 다른 나라 백성이 내 백성을 노예로 삼지 못할 것이며, 그들은 하나님을 섬길 것이라고 말씀하신다.

치유할 수 없는 상처를 입었고, 친구들이 모두 너를 잊었으나, 너는 회복

바벨론 / 바빌로니아 제국

되고 치유될 것이다. 내가 다시 건강하게 만들며, 네 상처를 고쳐 주고 너희 장막을 회복시켜 줄 것이다. 너희를 해친 모든 나라를 징벌할 것이며, 너희 지도자가 너희 중에 나오고, 그 백성 가운데서 나올 것이다. 그러므로 너희는 나의 백성이 되고, 나는 너희들의 하나님이 될 것이다. 여호와께서 예레미야를 통해 하신 말씀이다.

31장_ 새 이스라엘

유다의 회복에 관한 약속의 말씀이다. 이미 멸망해 버린 유다 왕국의 회복을 예레미야를 통해서 약속하신다. 너희는 원수의 칼에 죽지 않고, 살아 남은 백성이 광야에서 은혜를 입게 될 것을 약속하신다. 구체적으로 회복의 내용을 보면 영원한 사랑으로 너희를 사랑하겠으며 처녀 이스라엘이 다시 서서 소고를 들게 되고, 사마리아 산에서 포도농사를 지을 수 있게 될 것이다. 너희들은 소리 높여 남은 이스라엘 백성을 구원하여 달라고 외치고 기도하라고 당부하신다. 그리고 귀환의 약속으로 이스라엘 백성이 돌아와 시온의 높은 곳에서 기뻐 외칠 것을 말씀하신다. 그리고 지난 죄악들을 회개할 것을 당부하셨다.

여호와께서 에브라임이 크게 우는 소리를 들으셔서, 전에는 주님을 떠나 있었으나 이제 다시 돌아와 우리의 죄악을 뉘우치고 있음을 회개하도록 하신다. 여호와께서 백성들을 가엽게 여기시고 용서하실 것을 설명하시며, 새 언약을 세워 주신다. 여호와께서는 절대로 이스라엘을 저버리지 않으시고, 여호와의 자비와 은총 속에 새 예루살렘이 건설될 것을 약속하신다.

** 주요구절 **
31 : 31 나 여호와가 말하노라, 보라 날이 이르리니 내가 이스라엘 집과 유다 집에 새 언약을 세우리라.

32장_ 예레미야가 밭을 사다

시드기야 10년에 바빌론의 느브갓네살이 3차 원정을 나와 유다를 공격한다. 이것은 시드기야가 반바빌론 운동을 전개하며, 바빌론의 정책에 반기를 들었기 때문이다. 시드기야는 예레미야를 통해 바빌론 정권을 하나님의 도우심을 받아 물리치려 하지만 예레미야는 예루살렘의 멸망을 선포한다. 그러자 시드기야는 예레미야를 잡아 가두게 되었다. 예레미야는 여호와의 말씀을 듣고 숙부의 밭을 산다.

여호와께서는 땅문서를 항아리에 담아 오래도록 보관할 것을 지시하신다. 그 이유는 바빌론의 군대가 이 성을 점령하고 예루살렘 백성은 지붕 밑에서 바알에게 제사 지냈기 때문에, 집을 불태울 것이라고 말씀하신다. 여호와께서 예레미야에게 땅을 사도록 하신 이유는, 이 땅을 바빌론으로부터 회복시킬 때 땅문서와 증인을 필요로 했기 때문이었다.

33장_ 하나님의 약속

예레미야가 경호대의 뜰에 갇혀 있을 때 여호와께서 두 번째 말씀을 하신다. 무너지고 불타 버린 예루살렘 성을 복원하실 계획을 세우시고, 예레미야에게 먼저 소식을 알려 주시며 '크고 비밀한 일' 이라 이름 지어 그 점을 목표로 하여 부르짖어 기도하라고 지시하신다. 여호와께서는 예루살렘을 축복하시고 찬양을 받으시게 되며, 다윗의 집안에 새 가지가 나와 왕이 될 것이며, 유다를 구원할 것임을 다시 한 번 강조하신다.

바빌론 군대에 의해 망해 버린 예루살렘 성안과 간수들에게 둘러싸인 선지자 예레미야의 영의 눈은 하나님의 거대한 계획을 미리 알려 주신 여호와께 더욱 신뢰하며, 고난을 극복하고 주께로 가까이 가는 신앙심을 더해 주고 있는 것이다.

** 주요구절 **
33 : 3 너는 내게 부르짖으라, 내가 네게 응답하겠고 네가 알지 못하는 크고 비밀한 일을 네게 보이리라.

34장_ 시드기야 왕과 백성에 대한 경고

여호와께서는 바빌론 군대가 공격을 하고 있을 당시 예레미야를 불러 시드기야에게 예루살렘 멸망을 예언하게 하신다. 시드기야는 바빌론 왕의 손에서 벗어나지 못하고, 왕과 직접 얼굴을 대하며 이야기할 것이다. 그러나 너는 칼에 맞아 죽지는 않을 것이다. 평화롭게 죽을 것이고 사람들은 너의 죽음을 애도하게 될 것이라고 말씀하신다. 시드기야는 예루살렘의 히브리 종들을 풀어 주고, 유다 사람을 종으로 삼지 못하게 한다. 하나님께서는 이런 시드기야의 행위를 흡족하게 생각하신다.

유다 사람들은 왕의 지시에 따라 종들을 풀어 주었으나 얼마 지나지 않아서 다시 종들을 붙잡아 동족을 노예로 삼았다. 여호와께서 그 사실을 아시고 예레미야에게 말씀하신다. 같은 민족인 히브리 사람을 다시 종으로 삼아 여호와의 이름을 더럽혔기 때문에, 바빌론을 사용하여 혹독한 징벌을 내리실 것을 말씀하신다. 시드기야 왕과 예루살렘 성을 바빌론 군대에게 넘겨 주어 아무도 살지 않는 황무지가 되게 할 것임을 경고하셨다.

35장_ 레갑 사람의 순종

레갑 족속은 이스라엘의 변방 사막에 거주하는 유목민으로 이집트 탈출 당시 이스라엘에 편입된 족속이다. 이들은 포도주를 마시지 않았고 재배도 하지 않았다. 그들이 포도주를 마시지 않는 것은 레갑의 아들 요나답이 자손들에게 금주령을 내렸고, 후손들은 금욕적인 생활을 하며 조상의 명령에 순종하여 포도주를 마시지 않았다.

여호와께서는 예레미야를 시켜 레갑의 자손들을 축복하고, 요나답의 자손들이 끊어지지 않을 것임을 약속하셨다. 레갑 자손의 순종 사실은 유다 백성들의 거만함과 우상 숭배로 하나님을 불순종하는 것과 너무나 잘 대조를 이루는 것이다.

36장_ 여호야김이 예레미야의 두루마리를 불태우다

여호야김 4년에 여호와께서 예레미야에게 말씀하신다. 두루마리 책을 가져다가 요시야 왕으로부터 지금까지 여호와께서 이스라엘과 유다에게 하신 모든 말씀을 기록하라고 지시하셨다. 그는 바룩을 불러 여호와의 말씀을 두루마리에 기록한다. 자신은 아직 감옥에 갇혀 있기 때문에 여호와의 성전에 나갈 수 없는 처지이니 바룩에게 성전으로 가서 사람들에게 두루마리에 적힌 글을 읽어 줄 것을 지시한다. 그러면 백성들이 사악한 짓을 멈출 수 있을 것이라고 생각했다.

바룩은 성전에 올라가 두루마리를 읽었고, 그것을 들은 미가야는 왕궁의 관리들에게 그 소식을 전한다. 신하들은 바룩을 잡아다가 앉힌 후 자초지종을 묻고, 예레미야가 불러 준 것을 적은 글이란 것을 알고 바룩을 숨겨 준다. 그런 후 왕에게 이 사실을 보고하지만 여호야김은 별궁에 거하며 난로 불을 때고 있었으나 두루마리의 내용을 듣고서도 별로 놀라지 않는다. 오히려 두루마리를 난로 불에 태우고 예레미야와 바룩을 잡아오라고 명령한다.

이때에 여호와께서 예레미야에게 첫 번째 두루마리에 적힌 내용을 다른 두루마리에 옮겨 쓰라고 지시하신다. 그리고 여호야김에게 두루마리를 불태운 죄를 엄중히 묻게 한다. 여호야김이 죽으면 시체가 땅에 버려질 것이며, 낮에는 뜨거운 햇볕과 밤의 차가운 서리를 그대로 맞으며, 그의 자녀에게도 벌을 내리고, 유다 백성들에게도 재앙을 내릴 것임을 예레미야를 통해 말씀하셨다.

37장_ 감옥에 갇힌 예레미야

여호야긴이 아비의 대를 이어 유다의 왕이 된다. 그들은 예레미야의 예언을 믿지 않고 따르지도 않았다. 시드기야는 이집트와 동맹을 맺어 반 바빌론 활동을 하였고, 강경책을 써서 바빌론 군대를 잠시 후퇴하게 한다. 이 시기를 배경으로 사건이 전개되고 있다. 이때에는 예레미야가 감옥에 갇혀 있지 않던 때였다. 이집트의 파라오 군대가 협공하여 전세는 바빌론에게 불리하게 작용되고 있었으며, 이 사건은 예레미야의 신변에 아주 불리하게 작용된다. 유다에 대한 책망과 심판으로 일관된 그의 예언에 대한 책임을 예레미야에게 전가시키게 된다. 그가 도주하기 위해 베냐민 문을 나서는데, 거짓 선지자 하나냐의 손자 이리야에 의해 체포 당한다. 그들은 예레미야를 바빌론의 첩자로 몰아 때리고 서기관 요나단의 집에 가둔다.

그 후 며칠이 지나자 시드기야 왕은 예레미야를 왕궁으로 불러 여호와의 계시가 없었는지를 묻는다. 예레미야는 그 자리에서 반박하듯 왕은 바빌론 왕의 손에 넘어 갈 것이라고 말한다. 그는 불법적인 감금을 탄원하지만 시드기야 왕은 그를 다시 감옥에 가둔다.

38장_ 진흙 웅덩이에 갇힌 예레미야

예레미야가 감옥에 갇히기 전에 예언을 들은 사람들은 유다 전역에 그 소문을 퍼뜨린다. 왕궁의 신하들에게까지, 그 소문이 들어가자 신하들은 예레미야를 죽여야 한다고 주장한다. 그 이유는 바빌론 군대에게 예루살렘이 무너질 것이며, 도망치지 않는 백성은 전멸 당해 죽을 것이라고 하여, 백성의 사기를 땅에 떨어뜨렸기 때문이다. 시드기야는 신하들에게 그의 처리를 맡긴다. 신하들은 그를 잡아다가 말기야의 웅덩이에 집어넣었다. 그 웅덩이에는 물은 없고 진흙만 있었다.

에벳멜렉이란 사람이 이 소식을 듣고 시드기야에게 찾아가 예언자를 죽이려는 것은 잘못된 일이라며 항변한다. 시드기야는 예레미야가 굶어 죽기 전에 웅덩이에서 건져내라고 지시한다. 간신히 웅덩이에서 구출된 예레미야는 시드기야와 또 다시 대면하게 된다.

예레미야는 전과 똑같은 예언을 한다. 그는 여호와의 뜻에 순종하고, 바빌론 왕에게 항복할 것을 권유한다. 그러자 어느 정도 예언을 믿게 된 시드기야는 하나님께 맹세코 예레미야를 죽이지 않겠으며, 비밀 약속을 지킬 것을 당부한다. 예레미야는 시드기야의 말대로 신하들과 백성들에게는 요나단의 집으로 보내 거기서 죽을 것이라고 대답하라고 말하며, 시드기야의 비밀을 지켜 주었다. 그래서 예레미야는 예루살렘이 함락되는 날까지 죽지 않고, 경호대의 뜰에 머물러 있을 수 있게 된 것이다.

39장_ 예루살렘의 함락

시드기야 11년 바빌론의 느부갓네살이 다시 예루살렘을 공격해 성벽이 뚫린다. 시드기야 왕이 여리고 평야까지 도망했으나 붙잡혀 와서 느부갓네살 왕에게 심문을 받는다. 그런 다음 시드기야의 눈을 빼고 쇠사슬로 묶어 바빌론으로 끌고 갔다. 바빌론 군대는 왕궁에 불을 지르고 백성들의 집도 불태웠다. 경호대장은 항복한 자들과 가난한 백성을 유다에 남겨 두고 그들에게 땅을 주었다. 그리고 예레미야를 데려다가 돌봐주고 절대로 죽이지 말 것을 명령한다.

그 후 예레미야는 감옥에서 풀려나 백성들과 더불어 살게 되었다. 그를 웅덩이에서 구출해 주었던 에벳멜렉도 하나님의 은총을 받아 구원을 받게 된다.

40장_ 예레미야의 석방

경호대장은 예레미야를 풀어준 뒤, 하나님의 계시에 대해 물어본 후 모든 일이 여호와의 말씀대로 되었음을 인정하며, 그를 선대하고 미스바에 있는 그다랴의 집에 가서 남아 있던 유다 사람들과 함께 살게 해 준다. 남은 유다 사람들은 그다랴를 총독으로 추대했다. 바빌로니아 왕은 그에게 포로로 끌려 가지 않은 유다 사람들을 다스리도록 허가해 준다.

이 당시 모압과 암몬과 에돔 땅에 흩어져 살던 유다 사람들이 그다랴가 총독이 되었다는 소식을 듣고 여기저기서 찾아온다. 그들은 암몬 사람 바알리스가 총독을 죽이려 음해하고 있음을 전해 준다. 그가 총독을 죽이려고 이스마엘이란 사람을 보냈다고 말하지만 그다랴는 이를 믿지 않았다.

41장_ 이스마엘의 흉계

바알리스의 충고를 믿지 않던 그다랴 총독에게 그 해 7월에 이스마엘이 찾아온다. 그다랴는 예전의 충고를 잊은 채, 편안히 그들과 더불어 미스바에서 식사를 한다. 그 때 갑자기 나타난 이스마엘의 부하들에 의해 그다랴 총독은 칼에 맞아 죽임을 당한다.

이스마엘은 술수를 써서 그다랴의 추종자들을 모두 죽인 것이다. 그는 시드기야의 추종자로 마지막까지 바빌론에 대항한 사람으로 친 바빌론으로 대표되던 정적인 그다랴와 그의 세력을 제거한 것이다.

42장_ 이집트로 도망하는 그다랴의 군대 장교들

그다랴와 많은 병사가 죽자, 요하난과 여사냐 등의 군대 장교들은 이집트로 도주하다가 예레미야를 찾아온다. 그들은 예레미야에게 남은 유다 사람들과 가족을 위해 여호와께 기도해 달라고 간청한다. 10일이 지난 뒤 예레미야는 여호와의 응답을 전하기 위해, 군대 장교들과 병사 모두를 불러 모아 여호와의 말씀을 전한다.

여호와께서는 유다에 남긴 백성을 멸하지 않고 번성케 할 것이며, 바빌론 왕에게 협조하여 살다 보면 그들도 자비를 베풀 것이다. 그리고 너희를 너희 땅으로 돌려 보낼 것이라고 말씀하신다. 그러나 이집트로 가면 전쟁에 시달리고, 굶주림에 고난을 당할 것이다. 아무도 살아 남을 수 없으며 여호와의 재앙을 아무도 피할 수 없게 될 것임을 분명히 했다.

예레미야는 군대 장교들과 병사들이 이집트로 가서 살기를 원하고 있다는 것을 알고 있었기에 여호와의 말씀대로 이집트로 가는 것을 막으려 한다.

43장_ 계속되는 예레미야의 충고

요하난을 비롯한 군대 장교들은 예레미야의 예언을 받아들이지 않고 거짓 예언을 하고 있다며 여호와의 지시를 거부한다. 그들은 바룩과 모략하여 자신들을 바빌론으로 넘겨 주려 획책하고 있다고 항의하며, 여호와의 말씀에 순종하지 않는다. 그들은 군대와 가족들을 이끌고 이집트로 간다.

이에 여호와께서는 예레미야에게 지시하신다. 커다란 돌을 몇 개 자져다가 이집트의 파라오 궁전 앞에 묻어두라고 하시며, 훗날에 바빌론의 느부갓네살을 불러다가 그 돌 위에 보좌를 앉힐 것임을 말씀하셨다. 그가 이집트 땅을 쳐서, 우상을 제거하고 이집트의 신전을 불태울 것이라고 하셨다.

44장_ 이집트에 내릴 재앙

여호와께서 예레미야에게 하신 말씀을 사람들에게 전한다. 지금까지 여호와의 진노로 예루살렘과 유다에 대린 재앙으로 인하여 그 곳은 사람이 살지 않는 폐허가 되었다. 이는 백성들이 악한 짓을 했기 때문이며 우상을 섬긴 결과였다. 여호와께서 종들을 여러 차례 보내 경고하셨지만, 그들은 말씀에 순종을 거부하고 파멸을 자초한 것이다.

유다 백성들은 오늘날까지도 여호와를 존경하고 섬기지 않고 있으며, 가르침에 순종하지 않고 있다. 그리고 유다의 남은 백성들이 이집트로 가서 살면 평화로울 수 있다고 믿지만 결단코 그들은 전쟁과 굶주림으로 죽게 될 것이라고 전한다. 바드로스에 사는 유다 백성들이 예레미야에게 와서, 그의 예언을 듣지 않겠다며 거부의사를 밝힌다. 그들 중에는 '하늘의 여신' 을 숭배하는 여자들도 있었다. 여자들은 자신들이 여신을 섬기는 것을 남편들이 알고 있기 때문에 신을 섬기는 것이 적법하다고 말한다.

그러나 그들이 섬기던 여신이 결국 유다의 패망을 불러 왔음을 인정하며, 이 일은 여호와께서도 이미 알고 계신 일인 것을 밝힌다. 그러나 예레미야는 여호와께서 지시하신 대로 이집트에 내릴 재앙과 우상 섬기는 여자들과 모든 유다 백성에게 내려질 심판을 최후로 전달한다.

45장_ 바룩에게 주신 말씀

여호야김 4년에 예레미야의 예언을 바룩에게 받아 적게 했다. 이스라엘의 하나님 여호와께서 바룩에게 말씀하셨다. 언젠가 바룩이 슬프고 고통스러움을 여호와께 호소한 일이 있었다. 그 사실을 알고 계신 여호와께서는 말씀하신다. "보아라. 세운 것을 허물겠으며, 내가 심은 것을 뽑겠다. 바룩아, 너 자신을 위하여 큰일을 찾지 마라, 내가 모든 사람들에게 재앙을 내릴 것이지만, 네 목숨만은 어딜 가든지 보호해 주실 것이다"라고 말씀하셨다. 이는 예레미야에게 전하신 바룩에 대한 여호와의 말씀이다.

46장_ 이집트에 대하여

이것은 다른 9개 나라들에 대해 예레미야에게 말씀하신 내용이다. 이 나라들은 유다의 주변국가로서 하나님의 심판이 그들 나라에게도 임하게 됨을 의미하고 있으며, 이는 세계를 주관하시는 하나님의 권위를 상징하는 것이기도 하다. 이집트의 파라오 군대는 여호야김 4년에 유프라테스 강가의 갈그미스에서 바빌론의 느부갓네살 왕에게 패한다.

이는 여호와의 예언의 성취이다. 바빌론의 이집트 침공에 대한 예언을 하신다. 이집트 백성에게 짐을 꾸려 포로가 될 준비를 할 것을 지시하신다. 이집트는 소리내어 도망하는 뱀과 같으며, 백성은 부끄러움을 당하고 바빌론에게 넘어갈 것이다. 그러면서도 선택 받은 백성인 이스라엘 백성들에게는 포로로 잡아간 땅에서 구해 내실 것을 다시 확인하신다. 심판을 피할 수는 없지만 여호와께서 구원하여 주시고, 보호해 주실 것을 약속하고 있는 것이다.

47장_ 블레셋에 대하여

예레미야는 여호와의 말씀을 블레셋 백성에게 전달한다. 블레셋은 이스라엘 왕국 처음 때부터 이들을 괴롭혀 온 족속으로 많은 선지자들로부터 여호와의 심판을 받게 될 것을 경고 받은 나라였다. 불어 오른 물처럼 북쪽에서 적군이 몰려와 홍수처럼 땅 위의 모든 것을 덮치게 될 것이다. 전차들이 달려와, 온 블레셋 땅과 사람들을 죽일 것이다. 블레셋과 갑돌 섬에 남은 사람과 아스글론 바닷가의 모든 사람에게 여호와의 징벌이 가득할 것임을 강조하고 있다.

48장_ 모압에 대하여

모압은 아브라함의 조카, 롯의 딸들이 아버지 롯과의 불륜으로 자식을 낳아 선조가 된 족속으로, 사해 동쪽 고원지대에서 목축업을 하는 족속이었다. 이스라엘 왕국 초기에 블레셋과 마찬가지로 이스라엘을 괴롭혔다. 여호와께서는 모압의 패망을 보시고 슬프다고 표현하셨다. 모압의 영광이 사라지고 헤스본에서 사람들이 모여, 모압을 멸망시킬 것을 논의하고 있다.

모압이 멸망하여 도처에서 울음소리가 들려오며, 너희들이 섬기던 그모스 신도 포로로 잡혀 갈 것이다. 모압 족속의 심판 이유는 물질 만능주의와 우상숭배와 그모스 신 숭배와 부패와 악이 만연되어 있고, 하나님께 대해 자만하고 교만에 빠져 있으며, 선민 이스라엘을 조롱하고 괴롭힌 이유 때문이다. 그러나 마지막 때에 모압을 회복시켜 줄 것을 약속하시는데, 이는 이방인과 유다의 막혀진 담을 제거하여 세계 모든 민족이 하나님의 주권 안에 있음을 표현하고 있는 것이다.

49장_ 암몬, 에돔, 다마스커스, 게달과 하솔, 엘람에 대하여

네 번째로 여호와께서는 암몬 족속에게 심판을 경고하신다. 암몬 족속 역시 아브라함의 조카 롯의 딸들의 불륜으로 생겨난 족속이다. 모압의 북쪽에 위치한 나라로 그들은 잔인한 사람이었다. 여호사밧 시절에 모압과 합류하여 유다를 침공하고, 초기 이스라엘 왕국을 괴롭혀 온 나라였다. 이들 역시 이스라엘을 괴롭혔고 몰렉이란 신을 섬겼으며, 재산을 탐하고 의지하여 심판을 자초한 것이다. 그렇지만 여호와께서는 암몬 족속도 마지막 때에 회복시켜 줄 것을 약속하고 있다.

다섯 번째로 에돔에 대하여 말씀하신다. 에돔은 에서의 후손들로 이스라엘의 형제의 나라이면서 이스라엘을 무척 괴롭힌 족속이었다. 그들은 잔인함과 교만함으로 하나님의 진노를 사게 되었으며 소돔과 고모라성이 멸망한 것처럼 멸망시킬 것을 말씀하셨다.

여섯 번째로는 다마스커스에 대한 심판의 경고이다. 다마스커스는 아람 왕국을 대표하고 있었다. 이들은 초기 이스라엘 왕국과 분열 이후 북이스라엘 왕국을 괴롭혀 전체적으로 이스라엘을 침공한 나라였으므로, 하나님의 진노와 심판의 계획 속에 들어간 나라가 된 것이다.

게달과 하솔에 대해서는 일곱 번째로 언급하고 있다. 이들은 아브라함의 아들 이스마엘의 후손들로 아라비아 사막지역에 살며 목축업으로 돈을 번 부강한 나라였으나 우상을 숭배하였으며, 물질적 풍요로 교만한 생활을 함으로써 하나님의 진노를 불러온 족속이었다. 게달 왕국 전역에 재앙이 가득할 것이며, 그들의 가축 떼를 빼앗아 옆머리를 깎아 낸 사람들을 땅 끝까지 흩어놓아 사방에서 재앙이 내리도록 할 것이라고 말씀하신다. 그리고 하솔 왕국에 대해서는 들개들이 사는 땅으로 변화시킬 것이며, 아무도 살 수 없는 땅으로 저주할 것임을 분명히 하셨다.

여덟 번째로는 엘람에 대하여 경고를 하시는데 이들은 셈의 후손들이고 바빌론 동쪽에 살고 있었다. 이들은 한 때 앗시리아와 동맹군을 만들어 이스라엘을 침공한 적이 있었다. 무역이 매우 발전되었는데 이로 인하여 교만해진 것이 하나님의 심판을 자초한 것이다. 엘람의 활을 꺾어 힘의 원천을 파괴할 것이며, 백성들이 포로로 잡혀가 사방으로 흩어질 것이고 불붙는 듯한 여호와의 진노하심을 보여줄 것이다. 그러나 마지막 날에는 엘람을 회복시켜 주실 것을 약속하셨다.

50장_ 바빌론에 대하여

여호와께서는 도성 바빌론과 바빌론 왕국에 대하여 예레미야를 통해 말씀하신 기록이다. 바빌론이 정복당하고 그들이 섬기던 '벨' 신이 부끄러움을 당하며, 마르둑 신이 두려움에 빠지고 바빌론의 우상들이 부끄러움에 공포를 느끼게 될 것이다. 북쪽에서 한 나라가 일어나 바빌론을 칠 것이다. 그 날에 유다와 이스라엘 백성들이 돌아오게 될 것이다. 그리고 자신의 백성들에게 바빌론을 떠나라고 말씀하신다. 바빌론은 세계 중에서도 가장 보잘것 없는 나라가 되며, 황폐하고 메마른 사막이 될 것이다.

이스라엘 백성들은 앗시리아 왕에게 당했고, 다시 바빌론 왕에게 당했으며, 이제 그 나라들을 심판하실 것을 말씀하시고 있다. 바빌론에는 살쾡이와 이리 떼가 살게 되며, 사람이 살지 못하는 황무지로 변하게 된다. 이와 같은 하나님의 심판 계획은 북쪽나라 페르시아의 고레스 왕에 의해 어김 없이 진행된다. 결국 강성대국 바빌론의 수도 바빌론의 무너져 내리는 소리가 세계 온 나라에 들릴 것임을 강조하신다.

51장_ 구체적인 바빌론의 멸망과 이스라엘의 회복

앞 장에 비하여 구체적으로 바빌론의 멸망을 전하고 있다. "보아라, 내가 멸망이 바람을 일으켜 바빌론을 치겠다"로 시작해서 젊은이들도 불쌍히 여기지 않고, 그 군대를 멸망시키고 군인들이 자기가 사는 땅과 거리에서 칼에 찔릴 것임을 경고하신다. 이스라엘과 유다가 하나님을 거역하여, 그 땅이 죄로 가득 찼으나, 만군의 여호와께서 그들을 저버리지 않았음을 확인하신다.

과거 하나님께서는 바빌론을 사용하여 모든 나라를 징벌하셨으며, 그들은 자신이 하나님의 도구로 사용되었음을 망각하고 교만했으며, 죄악을 저질렀고 방탕스런 생활을 했다. 그러므로 여호와께서는 바빌론을 치실 계획을 말씀하고 계신 것이다. 오직 여호와 하나님만이 온 우주의 주관자이심을 깨닫지 못한 그들은 자신들이 숭배하고 섬기는 우상들이 우주를 주관하고 있다고 믿었다. 사람들은 무식한 고로 은장이들이 만든 우상 때문에 부끄러움을 당한다. 그들이 만든 신상은 거짓 신이며, 생명이 없는 헛것이라고 강조하신다.

그러나 야곱의 후손들은 여호와의 특별한 백성으로 삼으셨다. 바빌론은 하나님의 징벌의 도구로 사용했으나 이제는 그들이 시온에서 행한 악한 짓들을 그대로 갚아주시겠다고 말씀하신다. 여호와께서는 아라랏과 민니와 아스그나스와 같은 나라들을 불러 바빌론을 치게 하실 것을 분명히 하신다. 그리고 메대와 페르시아 연합국에 복속된 왕들과 함께 바빌론을 치게 하실 것이다. 모든 나라의 백성들이 세계적인 도시 바빌론의 함락을 보고 두려워 할 것이다. 황무지로 변하게 할 것이며, 바빌론의 신 '벨' 을 심판하고 그가 삼킨 것을 토해 내게 할 것이다.

이 때 여호와의 백성들은 바빌론을 떠나 너희 목숨을 거지고 여호와의 무서운 분노를 피해 달아나라고 말씀하신다. 예레미야는 바빌론에게 내릴 재앙을 한 권의 책에 적었다. 그리고 왕의 관리인 스라야를 시켜 시드기야 4년에 왕과 함께 바빌론으로 가서, 그 예언서를 지도자들과 백성들 앞에서 읽어 주고, 유프라테스 강에 두루마리 문서를 던져 가라앉게 했다.

그런 뒤에 바빌론도 저 두루마리처럼 가라앉을 것이라고 전한다. 바빌론은 B.C 539년에 페르시아의 고레스 왕에게 점령 당해 역사 속에서 사라지는 비운의 나라가 되었다.

52장_ 예루살렘의 멸망

시드기야가 32세의 나이에 11년째 예루살렘에서 유다의 왕으로 재위하고 있었다. 그는 여호야김이 그랬던 것처럼 여호와께 악한 일을 했다. 여호와의 진노를 자초한 셈이었다. 시드기야는 바빌론에게 항복하는 것이 하나님의 뜻이었음에도 그는 거짓 예언자들의 말을 믿고 바빌론에 대항해 싸웠다.

바빌론의 느부갓네살 왕이 예루살렘을 공격하여 예루살렘을 완전히 포위당한다. 시드기야는 그로 인하여 가족의 죽음을 눈으로 목격해야 했고, 자신은 눈이 뽑혀 바빌론 군대에 끌려가게 되었다. 바빌론으로 잡혀 간 포로들은 B.C 597년, 586년, 581년 등, 세 차례에 걸쳐 4,600명이었다. 그러나 이 숫자는 남자 장정에 국한되었기 때문에 사실상 여자와 어린이를 합치면 몇 배의 숫자가 될 것이다.

유다의 왕 여호야긴은 사로잡혀 간 지 37년 째 되던 해에, 느부갓네살의 아들 에윌므로닥 왕에 의해 특별 사면되어 바빌론의 다른 왕들보다 지위를 높여 주고, 죄수복을 벗겨 주었으며 왕의 식탁에서 밥을 먹게 해 주었다. 그는 죽는 날까지 왕의 지시에 따른 음식을 제공 받았다.

예레미야 애가 | Lamentations

황폐화 되어 가는 예루살렘에 대한 슬픈 노래 : 5장

저　　자 : 예레미야
기록연대 : B.C 586년 ~ B.C 585년

세계사 비교 : 예레미야서와 유사함
중심인물 : 예레미야

핵심 에피소드 : 예루살렘의 멸망에 대한 슬픈 노래이다. 멸망의 참상과 예루살렘을 구하려고 최선을 다했던 선지자 예레미야의 아픔이 시가적 운율로 노래되고 있다. 그러나 예레미야는 예루살렘이 폐허에서 다시 일어날 것을 믿고 뼈저리게 반성하고 회개할 것을 호소하고 있다. 그는 분노와 바탄에 젖어 영광스러웠던 예루살렘의 과거를 회상하며 울고 있다.

1장_ 예루살렘의 멸망

예루살렘의 멸망으로 인한 황폐함과 백성들의 참상을 그리고 있다. 예전에는 그렇게 사람이 많이 살더니, 이제는 쓸쓸한 성으로 변했다. 예전에는 여러 나라 중에서도 큰 성이었는데, 지금은 과부처럼 되었고 여왕 같더니 이제는 노예가 되었다고 한탄하고 있다. 예루살렘이 밤에 목 놓아 울며 유다가 사로잡혀 고통 당하고 시온으로 가는 길이 슬픔에 잠겼음을 비탄한 어조로 읊조리고 있다.

예루살렘의 모든 백성들이 예배는 중지되었고 온갖 고난과 부끄러움이 그들을 처참하게 만들었다. 주께서 멍에를 만들어 씌우고 강한 사람의 손에 넘기셨다고 바빌론을 향해 원망의 노래를 부른다. 예레미야는 하나님께 부르짖어 기도를 한다.

여호와께서는 의로우시나 우리가 따르지 못 했으며, 사랑하는 자를 불렀으나 등을 돌렸고, 신음소리를 들었으나 아무도 위로해 주지 못했다. 저들의 악을 보시고 죄 때문에 저에게 하신 일을 그들에게도 하여 달라고 간절히 기도하고 있다. 예레미야는 한없는 슬픔으로 상심하여 울었다. 여기서 특별히 강조하는 것은 백성들의 죄로 말미암아 재앙을 초래했다는 것이다.

2장_ 여호와의 진노

예루살렘이 황폐하게 된 것은 하나님이 진노하셨기 때문이다. 언덕 위에 있으며, 언덕으로 둘러싸인 예루살렘은 평지에 세워진 바빌론, 니느웨, 데베스, 멤피스와 비교하여, 그 당시 가장 아름다운 도시였다. 특히 하나님이 인간에게 보내는 통로로 독특한 사명을 위하여 선택된 이 성은 온 세계에서 가장 특권이 있고, 하나님의 특별한 보호 아래, 특별한 사랑을 받아 왔다. 또한 지리적 조건이 좋아 절대로 함락되지 않을 것으로 믿었다. 그러나 이 하나님의 성은 소돔보다 더 악해졌다. 사랑의 하나님은 진노하시는 하나님이시란 것을 설명하고 있다.

3장_ 예레미야의 슬픔

예레미야는 하나님이 자기와 자기의 기도를 몰라 주신다고 불평한다. 그의 고통은 백성 전체에 해당하는 고난을 의미한다. 내가 부르짖어 도움을 청했으나 내 기도를 듣지 않으셨다. 돌로 내 앞길을 막으시고, 내 삶의 길을 어렵게 만드셨다. 그러나 여호와의 한결 같은 사랑과 자비는 예레미야에게 소망을 주며, 여호와께서는 내가 받을 수 있는 유산의 전부이시니 내게 희망이 있다고 고백한다.

그제야 예레미야는 유다에게 내린 징벌이 하나님께서 내리신 사랑이란 것을 깨닫게 된다. 긍휼하신 하나님은 신실한 자들에게 어떻게 대처해야 할지를 가르쳐 주지만, 의미 있는 고난을 스스로 반성하며, 회개하므로 진정한 뜻을 간파해야 함을 알게 되었다. 주께서 명령하지 않으시면 그 누가 말로 뜻을 이룰 수가 있겠는가를 반문한다. 선악간의 모든 일은 하나님의 명령에 의해 일어나는 것임을 확신하고 있다.

예레미야는 하나님의 말씀을 전하다가 두 번씩이나 감옥에 갇혔다. 그 때의 상황을 참람한 어조로 노래한다. 한 번은 거짓 예언자라 하여, 서기관 요나단의 집 토굴에 갇혔고, 두 번째에는 관리들의 고발로 물이 없고 진흙만 있는 깊은 구덩이에 던져졌으나 왕궁의 환관 에벳멜렉의 도움으로 구출된 사건을 떠올리고 있는 것이다.

4장_ 예루살렘이 공격 당하다

금보다 귀했던 시온의 귀족들이 토기장이가 빚어 만든 질그릇처럼 업신여김을 받는다. 예레미야는 이처럼 영광스러웠던 과거를 떠올리며 참담한 현실을 대조시킨다. 예루살렘 성문으로 쳐들어 오는 것에 대해 세계의 어느 왕도 어느 백성도 믿지 못했다. 그러나 현실은 그렇지 못했다. 이것은 제사장들이 악한 일을 했고 예언자들이 죄를 지었기 때문이라고 결론짓는다. 여호와께서도 그들에게 얼굴을 돌리셨고, 우리는 아무도 도움을 받지 못했다. 원수들이 노리고 있으므로 거리를 다니지도 못하고, 산과 광야에는 우리의 목숨을 기다리는 적들뿐이다.

그러나 유다의 멸망을 바라보며 즐거워 하던 나라들에게 하나님의 심판이 임하게 됨을 언급한다. 우스 땅, 에돔에게 진노의 잔이 돌아가게 될 것을 말한다. 그리고 자기 백성인 시온에게는 "네 벌이 끝났다. 주께서 다시는 네가 사로잡히지 않게 하실 것이다"라고 하며 스스로 위안을 받는다.

5장_ 회개의 기도

예레미야는 '애가'를 마무리한다. 그는 자신의 현 상황을 되짚어 보며 유다의 멸망은 우리의 죄악으로 인하였음을 고백한다. 원수들이 쳐들어 와 시온과 유다의 처녀들을 짓밟고 관리들을 매달아 죽였으며 장로들을 업신여겼다. 우리 마음 속에 기쁨은 사라졌으며, 우리 머리 위의 면류관은 사라졌다.

시온 산은 폐허가 되어 여우들만 어슬렁거리고 이런 참상을 주께서 회복시켜 달라고 기도하고 있다. 우리의 날이 옛날처럼 되게 해 달라고 무한하신 주의 사랑을 베풀어 달라고 애원하듯 기도하고 '애가' 즉 슬픈 노래를 끝맺고 있다.

에 스 겔 | Ezekiel

에스겔의 소명과 심판의 메시지와 이스라엘 회복의 일 : 48장

저　　자 : 에스겔
기록연대 : B.C 593년 ~ B.C 571년

세계사 비교 : B.C 609년 앗시리아 제국 멸망. B.C 600년 우파니샤드 문헌 성립. B.C 597년 초나라 장왕이 진나라를 격파. B.C 587년 유다 왕국 멸망, 제2차 유수. B.C 563년 석가모니 탄생. B.C 552년 공자 탄생. B.C 539년 신바빌론 멸망, 페르시아 제국 성립. B.C 525년 페르시아 오리엔트 통일. B.C 521년 페르시아 다리오스 1세 즉위.

중심인물 : 에스겔, 시드기야, 느부갓네살

핵심 에피소드 : 에스겔은 바빌론의 2차 유다 침입 때 여호야긴 왕과 함께 바빌론으로 잡혀 간 사람이다. 포로들은 바빌론의 각처로 흩어져 살면서 망국의 한을 달래며 세월을 보냈다. 그러다가 바빌론의 풍습에 빠져 우상을 섬기고 점점 본토의 백성처럼 동화되어 간다. 예언자들의 예언을 믿고 있던 사람들은 여호와 하나님께서 언젠가는 이스라엘을 회복시켜 고국으로 돌아갈 수 있다는 믿음을 가지고 경건하게 사는 사람도 있었다.

에스겔은 이러한 시대를 배경으로 예언활동을 시작한다. 그의 이름은 '하나님께서 강하게 하신다' 란 뜻으로 이름처럼 예루살렘의 진멸과 그 이후 새 시대로의 회복을 강경하게 예언했다.

후기 예언서의 세 번째 책인 에스겔서는 크게 두 부분으로 나누어지는데, 전반부는 1장에서 32장까지로 부패한 유다 왕국의 멸망을 예언하고 있으며, 후반부는 33장에서 48장으로 예루살렘 패망 이후에 예언한 내용으로 새롭게 회복될 이스라엘 공동체에 대한 예언인 것이다.

본서는 다니엘서와 함께 묵시문학의 형태로 기록되었고, 신약성경의 요한계시록과도 연관성이 많고, 특히 예언의 특징이 환상을 통해 이뤄지고 있다는 점이다. 다니엘은 에스겔보다 9년 전에 바빌론으로 가서 명성을 얻었다. 비교되는 것은 다니엘은 왕궁에 있었고, 에스겔은 시골에 있었다. 그들은 자주 만나 교감을 나눴을 것으로 생각된다.

예레미야는 에스겔보다 나이가 더 많았다. 에스겔은 그의 제자였던 것 같으며, 에스겔은 예레미야에게 배운 대로 유다가 징계 받은 이유는 우상을 섬기며 행악하였기 때문이라고 현지 동포들에게 가르쳤다. 그러므로 예레미야와 다니엘과 에스겔은 묵시문학서를 지을 만큼 연관성을 가진 인물들로, 매우 가까운 사이였을 것으로 판단된다. 신약이 마지막 묵시록인 요한 계시록을 지은 요한은 에스겔의 영향을 많이 받아 그의 계시록에 에스겔의 기록과 일치하는 부분이 있다.

본서의 중심은 B.C 586년에 일어난 예루살렘의 멸망에 있다. 에스겔의 활동은 그 이전 6년부터 그 이후 16년까지 22년 동안이었다. 예루살렘이 멸망할 때까지 에스겔은 그것의 확실성을 계속 예언했었다. 그 이후부터 그의 예언은 이웃 나라들의 멸망과 이스라엘의 회복과 영광스러운 미래에 대하여 말했다.

그의 예언은 연대순으로 기록되어 있는데 B.C 597년에 있었던 여호야긴 왕의 포로사건부터 시작하고 있다. 그의 포로생활 5년은 에스겔이 30세 때이다. 예수님과 세례 요한도 30세에 공생애를 시작하신 것처럼, 레위 사람들은 대체로 30세에 활동을 시작했다. 에스겔은 매우 꼼꼼하여 계시를 받은 연대를 날짜까지 정확히 기록하였다.

1장_ 에스겔의 환상

에스겔은 바빌론에 여호야긴 왕과 함께 포로로 잡혀 왔다. 아내와 가정이 있었고 그발 강가에서 살았다. 그발 강은 바빌론 위에서 유프라테스 강에서 갈라져 티그리스 강으로 흘러 갔다. 제사장으로 활동하던 중에 여호와의 능력이 환상으로 임하셨다.

북쪽에서 폭풍이 불어 오고 번개와 구름이 몰려 오는 가운데 쇠붙이 같은 것이 빛난다. 사람의 형체를 한, 네 마리의 생물이 불 속에 있었으며, 생물들은 네 얼굴과 네 날개를 달고 있었다. 날개 밑에는 사람의 손이 있고, 앞쪽은 사람의 얼굴, 오른쪽은 사자, 왼쪽은 황소, 뒤쪽은 독수리 얼굴이었다. 생물들은 번개처럼 빠르게 움직였다.

2장_ 하나님께서 에스겔에게 말씀하시다

주님께서 에스겔을 이스라엘 백성에게 보내시며 주 여호와의 말씀을 전하라고 명령하신다. 백성들은 완악하여 주의 말씀을 듣지 않고 있으나, 그들이 듣든지 안 듣든지, 겁내지 말고 말씀을 전하면 그들이 예언자의 소리를 듣게 될 것이다. 하나님께서는 오로지 반항하는 백성들처럼 되지 말 것이며, 주께서 입을 벌려 주시는 것을 받아먹으라고 하셨다. 그 때에 어떤 손이 앞으로 펼쳐지며, 두루마리 책을 보이셨는데 주께서 그 두루마리를 먹으라고 하셨다. 두루마리에는 앞뒤로 애가와 재앙의 글이 적혀 있었다.

3장_ 계속되는 말씀

에스겔이 입을 벌리자 주님께서 두루마리를 먹여 주신다. 그 맛은 마치 꿀과 같았다. 이스라엘 백성들은 고집이 세고 마음을 닫았기 때문에 말을 들으려 하지 않을 것이다. 그러나 두려워 말고, 포로된 너희 백성들에게 가서 말씀을 전하라고 하시며, 주의 영이 에스겔을 들어 올렸다. 이 때 "성소에서 여호와의 영광을 찬양하라!" 소리가 들려 오고 생물들이 날개 소리가 들려 왔다. 여호와의 강력한 손이 불안해 하던 에스겔을 그발 강가 포로민들이 살고 있는 곳으로 7일 동안을 인도하셨다.

악한 사람을 향해 "너는 반드시 죽을 것이다!"라고 경고하시며, 너를 통해 경고를 받은 사람이 그의 악행으로 죽을지라도 주께서는 그 책임을 너에게 묻겠다고 말씀하신다. 어떤 착한 사람이 올바른 길에서 떠나 죄를 지으면 그를 넘어뜨릴 것이다. 그 때 네가 경고하지 않으면, 그는 자신이 지은 죄 때문에 죽게 되고, 그가 한 올바른 일은 아무 소용이 없게 될 것이다. 주께서는 이 사람이 죽은 책임을 경고하지 않은 너에게 물을 것이라고 확실한 책임을 주신다. 사람이 경고의 말을 듣고 죄를 멈추면 살게 될 것이며, 너도 살게 될 것이다. 그때 주께서 손을 내밀어 일으키시고, 일어나 들로 나가라고 하신다.

에스겔이 들에 나갔을 때, 그발 강가에서처럼 여호와의 영광이 빛나고 있었다. 두려움에 땅에 엎드렸을 때, 여호와의 음성이 들리고 사람들이 너를 밧줄로 묶어 잡아 가둘 것이니, 밖으로 나가지 못할 것이라고 말씀하신다. 그리고 네 혀가 입천장에 붙어 벙어리가 될 것이다. 적당한 시기에 네 입을 풀어 주겠다고 약속하셨다. 너에게 일어난 일을 사람들에게 소상히 전해야 된다고 말씀하신다.

4장_ 예루살렘의 지도

토판을 가져다가 예루살렘의 지도를 만들게 하신다. 예루살렘 바깥으로 포위망을 만들고 흙을 쌓아 성을 공격할 길을 내고, 성 주변에 진지를 만들고, 성벽을 부술 무거운 돌 포탄을 성 주변에 늘어놓으라고 하신다. 그리고 철판을 가져다가 너와 성 사이에 성벽처럼 세우라고 하신다. 그리고 네 얼굴을 성 쪽으로 향하여 에워싸고, 포위망을 좁혀 들어가라, 그리고 몸을 왼쪽으로 누이게 하신 후, 이스라엘의 죄를 누워 있는 날만큼 떠맡게 하셨다.

날 수를 다 채운 후, 이제는 오른쪽으로 누워 유다의 죄를 떠맡아야 했다. 묶여 있는 날은 390일이었고, 인분으로 구워 낸 부정하게 만들어진 빵으로 연명할 것을 말씀하시며, 시간과 양을 정해 놓고 빵과 물을 마시라고 지시하신다. 여호와께서 이스라엘을 다른 나라로 쫓아낼 것이다. 그곳에서 이와 같이 부정한 음식을 먹게 될 것이라고 말씀하셨다.

에스겔이 여호와께 부정한 음식을 먹을 수 없다고 항의하자, 여호와께서는 인분 대신 쇠똥으로 구운 빵을 먹게 허락하시며, 예루살렘에 식량이 떨어져 사람들이 뼈만 남게 되고, 서로 얼굴을 바라보는 것조차 무섭게 될 것이다. 이 모든 것은 이스라엘 백성들이 지은 죄의 결과라고 말씀하신다.

5장_ 에스겔이 머리카락을 자르다

여호와께서 에스겔에게 날카로운 칼을 가져다가 머리카락과 수염을 밀라고 지시하셨다. 그리고 예루살렘 포위가 끝나는 날, 삼분의 일은 성 안에서 불태우고, 삼분의 일은 성 안에 뿌리며, 삼분의 일은 바람에 날리라고 말씀하신다. 그 다음 조금 남겨두었다가 옷자락에 싸두고, 그 중 얼마를 꺼내 불에 던지면 거기서 불이 나와 모든 이스라엘 백성에게 번질 것이라고 말씀하신다.

예루살렘은 포위 당할 것인데, 그들은 악을 저지르고 율법과 규례를 지키지 않았으며 여호와를 거역했다. 마침내 징계를 내리는데 부모가 자식을 잡아 먹을 것이며, 삼분의 일은 전염병에, 삼분의 일은 칼로 쳐죽임을 당하고, 삼분의 일은 여호와께서 칼을 들고 쫓아가 사방으로 흩어 버리실 것임을 엄히 경고하셨다.

6장_ 산을 향한 예언

여호와께서 이스라엘의 산들을 향해 심판의 예언을 하신다. 산에 있는 산당을 부수고 제단을 무너뜨릴 것이며, 우상들 앞에서 백성들을 처단할 것임을 확실하게 경고하신다. 그렇지만 백성 중 약간의 사람은 살려둘 것이며, 칼을 피해 살아 남은 사람은 외국으로 흩어져 살게 될 것이라고 말씀하셨다. 저들이 스스로 지은 역겨운 짓들과 악한 짓에 대해 스스로 구역질을 느낄 때면, 그 징벌하는 자가 여호와이시란 것을 알게 될 것이라고 설명하신다.

7장_ 에스겔이 종말을 말하다

여호와께서는 이스라엘 땅에 종말이 왔다고 선언하신다. 기쁨 대신에 비명 소리가 산 위에서 들려 올 것이다. 여호와께서 분노를 이스라엘 백성에게 쏟아 부을 것이다. 이스라엘에 혹극의 진노가 임하여 모든 백성들이 고통을 당하며, 폭력과 전쟁과 살인이 난무하게 되고, 기아와 질병으로 온갖 시련을 당하게 되어 마침내 죽게 될 것임을 말씀하신다. 왕이 통곡하며 신하들은 절망의 옷을 입게 되고, 여호와께서는 이스라엘 사람들을 심판하게 될 것이다. 그제야 진노하시는 분이 여호와임을 알게 될 것이다.

환상에 대하여

환상이란 눈앞에 없는 사물의 모습이나 물건이 있는 것처럼 보이다가 사라져 버리는 현상으로 하나님이 예언자들에게 특별히 주신 것이다. 에스겔이 본 환상인 '생물'과 '그룹'은 아기천사를 의미한다. 그들은 네모난 것의 한쪽 가운데에 서 있었고, 그들의 펼쳐진 날개는 모퉁이를 덮고 있었다. 생물은 얼굴이 네 개이며, 바깥쪽을 보고 있는 사람의 얼굴, 오른쪽에 있는 사자의 얼굴, 왼쪽에 있는 황소의 얼굴, 뒤에서 중앙을 보고 있는 독수리의 얼굴이었다.

각 생물 옆에는 4개의 큰 바퀴가 있었다. 그 바퀴는 연푸른 보석으로 보이고, 둘레에는 눈이 가득하였다. 이 네 명의 생물은 파도와 같은 소리를 내며 번개와 같이 움직였다. 생물 위에는 수정대가 있었다. 그 위에는 파란 보석으로 만든 보좌가 있었다. 그 보좌에는 사람과 같은 분이 밝은 빛 속에서 무지개에 싸여 있었다. 이것은 모두 빛과 구름과 바람에 싸였다.

이것이 에스겔에게 나타나신 하나님의 모습이었다. 이것은 그의 영광, 권세, 전지전능, 위엄, 거룩함을 나타낸다. 아기천사는 생명나무의 입구를 지켰다. 아기천사는 법궤 위에 있고, 성막의 휘장에 수놓았다. 이것은 성전에도 있었다. 이것은 하나님께 시종하는 천사로 성서에 처음부터 관계가 있다.

8장_ 예루살렘의 죄

에스겔이 두 번째로 본 환상의 기록들로 이스라엘 백성들이 범한 죄악의 내용들이다. 하나님의 영이 환상 속에서 에스겔을 들어 예루살렘 성전으로 데려간다. 그곳은 질투의 우상이 있는 곳이었다. 여호와께서는 에스겔에게 사람들의 추악한 짓들을 보게 한다. 그리고는 벽이 있는 곳으로 데려가 벽 속의 문을 통해 그곳으로 들어가 보니, 온갖 종류의 짐승과 우상들이 벽면에 그려져 있었다. 그림 앞에는 이스라엘 장로들이 서 있었고 그들은 향로를 들고 우상에게 향을 피우며 못된 짓을 하고 있었다.

여호와께서는 에스겔을 데리고 성전 북문 입구로 데려간다. 그곳에서는 여자들이 담무스 신을 위해 울고 있었다. 다시 성전 안뜰로 가니 현관과 제단 사이에 사람들이 모여 동쪽을 향해 태양신에게 절을 하고 있었다. 여호와께서는 이런 광경을 보여주시며 저들을 불쌍히 여기지 않고 심판할 것이며, 큰 소리로 부르짖어도 들은 척도 안 할 것임을 단호히 밝히셨다.

9장_ 심판 받는 예루살렘

주님께서 큰 소리로 예루살렘 성을 심판할 사람을 부르신다. 북쪽 문 위에서 여섯 사람이 강력한 무기를 들고 나타난다. 그룹들 위에 있었던 하나님의 영광이 떠올라 성전 문지방으로 옮겨 간다. 여호와께서 모시옷을 입고 옆구리에 필기도구를 찬 사람에게 성안을 다니며, 추악한 짓을 한 사람들의 이마에 표시를 하라고 지시하신다. 그리고 그를 뒤따라가며 모든 사람을 다 죽이라고 명령하셨다. 그러자 성전에 있던 장로들부터 남녀노소를 가리지 않고 죽이기 시작했다.

그들이 사람을 죽이고 있는 동안 에스겔은 홀로 엎드려 여호와께 기도한다. 이스라엘을 위한 중보의 기도를 드린 것이다. 이스라엘의 남은 자들마저 다 죽이시지 말 것을 부탁하지만, 여호와께서는 이스라엘과 유다 백성의 죄가 너무 크다고 말씀하시며, 그들이 저지른 행위대로 돌려줄 것을 천명하신다. 모시옷을 입은 글 쓰는 사람이 돌아와 주님의 명령을 완전히 수행했음을 보고 드린다.

10장_ 주의 영광이 떠남

여호와의 영광이 밝은 빛으로 빛나고 있다. 그룹들의 날개 치는 소리가 들려 오고 그것은 하나님의 말씀소리 같았으며, 주님께서 모시옷을 입은 사람에게 그룹들 사이에서 불을 가져오게 하신다. 그룹은 하나님의 천사들을 의미한다. 에덴동산을 지키는 일을 했으며, 때로는 하나님의 처소와 탈 것으로 성막 안에의 속죄소 금판 위에 순금으로 만들어져 날개를 위로 펴서 보좌를 이루고 있다.

사람의 형상을 한 두 얼굴과 두 날개를 가진 천사이다. 그룹들이 두 날개 달린 생물과 사람의 얼굴, 사자의 얼굴, 독수리의 얼굴을 한 그룹들이 날아올랐다.

여호와의 영광이 성전 문지방을 떠나 그룹들 위에 머물렀고 그것들은 그발 강가에서 이스라엘 하나님의 아래에 있었던 두 날개 달린 생물이란 것을 에스겔은 비로소 알게 된다.

11장_ 지도자들에 대한 형벌

주의 영이 에스겔을 들어 성전 동문으로 데려간다. 문어귀에 25명이 서 있는데 그 중에는 앗술의 아들, 야아사냐와 브나야의 아들, 블라댜 등 백성의 지도자급들이 보였다. 주님께서는 에스겔에게 이 사람들은 악한 마음을 품고 못된 죄악을 꾸민 자들이라고 말씀하시며, 그들을 심판할 것을 예언하라고 지시하셨다. 저들은 이 성에서 많은 사람을 죽였고 그 시체로 거리를 메웠다. 이 성은 솥이고 던져진 시체들은 고기라고 말씀하시며, 그들을 이 성에서 쫓아 내실 것을 경고하신다.

여호와께서 저들을 이 성에서 끌어내 다른 나라 사람에게 넘겨 주고 박해받게 할 것이며, 칼로 말미암아 죽게 할 것임을 명백히 하신다. 그 때서야 저들이 심판 주께서 여호와이심을 알게 될 것임을 말씀하셨다. 에스겔이 여호와의 말씀으로 예언하는 사이 브나야의 아들, 블라댜가 죽었다. 그러자 에스겔은 여호와께 엎드려 큰 소리로 외쳐 기도하는데 "주 여호와여, 이스라엘 백성 가운데 살아 남은 자마저 완전히 없애시렵니까?"라고 간절히 중보기도를 했다. 그러자 여호와께서 이스라엘의 회복을 말씀하신다.

여러 민족들 가운데서 이스라엘 백성을 다시 모으실 것이며, 이스라엘 땅을 다시 돌려 줄 것임을 선언하신다. 그들이 가서 우상을 제거하고 성결케 하므로 그들은 하나님의 백성이 될 것이며, 여호와의 율법과 규례를 잘 지키므로 하나님의 백성 될 수 있는 가능성을 열어 놓으셨다. 이윽고 에스겔이 환상에서 깨어나 영적으로 경험한 모든 사실을 바빌론으로 잡혀 온 동족들에게 전해 주었다.

12장_ 에스겔의 상징적 행위

에스겔의 이스라엘 멸망에 관한 예언은 백성들에게 설득력이 없었다. 그들은 모두 하나님께 반역하는 자들이었기 때문이다. 여호와의 명령은 에스겔로 하여금 포로로 잡혀 갈 사람처럼 짐을 꾸려 밖에 내놓고, 저녁이면 벽에 구멍을 뚫어 사람들이 보는 앞에서 짐을 어깨에 메고 밖으로 나가게 한 후에 여호와께서는 이스라엘 백성들이 에스겔처럼 포로로 잡혀서 바빌론 땅, 바빌론으로 끌려 가게 될 것임을 백성들에게 전하게 하신다.

그러나 더러는 전쟁과 굶주림과 전염병으로부터 남겨둘 것이며, 그들은 서로 흩어져 자신들이 얼마나 추악한 짓을 하였는지 알게 될 것이다. 예루살렘 땅이 폐허가 되었을 때에야 심판주가 여호와이심을 알게 될 것이라고 말씀하신다. 또한 여호와께서 이스라엘 사람들이 하고 있는 유행어를 대시며, 세월이 흐르지만 환상은 이뤄지지 않는다고 비아냥거릴 것을 미리 말씀하신다. 이런 말들을 멈추게 할 것이고, 모든 환상을 이루게 할 것임을 분명히 하신다.

이스라엘 백성에게 거짓된 환상과 달콤한 예언은 앞으로 없을 것이라고 확실하게 말씀하신다. 여호와께서는 사람들이 에스겔의 예언이 먼 훗날에 이뤄질 것이라고 말하고 있으나, 그의 예언은 반드시 미뤄지지 않고 이뤄지게 된다는 것을 확실하게 전하라고 지시하셨다.

13장_ 에스겔이 거짓 예언자들에게 말하다

유다 백성들이 안일하게 미래를 예견하고, 미온적으로 대처한 것은 거짓 예언자들의 예언 때문이었다. 에스겔은 그런 거짓 예언자들에게 여호와의 재앙이 내릴 것을 경고한다. 이스라엘의 예언자들은 황무지에 사는 여우같고 거짓 환상을 보며 여호와의 이름을 빌어 거짓 예언을 일삼았다. 여호와께서는 이러한 거짓 예언자들의 사례를 일일이 열거하시며, 그들을 심판할 것과 회칠한 벽으로 위장한 것을 비와 우박과 강풍으로 무너뜨리고 그것이 사라지면 무참히 바닥이 드러날 것이다.

그 밑에 거짓 예언한 자들이 깔려 죽게 될 것이다. 사람들을 유인하는 부적을 매달고 다니는 여자들과 긴 얼굴 가리개를 쓰고 사람들을 덫에 빠뜨리는 자들에게 재앙을 내리실 것을 말씀하신다. 그리하여 다시는 헛된 환상을 보지 못하고, 거짓 예언을 하지 못할 것이다. 여호와께서 자신의 백성을 너희의 손아귀에서 건져 내실 때, 그가 여호와이심을 알게 될 것이다.

** 주요구절 **
13 : 19 너희가 두어 웅큼 보리와 두어 조각 떡을 위하여 나를 내 백성 가운데서 욕되게 하여 거짓말을 곧이 듣는 내 백성에게 너희가 거짓말을 지어서 죽지 아니 할 영혼을 죽이고 살지 못할 영혼을 살리는도다.

14장_ 우상숭배를 멈추게 하심

여호와께서는 마음 속에 우상을 만들어 섬기며 악한 것들에 절하는 행위를 할 수 없도록 되돌려 놓으시려고 노력하신다. 그러므로 우상을 섬긴 자들을 죽이고 백성의 마음을 우상 섬김에서 돌이키게 하시려고 하신다. 하나님께서는 모든 방법과 예언과 징계를 통해 이스라엘 백성들이 잘못을 깨닫게 하시려는 것이다. 사악한 죄인에게 형벌을 내리시고 미련한 선지자에게도 형벌을 내리시는 공의로우신 분인 것이다.

여호와께서는 신실하지 못한 죄를 지은 자들에게 손을 뻗쳐 양식을 끊고, 그 땅에 기근을 보내 사람과 짐승들 모두를 멸망시킬 것임을 말씀하신다. 그리고 그 나라에 노아와 다니엘과 욥 같은 위대한 사람들이 있다 하더라도 그들은 의로움으로 자기 목숨만 건질 수 있을 뿐이라고 경고하신다. 진노의 날에는 그와 같은 의인들로 자신의 자녀를 구원하지 못할 것임을 강력하게 경고하신 것이다.

15장_ 포도나무 이야기

에스겔은 여호와의 말씀대로 포도나무를 비유하여 유다의 멸망이 필연적인 것임을 예언한다. 여호와께서는 수풀 속에 자라난 포도나무 가지를 베어 땔감으로 불에 던지듯이 예루살렘에 사는 백성들을 불길 속에 던질 것을 말씀하신다. 그들이 불길을 피하더라도 쫓아가 여호와께서 친히 치실 것이며, 그제야 심판 주가 여호와이심을 백성들이 알게 될 것이다.

16장_ 타락한 예루살렘

여호와께서 에스겔에게 예루살렘이 저지른 악행에 대해 전하게 하신다. 주께서 이스라엘 백성의 근원을 알게 하시고, 태어난 날을 기억케 하시며 아무도 돌보는 이 없이 태어난 버려진 피투성이의 아기를 밭의 식물처럼 키우셨고, 아름다운 보석처럼 만드셨다.

너는 가슴이 나오고 머리가 자라 성숙한 처녀가 되었다. 그래서 여호와께서 옷을 벗어 벌거벗은 네 몸을 가려주고 엄숙히 맹세하고 언약을 맺었다. 그리고 고운 옷을 입히고 온 몸에 아름다운 장식으로 꾸며 주었으며, 금과 은으로 장식을 하여 왕비처럼 길렀으나, 네 아름다움을 믿고 명성을 힘입어 간음하기 시작하더니, 마침내 창녀가 되었다. 네 아름다운 옷을 가져다가 산당에 펼쳐 놓고 더러운 짓을 일삼았다. 내가 너에게 주었던 화려한 옷과 장신구들을 우상에게 바쳤으며, 기름진 음식과 고운 가루들을 우상의 제물로 바쳤다. 너는 어릴 적 피투성이로 버려졌던 때를 기억하지 않았으므로, 네게 재앙이 내릴 것이다. 이집트 사람에게도 몸을 팔았으며, 너를 꾸짖어 블레셋에게 넘겨 주었으나, 그래도 너는 만족하지 못하고 앗시리아 사람에게도 몸을 팔았다. 너의 걷잡을 수 없는 음란함은 바빌론 사람들에게까지 이르게 되었다. 돈을 받고 몸을 팔기는 고사하고 오히려 돈을 주며 몸을 파는 어처구니 없는 짓을 저지르고 말았다.

그러므로 여호와께서 간음하고 살인한 여자들을 심문하듯이 너를 심문하겠고 형벌을 내릴 것이다. 헛된 신을 따르고 신당을 무너뜨릴 것이며, 너를 벌거벗겨 버리고, 네 모든 보물을 빼앗아 버릴 것이다. 네 집을 불태우고 다른 여자들이 보는 앞에서 너를 벌할 것이다. 네 아버지는 아모리 남자이며, 네 언니는 딸들과 북쪽에 사는 사마리아이고, 네 아우는 남쪽의 소돔이다. 소돔의 딸들도 너만큼은 악하지 않았다. 그들은 거만했고 살이 쪘으며, 평안했지만 다른 사람들에 대해선 무관심한 사람들이었다. 그래서 그들을 심판했으며 사마리아는 네가 지은 죄의 절반도 악한 짓을 안 했으나, 심판을 면키 어려웠고, 네 아우와 언니들은 가벼운 처벌을 받았다.

그러나 여호와께서 소돔과 사마리아의 명예를 회복시켜 줄 것이다. 네가 교만했을 때, 네 아우 소돔을 무시했다. 그러나 지금은 너에게 소돔뿐만이 아니고, 아람 여자들과 블레셋 여자들까지 너를 욕하고 경멸하고 있다. 너는 음란함과 혐오스런 짓의 대가로 무거운 책임을 지게 될 것이다.

이처럼 여호와께서는 자신의 백성 이스라엘을 여자와 창녀에 비유하여 심판할 것을 말씀하시고 있다. 그렇지만 여호와께서는 어린 시절 맺은 언약을 기억하시고 영원한 언약을 맺으신다. 이것은 모든 행악한 일들을 용서해 주시되 옛 일을 생각하여 스스로 부끄럽게 여기고, 창피하여 다시는 입을 열지 못하게 하실 것임을 말씀하신다.

17장_ 독수리와 포도나무의 비유

날개가 크고 깃은 길며 털이 수북한 독수리가 레바논의 백향목에 올라 앉아 연한 가지를 꺾어 상인들이 땅으로 가져갔다. 그리고 씨앗을 가져다가 물가에 비옥한 땅에 심었다. 그 씨앗은 자라서 포도나무가 되었다. 거기서 굵고 가는 온갖 가지들이 새로운 입새를 돋게 했다. 여기서 큰 독수리는 바빌론의 느부갓네살 왕을 상징한다. 레바논의 백향목은 유다 왕국의 왕궁을 상징하고 있다. 바빌론의 느부갓네살 왕은 유다의 모든 보물과 왕궁의 관리와 지도자들과 귀족들을 사로잡아 간다. 그리고 가난하고 빈궁한 사람들만 유다에 남겨 놓는다.

여호와께서 백향목 꼭대기에 어린 가지 하나를 꺾어다가 심어 높고 큰 산 위에 심겠으며, 이스라엘의 높은 산 위에 무성한 열매를 맺는 큰 백향목으로 자랄 것이다. 그 나무에 둥지를 틀고 보금자리를 만들 것이다. 그 때에 높은 나무는 낮추고 낮은 나무는 높이며 마른 나무는 무성하게 하여 여호와를 드러낼 것임을 상징과 비유로 말씀하신다. 이 말씀은 유다 백성들의 잘못에도 불구하고, 하나님의 사랑은 지속되며, 하나님과 맺은 언약이 충실히 이행될 것임을 의미하는 대목이다.

18장_ 공의로우신 하나님

바빌론에 잡혀 온 이스라엘 백성들은 자신들의 죄를 조상에게로 돌렸다. 공의로우신 하나님은 여러 종류와 방법을 통해 의로운 자를 높이 들어 쓰시며, 그 지위와 명예를 회복시켜 주실 것이다. 의로운 사람이 의로운 길에서 돌아서면 죽을 것이다. 반대로 악한 사람이 돌아서 의롭게 되면 목숨을 건지게 된다.

그러므로 여호와께서는 이스라엘 각 개인의 한 일에 따라 심판하실 것을 복명하신다. 회개하고 죄의 길에서 돌아서면 죄 때문에 망하는 일이 없을 것이라고 말씀하신다. 누구든지 죽는 것을 즐거워 하지 않으시며 회개하고 죄의 길에서 돌아오기를 즐거워 하시는 여호와이심을 강조하고 있다.

** 주요구절 **
18 : 23 나 주 여호와가 말하노라, 내가 어찌 악인의 죽는 것을 조금인들 기뻐 하랴, 그가 돌이켜 그 길에서 떠나서 사는 것을 어찌 기뻐하지 아니 하겠느냐.

19장_ 이스라엘 지도자들에 대한 슬픈 노래

이스라엘의 지도자들을 위하여 슬픈 노래를 부르게 하신다. 17장에 이어지는 사자와 포도나무의 비유인 것이다. 네 어머니는 사자들 가운데 용맹스런 암사자였다. 어린 새끼 한 마리를 키웠는데 훗날 힘센 사자가 되어 사람을 해치게 된다. 사자는 사람들에게 잡혀 이집트로 끌려 간다. 암사자는 힘센 사자가 돌아올 수 없음을 알고 다른 새끼들을 힘센 사자로 키운다.

힘센 자들도 사람들에게 잡혀 바빌론으로 끌려간다. 네 어머니는 물가에 심은 포도나무 같아서 가지가 무성하고 많은 열매를 맺었다. 한때 높은 가지와 눈에 띄는 나무가 되었으나, 여호와의 분노 가운데 뿌리가 뽑혀져 땅에 던져지니, 그 과일이 마르고 가지들은 불에 타 버린다.

사자의 비유는 유다의 여호아하스 왕과 여호야긴 왕이 하나님의 율법과 규례를 따르지 않음으로 맞이하는 비극적 종말을 표현하고 있으며, 포도나무의 비유는 유다의 마지막 왕인 시드기야를 두고 비유한 것이다. 그는 끝내 회개하여 돌아서지 않다가, 유다 백성들과 함께 멸망 당하게 된다.

20장_ 자비를 베푸시는 하나님

여호와께서는 이스라엘을 선택하여 언약을 맺고 주의 백성으로 삼으셨다. 그 언약은 순종함으로써 유지될 수 있었지만 이스라엘 백성들은 하나님의 율법과 규례를 따르지 않고 경멸하며 하나님 보시기에 반역을 도모했다. 이스라엘 백성들을 이집트에서 끌어내 광야생활을 하게 하며, 젖과 꿀이 흐르는 땅으로 인도하는데 그들 마음은 그렇지 못했다. 우상에 잠겨 있었고 안식일을 더럽혔다.

여호와께서는 안식일을 거룩하게 지키라고 명령하신다. 죄를 범한 백성들을 끊임 없이 용서해 주셨다. 그것은 여호와께서 스스로 세우신 언약을 지키시려는 강한 의지인 것이다. 이 장에서는 이스라엘을 선택해 주신 여호와의 뜻과 끝까지 인내하시며 구원의 계획을 추진하시는 언약의 하나님과의 관계를 회고하고 있다. 그러다가 불순종의 길을 걷는 이스라엘 백성에게 무서운 징벌의 심판을 경고하며, 의로운 자들을 구원하시려는 계획을 내포하고 있다.

회개하고 돌아온 자들은 약속의 땅에서 주의 인도함을 받으며 과거를 철저하게 반성하고, 하나님 왕국 백성으로 거듭 날 것을 촉구하신다. 그렇지만 자비의 하나님이시며 공의로운 하나님이시지만, 그의 징벌 계획은 어김 없이 진행되어 남쪽에서 북쪽까지 온 유다를 불에 태워 버리겠다는 최종적인 심판과 징계의 말씀을 선포하셨다. 이는 남북의 모든 이스라엘이 여호와의 언약을 깨고, 죄악 속에 불순종함으로써 하나님의 진노와 심판 위에 놓여져 있음을 보여주고 있다.

21장_ 칼의 노래

예루살렘과 암몬을 향해서 칼을 빼려 하고 있다. 남쪽은 유다 땅이었으며 북쪽은 이스라엘 땅이다. 여호와께서는 칼을 비유로 남에서 북에 이르기까지, 혈기 있는 자들을 칼로 칠 것을 말씀하신다. 이것은 의인과 악인을 가르지 않은 무자비한 징벌에 속한다. 무서운 칼의 치명적인 위력을 보여주며, 바빌론의 왕이 점괘를 보고 암몬을 치지 않고 유다를 칠 것을 결정했음을 보여주고 있다.

악인의 종말은 기억을 일으키고, 너희의 전과가 드러나며 죄악상이 나타나, 그들의 손에 잡힐 것임을 가르치신다. 마땅히 얻을 자가 이르고 시드기야의 왕위가 전복되면 다윗 왕국은 메시아가 오실 때까지 중단될 것임을 계시하신다. 그리고 암몬의 죄악과 파멸을 예고하셨다.

22장_ 예루살렘의 죄

에스겔은 거듭 멸망 직전에 예루살렘의 죄를 폭로하고 있다. 도덕적인 부패를 질타하고 있으며, 사회적인 부패와 종교적인 타락을 묘사하고 있다. 안식일을 더럽히고 하나님의 거룩한 물건들을 업신여김을 들어, 전체적인 타락의 추한 모습을 말씀하신다. 이스라엘을 여러 나라로 흩어지게 하고, 그

나라에서 부끄러움을 당할 것이다. 풀무에 모든 찌꺼기를 던져 예루살렘 가운데로 모은 후, 모든 금속을 여호와의 분노로 녹임같이 이스라엘 백성들을 녹일 것을 밝히신다. 이는 이스라엘 백성들을 제련하여 더욱 정제된 주의 백성으로 거듭나게 하기 위한 하나님의 연단과정으로 해석할 수 있다.

그리고 이스라엘 백성들의 방종은 결국 그들이 선택 받은 민족의 도리를 유지하지 못하게 되었고 자신들의 직분을 망각하게 되어, 여호와의 진노를 받게 된 큰 이유가 된 것이다. 제사장들이 직분을 망각하고 성전을 더럽혔으며, 안식일을 거룩히 지키지 않으므로 백성들은 강포해져서 가난하고 궁핍한 사람들을 늑탈하였고, 미련한 자들을 학대하였다. 여호와께서는 스스로 선택하신 백성들이지만 진노의 불로 멸하겠으며, 그 행위대로 보응케 하실 것을 말씀하셨다.

23장_ 오홀라와 오홀리바

이 두 자매는 음행을 계속했다. 오홀라와 오홀리바의 비유를 통하여 사마리아와 예루살렘의 배교행위를 지적하고 있다. 주님이 택한 백성으로서 율법과 규례를 준수하지 않고 이방의 풍속을 따르며, 강대국에 의존해서 안전을 도모했던 사마리아와 예루살렘의 죄악은 두 음녀의 모습을 통하여 적나라하게 묘사되고 있다.

하나님께서는 이스라엘이 따르고 사모하던 강대국들에게 유린 당하고 더럽힘을 당하게 하신다. 사마리아가 음행의 심판으로 멸망하게 되고, 예루살렘 역시 사마리아를 따르게 된다. 오홀라는 사마리아를 비유하고, 오홀리바는 예루살렘을 비유했다. 이스라엘의 죄악상을 음란한 두 창녀에 비유한 여호와의 경고는 우상과 간음하고, 자녀를 우상에게 바쳤으며, 음란한 짓을 한 죄에 대한 징계를 통해 사마리아와 예루살렘의 공통된 죄악을 철저하게 심판하실 것을 보여주신다.

24장_ 끓는 가마

여호와께서 에스겔에게 결정적인 예언을 하라고 하신다. 그것은 예루살렘을 끓는 가마솥에 비유해서 심판의 말씀을 전달하신 것이다. 에스겔은 예루살렘 성이 포위된 첫날 밤에 하나님의 계시를 받는다. 그는 이미 4년 전에서부터 하나님으로부터 이스라엘 백성들의 심판에 관한 예언을 해 오고 있었다. 가마솥을 걸고 그 안에 물을 붓고 고기와 넓적다리와 좋은 뼈를 가득 채우고 고기를 삶되, 뼈까지 푹 고우라고 하신다.

그리고 그 위에 녹슨 가마 위로 재앙이 내리실 것임을 말씀하신다. 고기를 모두 꺼내고 핏자국을 흙으로 덮어 보이지 않지만 이제 여호와의 분노를 솥 안에 쏟아 넣어, 너의 피를 바위에 쏟아 붓겠으며 흙으로도 덮지 못하게 할 것이다. 빈 가마에 불을 지펴 더러운 찌꺼기를 녹이고, 붉은 녹을 태울 것이다. 그러나 아무리 불을 달궈도 두껍게 낀 녹은 없어지지 않았다. 녹을 제거하는 마지막 방법은 가마솥을 부수는 것이다. 많은 선지자들이 녹을 제거하기 위해 애를 썼으나 아무 소용이 없었다. 이는 이스라엘 백성이 최후의 심판 앞에 서 있음을 경고한 예언이다.

그리고 에스겔은 사랑하는 아내를 갑자기 잃게 되는데, 이런 비극적인 사건은 상징적 의미를 가지고 있다. 여호와께서는 에스겔에게 아내가 죽더라도 슬퍼 하거나 울지 말라고 지시하신다. 아침에 그 사실을 사람들에게 예언했는데 저녁에 아내가 죽는다. 여호와께서는 사랑하는 에스겔의 아내의 죽음을 통해, 이스라엘 백성들의 심판의 의지가 얼마만큼 강한 것인지를 보여주신다. 애정을 갖고 있는 자신의 성전을 스스로 더럽히고, 아들 딸들을 칼로 처단할 것임을 확실히 하신다. 그리고 이스라엘 백성들은 에스겔이 한 것처럼 슬퍼 하지도 못하고 울지도 못하며, 서로를 바라보고 탄식할 것이다.

25장_ 열방들에 대한 예언

에스겔의 예언은 주변 일곱 나라로 향한다. 첫째로 암몬에 대한 예언을 한다. 암몬 사람들은 여호와의 성전이 더럽혀졌을 때 기뻐 했으며 이스라엘 땅이 폐허로 되었을 때 즐거워 하였으므로, 암몬 땅을 양 떼의 우리로 만들고, 너희를 타국의 약탈 물로 넘겨 줄 것임을 예언했다.

둘째로 모압에 대해 예언하는데, 유다의 집이 다른 나라들과 같게 되었다고 말한 모압 사람들을 암몬 백성들과 함께 동쪽 백성들에게 넘겨 줄 것임을 예언했다.

세 번째로 에돔에 대한 예언으로 유다의 집에 복수를 한 죄를 물어 여호와께서 손을 들어 에돔을 칠 것이며, 황폐하게 할 것이다. 여호와의 백성 이스라엘로 에돔에게 복수하게 만들 것임을 예언했다.

넷째로 블레셋에 대한 예언으로, 그들이 증오에 찬 마음으로 복수를 했으며, 유다를 멸망시키려 했으므로 블레셋을 치고, 해변에 남아 있는 사람들을 멸망시킬 것임을 예언했다.

26장_ 두로에 대한 예언

느부갓네살의 포위와 두로의 영원한 멸망에 대한 예언이다. 여호와께서 에스겔을 통해 두로의 멸망을 예고했는데 다음 해 느부갓네살은 두로를 포위했다. 여호와께서 두로는 맨 바위가 되고, 그물 치는 곳이 될 것임을 말씀하신다. 다시는 세워지지 못하고, 영원히 멸망할 것임을 경고하셨다.

느부갓네살은 B.C 585년부터 13년 동안 두로를 공격하여 함락시켰으나, 요새화 된 섬을 완전히 멸망시키지 못했다. B.C 333년에 알렉산더에 의해 바다에 제방을 쌓아 두로의 요새화 된 섬을 완전히 멸망시켜 에스겔의 예언이 성취되었다. 당시의 예언은 사람이 살지 않는 황폐한 성이 되게 하고, 거대한 바닷물로 너를 덮어 버릴 것임을 경고했던 것이 약 200년 후에 사실적으로 이뤄진 것이었다.

27장_ 두로에 대한 탄식의 노래

바다를 생업으로 삼는 사람들이 거쳐 가는 곳에 자리 잡은 두로에 대한 슬픈 노래를 지어 부르게 하신다. 하나님 앞에 교만하고 죄악을 일삼던 두로가 세계적 항구도시로 명성을 날리던 도시의 침몰을 슬퍼하는 노래이다. 교역으로 화려했던 화물선이 가라앉고, 많은 화물과 사람들이 침몰하자, 백성들과 왕이 두려움의 눈으로 그 광경을 보게 된다. 지중해 연안의 해양국가의 백성들이 두로의 난파를 슬퍼 한다.

28장_ 두로 왕에 대한 예언

두로의 왕은 자신이 마치 바다의 신으로 교만을 떨었다. 여호와의 진노가 그에게 이르고 스스로 신처럼 지혜롭다고 말하는 두로의 왕을 교만함과 부정축재와 성소를 더럽힌 죄를 물어, 불을 질러 구경꾼들 앞에서 잿더미로 만들 것임을 경고하셨다. 끔찍한 종말을 맞게 되고, 영원히 사라지게 될 것임을 분명히 하셨다.

다섯 번째로 시돈에 대한 예언이다. 여호와께서 시돈을 치시며 전염병을 보내, 시돈의 거리마다 피가 넘쳐 흐를 것이다. 사방에서 칼을 휘둘러 수많은 사람들이 죽어 넘어질 것이다. 시돈은 지중해 연안국으로 바알과 아스다롯 신을 섬기고 아합 왕이 시돈 왕의 딸, 이세벨과 결혼하여 이스라엘에 바알 신 숭배가 퍼지게 되었다. 시돈은 이집트의 지배를 받아 오다가 바빌론의 느부갓네살 왕에 의해 정복 당했다.

29장_ 이집트에 대한 예언

여섯 번째로 이집트에 대한 예언이다. 이집트의 파라오가 하나님의 주권을 인정하지 않고 스스로 세상을 지배하고, 주관하는 군주로 군림하려 했기 때문에 여호와의 심판을 받게 된다. 이집트는 사람이 살지 않는 땅이 되며 40년 동안 아무도 살지 못하게 될 것이다. 도시들은 폐허가 되고, 포로로 잡혀 갔던 이집트 사람들을 남부 바드로스 땅 곧, 그들이 원래 살던 땅으로 되돌아가게 할 것이다. 보잘것 없는 나라로 유지될 것임을 말씀하신다.

여호와께서는 에스겔을 통해 바빌론의 느부갓네살에게 이집트를 넘겨 주실 것을 계시하신다. 그 날에 이스라엘 백성에게 한 뿔이 자라나게 할 것이다. 그 날에 그들이 여호와의 존재를 알게 될 것이다.

30장_ 심판 받을 이집트

여호와의 말씀이 이집트의 멸망이 가까이 왔음을 예고하신다. 이는 이집트와 그 동맹 국가들도 차례로 심판을 받게 될 것을 경고한 것이다. 여호와의 날이 다가와 재앙이 내리고, 여호와의 칼이 이집트를 치므로 에티오피아가 두려워 떨며, 리비아, 리디아, 아라비아, 동맹국들이 무너질 것이다. 이집트가 자랑하던 세력이 꺾일 것이다. 북쪽의 믹돌에서부터 남쪽 이스완에 이르기까지, 이집트 백성들이 칼에 찔려 죽을 것이다.

31장_ 레바논 백향목의 비유

여호와께서는 에스겔을 통해 이집트 왕, 파라오에게 레바논의 백향목을 비유로 엄한 질책을 하신다. 파라오는 교만과 무력을 앞세워 하나님의 백성들을 괴롭히고 억압했다. 에스겔은 앗시리아 왕의 비유를 통해 파라오의 죄악을 깨닫게 한다. 앗시리아의 영화와 권세가 백향목처럼 튼튼하고 아름답게 발전하여 정치, 경제, 문화에서 다른 나라를 앞질러 부흥 발전했으나, 이를 잘못 사용한 탓에 바빌론에게 멸망 당한다. 앗시리아의 파멸 과정을 은유적으로 보여주며, 이집트의 멸망을 예언하고 있다.

32장_ 파라오에 대한 탄식의 노래

에스겔은 여호와의 계시를 받고, 이집트 왕 파라오의 몰락을 비유로 노래하게 한다. 파라오는 자기 나름대로 젊은 사자 같다고 생각할 테지만, 하나님 보시기에는 바다의 괴물에 불과하며, 여호와께서 흙탕물에 빠진 파라오를 그물로 걷어 올려, 들판에 내팽개칠 것을 말씀하신다. 우주의 밝은 빛들도 파라오 위에서 어둡게 되고, 이집트가 멸망하리란 것을 외국에 알릴 것이다. 이집트의 최대 악인 교만을 쳐부숴 모든 백성을 멸절시킬 것이다.

에스겔에게 이집트를 위하여 울 것을 지시하신다. 이집트에 대한 예언의 결론을 짓는데, 이집트와 주변 국가들이 멸망의 웅덩이에 함께 던져질 것을 표현하고, 앗시리아 군대가 죽어 누워 있으며, 엘람 나라 군대와 메섹과 두발 역시 무덤에 묻혀 있다. 그들은 모두 할례를 받지 않은 사람들로 전쟁 중에 칼에 맞아 죽은 사람들이다. 이집트는 이런 사람들처럼 쓰러질 것이다. 북쪽에 사는 모든 귀족과 왕과 시돈 사람들도 무덤에 있으며, 이제는 파라오 역시 그의 자랑스럽던 군대와 함께 무덤에 묻히게 될 것이다.

33장_ 경계병 에스겔

에스겔은 이스라엘 백성에게 멸망의 심판이 다가왔음을 선언해야 하는 파수꾼의 위치에 다다른다. 경고의 나팔을 불 때, 그 소리를 듣지 못하고 맞아 죽는다면, 그 책임은 전적으로 자기 자신에게 있는 것이다. 그러나 경계병이 칼이 다가오는 것을 보고도 나팔을 불지 않았다면 경계병 즉, 파수꾼에게 잘못이 돌아갈 것이다.

여호와께서는 에스겔을 이스라엘의 경계병으로 세우신다. 악한 사람에게는 악함을 중지하도록 목소릴 높이고, 악한 사람이 죽는 것을 기뻐 하시는 여호와가 아니고, 그들이 악함에서 돌아와 의롭게 살기를 바라고 계심을 전하라고 하신다. 의로운 자들도 순종하지 않으면 그들을 넘어지게 하시고, 자신이 행한 과거의 의로움을 믿고 악행을 저지르면 과거의 의로운 행실은 기억되지 않을 것이다.

여호와의 길은 정의로우시며 이스라엘 백성 각기 사람마다 행실을 심판하게 될 것임을 분명히 하고 있다. 포로생활 12년 차에 예루살렘이 함락되었고, 이스라엘 땅에 살고 있는 남은 자들에게 회복이 불가능하다는 점을 부각시킨다. 그들은 멸망한 이스라엘 땅에 남아서 회개하지 않고, 온갖 악행을 계속하고 있었기 때문에 여호와의 진노를 사게 된 것이다. 여호와께서는 멸망 당한 폐허에 남은 자들에게도, 진노의 칼이 다가와 저들을 쓰러뜨릴 것을 말씀하신다.

34장_ 이스라엘 목자들

여호와께서는 이스라엘 목자들을 향해 예언을 하라고 에스겔에게 지시하신다. 이스라엘을 돌보는 목자들에게 재앙이 임할 것이다. 목자들은 사욕을 채울 뿐 진정 양 떼를 돌보지 않았다. 진정한 목자가 없었기에 양들은 길을 잃었으며, 산과 언덕을 헤매며 온 땅에 흩어졌으나 아무도 그들을 찾는 이가 없었다. 여호와께서 친히 목자들에게 책임을 물을 것이다. 여호와께서 흩어진 양들을 모든 국가로부터 이끌어 내 모으고 이스라엘 산골짜기에 거하게 하여 그들을 돌볼 것이다. 몸소 양 떼를 기르고 좋은 풀밭으로 인도할 것이다.

여호와께서 길을 잃어버린 사람들을 찾아 나서고, 상처 입은 사람들을 치료해 주며, 약한 사람들의 힘이 되어 주실 것이다. 여호와께서 양 떼들을 구해내 더 이상 약탈당하지 않게 하실 것이며, 다윗 같은 주의 종을 세워 왕으로 삼을 것이다. 여호와는 그들 중에 하나님이 될 것이다. 그들에 메워진 멍에를 끊고 그들을 종으로 삼은 사람들로부터 구해 낼 것이다. 그들이 안전한 가운데 거하며 기름진 땅을 주어 더 이상 굶주림에 시달리지 않게 하실 것을 약속하셨다. 이스라엘은 여호와의 양과 양 떼이며, 여호와의 백성들이다.

** 주요구절 **
34 : 2 인자야 너는 이스라엘 목자들을 쳐서 예언하라, 그들 곧 목자들에게 예언하여 이르기를 주 여호와의 말씀에 자기만 먹이는 이스라엘 목자들은 화 있을진저, 목자들이 양의 무리를 먹이는 것이 마땅치 아니 하냐. 3 너희가 살진 양을 잡아 그 기름을 먹으며 그 털을 입되 양의 무리는 먹이지 아니 하는도다, 4 너희가 그 연약한 자를 강하게 아니 하며 병든 자를 고치지 아니 하며 상한 자를 싸매어 주지 아니 하며 쫓긴 자를 돌아오게 아니 하며 잃어버린 자를 찾지 아니 하고 다만 강포로 그것들을 다스렸도다, 5 목자가 없으므로 그것들이 흩어지며 흩어져서 모든 들짐승의 밥이 되었도다.

35장_ 에돔에 대한 예언

에돔은 이미 25장에서 멸망될 것을 예언했었다. 여호와께서는 에스겔에게 에돔의 세일 산을 향하여 예언할 것을 지시하신다. 그리고 세일 산을 쳐서 에돔을 사막으로 만들겠다고 하신다. 그 이유는 이스라엘 백성들이 재난 당할 때, 오래 전부터 원한 감정을 갖고 있다가 이스라엘에 칼을 넘겨 준 죄를 범했기 때문이다.

에돔은 '붉다' 란 뜻으로 야곱의 형, 에서의 후손들을 지칭하고 있다. 이로 인해 여호와께서 선택하신 이스라엘 민족의 회복과 구원을 예언한 것이라고 볼 수 있다. 이스라엘이 황폐해졌을 때, 네가 기뻐한 것같이 세일 산과 에돔을 폐허로 만들 것임을 분명히 선언하신 것이다.

36장_ 이스라엘의 귀환

이스라엘의 영토가 에돔의 부분적 약탈에서 회복될 것을 선언하신다. 이스라엘 백성들을 위해 모든 산과 들의 가지에 열매가 맺을 것이다. 백성의 인구를 증가시키고 마을마다 사람이 살 수 있게 하며, 사람과 짐승들이 번성하여 예전처럼 네 위에 사람들이 많이 살게 될 것이다. 하나님께서는 궁극적으로 고난과 연단과 진노를 거두시고 선택한 백성들을 원래대로 회복시킬 계획을 갖고 계셨다.

에돔은 멸망할 것이나 이스라엘은 번성할 것이다. 그 때마다 여호와의 역사임을 알리시는데, 심판을 통해 자신을 계시하시며 에스겔을 통해 그 예언을 정확하게 성취하셨다. 여호와께서는 여러 곳에 흩어져 살던 백성들에게 더럽힌 여호와의 이름을 깨끗이 하기 위하여, 너희를 민족들 가운데 다시 불러 모아 너희 땅으로 돌아가게 하고, 너희 위에 맑은 물을 뿌려, 너희가 저지른 온갖 부정한 짓과 우상들로부터 깨끗하게 할 것이다. 그리고 너희 안에 새로운 마음과 새로운 영을 넣어주겠다고 말씀하신다.

하나님께서 이스라엘 백성들을 회복시켜 주시는 것은 하나님의 목적하신 대로 역사를 진행하시며 주관하시는 것을 보여주기 위함이며, 그들의 선한 행위와 회개로 인한 구속이 아니고, 오로지 하나님의 은혜로 구속해 주신 것임을 밝히고 있다. 그러면서 폐허가 된 성마다 복구해 주시며, 절기에 제사에 사용되던 수많은 양처럼 온 성마다 사람들로 가득 차게 될 것을 말씀하신다.

37장_ 마른 뼈에 대한 환상

에스겔이 환상으로 본 계곡에는 수많은 뼈들이 널려 있었다. 여호와께서 마른 뼈들에게 말씀하신다. 여호와께서 마른 뼈에게 숨을 불어 넣으면 너희가 살아날 것이다. 힘줄을 붙이고 살을 입혀 살아나게 하실 것을 계시하자, 뼈들이 덜컹이며 움직이고 서로 한 데 모이더니, 힘줄과 살이 생기고 피부가 생겼으나 생기가 살아나지 못했다. 여호와께서 생기를 불어 넣으시니, 생기가 그들 가운데로 들어가 그들이 발을 딛고 일어나 큰 군대를 이루게 되었다.

이스라엘 백성들은 자신들의 뼈가 말라 버려 희망을 잃고 망했다며 한탄했었지만, 여호와께서 백성의 무덤을 열고 이처럼 생기를 불어 넣어, 그곳에서 이끌어 내실 것을 비유로 말씀하신 것이다. 이스라엘이 회복되는 것은 하나님께서 죽은 생명들에게 생기를 불어 넣어, 새 마음과 새 영으로 무장된 새로운 육신을 갖게 하신 것이다. 그리고 유다와 에브라임의 통일을 예언하신다.

두 개의 막대기로 상징되는 유다와 에브라임은 여호와의 뜻에 의해 하나로 봉합되며 통일을 이루게 될 것임을 계시하신다. 에스겔은 다윗이 통일된 이스라엘의 왕이 될 것을 예언하는데, 이는 다윗의 후손으로 이어지는 메시아의 왕권의 영원성을 강조하고 있는 것이다. 그는 야곱의 후손들이 여호와께서 주신 땅에서 영원히 살 것이며, 다윗은 영원히 그들의 왕이 될 것이라고 말한다. 여호와의 성전이 그들 가운데 영원히 있게 되고, 온 세계 나라들은 여호와께서 이스라엘을 거룩하게 만드시는 것을 알게 될 것이라고 예언하고 있다.

38장_ 곡에 대한 예언

에스겔은 여호와의 영을 받아 두발의 왕, '곡' 에 대한 예언을 한다. 여호와께서 곡을 대적할 것이다. 여호와께서 너를 돌려 세우고 갈고리로 턱을 꿰며 무장한 많은 군대를 끌어내 진멸할 것이다. 곡이 페르시아와 에티오피아와 리비아와 고멜과 도갈마 등 여러 족속들과 연합하여 이스라엘을 침략할 때에, 하나님의 분노가 일어나 곳곳에서 곡을 대적할 칼을 부를 것이다. 그리고 전염병과 피 흘림을 보내 심판하겠고, 폭우와 우박과 불과 유황으로, 곡과 함께 동맹한 나라들에게 쏟아 부을 것이다.

이렇듯 이스라엘을 침략한 나라들에 대한 하나님의 직접적인 개입으로 심판하고 징벌하여 여호와의 위대하심과 거룩하심을 만천하에 드러낼 것임을 계시하신다. 곡의 이와 같은 침략은 하나님이 미리 계획하신, 이스라엘 백성들을 위한 구속의 사역으로, 하나님을 배신하는 모든 족속들에 대한 완전한 멸망을 이끌어 내실 것을 예표하고 있는 것이다.

39장_ 침략자 곡의 죽음

에스겔은 38장에 이어 여호와의 이름으로 침략자, 곡에 대한 예언을 계속한다. 곡은 이스라엘 산에 쓰러지고, 모든 군대와 연합부대를 결성한 동맹국가들이 모두 쓰러져 짐승과 새의 먹이가 될 것이다. 마곡과 해안지대에 살고 있던 사람들 위에 불을 내려, 여호와의 역사하심을 알게 될 것을 예언하고 있다. 전쟁 중에 사용된 무기를 소각하고, 곡을 비롯한 모든 침략의 무리들을 장사하여 이스라엘 땅을 정결케 할 것이다.

저들을 장사한 곳을 '하몬곡' 이라 하여, 곡의 무리들이 장사된 곳임을 표시할 것이다. 전쟁에서 승리한 이스라엘에서는 큰 잔치가 열리고, 여호와의 개입과 권능을 목격한 이스라엘 백성들이 회개하고 새롭게 될 것을 말한다. 하나님께서는 자신의 이름을 위하여 이스라엘 백성들을 고국으로 돌아오게 할 것을 선언하시며, 한 사람도 남김 없이 모든 이스라엘 포로들에게 귀환에 대한 희망과 꿈을 품게 하신다. 앞으로 이스라엘 위에 하나님의 얼굴을 더 이상 숨기지 않겠다고 말씀하신다.

40장_ 새 생전의 회복

여호와께서 포로 중에 있던 에스겔을 환상 속으로 이끄시어, 예루살렘이 함락된 지 14년 되던 해에 이스라엘 땅으로 데려가신다. 하나님께서는 환상 중에 이스라엘의 높은 산지로 에스겔을 데려가, 여러 가지 새로운 성전들을 보여 주셨다. 우선 바깥 뜰의 세 개의 문에 대해 설명하고 있다. 동문과 북문과 남문에 대한 환상이다. 동문은 지성소를 마주보고 있고, 성전 출입시 가장 많은 사람들이 빈번하게 사용되는 문이기 때문이다.

바깥 뜰에는 방이 있고 각 벽 위에는 종려나무 모양을 새겼다. 바깥 뜰의 삼면에 박석이 깔린 곳 위에 동, 북, 남쪽으로 방이 각 10개씩 배열되어 있었다. 이 방들은 제물을 보관하는 방으로 사용되었으며, 사람들이 모임이나 제사를 위한 것이었다. 안뜰을 경유한 세 문과 그 문 곁에 있는 방들의 용도를 소개하고, 안뜰은 바깥 뜰보다 한 단이 높았으며, 희생 제사에 쓰이는 도구를 보관하는 장소가 있었다.

41장_ 성소의 내부

성전 본관의 규모와 구조와 장식품들이 열거된다. 천사는 에스겔을 이끌고 성전의 곳곳을 다니며 측량도 하고, 자세한 문양과 장식들을 보여주는데, 지성소 앞에서 이곳이 가장 거룩한 방임을 알려준 뒤, 천사가 계측을 한다. 결국 에스겔은 제사장이면서도 지성소에는 들어가지 못했다. 골방들은 기도하는 방으로 지성소에 가까울수록 높아졌다.

성전의 내부 장식과 문양과 건물이 내부를 덮는 널판에는 종려나무가 새겨졌고 그룹들이 새겨져 있는데, 이는 두 개의 그룹으로 사자의 형상과 사람의 형상으로 하나님의 성전을 지키고 있었다. 그룹은 여호와의 거룩함을 상징하며, 종려나무는 의와 승리를 상징하고 있다.

42장_ 안뜰의 방들

천사가 에스겔을 데리고 밖으로 나가 북쪽에 이르러 두 개의 방을 보여 주는데 제사장들이 사용하는 방이다. 그리고 성전의 사면에 둘러쳐진 바깥담은 한 변의 길이가 오백 규빗으로 정방형을 이루고 있다. 이 담은 성전과 일반지역을 가르는 경계의 담이었다. 하나님께서는 견고한 담을 통해 거룩한 지역과 세속화 된 지역의 구분이 확실하게 강조하고 계신 것이다.

43장_ 성전에 가득한 여호와의 영광

천사는 에스겔을 인도하여 동쪽 문으로 간다. 그곳은 하나님의 영광으로 환하게 빛나고 있었다. 에스겔이 주님께서 예루살렘 성을 멸망시키러 오셨을 때 본 환상과 같았고, 그발 강가에서 본 환상과도 같았다. 에스겔은 그 영광이 빛 때문에 고개를 숙였다. 그때 여호와의 영이 그를 들어 올려 성전 안뜰로 내려간다. 성전은 여호와의 영광으로 가득 차 있었다.

이때 여호와께서는 회복된 새 성전에 영원히 거하시겠다는 약속을 하셨다. 그리고 여호와의 거룩한 성전과 이름을 다시는 더럽히지 않을 것임을 선포하신다. 성전은 청결하고 법도와 규례를 준수해야 하며, 제단의 자세한 척수와 제단 봉헌의 규례를 말씀하신다. 7일 동안 제단을 깨끗이 하고 속죄제를 드려 봉헌할 것을 말씀하신다. 7일이 지나 8일 째에 번제와 화목제를 바치면, 여호와께서 너희를 받아들이실 것이라고 말씀하신다.

44장_ 수종드는 자들의 임무

천사가 에스겔을 데리고 성소 바깥 동문으로 갔는데 그 문은 닫혀 있었다. 여호와께서 이 문은 닫아 놓아야 하며, 아무도 이 문으로 들어가면 안 된다고 말씀하신다. 이 문은 이스라엘 하나님께서 이 문으로 들어오셨기 때문에 닫아 놓아야 한다는 것이었다. 그 후에 북 쪽문으로 지나 성전 앞으로 가니 여호와의 영광이 성전 안에 가득 차 있었다.

에스겔은 땅에 얼굴을 대고 엎드렸다. 여호와께서는 성전에 관한 규례와 법을 말해 주신다. 그리고 성전에 들어올 수 없는 신분을 말씀하시는데, 할례 받지 않은 외국인들은 성전에 들어올 수 없으며, 이스라엘은 하나님 보시기에 역겨운 짓을 성전에서 하여 주의 성전을 더럽혔음을 지적하신다. 성전을 지켜야 할 레위 사람들의 과오에 대해 그들을 심판하실 것을 계시하신다. 레위 사람들은 백성들이 우상 섬기는 것을 도왔고, 성물을 함부로 취급하였으므로 제사장으로서 여호와를 섬기지 못할 것이다. 그리고 그 죄로 인하여 부끄러움을 당할 것이다. 그러나 이스라엘이 여호와를 버렸을 때, 레위 사람 중에서 '사독' 의 자손은 성소의 모든 규정을 성실하게 수행하였으므로 그들이 여호와를 섬기게 될 것임을 설명하신다.

제사장들의 복장과 안과 바깥을 출입할 때에도 주를 섬길 때, 입던 옷을 바꿔 입으므로 구별된 방에 두고 다른 옷으로 갈아 입고 나가야 할 것이며, 안뜰에 들어갈 때에는 포도주를 마셔서는 안 되고, 그들은 과부나 이혼한 여자들과 결혼을 해서도 안 되며, 제사장으로서 백성들에게 거룩한 것과 그렇지 않은 것을 구별할 수 있는 능력을 가르쳐야 한다. 다툼이 일어나면 제사장은 재판관이 되어야 한다.

그리고 제사장은 곡식 제물과 속죄제의 제물과 허물을 씻는 속건제의 제물을 먹을 수 있으며, 모든 첫 수확 가운데 가장 좋은 것과 특별한 예물 중에서 가장 좋은 것은 제사장의 몫이다. 그리고 첫 밀가루를 제사장에게 주면 여호와께서 복을 내릴 것이다. 제사장들은 새나 짐승이나 저절로 죽은 것을 먹지 말아야 한다.

45장_ 거룩한 땅

이스라엘 백성들이 포로에서 돌아오면 어떻게 살아가야 할지를 예시해 주고 있다. 이스라엘 지파들이 제비를 뽑아 땅을 나누되, 한 구역을 여호와께 드릴 것을 지시하신다. 그 가운데 250미터의 정사각형의 자리는 성전부지로, 이 곳을 거룩하게 구별하라고 말씀하신다. 또한 제사장들의 몫으로 땅을 구별하여 놓을 것과 왕과 왕궁이 들어설 구역을 설정하신다. 왕은 공평과 공의로 백성들을 다스려야 하며, 백성들은 일정량의 소득을 왕에게 바쳐 백성의 본분을 다하고, 이스라엘 백성들이 정한 절기마다 왕은 제사를 드려야 한다.

왕이 반드시 지켜야 할 절기는 1월 1일 신년절과 1월 14일 유월절, 그리고 7월 15일이 장막절을 지킬 것을 말씀하신다. 신년절은 여호와의 성소를 정결케 하며, 유월절은 이스라엘 백성들의 출애굽을 기념하고, 장막절은 하나님의 천국이 도래하는 소망을 갖게 하는 절기인 것이다.

46장_ 제사법의 규례

여호와께서 동쪽을 향한 안뜰 정원의 문은 6일 동안은 닫아 두었다가, 안식일과 매달 초하루 축제일에는 열어놓으라고 지시하신다. 왕은 바깥통로로 들어와서 문 벽 곁에 서고, 제사장은 왕을 대신하여 번제물과 화목제물을 바치라고 설명하신다. 문은 저녁때까지 닫지 말고, 왕은 들어오고 나갈 때에 현관을 통해야 한다. 절기를 맞아 백성들이 여호와의 성전에 나올 때는 북쪽 문으로 들어온 사람은 남쪽 문으로 나갈 것이며, 같은 문으로 들어와, 같은 문으로 나가지 말아야 할 것을 말씀하신다. 왕은 백성들과 함께 들어오고 함께 나가야 한다.

매일 아침 1년 된 흠 없는 어린 양을 여호와께 태워 드리는 번제로 바치고 아침마다 곡식 제물과 어린 양을 바치며, 어린 양을 바칠 때는 밀가루와 올리브 기름을 번제물로 바치라고 하신다. 이 제사 규례는 지금부터 영원히 지켜야 할 것임을 강조하신다. 그리고 통치자들에 대한 규정과 성전 부엌에 대한 규례를 설명하신다.

47장_ 성전에서 흘러 나오는 물

천사는 에스겔을 데리고 성전 출입문으로 간다. 에스겔이 보니, 성전 문지방 아래에서 물이 나와 동쪽으로 흐르다가 성전 남쪽 끝으로 흘러 내리고 있었다. 천사는 다시 북쪽 문을 지나 동쪽 문 밖으로 가니, 물은 남쪽으로부터 흘러 내리고 있었다. 천사는 에스겔을 물을 차츰 깊은 곳으로 건너게 하여, 강 양쪽에 나무가 무성한 곳으로 안내한다. 성소에서 흘러 나온 물은 사해 골짜기로 흘러 들어 황무지를 번성케 하고 바다로 흘러 들어 모든 생육하는 물고기들을 번성케 한다. 바닷가에는 어부들이 몰려들 것이며, 늪과 갯벌은 소금 땅으로 변할 것이다. 그 강 양 언덕에는 온갖 실과나무가 성소에서 흘러 나온 물을 머금고 무성하게 자라날 것이다.

달마다 열매가 맺으며, 그 열매는 식량으로 쓰이고, 잎사귀는 약으로 쓰이게 될 것이다. 그리고 여호와께서는 이스라엘 12지파에게 나누어 줄 땅의 경계를 새롭게 설정해 주신다. 요셉 지파에게 두 몫의 땅을 주고, 나머지는 지파별로 나누되, 함께 사는 외국인들과 그들의 자녀들에게도 땅을 나눠주어 이스라엘 백성과 똑같이 여겨 재산을 갖게 하라고, 특별히 강조하신다.

48장_ 땅의 분배

거룩한 땅 북쪽에 분배 받은 땅과 지파들이 순서대로 기록된다. 북쪽으로부터 단, 아셀, 납달리, 므낫세, 에브라임, 르우벤, 유다 지파이다. 특이한 점은 야곱의 아내 라헬의 몸종에게서 난, 단 지파와 레아의 몸종 실바에게서 난 아셀, 역시 실바의 소생 납달리가 북쪽의 변방 땅을 기업으로 받는 것이다.

유다는 거룩한 땅에서 가장 가까운 땅을 기업으로 분배 받는다. 사독의 자손들인 제사장들은 다윗과 하나님의 언약을 충실히 수행해 나간 결과로 거룩한 땅을 분배 받는다. 그리고 왕에게는 거룩한 땅과 성읍의 좌우편에 남은 땅을 주었다. 나머지 지파인 베냐민, 시므온, 잇사갈, 스불론, 갓은 제비를 뽑아 자기 지파 기업의 땅을 분배 받게 하신다.

마지막으로 성에는 12개의 문이 있는데, 북쪽 문 세 개는 르우벤, 유다, 레위 문이며, 동쪽 문은 요셉, 베냐민, 단 문이고, 남쪽 문은 시므온, 잇사갈, 스불론 문으로, 서쪽 문은 갓, 아셀, 납달리 문으로 이스라엘 12지파의 이름을 따서 문의 이름으로 붙였다. 성의 모든 둘레의 길이는 9킬로미터이고 이 성읍에는 "여호와께서 서 계시다"란 말로 '여호와 삼마'라 부르게 될 것임을 마지막으로 예언하고 있다.

이렇게 해서 에스겔 선지자의 사역은 대단원에 이른다. 에스겔은 비빌론의 2차 침입 때에 여호야긴 왕과 함께 포로로 잡혀 갔으며 그의 예언대로 예루살렘은 B.C 586년에 멸망한다. 그는 환상을 통해 예언을 했으며, 바빌론을 떠나지 못한 채, 포로 상태에서 B.C 570년에 25년간의 예언의 사역을 마감한다.

다 니 엘 | Daniel

이방의 강대한 권력과 압박은 하나님의 주권에 복속될 것 : 12장

저　　자 : 다니엘
기록연대 : B.C 605년 ~ B.C 530년

세계사 비교 : B.C 609년 앗시리아 제국 멸망. B.C 600년 우파니샤드 문헌 성립. B.C 597년 초나라 장왕이 진나라를 격파. B.C 587년 유다 왕국 멸망, 제2차 유수. B.C 563년 석가모니 탄생. B.C 552년 공자 탄생. B.C 539 신바빌론 멸망, 페르시아 제국 성립. B.C 525년 페르시아 오리엔트 통일. B.C 521년 페르시아 다리오스 1세 즉위.

중심인물 : 다니엘. 사드락. 메삭. 아벳느고. 느부갓네살

핵심 에피소드 : 참된 용기와 하나님에 대한 헌신을 기록하고 있으며, 하나님께서는 자신을 온전히 따르고 의지하는 자는, 어떠한 환경과 고난 가운데에서도 보호하여 주신다는 것을 기적을 통해 나타내 주신다. 다니엘은 이스라엘 1차 포로 출신으로, 바빌론의 총리가 된 사람이다. 그는 젊은 시절에 바빌론으로 잡혀 가서 이스라엘 백성들의 포로 기간을 함께 했다. 그러나 그의 믿음과 지혜가 출중하여 바빌론 제국과 페르시아 제국에서 고위 관직을 맡을 수 있었다.

다니엘의 활동 무대이던 바빌론은 고대세계에서 놀라울 정도로 발전된 도시였다. 그 도시는 인류의 발상지에 위치했으며, 에덴동산에서 가깝고, 바벨

탑을 중심으로 세워졌다. 최초의 제국이 건설된 곳이며, 바빌론 성읍은 바빌론, 앗시리아, 페르시아 왕들은 물론 알렉산더 대왕도 즐겨 거주하던 아름다운 곳이다. 바빌론은 다니엘 시대에 그 세력과 영화가 극치에 달했으며 다니엘의 훌륭한 협조자였던 느부갓네살은 45년 동안 통치하면서 계속 궁전과 신전을 짓고 아내를 위한 불가사의한 정원을 아름답게 꾸몄다.

바빌론 제국의 바빌론은 세계에서 가장 큰 도성이었으며, 그 당시 가장 강건한 제국의 수도이었다. 이 제국은 70년 동안 유지되다가 페르시아에게 정복당했다. 다니엘은 제국이 부흥기에서부터 멸망까지 그 곳에 살았다. 다섯 명의 왕을 거치며 바빌론 멸망과 메대 페르시아의 다리오 왕과 고레스 왕 3년까지 B.C 606년부터 B.C 534년까지 74년 동안을 바빌론에서 산 것이다. 예루살렘이 멸망하고 백성들이 포로가 된 첫 해부터 포로 귀환 후까지 세계를 지배한 제국의 왕궁에서 하나님의 살아계심을 증명했던 선지자였다.

주의해서 읽어 봅시다

다니엘서를 읽으며 관심 있게 보아야 할 것은 그의 예언이 이스라엘 현실적인 회복에 궁극적 목적이 있기보다는, 세계사 속에 나타나실 하나님의 약속 성취에 초점을 맞추고 있다는 점이다. 이 전의 예언적 묵시록들이 이스라엘 백성들의 심판과 징벌을 끝내고, 하나님이 약속하신 예루살렘으로 돌아가는 것이라면, 다니엘의 예언은 바빌론, 페르시아, 이집트와 그리스, 로마에 이르는 급변하는 세계사를 배경으로, 강대국의 출현과 전쟁을 통해 장차 오실 메시아 왕국과 하나님 즉, 그리스도의 초림과 재림, 그리고 부활의 약속까지 매우 광범위한 그리스도교의 종말론까지 포함하고 있기 때문에, 상당한 주의와 지혜를 필요로 하는 예언서라고 생각된다.

그러므로 본서를 통해 요약 정리된 것만으로 섣불리 판단하지 않기를 당부드리는 바이다. 이는 각 종파와 교의에 따라 다니엘의 예언을 해석하는 차이가 있고, 받아들이는 자세가 다를 수 있기 때문인 것이다.

1장_ 다니엘

유다의 왕 여호야김 3년에 바빌론의 느부갓네살 왕은 군대를 이끌고 예루살렘을 침공한다. 하나님께서는 여호야김을 느부갓네살에게 넘겨 주신다.

그는 성전의 기물들을 가져다가 바빌론에 있는 자기 신전에 두었다. 느부갓네살은 유다에서 잡아온 포로들 중에 왕족과 귀족의 아들들 몇 명을 왕궁으로 데려 오게 한다. 뽑혀 오는 소년들은 몸이 강건하고 잘 생겼으며, 교육을 많이 받아 지혜와 총명이 있는 사람들이었다.

거기에 다니엘과 하나냐와 미사엘과 아사랴가 있었다. 그들은 바빌론 왕궁에서 3년 동안 왕의 음식과 포도주를 마시며, 교육을 받고 왕을 모시게 했다. 선택된 이스라엘 소년 네 명은 바빌론식의 이름으로 개명을 한다. 다니엘은 벨드사살, 하나냐는 사드락, 미사엘은 메삭, 아사랴는 아벳느고라 불렸다.

다니엘은 환관장에게 부탁하여 왕이 내리는 음식을 거부하고 채식으로 식사를 할 수 있도록 부탁하는데, 하나님께서 환관장의 마음을 움직이셔서 이를 허락하게 한다. 그러나 환관장은 만약에 다니엘과 그 친구들이 왕이 주는 음식을 먹지 않아 피부가 파리해지고, 같은 또래의 젊은이보다 왜소해 보인다면 왕으로부터 책임을 추궁 당하기 때문에 심히 걱정을 한다. 그렇지만 다니엘과 친구들은 열흘 동안 왕이 내려준 음식을 먹지 않고 채소만 먹었지만 열흘 후에는 다른 사람들보다 오히려 피부가 윤택하고 건강해 보였다.

다니엘은 환상과 꿈을 해석하는 데 뛰어난 재능을 소유하고 있었다. 그로 인해 다니엘과 하나냐, 미사엘, 아사랴는 왕을 모시게 되었고, 왕은 그들의 지혜와 판단력이 어느 마술사나 주술가보다 뛰어나다는 것을 알게 되었다.

2장_ 느부갓네살의 꿈

느부갓네살이 왕이 된지 2년쯤에 꿈을 꾸었다. 왕은 자신이 꾼 꿈을 해석하기 위해 주술사와 지혜자들을 총동원한다. 그는 주술사들에게 자기가 꾼 꿈이 어떤 것인지를 알아맞히게 하지만 불가능한 것이었다. 그래서 주술사들은 구체적으로 왕이 꿈 이야기를 해 주면, 그 꿈을 풀이해 드리겠다고 간청하기에 이른다. 그러자 왕은 자신의 꿈을 알아맞히지 못한 주술사와 지혜자들을 모두 죽이라고 명령한다.

결국 다니엘과 그 친구들도 지혜자 그룹의 한 사람이었으므로 죽을 지경에 이르게 된다. 왕궁의 경호대장 아리옥은 지혜자들을 죽이려고 찾고 있었다. 다니엘은 왕의 사정을 소상히 물어 보고 시간을 주면, 왕에게 가서 꿈과 그 뜻을 풀어 드리겠다고 말한다. 그날 밤 하나님께서는 다니엘에게 환상으로 왕의 꿈을 알려 주신다.

다니엘은 하나님께 감사의 찬양을 올린다. 그는 경호대장에게 찾아가 더 이상 지혜자들을 죽이지 말라고 한다. 그리고 자신을 왕에게 데려가면 그 꿈을 풀이할 것이라고 자신 있게 말한다. 다니엘은 왕 앞에 나가 왕이 꾼 꿈은 어느 점성가나 지혜자도 알아 맞출 수 없는 꿈인 것이라고 말하며, 하나님께서 환상으로 보여주신 왕의 꿈을 한 가지씩 말하기 시작한다. 그리고 커다란 신상에 대한 해석과 신상의 발을 쳐부순 것과 신상을 친 돌들이 큰 산이 되는 것을 정확하게 알아 맞춘다. 그리고 바빌론이 망하고 나라가 나뉘며, 하나님이 선택하신 나라가 모든 나라를 쳐서 영원해질 것임을 해석한다.

정금으로 된 머리는 신 바빌론 제국이며, 은 가슴과 팔의 상징은 메대와 페르시아 제국이고, 놋으로 된 넓적다리는 그리스 제국을 상징하며, 철로 된 종아리는 로마 제국이고, 철과 진흙 발과 발가락은 로마 제국 이후의 열강들이며, 뜨인 돌은 하나님의 나라를 뜻하고 있다고 설명한다. 해당되는 나라들은 하나같이 세계적인 강대국이었다.

느부갓네살 왕은 감탄하며, 다니엘이 믿고 있는 하나님을 경외하고 의존한다. 그리고 높은 자리에 다니엘을 앉히고, 바빌론 전체 지혜자들의 지도자로 세웠다. 왕은 다니엘의 요구를 받아들여, 그의 세 친구도 함께 왕궁에 머무르게 한다.

3장_ 황금우상

느부갓네살 왕이 하나님을 멀리 하더니 황금신상을 만들어 바빌론의 두라 평지에 세웠다. 그 크기는 높이가 27미터이고, 둘레가 2.7미터였다. 왕이 사람을 보내 지방관을 비롯한 모든 관리들을 금상의 제막식에 참석시킨다. 왕이 신상 앞에 서자 전령이 큰 소리로 황금신상에 음악에 맞춰 절하라고 소리친다. 만약 절하지 않는 자는 불타는 용광로 속에 던져질 것이라고 소리쳤다.

악기가 연주되자 왕은 황금신상에게 절을 한다. 그 때 갈대아 사람들이 유다 사람을 고발해 온다. 그들이 왕의 명령에 따르지 않고 음악소리가 났는데도 신상에 절을 하지 않았다고 고발한다. 그들은 왕이 바벨론 지방을 관리하라고 지시한 다니엘의 세 친구들이었다. 느부갓네살은 그들을 불러 최종 확인을 한다. 지금이라도 음악이 나오면 신상에 절을 하라고 한다. 만약 절을 하지 않으면 불타는 용광로 속에 던져질 것을 분명히 했다.

세 친구는 자신만만하게 왕에게 대답한다. 우리가 용광로의 불 속에 던져진다 해도 반드시 하나님께서 우리를 건져 주실 것임을 주장한다. 그러므로 신상에는 절대로 절하지 않겠다고 선언한 것이다. 분노가 치민 왕은 세 사람을 묶어서 용광로에 던지게 한다. 용광로가 어찌나 뜨거웠던지 세 사람을 던지려던 병사들도 함께 타 죽었다.

이때 왕은 놀라운 광경을 목격하는데 던져진 세 사람 외에도 한 사람이 더 있었다. 불타는 용광로 안에서 결박이 풀린 채로 불길 속을 거닐고 있는 것이었다. 왕은 하나님을 외치며, 그들을 용광로에서 나오게 한다. 그들은 옷자락이나 머리카락 하나 타지 않은 채 용광로에서 나왔다.

느부갓네살은 그제야 정신을 차리고 조서를 발표하여 이들이 믿는 하나님을 함부로 말하는 사람은 몸을 찢어 죽일 것이며, 그들의 집은 쓰레기 더미가 될 것이라고 경고하고 하나님을 높이며 찬양했다.

4장_ 느부갓네살 왕의 두 번째 꿈

느부갓네살은 전국에 칙령을 반포해서 높으신 하나님의 놀라운 기적을 알린다. 하나님이 행하신 기적은 크시며, 그의 왕국은 영원할 것이고 그의 통치는 대대로 미치게 될 것이란 내용이었다. 마침내 왕궁은 평정을 되찾고 왕으로서 백성을 평화스럽게 다스리던 중에 또 다시 꿈을 꾸게 된다. 역시 전국의 지혜자들을 모아 자신이 꾼 꿈을 해석하게 한다. 그러나 점성가들과 마술사들은 왕의 꿈을 해석하지 못한다.

마지막으로 다니엘이 그의 꿈을 해석하는데, 왕이 본 큰 나무는 왕의 교만과 자기 자신의 숭배를 의미하고 있다는 정도는 점성술사들과 마술사도 쉽게 알 수는 있는 흉몽이었다. 그러나 왕에게 흉몽을 그대로 전달할 수가 없었다. 다니엘은 이 꿈이 느부갓네살 개인적인 꿈이라기보다는 세계의 운명에 관한 꿈이라는 것을 알고, 위험을 무릅쓰고 왕에게 직언하여 해석을 한다.

땅 한가운데 높은 나무를 보았고 열매도 주렁주렁 열려 있었으며, 가지에는 새들이 모여들고 나무 아래에는 들짐승들이 쉬고 있었다. 그 큰 나무로 인하여 모든 생물들이 먹이를 얻고 있었는데, 거룩한 감시자가 하늘로부터 내려와 나무를 베어 내고 가지를 꺾어 열매를 흩어 버리더니 온갖 생물을 쫓아내라고 외친다. 그러나 그루터기는 남겨두어 쇠줄과 놋줄로 묶어 들풀 가운데 버려두라고 하였다. 그리고 들에서 이슬과 들풀 속에서 들짐승들과 함께 살게 하고, 그에게 사람의 마음을 대신하여 짐승의 마음을 주어 일곱 때를 지내게 하라고 한다. 거룩한 감시자들은 이렇게 외치고 선언하였다. 이것이 느부갓네살이 본 꿈이며 환상이었다.

다니엘은 느부갓네살 왕이 폐위되어 들판으로 유배될 것이라고 해석한다. 그리고 하나님의 계획과 뜻에 의하여 보여주신 환상으로, 왕은 사람들에게 쫓겨나 들짐승들과 함께 살게 되며, 소처럼 풀을 뜯고 이슬에 젖게 될 것이다. 일곱 때가 지난 뒤에야 왕은 비로소 지극히 높으신 하나님께서 인간의 나라를 다스리신다는 것과 그 나라를 자신의 뜻에 맞는 사람에게 주신다는 것을 알게 될 것이라고 해석했다. 그러며 느부갓네살 왕에게 회개를 촉구한다. 이 모든 일은 그대로 느부갓네살에게 이루어졌으며, 그의 고백으로 하나님을 칭송하고 그의 위대하심을 찬양하고 있다.

5장_ 벽에 적힌 글씨

본장부터는 B.C 539년경으로 시대 배경이 바뀐다. 바빌론의 마지막 왕인 벨사살이 통치하던 마지막 시기의 역사적 사건을 다루고 있다. 벨사살 왕이 귀한 손님 천 명을 불러 큰 잔치를 베풀고 느부갓네살 왕이 예루살렘에서 탈취해 온 금잔과 은잔을 가지고 왕비들과 후궁들에게 술을 마시게 한다. 그들은 술을 마시며 금, 은, 놋쇠, 쇠, 나무, 돌로 만든 우상들을 찬양한다.

바로 그 때, 사람 손가락이 나타나더니 왕궁의 벽에 글씨를 쓰기 시작한다. 왕은 두려움에 떨며 점성가와 주술가들을 불러들여 지혜를 구한다. 그러나 누구도 그 글씨를 해석하지 못한다. 벨사살 왕이 더욱 두려움에 떨고 있을 때, 왕의 어머니가 연회장으로 들어와 아들을 안심시킨다. 그리고 선왕인 느부갓네살의 지혜자, 다니엘을 천거한다. 느부갓네살은 다니엘을 벨드사살이라 불렀다. 이윽고 다니엘이 왕 앞에 나온다. 왕은 다니엘의 신원을 확인한 뒤, 벽에 쓰여진 글자를 풀어내면 바빌론의 세 번째 높은 관직을 주겠노라고 약속한다.

다니엘은 겸손하게 자신을 낮추며, 그 전에 있었던 선왕, 느부갓네살의 이야기를 한다. 그는 교만함으로 하나님께 징계를 받아 시련을 겪고 왕위에서 쫓겨나 들짐승처럼 되었다가, 하나님의 계획대로 다시 돌아와 하나님을 찬양할 수 있었음을 강조한다. 그와 동시에 현재 벨사살 왕의 높아진 교만과 향락과 우상숭배를 과감하게 지적한다. 거룩한 성전의 기물인 금잔과 은잔으로 후궁들과 향락에 젖어들었으며, 우상을 섬기므로 하나님께서 메네, 메네, 데겔, 바르신이라고 쓰신 것이라고 말한다. 이는 이 나라의 마지막 날을 정하셨고, 왕으로서 함량이 미달되고, 나라가 나뉘어 메대와 페르시아 사람들에게 넘어 갈 것이란 충격적인 해석을 서슴없이 했다.

이 말을 들은 벨사살 왕은 모든 것을 긍정하며, 약속대로 다니엘에게 자주색 옷을 입히고, 금으로 만든 사슬을 목에 걸어 주고, 세 번째로 높은 서열의 통치자로 세운다. 다니엘의 해석은 파라오 그 날 밤에 이뤄진다. 벨사살 왕이 페르시아의 자객들에 의해 죽임을 당한 것이다. 그리고 메대 사람 다리오가 새 왕이 되었다. 다리오 왕의 나이는 62세였다.

6장_ 사자 굴에 들어간 다니엘

바빌론이 벨사살 왕을 마지막으로 멸망하고, 그 뒤를 이어 메대의 다리오 왕이 바빌론을 통치하던 상황에서 일어난 사건이다. 다리오는 바빌론을 총독 120명을 뽑아 총독정치를 한다. 또한 모든 총독을 세 사람의 총리가 지휘 감독하는데 거기에 다니엘이 포함된다. 다리오는 다니엘을 다른 총리들보다 더욱 신임하고 있었다. 그래서 그는 다른 총리들의 질투와 미움을 받게 된다. 그래서 두 총리는 여론을 환기시키며 왕에게 건의를 올린다. 백성들의 기율을 강화하고 왕의 권위를 시험하기 위해 칙령을 내려 앞으로 30일 동안 왕 이외의 어떤 신이나 다른 사람에게 기도하는 자를 색출하여 사자 굴에 던지자는 법을 세우자고 간청하자, 다리오는 자신의 권위와 왕권을 강화하려는 뜻을 가상히 여기며 법을 세우고 도장을 찍는다. 메대와 페르시아 법은 예로부터 고치지 못하게 되어 있었다.

다니엘을 질투하던 두 총리는 이미 다니엘이 늘 하나님께 기도 드리고 있다는 것을 알고 계획적으로 그를 제거하기 위한 비열한 짓을 하고 있는 것이다. 법이 반포되었음에도 불구하고 다니엘은 예전과 변함 없이 하루에 세 번씩 다락방에 올라가 무릎을 꿇고 기도하며 예루살렘을 향해 창문을 열어두었다. 그들은 다니엘이 왕의 칙령을 무시하고 하나님께 기도하고 있다며 왕에게 고발한다.

다리오 왕은 그 말을 듣고 매우 괴로워 하며 다니엘을 구할 방법을 찾으려 애를 쓴다. 두 총리들의 주장이 더욱 심해지자 왕은 하는 수없이 다리오를 사자 굴에 넣을 수밖에 없게 된다. 왕은 다니엘이 믿고 기도하는 하나님께서 그를 살려 주실 것이란 믿음으로 그를 사자 굴에 던져 넣고 돌로 문을 막아 버린다. 다리오는 왕궁으로 돌아와 잠을 이루지 못하고 근심에 싸여 있게 된다. 새벽이 되자 급히 다리오가 간혀 있는 사자 굴로 가서 다니엘을 크게 불러 본다. 그러자 사자 굴에서 다니엘의 목소리가 아무렇지도 않은 듯이 들려왔다.

왕은 너무나 기뻐 하며 어쩔 줄을 몰라 하며, 다니엘을 사자 굴에서 꺼낸다. 그리고 다니엘을 고소한 사람과 그의 가족까지 사자 굴에 던져 몰살시켜 버린다. 다리오는 하나님을 찬양하며, 사자들의 입에서 살려 주신 다니엘의 하나님을 섬겨야 한다고 백성들에게 독려한다. 다니엘은 이 일이 있은 후 다리오 왕과 고레스 왕이 다스릴 때까지 평안히 살았다.

7장_ 다니엘이 본 네 마리 짐승

본장의 시대 배경은 앞 장보다 11년 전으로 거슬러 올라간다. 느부갓네살의 아들 벨사살이 왕위를 계승한 첫 해에 본 환상이다. 다니엘은 사자, 곰, 표범, 열개의 뿔이 달린 짐승에 관한 환상을 보았다. 이 네 가지 짐승의 환상들은 역사에 등장한 세계의 열강들로 바빌론을 사자로, 메대 페르시아를 곰으로, 헬라 제국을 표범으로, 열 개의 뿔 달린 짐승은 로마 제국을 상징하고 있다. 이 환상은 2장의 느부갓네살 꿈의 해석에서 60년 뒤로 이어지는 예언이다.

당시 꿈으로 해석된 나라는 정금으로 된 머리는 신 바빌론 제국이며, 은 가슴과 팔의 상징은 메대 페르시아 제국이고, 놋으로 된 넓적다리는 그리스 제국을 상징하며, 철로 된 종아리는 로마 제국이고, 철과 진흙 발과 발가락은 로마 이후의 열강들이며, 뜨인 돌은 하나님의 나라를 뜻하고 있었다.

7장에서 다니엘이 본 환상은 네 개의 세계 제국이 사자, 곰, 표범, 무서운 짐승으로 나타난다. 이 제국은 바빌론, 메대 페르시아, 그리스, 로마일 것이다. 이들 나라들이 존재했던 기간을 역사적으로 보면 구약의 다니엘에서 그리스도 이후까지의 기간이 된다. 이 짐승들은 계시록 13장에서 일곱 개의 머리와 열 개의 뿔을 가진 짐승으로 나타난다.

네 번째 짐승의 열 뿔은 로마 제국이 분열하여 열개의 왕국으로 되는 것을 의미하고 있다. 그 뿔 사이에 생긴 다른 뿔은 계시록 13장의 표범과 어린 양의 뿔을 합친 것으로, 그가 넘어뜨린 세 왕은 롬바르드, 라벤나, 로마일 것이다. 교황에게 귀속된 이 나라들은 세속 왕국의 시작이 되었고, 그 후 로마 제국은 열 개의 왕국으로 분열된다. 세계사적으로 보면 로마 교황은 이집트, 앗시리아, 바빌론, 페르시아, 그리스, 로마를 다스리는 세계적인 왕국을 지배했다.

** **주요구절** **
7 : 13 내가 또 밤 이상 중에 보았는데 인자 같은이가 하늘 구름을 타고 와서 옛적부터 항상 계신 자에게 나아와 그 앞에 인도되매,14 그에게 권세와 영광과 나라를 주고 모든 백성과 나라들과 각 방언하는 자로 그를 섬기게 하였으니 그 권세는 영원한 권세라 옮기지 아니할 것이요 그 나라는 폐하지 아니 할 것이니라.

8장_ 숫양과 숫염소에 대한 환상

벨사살 왕 3년에 다니엘은 두 번째 환상을 본다. 수산성의 강가에 서 있는데 숫양 한 마리가 서 있고 뿔이 두 개였다. 뿔은 길이가 달라 한 쪽이 더 길었다. 뿔이 자라는데 긴 뿔은 빨리 자라고 있었다. 그 숫양이 서쪽과 북쪽과 남쪽을 향해 들이받는데, 아무도 그것을 말릴 수가 없었다.

이 상징은 알렉산더 대왕의 메대와 페르시아 정복을 의미하고 있다. 그것을 보는 동안 숫염소 한 마리가 서쪽에서 왔다. 이 염소는 뿔이 하나였는데, 발이 빨라 온 지역을 휘젓고 다녔다. 숫염소가 성난 모습으로 숫양을 들이받았고, 숫양의 두 뿔을 부러뜨렸다. 그리고 발로 짓밟아 버렸다. 숫염소는 더욱 강해지더니 큰 뿔이 부러지고, 뚜렷한 뿔 네 개가 다시 나왔다.

이것은 알렉산더 사후 분열된 그리스 제국을 상징하고 있다. 그 중 하나에서 작은 뿔 하나가 나왔다. 그 뿔은 남동쪽의 유다를 향하여 크게 뻗어 나갔다. 이것은 안티오코스 에피파네스 왕으로 그는 네 개로 분열된 그리스 제국의 수리아 지역 왕으로 유대인의 종교를 없애려고 온갖 핍박을 다 했던 왕이다. 작은 뿔은 하늘에 닿을 만큼 자라나더니, 한 뿔이 군대 사령관에게 대항하고, 주님께 드리던 제사와 성전마저 헐어 버린다. 그 후 하나님을 반역하는 일들이 백성들에게 생겨나기 시작한다. 천사는 다니엘에게 정확한 이 폭군의 시대를 말해 주고 있는 것이다.

9장_ 다니엘의 기도

디리오 왕 1년에 다니엘이 성경을 읽다가 여호와께서 예레미야에게 예언하신 예루살렘이 70년 동안 황무지가 될 것을 말씀하신 기록을 보게 된다. 다니엘은 식음을 전폐하고 기도를 시작한다. 모든 이스라엘 사람들이 주의 명령을 따르지 않고 죄를 짓고 있음을 고백하며 예루살렘의 진노를 거둬 달라고 간절히 기도를 드린다. 그때 가브리엘 천사가 다니엘에게 임한다. 이때는 이스라엘 백성들이 포로 생활한 지 66년이 되던 해였다.

가브리엘은 예레미야에게 약속하신 70년 동안의 징벌기간을 확약한다. 그리고 434년 뒤에 하나님께서 세우신 지도자가 죽임을 당하며, 한 지도자가 그 도시를 파괴하고 마지막 때까지 전쟁이 있을 것임을 말한다. 그리하여 그 도시는 완전히 멸망하고, 그 통치자는 백성에게 7년 동안 언약을 맺고, 3년 6개월 동안 제사를 못 드리게 한다. 그러나 하나님께서는 그 지도자를 없애 버리라는 명령을 이미 내리셨다고 전한다.

이 기록은 상당한 논란의 소지가 되는 부분으로, 위에 나온 숫자를 이용하여, 예수의 재림이나 종말론을 펼치기도 한다. 그러나 그 날과, 그 때는 아무도 알 수 없는 오로지 하나님만이 계획하신 비밀스런 기간임에는 틀림이 없는 것이다.

10장_ 다니엘이 본 다른 환상

페르시아의 고레스 왕 3년에 다니엘은 환상으로 말씀을 전해 받게 된다. 말씀의 뜻을 깨닫고는 3주 동안 좋은 음식과 고기와 술을 마시지 않고 슬픔에 빠져 있었다. 티그리스 강가에서 한 사람이 모시옷을 입고 서 있었는데, 허리에는 순금을 허리띠를 매고 몸은 황옥 같았으며, 얼굴은 번개처럼 환했고, 눈은 불같았고, 팔다리는 놋쇠처럼 반짝였다. 다니엘은 놀란 채 그 환상을 보고 있는데, 그가 다가오더니 다니엘의 기도를 듣고 찾아왔다고 말하며 자신을 소개한다. 그리고 장차 백성에게 일어날 일을 설명하기 시작한다.

다니엘은 줄곧 두려움에 떨며 어찌할 바를 모르고 "주여, 주의 종이 어찌 주님과 말할 수 있겠습니까?"라고 하며 숨을 쉬기조차 힘들 정도로 경직된다. 사람처럼 생긴 그가 다니엘을 만지며 용기를 준다. 그러자 힘이 생겨났다. 그리고는 다니엘에게 페르시아 왕과 싸울 일과 그리스 왕이 올 것을 말씀해 주었다. 네 백성을 도와 줄 사람은 천사 미가엘 뿐이라고 말한다.

여기서 페르시아의 고레스 왕은 이스라엘 백성들을 귀환시켜 주는데, 그런 귀중한 결단을 내리기까지 악령의 방해공작이 심각했음을 짐작할 수 있게 된다.

11장_ 페르시아의 부흥

B.C 536년경의 에피소드이다. 다니엘에게 진실을 말해 주는 천사는 역사를 뛰어 넘어, 알렉산더의 신하였던 셀레우코스 수리아 왕조에 대한 예언을 한다. 그는 페르시아의 부흥에 대해 말한다. 페르시아는 부흥하여 네 번째 왕에 이르게 되고, 그는 그리스를 칠 것이다. 그때에 보다 강한 왕이 나와 큰 능력으로 나라를 다스리고 원하는 모든 일을 할 것이다. 그 후 나라가 분열되어, 네 개의 나라로 나뉘고, 그 나라는 세력을 잃게 되고 멸망할 것이다.

남쪽 나라에서 지휘관이 나타나 나라를 다스리게 되며, 남쪽 왕과 지휘관은 동맹을 맺고, 남쪽 왕의 딸과 북쪽 왕과 정략결혼을 하여 평화를 누리게 된다. 그러나 그 집안도 오래 가지 못하고, 여자가 권력을 잡으려다 실패하며, 두 나라간의 전쟁을 하게 될 것이다. 이는 수리아와 이집트간의 혼전을 거듭하는 전쟁을 말하는 것으로, 남쪽은 프톨레마이오스 왕조를 가리키며, 북쪽의 왕은 수리아의 셀레우코스 왕을 지칭한다. 천사는 두 나라의 대립과 화친이 반복되는 역사를 예언하고 있다.

그리고 안티오코스 에피파네스에 관한 예언이 계속된다. 북쪽 시리아 왕의 뒤를 이어 잔인한 사람이 왕이 될 것이다. 그는 강하여 여러 나라들이 그와 조약을 맺으려고 하며, 그는 그 나라를 속여 적은 백성을 거느리고도 권세를 누리게 된다. 그는 부유한 지방을 공격해 재물을 취하고, 빼앗은 물건들을 자기 부하에게 나눠 주지만 오래 가지 못한다. 남쪽 이집트 왕을 치려고 군대를 일으키고, 이집트 왕도 이에 맞서 군대를 일으켜 전쟁 준비를 하지만, 이집트 왕은 시리아 왕의 작전에 휘말리게 된다. 이집트 왕은 신하들에게 배신 당해 많은 군인들이 죽임을 당하고 패하게 될 것이다. 시리아 왕은 많은 재물을 노획하여 약속을 저버린 채 본국으로 돌아간다.

그 후 다시 북쪽 시리아왕은 남쪽 이집트 왕을 공격하는데 전에처럼 성공하지 못한다. 시리아 왕이 군대를 보내 예루살렘 성전을 부정하게 만들지만 제사를 못 드리게 하고, 역겨운 멸망의 상징물을 세우게 될 것이다. 하나님을 저버린 사람들은 멸망 당하게 되지만, 하나님께 복종한 사람들은 용기를 내어 버티게 된다. 지혜로운 사람들이 많은 백성을 가르치지만, 그 중에는 화형을 당하고 약탈 당하며, 여러 날 동안 고통을 당하게 될 것이다. 하나님이 정하신 마지막 때는 반드시 올 것이다.

북쪽 왕은 스스로를 높이며, 들어보지도 못한 신을 내세워 하나님께 맞선다. 그는 자신과 여자들이 섬기던 신을 섬기지 않고, 오히려 자신을 더욱 귀하게 여기기 시작한다. 그는 권세와 능력을 섬기고 금, 은 보석으로 권세의 신을 섬기게 될 것이다. 마지막 때가 오면 남과 북이 싸우게 된다. 북쪽 시리아 왕이 전차대와 기병대와 수많은 함정으로 남쪽 왕을 친다. 그리고 여러 나라들을 홍수처럼 덮칠 것이다. 아름다운 유다를 찾지만 에돔과 모압과 암몬 왕들은 그의 손아귀에서 벗어날 것이다. 그는 이집트와 리비아와 에티오피아 백성들까지도 그의 영향력에 둘 것이다. 그는 동쪽과 북쪽에서 들려 오는 소식에 두려움에 빠져 여러 나라를 멸망시키고, 바다와 영화로운 거룩한 산 사이에 장막을 세우지만, 마침내 죽게 되며, 그 때에 아무도 그를 돕지 않을 것이다.

12장_ 마지막 때

마지막 때에 백성을 지키는 위대한 통치자 미가엘이 일어날 것이다. 이 땅 위의 나라들에 큰 고난의 때가 올 것이다. 죽은 사람이 부활하고, 누구든지 하나님의 책에 적힌 사람은 구원을 받게 되며, 죽은 자 가운데 다시 살아나 영원히 살며, 어떤 사람은 깨어나 영원히 멸시를 당할 것이다. 바른 길로 인도한 지혜자들은 별처럼 빛날 것이며, 마지막 때까지 천사는 다니엘에게 이 책을 닫아 놓고 봉인해 두라고 지시한다.

두 사람이 강을 사이에 두고 나뉘어 섰는데, 모시옷을 입은 사람이 이 놀라운 일들이 언제 일어날 것인가를 물었다. 그가 하늘에 손을 들어 하나님의 이름으로 맹세를 하는데 3년 6개월이 지나고 거룩한 백성의 권세가 깨어진 뒤에야 모든 일이 이뤄질 것이라고 맹세한다.

다니엘은 그 소리를 듣고서도 무슨 뜻인지 이해할 수 없어서 "주여 이 모

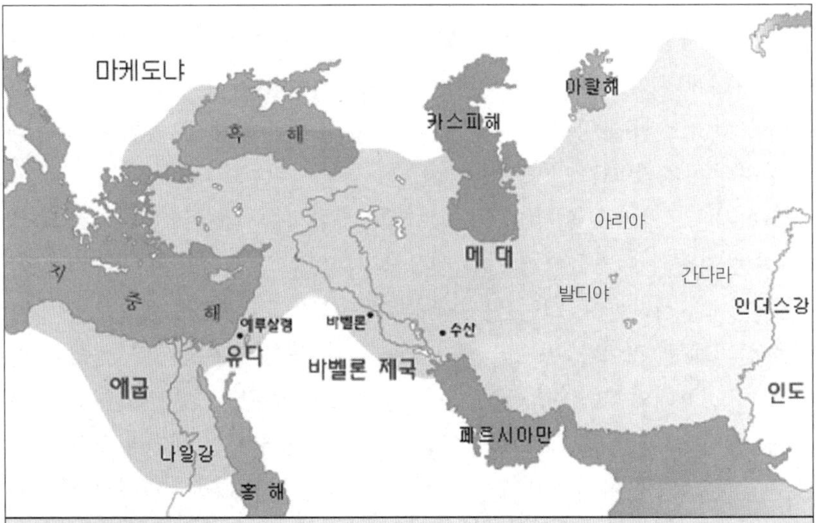

바사 / 페르시아 왕국

든 일이 일어난 뒤에는 어떤 일이 일어나겠습니까?" 라고 물었다. 천사가 대답한다. "다니엘아, 네 길을 가거라. 이 말은 마지막 때까지 닫힌 채 봉인되었다. 많은 사람이 순결해지고 흠이 없이 될 것이나, 악인은 여전하며 깨닫지 못하고, 오직 지혜로운 사람만이 깨달을 것이다" 라고 말한다. 날마다 드리는 제사가 없어질 것이며, 멸망의 역겨운 것이 세워지고, 그로부터 1,290일이 지날 것이다. 마지막 1,335일을 기다리는 사람은 복될 것이다.

천사는 다니엘에게 마지막까지 네 길을 가라고 권고한다. 네가 죽어 평안히 쉬다가 마지막 때에 죽은 사람들 가운데서 일어나, 상을 받을 것이라고 말하며 끝을 맺고 있다. 다니엘은 세계 역사의 시대와 사건의 종말을 바라보며 끝을 맺는다. 전례 없는 환란이 있을 것을 예언하는데, 그 환란과 종말은 부활과 영생을 가져오는데 그 날은 아무도 알 수 없다. 오직 하나님의 구속의 계획안에 존재하고 있기 때문이다.

호세아 | Hosea

이스라엘의 배신에 관한 기록 : 14장

저　　자 : 호세아

기록연대 : 북이스라엘 시대. B.C 755년 ~ B.C 722년경

세계사 비교 : B.C 753년 로마 건국. B.C 744년 앗시리아의 티글라트필레세르 3세 영토확장 시대. B.C 721년 앗시리아의 사르곤 2세 정복전쟁 시대

중심인물 : 호세아, 고멜, 호세아의 자녀들

핵심 에피소드 : 이스라엘 백성을 선택하시고 돌보시던 여호와께서는 심판의 경고 자들을 계속해서 보내시는데 순서적으로 보면 엘리야, 엘리사, 요나, 아모스, 호세아를 보내 자기 백성이 회개를 촉구하신다.

호세아서는 그 중 한 부분으로 임박한 하나님의 심판을 경고하고 이스라엘 백성들이 하나님께로 돌아오기를 촉구하고 있다. 호세아는 북이스라엘 시대의 40년 동안 활동하였다. 이스라엘이 여로보암 2세 때, 국운의 절정을 맞이하고 있었으며, 그 때 예언활동을 시작했다. 그의 활동 시기는 아모스보다는 빠르고 이사야와 미가보다는 늦다. 그가 활동할 당시의 왕들은 남유다의 웃시야, 요담, 아하스, 히스기야, 북이스라엘의 여로보암 2세였다.

당시의 상황으로 볼 때 북이스라엘은 여로보암 2세 때에 최고의 전성기를 구가하였다. 백성들은 종교와 도덕적인 면에서 타락이 극에 달했으며, 외부

적으로는 앗시리아의 위협이 가중되다가 호세아가 예언 활동을 개시한지 40년 만에 멸망 당한다.

1장_ 호세아의 아내와 자녀들

여로보암 2세가 이스라엘의 왕으로 있던 때에 여호와께서 브에리의 아들 호세아에게 말씀하신다. 주께서는 호세아에게 부정한 여자를 만나 결혼하여, 부정한 자식을 낳으라고 하신다. 이것은 이스라엘이 부정한 짓을 하고 있기 때문이라고 말씀하신다. 그래서 호세아는 고멜이란 여자와 결혼을 했고, 임신하여 아들을 낳는다. 여호와께서는 그 아이의 이름을 "하나님이 흩으신다" 란 뜻의 '이스르엘' 이라고 부르게 하시고, 그의 집안에서 벌어진 살육에 대하여 예후의 집안을 심판할 것이며, 마침내 이스라엘을 멸망시킬 것을 분명히 하셨다. 고멜이 임신하여 딸을 낳았는데, 그 아이를 "사랑 받지 못한다" 란 뜻의 '로루하마' 라 부르게 하신다. 이스라엘을 긍휼히 여기지 않을 것이다. 그러나 유다는 반드시 구원하겠다고 다짐하신다.

고멜이 또 임신하여 아들을 낳았다. 그 이름을 "내 백성이 아니다" 란 뜻의 '로암미' 라 부르게 하신다. 하나님께서 훗날을 약속하시는데, 지금은 자신의 백성을 꾸짖고 심판하지만 나중에는 바닷가의 모래알보다 많은 살아 계신 하나님의 자녀라 불리는 백성으로 축복하실 것을 말씀하신다.

2장_ 이스라엘의 심판과 회복

형제에게는 암미라 부르고 자매에게는 루하마라 부르게 하신다. '암미' 는 '내 백성' 을 뜻하며 '루하마' 는 '내 사랑' 을 뜻하는데, 여호와께서 호세아의 자녀에게 붙여 주신 이름과는 상반된 뜻이었다. 호세아는 법정에 선 아내 고멜을 판결하는 재판정에서 영적 간음을 고발한다. 너희는 어머니를 탓하라, 그는 내 아내가 아니며, 나는 그의 남편이 아니기 때문이다. 그녀의 얼굴에서 음란을 없애고, 유방에서 음행을 제거하라, 그렇지 않으면 그녀가 태어난 날처럼 발가벗겨, 맨몸과 마른 땅과 광야처럼 만들어 목말라 죽게 하겠다. 부정한 아내의 자녀들이기에 긍휼을 베풀지 않을 것인데, 그 이유는 그녀가 부정한 짓과 창녀 같은 짓을 했기 때문이다.

내가 그녀에게 곡식과 포도주와 은과 금을 주었는데, 그녀는 고마움을 알지 못하고 그것으로 바알 우상을 만들었다. 그러므로 추수 시에 곡식과 포도주를 빼앗고 양털 옷을 빼앗아 발가벗길 것이다. 그녀에게서 축제일을 없애고 그녀의 포도 나무와 무화과 나무를 수풀로 뒤덮을 것이다. 그녀가 바알을 섬긴 시간만큼 그녀를 벌할 것임을 여호와께서 말씀하신다.

이처럼 음란한 여자를 비유로, 이스라엘 심판을 경고하신 다음 하나님께서는 이스라엘에 대한 사랑과 회복을 선포하신다. 그녀를 데려가 광야로 가서 포도밭을 돌려주고, 아골 골짜기를 희망의 문으로 만들어 줄 것이다. 그러면 그녀가 젊은 날의 이집트에서 나올 때처럼 나를 남편으로 부르며 바알을 섬기지 않을 것이다. 백성들도 바알의 이름을 부르지 않을 것이며, 그 때에 내가 하늘의 새와 땅의 기는 것과 언약을 맺을 것이다.

이 땅에서 전쟁을 없애고 안전을 도모하며 정의와 공평으로 대하고 사랑과 긍휼을 너에게 보여 주겠다. 땅에서는 더욱 풍성한 열매를 맺게 될 것이다. 전에 불쌍히 여김을 받지 못했던 백성을 불쌍히 여길 것이며, 내 백성임을 인정하고, 그들도 나를 '주는 나의 하나님' 이라고 부를 것이다.

3장_ 고멜을 용서하시는 하나님

여호와께서 호세아에게 가서, 아내를 다시 사랑해주라고 하신다. 이스라엘 백성들이 나를 배신했더라도, 내가 그들을 사랑한 것처럼, 너도 네 아내 고멜을 사랑하라고 권면하신다. 호세아는 은과 보리를 주고 아내 고멜을 다시 데려온다. 그리고는 아내에게 자신을 기다려야 할 것이며, 창녀가 되거나 다른 남자의 연인이 되어서는 절대로 안 될 것임을 당부한다.

4장_ 이스라엘을 향한 꾸짖음

이 땅에는 진실도 없고 사랑도 없으며, 하나님을 아는 자들도 없다. 그들은 저주하고 거짓말하며, 죽이고 도적질하고, 간음하고 포악하여 살인에 살인을 더할 뿐이라며 이스라엘 백성들을 준엄하게 꾸짖으신다. 그리고 제사장들에게 백성들이 너희와 다투어도 그들을 나무라지 말라, 낮에는 너희가 넘어지고 밤에는 예언자들이 너희와 함께 넘어질 것이다. 너희가 제사장이 되지 못하고, 하나님의 가르침도 잊어버렸으므로 너희 자녀들도 그렇게 될 것이다. 제사장들은 백성이 바친 속죄 제물을 먹고 살면서, 백성들이 더 많은 죄를 짓기 바라므로 너희 제사장들도 악하다. 저지른 죄악에 따라 갚아줄 것이다.

그리고 하나님의 백성들을 꾸짖으신다. 백성들의 음란함과 우상 섬김과 산당에서 제사를 지내는 것과, 나무 아래서 제물을 바치는 것을 질책하신다. 그러므로 너희 딸들이 음행하고 며느리들이 간음하는 것이다. 그들이 음행과 간음을 해도 그들을 벌하지 않는 것은 너희도 창녀들과 음란한 짓을 했고, 신전에 있는 창녀들과 함께 제물을 바쳤기 때문이다.

이처럼 이스라엘이 타락한 형태가 음란과 우상숭배로 대표되고 있음을 여호와께서 지적하시고 있는 것이다. 이스라엘은 행음하여도 유다만큼은 죄를 짓지 말라고 하시며 우상 숭배의 중심지인 '길갈' 에 가지 말 것을 경고하신다. '에브라임' 이 우상과 결합된 것을 보시고, 북이스라엘을 심판하실 것을 거듭 말씀하시며 남유다의 구원을 표명하신다.

5장_ 심판과 회복의 선언

호세아는 제사장들과 왕족들에게 하나님의 심판을 경고한다. 그리고 에브라임으로 대표되는 이스라엘을 창녀같이 자기 스스로를 더럽혔다고 비유하며, 강하게 책망하고 있다. 이스라엘은 하나님께로 돌아오지 못한다. 그들은 교만했기 때문이며 이스라엘은 그들이 지은 죄로 넘어질 것임을 경고한다. 유다도 그들과 함께 넘어질 것이다. 주께서 이미 저들을 버리셨으므로 찾지 못하며, 저들의 거짓된 예배가 그들의 땅을 망하게 할 것임을 말한다.

기브아와 라마에서 나팔을 불며 전쟁이 일어나 에브라임은 망할 것이며, 모든 이스라엘 지파들은 망할 것이다. 유다의 지도자들은 남의 재산을 훔치는 도둑과 같다. 도둑과 좀벌레처럼 서서히 이스라엘과 유다를 망하게 할 것임을 경고한다.

6장_ 회개하지 않는 이스라엘

호세아는 이스라엘 백성을 향하여, 여호와께로 돌아가자고 외친다. 주께서 우리를 치셨으나 다시 낫게 해 주실 분이시며, 주께서는 이틀 뒤에 우리를 살려 주시고 사흘째에 다시 일으켜 주실 것이라고 말하며 "여호와를 알자"라고 강조하고 있다. 날마다 새벽이 오듯이 주님도 소나기처럼, 땅을 적시는 봄비처럼, 그렇게 오실 것을 확신하며, 여호와께 돌아올 것을 호소하고 있다. 여호와께서 회복을 전제하시고 이스라엘 백성들이 부정한 죄를 열거하시는데, 진정 여호와께서 바라시는 것은 제사가 아니라, 하나님을 아는 지식임을 강조하신다. 아담이 언약을 어겼듯이 백성들이 언약을 어겼으며, 살인과 음행과 거짓으로 하나님께 진실하지 못했음을 가르친다. 유다를 심판하신 후에 다시 회복시키시려는 놀라운 계획을 전하고 있다.

** 주요구절 **
6 : 6 나는 인애를 원하고 제사를 원치 아니 하며 번제보다 하나님을 아는 것을 원하노라.

7장_ 악한 지도자들

하나님은 이스라엘을 고쳐 주시고 치료하여 회복시키려고 하셨다. 그러나 백성들은 오히려 드러내 놓고 속이며, 도둑질하고 강도짓을 해서 죄를 지었다. 왕과 관리들은 정욕을 불태우고 간음을 했으며, 백성들은 악한 계획을 세운 자들과 손을 잡아 파멸의 나락으로 떨어지는데도 하나님을 찾지 않고 있었음을 한탄하신다. 다른 나라들이 에브라임을 속이고 힘을 빼앗는데도, 그들은 사실을 알지 못하고 이스라엘은 교만에 빠져 있다.

그래서 에브라임은 어리석은 비둘기처럼 되어 백성들은 이집트로 앗시리아로 간다. 그들이 가는 곳마다 그물을 던져 경고한 대로 심판할 것이다. 그들은 여호와를 떠났고 거역하며, 범죄했고, 진심으로 여호와를 부르지도 않았으며, 배신할 계획만 세울 뿐이었다. 지도자들은 자기 힘을 자랑하지만 오히려 칼에 맞아 죽게 되고, 이집트 땅에서 조롱거리가 될 것임을 분명하게 전달한다.

8장_ 우상숭배를 책망하시다

나팔을 불어 경보를 울려, 이스라엘 백성이 여호와의 언약을 어겼기에 적군이 독수리처럼 이스라엘을 덮치려 하고 있음을 알리신다. 이스라엘이 하나님의 심판을 받게 된 이유는 하나님과의 언약을 배신했기 때문이며, 하나님의 명령 없이 왕을 세웠고, 우상을 숭배한 죄 때문인 것이다. 저들은 이미 여호와를 쫓아 버렸고, 허락 없이 왕을 뽑았으며, 은과 금으로 우상을 만들어 하나님의 진노를 불러 왔다.

사마리아의 송아지 우상을 주께서 버리시므로 산산조각이 나게 될 것이다. 이스라엘의 계획은 알곡 없는 줄기 같아서 다른 나라들이 삼켜 버릴 것이다. 그리고 깨진 그릇처럼 다른 나라들에 섞일 것이다. 앗시리아의 도움을 요청하지만 끝내 저들의 압제를 받게 될 것이다. 이스라엘 백성들은 여호와의 율법을 받아들이지 않고, 지키지도 않았기 때문에 제사를 지내고 고기를 먹지만 여호와는 그것을 기뻐 하지 않으신다.

죄악으로 백성들을 심판하여 이집트로 돌아가게 할 것이며, 창조주 여호와를 잊어 버리고 자신들이 지은 왕궁을 의지했으며, 유다 역시 그 많은 요새를 의지했으므로 여호와께서 불을 보내 그 성을 태우고, 요새를 무너뜨릴 것임을 말씀하신다.

9장_ 심판 날에 대한 호세아의 선언

이스라엘아 너희는 기뻐 하지 마라, 다른 나라들처럼 즐겁게 뛰놀지도 말라고 경고한다. 너희는 하나님을 떠나 못된 짓을 했고, 타작마당 위의 곡식을 좋아 했으며, 그 곡식을 우상이 준 것으로 믿고 섬겼다. 백성이 먹을 곡식과 포도주는 부족하게 되고, 여호와의 땅에 머물지 못하고 이집트로 돌아가거나, 앗시리아에서 부정한 음식을 먹게 될 것이다. 여호와께 제사를 드리지 못하므로 우상의 제물을 먹고 마셔 부정하게 될 것이다. 명절과 절기가 아무 소용 없게 되고, 백성들이 멸망을 피한다 해도 이집트의 포로로 잡혀 갈 것이다.

이스라엘아 심판의 때가 이르고 죄 값을 치를 때가 왔다. 너희는 예언자를 업신여기고, 가는 길에 덫을 쳐놓아 하나님의 집에서조차 예언자에게 증오심을 품었다. 이렇듯 이스라엘 백성들은 기브아 사람 못지 않은 죄를 지었다. 여호와께서 모든 걸 기억하시고 심판하실 것이다. 여호와께서 처음 이스라엘을 만났을 때는 광야의 포도 같았고, 너희 조상은 무화과 열매 같았다. 그들이 바알브올에 이르러 우상을 섬기기 시작했고 그로 인하여, 영광이 새처럼 날아가 아기를 낳지 못할 것이다.

바알브올 사건은 이스라엘이 40년간의 광야생활을 마치고, 가나안 땅으로 들어가기 전 싯딤에 이르렀을 때, 모압 여인들이 자신들이 섬기는 신에게 드리는 제사에 이스라엘 백성을 초대해 바알브올에게 절하고 섬긴 사건을 말한다. 이로 인해 이스라엘 남자들은 모압 여자들과 음행에 빠지게 되었으며, 하나님의 진노를 얻어 전염병으로 24,000명이 죽었다. 결국 비느하스가 음행을 저지른 이스라엘 남자와 미디안 여자를 죽임으로 그치게 되었다.

여호와께서는 이 사건을 비유로 이스라엘의 후손 단절을 예고하신 것이다. 선지자들은 참다운 예언을 받아들이지 않고, 거짓 선지자의 편에 서게 되었으며, 종족 말살이라는 하나님의 재앙을 불러 오게 된다. 이스라엘은 길갈에서 악한 일을 했으며, 지도자들은 모두 여호와를 거슬렀다. 이스라엘은 병든 나무와 같다. 뿌리는 말라 버리고 백성은 자녀를 가지지 못 할 것이며, 가진다 하더라도 여호와께서 죽이실 것이다. 호세아는 이스라엘 백성들에게 하나님께서 저들을 버리실 것이며, 나라들 가운데서 떠돌게 될 것이라고 경고하고 있다.

10장_ 여호와의 심판

이스라엘은 열매를 많이 맺는 포도나무 같다. 백성들이 열매를 많이 거둘수록 우상의 제단도 많아 쌓고, 땅이 아름다울수록 헛된 신들을 위해 돌기둥을 세운다. 백성들의 마음이 거짓되었으므로 하나님께서 그들의 제단을 부수고 돌기둥을 무너뜨리실 것이다. 이스라엘 백성들은 거짓 맹세를 하고 언약을 지키지도 않았으며, 서로 법정에 고발하여 마치 밭이랑의 독초와 같다.

사마리아 사람이 송아지 우상을 잃고 걱정하고 백성과 제사장이 우상의 영광을 잃고 슬퍼 한다. 그 우상은 앗시리아로 옮겨 왕에게 선물로 바쳐질 것이다. 이스라엘 백성은 그로 인하여 부끄러움을 당할 것이다. 사마리아 왕은 물거품처럼 망하게 되고 이스라엘이 죄를 짓던 산당이 무너져 제단을 덮을 것이다. 이스라엘은 기브아에서부터 죄를 지었고, 그 죄를 계속해서 짓고 있으므로, 군대를 모아 치게 할 것이다. 이스라엘의 아름다운 목에 멍에를 메우고, 유다는 밭을 갈고 야곱은 써레질을 할 것이다.

여호와께서는 기브아 시대의 이스라엘 백성들이 지은 죄가 이 후에도 계속되고 있으며, 하나님을 저버리는 죄를 지었고, 벧엘과 단에 각각 금송아지를 둔 죄를 상기시키며, 이스라엘의 패망을 경고하신다. 그러므로 이스라엘에 남겨진 한 가지 방법은 주께서 돌아올 때이니, 묵은 땅을 갈아 경작하므로 여호와께서 내려주시는 저의의 비를 흠뻑 맞게 하는 것이지만, 그러나 너희가 악한 것을 심었기에 죄의 수확 밖에 할 수 없으며, 스스로의 힘과 군대를 믿고 따랐기에 거짓의 열매를 먹게 될 것이다. 전쟁소리를 듣게 될 것이며, 모든 요새가 무너지고 어머니와 자녀들이 죽고 이스라엘 왕이 죽을 것이다.

11장_ 하나님의 사랑

이스라엘이 어린 아이였을 때, 그들을 내 아들처럼 사랑하여 이집트에서 불러냈으나, 내가 부르면 부를수록 이스라엘은 내게서 멀어져 갔다. 바알에게 제물을 바쳤고 우상들에게 향을 피웠다. 이스라엘에게 걸음마를 가르쳤고, 품에 안아 주었으며 치료해 주었으나, 그들은 깨닫지 못했다. 사랑의 줄로 이끌어 주고 목에서 멍에를 벗겨 주고, 몸을 굽혀 그들을 먹여 주었다. 그런데도 그들은 나를 알지 못했다.

이스라엘은 이집트에서처럼 다시 포로가 될 것이고 앗시라아 왕의 압제를 받을 것이다. 전쟁이 이스라엘 성을 휩쓸고 그들을 멸망시킬 것이다. 내 백성이 내게서 등을 돌리기로 작정을 했고, 나를 부르기는 하지만 진정으로 부르는 사람이 없다. 그러나 이스라엘아, 내가 어찌 너를 버리며 넘겨 주고 아드마와 스보임처럼 만들겠느냐. 다시는 이스라엘을 멸망시키지 않을 것이다. 나는 너희 가운데 거룩한 자이니 내가 진노로 너희에게 나가지 않을 것이다. 사자가 새끼를 부르듯 나 여호와가 내 백성을 부르겠다. 그러면 서쪽에서 내 자녀가 급히 달려와 나를 따를 것이다. 그들이 이집트에서 새같이 떨며 오고 앗시리아에서 비둘기같이 올 것이다. 내가 그들을 고향에서 다시 살게 해 주겠다.

이처럼 여호와께서는 심판 후, 이스라엘 백성을 소돔과 고모라와 함께 멸망 당한 '아드마' 와 '스보임' 을 비유로 들어, 사랑으로 온전히 회복시켜 주실 것을 약속하신다.

12장_ 이스라엘을 꾸짖으심

이스라엘은 바람을 좇고 동풍을 따라가며, 거짓말과 폭력을 더해 간다. 앗시리아와 협정을 맺고 이집트에 기름을 선물하고 있다. 호세아는 이스라엘의 무익한 외교정책을 비판하며, 야곱의 간악함을 예로 들어 하나님을 벧엘에서 만나 하나님께로 돌아온 것처럼 이스라엘도 교만을 버리고 하나님과 맺은 언약을 지키고, 하나님께 돌아올 것을 간곡히 호소하고 있다. 여호와께서는 예언자들을 보내 환상을 통해 백성들에게 교훈을 주었지만 그들은 예언자의 말을 믿지 않았다.

여호와께서 야곱의 자손들을 이집트에서 인도해 내신 것처럼 예언자를 시켜 이스라엘 백성들을 돌보게 하셨는데, 그들은 여호와를 분노케 했다. 주께서 받으신 그 조롱을 그대로 그들에게 갚아 주실 것이라고 엄중하게 이스라엘 백성들을 꾸짖으신다.

13장_ 이스라엘을 향한 마지막 말씀

여호와께서는 이스라엘의 배신을 지적하신다. 에브라임이 이스라엘 가운데서 높임을 받았지만 바알을 섬겨 죄를 지었으니, 그들은 죽어야 한다. 그들은 은으로 우상을 만들어 제물을 바치고 우상에게 입을 맞췄다. 그들은 아침 안개나 이슬처럼 혹은 타작마당에서 바람에 날려 가는 쭉정이처럼 되며, 연기처럼 사라질 것이다.

하나님은 유일하신 구원자이시며, 광야와 메마른 땅에서 돌보아 주었으며, 음식을 배불리 먹여 주었으나 그들은 교만하여 나를 잊고 말았다. 그러므로 나는 사자와 표범과 새끼를 빼앗긴 곰처럼 사나운 기세로 그들을 뜯어먹고, 들짐승들처럼 너희를 찢어 놓을 것이다.

이어서 임박한 이스라엘의 멸망을 부각시키신다. 지금 왕들은 너희를 구할 수가 없으며, 내가 왕들을 없애 버리고 에브라임의 모든 죄가 기록된 문서가 쌓여 있다. 그들에게 해산하는 여인의 고통이 임할 것이다. 에브라임이 나라들 가운데 귀해지더라도 동쪽으로부터 멸망자를 보내 모든 귀한 것을 없애 버리고, 사마리아가 하나님께 반역했으므로 심판을 받으며, 이스라엘 백성은 칼로 죽을 것이다. 그 자녀는 갈기갈기 찢어지고 임신한 여자들은 배가 찢길 것이라고 재앙의 처참한 광경을 반복해서 강조하신다.

이렇듯 강경한 심판의 의지에도 불구하고 여호와께서는 해산하는 자의 고통 후에 새로운 생명체를 통한 희망과 소망이 주어질 수 있음을 표현하신다. 그리고 여호와께서 음부의 권세로부터 그들을 구원할 것이라고 말씀하신다.

14장_ 이스라엘의 회복을 예언함

호세아는 이스라엘을 향하여 하나님 여호와께 돌아올 것을 호소하고 있다. 여호와께 돌아와 모든 죄를 없애 주시고, 선한 것으로 받아 주시며 숫송아지 대신 입술로 찬양을 드리니 받아 달라고 애원할 것을 말한다. 앗시리아는 우리를 구할 수 없으며, 이제는 군대를 의지하지 않고 다시는 우리 손으로 만든 우상을 하나님이라 부르지 않겠다고 자비를 간청할 것을 권고하고 있다.

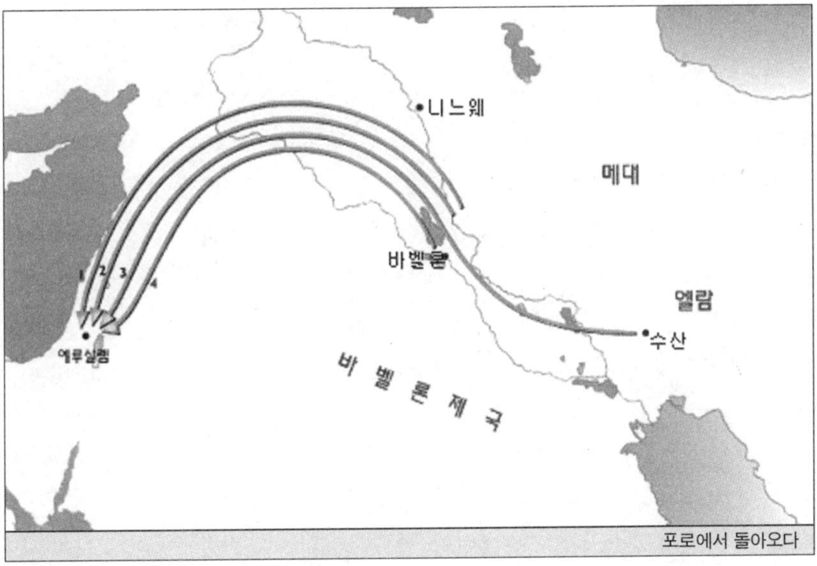

포로에서 돌아오다

하나님께서는 돌아온 이스라엘 백성에게 회복의 약속을 하신다. 나를 떠난 그들을 용서해 주겠다. 그들을 사랑해 주고, 더 이상 화를 내지 않겠다. 내가 하늘에서 내리는 이슬 같으리니, 이스라엘이 나리꽃처럼 필 것이다. 레바논의 백향목처럼 뿌리를 굳게 내릴 것이다. 나무의 가지가 자라, 올리브 나무처럼 아름다워지고, 레바논의 백행목처럼 향기로워질 것이다. 백성들은 다시 내 보호를 받으며, 곡식처럼 자라날 것이다. 포도나무처럼 꽃을 피우고, 레바논의 포도주처럼 유명해질 것이다.

이스라엘이 말하기를 '내가 우상들과 더 이상 무슨 상관이 있으리오' 라고 말한다. 그러므로 나는 푸른 전나무와 같으니, 너희는 나로 인해 열매를 얻게 될 것이다. 지혜로운 사람은 모든 것을 깨닫고 마음에 새겨 두며, 여호와의 길을 올바르기 때문에 의인은 그 길을 따라 살지만, 죄인은 그 길에 걸려 넘어질 것이라고 말씀하신다.

요 엘 | Joel

성령시대의 도래에 관한 예언 : 3장

저　　자 : 요엘
기록연대 : 북이스라엘 시대. B.C 830년경

세계사 비교 : B.C 841년 주나라에서 주공과 소공이 공화함. B.C 814년 페니키아 카르타고 건설.
중심인물 ; 요엘. 유다 백성들

핵심 에피소드 : 여호와의 날은 모든 백성들이 애통하고 두려워 해야 하는 심판의 날이다. 오로지 회개하고 간구하며, 하나님께로 돌아오는 사람만이 여호와의 날을 기쁘고 즐겁게 맞이할 수 있다. 메뚜기와 성령을 통하여 유다 백성들을 심판하고, 모든 땅과 백성을 황폐화 시킨 사건을 소개하고 있으며, 성령이 모든 백성에게 임하므로 자녀들이 예언을 하고 늙은이가 꿈을 꾸며 젊은이들이 환상을 보는 사건을 기록하고 있다. 요엘서는 미래에 전개되어질 하나님의 심판에 대한 기록이다.

1장_ 메뚜기 떼에 의해 농사를 망침

브두엘의 아들 요엘은 여호와에게 말씀을 받아 유다 온 백성에게 전한다. 늙은 사람과 온 백성들에게 너희가 사는 날이나, 너희 조상이 살던 날에, 이런 일이 일어난 적이 있었는지를 반문하며, 너희 후손 대대로 이 이야기를 전하라고 말한다.

풀무치가 먹다 남긴 것은 메뚜기가 먹고, 메뚜기가 남긴 것은 누리가 먹고, 누리가 남긴 것은 황충이 먹었음을 강조하며, 유다의 심판이 필연적임을 역설하고 있다. 술 취한 사람들은 깨어서 울 것이며, 통곡을 하게 된다. 달콤한 포도주는 이제 더 이상 없으며, 강한 나라가 이 땅에 쳐들어와 그들은 셀 수 없이 많은 군대로 너희들을 칠 것이다. 그들의 이빨은 사자요, 어금니는 암사자의 송곳니같이 날카로워 포도나무를 먹어 치웠고, 무화과나무를 망쳐 놓았다. 그리고 땅들이 슬퍼 울게 하고, 포도나무 농사를 망친 농부들이 울게 된다. 제사장들이 베옷을 입고 슬피 울게 될 것이다. 제사장들에게 하나님께 제물로 바칠 제물이 떨어져 없으므로 그들에게는 물질적으로나 영적으로나 큰 슬픔을 맞이한다.

백성을 모아 금식을 하며, 장로들과 백성을 여호와의 전에 모이게 하여, 여호와께 부르짖으라고 한다. 재앙의 날이 다가왔으며, 심판의 날이 왔음을 인식하고 살아 있는 우리에게 먹을 것이 없으며, 하나님의 성전에는 기쁨과 행복이 사라졌다. 씨를 심지만 말라 죽고, 그 때문에 창고가 텅 비었다. 짐승들이 배고파 울고, 먹을 풀이 없는 소 떼는 들판을 헤매며, 양 떼들도 고통을 당하게 된다. 여호와께 내가 부르짖어 불이 일어나 들판의 풀을 다 태웠으며, 그 불꽃이 밭의 모든 나무를 태우고 들짐승조차 하나님께 부르짖고 있는 참담한 재앙의 현장을 호소하며 백성들이 각성을 촉구하고 있다.

2장_ 심판의 날이 다가옴

요엘은 메뚜기 떼의 습격을 비유로 유다의 심판과 재앙을 경고하고 있다. 시온에서 나팔을 불어 유다의 모든 백성에게 여호와의 심판이 임박했음을 알린다. 그 날은 어둡고 구름 덮인 날이며, 전에도 없으며 앞으로도 없을 것이다. 그 선봉과 후방 부대는 타오르는 불꽃 같다. 그들이 지나간 뒤에는 황무지로 변하고 아무도 살아 남지 못한다. 군마처럼 떼를 지어 달려오며, 그 소리는 전차들이 산을 넘는 소리 같고, 마른 줄기가 타오르는 소리 같다.

여호와께서 큰 소리로 그 군대를 다스리시고 그들은 주의 명령에 복종한다. 참으로 여호와의 심판 날은 무섭고 끔찍하다. 요엘은 여호와께서 말씀을 받아 유다 백성들에게 지금이라도 너희의 온 마음을 다하여 내게 돌아오라고 말씀하신다. 옷을 찢지 말고 마음을 찢어야 한다. 여호와는 자비하시므로 마음을 바꾸셔서 너희 백성을 용서하실지도 모르니 시온에서 나팔을 불어 금식일을 선포하고, 백성을 모아 거룩한 모임을 열라고 한다.

제사장들은 여호와의 전 입구에서 긍휼을 간청하고 이방인들에게 부끄러움을 당하지 않게 해 달라고 애원할 것을 권고한다. 그렇게 할 때, 여호와께서 그분의 땅을 기억하시고 회복시켜 주실 것이다. 곡식과 포도주와 기름을 주어 다시는 주의 백성이 다른 나라의 조롱거리가 되지 않도록 보호하여 주실 것이다. 북쪽에서 온 군대를 이 땅에서 몰아내 사해와 지중해로 몰아 넣고 몸이 썩게 할 것이다. 땅들아 기뻐하라, 들짐승들아 두려워 하지 마라, 광야에 다시 풀이 자라고 나무에 열매가 맺으며 의로우신 그 분께서 너희에게 옛날처럼 이른 비와 늦은 비를 내려주실 것이다. 타작마당에 곡식이 가득 차고, 독마다 포도주와 기름이 넘칠 것이다. 여호와의 말씀이 계속된다. 내가 너희를 치도록 보낸 메뚜기와 풀무치와 누리와 확충이 먹어치운 것을 갚아 주겠다. 이제 너희가 배불리 먹으며 여호와의 이름을 찬양할 것이다. 내가 이스라엘 백성 가운데 있어 나 외에 다른 신이 없다는 것을 알게 될 것이다. 내 백성이 다시는 부끄러움을 당하지 않을 것이다.

그리고 영적 변화와 구원을 예언하신다. 여호와의 영을 모든 사람에게 부어 주고, 너희 아들 딸은 예언할 것이고, 노인은 꿈을 꿀 것이며, 젊은이는 환상을 볼 것이다. 남녀 모든 종에게 영을 부어주고, 하늘과 땅에 기적을 보일 것이다. 피와 불과 짙은 연기가 나타나고 해가 어두워지며, 달이 핏빛으로 변하고, 그 뒤에 무섭고 두려운 여호와의 심판의 날이 다가올 것이다. 그 때에 누구든지 여호와의 이름을 부르는 자는 구원을 받으며 시온과 예루살렘에도 구원 받을 사람이 있을 것이다. 심판의 날 뒤에도 여호와의 이름을 부르는 자는 살아 남을 것이다.

** 주요구절 **

2 : 13 너희는 옷을 찢지 말고 마음을 찢고 너희 하나님 여호와께로 돌아올지어다. 그는 은혜로우시며 자비로우시며 노하기를 더디 하시며 인애가 크시사 뜻을 돌이켜 재앙을 내리지 아니 하시나니.

3장_ 열방에 대한 심판

요엘은 여호와의 말씀을 통해, 그 날이 되면 유다와 예루살렘을 회복시켜 주실 것을 예언한다. 그리고 온 나라를 다시 불러 모아, 여호사밧 골짜기로 데려가 심판할 것이다. 그 나라들을 심판하는 것은 그들이 주의 백성을 흩어 놓았고 포로가 되게 했으며 제비를 뽑아 주의 백성을 나눠 가졌고, 소년을 팔아 창녀를 사고, 소녀를 팔아 포도주를 샀기 때문이다.

두로와 시돈과 블레셋의 모든 지역의 나라들에게 주의 백성을 해치고, 주의 보물을 가져가 우상의 신전에 들여 놓았으며, 주의 백성을 그리스 사람에게 팔아, 멀리 떠나 살게 하였다. 너희 나라의 백성을 유다 백성에게 팔아 넘기고, 스바 백성에게도 팔 것임을 분명히 하신다. 하나님께서 모든 나라들을 불러 전쟁을 일으키시며, 여호사밧 골짜기로 불러들여 사방에 있는 모든 나라를 심판하실 것을 말씀하신다. 심판의 골짜기에 수많은 사람이 몰려 있고, 여호와께서 심판하실 날이 가까이 왔다.

해와 달은 어두워질 것이며, 별들도 빛을 잃고 여호와께서는 사자처럼 시온에서 외치시고, 예루살렘에서 큰 소리를 내시면 하늘과 땅이 흔들릴 것이다. 그러나 여호와께서는 주의 백성들에게는 피난처가 되시고, 요새가 되어 주실 것임을 말씀하신다. 그 때를 당해서야 너희 하나님 여호와라는 것을 알게 될 것이다. 여호와께서는 시온 산에 머무시며, 예루살렘은 거룩한 곳이 되고, 다시는 외국인이 예루살렘 성을 점령하지 못할 것이다.

그 날이 되면 산들이 포도주를 흘리고 언덕에는 젖이 흘러 넘치며 유다의 개울마다 물이 흐르며, 여호와의 성전에서는 샘물이 흘러 나와 싯딤 골짜기를 적실 것이다.

그러나 이집트는 황무지가 되고 에돔은 사막으로 변하게 될 것이다. 그들은 유다 백성들에게 폭력을 휘두르고, 죄 없는 사람들을 죽였기 때문이라고 말씀하신다. 그러나 유다에는 영원히 사람이 살고, 예루살렘에도 사람이 끊이지 않을 것이다. 이집트와 에돔을 심판하겠으며, 나 여호와가 시온에서 사실 것을 밝히며, 축복과 위로의 말씀으로 예언을 매듭짓고 있다.

아모스 | Amos

다윗의 계보에 의한 궁극적인 세계지배에 관한 예시 : 9장

저　　자 : 아모스
기록연대 : 북이스라엘 시대. B.C 767년 ~ B.C 745년

세계사 비교 : B.C 753년 로마가 건국됨. B.C 744년 앗시리아의 티글라트 필레세르 3세 영토확장 시대. B.C 721년 앗시리아의 사르곤 2세 정복전쟁 시대

중심인물 : 아모스. 아마샤. 여로보암 2세

핵심 에피소드 : 이스라엘의 종교적 사회적 부패상을 척결하기 위해 하나님이 공의에 맞는 삶을 살아갈 것을 책망하고 있으며, 앞으로 닥칠 포로생활을 경고하고 있다. 아모스는 베들레헴 남쪽 근교의 드고아 고원에서 목축업을 하던 농부였다. 그는 그의 지적 능력은 하나님 보시기에 합당하였기에 부르심을 받게 되었다. 하나님께서 그를 부르셨을 때, 그는 부유한 농부의 삶을 포기한 채 순종했으며, 남유다 출신이지만 위험을 무릅쓰고 북이스라엘의 중심지 사마리아와 벧엘에 가서 말씀을 선포하였다. 이스라엘 멸망에 관한 다섯 가지 환상을 보고 백성을 위해 중보기도를 드렸다.

그는 웃시야가 유다의 왕이었고, 여로보암 2세가 이스라엘의 왕이었던 시대, 즉 B.C 767년에서 B.C 745년 사이에 이 말씀을 기록했다. 아모스는 요엘과 비슷한 시기의 사람이며, 호세아도 아모스와 함께 일했다. 호세아는 아모

스보다 어렸으므로 그가 죽은 뒤에도 활동을 했다. 아모스가 활동을 끝내자 이사야와 미가의 활동이 시작된다.

1장_ 이스라엘 이웃나라들에 대한 심판

여호와께서는 다마스커스가 많은 죄를 지어 그들을 심판하겠다고 하신다. 그들은 길르앗 백성들을 압제했기 때문이며, 그로 인하여 하사엘의 집에 불을 보내 벤하닷의 요새를 불태울 것이라고 말씀하신다. 다마스커스의 문을 부수고 아웬 골짜기의 백성들과 벧에덴 왕을 죽이고, 아람 백성을 끌려 가게 할 것임을 말씀하셨다. 그리고 블레셋 백성에 대해 말씀하시는데, 가사는 자기 백성들을 에돔으로 팔아 넘긴 죄를 지었으므로, 아스돗 백성과 아스글론 왕을 없애고, 에그론 백성을 쳐서 블레셋의 남은 사람을 심판할 것이라고 말씀하신다.

두로 백성에 대하여는 이스라엘과 맺은 언약을 파기한 죄를 지었으므로 두로에 불을 보내, 그 성의 요새들을 불태울 것임을 분명히 하셨다. 에돔 백성에 대해서는 그들이 칼을 들고 형제인 이스라엘 백성을 뒤쫓았고, 자비로운 마음을 버렸기 때문에 데만에 불을 보내, 보스라의 요새들을 불태울 것이라고 말씀하신다.

그리고 암몬 백성에 대해서도 그들이 땅을 넓히려고 길르앗에 쳐들어가, 아이 밴 여자들의 배를 갈랐기 때문에, 랍바 성에 불을 보내 요새들을 불태우고, 왕과 신하들을 포로로 사로잡혀 가게 할 것이라고 말씀하신다.

2장_ 모압 백성에 대한 심판

모압이 에돔 왕의 뼈를 태워 재로 만들었기 때문에, 모압에 불을 보내 그리욧의 요새를 불태우고, 백성들은 함성과 나팔 소리가 요란한 가운데 죽을 것이며, 왕과 신하도 모두 죽임을 당할 것이라고 말씀하신다. 유다 백성에 대해서는 그들이 여호와의 율법을 어기고, 명령을 따르지 않았으며 우상을 섬겼으므로, 유다에 불을 보내 예루살렘의 요새를 불태울 것이라고 말씀하신다.

또한 이스라엘에 대해서는 그들이 은을 팔고 의로운 사람을 팔아 가난한 사람을 신발 한 켤레 값에 팔았고 압제하였으며, 근친상간을 하였고 벌금으로 거둔 돈으로 포도주를 사서, 그들의 신전에서 마신 죄를 지었다. 그리고 그들 앞에서 크고 장대한 아모리 사람들을 물리치셨고, 그 땅을 너희에게 주었으며, 예언자를 보내 '나실인' 을 삼았는데 너희는 나실인에게 포도주를 먹이고 예언자들을 학대하였다. 그것으로 너희 이스라엘은 아무리 강한 사람도 살아 남지 못하고, 용사 중의 용사라 할지라도 벌거벗은 채 도망해야 할 징벌을 받게 될 것임을 분명하게 경고하신다.

3장_ 이스라엘에 대한 경고

아모스의 첫 번째 설교로 이스라엘 백성에 대한 여호와의 말씀을 전하고 있다. 여호와께서는 많은 족속 가운데 너희만을 알았고 선택하였으므로, 너희가 저지른 행위대로 심판을 하시겠다고 하신다. 하나님께서 이스라엘을 심판하시려는 이유를 설명하고 있다.

사마리아의 현실을 통해 백성이 백성을 해치는 극악한 상황에 도달한 이스라엘 백성들의 죄악상을 폭로하고 있다. 그리고 우상숭배와 향락에 빠진 이스라엘의 백성들이 죄를 심판하시는데, 벧엘의 제단도 무너뜨리고, 제단 뿔을 꺾어 땅에 떨어뜨리며, 상아로 장식한 큰 집과 호화스런 별장을 무너뜨리실 것을 전달하고 있다.

4장_ 이스라엘의 부패

아모스의 두 번째 설교로 사치스런 귀족들에 대한 심판의 경고이다. 사마리아 산에 사는 바산의 암소에 비유한 이스라엘 부유층들의 사치와 방종한 생활을 정죄하고 있다. 벧엘로 가서 죄를 짓고 길갈로 가서 죄를 더 지으며, 누룩 넣어 만든 빵을 바치고 십일조를 바치고, 큰 소리로 떠들며 자랑하고 기뻐 하라고 한다. 그들의 잘못 된 종교 의식과 교만을 심판하시려는 여호와의 의도를 강한 비유로 전달한다.

여호와께서 심판의 경고를 이미 여러 차례 가뭄과 병충해와 전염병으로 충분히 알게 했음에도, 이스라엘 백성들은 하나님께 돌아오지 않았다. 그러므로 이제는 재앙이 내릴 것이며, 이스라엘은 하나님 만날 준비를 하라고 경고한다.

5장_ 이스라엘아 회개하라

아모스의 마지막 설교이다. 이스라엘 백성의 살 길을 애가와 장송곡 형식으로 외치고 있다. 이스라엘의 멸망에 대한 애가를 처녀 이스라엘이 쓰러져 다시는 일어나지 못하게 되었다고 하며, 십분의 일의 사람이 죽을 것을 노래한다. 여호와를 찾는 것만이 살 길임을 외친다.

이스라엘 백성들은 진정한 회개를 하지 않은 채 형식적으로 하나님 앞에 나왔다. 죄 가운데 살면서도 여호와의 날을 사모했고, 위선적인 생활을 하고 있었다. 아모스는 이런 백성들에게 진정으로 하나님 앞에 설 것을 책망하고 있다. 여호와께서 보시기에 합당한 생활태도를 되찾고 개혁할 것을 강조하고 있는 것이다. 아모스는 이스라엘 백성이 다마스커스, 저 너머로 사로잡혀 갈 것이라는 여호와의 말씀을 전한다.

** 주요구절 **
5 : 24 오직 공법을 물같이, 정의를 하수같이 흘릴지로다.

6장_ 향락에 빠진 지도자들

이스라엘의 지도급 인사들은 하나님께서 주신 번영과 축복을 사리사욕을 위해서 탕진하고 있었다. 그리고 진정 도움이 필요한 가난한 자들을 돌보지 않고 압제한 것이다. 그들이 누리던 환락은 그들이 가장 먼저 포로로 끌려가는 심판을 받게 되고 그들의 잔치는 끝나게 될 것임을 경고하고 있다.

여호와께서는 야곱의 교만을 미워 하셨음을 강조한다. 한 나라를 보내 이스라엘을 치게 하여, 모든 것을 원수에게 넘겨 주게 하고 모든 사람을 죽일 것이다. 큰 집이나, 작은 집이나 산산조각으로 부숴질 것이다. 그러는 이스라엘에게 죽음과 멸절과 패배만 있을 것임을 경고하고 있다.

7장_ 메뚜기 떼

아모스는 여호와께서 보여주시는 다섯 가지 환상을 보게 된다. 첫 번째로 메뚜기 떼가 땅 위의 작물 위로 덮쳐 온다. 모든 농작물이 남아나지 못함을 알고 아모스가 하나님께 기도하여 용서를 간청한다. 하나님께서는 그의 기도를 들어 주시고, 메뚜기에 대한 심판을 취소하시며 용서하셨다.

두 번째로 불의 환상이다. 여호와께서 심판에 쓰일 불을 준비하고 계셨는데, 불은 바다 깊은 곳까지 마르게 하고, 온 땅을 황폐케 하므로 아모스는 주께 간청하여 여호와의 심판을 유보시킨다.

세 번째 환상은 다림줄에 관한 것이다. 주께서 다림줄을 늘여 벽 옆에서 벽이 반듯한가를 검사하고 계셨다. 주께서 아모스에게 다림줄로 이스라엘 백성이 얼마나 굽어 있는지를 보여 주시겠다고 하신다. 이삭의 산당과 이스라엘의 거룩한 곳이 황폐해지고, 여로보암 왕의 집을 칼로 칠 것임을 명백히 하신다. 그 말씀을 전하자 벧엘의 제사장 아마샤는 여로보암 왕에게 사람을 보내, 아모스가 왕을 죽이려고 반란을 모의한다고 신고한다. 그리고 아마샤는 아모스에게 이 곳을 떠나라고 명령하며. 유다 땅으로 돌아가 예언을 해서 빌어 먹고 살라고 저주를 한다. 그러는 아마샤에게 아모스는 자신은 예언자도 아니고 농사꾼이며 단지 자신은 목자이며 무화과 나무를 기르며 사는 사람이라고 말한 뒤, 자신이 예언을 하게 된 경위를 말한다.

아마샤의 저주를 듣고 여호와의 말씀이 아모스에게 임하는데, 그는 아마샤에게 당신의 아내는 창녀가 될 것이며, 아들과 딸은 칼로 죽을 것이고, 다른 사람들이 당신 땅을 빼앗아 나누어 가질 것이다. 당신은 낯선 땅에서 죽을 것이라고 예언했다. 그리고 이스라엘 백성들은 틀림없이, 그 땅에서 쫓겨나 포로로 끌려 갈 것이라고 말한다.

8장_ 여름 과일의 환상

아모스에게 보여주신, 네 번째 환상은 여름 과일이 가득 담긴 광주리였다. 여호와께서는 부패하고 상하기 쉬운 여름 과일을 보여주시며, 이스라엘의 심판이 다가왔음을 비유하신 것이다. 이스라엘이 심판의 날이 가까이 왔다고 말씀하시며, 시체가 곳곳에 널리게 되고, 온 땅에 침묵만 가득하고 왕궁에서는 장송곡이 불려질 것이라고 심판 날의 슬픈 분위기를 전하신다.

심판의 이유는 누누이 말씀해 오시던, 가난한 자를 돌보지 않고 압제한 것과 초하루 절기를 기다리고 안식일을 기다리는 것이, 돈을 벌고 장사를 하기 위함인 것을 아시고, 백성들의 영적 타락과 교만을 징계하시려는 것이다. 여호와께서는 심판의 결과를 말씀하신다. 한낮에 해를 지게 해서 어둡게 되고, 축제의 절기는 통곡의 날로 바뀌며, 모두가 베옷을 입게 하고 슬프게 만들 것이다.

이 땅을 주리게 하는데 굶주림의 진정한 의미는 여호와의 말씀이 없어서 주리게 되며, 지중해에서 사해까지 여호와의 말씀을 찾아 다녀도 찾지 못할 것이다. 사마리아와 단과 브엘세바의 신을 섬기는 사람들은 쓰러져서 다시는 일어나지 못할 것이라고 말씀하신다.

9장_ 성전의 붕괴

다섯 번째 환상이 이어진다. 이 번에는 부서지는 성전의 환상을 보여 주셨다. 기둥 꼭대기를 쳐서 문지방까지 흔들리게 해서, 기둥이 사람의 머리 위로 무너지게 하라, 살아남은 사람은 내가 칼로 죽이겠다. 아무도 피하지 못할 것이다. 그들이 죽음의 세계까지 내려가더라도 내가 끌어 내릴 것이고, 하늘로 올라가도 끌어 내릴 것이다. 무슨 일이 있어도 내 칼에 명령하여 그들을 죽일 것이다.

이처럼 여호와의 심판이 철저하고, 참혹하게 이뤄질 것임을 분명히 하고 있다. 성전이 무너지므로 더 이상 피할 곳과 의지할 곳이 없는 절박성을 비유하고 있는 것이다. 그러나 이스라엘을 땅에서 제거하겠지만, 야곱의 자손을 완전히 없애지는 않겠다고 말씀하신다. 심판 가운데 이스라엘의 남은 자들로 하여금 회복시켜 주실 것을 약속하고 있다.

그 날이 오면 다윗의 무너진 장막을 일으키고, 틈새를 막고 무너져 내린 것을 다시 일으켜 세워, 옛날처럼 회복시킬 것이다. 그리하여 이스라엘이 에돔의 남은 사람들과 나에게 속한 다른 나라들을 차지하게 할 것이다. 그 날이 오면 곡식과 포도 농사가 대풍을 이루며 이스라엘 산마다 포도주가 흘러 넘칠 것이다. 사로잡혀 간 백성들을 다시 데려오고 그들은 폐허의 성읍을 재건하며, 그 성 안에서 살 것이다. 내가 준 그 땅에 백성들을 심어 다시는 뽑히지 않게 할 것이라고 이스라엘의 회복을 약속하신다.

오 바 댜 | Obadiah

에돔의 멸망에 관한 사건 : 1장

저　　자 : 오바댜
기록연대 : 북이스라엘 시대. B.C 848년 ~ B.C 841년경

세계사 비교 : B.C 814년 페니키아 북아프리카에 카르타고에 식민시를 건설함. B.C 841 주나라의 주공과 소공이 공화제 시작함.

중심인물 : 오바댜. 에돔 족속

핵심 에피소드 : 교만한 에돔 사람들은 자신의 형제국가인 이스라엘 민족을 멸시했고, 이스라엘을 괴롭히고 교만함으로 하나님의 공의로운 심판을 받게 된다. 에돔의 파멸과 유다의 회복을 강조하며 불의한 세력을 철저하게 심판하시는 하나님의 공의를 드러내고 있는 기록이다.

에돔 사람들은 '에서' 의 자손으로 항상 유다 사람들의 적이 되어 에서와 야곱의 적대관계를 유지하며 살아 오고 있었다. 그들은 모세의 출애굽 시절, 행렬의 통과를 거부했고, 항상 이스라엘을 공격하는 군대를 도왔다.

예루살렘이 멸망한 지 4년 만에 에돔은 예루살렘 공격 당시 도와주었던 바빌론의 습격으로 멸망했다. 소수의 사람이 살아 남아 남쪽에 살면서 400년 동안 유다 사람들의 강적이 되어 왔다. 그 후 로마에 정복될 때, 에돔 계열의 헤롯 왕이 유다를 다스리게 된다. 예루살렘이 멸망한 A.D 70년부터 에돔 족속은 역사에서 자취를 감추게 된다.

1장_ 에돔의 심판

여호와의 영이 오바댜에게 임하시고 그에게 말씀을 들려 주신다. 여호와께서는 에돔 백성에게 너희 나라를 가장 작은 나라로 만들겠다고 경고하신다. 너희들이 바위 틈에 살고 높은 곳에 집을 짓고, 아무도 너희를 땅 아래로 끌어 내리지 못할 것이라고 말하지만 그것은 교만이다. 너희가 아무리 독수리처럼 하늘을 난다 해도, 내가 너희를 끌어 내릴 것이라고 말씀하신다.

도둑이나 강도는 자신들에게 필요한 것만 훔쳐 가는데 너희들은 그렇지 않았으며, 일꾼들이 포도를 추수해도 얼마 정도는 남겨 놓는데, 에서가 어떻게 약탈을 당하며 보물을 빼앗길 것인가, 그러나 너희 친구였던 사람들마저 너희를 네 땅에서 쫓아낼 것이다. 너와 함께 하던 사람들이 함정에 빠뜨릴 궁리를 할 것이다. 그런데도 너희들은 그것을 깨닫지 못하고 있다.

여호와께서 그 날에 에돔의 지혜로운 사람을 없애고, 산지에 사는 슬기로운 사람들을 모두 없애겠다. 너희는 네 친척 야곱에게 폭력을 휘둘렀다가 이제는 너희가 부끄러움을 당할 것이다. 너희는 이스라엘의 보물이 다른 사람들에게 약탈 당할 때에도 그냥 보고만 있었으며, 외국인들이 예루살렘을 제비뽑아 나눠 가질 때도, 너희는 그들과 같은 패거리였다. 너희 형제 유다가 망하는 것을 보고 비웃거나 기뻐 하지 말고, 내 백성들이 재앙을 만났을 때, 해로운 일을 자초하지 말라, 세계 모든 나라가 심판을 받게 될 것이다. 너희가 행한 대로 당하고, 너희의 악한 행동이 네 머리로 돌아갈 것이다. 너희들이 나의 거룩한 산에서 마신 잔으로 모든 나라들이 끊임없이 마시다가 사라질 것이다.

그러나 시온 산에 살아 남을 사람이 있다. 그 곳은 거룩한 곳이 될 것이다. 야곱의 백성들은 땅을 다시 찾게 되고 야곱의 집은 불이 되며, 요셉의 백성들은 불꽃이 될 것이나 에서의 집 곧, 에돔 백성은 마른 줄기가 될 것이다. 야곱 백성은 그 줄기에 불을 놓아 에돔 백성을 태워 버릴 것이다. 에서의 집에는 살아 남을 사람이 없으며 반드시 그렇게 될 것이다. 남쪽 유다의 백성이 에서의 땅을 차지하고 또 블레셋을 차지하며, 에브라임과 사마리아 땅을 되찾고, 베냐민은 길르앗을 되찾을 것이다.

그 날이 오면 한 때 집을 떠나야 했던 이스라엘 백성은 가나안 백성의 땅을 사르밧까지 차지하고, 예루살렘을 떠났던 유다 백성들이 남쪽 유다 성읍을 차지할 것이며, 구원자들이 시온 산에 올라 에돔 땅에 사는 백성을 다스리며, 그 나라는 여호와의 나라가 될 것임을 강조하신다.

** 주요구절 **
1 : 15 여호와의 만국을 벌할 날이 가까왔나니 너의 행한 대로 너도 받을 것인즉 너의 행한 것이 네 머리로 돌아갈 것이라.

요 나 | Jonah

니느웨로 간 하나님의 사자에 관한 사건 : 4장

저　　자 : 요나
기록연대 : 북이스라엘 시대. B.C 760년경

세계사 비교 : B.C 751년 로마가 건국되었으며, B.C 721년 앗시리아의 사르곤 2세의 정복시대와 이스라엘 왕국의 멸망기이다. B.C 670년 앗시리아가 오리엔트를 통일한다.

중심인물 : 요나

핵심 에피소드 : 니느웨는 앗시리아의 수도였으며, 300년 동안 세계의 강국이었다. 솔로몬이 이스라엘 통치 마지막에 왕국이 분열했으며, 이 시기에 세계적인 강국으로 성장해 나갔다. 분열된 북쪽 이스라엘 왕국을 점령하고 흡수했다.

본서의 주인공 요나는 정치인이며, 선지자로 이스라엘 영토 회복에 많은 도움을 준 사람이었다. 그는 하나님의 부름을 받아 적들의 잔인한 무기가 하나님의 백성을 겨냥하고 있는 곳으로 갈 수 없어 반대편으로 도망하듯 간다.

그는 여로보암 2세가 통치하던 때의 사람이었다. 그는 뱃사람들이 제비뽑기로 물고기 뱃속에 들어 간 것은 하나님께서 뻗치신 구원의 손길을 의미한다. 그가 회개하고 살아나 하나님 명령에 순종하고 니느웨로 간 것은 하나님의 기적을 이루려는 것이다. "예수님은 요나의 기적을 부활이 증거로 삼으신다. 예수님은 요나의 이야기를 사실로 받아들이셨다." 분명히 이 사건은 하나님의 기적의 사건이기 때문에 요나의 행위는 이스라엘에게 많은 도움을 주었고, 니느웨에 대한 요나의 영향력은 상당했다고 볼 수 있다.

1장_ 하나님의 부르심을 피해 달아난 요나

여호와께서 요나에게 일어나 니느웨로 가서, 그 성을 향해 외치라고 명령하신다. 그러나 요나는 하나님을 피해 다시스로 도망친다. 그가 배에 올라 항해가 시작되었고, 여호와께서는 큰 바람을 보내시므로 풍랑이 거세게 일어난다. 뱃사람들은 두려움에 떨며, 자기의 신들에게 기도하며, 배 안에 있던 무게 나가는 짐들을 바다에 던진다.

그 때에 요나는 배 밑창에 잠자고 있었다. 선장이 요나에 다가와 꾸짖으며 당신의 신에게 부르짖어 기도하라고 한다. 사람들은 누구 때문에 이런 재앙이 닥쳤는지 제비를 뽑아 가려내자고 의견을 모은다. 그래서 제비를 뽑았는데, 그것이 요나에게 뽑힌다. 사람들은 요나에게 어느 나라 사람이며, 어디로 가는 지를 낱낱이 물어온다.

요나는 이스라엘 사람이며, 여호와 하나님을 섬긴다고 대답한다. 그가 하나님의 명령을 거부하고 반대쪽으로 도망치고 있다는 사실을 알아내고는 크게 당황하여, 어찌 그리 무서운 짓을 했는지를 질책한다. 요나는 자신을 바다에 던지라고 요구한다. 자신 때문에 폭풍이 몰려온 것을 알고 있었기 때문이다. 그가 바다에 던질 것을 요구했으나, 사람들은 차마 그럴 수가 없어 열심히 노를 저어 육지 쪽으로 가려 하지만, 바람과 파도는 점점 거세지기만 한다.

사람들은 여호와께 부르짖어 요나를 던진 죄를 사하여 달라며 부르짖어 기도한다. 그리고 요나를 바다에 던지자 바다가 잔잔해진다. 여호와께서는 요나를 구원하기 위해, 큰 물고기를 준비하시고 그를 삼키게 하는데, 요나는 3일 밤낮을 물고기의 뱃속에 갇혀 있었다.

2장_ 기도하는 요나

요나가 물고기 뱃속에서 하나님께 기도한다. 고통 중에 여호와께 기도했더니 들어 주셨고, 죽게 되어 부르짖었더니 들어 주셨으며, 여호와께서 그를 깊은 바다에 던지게 하시고, 물결과 파도가 덮치게 하신다. 요나가 깊은 바다 속 영원한 감옥에 갇혔다고 생각할 때, 여호와께서 구덩이로부터 건져 주셨다.

목숨이 거의 사라져 갈 때에 요나의 기도가 주의 거룩한 성전에 상달되게 된다. 그는 주께 맹세한 모든 것을 지킬 것을 약속하며, 모든 구원은 여호와께 있음을 고백한다. 그때 여호와께서 물고기에게 요나를 육지에 뱉게 하신다.

3장_ 전도하는 요나

여호와께서 요나를 부르신다. 그리고 니느웨로 가서 주의 말씀을 전하라고 지시하신다. 요나는 여호와의 말씀에 복종하고 니느웨로 간다. 니느웨 성은 둘러보는 데만 3일이 걸리는 큰 성읍이었다. 그는 온 종일 40일이 지나면서 니느웨 성읍은 멸망한다고 외쳤다.

백성들은 하나님의 말씀을 믿었으므로, 굵은 베옷을 입고 금식을 선포하며, 높은 사람이나 낮은 사람이나 하나같이 회개의 기도를 드린다. 왕도 굵은 베옷을 입고 잿더미에 앉아 백성들에게 모든 사람과 가축에게 금식령을 선포하고, 여호와께 부르짖어 기도할 것을 명령한다. 하나님께서는 니느웨 백성들의 결연한 신앙심을 보시고 재앙의 계획을 바꾸신다.

4장_ 요나의 불만

요나는 하나님께서 약속하신 대로 니느웨 성읍을 멸망시키지 않으시자 매우 못마땅하게 생각하여 화를 낸다. 그는 불평어린 소리로 하나님께 자신은 진작부터 하나님께서 니느웨 백성들을 심판하지 않을 것을 알았다고 말하며, 자신이 주의 말씀을 거역하고 다시스로 간 것도 이런 결과를 예측했기 때문이라고 불평을 늘어놓는다. 이는 하나님은 노하시기를 더디 하시며 자비하시고, 사랑이 많으신 분이기 때문에 니느웨 백성들을 용서해 주실 것을 이미 알고 있었다고 말한다.

그러며 여호와께 차라리 자신을 죽여 달라고 애원하자 여호와께서 화를 내는 것이 옳은 것이냐고 반문하신다. 요나는 성밖으로 나가 오두막을 짓고, 그 그늘 아래서 성이 과연 어떻게 되는지를 살피고 있었다. 여호와께서 요나의 위로 박 넝쿨을 자라게 하신다. 그 나무는 요나의 머리 위에 그늘을 만들어 주었다. 요나는 그늘에 앉아 있으므로 기분이 좋아진다.

이튿날 벌레 한 마리가 그 나무를 해치게 한다. 해가 떠오르자 하나님께서는 뜨거운 동풍을 불게 하신다. 그러자 요나의 머리 위로 뜨거운 해가 내리쬐기 시작한다. 그는 온 몸에 힘이 빠지고 차라리 죽는 것이 사는 것보다 낫겠다고 생각하게 된다. 하나님이 요나에게 그늘 나무 때문에 화를 내는 것이 과연 옳은 일인가를 물으신다. 요나는 죽고 싶도록 화가 난다고 대답한다.

여호와께서 요나에게 네가 심지도 않고 가꾸지도 않았으며, 밤새 나타났다가 이튿날 죽고 만, 나무를 그렇게 아끼는데 옳고 그름을 판단할 줄 모르는 사람이 12만 명이나 살고 있고, 수많은 짐승이 함께 사는 저 큰 성, 니느웨를 아끼지 않을 수가 있겠는가를 반문하신다. 이처럼 하나님께서는 이스라엘의 적국인 니느웨를 용서하신 것에 대해, 무절제한 분노와 욕망에 사로잡혀 있는 요나를 하나님의 위대한 사랑과 공의로우신 구속계획을 알게 하시려고, 그늘나무를 비유로 책망하신 것이다.

** 주요구절 **
4 : 10 여호와께서 가라사대 네가 수고도 아니 하였고 배양도 아니 하였고 하룻밤에 났다가 하룻밤에 망한 이 박 넝쿨을 네가 아꼈거든, 11 하물며 이 큰 성읍, 니느웨에는 좌우를 분별치 못하는 자가 십 이만 여명이요 육축도 많이 있나니 내가 아끼는 것이 어찌 합당치 아니 하냐.

미가 | Micah

베들레헴이 메시아의 탄생지일 것을 예언한 일 : 7장

저　　자 : 미가
기록연대 : 북이스라엘 시대. B.C 700년경

세계사 비교 : B.C 751년 로마가 건국되었으며, B.C 721년 앗시리아의 사르곤 2세의 정복시대와 이스라엘 왕국의 멸망기이다. B.C 670년에는 앗시리아가 오리엔트를 통일한다.

중심인물 : 미가. 유다의 지도자들

핵심에피소드 : 미가는 이사야와 호세아 선지자와 같은 시대의 사람이다. 그는 요담, 아하스, 히스기야 왕 때에 예언을 했으며, 그 중 아하스는 악독한 정치를 한 나쁜 왕이었기에 정부의 배신과 하나님께로 회복을 증언한 것이다. 그는 북쪽 이스라엘과 남쪽 유다, 두 나라의 수도인 사마리아와 예루살렘에게 메시지를 전달하였다. 세 가지 중요한 메시지의 중심의 백성들의 죄와 멸망과 회복이었다.

1장_ 심판받을 사마리아와 이스라엘

미가는 사마리아와 예루살렘에 대한 계시를 하나님께로 받는다. 그는 먼저 북쪽 이스라엘의 심판을 경고한다. 주의 발 밑에서 산들이 불 속의 밀초처럼 녹고 골짜기들이 가파른 산 위에서 흘러 내리는 물처럼 갈라질 것이다.

이 모든 것은 이스라엘과 야곱의 허물로 인한 것이다. 이 책임은 우상을 섬긴 사마리아와 예루살렘에 있다고 전한다.

그러므로 여호와께서는 사마리아를 들판의 쓰레기로 만들겠으며, 성을 진멸하고 우상은 박살내 불태워 버릴 것이다. 사마아의 몸을 팔아서 번 모든 기물과 돈이 창녀의 몸값으로 나갈 것이라고 말씀하신다.

미가는 이 같은 진멸의 소식에 슬퍼하며 맨발로 다니고 들개와 타조처럼 큰 소리로 울부짖는다. 사마리아의 상처를 고칠 수 없고, 그 병은 예루살렘 성문에까지 이르러, 이제 백성들은 전국 각지에서 멸망 당할 준비를 하는 수 밖에 없음을 한탄하고 있다.

2장_ 심판의 원인과 회복

권력자들의 죄악상을 열거하고 있다. 그들은 탐이 나면 밭과 집과 재산을 빼앗았으므로, 여호와의 준엄한 재앙과 심판을 피할 수 없게 되었음을 경고한다. 그리고 예언자들을 훼방하여 야곱의 백성들이 어찌 하여 인내하지 못하는 것인지를 비웃었다. 거짓 선지자들에 미혹되어 자기 입맛에 맞는 예언을 듣기 좋아 했고, 진정한 선지자를 외면했다.

그러니 심판은 피할 수 없는 여호와의 징계인 것이다. 하지만 멸망 중에서도 살아 남은 야곱의 백성들을 다시 모아 여호와께서 은혜로 구원하시고, 갇혀 있던 성을 떠나게 하시며, 왕이신 여호와께서 백성들을 인도하실 것을 약속하신다.

3장_ 이스라엘 지도자들의 죄악

미가는 이스라엘 지도자들을 향해 정의를 모르고 선을 미워 하며, 악을 사랑한 죄를 묻는다. 너희는 산 채로 내 백성의 가죽을 벗기고 뼈에서 살을 뜯어냈으며, 백성의 살을 먹었다. 너희가 이런 악한 짓을 했기 때문에 여호와께서 아무리 부르짖어도 응답하시지 않을 것이다.

또한 거짓 예언자들에게 거짓된 평화를 외치다가도 먹을 것을 주지 않으면 전쟁을 준비했으므로 주의 계시를 더 이상 받지 못하게 될 것이다. 거짓 예언자들에게는 해가 질 것이며, 낮이 밤으로 변하게 될 것이다. 이들이 부끄러움을 당하고 미래를 점치는 사람들이 수치를 당할 것이다.

그러나 여호와의 영이 미가에 들어와 정의를 외칠 능력과 힘을 주셨음을 고백한다. 야곱 백성들의 허물을 지적하고, 이스라엘 백성의 죄를 밝힐 것이며, 지도자와 통치자를 책망하고 돈과 결탁된 재판을 일삼는 예루살렘의 재판관들을 심판하므로 시온이 밭처럼 뒤집히고, 예루살렘이 돌무더기처럼 변하여 성전이 있던 언덕은 수풀로 뒤덮일 것을 경고하고 있다.

4장_ 평화의 중심 예루살렘

그 날이 오면 여호와의 성전이 서 있는 산은 모든 산 가운데 가장 중요한 산이 될 것이다. 모든 나라와 민족이 그 곳으로 몰려 올 것이며, 그들이 여호와의 산과 성전으로 즐겨 오르게 될 것이다. 그것은 주의 가르침이 시온에서 나오고 여호와의 말씀이 예루살렘에서 나오기 때문이다. 주께서 나라들 사이의 분쟁을 중재하시고 멀리 떨어진 나라를 꾸짖으시며, 나라마다 칼로 쟁기를 만들고 창을 낫으로 만들 것이다. 다시는 나라들이 서로 싸우지 않고 전쟁도 하지 않을 것이다.

그 날이 오면 쫓겨나 상처 입은 사람을 다시 데려오겠다. 그들이 강한 나라를 만들도록 할 것이다. 여호와께서 영원토록 시온 산에서 그들의 왕이 될 것이다. 그리고 현실로 돌아와 상처 받고 패망 당한 주의 백성들을 보며 이스라엘 백성들이 바빌론으로 잡혀 가야 하는 이유를 밝히고 있다.

너희들은 바빌론으로 끌려 갈 것이나 그곳에서 구원을 받을 것이다. 여호와께서 그곳으로 가셔서 원수의 손에서 너희를 건지실 것이다. 많은 나라들이 시온을 점령하려고 공격하게 되지만 정녕 그들은 여호와의 뜻을 알지 못한다. 주의 계획을 깨닫지도 못하고 있다. 마침내 여호와께서 타작 마당의 곡식 단을 치듯 그들을 치실 것이다. 시온의 딸아 일어나 그들을 쳐라. 여호와께서 너희를 쇠뿔처럼 강하게 해 주시며, 놋쇠 굽처럼 굳세게 해서 적수들을 쳐서 산산조각 낼 것이며, 그들이 재산을 온 땅의 주인인 여호와께로 가져 오게 될 것임을 강조한다.

5장_ 베들레헴에 태어날 지도자를 예언하다

베들레헴의 에브라다야 너는 유다 족속들 가운데서 가장 작은 마을이지만, 네게서 이스라엘을 다스릴 지도자가 여호와를 위해 나올 것이다. 그는 아주 먼 옛날 멀고 먼, 옛날부터 올 것임을 미가를 통해 예언하신다. 포로로 끌려 간 백성이 돌아 오고, 이스라엘의 지도자가 하나님의 능력과 그 이름으로 백성들을 돌볼 것이다. 그로 인해 평안하게 살고, 그의 위대함이 온 세계에 알려지고, 그가 평화를 가져올 것이다.

앗시리아 군대가 쳐들어와 큰집을 무너뜨리고 일곱 명의 지도자와 여덟 명이 군왕을 뽑아 백성들의 목자가 되게 할 것이다. 그는 앗시리아 백성들을 칼로 멸망시키고 우리를 구해 낼 것이다. 그 때에 살아 남은 이스라엘 백성은 여호와께서 내려 주신 이슬 같고 풀 위에 내린 단비 같아서 사람을 기다리거나 의지하지 않고 민족들 가운데 흩어져서 여러 나라들에 둘러싸일 것이다. 그는 숲 속의 사자 같고, 양떼들 사이를 오가는 젊은 사자 같아서 아무도 그에게 대적하지 못할 것이다.

그 날이 오면 여호와께서 모든 전차와 말과 성을 빼앗고 무너뜨려 요새를 허물어 버릴 것이다. 너희가 다시는 미래를 점치지 못하게 되고 우상을 깨뜨리며 너희가 섬기는 돌기둥들을 헐어 버릴 것이다. 너희가 다시는 너희 손으로 만든 것을 섬기지 못할 것이다. 아세라 우상을 뽑아 버리고 너희 성을 무너뜨리며 여호와께 복종하지 않는 백성에게 진노와 심판을 쏟아 부으실 것을 경고하며, 미가는 영적으로 구원 받을 남은 자들은 하나님의 정결한 백성으로, 하나님 손에 굳게 잡혀 귀하게 쓰임 받는 백성이 될 것을 비유로 설명하고 있다.

6장_ 여호와의 고발

죄를 범한 이스라엘에게 용서를 하시기 위해 여호와께서 변론을 하신다. 일어나 산들 앞에서 변호해 보라고 말씀하시며, 여호와께서 자신의 백성을 고발하셨으니 그 소리를 들어보라고 권면하신다. 여호와께서는 이스라엘 백성에게 무슨 죄를 지었는지를 반문하신다. 그는 이스라엘 백성들을 이집트에서 인도해 내셨고, 모세와 아론과 미리암을 보내 백성의 행로를 인도하게 했다. 너희는 모압 왕, 발락의 악한 계획을 기억하고 브올의 아들, 발람이 발락에게 한 말을 기억하라, 그리하면 여호와의 의로움을 알게 될 것이다.

이어서 하나님이 원하시는 삶에 대해 주님을 기뻐 하게 할 수 있는 것이 무슨 일인지를 생각게 한다. 그것은 의를 행하고 여호와를 사랑하며 겸손히 행하는 것임을 밝히고 있다. 그리고 드러난 이스라엘 백성의 죄를 열거한다. 악한 사람과 훔친 보물을 소유한 자와 가짜 저울과 잣대로 남을 속이며, 부자들의 계속 되는 죄악이 크고 오므리 왕의 못된 율법을 따르고 아합의 악한 짓을 본받아 그의 가르침을 따랐으므로, 여호와께서 너희를 조롱 받게 하시고 심판의 칼날을 세워 멸망시킬 것이다.

**** 주요구절 ****
6 : 8 사람아 주께서 선한 것이 무엇임을 네게 보이셨나니 여호와께서 네게 구하시는 것이 오직 공의를 행하며 인자를 사랑하며 겸손히 네 하나님과 함께 행하는 것이 아니냐.

7장_ 악한 이스라엘

이스라엘이 하나님을 배반한 경로가 소개되고 있다. 내게 화가 있어 굶주린 사람처럼 되었고, 여름 과일을 따냈지만 내게는 포도한 송이 무화과 열매 하나가 없다. 성실하고 정직한 사람들은 사라지고 누구든 형제를 넘어뜨리려고만 한다. 사람마다 악을 행하며 지도자와 재판관들은 돈을 요구하고, 권력자들은 자기를 떠벌이기만 하고 있다. 그들 가운데 가장 정직하고 낫다고 하는 사람도 가시나무 울타리 같을 뿐이다.

이제 파수꾼이 경고한 심판의 그 날이 왔다. 너희는 심판을 받고 혼란에 빠지게 될 것이다. 친구와 이웃을 믿지 말고 너희 아내에게도 말조심하며, 아들이 아버지를 존경하지 않고, 딸이 어미에게 대들며, 며느리와 시어머니가 다투고, 너희의 원수는 다름 아닌 가족이 될 것이다. 이처럼 미가는 이스라엘의 죄악상을 낱낱이 들춰내고 있다.

그러나 본서에서도 마찬가지로 하나님은 용서와 회복을 이뤄 주시는 분이신 것을 미가를 통해 말씀해 주신다. 자비로우신 여호와께서 재앙의 그늘에 앉은 이스라엘을 다시 일으키시고, 의로운 판결로 주의 백성을 변호해 주실 것임을 설명한다. 성벽을 세워야 할 그 날이 오면, 너희의 나라가 넓어질 것이며, 앗시리아에서 이집트까지, 이집트에서 유프라테스 강까지, 그리고 서쪽 지중해에서 동쪽의 산지까지 여러 나라로부터 너희 땅으로 백성들이 돌아올 것이다. 그러나 나머지 땅은 그 곳에 사는 사람들이 죄로 인하여 황폐하게 될 것이다.

미가는 하나님께 간절한 기도를 드린다. 주여 주의 지팡이로 인도해 달라고 기도한다. 그러자 곧바로 여호와께서 너희를 이집트서 인도해 낼 때처럼 너희에게 많은 기적을 보여주실 것을 응답하신다. 미가는 자신감에 넘친다. 그들에게 임할 기적과 놀라움에 벅찬 가슴으로 예언을 한다. 그들의 입과 귀는 막히고, 무서움과 두려움에 빠져 기어 다니며, 주를 두려워 할 것임을 고백한다.

주와 같은 분은 없으며 주께서는 죄지은 백성을 용서해 주시고, 살아 남은 여호와의 백성들의 죄도 용서하시며, 우리의 모든 죄를 깊은 바다 속으로 던지시고, 오래 전, 우리 조상에게 약속하신 대로 야곱 백성에게 진실하시고 아브라함 백성에게 자비로우심을 높이 찬양하며 끝을 맺고 있다.

나 훔 | Nahum

니느웨의 멸망에 관한 기사 : 3장

저 자 : 나훔
기록연대 : 남유다 시대. B.C 663년 ~ B.C 612년 경

세계사 비교 : B.C 668년 앗시리아군 이집트 침공, 테베시 점령. B.C 651년 제나라 환공이 승리함. B.C 632년 진나라 문공이 초나라를 격파함
중심인물 : 나훔. 니느웨 백성들

핵심 에피소드 : 니느웨가 속해 있는 앗시리아는 이스라엘을 심판하는 징벌의 도구로 하나님께서 사용하신 나라이다. 그러나 그들이 스스로 행한 죄악과 교만으로 인해 멸망 당할 것을 예언하고 있다.

니느웨에 관계되는 선지자는 두 사람이 있다. 그는 B.C 785년의 요나와 B.C 630년의 나훔으로 두 선지자 사이에는 약 150년의 차이가 있다. 요나는 니느웨에 긍휼의 메시지를 전했지만, 나훔은 멸망의 메시지를 전달했다. 하나님은 이런 방법으로 민족들에게 처음에는 은혜의 날을 연장하시지만, 나중에는 죄로 심판하신다.

기록자인 나훔에 대해서는 별로 알려져 있지 않다. 그는 '엘고스 사람' 이라고 한다. 그의 이름은 원래 '나훔의 동네' 란 뜻인 '가버나움' 속에 있다. 이것은 그가 가버나움에 살았든지, 혹은 창설했음을 의미한다. 후에 이곳은 예수님의 활동 중심지가 되었다. 그의 출생지인 엘고스는 이 부근에 있었던 것

으로 본다.

150년 전 요나가 니느웨의 멸망을 예언했을 때, 그들은 베옷을 입고 회개하며, 여호와의 말씀에 따라 용서함을 받았으나 지금의 니느웨는 잔혹하고 교만하며 '피의 도성' 이라 불릴 만큼 잔혹한 짓을 서슴지 않았다. 실제로 니느웨 사람들은 죽은 사람의 시체에 말뚝을 박고 해골을 모아 탑을 쌓는 등의 악행을 즐겼다. 정복한 나라에서 수많은 약탈을 자행했고, 니느웨는 사악하고 매춘으로 더럽혀진 성읍으로 변질되어 있었다. 앗시리아의 수도 니느웨의 멸망을 강조하며 나훔의 예언은 시작되고 있다.

1장_ 니느웨를 향한 여호와의 진노

엘고스 사람 나훔은 여호와의 계시를 받아 니느웨의 멸망을 예언한다. 여호와는 질투하시며 심판하는 하나님이심을 강조하고, 악한 자에게 보복하시며 원수에게 진노하시는 분이시라고 말한다. 그러나 노하기를 더디 하시고 능력이 크시기에 죄인을 방치하지 않으시고 심판하신다. 주께서 말씀하시면 바다와 강이 마르고 비산과 갈멜과 레바논의 꽃들이 시든다. 세계 모든 민족이 그를 두려워 하며, 주께서 진노하시면 아무도 살아 남지 못함을 강조한다.

그러나 여호와는 선하시며, 어려움 당할 때 피난처가 되시고, 그에게 피하는 자를 알고 계신다. 그러나 니느웨를 홍수로 멸망하실 것이다. 니느웨에서는 여호와를 거역하고 대적하려는 자가 나왔다. 여호와께서는 유다를 심판하셨으나 다시는 심판하지 않을 것을 약속하셨고, 그들의 목에서 멍에를 꺾어 버리고 사슬을 끊어 버리시겠다고 말씀하셨다. 니느웨야, 너희 대를 이을 자손이 끊어지고 너희 신전과 손으로 만들어진 우상을 없애 버리겠다. 보라 언덕 위에 좋은 소식을 전하는 사람이 있다. 유다 백성아 절기를 지키고 하나님과 맹세한 언약을 지켜라, 악한 사람들이 완전히 사라졌으니, 다시는 너희를 괴롭히지 못할 것이라고 말씀하신 여호와의 소식을 전달한다.

** 주요구절 **
1 : 7 여호와는 선하시며 환난 날에 산성이시라, 그는 자기에게 의뢰하는 자들을 아시느니라.

2장_ 니느웨는 망한다

파괴자가 너를 치러 오고 있으며, 성벽을 지키고 허리를 튼튼히 하여 힘을 다해 지켜라, 파괴자들이 하나님 백성들을 약탈하고 포도나무를 망쳐 놓았지만, 여호와께서 이스라엘을 회복시켜 주실 것이다. 적군의 전차들이 거리를 내 달리고 붉은 색 방패와 주홍색 갑옷을 보아라, 쇠붙이가 번쩍이며 소나무 창이 머리 위에 흔들거린다. 왕의 병사들이 성벽으로 달려가 방어를 하지만 이미 때는 늦었다. 수문이 열리고 왕궁이 허물어진다. 니느웨 백성은 사로잡혀 가고 여종들은 비둘기처럼 신음하며, 슬픔으로 가슴을 친다.

니느웨는 옛적부터 작은 연못 같았으나 이제 물이 빠져 나간다고, 앗시리아 사람을 조롱하는 애가가 이어진다. 사자에 비유된 잔인무도한 앗시리아는 이제 노략하던 자에서 노략 당하는 자로 전락해 버렸다. 니느웨를 치겠다고 여호와께서 말씀하신 것처럼 전차들이 불타 버리고 젊은 사신들이 칼로 죽을 것이며, 먹이를 땅에서 끊고 보낸 사신들의 소리가 다시는 들리지 않을 것이다.

3장_ 니느웨에 재앙이 닥치다

화가 있을 것이다. 피의 도성이여, 거짓과 강포가 가득하고 살륙이 끊이지 않는 니느웨에 말채찍소리와 전차바퀴 소리, 기마병들의 함성이 들려오고 도처에 칼과 창이 번쩍이며, 시체는 산같이 수북이 쌓이게 된다. 니느웨 성은 창녀와 같이 현혹하고 유혹하여 민족들을 유혹했다.

여호와께서 니느웨를 치시겠다고 선언하시고 너의 부끄러운 치부를 다른 왕국들이 보게 할 것이며, 더러운 것을 던져 조롱거리로 만들 것이다. 사람마다 니느웨의 폐허를 말하게 될 것이다. 나훔은 화자의 시점을 과거로 돌린다. 니느웨야, 너는 테베보다 나을 것이 없다. 테베는 강에 둘러싸여 물이 성벽이 되고 방벽이 되어 철옹성을 자랑했지만 에티오피아와 리비아의 도움으로 테베도 점령 당했다. 백성들은 포로로 잡혀 가고 길모퉁이마다 어린 아이들이 내동댕이쳐졌으며, 귀족들은 제비뽑기에 걸려 종으로 끌려 가고 지도자들은 사슬에 묶인 몸이 되었다.

이렇듯 앗시리아는 막강한 군사력과 힘 있는 백성들로 과거 이집트의 수도 테베를 점령한 적도 있었음을 기억시키고 있다. 테베와 흡사한 운명이 니느웨에 닥치게 될 것을 예언하기 위한 것이었다. 니느웨는 테베의 운명을 보고 신실하지 못한 자들의 말로를 깊이 깨달아야 했는데도 불구하고, 그들은 전혀 자신들의 패망을 예측하지 못하고 있는 것이다.

니느웨가 방어를 철저히 하고 경제와 군사력을 길러 방비한다 해도 하나님께서 선언하신 심판을 회피할 수는 없는 것이다. 나훔이 예언은 애가 형식으로 계속되고, 앗시리아 왕에게 목자와 귀족은 잠이 들고 사악한 백성들이 흩어져 다시는 그들을 모을 수 없을 것이라고 말한다. 이제 아무도 그들을 고쳐 주지 못한다. 네가 치명적인 부상을 당했다는 소식을 듣는 자마다 손뼉을 치며 환영할 것이다. 이것은 너의 잔인함을 겪지 않은 자가 없기 때문이다.

니느웨는 나훔이 멸망을 예언한 지 20년이 못 되어 바빌론과 메대의 군대에 의해 2년간 포위되었다가, 강물이 불어나 성벽이 무너지면서 피로 물든 운하의 도시 니느웨는 기억에서 사라지고 만다.

하 박 국 | Habakkuk

의인은 믿음으로 말미암아 살 것에 대한 이야기 : 3장

저　　자 : 하박국
기록연대 : B.C 609년 ~ B.C 589년경

세계사 비교 : B.C 609년 앗시리아 제국 멸망. B.C 600년 우파니샤드 문헌 성립. B.C 597년 초나라 장왕이 진나라를 격파함. B.C 587년 유다 왕국 멸망.
중심인물 : 하박국. 유다 백성들. 바빌론 백성들

핵심 에피소드 : 의인은 믿음으로 말미암아 살리라. 악인은 잠시 통하는 것 같으나 하나님의 심판을 면할 수 없으며, 의인은 하나님을 믿는 믿음을 삶의 목표로 세워야 한다. 바빌론은 B.C 612년 강국 앗시리아를 멸망시킨다. 그리고 B.C 605년 갈그미스 전투에서 이집트마저 격퇴시키므로 명실상부한 세계 최강의 나라가 되어 유다를 위협하게 된다.

이런 와중에도 유다는 악행을 그치지 않다가, 바빌론의 침입을 3회에 걸쳐 받게 되어 멸망하기에 이른 것이다. 하박국 선지자는 믿음의 필요성과 의인의 고통과 악인의 형통은 일시적인 것이다. 결국은 하나님의 공의가 이루어짐을 알리기 위해 예언활동을 시작한다.

1장_ 하박국의 호소

하박국은 여호와께 당면한 악의 세계와 눈 앞에서 벌어지는 폭력과 불의

파괴행위를 고발한다. 그리고 하나님의 율법이 효력을 잃고 공의가 시행되지 않으며, 악인이 득세하여 재판이 잘못되고 있음을 하나님께 호소하고 있다. 여호와께서 대답하시는데 바빌론 사람을 시켜 악한 백성을 심판하겠다. 그들은 잔인하고 격렬하게 싸우는 사람이므로 온 땅을 휘젓고 다닐 것이다. 군대는 사막의 회오리 바람처럼 빠르게 행군하고 많은 사람을 포로로 잡아갈 것이다. 바빌론 군인들은 왕들을 조롱하고 요새를 업신여기며, 성읍을 정복한다. 그런 뒤에 그들은 바람처럼 사라진다. 그들은 자신들의 힘을 경배하는 죄를 범하고 있다.

두 번째로 하박국이 여호와께 호소한다. 하나님께서는 영원하고 거룩하신 심판을 행하시는 분이신 것을 믿고 있으나, 죄를 미워하고 벌하시는 거룩한 하나님께서 유다보다 더 사악한 갈대아인을 이용해서, 우리를 심판하시는가에 대한 의문을 호소하고 있다.

2장_ 여호와의 답변

이에 하나님께서 답변하시는데, 모든 묵시는 정한 때에 반드시 그리고 빠르게 이루어진다고 설명하신다. 그리고 갈대아인은 자신들의 교만으로 인하여 파멸하게 되지만, 하나님을 신뢰하는 주의 사람들은 계속해서 하나님을 바라보며, 생명을 얻게 될 것임을 확신시켜 주신다.

여호와께서는 하박국에게 돌판 위에 보이는 것을 새겨 쉽게 읽을 수 있게 할 것을 지시하신다. 아직은 때가 이르지 않았으나, 곧 그 때가 올 것이다. 그 일은 미루어지지 않고 실행될 것이며, 보아라 그의 마음은 교만하여 정직함이 없다. 그러나 의인은 믿음으로 인하여 살게 된다. 바빌론 사람들은 교만해서 가만히 있지 않고 그들의 욕심은 무덤 같고 죽음처럼 절대 채워지지 않는다. 그들은 여러 나라들을 모아들이며 모든 민족을 사로잡아 자기 것으로 삼는다. 그러나 모든 이들은 너희가 탄압하고 강탈했던 죄 값을 받을 거라고 말할 것이다. 빚쟁이들이 분노하여 일어나고, 괴롭히는 자들이 깨어나고, 너는 그들에게 약탈 당할 것이다.

탐심을 가진 자에게 화가 있을 것이다. 너희는 여러 나라를 망하게 할 계획을 세웠으므로 그로 인해 부끄러움을 당할 것이다. 화가 있을 것이다, 피로 성읍을 건축하고, 불의로 성을 세우는 자여, 여호와께서 불을 보내 백성이 세운 것을 태울 것이다. 온 민족이 애써 만든 일을 허사로 만들 것이다. 마치 물이 바다를 덮음같이 나 여호와의 영광을 아는 지식이 땅에 가득 찰 것이다. 분노하여 남에게 고통을 주는 자에게 재앙이 닥치고 분노함으로 백성에게 술을 먹이고 벌거벗기며 알몸을 보려는 자들에게 화가 있을 것이다.

바빌론 사람은 진노를 받을 것이다. 그것은 여호와의 오른 손에 들린 심판의 잔과 같을 것이다. 그 진노를 맛보고 쓰러지며 부끄러움을 당하게 될 것이다. 너희는 레바논에서 사람을 해쳤으므로, 이제 너희가 상처를 입게 되며 여러 성과 주민들에게 저지른 폭력으로 인해, 너희가 두려움에 떨게 될 것이다. 그리고 우상은 사람의 손에 의해 만들어졌으므로 가증스럽고, 그것을 숭배하고 따르는 자들에게는 재앙이 닥칠 것이다. 우상은 금과 은을 입힌 것에 불과하고 생명이 없다. 그러나 나 여호와는 거룩한 성전에 있으니 온 땅은 내 앞에서 잠잠할지니라.

** 주요구절 **
2 : 4 보라 그의 마음은 교만하며 그의 속에서 정직하지 못하니라. 그러나 의인은 그 믿음으로 말미암아 살리라.

3장_ 하박국의 기도

하박국은 찬양의 노래로 하나님께 기도를 드린다. 하나님께서 과거처럼 자신의 백성을 위해 기도해 주시기를 바라고, 과거의 사건들로부터 미래의 구원상을 그리고 종결부의 고백을 통해 믿음 더욱 다진다. 그는 하나님의 계획을 인간이 순종하고 따를 때 가장 행복하며, 하나님의 계획을 보여 주시기까지 인내하고 기다리며, 하나님의 방법이 최선의 방법임을 인정해야 한다. 하박국의 찬양은 수금에 맞춰 찬양한 노래로, 화자는 주인공 하박국이다.

그 내용을 보면, 여호와께서 하신 일을 보고 놀랐으며, 그 일이 우리 시대에 다시 일어나게 해달라고 간구한다. 주의 영광이 하늘을 덮고 찬양이 땅에 가득합니다. 주는 밝은 빛이며 손에서는 광선이 나오며, 그 속에 능력을 감추시고 전염병이 주 앞에 행하고 질병이 뒤를 따르고, 주께서 멈추시니 땅이 흔들리고, 주께서 바라보시니 나라들이 두려움에 떤다. 내가 보니 구산과 미디안의 장막이 떨고 있으며, 주께서 화살을 날리시고 강으로 땅을 나누신다. 바다가 큰 소리를 내며 파도가 솟구치고 주께서 쏜 화살이 날아가는 것을 본다. 해와 달이 멈추고 진노하심으로 땅을 밟으시고, 노하심으로 나라들을 짓밟으신다. 주께서 악한 지도자를 누르시고, 주께서 가나한 사람을 삼키고, 좋아하는 원수의 창으로 그 군대의 지도자를 찌르신다. 주께서 말을 타시고 바다를 지나 큰 물을 휘저으신다.

이 모든 것을 들으니, 내 뼈에 힘이 빠지고 다리가 후들거리지만 우리를 치러 오는 재앙의 날을 참고 기다리겠습니다. 무화과 나무와 포도 나무에 과실이 없고, 올리브 나무와 밭에는 거둘 곡식이 없으며, 우리에는 양이 없고, 외양간에 소가 없더라도 여호와 때문에 기뻐 할 것이다. 나를 구원하시는 하나님을 즐거워 할 것이다. 주 여호와는 나의 힘이시며, 내 발을 사슴의 발과 같게 해 주셔서 가파른 산 위에도 다닐 수 있게 하신다.

하박국은 기도를 통해 옛날과 같은 이적을 하나님께 구하고 있는 것이다. 숭고한 헌신과 하나님 백성의 영원한 안정을 확신하고 있다. 본서의 주제는 "사람은 믿음으로 말미암아 산다"는 것이다. 믿음은 하나님을 확신할 수 있는 능력이다. 아무리 어려운 날이 닥쳐 와도 그 결과에 대하여 의심하지 않는다. 하나님의 백성은 영광스런 미래를 가지고 있으며, 그것이 아득히 먼 미래일 수도 있지만, 하박국은 절망 속에 있으면서도 우울해 하지 않고, 낙관과 소망적인 삶을 살아갈 수 있었다.

스바냐 | Zephaniah

임박한 심판에 대한 경고와 축복의 예언 : 3장

저　　자 : 스바냐
기록연대 : B.C 640년 ~ B.C 622년경

세계사 비교 : B.C 668년 앗시리아군 이집트 침공, 테베시 점령, B.C 651년 제나라 환공이 승리함. B.C 632년 진나라 문공이 초나라를 격파함.

중심인물 : 스바냐. 요시야.

핵심 에피소드 : 스바냐는 요시야 왕의 재위 기간인 B.C 640년에서 B.C 609년 사이에 활동한 선지자이다. 저자의 족보 가운데 히스기야 왕이 있는 것으로 보아, 상당한 귀족 출신임이 분명하다. 그는 여호와의 날을 예언하며 유다가 진멸되고, 황폐하게 될 것과 열국들도 진멸 당할 것을 예언한다. 하나님께서 선택하신 '남은 자' 들은 그 날을 오히려 기뻐 하게 될 것임을 큰 소리로 외쳤다.

1장_ 여호와의 심판

여호와께서 스바냐를 통해 유다의 멸망을 선포하게 하신다. 주께서는 땅 위의 모든 것을 없애 버리겠다고 말씀하신다. 유다의 백성들 위에 손을 뻗쳐 바알의 유산과 이방 종교의 제사장인 그마림들을 없애 버릴 것이다. 하늘이 별을 섬기는 자들과 여호와 이름으로 맹세하면서도 암몬의 신, 말감을 예배하고 맹세하는 자들을 없애 버릴 것이다. 여호와의 심판 날이 다가왔으므로, 유다를 그 날에 희생 제물로 바칠 것이며, 왕과 왕자들과 외국인의 옷을 입은 자들과 불법과 사기로 왕궁을 채운 자들을 벌할 것이다.

그 날이 오면 '물고기 문'과 예루살렘 둘째 구역에서 울부짖는 통곡소리가 들리고, 언덕에서는 무너지는 소리가 들릴 것이다. 그 동안 여호와를 시험하며 인정하지 않았던 사람들을 벌하고, 그들의 재산과 집과 포도밭을 벌하여 아무런 소득이 없게 할 것이다.

여호와의 심판의 날이 다가오고 있다. 그 날은 진노의 날, 재앙과 고통의 날, 파괴와 멸망의 날, 어둠과 암흑의 날이 될 것이다. 여호와의 진노가 드러나는 날에 전 세계를 불태워 버리고, 땅 위의 모든 사람을 없애 버릴 것이다.

2장_ 의롭고 겸손한 사람을 찾으시는 하나님

하나님의 회개하라는 간절한 권면의 말씀을 전제하고 있다. 심판이 시작되기 전에 기회가 겨처럼 날아가기 전에, 여호와의 진노가 너희에게 미치기 전에, 모여서 여호와의 율법을 바로 세우고 겸손을 배워라, 그러면 혹시 여호와의 진노의 날을 피할 수 있을지도 모른다. 그리고 이스라엘의 주변 국가들을 열거하며 심판하실 것을 경고한다.

블레셋을 심판할 것이며, 모압과 암몬을 심판하고 에티오피아와 앗시리아를 심판하실 것을 분명히 하신다. 블레셋은 아스글론 성과 아스돗과 에그론의 백성들과 해변에 사는 그렛 민족에게 재앙이 있을 것을 예고하고 있다. 모압과 암몬 백성들은 여호와를 욕하는 것 때문에, 그리고 국경을 침범하고 여호와의 백성들을 조롱했다. 모압은 소돔처럼 암몬은 고모라처럼 망할 것이다. 땅 위에는 잡초와 소금이 뒤덮일 것이다.

에티오피아는 여호와의 칼에 죽을 것이며, 앗시리아의 니느웨 성을 쳐서 사막처럼 메마른 땅으로 만드실 것임을 경고하신다. 폐허 위엔 온갖 짐승들이 가로누워 창문과 문턱에서 울게 되며 백향목 들보는 썩을 것이며, 자기보다 굳건한 성은 없다고 자랑하던 성은 멸망하여 짐승들만 살게 될 것이다. 지나가는 사람마다 성을 향해 지난 날의 교만함을 조롱하며 주먹질을 할 것이다.

** 주요구절 **
2 : 3 여호와의 규례를 지키는 세상의 모든 겸손한 자들아 너희는 여호와를 찾으며 공의와 겸손을 구하라, 너희가 혹시 여호와의 분노의 날에 숨김을 얻으리라.

3장_ 예루살렘을 심판하시다

여호와의 계시를 받은 스바냐는 예루살렘 성의 심판을 외친다. "화 있으리라, 여호와의 가르침을 따르지 않고, 하나님을 섬기지도 않는 예루살렘은 지도자들과 재판관들이나 예언자나 제사장이나 모두 교만하고 잘못된 처신을 하고 있으며, 여호와께 죄를 짓고 있다. 여호와께서는 다른 나라들을 파괴했고 요새를 무너뜨렸으며, 거리는 텅 비었고, 성은 폐허로 만들었다." 예루살렘은 여호와의 가르침을 받아들이고 경외하여 심판에서 벗어날 것을 강력하게 권면하고 있다. 그렇지 않으면 여호와께서 불같이 타오르는 분노로 온 세상을 불태울 것임을 경고한다.

그러나 주께서는 주의 백성을 위한 새 날을 약속하신다. 그 때에 여호와께서 모든 나라의 말을 깨끗이 하여 누구나 여호와의 이름을 부르며 모두 함께 나를 섬기게 할 것이다. 흩어졌던 하나님의 백성들이 에티오피아에서 예물을 가지고 오며, 여호와께 지은 죄로 더 이상 부끄러움을 당하지 않도록 할 것이다. 예루살렘 성안에 교만한 자가 없도록 하겠으며, 가난하고 겸손한 사람만 남을 것이다. 이스라엘의 살아 남은 사람은 다시는 악한 짓을 않고 거짓말을 하지 않으며, 그들은 양처럼 잘 먹고 편히 누울 것이므로 누구도 그들을 괴롭히지 못할 것이다.

스바냐는 이처럼 심판을 외친 후에 하나님의 구원과 회복의 계획을 선포한다. 이스라엘과 열방의 하나님을 믿는 백성에 대한 회복과 축복의 말씀을 전달하고 있는 것이다. 그리고 행복한 노래로 시온과 이스라엘과 예루살렘을 찬양한다. 여호와께서 심판을 그치셨고 원수들을 쫓아 버리셨다. 이스라엘의 왕이신 여호와께서 함께 계시므로 다시는 해로운 일을 당하지 않을 것이다.

시온의 딸아, 걱정하지 마라, 낙심하지도 마라, 네 하나님 여호와께서 너와 함께 하시며 능력의 하나님께서 너를 구해 주실 것이다. 여호와께서 너를 보고 노래하시며 즐거워 하실 것이다. 그 때에 너를 해친 사람들을 모두 벌하고 다친 백성을 구하며 흩어진 백성을 다시 모아, 그들이 부끄러움을 당한 곳에서 영광과 찬송을 받을 것이다. 여호와께서 너희를 회복시킬 때에, 이 모든 일이 일어나게 하실 것이라고 스바냐는 외치고 있다.

학 개 | Haggai

성전의 재건과 다가올 하나님 왕국에 대한 예언 : 2장

저　　자 : 학개
기록연대 : B.C 520년경

세계사 비교 : B.C 539 신바빌론 멸망, 페르시아 제국 성립. B.C 525년 페르시아 오리엔트 통일. B.C 521년 페르시아 다리오스 1세 즉위

중심인물 : 학개. 스룹바벨. 여호수아

핵심 에피소드 : 이스라엘 백성을 격려하고 바른 신앙으로 인도하여 중단된 성전 재건 공사의 완공을 독려하고 있다. 성전을 건설하기 전에 자신들의 거처를 먼저 마련한 옳지 못한 신앙을 바로 잡아주기 위해 성전 재건을 독려하고 있다.

성전 재건 사업은 더욱 영광스러워질 성전의 모습을 예고하고 있으며, 유대인들이 포로에서 돌아와 본국에서 민족적 생활을 회복하는 첫 단계로 성전을 재건했다.

학개, 스가랴, 말라기 이 세 명의 예언자는 포로에서 돌아온 시대에 속하며, 에스라서, 느헤미야서, 에스더서의 성전과 성벽 재건 시대에 활동한 선지자들이다. 학개와 스가랴는 성전 건축을 도왔으며 말라기는 약 100년 후에 느헤미야를 도와서 예루살렘 성벽을 재건했다.

성전 건축 연대기

B.C 536년에 5만 명의 유대인이 스룹바벨의 지도 아래 예루살렘으로 돌아왔다. 그들은 제단을 쌓고 제물을 드렸으며, 다음해 2월부터 성전 건축을 시작했으나 중단되었다. B.C 520년에 학개가 성전 건축을 호소하여 6월 24일, 성전 건축을 시작했다. 7월 21일, 학개의 두 번째 호소. 8월, 스가랴가 처음 설교를 했다. 9월 24일, 학개의 세 번째, 네 번째 호소. 11월 24일, 스가랴가 환상을 보다. B.C 518년 9월 4일, 스가랴가 환상을 다시 보다. B.C 516년 12월 3일. 성전이 완성되다. B.C 515년 1월 14일 ~ 21일, 기쁨에 넘친 유월절을 치르다. B.C 457년, 에스라는 예루살렘에 와서 개혁을 단행했다. B.C 444년, 느헤미야는 성벽을 재건했다. 이후는 말라기 시대로 넘어간다.

1장_ 성전 재건의 명령

학개는 스가랴와 같은 시대 사람으로 B.C 586년 바빌론의 느부갓네살에 의해 파괴된 예루살렘 성전을 재건하라는 사역을 맡게 된다. 하나님으로부터 성전 재건의 명령을 부여 받은 학개는 유다 총독인 스룹바벨과 여호사닥의 아들 대제사장 여호수아에게 그 말씀을 전달한다.

여호와께서는 성전이 폐허로 남아 있는데 너희가 그렇게 멋진 집에서 사는 것이 옳으냐고 힐책하신 점을 호소한다. 그리고 여호와께서 성전을 지으면 그 성전으로 인해 기뻐 하고 영광을 받으시겠다고 말씀하셨다. 너희가 바라는 것은 많으나 찾은 것은 적었다. 심기는 많이 심었으나 거둘 것이 적었고, 먹어도 배부르지 않고 마셔도 목이 마른 이유를 생각해 보라고 하신다. 내 집이 폐허인데 너희가 각기 자기 집 일만 정신을 쏟고 있기 때문인 것을 말씀하신다.

유다 총독 스룹바벨과 대제사장 여호수아는 학개의 말을 듣고 여호와의 말씀에 순종한다. 이미 그들은 학개가 하나님께서 보낸 선지자라는 것을 알고 있었기 때문이다. 여호와께서 이 두 사람의 마음을 움직여서 성전을 짓게 한다. 주께서는 살아 남은 나머지 백성들의 마음을 움직여, 여호와 하나님의 성전을 짓는 데 협력하게 한다. 이때는 페르시아의 다리오 왕 2년째 되던 해였다.

2장_ 아름다운 성전

두 번째 여호와의 계시가 학개에게 임한다. 성전 재건 공사를 시작한 지 한 달 정도가 지난 때였다. 백성들은 자신들이 짓고 있는 성전과 솔로몬의 성전을 비교하며 자책감에 빠져 있었다. 이들에게 낙심하지 말고 하나님의 성전 건축에 매진하라는 뜻으로 두 번째 말씀을 전달하게 된다. 너희 살아 남은 백성 가운데, 저 성전의 아름다웠던 모습을 기억하는 사람이 있는지를 물으신다. 지금은 그전에 비하여 초라하게 보일 것이다. 그러나 스룹바벨과 여호수아와 백성들은 용기를 내서 성전 건축에 매진할 것을 말씀하신다.

모든 민족을 흔들어 보물을 이리로 가져오게 하여, 성전이 영광으로 채워질 것이다. 지난 성전보다 더욱 이 성전이 아름다울 것이다. 여호와께서는 이 땅의 백성에게 평화를 주실 것을 약속하신다. 그리고 학개에게 율법에 대해 제사장들에게 변론할 것을 지시하시고, 돌 위에 돌을 쌓기 전에 무슨 일이 있었는가를 생각해 보라고 하신다.

모든 것이 빈궁한 것뿐이었다. 성전 건축을 재개하므로 여호와께서 그들에게 갖가지 복을 내리실 것을 약속하신다. 여호와께서 스룹바벨에게 약속을 하시는데 다른 나라들을 멸망시키고, 왕국의 권세를 없애며 전차가 엎어지고 말과 말탄 자들이 넘어지며, 저희끼리 칼로 죽일 것이다. 그 날에 스룹바벨을 택하여 옥새처럼 귀히 쓰실 것을 약속하신다.

** 주요구절 **
2 : 8 은도 내 것이요 금도 내 것이니라, 만군의 여호와의 말이니라, 9 이전의 나중 영광이 이전 영광보다 크리라, 만군의 여호와의 말이니라, 내가 이곳에 평강을 주리라, 만군의 여호와의 말이니라.

스가랴 | Zechariah

스가랴의 환상과 그리스도 통치에 관한 예언 : 14장

저　　자 : 스가랴
기록연대 : 전반부 B.C 520년 ~ B.C 518년경
& 후반부 B.C 480년 ~ B.C 470년경

세계사 비교 : B.C 539년 신바빌론 멸망, 페르시아 제국이 성립됨. B.C 525년 페르시아가 오리엔트를 통일하였고, B.C 521년 페르시아 다리오스 1세 즉위함.

중심인물 : 스가랴. 스룹바벨. 여호수아

핵심 에피소드 : 스가랴는 1차 포로귀환 때 돌아온 제사장 가문의 자손으로 학개와 같은 시대에 활동하였다. 주변 국가들의 방해 공작으로 14년 동안이나 중단된 성전 재건 사업은 백성들에게 좌절감을 맛보게 한다. 스가랴는 영적 신앙생활과 성전 건축사업을 게을리 하는 이스라엘 백성들에게 조상들의 죄악상과 하나님의 진노에 대한 말씀으로 영적 각성을 촉구하고 있다.

학개의 전체 활동 기간에 대하여는 4개월 밖에 기록이 없지만, 스가랴는 약 2년에 걸쳐 있다. 그들은 4년 동안 서로 도와가며 협조한다. 스가랴서는 학개의 책보다 훨씬 방대하다. 전반부에는 여덟 가지 예언으로 구성되었으며 후반부는 이스라엘의 종말론적 사건과 천년 왕국에 대한 것으로 메시아를 예언하고 있다.

1장_ 회개하고 돌아오라

스가랴의 이 메시지는 성전 건축이 한 달 이상 진행되어, 사람들의 정신상태가 흐트러졌을 때, 학개의 두 번째와 세 번째 호소 사이에 행해졌다. 스가랴는 지금의 불쌍한 상태를 만들어 준, 조상들의 불복종하는 태도를 답습하려는 사람들의 경향에 대해서 경고했다. 그는 하나님이 보여주신 놀라운 미래의 환상으로 사람들을 격려하였다.

첫 번째 환상은 말탄 사람이었다. 성전을 재건하다 지치고 실망한 이스라엘 백성에게 희망과 용기를 주기 위해, 여호와께서 시온을 위로하고 예루살렘을 선택하겠다는 강한 의지를 반영한 환상이었다.

두 번째 환상은 네 뿔과 대장장이였다. 이는 때가 되면 하나님께서 원수를 물리칠 것이라는 내용이다. 유다와 이스라엘과 예루살렘을 흩어 버린 강한 뿔을 상징하고 있으나, 여호와께서 대장장이 네 명을 보내, 그 뿔들을 꺾어 버리게 하실 것을 환상으로 보여 주신 것이다.

2장_ 세 번째 환상

세 번째 환상은 측량하는 줄이다. 측량줄을 잡은 사람이 예루살렘으로 가서 측량을 한다. 이것은 예루살렘의 정착과 재건을 말해 주는 환상으로, 예루살렘은 완전한 회복과 재건이 하나님이 약속 안에서 이뤄질 것임을 예언하고 있다. 유다는 거룩한 땅에서 여호와의 특별한 소유가 되고, 예루살렘은 다시 여호와의 선택받은 성이 될 것이다. 모든 육체들아, 여호와 앞에서 잠잠하여라, 그분의 거룩한 처소에서 일어나셨다.

3장_ 네 번째 환상

네 번째 환상은 스룹바벨과 함께 이스라엘 백성들의 귀환을 주도한 대제사장의 여호수아에 대한 환상이다. 하나님께서는 스가랴에게 대제사장인 여호수아를 환상으로 보여 주신다. 사탄이 그를 고소한다. 여호수아는 더러운 옷을 입고 천사 앞에 서 있었다. 여호와께서 사탄을 꾸짖으시고, 천사에게 여호수아의 더러운 옷을 갈아 입히라고 명령하신다. 그리고 네 죄를 없앴다고 말씀하신다.

천사들이 머리에 관을 씌워 주고 여호와의 천사 앞에서 옷을 입혔다. 여호와께서 여호수아와 함께 있는 사람들에게 이제 새순이라고 부르는 내 종을 보내겠다고 말씀하시며, 일곱 면이 있는 돌에 글을 새겨 두시고, 이 땅의 죄를 하루만에 없애겠다고 말씀하신다. 그 날이 오면 너희는 서로 이웃을 초대하여 포도 나무와 무화과 나무 아래 함께 앉을 것이라고 말한다.

4장_ 다섯 번째 환상

다섯 번째 환상은 등잔대이다. 이것은 성전 재건에 애쓰고 있는 스룹바벨에게 용기를 주기 위한 환상이었다. 천사가 스가랴에게 무엇이 보이냐고 묻는다. 그의 눈에는 등잔대가 보였다. 순금의 등잔대와 꼭대기에 그릇이 있고, 등잔과 심지 받침 일곱 개씩이 보였다.

천사는 그릇 좌우에 있는 올리브 나무를 비유로 스룹바벨에게 설명하는데, 아무도 그가 나가는 길을 막지도 않을 것이며, 하나님의 영이 그와 함께 할 것임을 말씀해 주고, 성전 재건의 시작은 초라하지만 하찮은 것으로 여기지 말고, 스룹바벨이 연장을 가지고 성전을 짓는 모습을 보면 누구든 기뻐하게 될 것이다. 일곱 등잔의 환상은 이스라엘이 하나님께로 돌아와 온 세상의 빛으로 밝혀질 것과 거룩한 민족으로 만드시려는 계획을 예시하는 것이다.

** 주요구절 **
4 : 6 그가 내게 일러 가로되 여호와께서 스룹바벨에게 하신 말씀이 이러하니라, 만군의 여호와께서 말씀하시되 이는 힘으로 되지 아니 하며 능으로 되지 아니 하고 오직 나의 신으로 되느니라.

5장_ 여섯 번째 환상

여섯 번째 환상은 날아다니는 두루마리였다. 이것은 예루살렘에 만연된 도적질과 거짓 맹세에 대한 심판을 경고하고 있다. 이스라엘 백성이 하나님의 율법을 어기고 악행을 계속하면 주께서 저주를 발하시고, 그 저주가 사람의 집에 머물면서 나무와 돌까지 허물어 버릴 것을 경고하신다.

일곱 번째 환상은 광주리 속의 여자이다. 천사는 곡식을 재는 광주리를 보여주며, 그것은 온 세상 백성들의 죄를 나타낸다고 말한다. 그 때에 납 뚜껑이 열리며 광주리 안에 죄를 나타내는 여자가 앉아있는 것을 보게 된다. 뚜껑을 닫고 위를 보니, 두 여자가 날개로 바람을 일으키는데, 그들은 황새의 날개를 달고 있었다. 그들은 광주리를 가지고 시날 땅, 바빌론으로 간다. 그들은 거기서 광주리를 보관할 집을 지을 것이라고 말한다. 이것은 이스라엘의 죄악이 정도를 넘어서면 공의로우신 하나님의 심판을 받게 될 것을 예시한 환상인 것이다.

6장_ 여덟 번째 환상

스가랴가 마지막으로 본 환상으로, 네 병거에 관한 것이다. 여기에서 네 병거는 심판과 권위의 상징으로, 붉은 말은 피의 색깔로 대학살을 상징하며, 검은 말은 죽음과 슬픔, 어둠을 상징하고, 흰 말은 승리를 상징하며, 힘센 얼룩말은 더욱더 깊고 치명적인 심판을 상징하는 것이다. 여호와께서는 지상의 모든 일에 직접 개입하시고, 주님의 뜻대로 완성시켜 나가시는 분인 것을 예시한 환상이다. 그리고 여호수아를 위한 왕관을 통해 여태껏 보아온 환상의 결말을 맺는다.

그것은 바빌론에서 귀환한 유대인 대표들인 헬대, 도비야, 여디야에게 금과 은을 받아, 스바냐의 아들 요시야에게 가서 왕관을 만들어 여호수아에게 씌워 주어라, 그리고 만군의 여호와의 말씀에 새순이라는 사람이 있어 그는 그 밑에서부터 솟아 나와 여호와의 전을 지을 것이라고 말한다.

한 사람은 왕으로, 한 사람은 제사장으로, 이렇게 두 사람은 평화롭게 일할 것이며, 왕관을 여호와의 전에 두어 만들게 한 사람들을 기념할 것이다. 먼 곳에 사는 백성이 와서 성전을 지을 것이며, 그때서 여호와께서 보내신 바 됨을 알게 될 것이다. 왕과 제사장의 화합은 장차 오실 새순은 왕으로서의 사역과 제사장으로서의 사역을 통합하게 될 메시아를 상징한다. 또한 왕과 제사장의 화합된 노력과 정성으로 진정한 모습의 성전이 완성됨을 상징하기도 한다.

7장_ 참된 금식

다리오 왕 4년에 스가랴에게 금식에 대한 여호와의 말씀이 전해진다. 유다 사람들은 70년 동안 4월, 5월, 7월, 10월에 성전 파괴를 탄식하며 금식을 했다. 이제 성전이 다시 건축되자, 금식을 계속할 것인지를 놓고 스가랴에게 질문을 한다. 여호와께서는 다섯째 달과 일곱째 달에 슬퍼하며 금식을 했지만, 그것이 진정으로 여호와를 위한 것이었는가를 반문하신다. 주께서 보시기에 저들은 항상 자신을 위하여 먹고 마시며, 이기적으로 살아왔다고 판단하고 계신 것이다.

그러므로 스가랴에게 의롭고 올바르게 재판하고, 사랑과 긍휼을 베풀며, 과부와 고아와 외국인을 압제하지 말 것을 말씀하신다. 그러나 예전에 저들은 여호와의 이런 말을 듣지 않았고, 등을 돌리고 귀를 막았다. 그래서 그들을 알지 못하는 민족에게 회오리 바람으로 흩어 놓았고, 땅들을 황폐하게 만들어 버린 것이라고 말씀하신다. 선조들의 금식처럼 외형적이고 형식적인 금식보다는 실제 생활 가운데 실천하는 공의로운 일이 중요하며, 금식이 기쁜 의식이 되어야 함을 강조하고 있다.

8장_ 새 날을 언약함

여호와께서 스가랴에 임하셔서 예루살렘으로 돌아가 거룩한 산과 진리의 성에서 사실 것을 말씀하신다. 예루살렘은 장수하는 노인들이 많아지고, 소년과 소녀가 거리에 가득하게 할 것이다. 여호와께서 주의 백성들을 동쪽과 서쪽에서 예루살렘으로 불러내 함께 살게 할 것이다. 이제 살아 남은 백성은 여호와께서 옛날처럼 다루시지 않으실 것을 약속하신다. 모든 농사일이 풍성한 열매를 맺게 되고, 복을 받게 될 것이다. 이에 맞춰 너희는 진실을 말하고 의로운 재판을 하며 이웃을 해치지 말고, 거짓 맹세하지 말 것을 당부하신다. 그리고 너희가 금식하는 4월, 5월, 7월, 10월에 유다에는 기쁘고 즐거운 잔치가 될 것이다. 예루살렘에는 많은 나라의 사람들이 기도와 찬양과 은혜를 구하러 올 것이다.

9장_ 원수들의 심판에 대하여

후반부에 속하는 부분으로 스가랴는 앞으로 200년 후에 있을 그리스 전쟁을 예언하고 있다. 이스라엘을 침공한 알렉산더 대왕은 하드락, 다마스커스, 하맛, 두로, 아스글론, 에그론, 아스돗, 블레셋 등의 성읍과 나라들을 차례로 점령한다. 그러나 예루살렘은 하나님의 특별하신 계획으로 남아 있었다. 주께서는 유다를 여호와의 활처럼 쓰겠고, 에브라임을 화살처럼 쓰실 것을 말씀하신다. 그리스 사람을 치게 하여 너희를 용사의 칼처럼 쓰실 것을 확실하게 약속하신다.

그 때에 여호와께서 나타나 번개처럼 화살을 쏘시며, 백성이 술 취한 사람처럼 소리를 지르고 적군의 피를 포도주처럼 마시고 피로 가득 찬 그릇같이 될 것이다. 그 때에 여호와께서 백성들을 구원해 주실 것이다. 백성들은 왕관에 달린 보석처럼 빛날 것이다. 그들은 매우 예쁘고 아름다우며 남자들은 굳세고 여자들은 새 포도주로 아름다워질 것이다.

시온에 오실 왕의 모습은 그리스와 용맹스럽게 싸울 때 나타난다. "시온 백성아, 기뻐 하라, 예루살렘 백성아, 즐거이 외쳐라, 보라 네 왕이 네게로 오신다. 그분은 의로우시며 구원하시는 왕이시다." 스가랴는 장차 오실 왕으로, 그리스도의 예루살렘 입성을 상징하듯 예언한 것이다.

10장_ 여호와의 약속

유다에 임할 여호와의 축복을 말하고 있다. 봄철에 비를 내리시는 축복과 백성 모두에게 신선한 야채를 주시는 은혜를 누리게 된다. 우상과 점쟁이들을 거짓말과 헛된 말로 백성을 위로한다. 백성은 목자 없는 양 떼처럼 어려움을 당하고, 여호와의 분노가 목자와 숫염소를 칠 것이다. 유다를 택하셔서 그곳에서 모퉁이 돌 같은 사람이 나오고 장막의 말뚝 같은 사람이 나온다. 유다에서 모든 통치자들이 나와 전쟁터로 나가 적들을 물리칠 것이다.

여호와께서 유다 백성을 강하게 하셔서 그들이 부르짖을 때, 들어주어 에브라임 백성들을 용사같이 만들 것이다. 여호와께서 이스라엘을 회복시켜 주시고 이집트에서 데려오고 앗시리아에 다시 모이게 하고, 길르앗과 레바논으로 데려가서 그 땅이 비좁을 정도가 되게 할 것이다. 그들이 고통의 바다를 지나올 때, 파도를 잠잠하게 하고 나일 강을 마르게 할 것이며, 앗시리아의 교만을 꺾고 이집트의 권세도 꺾으며, 여호와의 이름으로 백성들을 강하게 할 것이다.

11장_ 거짓 목자

스가랴는 지금까지 이스라엘의 회복과 구원에 대한 예언을 했으나, 이제는 하나님의 심판을 예언한다. 백성들은 성전 재건 후에 은혜와 긍휼을 체험하고 기뻐 했으나 다시 범죄하므로 큰 환난에 빠진 이스라엘에 대해, 거짓 목자의 비유로 하나님의 심판을 예언하고 있다. "레바논아 네 문을 열어라, 불이 네 백향목을 태울 것이다. 소나무야 울어라 백향목이 넘어졌도다."

여호와께서 이스라엘의 양 떼를 돌보는 목자들이 자기 양 떼를 불쌍히 여기지 않는다고 말씀하신다. 모든 사람을 그 이웃과 왕의 손에 넘겨 주고, 그들이 재앙을 몰고 와도 구원하지 않을 것이라고 하신다. 여호와께서는 죽임 당할 양 떼를 먹였으며, 지팡이 두 개를 가져다가 '은혜' 와 '연합' 이라 부르며 양 떼를 보살폈다. 이제 다시는 너희들의 목자가 되지 않겠고 죽을 것은 죽고 망할 것은 망하며, 살아 남은 것들도 서로 잡아 먹어라, 그런 뒤에 '은혜' 란 지팡이를 꺾을 것이다.

그 날에 하나님과의 언약이 깨질 것이다. 그 때에 양들이 나를 지켜보고, 그들은 나를 통해서 여호와께서 말씀하시는 것을 알았다. 내가 그들에게 돈을 주고 싶으면 주고 말라면 그만두라고 하자, 그들은 나에게 은돈 30개를 주었다. 여호와께서 나에게 말씀하신다. 그 돈을 옹기장이에게 던져 버리라고 하셨다. 그들은 내가 그 정도 가치밖에 안 된다고 판단했기 때문에, 나는 여호와의 성전에서 그 돈을 옹기장이에게 던져 버렸다. 그런 뒤에 '연합' 이라는 지팡이를 꺾어 버렸다. 그것은 유다와 이스라엘 사이의 우정을 꺾은 표시였다.

여호와께서 다시 말씀하시며, 다시 저들에게 가서 우매한 목자 노릇을 하라고 지시하시며, 이 나라에 새 목자를 두겠다. 그는 죽어 가는 양을 돌보지 않으며 어린 양을 찾지 않고, 상처 입은 양을 고쳐 주지 않으며, 튼튼한 양을 먹이지 않고, 살찐 양을 잡아먹으며, 그 발굽까지 떼어 낼 것이다. 양 떼를 돌보지 않는 못된 목자에게 재앙을 내리고 전쟁으로 그의 지혜와 힘을 꺾어 놓을 것이라고 말씀하신다.

12장_ 다윗의 집안에 오실 메시아

스가랴는 본서의 전반부에서 메시야의 오심과 백성들의 배척을 경고했으며, 이스라엘의 종말을 다루어 메시아의 재림으로 완성될 하나님 나라의 소망을 성취하려고 했다. 본장에서는 이스라엘에 대한 여호와의 경고로 시작한다. 땅 위의 모든 나라가 예루살렘을 치러 오지만 여호와께서 예루살렘을 무거운 바위처럼 만들 것이다. 누구든 바위를 옮기려는 자는 다치게 될 것이다. 유다를 지킬 것이며, 원수들의 말은 눈이 멀게 될 것이다. 유다의 장막을 구하고 다윗의 성 예루살렘에 사는 백성들이 누릴 영광이 유다가 누릴 영광보다 크지 못할 것이다.

여호와께서는 유다와 예루살렘을 지켜 주실 것을 약속하신다. 그리고 하나님의 은총을 간구하고 영적 각성을 위한 통회의 눈물을 요구하고 계신 것이다. 여호와께서 백성들에게 자비와 은혜의 영을 주시고, 그들은 자신들이 찔러 죽인 나를 보고 외아들을 잃은 사람처럼 울 것이다. 예루살렘과 온 땅과 모든 집안 사람들이 슬피 울 것이다. 이것은 유대인들에 의해 십자가상에서 죽은 메시아를 상징하는 예언이며, 다윗의 집안에 일어날 여러 가지 징표와 비극적 사건을 계시하고 있다.

13장_ 예루살렘의 정결

예루살렘에 샘물이 터져 그 샘물로 죄와 허물을 씻게 하실 것이다. 예루살렘이 통회하고 자복하므로 하나님께 돌아오고 예루살렘을 깨끗이 정화되게 하며 예루살렘에서 더 이상 우상숭배와 거짓 예언자들이 활동하지 못하게 하며, 그 날에 거짓 예언자들이 부끄러움을 당하게 될 것이다. 그리고 목자를 치라고 하신다. 목자를 죽이면 양 떼가 흩어지고 내가 어린 것들을 심판하겠다. 온 땅의 백성 가운데 모두 죽고 삼분의 일만 살아 남을 것이다. 내가 그들을 불로 시험하겠고 그들을 금과 은처럼 단련시킬 것이다. 나는 그들은 '내 백성' 이라 부르고 그들은 '여호와는 우리 하나님' 이라고 할 것이다.

14장_ 심판의 날

여호와의 심판의 날이 오고 있음을 경고한다. 예루살렘은 함락되어 집들은 약탈 당하고 여자들은 강간 당할 것이며, 백성들 가운데 절반은 포로로 끌려 갈 것이다. 예루살렘에 남은 백성은 더 이상 쫓겨 나지 않을 것이다. 그 때에 여호와께서 그 나라들과 싸우실 것이다. 그 날 주께서는 동쪽 올리브 산 위에 서시고 산이 갈라져 동서로 나뉘고 깊은 골짜기가 생길 것이다. 그 골짜기는 북과 남으로 옮겨지며, 너희는 이 산골짜기를 통해 도망갈 것이다. 그 때에 주 하나님께서 거룩한 사람을 거느리고 오실 것이다.

여호와께서 온 세계의 왕이 되시고, 여호와의 이름만이 홀로 빛날 것이다. 게바에서 림몬까지 평야로 변하고 예루살렘은 높임을 받아 우뚝 설 것이다. 백성들이 거기에 살고 다시는 그 성이 멸망하지 않을 것이다. 예루살렘은 안전한 성이 될 것이다. 예루살렘을 공격한 나라를 여호와께서 심판하실 것이다. 그들에게 무서운 재앙을 내려 살이 썩고 눈이 눈구멍 속에서 썩고, 혀가 입 안에서 썩을 것이다. 그 날이 오면 여호와께서 공포를 퍼뜨리셔서 사람마다 서로 붙잡고 싸우며, 유다 백성도 예루살렘에서 싸울 것이다. 그 후 이웃 나라들의 재물이 예루살렘에 쌓일 것이다.

이와 같은 재앙이 적진의 짐승에게도 내리고, 적들 중에 살아 남은 자들이 해마다 예루살렘에 와서 영원한 왕께 예배하고 초막절을 지킬 것이다. 이집트 사람들이 예루살렘에 와서 초막절을 지키지 않으면 똑 같은 재앙을 그들에게 내리실 것이다. 이와 같이 스가랴는 하나님의 승리와 세계 통치를 예언하고 주님이 재림하시며, 영원한 왕국의 시작을 통해 예언적 소망을 성취하고 있다.

말라기 | Malachi

복종치 않는 백성들에게 주는 마지막 메시지 : 4장

저　　자 : 말라기
기록연대 : B.C 430년경

세계사 비교 : 페르시아는 세계 제국으로 B.C 536년에서 B.C 331년까지 200년 동안 유프라테스 강 유역과 티그리스 강 유역, 그리고 고원지대, 인도와 그리스 접경지대까지 영토를 확장하고, 최강의 패권국가로 존재할 수 있었다. 로마에는 이미 공화정이 실시되고 있었다.
중심인물 : 말라기, 종교지도자들

핵심 에피소드 : 말라기의 정확한 연대는 알려져 있지 않다. 그는 학개와 스가랴보다 약 100년 뒤에 활동한 것으로 보인다. 그러므로 에스라와 느헤미야와 비슷한 시대에 활동한 선지자이다. 남은 자의 한 무리가 B.C 536년에 포로에서 귀환했는데 그들은 학개와 스가랴를 중심으로 성전을 재건했다. 그 후 60년 뒤인 B.C 457년에 에스라가 민족을 재건하기 위해 돌아왔으며, 그 다음 13년 후인 B.C 444년에 느헤미야가 성벽을 재건하러 돌아왔다.

말라기 시대의 유다 사람들은 바빌론에서 돌아온 지 100년이 되어, 우상 숭배는 하지 않았지만 제사장들은 타락했고 이완되었으며 제물은 빈약했다. 십일조가 무시되었고, 우상 숭배하는 이방인들과 잡혼을 하는 등, 옛날 선조의 습관으로 돌아간 것이다. 말라기 선지자는 흐트러진 백성들이 영적 생활을 촉진시키고 하나님과의 언약을 기억하고 회복시키기 위하여 규례에 맞는 십일조와 제사의 규례를 거룩하고 온전하게 드릴 것을 권면하고, 신앙인의 의무를 준수할 것을 강조하고 있다.

1장_ 하나님은 이스라엘을 사랑하신다

여호와께서 이스라엘 민족을 사랑하시는 이유를 설명하신다. 주께서는 에서와 야곱 두 형제 중 야곱을 사랑하시고 에서를 미워 하셨다. 그래서 에서의 자손들은 에돔 백성이 되었는데, 그들이 살고 있는 산악지방을 폐허로 만들었다. 에돔 백성들은 자기 나라를 다시 재건한다 하지만 여호와의 진노는 그치지 않을 것임을 분명히 말씀하신다. 여호와께서는 이스라엘 지경 밖에서도 위대하시다는 것을 알게 하신 것이다. 아들이 아버지를 존경하고, 종이 주인을 존경하는 것이 이치인데도 이스라엘 백성들은 여호와께 부정한 제물을 가져 오고 주의 제단을 업신여겼으며, 눈먼 제물을 바쳤다. 그리고 온전하지 못한 짐승을 제물로 바쳤다. 그런 것을 너희 총독에 바쳤다면 그가 좋아하지 않았을 것이다.

여호와께서는 헛된 제사를 받기가 역겹다고 말씀하신다. 억지로 혹은 귀찮은 듯이 제사에 임하는 백성들의 태도가 마음에 들지 않으며, 온전하지 못한 제물을 아무 생각 없이 바치며 수컷을 바치기로 한 약속을 경시하고 흠 있는 제물을 바치는 것은 아들이 아버지를 사랑하지 않는 증거라고 개탄해 하신다.

2장_ 제사장이 지켜야 할 규례

여호와께서는 제사장들에게 명령하신다. 너희가 여호와를 존경하지 않으면 너희에게 저주를 내리시겠다. 절기에 바친 제물의 똥을 너희 얼굴에 바르겠으며, 똥과 함께 너희를 던져 버릴 것이다. 여호와께서 레위와 맺은 언약은 생명과 평강의 언약이다. 그들은 나를 경외하고 두려워 했다. 그들은 바른 가르침을 베풀고, 거짓말을 하지 않았으며, 평화와 정직으로 많은 사람을 죄에서 떠나게 했다.

제사장은 지식과 율법을 지키고 구해야 한다. 그러나 지금의 제사장들은 바른 길에서 벗어나 사람들을 그릇되게 가르치고 있으며 죄를 짓게 만들었다. 너희는 레위와 맺은 언약을 어겼으며, 재판할 때 공정하지 않았다. 말라기는 우리들의 아버지는 한 분이시라고 강조하며, 이제 와서 어찌 하여 사람들이 하나님과 맺은 언약을 지키지 않는 것인가를 질책한다.

유다 백성들은 거짓을 행하고 여호와께서 역겨워 하시는 일을 이스라엘과 예루살렘에서 저질렀다. 유다 남자들은 외국 우상을 섬기는 여자들과 결혼했기 때문에 제사를 드리고 제물을 바쳐도 여호와께서 그들을 이스라엘 집에서 쫓아 내실 것이라고 말한다. 그리고 너희가 저지른 또 하나의 죄악은 여호와의 제단을 눈물로 적시며 "여호와께서 왜 제물을 좋아 하시지 않고 받아 주시지도 않는다" 며 울며 탄식했다.

그것은 너희가 젊어서 결혼한 네 아내와 어떻게 지냈는지 여호와께서 다 보셨기 때문이다. 아내와 맺은 약속을 어겼으며, 여호와께서 남편과 아내를 만드시고, 한 몸과 영이 되어 하나님의 성실한 자녀를 낳기를 바라셨는데, 너희는 아내에게 폭력을 휘두르고 이혼을 하며, 아내와 맺은 언약을 어겼다. 하나님께서는 이혼하는 자와 폭력적인 자를 미워 하신다. 그러므로 항상 조심하고 성실하게 살아야 할 것임을 전하고 있다.

3장_ 다가오는 심판의 날

여호와께서 사자를 보내 내 앞길을 닦게 하실 것을 말씀하신다. 너희가 찾던 여호와가 갑자기 여호와의 전에 이를 것인데, 너희가 바라는 사자가 이르게 될 것이다. 그가 오시는 날 아무도 견디지 못하고 살아 남지 못한다. 그는 레위 사람들을 연단하고 금과 은처럼 만들 것이다. 그러면 여호와께 올바른 제물을 가져올 것이다.

여호와께서 그 때에 마술하는 사람과 간음하는 사람, 거짓말하는 사람, 일꾼들의 품삯을 떼어 먹는 사람, 과부와 고아를 속이는 사람, 외국인을 학대하는 사람, 여호와를 존경하지 않는 사람을 심판할 것이다. 그리고 하나님의 것을 훔치지 말라고 경고하신다. 십일조에 게으른 것은 하나님의 것을 훔치는 것이다.

모세의 율법에 의하면 십일조는 하나님의 재산이다. 그러므로 바치는 사람은 아무런 권리가 없다. 하나님은 충성되게 십일조를 바치는 사람에게 번영을 약속하신다. 너희는 창고에 넣어둔 십일조를 가져와 여호와의 집에 먹을 것이 있게 하라고 말씀하신다. 그러면 여호와께서 하늘 문을 열고 너희가 쌓을 공간이 넘치도록 복을 내려 주실 것을 약속하신다.

그리고 여호와께서 약속하시기를 교만하여 하나님을 거친 말로 욕되게 하지 말 것을 권면하시며, 주께서는 모든 사람의 말을 기억하고 들으시며 책에 기록하였다가 심판 날에 선한 사람과 악한 사람의 차이가 무엇인지를 보여주실 것이다. 이처럼 주를 경외하는 사람들의 행위를 간과하지 않으시고, 기억하실 것임을 강조하고 있다.

** **주요구절** **
3 : 10 만군의 여호와가 이르노라, 너희의 온전한 십일조를 창고에 들여 나의 집에 양식이 있게 하고 그것으로 나를 시험하여 내가 하늘 문을 열고 너희에게 복을 쌓을 곳이 없도록 붓지 아니 하나 보라.

4장_ 심판의 날

말라기는 네 번이나 여호와의 날을 말했다. 본서의 결론으로 여호와의 날의 심판을 말하고 있다. 뜨거운 용광로와 같은 날, 교만하고 악한 사람들이 지푸라기처럼 사라지고, 뿌리와 가지가 타 버릴 것이라고 강경하게 말씀하신다. 그러나 여호와를 섬기는 사람들에게는 의로움이 해처럼 비출 것이며, 거기서 치료하는 광선이 나와 치료하고, 너희는 외양간에서 풀려난 송아지처럼 뛰놀 것이다. 그 때에 너희가 악한 사람들을 짓밟으며, 그들은 재처럼 너희 발아래 밟힐 것이다. 너희는 여호와의 종 모세의 가르침을 준수하고, 시내 산에서 모세에게 명한 율법과 규례를 기억하여 지키라고 하신다. 여호와의 크고 두려운 심판 날이 이르기 전에 예언자 엘리야를 너희에게 보낼 것이다. 엘리야가 와서 아버지와 자녀를 사랑하게 하고, 자녀가 아버지를 사랑하게 할 것이다. 그들이 사랑하지 않으면 여호와께서 오셔서 이 땅에 저주를 내리실 것이라고 말씀하신다.

이것으로 구약성서는 끝을 맺는다. 여호와께서는 모세의 율법을 기억할 것을 경고하시고, 마지막으로 엘리야의 보내심을 예언하셨다. 그는 400년 후, 세례 요한이란 사람으로 온 것이다. 그리고 부모와 자식의 사랑을 강조하시며 마지막 말씀은 '저주'로 끝을 맺는다. 말라기 이후 400년 동안 침묵의 시대가 지나고 메시아가 오신다. 이스라엘 백성들은 자신의 조상들이 예언자들에게 했던 것처럼 메시아를 배척했다. 이때부터 이스라엘 백성들은 나라 없이 세상을 유랑하는 민족이 되었다. 이것은 역사적인 비극이며 또한 하나님의 기적이 되었다.

왕국에 대하여 (열왕기 상 · 하 / 역대 상 · 하)

최초의 왕국은 사울 왕 40년, 다윗 왕 40년, 솔로몬 왕 40년 모두 120년 동안 존재해 왔다. 솔로몬이 죽은 후, 왕국은 분열되기 시작했다. 북쪽 왕국은 이스라엘이라 불렀고, 약 200년 동안 지속되다가 B.C 721년에 앗시리아에게 멸망 당한다. 남쪽 왕국은 유다라 불렀으며 약 300년 동안 지속되다가 B.C 600년에 바빌로니아에게 멸망 당한다.

여기서 중요한 것은 왕국의 분열과 10지파의 분리는 솔로몬의 배교로 인한 징벌과 유다에게 주는 교훈이었으며, 모든 일은 하나님께서 계획하신 일이었다는 점이다.

분열된 왕국

분열된 북이스라엘의 초대 왕이 된 여로보암은 하나님의 길에서 선행을 하면 10개 지파를 주어 견고한 집을 주겠다는 아히야 선지자의 말을 듣고, 솔로몬 왕에게 반기를 들었다. 솔로몬 왕이 그를 죽이려 하자, 이집트로 도망하여 기회를 엿보다가, 솔로몬이 죽자 돌아와 10개 지파로 독립된 북이스라엘 왕국을 세웠다. 그는 아히야 선지자의 경고를 무시한 채, 송아지를 숭배한다. 그러자 하나님께서는 선지자를 통해 이스라엘을 뿌리째 뽑아 유프라테스 강 유역에 흩어 버릴 것임을 전하셨다. 왕국이 분열된 후, 이스라엘과 유다는 계속해서 분쟁이 그치지 않았다.

회복의 역사

포로 귀환은 3회에 걸쳐 있었다. B.C 536년 스룹바벨을 선두로 1차 귀환이 있었으며, B.C 457년에 에스라를 선두로 2차 귀환이 단행되었으며, B.C 444년 느헤미야가 재건된 예루살렘으로 귀환하였다. 회복의 역사는 바빌론에서 1차 귀환한 사람들이 제단을 쌓고 제사를 드림으로 시작되었다.

B.C 535년 성전 건축을 진행다가 중단되었으나, B.C 520년 학개와 스가랴에 의해 다시 시작하여 B.C 516년에 완공하기에 이른다. B.C 478년 에스더가 페르시아의 왕비가 되었으며, B.C 457년에는 에스라가 바빌론에서 돌아왔다. B.C 444년 느헤미야가 성벽을 재건했으며, B.C 432년 느헤미야가 다시 돌아왔다. 페르시아의 고레스 왕은 나라를 세계적인 제국으로 건설했으며, 유대인들을 본국으로 귀환시켜 이사야 선지자의 예언을 성취시켰다.

도표로 보는 왕국의 분열역사 (B.C 933 ~ B.C 606년)

이스라엘 왕	통치기간 200년	결 과	비 고	유다 왕	통치기간 300년	결 과	비 고
여로보암	22년	악정	유다,시리아의 공격	르호보암	17년	거의 악정	번성함
나 답	2년	악정		아비야	3년	거의 악정	
바아사	24년	악정		아 사	41년	선정	
엘 라	2년	악정		여호사밧	25년	선정	
시므리	7일	악정		여호람	8년	악정	바알숭배
오므리	12년	대표적 악정	번성함	아하시야	1년	악정	
아 합	22년	최고의 악정		아달랴	6년	악정	
아하시야	2년	악정		요아스	40년	거의 선정	
여호요람	12년	거의 악정		아마샤	29년	거의 선정	
예 후	28년	거의 악정	쇠퇴기	웃시야	52년	선정	가장 번성함
여호아하스	17년	악정		요 담	16년	선정	
요아스	16년	악정		아하스	16년	악정	앗시리아에 예속, 조공
여로보암2세	41년	악정	가장 번성함	히스기야	29년	최고의 선정	독립함
스가랴	6월	악정		므낫세	55년	최고의 악정	앗시리아에 대부분 예속
살 룸	1월	악정		아 몬	2년	대표적 악정	
므나헴	10년	악정		요시야	31년	최고의 선정	
브가히야	2년	악정	무정부	여호아하스	3월	악정	
베 가	20년	악정	몰락	여호야김	11년	악정	
호세아	9년	악정	포로가 됨	여호야긴	3월	악정	
				시드기야	11년	악정	포로가 됨

구약성서가 완성되기까지

구약성서는 원래 양피지에 기록되었다. 사람의 손으로 기록했으며, 포로로 잡혀갈 때까지 공식 사본은 성전에 보관되었다. 그 후에 각처의 회당으로 보내기 위해 사본을 제작했다. 구약과 신약 사이에 끼어 넣은 14개의 기록을 외경이라 부르는데, 이는 유대인들은 이것을 히브리 성서의 일부분으로 인정하지 않았다. 예수님과 초대교회에서도 이것을 정경이나 하나님의 계시에 의한 기록으로 보지 않았다. 2세기에 성서가 라틴어로 번역될 때, 원본을 히브리 성서가 아닌 헬라어 선서를 선택했다. 그러므로 헬라어 성서를 통해 외경은 라틴어 성서에 들어가게 된 것이다. 이 성서는 종교개혁이 일어날 때까지 서유럽에서 사용되었다.

그러나 하나님의 말씀 위에 토대를 둔 프로테스탄트 운동은 외경을 인정하지 않았다. 1546년 트렌트 회의를 열어 프로테스탄트 운동을 저지하기 위하여, 로마 가톨릭 교회는 라틴어 성서를 정경으로 선언했다. 지금도 로마 가톨릭 성서에는 외경이 포함되어 있다. 외경의 구성을 보면 에스드라 1, 2서와, 도빗서, 유딧서, 에스더서 추가, 솔로몬의 지혜, 교회서, 바룩서, 세 아이의 노래, 수산나 이야기, 벨과 용, 므낫세의 기도, 마카비 1,2서이다. 이 밖에도 선지자들에 관한 단편적인 글을 모은 책들이 여러 종류가 있으나 정경(구약성서)에는 포함되지 못한 책들이 있다. 70인 역은 히브리어 구약성서의 헬라어(그리스어) 번역본으로, 이것은 그 당시 헬라어를 말하는 유대인이 많이 살고 있던 알렉산드리아에서 번역되었다. 저명한 학자 70명이서 번역했다고 해서 이름 붙여진 것이다. 헬라어는 그 당시 세계의 공통어였기 때문에 신약성서도 역시 헬라어로 기록했다. 예수님 당시 유다의 공용어는 아람어였다. 바빌론 포로에서 돌아온 후로 아람어는 히브리어를 대신하게 되었다.

구약성서를 아람어로 번역한 것을 탈굼이라고 불렀고, 탈무드는 구약성서에 전해지는 유대인의 전설과 구전 기록을 수집하여 2세기에 기록되었다. 성서편찬을 위한 조직체로 대회당이 있었는데 이는 120명이 참석한 회의였다. 기원전 410년경에 돌아온 포로들의 종교 생활을 위하여, 에스라가 회장이 되었으며, 느헤미야가 조직을 했다. 이 회의에서는 구약성서의 정경을 수집하고 편집하며 회복시키는 중요한 일을 했다.

메시아 탄생 전 400년 동안의 구약과 신약 사이의 침묵

페르시아 시대가 B.C 430 ~ B.C 332년까지 이어진다. 페르시아의 유다에 대한 통치는 부드럽고 온건했다. 그리스 시대 B.C 331 ~ B.C 167년 그리스 역사의 기초는 신화로 싸여 있다. 그리스 역사의 시작은 성서의 사사 시대이며, 트로이 전쟁은 다윗과 솔로몬의 시대였고, 이 당시 호머가 활동한 시대였다. 올림피아 경기는 B.C 776년이며, 그 후 도시국가가 형성된다. 마라톤 전쟁이 B.C 490년 소크라테스와 에스라와 느헤미야는 같은 시대의 사람들이었다.

알렉산더 대왕은 B.C 336년 20세의 나이로 그리스 군대를 이끌고 이집트, 앗시리아, 바빌론, 페르시아 등 동쪽 나라들을 휩쓸었다. 그는 B.C 331년까지 온 세계를 정복했는데, B.C 332년 이스라엘을 침략할 때, 유대인들을 특별히 생각해 줘 예루살렘에 남기고, 알렉산드리아 거주를 허락한다. 그는 자신이 정복한 성읍에 그리스 성읍을 세우고 헬라문화와 헬라어를 보급시켰다.

그가 젊은 나이에 죽자 그리스 제국은 넷으로 분열되어 시리아와 이집트는 셀레우커스와 프톨레미가 차지한다. 이스라엘은 이집트 프톨레미 왕조의 지배를 받았다. 평화롭고 행복했으며, 곳곳에 회당을 지었다. 알렉산드리아는 유대교의 중심지가 되었다. B.C 198년 안디오쿠스 대왕이 다시 유다를 정복하여 셀레키우드라는 수리아 왕조의 지배를 받게 된다. 그들은 유대인을 학대하고, 유대교를 없애 버리려 했으며, 예루살렘을 황폐시키고, 성전을 더럽혔다. 성전 제사를 금지시키고, 할례를 금지했으며, 많은 유대인을 노예로 팔았고, 성서의 사본을 보이는 대로 없애 버린다. 이와 같은 행위는 역사상 가장 영웅적이었던 마카비 반란을 야기시키게 된다. B.C 167 ~ B.C 63년까지는 마카비 시대라고 부른다. 제사장이며 애국자였던 맛다디야는 안디오쿠스 에피파네스가 유대인과 유대교 말살정책을 쓰는 것에 분격하여, 충성심 있는 유대인을 모아 반란을 일으킨다. 그의 다섯 아들 중 유다는 훌륭한 군인으로 예루살렘을 회복시킨다. 그리고 성전을 깨끗이 했다. 이것이 수전절의 기원이 된 것이다. 그리하여 100년 동안 독립된 유다를 통치하는 아스모네 시대가 시작된다.

로마시대는 B.C 63년 ~ 그리스도 시대까지였는데 B.C 63년에 유다는 로마의 폼페이우스에게 정복된다. 에서의 자손인 에돔 사람 안티파텔이 유다의 통치자로 임명되었다. 그는 아들 헤롯에게 왕위를 계승시킨다. 헤롯은 유대인들에게 호의적으로 대하며 성전을 재건한다. 그가 왕으로 재위할 때 예수님이 베들레헴에서 탄생하신다. 그는 어린 아기들을 죽이는 잔인한 짓을 한다. 구약성서는 말라기를 끝으로 지도자나 선지자 없는 암흑기를 보내며, 약 400년의 세월이 지난다. 구약성서 곳곳에 메시아의 도래를 예언하고 있는데, 예수 그리스도는 이 예언의 성취자로 이스라엘 민족을 넘어서, 온 세계 모든 민족의 구원을 위하여 세상에 오시므로, 역사의 대전환기를 맞이하게 되는 것이다.

구약성서 이야기

지은이 / 곽노홍
펴낸이 / 김재엽
펴낸곳 / 한누리미디어
편집디자인 / 지선숙

•

100-845, 서울시 중구 을지로 2가 148-73
신화빌딩 401호
전화 / (02)2278-4513, 2268-4514
Fax / (02)2268-4524

•

등록 / 제16-467호(1993. 11. 4)

•

초판발행일 / 2006년 2월 1일

•

•

값 20,000원

•

E-mail/hannury2003@hanmail.net

•

※잘못된 책은 바꿔드립니다.
※저자와의 협약으로 인지는 생략합니다.

•

ISBN 89-7969-286-2 03230